国家卫生和计划生育委员会"十二五"规划教材
全国高等医药教材建设研究会"十二五"规划教材

全国高等学校器官-系统整合教材

Organ-systems-based Curriculum

供临床医学及相关专业用

泌尿系统疾病

主　　审　刘志红　孙颖浩

主　　编　陈江华　王子明

副 主 编　陈　楠　邹和群　安瑞华

编　　者（以姓氏笔画为序）

王子明（西安交通大学第二附属医院）　　邹和群（南方医科大学第三附属医院）

王建业（北京医院）　　　　　　　　　　张　宏（北京大学第一医院）

孔垂泽（中国医科大学附属第一医院）　　陈江华（浙江大学医学院附属第一医院）

叶章群（华中科技大学同济医学院附属　　陈孟华（宁夏医科大学总医院）
　　　　　同济医院）　　　　　　　　　陈　楠（上海交通大学医学院附属瑞
刘必成（东南大学附属中大医院）　　　　　　　　金医院）

刘志红（南京大学医学院）　　　　　　　赵明辉（北京大学第一医院）

安瑞华（哈尔滨医科大学附属第一医院）　郝传明（复旦大学附属华山医院）

孙颖浩（第二军医大学附属长海医院）　　种　铁（西安交通大学第二附属医院）

李　响（四川大学华西医院）　　　　　　黄　健（中山大学孙逸仙纪念医院）

李雪梅（中国医学科学院北京协和医院）　梅长林（第二军医大学附属长征医院）

余学清（中山大学附属第一医院）　　　　谢立平（浙江大学医学院附属第一医院）

学术秘书　田　炯（浙江大学医学院附属第一医院）
　　　　　李和程（西安交通大学第二附属医院）
　　　　　韩　飞（浙江大学医学院附属第一医院）

器官-系统
整合教材
O S B C

人民卫生出版社
PEOPLE'S MEDICAL PUBLISHING HOUSE

图书在版编目（CIP）数据

泌尿系统疾病/陈江华,王子明主编. —北京:人民
卫生出版社, 2015
ISBN 978-7-117-21282-3

Ⅰ. ①泌…　Ⅱ. ①陈…②王…　Ⅲ. ①泌尿系统疾
病-诊疗-医学院校-教材　Ⅳ. ①R69

中国版本图书馆 CIP 数据核字(2015)第 241896 号

人卫社官网　www.pmph.com	出版物查询,在线购书
人卫医学网　www.ipmph.com	医学考试辅导,医学数据库服务,医学教育资源,大众健康资讯

泌尿系统疾病

主　　编:陈江华　王子明
出版发行:人民卫生出版社（中继线 010-59780011）
地　　址:北京市朝阳区潘家园南里 19 号
邮　　编:100021
E - mail:pmph @ pmph.com
购书热线:010-59787592　010-59787584　010-65264830
印　　刷:三河市宏达印刷有限公司（胜利）
经　　销:新华书店
开　　本:850×1168　1/16　印张:25　插页:2
字　　数:688 千字
版　　次:2015 年 11 月第 1 版　2021 年 11 月第 1 版第 6 次印刷
标准书号:ISBN 978-7-117-21282-3/R・21283
定　　价:58.00 元

打击盗版举报电话:010-59787491　E-mail:WQ @ pmph.com
（凡属印装质量问题请与本社市场营销中心联系退换）

20 世纪 50 年代，美国凯斯西储大学（Case Western Reserve University）率先开展以器官-系统为基础的多学科综合性课程（organ-systems-based curriculum，OSBC）改革，继而遍及世界许多国家和地区，如加拿大、澳大利亚和日本等国家和地区的医学院校。1969 年，加拿大麦克马斯特大学（McMaster University）首次将"以问题为导向"的教学方法（problem-based learning，PBL）应用于医学课程教学实践，且取得了巨大的成功。随后的医学教育改革不断将 OSBC 与 PBL 紧密结合，出现了不同形式的整合课程与 PBL 结合的典范，如 1985 年哈佛大学建立的"新途径（New pathway）"课程计划、2003 年约翰·霍普金斯大学医学院开始的"Gene to society curriculum"新课程体系等。世界卫生组织资料显示，目前全世界约有 1700 所医药院校在开展 PBL 教学。

20 世纪 50 年代起，我国部分医药院校即开始 OSBC 教学实践。20 世纪 80 年代，原西安医科大学（现西安交通大学医学部）和原上海第二医科大学（现上海交通大学医学院）开始 PBL 教学。随后，北京大学医学部、复旦大学上海医学院、浙江大学医学院、四川大学华西医学院、中国医科大学、哈尔滨医科大学、汕头大学医学院、辽宁医学院等一大批医药院校开始尝试不同模式的 OSBC 和 PBL 教学。但长期以来，缺乏一套根据 OSBC 要求重新整合的国家级规划教材一直是制约我国 OSBC 和 PBL 教育发展的瓶颈。2011 年，教育部、原卫生部联合召开了全国医学教育改革工作会议，对医学教育综合改革进行了系统推动，提出深化以岗位胜任力为导向的教育教学改革，把医学生职业素养和临床能力培养作为改革关键点，积极推进基础医学与临床课程整合，优化课程体系；积极推进以问题为导向的启发式、研讨式教学方法改革；积极推进以能力为导向的学生评价方式；强化临床实践教学，严格临床实习实训管理，着力提升医学生临床思维能力和解决临床实际问题的能力。

2013 年 6 月，全国高等医药教材建设研究会、人民卫生出版社和教育部临床医学改革西安交通大学项目组共同对国内主要开展 OSBC 和 PBL 教学的医药院校进行了调研，并于同年 10 月在西安组织全国医学教育专家，对我国医学教育中 OSBC 和 PBL 教学现状、教材使用等方面进行了全面分析，确定编写一套适合我国医学教育发展的 OSBC 和 PBL 国家级规划教材。会议组建了"全国高等学校临床医学及相关专业器官-系统整合规划教材评审委员会"，讨论并确定了教材的编写思想和原则、教材门类、主编遴选原则及时间安排等。2014 年 3 月，本套教材主编人会议在西安召开，教材编写正式启动。

本套教材旨在适应现代医学教育改革模式，加强学生自主学习能力，服务医疗卫生改革，培养创新卓越医生。教材编写仍然遵循"三基""五性""三特定"的特点，同时坚持"淡化学科，注重整合"的原则，不仅注重学科间知识内容的整合，同时也注重了基础医学与临床医学的整合，以及临床医学与人文社会科学、预防医学的整合。

整套教材体现五个特点。①纵横对接:基础与临床纵向贯通,实现早临床、多临床、反复临床;预防、人文和社会科学等学科横向有机融合,实现职业素养、道德和专业素质的综合培养。②"双循环"与"单循环"的对接:根据我国医学教育目前存在的OSBC和PBL师资不足以及传统教学机构设置等实际情况,此次教材编写中,各系统基础课程教材与临床课程教材暂时分开编写,即实现所谓"双循环"。器官-系统整合教材编写和课程实施最终将实现各系统基础与临床课程的全面整合,即所谓"单循环"打通。③点与面的对接:基础或临床的每个知识点都考虑与整个系统的对接与整合,同时做到知识、创新、岗位胜任力统一。④基础与临床的对接:教材编写和教学虽然按各器官-系统的基础课程和临床课程体系进行,但基础课程教材前瞻临床问题,临床课程教材回顾基础知识,相互对接,解决临床问题。组织一个共同的编委会进行基础与相应临床课程的教材编写,基础课程教材有相应领域的临床专家参与编写,临床课程教材也有相关的基础医学专家参与编写,以解决整合与交叉重复问题。⑤教与学的对接:变教材为学材,促进学生主动学习、自主学习和创新学习。

本套教材分为三类共27种,分别是导论与技能类4种,基础医学与临床医学整合教材类21种,PBL案例教材类2种。

导论与技能类教材包括《器官-系统整合课程PBL教程》《基础医学导论》《临床医学导论》和《临床技能培训与实践》。

基础医学与临床医学整合类教材包括《运动系统》《运动系统损伤与疾病》《血液与肿瘤》《血液与肿瘤疾病》《中枢神经系统与感觉器官》《神经与精神疾病》《内分泌系统》《内分泌与代谢系统疾病》《病原与宿主防御系统》《感染性疾病》《心血管系统》《心血管系统疾病》《呼吸系统》《呼吸系统疾病》《消化系统》《消化系统疾病》《泌尿系统》《泌尿系统疾病》《生殖系统》《女性生殖系统疾病》和《儿童疾病与生长发育》。

PBL案例类教材包括《生物医学PBL教学案例集》和《临床医学PBL教学案例集》。

为便于学生同步掌握重点内容,并兼顾准备国家执业医师资格考试复习,除2种PBL案例集、PBL教程和《临床技能培训与实践》外,每种教材均编写了与之配套的学习指导及习题集。

本套教材主要用于长学制和五年制临床医学及相关专业教学,也可作为国家卓越医生培养计划及"5+3"住院医师规范化培训教材使用。

24	感染性疾病	主审	李兰娟	翁心华				
		主编	杨东亮	唐 红	副主编	毛 青	蔺淑梅	
25	感染性疾病学习指导及习题集	主编	唐 红	杨东亮	副主编	毛 青	蔺淑梅	
26	心血管系统	主审	杨宝峰					
		主编	臧伟进	吴立玲	副主编	王国平	黄 岚	
27	心血管系统学习指导及习题集	主编	吴立玲	臧伟进	副主编	王国平	黄 岚	裴建明
28	心血管系统疾病	主审	葛均波					
		主编	马爱群	王建安	副主编	肖颖彬	刘锦纷	陈晓平 夏黎明
29	心血管系统疾病学习指导及习题集	主编	郑小璞	马爱群	副主编	孙彦隽	刘志军	黄 莹
30	呼吸系统	主编	郑 煜	陈 霞	副主编	艾 静	罗自强	郭雪君
31	呼吸系统学习指导及习题集	主编	陈 霞	郑 煜	副主编	艾 静	罗自强	郭雪君
32	呼吸系统疾病	主审	钱桂生					
		主编	杨 岚	沈华浩	副主编	王长征	郭述良	朱文珍
33	呼吸系统疾病学习指导及习题集	主编	沈华浩	杨 岚	副主编	王长征	郭述良	朱文珍
34	消化系统	主编	董卫国		副主编	魏云巍	富冀枫	
35	消化系统学习指导及习题集	主编	董卫国		副主编	富冀枫	魏云巍	
36	消化系统疾病	主编	赵玉沛	吕 毅	副主编	姜洪池	唐承薇	府伟灵
37	消化系统疾病学习指导及习题集	主编	吕 毅	赵玉沛	副主编	张太平	胡 兵	刘连新
38	泌尿系统	主审	郭应禄	唐孝达				
		主编	徐长福	魏 强	副主编	张 宁	赵成海	陈 斌
39	泌尿系统学习指导及习题集	主编	徐长福	魏 强	副主编	张 宁	赵成海	陈 斌 任淑婷
40	泌尿系统疾病	主审	刘志红	孙颖浩				
		主编	陈江华	王子明	副主编	陈 楠	邹和群	安瑞华
41	泌尿系统疾病学习指导及习题集	主编	王子明	陈江华	副主编	陈 楠	邹和群	安瑞华
42	生殖系统	主编	李 和	黄 辰	副主编	谭文华	谢遵江	
43	生殖系统学习指导及习题集	主编	黄 辰	谢遵江	副主编	徐锡金	周劲松	郝爱军 李宏莲
44	女性生殖系统疾病	主编	李 旭	徐丛剑	副主编	刘彩霞	李雪兰	漆洪波
45	女性生殖系统疾病学习指导及习题集	主编	徐丛剑	李 旭	副主编	刘彩霞	李雪兰	漆洪波 鹿 欣
46	儿童疾病与生长发育	主审	许积德					
		主编	孙 锟	母得志	副主编	高 亚	武军驻	黄松明 祝益民
47	儿童疾病与生长发育学习指导及习题集	主编	母得志	孙 锟	副主编	高 亚	黄松明	祝益民 罗小平
48	生物医学 PBL 教学案例集	主编	夏 强	钱睿哲	副主编	李庆平	潘爱华	
49	临床医学 PBL 教学案例集	主审	刘允怡					
		主编	李宗芳	狄 文	副主编	侯晓华	陈世耀	武宇明
50	器官-系统整合课程 PBL 教程	主审	陈震寰					
		主编	曹永孝		副主编	梅文瀚	黄亚玲	

器官-系统
整合教材
OSBC

刘志红

中国工程院院士、教授、博士生导师。国际肾脏病学会(ISN)理事,国际肾脏病全球改善预后委员会(KDIGO)执行委员,美国布朗(Brown)大学医学院客座教授。现任南京军区南京总医院副院长,南京大学医学院院长,国家肾脏疾病临床医学研究中心主任,全军肾脏病研究所所长。国家"973"计划项目首席科学家。中华医学会理事会理事,中华医学会肾脏病学会主任委员,全军第九届医学科学技术委员会副主任委员,内科学领域委员会主任委员,《中华肾脏病杂志》总编辑,《肾脏病与透析肾移植杂志》总编辑,《美国肾脏病杂志(AJKD)》副主编。

刘志红院士在三十余年的从医生涯中,注重临床与基础的结合,取得了一系列科学性强、实用性好的研究成果。在 IgA 肾病、狼疮性肾炎、糖尿病肾病等肾脏病的发病机制及其防治的研究、连续性血液净化技术的临床与基础研究、肾移植急性排斥反应的免疫学机制及个体化治疗研究等方面均有很深的造诣。发表论著 600 余篇,SCI 收录 200 余篇,主编专著三部。先后带教硕士生 70 名,博士生 80 名,博士后 16 人。曾获国家科技进步二等奖 3 项,教育部自然科学一等奖 1 项,教育部科技进步一等奖 2 项,军队医疗成果一等奖 1 项,军队科技进步一等奖 2 项。获中国科协青年科技奖、中国科协求是杰出青年工程奖、全国优秀科技工作者、中国工程院光华工程奖和军队专业技术重大贡献奖等奖励。2001 年中央军委记一等功。先后荣立二等功 1 次,三等功 3 次。中国共产党第十六次全国代表大会代表,中国人民政治协商会议第十届、第十一届和第十二届全国委员。

孙颖浩

教授、博士生导师,现任第二军医大学校长兼长海医院泌尿外科主任、全军前列腺疾病研究所所长,973 首席科学家,国家杰出青年基金获得者。兼任国际泌尿外科学会理事、世界腔道泌尿外科学会理事、亚洲泌尿外科学会候任主席、中华医学会泌尿外科分会主任委员、全军泌尿外科专业委员会主任委员、上海市医学会副会长、上海市泌尿外科学会前任主任委员、上海医师协会泌尿外科医师分会会长、上海市科学技术协会副主席、美国生殖泌尿外科医师学院(AAGUS)海外院士。担任《中华腔镜泌尿外科杂志》、《中华泌尿外科杂志》和 Asian Journal of Urology 主编,《中华外科杂志》《中国外科年鉴》《上海医学杂志》等杂志副主编, Journal of Endourology、International Journal of Urology、Urologia Internationalis、British Journal of Urology International 和 Urologic Oncology 等杂志的编委。

在泌尿系肿瘤和泌尿系结石的临床诊治、转化医学研究、微创泌尿外科技术的应用与创新方面形成鲜明特色。以第一完成人获国家科技进步一、二等奖,上海市科技进步一、二等奖,军队医疗成果一、二等奖,上海市和中华医学科技奖等 11 项,主持 973 计划、国家杰出青年基金、国家自然科学基金国际合作项目、国家科技部重大新药创新专项、军队杰出青年基金等国家、军队及省部级基金 23 项,获国家发明和实用新型专利 18 项。并以第一或通讯作者发表 SCI 论文 108 篇。主编(译)The Training Courses of Urological Laparoscopy、《前列腺癌临床诊疗学》等 13 部专著。曾获何梁何利基金会医学与科学技术进步奖、上海市卫生系统"银蛇奖"一等奖、特别荣誉奖、吴阶平泌尿外科医学奖、第十一届上海市十大科技精英、上海市"医学领军人才"、总后"科技银星"等多项荣誉。

陈江华

　　教授,浙江省特级专家,博士生导师。现任浙江大学医学院附属第一医院党委副书记兼肾脏病中心主任,中华医学会肾脏病学分会副主任委员,卫生部中国肾移植科学登记系统管理委员会副主任委员兼秘书长,中国生物医学工程学会人工器官分会候任主任委员,中国医师协会器官移植医师分会肾移植专业委员会副主任委员等学术职务。

　　从事教学工作 30 余年,享受国务院特殊津贴,曾获"全国首届百名优秀医生"、"卫生部和浙江省有突出贡献中青年专家"、"全国卫生系统先进工作者"、美国 NKF"国际卓越成就奖"等荣誉,入选全国"百千万人才工程"第一、二层次人员。完成的科研成果获国家科技进步二等奖 3 项,发表学术论文 350 余篇,其中 SCI 收录 150 余篇。

王子明

　　西安交通大学第二附属医院泌尿外科教授、博士生导师。现任西安交通大学医学部副主任,中国性学会性医学委员会副主任委员,中华医学会男科学分会常务委员,中国医师协会全科医师分会常务委员,陕西省医学会常务理事及泌尿外科学分会主任委员,陕西省医师协会副会长,陕西省抗癌协会副理事长及泌尿系统肿瘤分会主任委员。现任《中华男科学杂志》、《中华腔镜泌尿外科杂志(电子版)》等多种本专业学术期刊编委。

　　从事临床教学工作 32 年,已培养硕士、博士、博士后研究生 30 余名。主编(译)专著 5 部,主持国家自然科学基金项目 3 项,近 5 年在 SCI、Medline 收录等期刊上发表学术论文 30 余篇,获陕西省科学技术进步二等奖 2 项。西安交通大学泌尿外科是国家重点学科,王子明教授是学术带头人,曾获陕西省有突出贡献专家、全国卫生系统先进工作者等荣誉称号。

陈楠

法国国家医学科学院外籍院士,教授,博士生导师。现任中华医学会肾脏病学会常委和中国医师协会肾脏病分会常委、上海市医师协会肾脏病分会副主任委员、上海市罕见病分会副主任委员,亚太地区 CKD 防治委员会委员,ISN-GO East Asian Committee 委员,*AJKD* 及 *NDT* 等杂志编委,《中华肾脏病杂志》副总主编等职。曾获卫生部有突出贡献中青年专家,上海市"科技精英"和"领军人才",NKF 国际突出贡献奖等称号。

从事教学工作 45 年,共发表文章 350 余篇,先后获 30 余项科研课题,包括 973 项目、国家科技部十一五、十二五支撑计划、国家自然科学基金等。获成果奖 16 项,包括教育部提名国家科学技术奖科技进步奖一等奖、教育部科技进步奖推广奖二等奖、中华医学科技奖二等奖等。

邹和群

教授,博士生导师,南方医科大学第三临床学院学术委员会副主任委员、第三附属医院大内科主任、内科教研室主任、肾内科主任、泌尿疾病研究所所长。现任中华医学会内科学分会委员、中国医师协会免疫吸附专业委员会常委、全国疑难及重症肝病攻关协作组第三届全国委员,本科教材《内科学》《医学导论》《临床技能》编委,中华医学科技奖第三届评审委员会委员,《国际泌尿系统杂志》副总编,广东省医学会内科分会副主任委员。

从事教学工作 30 余年。承担欧盟第七框架计划项目、美国 CMB 基金、国家自然科学基金等科研项目 20 余项。发表 SCI 论文 30 余篇。主编《小管间质肾病学》、《器官移植内科学》等专著 5 部。参编英文著作 *Glomerulonephritis* 和 *Hemoperfusion*。

安瑞华

教授,博士生导师。现任中华医学会泌尿外科专业委员会结石组委员,中国中西医结合委员会泌尿外科分会尿路结石学组副组长,中国泌尿系结石联盟委员,中华医学会黑龙江省分会理事,黑龙江省医学会男科学专业委员会副主任委员,《中华泌尿外科杂志》、《现代泌尿外科杂志》、《现代泌尿肿瘤杂志》和《微创泌尿外科杂志》编委,《中华医学杂志》(英文版)审稿人,"国家自然科学基金"委员会专家组评议专家。主持三项国家自然科学课题和多项省部级攻关课题。获得多项科技进步奖和医疗新技术奖,在 SCI 和国家核心期刊发表论文 50 余篇,专业论著 8 部,人民卫生出版社出版医学 CAI 课件 1 部。主要研究方向是泌尿系结石和排尿功能障碍。

现代医学的发展趋势是高度分化和高度综合，一方面医学分科越来越细，各学科分别向纵深发展，日益专业化；另一方面现代医学出现了日益向综合化、整体发展的趋势。大量边缘学科、综合学科的出现，各学科彼此相互渗透、联系越来越紧密。医学教育应适应医学发展的需要，注重医学生自学能力、人际交往能力、获取信息能力、综合分析能力、实践操作能力及创新性思维能力的培养，教学方法和教学模式的改变势在必行。1952年美国西储大学医学院首次提出了"以器官-系统为基础的学习（Organ-system Based Learning，OBL）"模式，按器官和系统、形态和功能重新组合课程，具有打破学科界限、加强多学科间的交叉融合、避免教学内容重复、强化学生自主学习培养等特点。2008年和2009年我国教育部连续出台了相应的文件，明确要求医学院校积极开展纵向和（或）横向的医学教育改革，其中"调整课程结构，积极探索综合化课程"是改革的重要内容之一。

我国部分医学院校自10多年前已陆续开始了各种形式的整合课程教学探索，积累了一定的教学经验。但面临的现实问题是均缺乏系统的配套教材，多沿用相互独立的《内科学》、《外科学》、《儿科学》等教材，编写国家级"器官-系统"整合规划教材有着很强的迫切性和必要性。

为了推进和保证医学整合课程的顺利进行和不断完善，在教育部、全国高等医药教材建设研究会、人民卫生出版社的领导和支持下，本编者团队进行了全国高等学校临床医学专业"器官-系统"整合规划教材—《泌尿系统疾病》分册的编写。本书主编邀请了全国各大知名大学附属医院的肾脏内科和泌尿外科权威专家组成了编委会，他们具有丰富的医疗、教学和科研经验，在坚持教材的"三基"、"五性"和"三特定"原则下，反复开展深入的探讨和研究，在执笔过程中更是多方参考国内外现有教材以期真正实现"整合"之特色。本书内容涵盖了泌尿系统疾病的基础知识和理论，并通过对泌尿系统疾病症状学的集中阐述与诊断思路剖析，引导学生建立内、外科有机结合的整体思维，并将之贯穿于具体疾病的诊治分析。同时，本书也结合了各专业的最新诊疗指南，引入转化医学前沿、研究热点解析等，有利于培养学生的循证医学思维，在满足五年制医学生临床医学教育基本要求的同时，也能给长学制临床医学生带来一定的启迪和思考空间。

本册教材的编写开创性地将泌尿系统疾病的内、外科知识点融会贯通，让我们有机会抛砖引玉，为深化中国医学教育改革，为培养具有整合医学思维的新型医学人才尽绵薄之力！

刘志红　孙颖浩

2015年8月

临床医学的迅猛发展,使医学教育的观念和模式发生了巨大的转变,以学科为中心的教学模式越来越不适应医学学科间交叉融合的需要。以器官-系统为中心的整合课程教学已成为当前医学教育改革的趋势,它能更好地实现基础与基础、基础与临床、内科与外科、医学与人文、疾病与健康等知识的整体融合,更好地培养医学生的创新能力、整体思维、临床技能和人文关怀。

以往的教材中肾内科和泌尿外科的内容是相对独立和分离的,内科多关注肾实质疾病,而泌尿外科则注重尿路病变,两者之间的内在联系很少能通过教材体现出来。为了适应医学科学理论和临床研究的迅速发展,满足我国临床医学专业教学改革与发展的需求,在教育部临床医学综合改革项目的支持下,在全国高等医药教材建设研究会的领导下,我们开展了全国高等学校临床医学专业"器官-系统"整合规划教材—《泌尿系统疾病》分册的编写工作。

本教材综合参考了全国高等学校临床医学专业泌尿系统疾病的内、外科教学大纲,围绕着夯实基础、注重临床的指导思想,开篇即整合阐述了泌尿系统内、外科疾病的临床特征和诊断思路,引导学生以一种全新的思维方式来学习这门课程。本教材不仅实现了内、外科内容的有机整合,部分章节更着重阐述了泌尿系统疾病与全身其他系统的关系,并展现了转化医学概念以及临床研究热点与前沿,着眼于培养全面、高素质的医学人才。在每个疾病的讲解中,本教材引入了最新的专业诊疗指南,部分内容根据国际、国内最新的循证医学依据作了相应的更新,有利于培养学生的循证医学思维。

本教材邀请了国内著名高等院校附属医院的多位肾脏病和泌尿外科专业学者共同完成,并由刘志红院士和孙颖浩教授担任主审,他们为编好本教材付出了大量的心血,在此谨向他们致敬。以"器官-系统"为中心的整合课程教材的编写在我国尚处于起步阶段,教学理念和方法都有待优化。本教材的编写经过了各位编者辛勤而严谨的探索与钻研,但也必定存在不足之处,期待广大师生及读者的评议与指正,以便再版时加以修正。

诚挚感谢为本教材编写、审稿和出版等一系列工作辛勤奉献的所有编者与工作人员。

陈江华　王子明

2015 年 8 月

器官-系统
整合教材
OSBC

OSBC

第一篇　泌尿系统总论

器官·系统
整合教材
OSBC

第一章 泌尿系统疾病的临床表现、病史采集和体格检查

【学习目标】

掌握泌尿系统疾病常见综合征;熟悉泌尿系统疾病常见临床表现;熟悉泌尿系统疾病的问诊和体格检查要点。

第一节 泌尿系统疾病常见临床表现

一、血尿(hematuria)

离心后尿沉渣镜检红细胞超过 3 个/高倍视野即为血尿,如尿外观颜色正常称为镜下血尿,如尿外观为血色或洗肉水样称为肉眼血尿。一般 1 升尿液中含 1 毫升血液即可呈现肉眼血尿。血尿绝大多数由泌尿系统疾病引起,包括肾小球疾病、肾小管间质疾病及泌尿系统结石、外伤、感染、畸形和肿瘤等;少数为全身性疾病(如血液系统疾病)或邻近器官疾病等引起,但首先需排除阴道或肠道出血污染尿液引起的假性血尿。

尿三杯试验(一次排尿分前、中、后三段留尿检测尿红细胞数量)有助于寻找血尿产生部位。初始血尿为排尿开始时血尿,常因尿道或膀胱颈病变所致。终末血尿为排尿终末段血尿,其病变部位可能在膀胱三角区、膀胱颈或前列腺部尿道。全程血尿最为常见,为排尿开始至终末尿液均有血尿,一般来源于膀胱三角区以上的尿路或肾脏病变。

二、蛋白尿(proteinuria)

正常状态下,24 小时尿蛋白排泄量一般不超过 150mg。蛋白尿定义为 24 小时尿蛋白排泄量持续超过 150mg,或尿蛋白与肌酐比值>200mg/g。蛋白尿的分类和常见病因见表 1-1-1。

表 1-1-1 尿蛋白分类和常见病因

分类	病因	机制和特点
功能性蛋白尿	剧烈运动、高热、直立位、精神因素等刺激后出现	一般不超过 0.5g/d
肾小球性蛋白尿	原发性或继发性肾小球疾病	肾小球滤过膜损伤导致的蛋白尿,尿蛋白量多、尿蛋白分子量较大
肾小管性蛋白尿	肾小管间质疾病	肾小管重吸收蛋白减少导致的蛋白尿,尿蛋白量少,尿蛋白分子量较小

Note

续表

分类	病因	机制和特点
溢出性蛋白尿	浆细胞病、溶血、横纹肌溶解症等	循环中某些蛋白(如轻链、血红蛋白、肌红蛋白等)异常增多,从肾小球滤过,超过肾小管重吸收阈值所致
分泌性蛋白尿	感染、炎症、中毒	由肾小管髓袢升支分泌的 Tamm-Horsfall 蛋白;尿道黏膜分泌的 IgA 等

三、水肿(edema)

肾脏疾病引起水肿的主要机制包括水钠潴留、血管通透性增加、低蛋白血症导致血浆胶体渗透压降低等。肾源性水肿应与其他病因引起的水肿相鉴别(见表 1-1-2)。

表 1-1-2　常见水肿原因

分类	临床特点
肾源性水肿	迅速发生,水肿出现顺序一般为:眼睑→颜面→全身,水肿质软易移动,有肾脏病的其他临床表现如蛋白尿、血尿、管型尿、高血压等
心源性水肿	逐渐形成,下肢→全身,水肿较坚实,移动性较小,伴心衰体征
肝源性水肿	缓慢发生,下肢→腹部→全身,腹水较明显,有肝病病史和相关体征
内分泌性水肿	发生较缓,有内分泌疾病表现
结缔组织疾病水肿	可有血管炎表现、雷诺现象、多脏器损害等
营养不良性水肿	与低白蛋白血症有关
特发性水肿	病因不明,多见于女性,往往与月经周期性有关,又称"周期性水肿"

四、高血压(hypertension)

高血压是肾脏疾病常见临床表现,可由肾实质或肾血管病变引起,因此分为肾实质性高血压和肾血管性高血压,应与高血压引起的肾损害相鉴别。

1. **肾实质性高血压**　见于原发性肾小球疾病(如 IgA 肾病)、继发性肾小球疾病(如糖尿病肾病)、肾小管间质性肾病(如梗阻性肾病)。

2. **肾血管性高血压**　主要见于肾动脉狭窄阻塞(先天性畸形、动脉粥样硬化、炎症、血栓、肾蒂扭转),临床特点为病情进展较快,突然发生恶性高血压而无其他病因可解释,约 80% 以上患者可在脐上部位闻及高调收缩期及舒张期血管性杂音。

五、多尿(polyuria)

24 小时内尿量超过 2500ml 称多尿。超过 4000ml 称尿崩症。多尿的病因包括:①精神性多饮多尿;②中枢性尿崩症;③肾性尿崩症;④药物等所致肾小管间质性肾炎;⑤慢性小管间质性肾病(如反流性肾病、梗阻性肾病等);⑥急性肾小管坏死多尿期;⑦多发性骨髓瘤肾损害;⑧淀粉样变性病;⑨低钾性肾病;⑩其他如高钙性肾病、镰形细胞性贫血、特发性多尿综合征、脑炎后、渗透性利尿等。

六、少尿或无尿(oliguria or anuria)

24 小时内尿量少于 400ml 或每小时尿量少于 17ml 称少尿。24 小时尿量少于 100ml 称无

Note

尿。其病因分为肾前性、肾性和肾后性。肾前性常见病因有脱水、心力衰竭、休克、肾动脉栓塞或血栓形成。肾性是肾脏本身疾病,如肾小球肾炎、急性肾小管坏死和慢性肾衰竭。肾后性多由于双侧输尿管梗阻,或一侧肾无功能、另一侧输尿管梗阻,或下尿路梗阻所致。

七、疼痛(pain)

泌尿生殖系统疼痛常常与梗阻和炎症有关。肾区疼痛多表现为钝痛、胀痛,常见于肾盂积水、反流性肾病、肾盂肾炎、多囊肾及肾脏其他囊性疾病、肾炎活动期、肾结核、肾结石、肾肿瘤、移植肾排斥等。急性肾盂肾炎、肾乳头坏死、血管病变如静脉血栓形成或动脉栓塞、肾小管内结晶阻塞、肾肿瘤晚期时疼痛可较剧烈。结石或血块等引起输尿管梗阻时可发生肾绞痛(renal colic),多表现为梗阻部位剧烈疼痛,可向会阴部放射。阴囊或阴囊内容物病变可引起阴囊疼痛。急性附睾炎、急性睾丸炎、睾丸及其附件扭转可引起急性剧痛,鞘膜积液、精索静脉曲张等可引起慢性疼痛。

八、排尿困难(dysuria)

膀胱内尿液排出障碍称为排尿困难,首先应排除精神紧张性排尿困难,特别是肾活检、腹膜透析置管术、其他泌尿系统检查和手术之后发生的排尿困难。排尿困难可表现为排尿踌躇、排尿中断、尿后滴沥及排尿费力。排尿踌躇是指排尿开始出现延迟的表现。膀胱出口梗阻,需要延长时间增加膀胱压力,这样就会出现排尿延迟的症状。排尿中断是排尿过程中,排尿的开始及停止为无抑制性,多是前列腺增生及膀胱结石的表现。尿后滴沥是指排尿结束后的滴尿现象,是少量停留在球部尿道或前列腺部尿道的尿液不能被挤压回膀胱的结果。排尿费力是指排尿借助腹部肌肉来完成,常伴有尿线变细或分叉,射程短及尿不尽感,是膀胱出口梗阻的一个重要表现。

九、尿潴留(uroschesis)

尿潴留是指膀胱内充盈尿液而不能自主排出。下尿路有梗阻时膀胱测压可超过7kPa(正常5kPa以下)。急性尿潴留发病突然,膀胱胀满,患者异常痛苦。慢性尿潴留有长期排尿困难表现。两者均可在耻骨上扪及一球形包块,叩诊呈浊音,膀胱导尿术或耻骨上膀胱穿刺术可引出大量尿液。常见病因包括尿道梗阻、前列腺疾病、神经源性膀胱等。

十、尿频、尿急(frequency and urgency of micturition)

正常人排尿次数白天为4~6次,夜间0~1次。成人每次尿量为300~500ml。排尿次数增多,每次尿量减少,而24小时尿量正常称为尿频。尿频的原因可以是尿液产生过多、功能性膀胱容量降低或膀胱不能完全排空。尿急是指突然出现的强烈、不可抑制的排尿愿望,常见病因包括精神紧张、尿路刺激因素(尿路感染、血尿、高钙尿症等)、膀胱容量减少、神经源性膀胱等。

十一、尿痛(dysuria)

排尿时或排尿后尿道内疼痛称为尿痛,常与尿频、尿急合并存在,称为尿路刺激症状。炎症性尿痛常见病因为泌尿系感染、泌尿系结核、盆腔炎症和脓肿,非炎症性尿痛常见病因为泌尿系结石、膀胱或尿道异物、膀胱或尿道憩室、泌尿系肿瘤、盆腔或直肠肿瘤。

十二、尿失禁(urinary incontinence)

由于膀胱逼尿肌异常或神经功能障碍而丧失自主排尿能力,导致尿液不能控制而自行排出称为尿失禁。真性尿失禁系指因膀胱括约肌受到损伤,或因神经功能障碍,膀胱括约肌丧失了控制尿液的能力,无论患者处在何种体位,尿液不自主持续地由尿道流出。病因包括中枢神经疾患所致的神经源性膀胱、括约肌损伤等。压力性尿失禁是由于尿道括约肌张力减低、盆底肌肉或韧带松弛,在咳嗽、跑、跳等腹压增高时,尿液溢出。在经产妇或绝经后妇女常见,病因包括多次妊娠、盆腔肿瘤、子宫脱垂等。充盈性尿失禁又称假性尿失禁,由于潴留在膀胱的尿液过多所致。下尿路梗阻或神经源性膀胱,导致尿潴留、膀胱过度膨胀,膀胱内压升高尿液溢出,这种现象多发生在夜间。急迫性尿失禁是指在有急迫的排尿感觉后,尿液快速溢出。常发生于有膀胱炎、神经源性膀胱或严重的膀胱出口梗阻导致膀胱顺应性降低的患者。

十三、漏尿(urine leak)

是指尿液不经尿道外口,而是绕过尿道括约肌由瘘口流出,常与尿失禁相混淆。原因有外伤、产伤、手术、感染、局部放疗、肿瘤等,常见的有膀胱阴道瘘、尿道阴道瘘、尿道直肠瘘等。先天性输尿管异位开口也是漏尿的一个主要原因。

十四、遗尿(enuresis)

尿失禁发生在睡眠时,属不自主行为,每夜1～2次,也可几日发生一次,多见于儿童,多可自愈。6岁以上儿童仍有遗尿,需注意排除泌尿系统疾病。

十五、肿块(mass)

肿块是泌尿系统疾病的一个重要临床表现,常见于泌尿系统任何器官的肿瘤、结核、炎症、囊肿、积水(液)。

第二节 泌尿系统疾病常见综合征

泌尿系统疾病的临床表现或综合征是诊断的重要线索,通过病史采集、体格检查和辅助检查,进行分别归类,提示了重要的诊断思路。

一、肾炎综合征(nephritic syndrome)

肾炎综合征以红细胞尿(血尿)伴蛋白尿为基本表现,伴或不伴水肿(和少尿)、高血压、氮质血症。分为急性肾炎综合征和慢性肾炎综合征,病因包括肾小球疾病、肾小管间质肾炎等。

二、肾病综合征(nephrotic syndrome)

各种肾炎或肾病,当蛋白尿定量达到或超过 $3.5g/d$ 或 $3.5g/(1.73m^2 \cdot d)$,同时血浆白蛋白浓度低于 $30g/L$ 时,即称为肾病综合征,可伴或不伴明显水肿和高脂血症。

三、单纯性血尿(isolated hematuria)

单纯性血尿指患者有肉眼或镜下血尿,但无肾脏病的其他表现。多数因泌尿系结石、畸形、感染、损伤等疾病引起,也常是感染后肾小球肾炎或 IgA 肾病起病的临床表现。

四、无症状性蛋白尿(asymptomatic proteinuria)

无症状性蛋白尿指患者有蛋白尿,但无肾脏病的其他表现。主要病因是隐匿起病的慢性肾小球肾炎和部分肾小管间质肾病。

五、小管综合征(tubular syndrome)

小管综合征是指由于肾小管病变引起的多种临床综合征。根据病变部位和临床特征可分为近端小管功能障碍、远端小管功能障碍和混合性小管功能障碍。常见疾病包括范可尼综合征、巴特综合征、肾小管酸中毒等。

六、尿路疾病（urinary tract diseases）

常见尿路疾病包括尿路感染、结石、梗阻、先天性畸形、损伤。膀胱-输尿管反流所引起的慢性肾盂肾炎在国际上通常被称为反流性肾病（reflux nephropathy，RN），其发病机制和病理生理特点不同于细菌感染引起的肾盂肾炎。泌尿系结石既可与尿路感染互为因果，也可继发于其他病因。急性梗阻可引起急性肾损伤，长期慢性梗阻可引起梗阻性肾病，导致慢性肾衰竭。

七、急性肾损伤（acute kidney injury，AKI）

AKI 是指数日至数周内发生肾小球滤过率（glomerular filtration rate，GFR）迅速下降，不能有效清除含氮代谢废物（如尿素、肌酐）以及其他代谢废物与体液的临床综合征。

八、慢性肾脏病（chronic kidney disease，CKD）

2012 年改善全球肾脏病预后国际组织（Kidney Disease：Improving Global Outcomes，KDIGO）定义 CKD 为：①肾脏损伤（肾脏结构或功能异常）≥3 个月，具体包括：白蛋白尿，尿沉渣异常，肾小管功能紊乱导致的电解质及其他异常，组织学检测异常，影像学检查结构异常，肾移植病史，伴或不伴 GFR 下降；②GFR<60ml/（min·1.73m^2）≥3 个月，伴或不伴肾损伤证据。

九、下尿路症状群（lower urinary tract symptoms，LUTS）

LUTS 的临床症状包括储尿期症状、排尿期症状及排尿后遗症。储尿期症状包括尿频、尿急、尿失禁以及夜尿增多等；排尿期症状包括排尿踌躇、排尿困难以及间断排尿等；排尿后症状包括排尿不尽、尿后滴沥等。膀胱、膀胱颈、前列腺、尿道外括约肌以及尿道出现结构性或功能性的异常都会引起 LUTS，如前列腺增生、膀胱过度活动症、尿路感染等。

第三节　泌尿系统疾病问诊要点

一、现病史问诊要点

1. **发病年龄**　幼年或青少年起病需注意泌尿系统先天畸形或遗传性疾病可能，老年患者需注意前列腺增生或前列腺癌、代谢性疾病、高血压肾损害、膜性肾病等。

2. **起病急缓**　慢性肾小球肾炎、多囊肾、慢性肾小管间质性肾病等起病隐匿，缓慢进展，后期可因出现慢性肾衰竭及相关并发症而被发现。感染、损伤、结石引起尿路急性梗阻等通常起病较急，进展较快。

3. **疾病特点**　①慢性肾炎起病隐匿，表现以血尿、蛋白尿为主，合并大量蛋白尿、肾小球滤过率下降者可有明显水肿、高血压等；②尿路感染引起尿频、尿急、尿痛、混浊尿及气味异常尿，上尿路感染时可有患侧腰痛及发热等全身表现；③尿路结石引起尿路急性梗阻时表现为绞痛，可伴有血尿、无尿或少尿；④全程无痛性肉眼血尿是肾、输尿管及膀胱肿瘤的主要表现；⑤水钠潴留可表现为高血压、水肿、头痛、视力障碍，发生肺水肿时表现为端坐呼吸、阵发性夜间呼吸困难；⑥尿毒症时可有恶心和/或呕吐、皮肤瘙痒、贫血、骨痛等。

4. **诊治经过**　已有的诊断及依据、治疗方法、疗程和效果。

5. **伴随症状**　当肾脏病变累及多系统或由多系统疾病引起时，会有明显的肾外表现，包括关节肿痛、皮疹、头痛、抽搐、腹痛、腹泻、胸闷、气促、咳嗽、咯血、骨痛等。

二、既往史问诊要点

可能累及肾脏的疾病有:①糖尿病;②结缔组织疾病如系统性红斑狼疮、干燥综合征、系统性血管炎、系统性硬化症等;③血液系统疾病如淋巴瘤、多发性骨髓瘤、系统性淀粉样变等;④慢性肝病如乙型病毒性肝炎、丙型病毒性肝炎、肝硬化等,⑤其他疾病如恶性肿瘤、感染性心内膜炎、结核、疟疾等。

三、个人史问诊要点

1. 职业与接触史　①热带气候下易患肾脏结石;②静脉内吸毒易引起 HBV 和 HIV 感染、感染性心内膜炎以及相关肾损害;③接触重金属汞、铅、镉可引起间质性肾炎;④接触溶剂和化学物质与尿道上皮恶性肿瘤有关;⑤丝虫病流行区居住史者可有乳糜血尿。

2. 家族史　询问家族成员有无泌尿系统疾病的相关症状,对诊断泌尿系统遗传性疾病和家族聚集性疾病有意义。

四、药物史和治疗史问诊要点

1. 药物史　询问用过何种药物、用药时间多长、剂量多少、有无不良反应。与肾损害有关的药物有镇痛剂、非类固醇类抗炎药物(NSAIDs)、青霉胺、金制剂、汞盐、锂和氨基糖苷抗生素等。与泌尿系结石发病相关的药物有过量维生素 D 和钙剂等。

2. 治疗史　询问过去有无手术史或住院史。

五、饮食习惯问诊要点

需要了解患者详细饮食习惯。某些饮食习惯与泌尿系统疾病有一定关系,如高嘌呤饮食易导致痛风性肾病,钙或草酸盐过量摄入易导致泌尿系结石,钠盐摄入过多易加重高血压引起高血压肾损害等。

第四节　泌尿系统疾病体格检查要点

全面和详细的体格检查是诊治泌尿系统疾病的重要组成部分。虽然已有不少实验室和影像学诊断方法,但体格检查依然是医生取得最直接的第一手资料的重要步骤,应完整、仔细、认真完成。

一、体液状态的评估

体液增加的临床体征有血压升高、脉搏洪大、水肿、心脏奔马律、肺水肿。体液量减少的体征有脉搏细弱、四肢末梢发冷、低血压或体位性低血压。

二、原发性肾脏疾病的体征

原发性肾脏疾病的体征有:①在多囊肾时可触及腹部肿块;②在肾血管性疾病时可闻及杂音;③系膜毛细血管性(Ⅱ型)肾小球肾炎患者部分存在脂肪代谢障碍;④髓质海绵肾患者部分存在偏身肥大(如单侧手脚增大);⑤Fabry 病时可存在皮肤血管角质瘤。

三、系统性疾病的体征

系统性疾病的体征有:①糖尿病肾病患者有糖尿病周围神经病变或视网膜病变;②系统性血管炎患者有典型皮疹、间质性或肉芽肿性肺炎、出血性结膜炎或葡萄膜炎、中枢神经系统表现；③高尿酸血症肾病或类风湿关节炎患者可见痛风石或关节畸形；④感染性疾病有相应部位的感染表现；⑤肿瘤相关性肾病有原发肿瘤或转移肿瘤的表现。

四、慢性病程的体征

提示肾脏病慢性病程的体征有：①慢性病容和/或贫血；②儿童生长延迟；③肾性骨病表现；④长期高血压表现（如高血压视网膜病变和心脏肥大）。

五、泌尿系统体格检查重点（见表1-1-3）

表1-1-3　泌尿系统体格检查重点

部位	检查重点
皮肤	有无皮疹、紫癜、黄染、苍白、白斑、血管纤维瘤、部分性脂肪代谢障碍（如局限性皮下脂肪过多或缺乏）
水肿	检查颜面、躯干及四肢有无水肿，水肿的部位和程度，水肿的性质是凹陷性还是非凹陷性
口和咽部	有无溃疡、充血和感染
心血管系统	四肢脉搏的性质；测量血压；听诊有无血管杂音（股、颈、腹部动脉）、心包摩擦音，有无新出现的心脏杂音及杂音的变化
呼吸系统	测量呼吸频率；评估呼吸类型，是否有呼吸困难；听诊有无肺底捻发音；检查有无局灶性实变；平躺时病人是否气喘加重
网状内皮系统	有无淋巴结肿大，检查其大小、硬度、活动度、有无压痛；检查有无肝脾肿大
腹部及腰背部	腹部有无包块、压痛，有无肾脏肿大（注意其大小和形状）；检查耻骨上有无充盈的膀胱；有无其他内脏肿大；检查肾区有无叩痛
外生殖器	有无先天性异常（如尿道下裂、阴道闭锁）、睾丸炎症或肿块
关节	有无关节炎或畸形的表现
眼、耳	有无出血性结膜炎、葡萄膜炎、白内障，有无视网膜病变，有无神经性耳聋
神经系统检查	有无扑翼样震颤，有无末梢神经病变、局灶性神经缺损的表现，有无意识障碍

本章小结

本章主要介绍了泌尿系统疾病常见临床表现（如水肿、血尿、蛋白尿、高血压、尿量改变、排尿困难等）的定义、常见病因及鉴别要点；泌尿系统疾病的常见综合征的定义、表现和可能病因；泌尿系统疾病问诊及体格检查的要点和重点。

关键术语

血尿（hematuria）

蛋白尿（proteinuria）

少尿（oliguria）

无尿（anuria）

肾炎综合征（nephritic syndrome）

肾病综合征（nephrotic syndrome）

急性肾损伤（acute kidney injury）

慢性肾脏病(chronic kidney disease)

排尿困难(dysuria)

尿潴留(uroschesis)

尿失禁(urinary incontinence)

思考题

1. 泌尿系统疾病的常见临床表现有哪些？

2. 蛋白尿的定义与分类。

3. 少尿或无尿的定义与病因分类。

4. 泌尿系统疾病的常见综合征有哪些？

（邹和群）

第二章　泌尿系统疾病的辅助检查

【学习目标】

掌握尿液分析和肾功能检查的方法与临床意义;掌握肾脏病理活检的指征及意义;掌握泌尿系统疾病影像学检查的原理与临床意义;熟悉肾小球疾病相关免疫学检查和临床意义;了解常见肾小球疾病的病理特征。

第一节　尿液分析

一、标本的采集和处理

欧洲尿液分析指南要求尿液检查前 24 小时应避免体育运动,防止运动性蛋白尿和/或血尿或管型尿对尿液分析结果的影响。一般采用新鲜晨尿,留取中段尿,使用清洁干燥的容器。所留尿液应尽快送实验室检查,最长不能超过 2 小时。如确实不能及时送检时,应将标本置 4℃下冷藏保存并不得超过 6 小时。女性留取尿标本时应避开月经期,清洁外阴。

二、尿液分析

(一)尿液外观

尿液混浊状常见于:①尿路感染时尿中有很多白细胞;②女性尿液被阴道分泌物污染;③磷酸盐结晶在碱性尿中沉淀等。尿色变红可见于:①血尿、血红蛋白尿、肌红蛋白尿;②尿中卟啉增多;③食物色素所致;④药物色素如酚红、利福平等所致。

(二)尿液干化学检查

1. **蛋白尿**　尿液干化学检查蛋白阴性可能漏检本-周氏蛋白和微量白蛋白。尿蛋白试纸检测蛋白的低限是 150mg/L,正常尿液中所含的白蛋白高限是 20mg/L。所以,尿蛋白(白蛋白)含量在 20~150mg/L 时会漏检。在尿液为强碱性时尿蛋白可能呈假阳性。

2. **糖尿**　①高血糖糖尿:正常人肾糖阈为 8.9~10.0mmol/L,滤出至尿液中的少量葡萄糖也可被肾小管重吸收。当血糖水平高于肾糖阈时,糖尿出现,为高血糖糖尿。②肾性糖尿:由于肾小管重吸收功能障碍导致肾糖阈降低,血糖浓度正常时也有尿糖出现,此为肾性糖尿。

(三)尿沉渣检查

1. **血尿**　离心后尿沉渣镜检红细胞超过 3 个/高倍视野(HP)即为血尿。用相差显微镜观察尿沉渣,肾小球源性血尿时见多数变形红细胞,而在非肾小球源性血尿时红细胞形态正常均一。变形红细胞尿(变形红细胞占 70% 以上)为肾小球源性,均一形态正常红细胞尿为非肾小球源性,其中尿棘形红细胞对肾小球源性血尿的诊断特异性最高。

2. **白细胞尿(或脓尿)**　新鲜清洁尿标本尿沉渣白细胞 ≥5 个/高倍视野,或 3 小时白细胞计数超过 40 万个/小时(或 12 小时超过 100 万个)为白细胞尿。白细胞尿或脓尿最常见于尿路特异性或非特异性感染,也可见于小管间质性肾炎,偶见于个别伴有血尿的肾小球肾炎。尿中嗜酸性细胞增多提示过敏性间质性肾炎。

3. **细菌尿**　正常尿液是无菌的,如尿中有细菌出现称为细菌尿。通过相差显微镜很容易观察到细菌,呈黑色点状或杆状,并以布朗运动的方式移动。细菌尿可以是有症状的,也可以是无症状的。细菌尿定义本身包括了污染,临床应根据标本采集方式不同而应用不同的"有意义的细菌尿"计数来表示尿路感染。

4. **管型尿**　由肾小管、集合管内蛋白质、细胞和碎片沉淀而形成。①透明管型:由 Tamm-Horsfall 蛋白(T-H 蛋白)所形成,正常人可见少量透明管型;②红细胞管型:提示肾小球疾病;③白细胞管型:常见于急性肾盂肾炎;④细胞管型或颗粒管型:细胞管型或较多的颗粒管型提示肾脏疾病;⑤蜡样管型:是肾衰竭的特征管型;⑥脂肪尿时可见脂肪管型。

三、尿蛋白分析

(一)尿蛋白定量

正常情况下每天滤出约 7g 蛋白,其中绝大部分被肾小管上皮细胞重吸收并分解,从尿中排出的蛋白每天不足 150mg。

1. **蛋白尿(proteinuria)**　定义为 24 小时尿蛋白排出量持续超过 150mg,或尿蛋白/肌酐比值>200mg/g。

2. **白蛋白尿(albuminuria)**　定义为尿白蛋白/肌酐比值在男性>250mg/g,女性>355mg/g。

3. **微量白蛋白尿(microalbuminuria,MAU)**　定义为 24 小时尿白蛋白排泄 30～299mg,或尿白蛋白排泄 20～199μg/min,或尿白蛋白/肌酐比值 17～250mg/g(男性)和 25～355mg/g(女性)。

(二)尿蛋白成分分析

正常情况下只有小分子血浆蛋白能够通过肾小球滤过膜。尿蛋白中以中、小分子(白蛋白及更小的蛋白质)为主,没有或仅有极少量大分子蛋白,这种蛋白尿叫做选择性蛋白尿。若血浆中蛋白质不论分子大小均能从肾小球滤过膜通过,尿中大、中、小分子蛋白质均有,并且有相当大量的大分子蛋白质,称为非选择性蛋白尿。

四、尿电解质检测

尿钠检测有助于明确低钠血症的原因,鉴别肾前性少尿、急性肾小管坏死、肾上腺功能减退、慢性小管间质肾病。肾前性急性肾损伤时尿钠排出减少。无急性肾损伤且非利尿剂引起的尿钠丢失是肾上腺功能减退和慢性肾小管间质损害的特征。

尿钾检测有助于明确是否肾性失钾。

五、细菌学检查

(一)细菌培养

中段尿细菌定量培养是对培养的中段尿标本进行含菌量计数。一般取清洁中段尿作细菌培养。膀胱穿刺尿做细菌定性培养是诊断尿路感染的金标准。中段尿细菌培养≥10^5/ml 为真性细菌尿;膀胱穿刺尿培养有细菌生长即为真性细菌尿。

结果判读要除外假阳性和假阴性,假阳性见于:①中段尿收集不规范,尿标本受到不洁外阴或白带等污染;②尿标本检测前在室温下放置时间超过 1 小时;③检测技术有误。假阴性见于:①患者近 7 日内用过抗菌药物;②尿液在膀胱内停留不足 6 小时;③消毒剂混入尿标本。

(二)尿沉渣镜检

在光学显微镜下观察革兰染色的非离心尿,尿路感染时每个油镜视野见到 1 至多个细菌。

六、尿细胞学检查(urine cytology test)

无痛性血尿时应该对尿液进行细胞学检查,有助于泌尿系统肿瘤的诊断和鉴别诊断。尿脱

Note

落细胞检查对膀胱移行细胞癌诊断的敏感性为67%,特异性为96%。

(邹和群)

第二节　肾脏功能检查

一、肾小球滤过功能

(一)血清肌酐(serum creatinine)

肌酐的分子量为113Da,可自由通过肾小球,不被肾小管重吸收,血清肌酐无异常增高时不被肾小管排泌。正常人肌酐的排泄主要通过肾小球的滤过作用,因此血清肌酐水平可用于评价肾小球的滤过功能。

血清肌酐的正常值范围是60～110 μmol/L。血清肌酐与肌酐清除率或肾小球滤过率(GFR)之间的关系呈平方双曲线,大多数患者直到GFR减少约50%时,血清肌酐才超过正常值上限。故血清肌酐测定并不是肾小球滤过功能的敏感指标。

(二)肾小球滤过率(glomerular filtration rate,GFR)

GFR可准确反映肾小球滤过功能的水平。GFR定义为单位时间(分钟)内从双肾滤过的血浆毫升数。血浆中某些物质通过肾小球滤过和肾小管处理,被清除出体外,称为肾对血浆中某一物质的清除。肾清除率常用毫升/分(ml/min)表示。GFR计算公式如下:

$$GFR(ml/min)=\frac{某物质每分钟在尿中排出量}{某物质的血浆浓度}=\frac{U \cdot V}{P}$$

1. 内生肌酐清除率(endogenous creatinine clearance rate,Ccr)　临床工作中采用Ccr代替GFR。当血清肌酐增高程度严重时,有部分肌酐从肾小管排泌,所以测得的Ccr大于真正的GFR。传统测定Ccr的方法是素食三天后收集24小时全部尿液,测定血、尿肌酐水平,按Ucr·V/Pcr公式计算Ccr,并采用标准体表面积纠正,其中U:标记物在尿中的浓度;V:单位时间内的尿量;P:标记物在血浆中的浓度,Ccr正常值为80～120ml/(min·1.73m²)。

2. 根据血清肌酐值估算GFR(estimated GFR,eGFR)　流行病学调查需要选择简单实用的研究方法,较多采用以血清肌酐值推算GFR的公式计算eGFR。1976年Cockcroft和Gault提出Cockcroft-Gault公式,该公式对老年人、儿童及过度肥胖者不适用;MDRD(Modification Diet in Renal Disease)公式针对慢性肾脏病(chronic kidney disease,CKD)患者设计,因此会低估GFR>60ml/(min·1.73m²)人群的GFR;北京大学肾脏病研究所发现MDRD公式不适应中国人群,因此通过添加种族系数提出适用中国人群的改良MDRD公式(C-MDRD);CKD-EPI(Chronic Kidney Disease Epidemiology Collaboration)公式针对CKD和非CKD人群,对于健康体检人群偏倚小,特别在高GFR区间。

(1)MDRD简化公式:

$$eGFR[ml/(min·1.73m²)]=186×血清肌酐(mg/dL)^{-1.154}×(年龄,岁)^{-0.203}(女性×0.742)$$

(2)CKD-EPI公式,见表1-2-1。

3. 放射性核素评价GFR

(1)^{131}I-邻碘马尿酸肾图:检查前30分钟饮水300ml,临检查前先排尿,由肾图仪描记,记录基线后经肘静脉"弹丸"式注射示踪剂并立即启动扫描,记录20min。正常肾图曲线分为三段:①示踪剂出现段(a段):陡然上升的放射性增加段,反映进入肾周血管床、肾内血管床和早期肾实质摄取的放射性物质量;②聚集段(b段):紧接a段曲线斜形上升,其斜率反映肾小管上皮细胞摄取示踪剂的量与速度;③排泄段(c段):曲线下降部分,其快慢主要反映示踪剂排出肾脏的速度,反映有无尿路梗阻。

表 1-2-1　CKD-EPI 公式

种族和性别	血清肌酐水平,μmol/L（mg/dl）	公式
黑人		
女性	≤62(≤0.7)	$GFR = 166 \times (Scr/0.7)^{-0.329} \times (0.993)^{年龄}$
	>62(>0.7)	$GFR = 166 \times (Scr/0.7)^{-1.209} \times (0.993)^{年龄}$
男性	≤80(≤0.9)	$GFR = 163 \times (Scr/0.9)^{-0.411} \times (0.993)^{年龄}$
	>80(>0.9)	$GFR = 163 \times (Scr/0.9)^{-1.209} \times (0.993)^{年龄}$
白人或其他人种		
女性	≤62(≤0.7)	$GFR = 144 \times (Scr/0.7)^{-0.329} \times (0.993)^{年龄}$
	>62(>0.7)	$GFR = 144 \times (Scr/0.7)^{-1.209} \times (0.993)^{年龄}$
男性	≤80(≤0.9)	$GFR = 141 \times (Scr/0.9)^{-0.411} \times (0.993)^{年龄}$
	>80(>0.9)	$GFR = 141 \times (Scr/0.9)^{-1.209} \times (0.993)^{年龄}$

（2）^{99m}Tc-DTPA 肾功能动态显像：^{99m}Tc-DTPA 肾功能动态显像能反映肾脏血流灌注及功能状况,并能清晰显示上尿路情况。静脉"弹丸"式注射^{99m}Tc-DTPA 肾脏显像剂后,用显像仪连续采集放射性核素经过腹主动脉和肾脏的一系列影像。经过计算机处理可得到肾脏血流灌注图像、功能动态图像及双肾时间-放射性活动曲线,从而提供有关肾脏血流和排泄功能的信息。肾动态显像和从中获得的有效肾血浆流量(effective renal plasma flow,ERPF)和 GFR 测定结果,可精确地确定总肾和分肾的功能。

二、肾小管功能检查

（一）近端小管功能检查

1. **肾糖阈测定**　正常人血中葡萄糖从肾小球全部滤过后,在近曲小管全部主动重吸收。随血中葡萄糖浓度增加,当原尿中葡萄糖浓度超过肾小管最大吸收极限时,尿中将有葡萄糖排出,这一数值称肾糖阈。肾糖阈降低是由于近端小管重吸收葡萄糖的功能减退所致,因此肾糖阈测定能反映近端小管重吸收葡萄糖的功能。

2. **尿氨基酸测定**　可用氨基酸分析仪作尿中各种氨基酸的定量检查。血中氨基酸经肾小球滤过,在近端小管绝大部分被重吸收。如患者在同样饮食情况下尿中氨基酸排出异常增多,则考虑为近端小管重吸收功能减退。

3. **尿中溶菌酶及 β$_2$-微球蛋白测定**　溶菌酶、β$_2$-微球蛋白均为小分子蛋白质,二者均经肾小球自由滤过,绝大部分在近端小管被重吸收,故尿中含量极微。正常人尿溶菌酶<3μg/ml,尿β$_2$-微球蛋白<0.2μg/ml。如两者血中含量正常,而尿中含量增多,则可说明近端小管重吸收功能受损。

（二）远端肾小管功能检查

1. **尿比重**　反映的是单位容积尿中溶质的质量,用于判断肾小管浓缩功能。正常人 24 小时总尿比重为 1.015～1.030。如果每次尿比重均在 1.010 左右,称为固定低比重尿,说明肾小管浓缩功能差。

2. **尿浓缩试验**　试验前一日晚6时饭后禁食、水。睡前排尿、夜尿应弃去。试验日晨6、7、8时各留尿一次,检测各次尿标本比重,观察机体缺水情况下远端小管浓缩尿液的功能。正常人前述三次尿标本中至少有一次比重在 1.026(老年人可为 1.020)以上。尿比重小于 1.020 表示肾浓缩功能差。

3. 尿渗透压测定　尿渗透压反映尿内溶质分子和离子的颗粒总数,通常采用冰点降低法测定。成人普通膳食时每日大约从尿排出 600 ~ 700mOsm 的溶质,由于正常人每日尿量基本在 1500 ~ 2500ml 之间,尿渗透压均应高于血渗透压,禁水 8 小时后晨尿渗透压应>700 ~ 800mOsm/kg · H_2O。

(三) 肾小管酸化功能检测

1. 尿 pH　代谢性酸中毒导致血 pH 下降到<7.35 时,尿 pH 应代偿性下降,肾小管泌 H^+ 增多,有机酸排出亦增多,结果尿 pH<5.5。而在 I 型肾小管酸中毒时,当血 pH 降低时,由于尿中排氢离子减少,尿 pH 常>6.2。II 型肾小管酸中毒近端小管重吸收碳酸氢钠减少,但远端肾小管酸化功能正常,尿 pH 仍可降至 5.5 以下。

2. 尿中碳酸氢根离子、可滴定酸及尿铵测定　正常情况下尿中几乎无碳酸氢根离子 (HCO_3^-)排出,尿中 HCO_3^- 的直接测定可了解近端小管重吸收 HCO_3^- 的情况。可滴定酸及尿铵的测定可直接了解远端小管泌氢、产氨的功能状态。尿中可滴定酸及铵的减少,或 HCO_3^- 的增加,均可造成代谢性酸中毒。

(邹和群)

第三节　泌尿系统疾病相关的免疫学检查

一、循环免疫复合物 (circulating immune complex, CIC)

由于心排血量的 20% 流经肾脏,肾小球毛细血管压力是其他组织毛细血管压力的 4 倍,蛋白质从毛细血管内至少要经五层薄膜滤过才进入包曼氏囊,因此肾脏受可溶性循环免疫复合物的影响较其他器官大。

急性链球菌感染后肾小球肾炎、狼疮性肾炎等患者的血清中都有 CIC 存在。CIC 水平有助于判断免疫性肾脏疾病的活动程度,如狼疮性肾炎患者 CIC 含量与病变活动有关。但 CIC 的存在并非肾病所特有,其他免疫相关疾病如硬皮病、皮肌炎等及某些感染性疾病如慢性活动性肝炎时 CIC 阳性率亦较高。

二、免疫球蛋白与补体

(一) 免疫球蛋白 (immunoglobulin, Ig)

1. 多克隆性增高　血中 IgG、IgA、IgM 等增高,血清蛋白电泳 α_1、α_2、β、γ 各种球蛋白均可增高,常见于系统性红斑狼疮、类风湿关节炎、慢性肝病、慢性感染、肿瘤等引起的肾病。IgA 肾病时约30% ~50% 患者的血清 IgA 增高,过敏性紫癜性肾炎也常有血清 IgA 增高。狼疮性肾炎以 IgG 增高最常见,狼疮性肾炎和肝硬化肾损害时血清免疫球蛋白既可为多克隆增高,也可为单克隆白增高。

2. 单克隆性增高　显著的单克隆球蛋白增高应考虑浆细胞病肾损害如多发性骨髓瘤肾病、华氏巨球蛋白血症肾病及良性原发性单克隆球蛋白血症肾病等。

3. 免疫球蛋白减低　见于各种先天性和获得性体液免疫缺陷病、长期应用免疫抑制剂患者。肾病时由于肾小球通透性增加导致 Ig 从肾丢失及尿毒症毒素抑制 Ig 的合成,也可导致 Ig 含量减少。狼疮性肾炎活动、肾小球滤过膜屏障损害严重时,大量免疫球蛋白随尿排出,血清免疫球蛋白也可因此而降低。

(二) 补体 (complement)

血清补体的活化动态是机体免疫反应常用的指标,测定肾病患者血清补体成分,可以了解补体在免疫反应中被消耗的情况,进而推测免疫反应类型和疾病活动程度。

急性链球菌感染后肾小球肾炎早期血清补体多明显下降,CH_{50}和C_3下降最显著,如无并发症则C_3约在$6 \sim 8$周后恢复正常。膜增生性肾小球肾炎由于患者血清内存在C_3肾炎因子,增加C_3的裂解而使C_3持续降低。狼疮性肾炎活动期C_3、C_4和CH_{50}通常降低,病情缓解后则恢复正常。

三、自身抗体

(一) 抗核抗体(anti-nuclear antibody,ANA)

是对针对细胞核内 DNA、RNA、碱性组蛋白、非组蛋白等抗原成分的自身抗体总称。可分为:①抗组蛋白抗体(AHA)和抗组蛋白亚单位抗体(H1、H2A、H2B、H3、H4 和 H2A-H2B 复合物);②抗 ENA 抗体:包括抗 Scl-70 抗体、抗 Jo1 抗体、抗 Sm 抗体、抗 nRNP 抗体、抗 SSA 抗体、抗 SSB 抗体;③抗着丝粒抗体;④抗 DNA 抗体(如抗双链 DNA 抗体)等。

抗核抗体在系统性红斑狼疮、皮肌炎、硬皮病、干燥综合征等多种结缔组织疾病均可阳性。其中抗 Scl-70 抗体是系统性硬化症标记抗体;抗 Jo1 抗体常见于多发性肌炎/皮肌炎;抗 Sm 抗体、抗双链 DNA 抗体是 SLE 的标记抗体;抗 nRNP 抗体提示混合性结缔组织病;抗 SSA 抗体常出现于干燥综合征和系统性红斑狼疮患者;系统性硬化症患者血清中抗着丝粒抗体阳性有较高的特异性。

(二) 抗心磷脂抗体(anticardiolipin antibody,ACLA)

抗心磷脂抗体常见于系统性红斑狼疮及其他自身免疫性疾病。

(三) 抗细胞质抗体

抗细胞质抗体包括:①抗中性粒细胞胞浆抗体(antineutrophil cytoplasmic antibody,ANCA);②抗平滑肌抗体;③抗甲状腺过氧化物酶(thyroid peroxidase,TPO)抗体。ANCA 针对的抗原物质包括中性粒细胞胞浆中的髓过氧化物酶(MPO)、蛋白酶3(PR3)、弹性蛋白酶和组织蛋白酶 G 等。ANCA 主要见于显微镜下多血管炎、肉芽肿性多血管炎和嗜酸性肉芽肿性多血管炎(统称为 ANCA 相关小血管炎),常引起急进性肾炎综合征和急性肾损伤。抗甲状腺 TPO 抗体主要见于自身免疫性甲状腺炎,有此抗体的患者常合并肾炎。

四、抗肾抗体(anti-kidney antibodies)

针对肾小球基底膜(GBM)抗原的抗体(抗 GBM 抗体)沉积在肾脏可诱发抗 GBM 肾炎,临床常表现为急进性肾炎,血清中检测到抗 GBM 抗体可作为诊断抗 GBM 肾炎的有力证据。其他抗肾抗体还有抗肾小管基底膜抗体、抗 Tamm-Horsfall 蛋白抗体、抗肾小管刷状缘抗体等。

(邹和群)

第四节　肾脏活检和肾脏病理

肾脏疾病诊断水平和治疗效果的显著提高很大程度上得益于经皮穿刺肾组织活体检查(renal biopsy)的推广,对肾组织标本进行病理检查可指导治疗和判断预后。

一、肾活检的意义和方法

(一) 肾活检指征

(1) 单纯血尿 6 个月以上,临床和实验室检查提示为肾小球疾病;

(2) 蛋白尿持续超过 1g/24h,临床和实验室检查提示肾小球疾病;

(3) 肾炎综合征或肾病综合征患者,临床和实验室检查考虑为肾小球疾病;

(4) 糖尿病患者突然出现大量蛋白尿、血尿或肾病综合征,或肾功能比预期恶化快;

Note

（5）急性肾损伤治疗效果不好,病因不明,但已排除尿路梗阻、肾灌注减少;

（6）系统性血管炎、系统性红斑狼疮等系统性疾病引起的肾损害,有疾病活动的临床证据;

（7）不明原因移植肾功能恶化,但不伴有尿路梗阻、尿路感染、肾动脉狭窄等;

（8）有明确肾脏病家族史,并有肾脏受累表现。

（二）对治疗和预后的指导作用

1. 病变类型　严重的肾小球硬化、小动脉硬化和间质纤维化多为不可逆病变,提示肾脏预后较差,对治疗反应不佳;细胞增生和渗出性病变通常是可治疗和可逆的;大新月体多数不可能消退,逐渐转变为纤维化新月体进而引起肾小球硬化。

2. 病变部位　病变可分为肾小球、肾小管、肾间质、肾小动脉等部位,不同性质疾病具有相应部位损伤的病理表现。

3. 病变活动性　肾小球内明显的细胞增生、肾间质炎症细胞浸润、肾小血管纤维素样坏死及免疫复合物沉积常提示活动性病变。

（三）肾活检并发症

肾活检主要的并发症是出血。肾功能不全、高血压、肾脏疤痕形成和淀粉样变增加肾活检出血风险。由技术熟练的人员在二维超声或 CT 引导下进行肾活检操作,可以把大出血的危险减少到最低限度。其他并发症包括活检局部肿胀和疼痛、血尿、感染、误穿其他器官等。

二、肾组织病理检查

（一）光镜检查

1. 一般染色

（1）苏木素-伊红（HE）染色法:先后以苏木素和伊红进行染色,主要观察:细胞核,呈紫蓝色;细胞胞质、基底膜、胶原纤维呈粉红色。

（2）六胺银法（PASM）:肾小囊基底膜、肾小球毛细血管襻基底膜、弹力纤维及网状纤维呈黑色,细胞核呈蓝褐色,细胞胞质呈浅红色。

（3）Masson 三色法:肾小球及小管基底膜、基质胶原纤维呈绿色,胞质、肌纤维、红细胞、免疫复合物呈红色,细胞核呈蓝褐色,主要用于观察肾脏纤维化程度。

（4）过碘酸-雪夫反应（PAS）:肾小囊基底膜、肾小管基底膜和肾小球毛细血管襻基底膜均呈红色,细胞核呈蓝色。

2. 特殊染色

（1）刚果红染色:主要用于观察肾脏淀粉样变性:淀粉样蛋白呈红棕色,偏光镜下可呈现特征性的苹果绿色双折光。

（2）免疫组织化学染色方法:用于检查淀粉样蛋白成分（κ 链和 λ 链）、乙型肝炎病毒抗原等的沉积。光镜下观察阳性部位呈棕黄色。

采用免疫组织化学方法检查肾脏活检组织中免疫球蛋白、补体成分及纤维蛋白原等成分,操作复杂,易出现假阳性和假阴性,现多应用免疫疫荧光方法进行检测。

（二）免疫荧光镜检查

免疫荧光染色主要检查肾组织中免疫球蛋白（IgG、IgA、IgM）、补体成分（C_3、C_4、C_{1q} 等）及纤维蛋白原的沉积等。在荧光显微镜下观察见阳性部位呈黄绿色荧光。

（三）电镜检查

电镜检查可观察肾小球基底膜结构并测量其厚度,对免疫复合物进行准确定位。可观察到特征性病变,如急性肾炎时内皮下"驼峰状"电子致密物沉积、膜性肾病肾小球基底膜"钉突"样改变、狼疮性肾炎时的"指纹状"结构、冷球蛋白沉积时微管团块状结构、淀粉样蛋白原纤维的典型特征等。

三、常见原发性肾小球疾病的病理表现（见表1-2-2）

表1-2-2　常见原发性肾小球疾病的病理表现

疾病名称	光镜	免疫荧光	电镜
毛细血管内增生性肾小球肾炎	肾小球明显肿大，内皮细胞和系膜细胞弥漫性增生，急性期可伴中性粒细胞浸润，少数可有新月体	IgG、C_3呈颗粒状沿毛细血管壁沉积	肾小球上皮下"驼峰状"电子致密物沉积
新月体性肾小球肾炎（Ⅰ型：抗肾小球基底膜型；Ⅱ型：免疫复合物型；Ⅲ型：寡免疫复合物型）	50%以上肾小球有新月体形成，早期为细胞性，晚期为纤维性新月体。Ⅱ型常有小球系膜细胞和内皮细胞增生。Ⅲ型可见肾小球节段性纤维素样坏死，间质炎症细胞浸润	Ⅰ型：IgG和C_3沿基底膜呈线状沉积。Ⅱ型：IgG和C_3在系膜区或沿毛细血管壁呈颗粒状沉积。Ⅲ型：肾小球内无或仅有微量免疫复合物沉积	Ⅱ型：系膜区和内皮下电子致密物沉积，Ⅰ型和Ⅲ型：无电子致密物沉积
系膜增生性肾小球肾炎	弥漫性系膜细胞增多伴基质增生	系膜区Ig和C_3沉积为主	系膜区电子致密物沉积
膜增生性肾小球肾炎（Ⅰ型：免疫复合物型；Ⅱ型：致密物沉积病）	毛细血管壁增厚，系膜细胞和基质弥漫性增生，肾小球呈分叶状，分叶中央区可见硬化结节。Ⅰ型可见增生的系膜细胞和基质插入肾小球基底膜和内皮细胞间呈现"双轨征"	Ⅰ型：IgG、IgM和C_3沿毛细血管壁和系膜区沉积；Ⅱ型：肾小球基底膜内C_3沉积（无Ig）	Ⅰ型：系膜区和内皮下电子致密物沉积及系膜插入；Ⅱ型：肾小球基底膜内电子致密物条带样沉积
微小病变肾病	肾小球结构基本正常，近端小管上皮细胞空泡变性和脂肪变性	阴性或微弱阳性。偶见少量IgA或IgM、C_3沉积	肾小球脏层上皮细胞足突广泛融合
局灶节段性肾小球硬化	肾小球局灶性、节段性硬化，硬化区域毛细血管襻塌陷，球囊粘连，代之以无结构玻璃样物质，病变先出现在皮髓交界处肾小球	IgM和C_3呈团块状沉积于肾小球节段性硬化部位	足突广泛融合，肾小球基底膜节段性裸露
膜性肾病	肾小球基底膜弥漫性增厚，毛细血管襻管壁增厚。特发性MN按基底膜病变程度分为四期，Ⅱ期可见典型"钉突"样改变	IgG和C_3沿肾小球毛细血管壁颗粒样沉积	足突广泛融合，上皮下或基底膜内电子致密物沉积
IgA肾病	弥漫性肾小球系膜细胞增生和基质增多。病变多样，可涉及增生性肾小球肾炎的所有类型	系膜区以IgA为主的Ig和C_3沉积	系膜区电子致密物沉积

（邹和群）

第五节　影像学检查

　　泌尿系统影像学检查主要包括X线检查、超声检查、计算机体层成像、磁共振成像及放射性核素成像，是诊断泌尿系统疾病的重要手段。各种检查手段成像原理不同，又有许许多多的成像方法,既有鲜明的优势,也存在着各种弊端。只有掌握了各种影像学检查方法的优缺点,结合患者的具体情况,合理选择,才能发挥好准确诊断的作用。

一、X 线检查(X-ray examination)

X 线通过人体不同组织结构时被吸收的程度不同,到达荧光屏或胶片上的 X 线量出现差异,在荧光屏或 X 线片上形成黑白对比不同的影像。X 线成像原理是通过影像的密度变化观察人体组织结构的解剖和病理状态。X 线造影是通过不同途径向体内器官或间隙内引入高密度或低密度对比剂,形成人工密度对比。电脑照像(computed radiography,CR)特别是数字照像(digitalradiography,DR)实现了从传统模拟图像转变为数字化成像的革命,使影像更加清晰,更便于分析。X 线检查是影像学检查的基础,仍是诊断泌尿系统结石、肿瘤、感染、梗阻、畸形等疾病的重要手段。

(一) 尿路平片(kidney-ureter-blader,KUB)

KUB 是泌尿系统 X 线检查的一个重要、不可缺少的步骤。检查前应进行肠道准备,观察的范围包括肾脏上极至膀胱底部。尿路平片可以显示两侧腰大肌阴影,肾脏的轮廓、形态、大小及位置,泌尿系统不透 X 线的结石或钙化阴影,腰椎、骶椎的病变等。必要时可加拍腹部侧位片,确定病变与肾脏、脊柱的关系及病变的前后位置。

肿瘤侵犯骨骼可见骨质破坏,腰大肌影消失提示腹膜后炎症或肾周围感染。肾脏大小、形态、位置改变,常提示先天性畸形、肿瘤、肾积水等病变。肾区致密阴影需注意鉴别是结石还是钙化影。肾结核钙化形态多不规则,可呈云朵状或斑点状,肾自截者可见大部分或整个肾脏呈弥漫性钙化。肾脏肿块中心斑点状钙化多为恶性。肾囊肿和肾动脉瘤钙化呈弧线状。尿路平片可以诊断泌尿系统异物,判断输尿管导管、支架及引流管的位置。

(二) 静脉尿路造影(intravenous urogram,IVU)

多年来,IVU 一直是泌尿系统影像学检查的一种重要方法,随着 CT 应用的增多,其应用相对减少。IVU 应用原理是将造影剂注入静脉内,利用泌尿系统的生理排泄功能,显示肾脏、肾盏、肾盂、输尿管、膀胱形态学改变(图 1-2-1),并可提供肾脏生理功能情况。静脉尿路造影的优点是不受年龄限制,无膀胱镜检查的不适与痛苦。主要缺点是检查结果受肾功能影响,造影剂有肾毒性,对局限于肾实质内病变的发现和定性作用有限。

适应证包括泌尿系统先天畸形、结核、损伤、肿瘤、积水、炎症、原因不明的血尿及脓尿、及需要了解肾功能者。需做一侧肾切除术者,静脉尿路造影可了解对侧肾脏情况和功能。碘过敏、总肾功能严重受损、妊娠三个月内及全身状况衰竭者是其禁忌证。肝功能及心功能不全、甲状腺功能亢进者慎用。

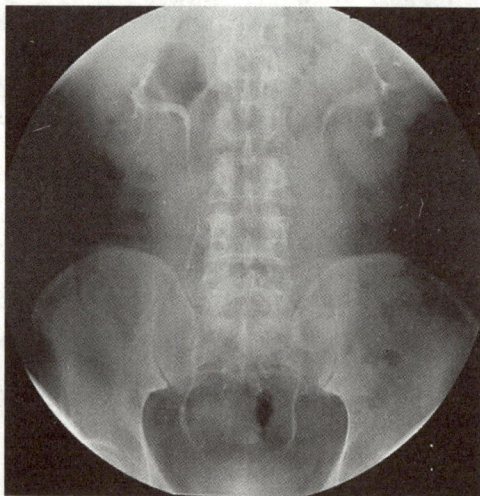

图 1-2-1 静脉尿路造影

静脉尿路造影前需进行造影剂过敏试验、肠道准备及禁水 3 ~ 6h。注射造影剂后 5 分钟肾实质显影,10 分钟后肾盂、输尿管、膀胱显影,根据尿路显影情况可酌量增加摄片次数或延长摄片时间。立位摄片可明确有无肾下垂。常规法显影不够满意时,可选用静脉滴注或大剂量静脉尿路造影。

(三) 逆行尿路造影(retrograde urography)

经膀胱镜通过输尿管开口处插入输尿管导管,将造影剂直接注入肾盂、输尿管腔内。逆行尿路造影的优点是肾盂、肾盏及输尿管各部位显影更清晰,且不受肾功能及造影剂过敏的影响。缺点是不能显示肾脏实质且为有创检查,多被 CT 尿路成像,MR 尿路成像取代。急性泌尿系统感染、膀胱容量少于 50ml、心血管功能严重不全及全身衰竭者是绝对禁忌证。尿道狭窄等导致膀胱镜插入困难者是相对禁忌证。

(四)顺行尿路造影

也称肾盂穿刺造影。在超声引导下穿刺针经皮直接刺入肾盂或肾盏内注射造影剂,使肾盏、肾盂、输尿管显影。在静脉尿路造影和逆行尿路造影禁忌或失败时,该方法对一些泌尿系统疾病具有重要的诊断价值。全身情况极差、严重出血倾向、穿刺局部皮肤感染者为禁忌证。

尿路平片结合各种尿路造影可显示泌尿系结石,阴性结石表现为充盈缺损。肾盏、肾盂的牵拉和变形常见于肾内占位性病变,包括肾囊肿、肾肿瘤等。肾盏、肾盂破坏表现为边缘不整,见于肾结核、肾盂癌和侵犯肾盏肾盂的肾癌。肾盏、肾盂、输尿管和膀胱内充盈缺损,常见于阴性结石、肿瘤、血块。肾积水、输尿管积水表现为肾盏、肾盂、输尿管明显扩张,常见于肿瘤、结石、狭窄引起的尿路梗阻。尿路先天性疾病如马蹄肾、腔静脉后输尿管也可通过尿路造影显示。肾实质显影程度可反映肾脏功能情况,肾脏不显影表明肾功能严重受损,显影浅淡表明肾功能减退。

(五)膀胱造影(cystography)

通过尿道插入膀胱内导管或耻骨上膀胱造瘘管注入 200~300ml 造影剂,膀胱前后位及左、右后斜位摄片,特别适用于膀胱损伤及膀胱输尿管反流的诊断。膀胱大出血、严重尿道狭窄、尿道损伤等是膀胱造影的禁忌证。

(六)尿道造影(urethrography)

由尿道外口向尿道内注入造影剂为尿道逆行造影,造影剂进入膀胱后在排尿过程摄片为尿道顺行造影,临床上两种方法常配合使用。尿道造影常用于尿道憩室、狭窄、损伤、结石、肿瘤、畸形等疾病的诊断。

(七)血管造影

尽管 CT 血管成像技术凭借无创优势广泛应用于临床,但泌尿系统血管造影对某些疾病仍有独特的诊断优势,特别是其还具血管扩张、置入支架、血管栓塞等治疗作用。血管造影有动脉造影(包括选择性动脉造影)、静脉造影及数字减影血管造影等方法。肾动脉造影可诊断肾血管性高血压,鉴别肾区肿块的良恶性,发现其他影像学方法不能明确肾外伤出血的原因。可对动脉瘤、动静脉畸形及动静脉瘘进行栓塞治疗。肾静脉及下腔静脉造影可显示瘤栓,抽取肾静脉血测定肾素确定有无肾动脉狭窄,诊

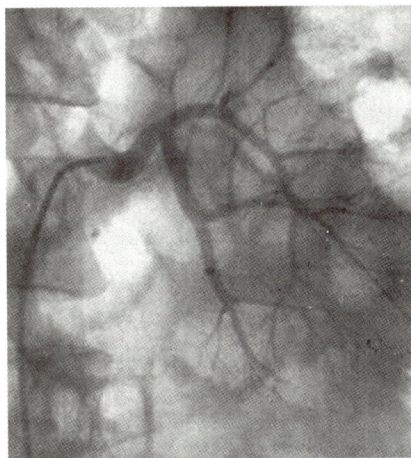

图 1-2-2 肾动脉造影

断肾病综合征并发肾静脉血栓有较高的特异性。睾丸静脉造影可以了解隐睾的位置及精索静脉瓣膜情况,进行精索静脉栓塞治疗。阴茎海绵体造影用来诊断静脉漏引起的勃起功能障碍,阴茎动脉造影用来诊断动脉缺血引起的勃起功能障碍。(图 1-2-2)

二、超声检查(ultrasonography)

超声检查利用回声原理获得器官及组织形态学改变,对病变做出定位、定量和定性诊断。超声检查是泌尿系统首选的影像学检查方法,适合任何年龄、性别、情况和部位。对先天异常、肿瘤、感染、结石、创伤的诊断准确性很高,还可对泌尿系手术前后、肾移植前后、介入性放射治疗前后等情况进行对比评估。

Note

超声检查为无创性检查技术,对危重患者可行床边检查,及时得到检查结果,并可反复多次重复观察。超声能获取多种方位的断面图像,还可以实时动态显示,了解器官的功能状态。彩色多普勒超声成像能显示血管内血流的方向和速度(图1-2-3/文末彩色插图1-2-3)。三维超声成像能够提供三维解剖图像,较二维超声成像更为直观。数字化多声束形成技术把数字化技术衍生到超声的发射和接收,称为全数字化超声诊断仪。超声对液体显示效果最佳,表现为液性暗区,而且几乎不受液体性质(尿液、囊液、血液、脓液等)的影响,是确定液性或实质性病变最有效的影像学检查方法。各种穿刺可在超声引导下完成。超声造影成像通过改变血流增加了探查灵敏度,提高了占位病变的对比度,大部分对比剂是基于微泡技术提高回声。

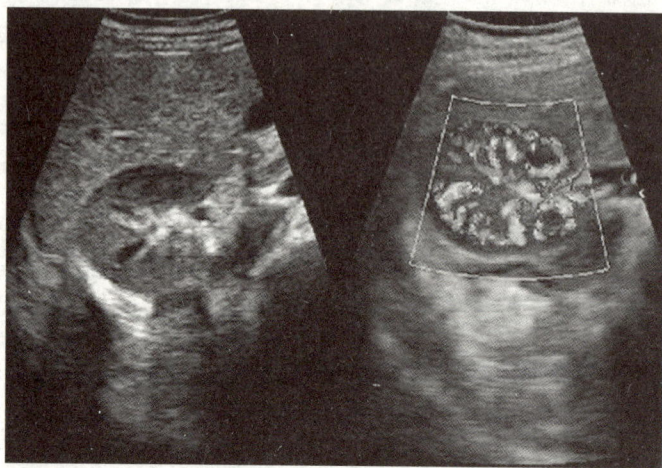

图1-2-3　肾脏彩超

器官和组织的声阻抗改变是超声图像表现的基础,常缺乏特异性,需要综合其他影像学检查做出定性诊断。对脏器和病灶整体的空间位置和构型很难在一幅图上清晰显示。病变过小则声阻抗差不大,难以在声像图上显示。超声检查结果的准确性与超声设备的性能以及检查人员的操作技术和经验有很大关系。超声对气体的显示效果极差,不用于含气空腔脏器疾病的诊断。

超声检查广泛应用于肾脏疾病的诊断。肾脏发育异常如孤立肾、先天性肾发育不全、重复肾、融合肾、异位肾,可表现为肾脏数目、大小、形态或位置等异常。肾脏活动度≤3cm,明显的肾下垂不难用超声做出诊断。肾窦回声分离、肾影增大及肾实质变薄是肾积水声图像的特点。正常肾盂回声分离不超过15mm,分离达到20mm者可确定为肾积水。肾实质出现无回声区图像是囊性病变的典型表现。肾癌声像图为肾肿块部位肾结构不清,外生型引起肾局部外形隆起,内生型可表现为集合系统不规则或受压梗阻、移位,肿瘤内部出现多个中等强度的结节回声。超声检查诊断肾损伤简便易行,同时能了解腹腔内其他脏器损伤情况,了解肾脏血流情况,可作为首选的诊断方法。超声检查诊断早期肾结核意义不大,重型肾结核肾皮质破坏严重,可有积水、脓肿、空洞钙化,甚至变为脓肾,可明确诊断。超声检查能分辨出2mm以上的结石,而且不受结石性质(X线透光和不透光)的影响。在肾窦回声内或/和其周边部的强回声,伴有声像是肾结石的典型声像图。超声检查特别适用于不宜过多接触电离辐射的儿童和妇女。

正常输尿管与周围组织缺乏声学对比,不易被超声检出。典型的结石强回声伴声影者可以确诊输尿管结石,X线透光结石,3~5mm的小结石均能通过超声检查清楚显示。输尿管扩张明显≥5mm者可诊断输尿管积水,并对梗阻原因如结石、肿瘤、狭窄、反流和邻近肿块压迫等原因做出鉴别。超声检查因简便、安全、无痛感、可重复并对治疗及预后评价有意义,是膀胱影像学检查中最常用的方法。正常膀胱形态、大小可因充盈状态而异。超声检查时需适度充盈膀胱,使黏膜充分舒展,以利观察。用超声测量膀胱左右、前后、上下三个内径,采用椭圆球体公式可计算出膀胱容积,排尿后即刻测量可计算出膀胱残余尿量。膀胱肿瘤声像图表现为膀胱壁出现肿块回声,呈高回声或中等回声,还可获得肿瘤临床分期、血供等信息。膀胱结石显示为强回声伴后方声影,结石回声随体位变化而改变。膀胱炎症常表现为膀胱壁弥漫性增厚。膀胱壁回声减低且腔内有较多点状回声是急性膀胱炎表现;膀胱壁回声不均匀、表面不光滑、膀胱容量减少是慢性膀胱炎表现。

前列腺超声检查有经腹部和经直肠两种主要路径。前列腺增生超声检查主要有前列腺体积增大、内腺出现增生结节及内外腺厚度比例异常等表现。测定残余尿量及有无肾积水可对梗阻严重程度进行判断。前列腺中叶增生突向膀胱,对造成尿路梗阻影响更大。超声检查诊断前列腺癌有局限性,晚期前列腺癌表现为前列腺边界不整齐、高低不平、包膜不完整、左右不对称,容易识别。可在经直肠超声引导下进行前列腺穿刺活检,是确诊前列腺癌的主要手段。睾丸肿瘤声像图特点为睾丸增大、血流明显增多及同侧阴囊内找不到正常睾丸,但难以对肿瘤进行定性诊断。阴囊内有液性区包绕睾丸和/或精索,可诊断睾丸鞘膜积液、精索鞘膜积液及精索睾丸鞘膜积液。睾丸扭转与急性附睾炎临床上有时难以鉴别,前者睾丸彩色多普勒血流明显减少,而后者为增加。

三、计算机体层成像(computed tomography,CT)

CT是用X线束对人体检查部位一定厚度的层面进行扫描。CT图像是真正的断面图像,它显示的是人体某个断面的组织密度分布图。CT图像清晰、密度分辨率高、无断面以外组织结构干扰,显著扩大了人体的检查范围,提高了病变的检出率和诊断准确率,大大促进了医学影像学的发展。CT扫描速度快,大多数检查可在患者一次屏气时间内完成,可有效减少呼吸运动伪影,方便危重患者及婴幼儿的检查。注射对比剂后完成器官的多期扫描,有利于病灶的检出和定性,容积数据可避免小病灶的遗漏。CT还可进行高质量的任意层面的多平面重建、最大强度投影、表面遮盖显示和容积显示、CT血管造影、CT灌注成像和CT仿真内镜成像等后处理,丰富

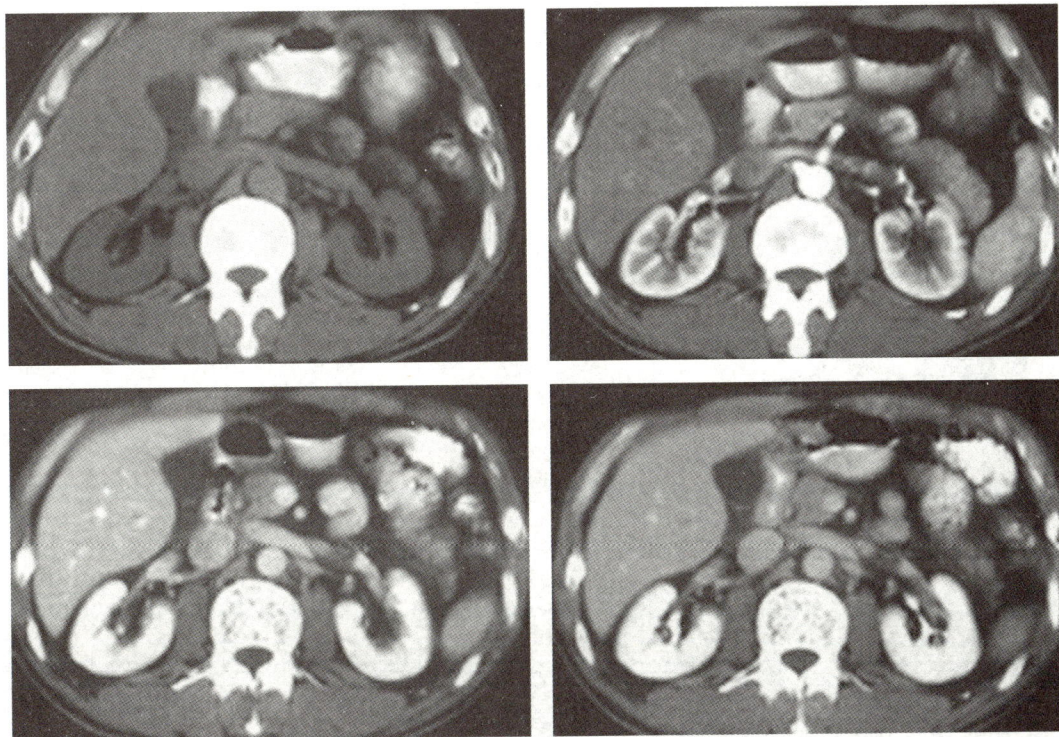

图1-2-4　肾脏CT

并拓展了 CT 的应用范围,诊断准确性也有很大提高。

CT 检查仍有一定的局限性。CT 检查的 X 线辐射剂量显著高于传统 X 线检查。CT 检查虽能发现大多数病变,准确地显示病灶的部位和范围,但对疾病的定性诊断仍然存在一定的困难。CT 检查对于某些肾脏病变如早期肾结核、急性肾盂肾炎的诊断价值有限。

CT 空间分辨率高,扫描时间快,可以提供肾脏及集合系统的精细解剖信息(图 1-2-4),在肾脏疾病的诊断中占有越来越重要的地位。是大多数肾脏病变包括肿瘤、囊肿、外伤、血管畸形、结石、梗阻、术后并发症、先天畸形以及一些代谢性疾病主要的形态学检查手段。对于结石,CT 的检出比腹部平片更敏感,定位更准确。CT 不仅能做出准确诊断,且能明确病变范围、对肿瘤进行临床分期、对肾外伤进行评估等,为疾病治疗方案的制定提供依据。多平面重组还能清楚显示病变与邻近结构的关系。

CT 尿路成像是将泌尿系统增强的横轴扫描图像和冠状位图像联合形成了一种新的尿路图像,已逐渐取代静脉尿路造影,应用越来越广泛。肾实质肿瘤 CT 成像能准确鉴别其良恶性。CT 膀胱造影能够准确地对膀胱损伤进行分类,为及时和有效的治疗提供依据。CT 血管成像(CT angiography,CTA)为无创性显示血管病变的方法,对肾血管及相关血管结构的显示能力接近传统的血管造影,同时可以发挥各种多组处理的优势。CTA 已成为肾性高血压的主要筛查方法。

四、磁共振成像(magnetic resonance imaging,MRI)

MRI 无 X 线电离辐射,对人体安全无创。MRI 多方位、多参数成像,便于显示体内解剖结构和病变的空间位置及相互关系。MRI 对脑和软组织分辨率极佳,解剖结构和病变形态显示清晰。MRI 除可显示形态变化外,还能进行功能成像和生化代谢分析。3T 场强磁共振临床应用、各种新的 MR 硬件和软件的开发、新的扫描序列特别是各种快速序列的发展,使 MR 的成像时间越来越短,图像质量大大提高,成像技术更为成熟,扩大了其临床应用范围。

对需要监护设备的危重患者、带有心脏起搏器或体内有铁磁性物质的患者不能进行 MRI 检查。MRI 对钙化的显示远不如 CT,难以对以病理性钙化为特征的病变作出诊断。对质子密度低的结构如肺和骨皮质显示不佳。另外 MRI 设备昂贵,普及受到限制。

MRI 检查用于泌尿系统病变的诊断已日趋广泛。主要优势是具有较高的组织分辨力,能够清楚显示病变的内部结构和组成成分,常用于其他影像检查难以确定的诊断和鉴别诊断,例如对复杂性肾囊肿的诊断。MRI 技术空间分辨率和组织分辨率均较高,可以进行多平面、多参数成像,显示肾实质及肾血管病变有明显优势。随着多种功能成像技术在肾脏的应用,MRI 对肾脏功能的评价越来越重要。对肾恶性肿瘤如肾细胞癌可通过 DW1 检查明确诊断,且可较为准确显示病变范围、血管有无侵犯及瘤栓。MRI 对膀胱肿瘤分期的效果优于超声和 CT 检查。MRI 对前列腺疾病、尤其对前列腺癌诊断已成为最主要的检查手段之一。磁共振尿路成像(MRU)原理是含尿液的肾盂、肾盏、输尿管和膀胱为高信号,周围软组织等背景结构皆为极低信号,犹如 X 线静脉性尿路造影成像所见,并可进行多个角度观察。MRI 尿路成像(MRU)具有非侵袭性、无放射线、不用对比剂、图像清晰直观等特点,在显示泌尿系统疾病方面具有独特的优势。MRU 对肾功能损害者检查明显优于 IVU。腔内梗阻表现为梗阻部位完全或部分充盈缺损,腔外梗

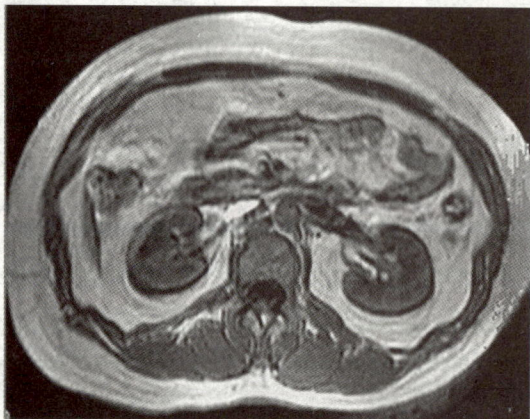

图 1-2-5   肾脏 MRI

阻可看到鼠尾状逐渐变细的输尿管。MRU 不直接显示梗阻原因,应在局部再行常规的 T1、T2 平扫进行定性诊断。MRI 由于软组织分辨率高,是诊断膀胱病变一种可选择的方法。可显示膀胱肿瘤的范围及与周围组织的关系。对肿瘤分期优于超声和 CT。MR 对肾血管病变的显示有明显优势,且对肾脏功能的评价越来越重要。肾功能受损患者使用 Dd-DTPA 对比剂有引起肾源性系统性纤维化的危险,MRI 较少用于泌尿系统结石的检查。磁共振动脉成像(MRA)可显示类似X 线肾动脉造影的图像。(图 1-2-5)

五、放射性核素显像(nuclear imaging)

放射性药物引入体内后,被脏器或组织吸收、分布、浓聚和排泄,参与体内的代谢过程。放射性核素发射出的射线如 γ 射线能够被 γ 照相机等显像仪器定量检测并形成图像,获得核素或核素标记物在脏器和组织中的分布代谢信息。

放射性核素显像是以脏器或组织放射性差别为基础,聚集量取决于血流量、细胞功能、细胞数量、代谢率和排泄引流等因素。动态显像方式可定量显示脏器的血流和功能情况,与静态显像相配合可对疾病的诊断更加准确。一些放射性核素可在一些脏器或病变中特异性地聚集,影像具有较高的特异性。

放射性核素显像的分辨率较差,影像不够清晰,影响对细微结构的显示和病变的精确定位。PET-CT 和图像融合等技术能够同时显示解剖结构和功能代谢信息,对疾病的诊断更加全面准确。正电子发射体层显像(positron emission tomography,PET)是目前用于生物医学研究以及临床诊断的最新核医学成像技术。利用核医学显像技术,向生物体内注入正电子放射性核素标记的化合物,在体外测量其体内分布和时间分布特性,进行三维成像。有助于从分子水平了解体内生理、生化、病理过程,研究生命现象的本质;有助于对形态学改变之前的早期病变及亚临床病变进行诊断,早期治疗;有助于肿瘤性质的鉴别及随访。

肾脏显像分静态和动态二类。静态显像通常用 ^{99}mTc-DMSA(^{99}mTc-二巯基丁二酸),由肾小管近端上皮细胞吸收和聚集,排泄缓慢使肾脏显像。动态显像采用 ^{131}I-OIH 或 ^{99}mTc-DTPA 等快速通过型显像剂,连续或间隔一定时间多次显像,可以观察到显像剂被肾脏吸收、浓集和排泄的动态过程。放射性核素显像不仅有助于疾病的早期诊断,因其便于重复还适用术后监测、疗效评价及随访。该检查用于了解肾、输尿管及膀胱形态结构,肾脏的血供,计算肾小球滤过率判断肾脏功能(含分肾功能),肾上腺疾病的诊断及肿瘤定位等。

六、常见泌尿系统疾病比较影像学

近年来 X 线、超声、CT、MRI、核素成像诊断的硬件设备不断更新,检查方法不断增加,技术水平不断提高,并实现了从形态诊断向功能诊断的跨越。一种成像技术的一种检查方法可能对某种疾病作出诊断,也可能需要两种或两种以上成像技术的多种方法联合运用才能对某种疾病作出诊断。临床医生需要熟悉和掌握不同成像技术及方法在不同泌尿系统疾病中的表现,各自的优势和缺陷,以及适用范围和诊断价值。需要提高综合运用及对比分析的能力,对影像学检查结果做出全面准确判断。

(一)泌尿系统先天异常

X 线腹部平片用于泌尿系统先天异常诊断不能定性及准确定位,但可发现合并结石及海绵肾中的小结石。静脉尿路造影对肾先天性旋转不良、肾盏憩室等病变的显示有很好的作用。各种尿路造影能显示输尿管全貌。膀胱造影及尿道造影是诊断膀胱及尿道先天性异常的主要方法。超声检查对一些泌尿系统先天异常疾病诊断有困难,可用于初步检查和筛查。CT 及 MR 可以完全显示病变的全貌,是诊断肾先天畸形的最好方法。特别是对肾功能不良或造影剂过敏者,MRU 对确诊肾先天性畸形有很大意义,同时显示输尿管和膀胱。选择性血管造影能确诊肾血管的畸形,CTA 及 MRA 为无创性血管造影,已成为血管造影的发展方向。

(二)囊性肾病

随着超声、CT 及 MRI 的广泛运用,囊性肾病检出率越来越高。X 线检查不易诊断单纯性肾囊肿,而超声、CT 及 MRI 都有典型的表现。囊肿内含有液体,有很薄的囊壁,液体无回声,CT 值接近水,有水的典型长 T1、长 T2 信号,增强扫描更能起到鉴别诊断的作用。多囊肾双侧肾脏增大,静脉尿路造影双侧肾盂、肾盏拉长呈"蜘蛛足"样改变,超声、CT、MRI 可见肾内布满大小不一的圆形或类圆形液性区,囊壁及囊内无明显增强。需注意肝脏、胰腺等脏器是否存在囊性改变。

(三)泌尿系统结核

泌尿系统结核病理变化是影像学改变的基础,病理上的多样性也反映在影像学所见的多样性。表现为肾内钙化阴影、肾小盏的虫蚀样改变、肾盂肾盏狭窄变形扩张、多发空洞、肾脏无功能、输尿管狭窄、膀胱挛缩、对侧肾积水等。肾结核 8.4% 患者可在腹部平片上出现钙化影,弥漫性钙化或云朵状钙化是肾脏严重破坏的征象。尿路造影出现肾小盏的扩张及虫蚀样边缘不整是早期肾结核表现,进一步发展可出现肾盂肾盏狭窄、变形、扩张及干酪样空洞。肾盂肾盏显影时间延缓,密度降低,甚至不显影,表明肾功能受损或无功能。对侧肾脏可有肾积水表现。CT 检查可发现肾脏体积缩小,肾盂肾盏狭窄、变形、扩张,干酪样坏死呈低密度灶,空洞腔内容 CT 值接近水密度,腔壁可见不规则的钙斑

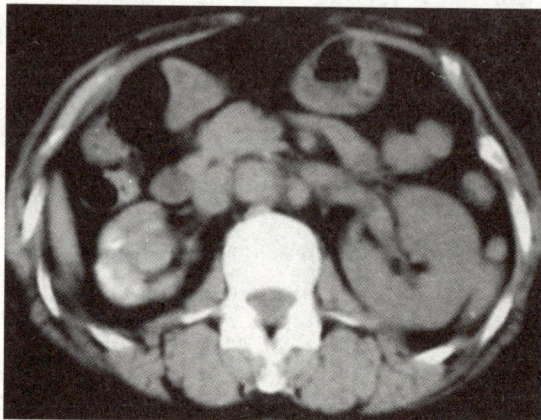

图 1-2-6 右肾结核

或弧形影(图 1-2-6)。CT 检查是常用的肾结核诊断方法。肾结核合并输尿管积水,特别是肾功能严重受损时,应选择 MRU 检查。超声检查对早期肾结核诊断意义不大,重度肾结核出现积水、脓肿、空洞钙化、脓肾可明确诊断。

(四)泌尿系统损伤

CT 是肾损伤的首选检查方法,能迅速准确地判断损伤的程度及范围。静脉尿路造影可显示较明显的肾损伤,并对肾功能做出评价,检查方法以大剂量静脉滴注对比剂加断层为佳。血管造影或 MRI 诊断肾损伤效果与 CT 相似,但设备条件、有创检查等缺陷限制其使用。输尿管损伤行尿路造影检查可发现造影剂外溢,输尿管变细、变形、梗阻,判断输尿管破裂、断裂、中断或狭窄。MRI 水成像了解输尿管损伤及尿外渗有明显优势。MRI 通过矢状、冠状成像更能准确地判定膀胱破裂尿外渗的性质和范围,并能区分腹膜内、腹膜外破裂。尿道造影是尿道损伤首选影像学检查方法,能准确判断损伤的程度、断裂的部位等信息。图 1-2-7 显示了右肾损伤的磁共振影像。

(五)泌尿系统结石

X 线腹部平片可作为泌尿系统结石检查的首选方法,显示 95% 的阳性结石及结石的位置、形态、大小、数量。静脉尿路造影(图 1-2-8b)应在腹部平片(图 1-2-8a)基础上进行,可对结石进一步定位,鉴别泌尿系统以外的腹盆部钙

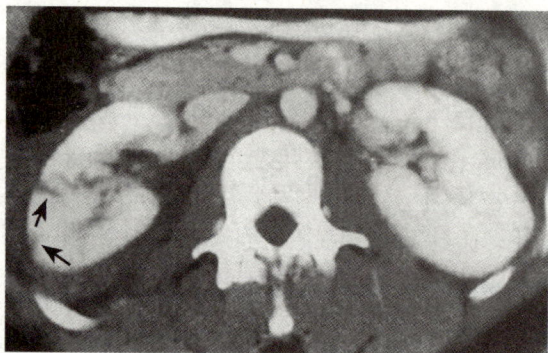

图 1-2-7 右肾损伤

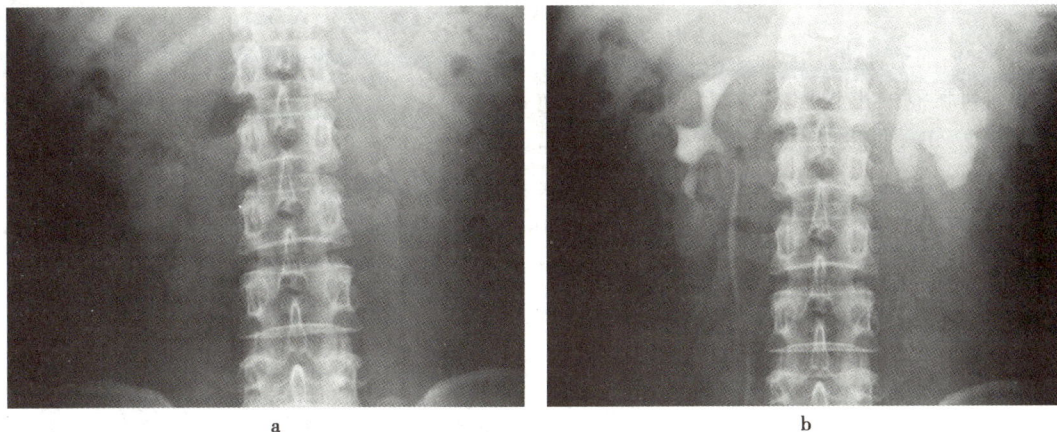

图 1-2-8
a. 腹部平片；b. 左输尿管结石

化灶，显示 X 线阴性结石、肾积水及先天性异常，同时了解肾脏功能情况。超声检查可作为泌尿系统结石特别是肾结石、膀胱结石、前列腺结石常规诊断方法，显示 X 线透光和不透光结石，但对<0.5cm 的结石及输尿管结石敏感性较低。CT 扫描可以发现 0.3cm 以下结石，同时诊断输尿管积水等并发症及先天性异常等并发症。CT 对尿路造影发现的充盈缺损、阴性结石、血凝块或肾盂及输尿管肿瘤具有重要的鉴别意义。MRI 诊断结石效果较差，MRI 水成像对结石造成梗阻诊断价值较高。

（六）肾肿瘤

肾癌（肾细胞癌）是最常见的肾脏肿瘤。腹部平片能显示肾脏的大小、位置和钙化，不是一项重要的检查方法。B 超对肾癌的普查有重要作用，对实质性或囊性病变的辨别准确性很高。

彩色多普勒超声对显示肿瘤内部和周边的血流情况、判断瘤内有无坏死液化有重要意义，对血管的侵犯、瘤栓的判断及肿瘤的分期也有重要的作用。一般肾癌 CT 平扫密度较正常肾实质低，增强后整体密度仍较肾实质为低。CT 增强扫描可更清晰显示肾癌内囊变、出血、坏死、钙化等结构，清楚显示肾癌的界限（图 1-2-9），观察肾静脉、下腔静脉瘤栓，为肾癌诊断所必需。CT 检查可对肾癌进行临床分期。MRI 诊断肾癌的准确性同 CT，但对淋巴结及血管病变的准确性稍高于 CT，对小肾癌假包膜的显示远优于 CT。血管造影

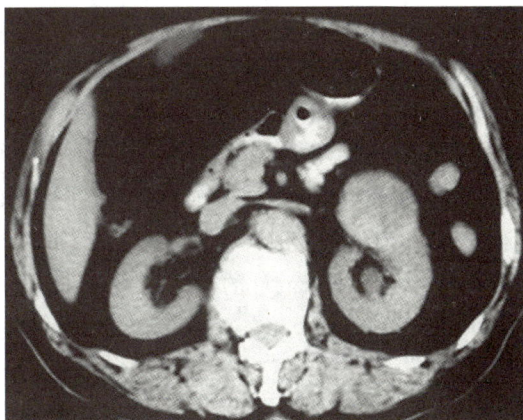

图 1-2-9　左肾癌 CT

对肾内占位病变鉴别诊断有重要意义，判断肾癌对血管的侵犯如动静脉瘘、肾静脉及下腔静脉瘤栓具有权威性，并可进行栓塞治疗。

静脉尿路造影是诊断肾盂肿瘤首选的检查方法，可显示肾盂内充盈缺损的大小、形态和位置，比较全面地反映肾积水的程度和肾功能情况。静脉尿路造影不满意时可做逆行肾盂造影。超声检查可见肾窦内低回声肿块，肾窦回声分离。超声诊断肾盂肿瘤敏感性较尿路造影及 CT 差，特别是对较小肿瘤容易漏诊。CT 平扫、增强扫描及 CTU 对肾盂癌的诊断和分期有很高的敏感性，并可了解对肾实质、肾周的侵犯和有无其他脏器的转移。MRI 对软组织的分辨能力高于其他影像学检查，鉴别肾盂内充盈缺损病变的性质。MRU 更适合肾功能损害及对碘对比剂过

敏者。

（七）前列腺癌

前列腺癌的影像学检查可应用经直肠超声、CT 及 MRI 方法。超声发现前列腺周围带呈低回声是前列腺癌主要表现，但为非特异性改变，前列腺退行性改变、炎症也可出现类似表现。超声引导下前列腺穿刺活检最具诊断意义。CT 很难对前列腺增生与前列腺癌进行鉴别。前列腺癌 MRI 检查主要表现在 T2 加权像，周围带内有低信号缺损区，与正常高信号的周围常有明显差异。MRI 诊断前列腺癌特异性较高，且扫描范围大。经直肠超声更能准确显示肿瘤侵袭包膜，CT/MRI 可显示局部、淋巴结及远处转移，MRI 能更好显示精囊受累。同位素扫描广泛用于前列腺癌骨转移的诊断，敏感性高，但特异性较差。MRI 是目前公认的诊断前列腺癌最好影像学方法。（图 1-2-10）

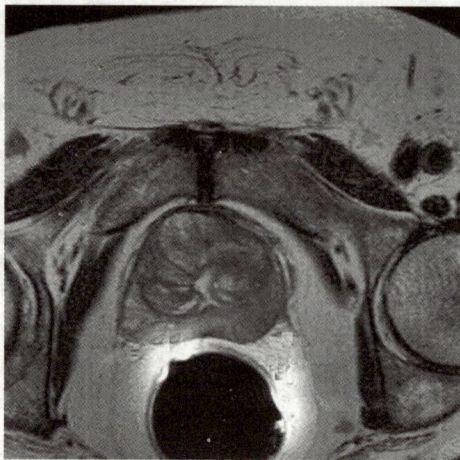

图 1-2-10　前列腺癌 MRI

（安瑞华）

第六节　泌尿系统疾病的诊断思路

泌尿系统由肾脏、输尿管、膀胱、尿道及相关的血管、神经等组成。泌尿系统的主要功能是生成和排泄尿液，并以此排泄人体代谢废物，对维持机体内环境的稳定起重要作用。同时，肾脏也是一个内分泌器官，主要作用是调节血压及促进红细胞生成和骨骼的生长。泌尿系统疾病具有一般疾病的普遍性，又具有独特性，同时与全身其他器官和系统疾病相关联，应具有综合分析的诊断思路。血尿是泌尿系统疾病常见的临床表现，本章重点以镜下血尿为例，阐述泌尿系统疾病的诊断思路（图 1-2-11）。

血尿是泌尿系统疾病最常见的临床表现之一，镜下血尿在普通人群中的患病率约为 0.19%~16%，肾内科和泌尿外科中血尿患者约占 40%~50%。引起血尿的主要病因为泌尿系疾病，包括各种肾实质病患、尿路感染、结石、肿瘤、畸形、外伤等，少数还可由凝血功能障碍等全身性疾病引起，但临床上仍有一些血尿病因不明，尤其是孤立性无症状性镜下血尿。因此，提高对血尿的警惕，进行有针对性的检查，对尽早明确病因、治疗和判断预后甚为重要。

一、血尿的概念

正常人尿中无红细胞或偶见红细胞。离心尿沉渣涂片红细胞≥3 个/高倍视野，或尿沉渣 Addis 计数每小时红细胞数≥10 万个或 12 小时尿红细胞数≥50 万个，称为血尿。

二、血尿的分类

（一）定量分类

根据血尿程度分为肉眼血尿和镜下血尿。肉眼血尿通常呈洗肉水样或鲜红色，有时会有凝血块。一般 1 升尿液中含 1 毫升血液即可呈现肉眼血尿。镜下血尿通常尿液外观正常，但离心尿沉渣镜检红细胞≥3 个/高倍视野。

（二）定位分类

1. 初段血尿　指排尿开始尿内有血，以后尿液逐渐转清。病变部位多在尿道或膀胱颈部。

2. 终末血尿　指排尿结束前的尿液中有血或在排尿完全终止后仍有血液从尿道口滴出。

无症状性血尿

一过性镜下血尿 | 持续性镜下血尿

剧烈运动、外伤、月经、性交、病毒感染

48h后复查尿常规、若为阴性，无需进一步检查

非肾小球源性血尿 | 肾小球源性血尿

泌尿外科评价

孤立性血尿 | 蛋白尿、红细胞管型、肾功能异常

上尿路检查(CT、IVP、B超) —(+)→ 外科治疗

(-)

尿细胞学检查 —(+)→ 膀胱镜治疗

高危人群 | 低危人群

膀胱镜 —(+)→ 外科治疗

随诊

在第6、12、24、36个月随访尿常规、血压、尿细胞学

随访3年,无阳性结果 | 持续性血尿、高血压、蛋白尿 | 肉眼血尿、尿异常细胞

终止随诊 | 肾脏病评估 | 膀胱镜

肾小球性血尿、蛋白尿 | 孤立性血尿

肾活检 | 必要时肾活检

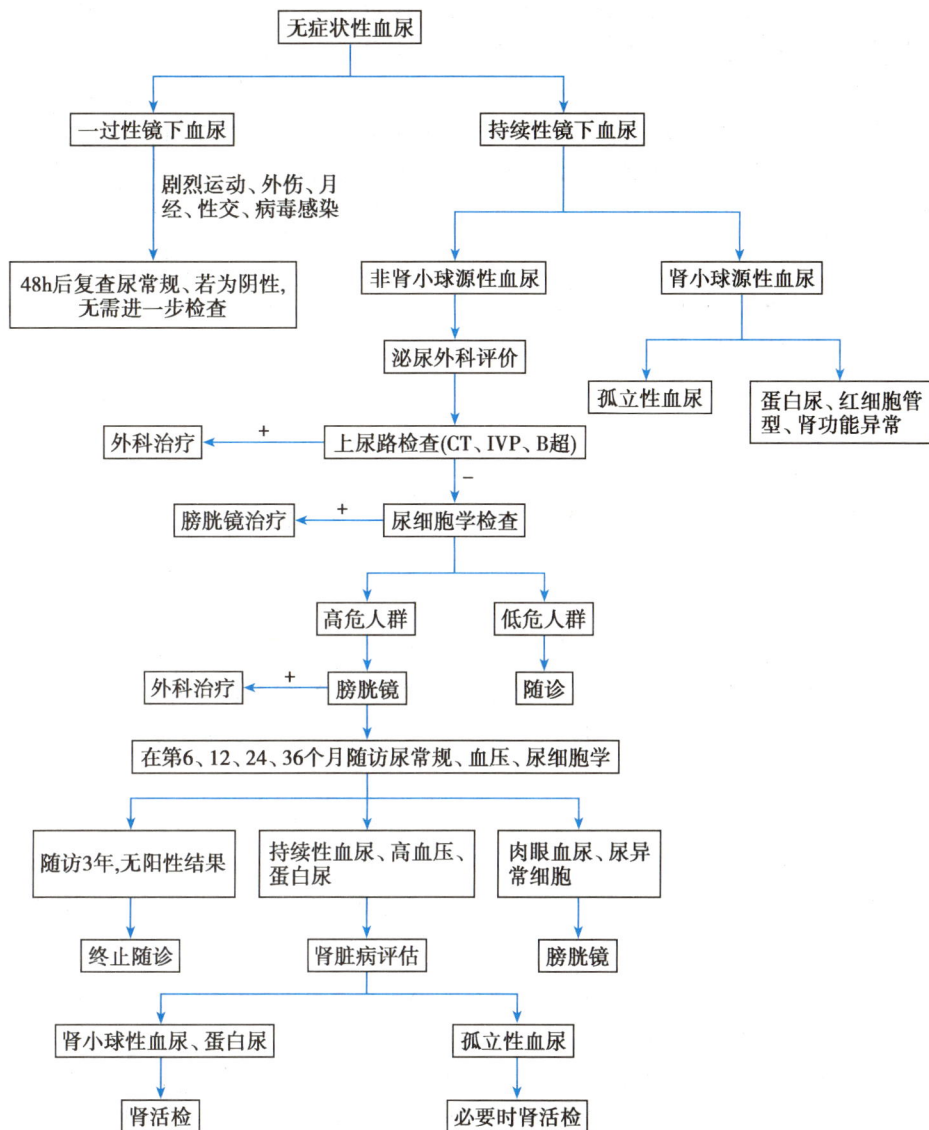

图 1-2-11 镜下血尿的诊断思路

病变部位多在膀胱颈部、膀胱三角区或前列腺部尿道。

3. **全程血尿** 指整个排尿过程中均有血尿。病变部位发生在膀胱颈部以上的泌尿道,如膀胱、输尿管或肾脏。分为肾小球源性血尿和非肾小球源性血尿,后者包括全身性疾病引起的尿路出血。

（1）肾小球源性血尿:各种原发性和继发性肾小球疾病引起的血尿,统称为肾小球源性血尿。部分肾小管、肾间质疾病可能引起轻度的血尿,具有类似的特点。多为镜下血尿。

（2）非肾小球源性血尿:泌尿系统非肾小球疾病引起的血尿,如结石、肿瘤、尿路感染、多囊肾等。还包括全身性疾病如抗凝药物过量、血液病等引起的血尿,可为肉眼血尿或镜下血尿。

三、血尿的诊断思路

（一）是否是真性血尿

1. **红色尿** 红色尿不一定都是血尿。红色尿可见于:①接触或服用胆色素、甜菜、刚果红、伊红、利福平等;②挤压伤、溶血性贫血或有机物中毒导致的血红蛋白尿或肌红蛋白尿;③某些疾病如卟啉病等。

Note

2. 假性血尿　月经、痔疮出血及阴道或尿道口附近疾患引起出血,污染尿液所致。

只有排除某些原因引起的红色尿和假性血尿,才能确定真性血尿。

(二) 是否血尿假阴性

在酸性和低渗的环境中,红细胞极易溶解。如果尿比重在1.007以下时,红细胞的溶解度为100%。此时即使存在真性血尿,但在显微镜下只见到少量红细胞甚至缺如,可造成血尿假阴性。尿隐血试验阳性可提示有血尿可能,需仔细复查。

(三) 一过性血尿

剧烈运动损伤、病毒感染、过敏等可出现一过性血尿。对首次尿检发现血尿者,应在2~3周内重复2~3次尿常规检查。持续性尿检红细胞阳性提示存在泌尿系统疾病可能,应做进一步检查。

(四) 血尿的定位

肾小球源性血尿为红细胞通过肾单位而形成的血尿,其特点为红细胞变形,呈多形性改变,常由肾实质疾病引起。非肾小球源性血尿为肾单位以外泌尿系统血管破裂,引起红细胞漏出而形成的血尿,其特点为红细胞外形均匀一致。常见于肿瘤、结石、感染、先天畸形等。

(五) 血尿的鉴别诊断

对血尿的患者应仔细询问起病时情况,包括是否有泌尿系统感染、结石、肾炎、全身性出血疾病等表现。仔细查阅起病时的尿检化验结果,必要时进行重复检查。对青少年患者应询问家族史和筛查眼、耳等肾外体征,必要时请父母做尿常规检查,排除遗传性肾炎。注意询问药物治疗史。

1. 尿红细胞形态　应用相差显微镜对尿红细胞形态进行辨认分析,肾小球源性血尿多为变形红细胞尿,而非肾小球源性血尿多为正常形态红细胞尿。机制是红细胞在挤压通过病变的肾小球基底膜时受损和/或通过肾小管时受到管腔内渗透压等作用而发生形态及体积的多样性改变。

近年来多用尿中棘红细胞(G1细胞)作为肾小球源性血尿的判断指标,其在显微镜下为细胞膜突出形成囊泡的面包圈样改变,对肾小球源性血尿诊断有高度的特异性。G1细胞≥5%为肾小球源性血尿,G1细胞<5%为非肾小球源性血尿,敏感性为98%,特异性为100%。

2. 其他肾病表现　肾小球源性血尿常伴有蛋白尿,有水肿及高血压等表现。

3. 疼痛　多数肾小球源性血尿患者无尿痛,仅少数患者可能由于血尿刺激膀胱产生轻微的尿痛。当泌尿系统有炎症或梗阻时,血尿可同时伴随疼痛症状。膀胱炎者可表现为尿频、尿急及终末血尿。各种原因引起输尿管梗阻可引起肾绞痛,同时可伴有血尿。形成梗阻最常见的原因是结石和血块,其次有脱落的肿瘤组织、息肉、坏死肾乳头、乳糜块等。

4. 血丝和血块　多数肾小球源性血尿患者,尿中没有血丝、血块,在非肾小球源性血尿患者中常出现血丝及血块。血块表明病灶局部有大量的出血,多可以找到出血部位,血块的形态对于了解出血部位也有一定的意义。如出血来源于膀胱和前列腺,血块无一定的形状。如血块呈蚯蚓状,说明出血来自上尿路。

5. 时程　肾小球源性血尿一定是全程血尿,而非肾小球源性血尿可能表现为初始血尿、终末血尿或全程血尿。

6. 下尿路症状　急性膀胱炎表现为血尿伴有尿频、尿急、尿痛下尿路症状,急性前列腺炎还可发生尿潴留,膀胱结石还可发生排尿困难及尿线中断。

7. 其他系统疾病　血液病是引起全身出血倾向最常见的病因,白血病、血友病、再生障碍性贫血、血小板减少性紫癜等都可伴发血尿。精囊囊肿、精囊恶性肿瘤等生殖系统疾病也可有血尿。其他脏器疾病如侵及或刺激邻近的尿路也可引发血尿,如急性阑尾炎、急性和慢性盆腔炎、结肠炎症或肿瘤等。

8. 其他辅助检查 血免疫球蛋白、血清补体的异常等有助于肾小球源性血尿的诊断。泌尿系统影像学检查、各种腔内器械检查有助于非肾小球源性血尿的诊断及病因鉴别。

对肾小球源性血尿应进行肾小球疾病的病因、程度和预后的综合评估,鉴别常见的原发性和继发性肾小球疾病等。必要时建议行肾穿刺活检明确病理诊断,指导治疗,评估预后。而对非肾小球源性血尿的进一步检查,可以明确疾病性质是泌尿系统感染、占位还是畸形等病变,尤其有助于在老年高危人群中筛查出隐匿的泌尿系统肿瘤。

(陈孟华)

本章小结

本章介绍了尿液的常见分析方法、原理及其临床意义;常用的肾功能检查方法、原理及其意义;肾小球疾病相关免疫学检查方法;肾脏活检的适应证、常见并发症及其处理原则,肾脏病理一般和特殊染色方法,常见肾小球疾病的病理特点;泌尿系统疾病常用影像学检查方法包括 X 线检查、超声检查、CT、MRI 及放射性核素成像,不同疾病应根据原理和特点进行综合运用。以血尿为例,阐述了泌尿系统疾病的诊断思路。

关键术语

微量白蛋白尿(microalbuminuria)

肾小球滤过率(glomerular filtration rate)

肾活检(renal biopsy)

肾动态显像(renal scintigraphy)

尿路平片(kidney-ureter-blader)

静脉尿路造影(intravenous urogram)

磁共振尿路成像(magnetic resonance urography)

思考题

1. 肾小球滤过率的定义与常用检测方法。
2. 肾脏病理活检的适应证与意义。
3. 常见泌尿系统疾病尿路造影检查的主要表现。
4. 肾囊肿和肾癌在影像学检查中的主要表现及鉴别。
5. 肾小球源性血尿与非肾小球源性血尿的鉴别要点。

Note

第三章　肾脏与水、电解质、酸碱平衡

【学习目标】

掌握临床常见的水、电解质、酸碱平衡紊乱的诊断和治疗;熟悉常见的水、电解质、酸碱平衡紊乱的临床表现;了解肾脏在调节水、电解质、酸碱平衡中的重要地位。

第一节　概　　述

肾脏是维持人体内环境稳定和水、电解质、酸碱平衡的重要脏器。肾脏通过肾小球的滤过、肾小管的重吸收及分泌,完成水、电解质、酸碱物质的跨细胞转运,进而维持细胞外液的容量与组成在一个较窄正常范围之内。

一、肾脏与水平衡

水是人体生命的基本介质。在健康人,水占体重的60%左右。水在体内分布分为:细胞内液(intracellular fluid,ICF),占体液的2/3;细胞外液(extracellular fluid,ECF),占体液的1/3。

肾脏在排出水的同时,要排出大量的代谢废物,水是这些溶质的载体,因此肾脏对水的排泄有很复杂的调节系统。人体通过肾小球的滤过作用每日产生180L左右原尿,但是经过肾小管处理后仅有1.5L左右的终尿排出;另一方面,根据体内水平衡需要,每日尿量波动范围可以很大,说明肾脏有强大的浓缩与稀释功能。肾脏的浓缩与稀释功能主要依赖于三方面的因素:①独特的肾小管、集合管系统以及供应肾小管、集合管的肾血管系统;②由肾皮质到肾髓质不断增加的渗透压梯度;③水通道蛋白(aquaporins,AQPs)、尿素转运蛋白、Na通道。

在正常的生理调节机制下,尿液的稀释与ADH的作用下调有关,例如大量饮水时,血浆渗透压降低,ADH受到抑制,进而导致AQP2分布减少或表达下降,远端小管和集合管对水通透性下降,经髓袢升支流入远端小管和集合管的低渗小管液中的水分不能及时被重吸收,产生较多低渗尿液。再加之在远端小管和集合管可重吸收部分Na^+进入组织间液,小管液的渗透压进而越来越低,最后汇集于肾盏成为低渗的稀释尿,其渗透压可低到$40mOsm/(kg \cdot H_2O)$,比重可降至1.001左右。因此一般肾功能完全正常者,即便大量饮水或输注过多水分时,能通过排出大量低渗尿而维持血浆渗透压在正常范围内。

另一方面,正常的肾脏可通过尿液浓缩机制使尿液渗透压提高到$1200mOsm/(kg \cdot H_2O)$,每日维持500ml的尿量即可排出正常饮食产生的代谢产物,当肾脏浓缩功能减退,将通过增加尿量来排出代谢产物。

二、肾脏与钠、钾平衡

钠、钾是体液中主要的阳离子。日常情况中,钠主要通过饮食摄入,临床上给予患者含钠药物或溶液等也可引起患者钠摄入量的变化。尽管一些非肾性钠丢失影响钠平衡的调节,但机体对钠平衡的精细调节主要是通过调整尿钠排泄得以实现的。因此,在生理状态下,尿钠排泄与饮食钠盐摄入量相匹配。

肾脏对钠平衡调节主要通过肾小球滤过的改变、肾小管对钠重吸收等机制实现。肾脏在调节钠平衡过程中,有许多神经体液因子参与其中。肾脏容量感受器主要调节肾素分泌影响钠平衡;肾外感受器主要包括心肺容量感受器、颈动脉窦和主动脉弓压力感受器、中枢神经感受器,通过干预 ANP 分泌和影响交感神经活性起调节作用。肾交感神经通过兴奋 Na^+-K^+-ATP 酶、兴奋肾素-血管紧张素系统促进钠重吸收。血管紧张素 II 可通过影响肾血流动力学、对肾小管的直接作用、增加醛固酮合成过程来调节钠平衡。

正常人体依靠饮食钾的摄入、肾脏对钾的排泄、细胞内外钾的转移调节以维持血钾水平相对恒定。钾的排泄主要通过肾脏,其中 70% 由远端小管完成,尤其是集合管主细胞通过 K^+-Na^+ 交换排出钾。钾在细胞内外转移通过胰岛素、儿茶酚胺及酸碱平衡状况调节。胰岛素激活 Na^+-K^+-ATP 酶活性,通过泵或钾通道,促使 K^+ 从细胞外转移到细胞内。儿茶酚胺通过兴奋 β_2 肾上腺素受体,升高 cAMP,刺激 Na^+-K^+-ATP 酶活性,使 K^+ 转移到细胞内。机体处于酸中毒状态时,H^+ 与 Na^+ 进入细胞内,而 K^+ 从细胞内转移到细胞外,血钾上升;机体发生碱中毒时则相反,K^+ 从细胞外向细胞内转移,血钾下降。因此,在酸中毒时,血钾浓度的增加并不能反映体内钾总量,而纠正酸中毒后可能出现低钾血症。

三、肾脏与酸碱平衡

人体内主要有三个系统参与调节酸碱平衡:细胞及细胞外的缓冲系统、肺及肾脏。肾脏主要通过重吸收 HCO_3^- 和清除代谢产生的 H^+ 调节机体酸碱平衡,肾脏的调节作用主要通过下列方式:①近端肾小管重吸收 HCO_3^-,主要通过近端小管电中性的 Na^+-H^+ 交换调节,将肾小球滤过的 80% ~ 90% 的 HCO_3^- 重吸收,一部分 HCO_3^- 在髓襻升支、远端小管和集合管被重吸收;②排出铵盐,是肾脏排 H^+ 的一种重要方式,同时 NH_3 在集合管与分泌的 H^+ 相结合形成 NH_4^+ 过程中,可重吸收 HCO_3^-。③远端肾单位分泌 H^+,包括两种形式,一是通过由肾小管液中清除 Na^+ 形成 H^+ 电梯度而促使 H^+ 分泌,二是通过氢泵直接将 H^+ 泵入肾小管腔中。

第二节　水、钠平衡紊乱

临床上,水、钠平衡紊乱多分为失水(water loss)、水过多(water excess)、低钠血症(hyponatremia)和高钠血症(hypernatremia)。

一、失水

指体液丢失所造成的循环容量不足。临床上将失水分为高渗性失水、等渗性失水和低渗性失水。

(一)病因

1. 高渗性失水　可见于:①摄水不足;②失水过多:包括肾丢失,肾外丢失,水向细胞内转移等。

2. 等渗性失水　可见于消化道丢失,皮肤丢失,组织间液贮积等。

3. 低渗性失水　可见于补充水分过多,肾丢失等。

(二)临床表现

1. 高渗性失水　轻者出现尿量减少,尿比重增高等,重者出现口渴严重、皮肤弹性下降、心率加快,更严重者可出现神经系统症状,甚至出现高渗性昏迷、低血容量性休克等。

2. 等渗性失水及低渗性失水　等渗性失水时,可出现少尿、口渴、血压下降,但渗透压基本正常。低渗性脱水早期即发生有效循环血容量不足和尿量减少,但无口渴;重者导致细胞内低渗和细胞水肿。

Note

（三）诊断与鉴别诊断

根据病史（钠摄入不足、呕吐、腹泻、多尿、大量出汗等）可推测失水的类型和程度，但应进行必要的实验室检查。

（四）治疗

积极治疗原发病，避免不适当的脱水、利尿等。已发生失水时，应依据失水的类型、程度和机体情况，决定补液方案。

二、水过多和水中毒

水过多（water excess）是指机体摄入或输入水过多，以致水在体内潴留，引起血液渗透压下降和循环血量增多的一种病理状态。若过多的水进入细胞内，导致细胞内水过多则称为水中毒（water intoxication）。

（一）病因和发病机制

多因水调节机制障碍，而又未限制饮水或不恰当补液引起。病因为：①抗利尿激素代偿性分泌增多；②抗利尿激素分泌失调综合征；③肾排泄水障碍；④肾上腺皮质功能减退症；⑤渗透阈重建；⑥抗利尿激素用量过多。

（二）临床表现

1. 急性水过多和水中毒　起病急，神经系统症状突出，也可呈颅内高压表现。

2. 慢性水过多和水中毒　轻度水过多仅有体重增加；血浆渗透压<260mOsm/L（血钠<125mmol/L）时，有表情淡漠、食欲减退等表现；血浆渗透压降至 240～250mOsm/L（血钠 115～120mmol/L）时，出现显著神经精神症状；血浆渗透压降至230mOsm/L（血钠110mmol/L）时，可发生抽搐或昏迷。

（三）诊断与鉴别诊断

根据病史，结合临床表现及必要的实验室检查，一般可作出诊断，并应判断：①水过多的病因和程度（体重变化、出入水量、血钠浓度等）；②有效循环血容量和心、肺、肾功能状态；③血浆渗透压。

（四）治疗

积极治疗原发病，控制水的摄入量和避免补液过多。治疗中应同时注意是否存在钾代谢异常及酸中毒并予以及时纠正。

三、低钠血症

低钠血症（hyponatremia）是指血清钠<135mmol/L 的一种病理生理状态，住院患者低钠血症的发生率为 15%～30%。

（一）分类

低钠血症可分为：①缺钠性低钠血症：即低渗性失水；②稀释性低钠血症：即水过多；③转移性低钠血症；④特发性低钠血症；⑤脑性盐耗损综合征。

（二）诊断与治疗

参阅低渗性失水、水过多和水中毒部分。转移性低钠血症少见，临床上主要表现为低钠血症，治疗以去除原发病和纠正低钠血症为主。特发性低钠血症主要是治疗原发病。严重高脂血症、高蛋白血症等可引起"假性低钠血症"，主要应针对原发病因治疗。

四、高钠血症

高钠血症（hypernatremia）是指血清钠大于 145mmol/L 的一种病理生理状态，机体总钠量可增高、正常或减少。

Note

（一）病因和发病机制

1. 低容量性高钠血症　因肾脏或肾外原因导致水和钠持续丢失,失水多于失钠。

2. 高容量性高钠血症　伴体内总水量增加的高钠血症,临床上少见。

3. 等容量性高钠血症　体内总钠量正常而水分丢失时可发生。主要原因是水丢失和水摄入减少。

（二）临床表现

取决于血钠升高的速度和程度,与年龄、基础疾病有关。多尿、多饮是高钠血症患者的常见症状,神经系统异常是高钠血症的主要表现。低容量时可发生体位性低血压、心率增快等;高容量时可出现肺水肿、高血压等临床表现。

（三）诊断

高钠血症的诊断主要依据生化检测。对明确有高钠血症者,应根据病史、临床表现和体检评估容量状态,并进一步明确高钠血症的病因和病理生理特点以指导治疗。

（四）治疗

高钠血症的治疗目标是恢复血浆渗透压。治疗时,应注意以下问题:体液容量状态、高钠血症的发生速度和程度、溶液的选择和血钠下降的速度、病因治疗。

1. 纠正容量紊乱　①低容量性高钠血症:先给予等张盐水,随后给予低渗性盐水或者 5% 葡萄糖液;②高容量性高钠血症:使用利尿剂减少容量负荷;③等容量性高钠血症:给予 5% 葡萄糖液口服或者静脉推注。

2. 血钠下降的速度　急性高钠血症需要在数小时内迅速纠正电解质紊乱。慢性高钠血症的纠正应缓慢,以防止脑水肿的发生。对高钠血症超过 24 小时的患者,钠的纠正速度不应超过 $0.5mmol/(L \cdot h)$ 和 $10 \sim 12mmol/(L \cdot d)$。

3. 连续性血液净化　用于危重病患者伴高钠血症。国内已有学者报道了采用此法可成功使血钠、血浆渗透压明显下降,治疗过程安全。

第三节　钾平衡紊乱

钾离子是细胞内含量最丰富的阳离子,其主要生理作用是维持细胞的新陈代谢、调节渗透压与酸碱平衡、保持神经肌肉的应激性和心肌的正常功能。正常血钾浓度为 $3.5 \sim 5.5mmol/L$。

一、低钾血症

低钾血症(hypokalemia)是指血清钾<3.5mmol/L 的一种病理生理状态。

（一）病因和发病机制

1. 摄入不足。

2. 排出过多　可分为肾外失钾和肾性失钾。

3. 钾向细胞内转移。

（二）临床表现

1. 循环系统表现　临床表现为心电图变化、心律失常等。心电图可表现为 U 波升高,T 波低平,重者 ST 段下移,Q-T 间期延长,出现室上性或室性异位节律,更甚者出现心室扑动、心室颤动、心脏骤停。

2. 肌肉症状　可表现为骨骼肌和平滑肌收缩能力下降。

3. 泌尿系统表现　长期或严重失钾可致肾小管上皮细胞变性坏死,尿浓缩功能下降,出现口渴、多饮和夜尿多,进而发生低钾性肾病。

4. 其他系统症状　低钾血症患者可出现神经精神症状,低钾可引起胰岛素、醛固酮分泌减少、肾素分泌增多等内分泌系统紊乱。

(三) 诊断与鉴别诊断

一般根据病史,结合血清钾测定可作出诊断。特异的心电图表现有助于诊断。

(四) 治疗

早期识别和积极治疗原发病,增加钾摄入。

1. 紧急处理　对于严重低钾血症(<2.5mmol/L)以及出现严重症状的患者应迅速将患者血钾提高至较为安全的范围(3.0mmol/L 左右),然后逐渐将血钾提升至正常范围。

2. 补钾药物　常用的药物包括:氯化钾、枸橼酸钾、醋酸钾、碳酸氢钾、磷酸钾等。氯化钾是治疗低钾血症的首先药物。磷酸钾可用于糖尿病酮症酸中毒低钾血症的患者。对于轻度低钾者,可选择饮食补钾。

二、高钾血症

高钾血症(hyperkalemia)是指血清钾浓度>5.5mmol/L 的一种病理生理状态。

(一) 病因和发病机制

1. 摄入或输入钾过多、过快

2. 排出减少

3. 钾向细胞外转移

(二) 临床表现

1. 心血管系统　可出现心率减慢、心脏停搏等。心电图可表现为 T 波高尖、P 波扁平、QRS波群增宽、心律失常(传导阻滞、室性心动过速、心室颤动),甚至心搏骤停。

2. 神经-肌肉系统　可出现疲乏无力,嗜睡、肌痛,偶可引起肌麻痹、肌强直。

3. 内分泌系统　可能引起醛固酮和胰岛素分泌增加。

(三) 诊断与鉴别诊断

有导致血钾增高和(或)肾排钾减少的基础疾病,血清钾>5.5mmol/L 即可确诊。心电图可作为诊断、病情判定和疗效观察的重要指标。

(四) 治疗

1. 对抗钾的心脏抑制作用　应用 10% 葡萄糖酸钙注射液。

2. 促使钾离子转移入细胞内　可采用葡萄糖加胰岛素、β_2 受体激动剂、碳酸氢钠等进行治疗。

3. 促进排钾　可选择利尿剂(保钾利尿剂除外)、离子交换树脂、透析疗法(血液透析、腹膜透析)。

4. 其他　包括明确病因,去除引发高钾血症的原发因素、避免摄入高钾食物等。

第四节　酸碱平衡紊乱

体内产生或摄入的酸性或碱性物质超过了其缓冲、中和与排除的速度和能力,在体内蓄积,即发生酸碱平衡紊乱。常用的反映血液酸碱平衡状况的指标有:pH、动脉血二氧化碳分压($PaCO_2$)、二氧化碳结合力(CO_2CP)、标准碳酸氢盐(SB)、实际碳酸氢盐(AB)、缓冲碱(BB)、碱剩余(BE)、动脉血氧分压(PaO_2)、血氧饱和度(SaO_2)、阴离子间隙(AG)。

一、代谢性酸中毒

代谢性酸中毒是由于原发性固定酸增多或 HCO_3^- 原发性减少导致的酸中毒。

（一）病因与发病机制

可分为阴离子间隙正常和增大两类。

1. 阴离子间隙正常的代谢性酸中毒　包括①碳酸氢盐丢失,包括肾丢失和肾外丢失;②碳酸氢盐生成障碍;③酸性物质摄入过多。

2. 阴离子间隙增大的代谢性酸中毒　包括①无机酸排泄减少;②有机酸生成过多;③有机酸摄入过多。

（二）临床表现

代谢性酸中毒多有明确的原发病或者诱因,因此多以原发病表现为主。代谢性酸中毒对机体的影响主要是引起心血管系统和中枢神经系统功能障碍。对心血管的影响,包括心肌收缩力下降、出现心律失常等。对中枢神经系统的影响表现为反应迟钝、嗜睡等,严重者可出现昏迷。对呼吸系统的影响比较特征性的表现是呼吸加深、加快,称为 Kussmaul 呼吸。对消化系统的影响有食欲减退、恶心、呕吐、腹泻等。

（三）诊断与鉴别诊断

根据动脉血气分析和电解质的变化可以诊断。其特点是:AB>SB,SB<正常值,BE 为负值,经机体各种代偿调节,如 HCO_3^-/H_2CO_3 接近 20∶1,血 pH 可在正常范围内;若不能完全代偿,则 pH<7.35。酸中毒可使血钾、血磷浓度升高;氯正常或升高。

（四）治疗

治疗原则:①治疗原发病,处理急性并发症;②对症治疗,纠正酸中毒。

二、代谢性碱中毒

是以原发性血浆 HCO_3^- 浓度升高为特征的酸碱平衡紊乱,PCO_2 可代偿性升高,失代偿时 pH 升高。并根据给予盐水后代谢性碱中毒能否得到纠正,分为氯反应性碱中毒和氯抵抗性碱中毒。

（一）病因和发病机制

包括:①氢离子丢失过多:主要见于胃液丢失和经肾丢失;②HCO_3^- 补充过多。

（二）临床表现

重者呼吸浅慢,神经肌肉兴奋性增高,常有面部及四肢肌肉抽动、手足搐搦,口周及手足麻木。脑组织缺氧出现头昏、躁动、谵妄乃至昏迷。伴低钾血症时,可表现为软瘫。

（三）诊断与鉴别诊断

根据动脉血气分析和电解质变化可以诊断。其特点是:HCO_3^->SB>正常,BE 为正值;$PaCO_2$>6.0kPa(45mmHg),失代偿时 pH>7.45。

（四）治疗

避免碱摄入过多,应用排钾性利尿药或罹患盐皮质激素增多性疾病时注意补钾,积极处理原发病。具体包括:①氯反应性碱中毒:只要口服或静注等张或半张的盐水即可恢复 HCO_3^- 浓度;②氯抵抗性碱中毒:可给予醛固酮拮抗剂和碳酸酐酶抑制剂如乙酰唑胺;③补酸:当严重代谢性碱中毒,对氯化钠和补钾治疗反应不佳时,应考虑补酸。

三、呼吸性酸中毒

以原发性血浆 $PaCO_2$ 升高(或原发性 H_2CO_3 浓度增高)为特征,失代偿时伴 pH 下降。

（一）病因与发病机制

肺通气、弥散和肺循环功能障碍,致肺泡换气减少,血 $PaCO_2$ 增高,血 H_2CO_3 浓度增高,pH 下降,H^+ 浓度升高。

1. 急性呼吸性酸中毒　可见于呼吸中枢抑制、急性气道阻塞、急性广泛性肺组织病变、心力衰竭等。

2. 慢性呼吸性酸中毒　可见于慢性弥漫性肺病变、慢性支气管病变、胸廓病变等。

（二）临床表现

呼吸性酸中毒对心血管系统的影响与代谢性酸中毒相似,对中枢神经系统的影响取决于 CO_2 潴留的程度、速度、酸血症的严重度程度以及伴发的低氧血症程度。

（三）诊断与鉴别诊断

1. 急性呼吸性酸中毒　其血气分析特点和电解质的变化为:$PaCO_2 > 6.0kPa(45mmHg)$,pH<7.35,AB>SB,SB、BE 正常,多有低氧血症。

2. 慢性呼吸性酸中毒　其血气分析特点和电解质的变化为:$PaCO_2 > 6.0kPa(45mmHg)$,pH 为 $7.35 \sim 7.45$,或稍低于 7.35;AB>SB>正常,BE 为正值,存在低氧血症。

（四）治疗

视病情程度和起病缓急决定治疗方案。急性患者,主要是治疗原发病和给予呼吸支持。怀疑药物中毒时,可应用呼吸兴奋剂。慢性患者,主要是采取各种措施改善肺功能。对于 pH 明显降低的呼吸性酸中毒患者可适当给予碱性药物。

四、呼吸性碱中毒

指以血浆 H_2CO_3 浓度原发性减少或 $PaCO_2$ 原发性降低为特征的酸碱平衡紊乱,根据疾病的缓急不同,pH 可以升高或正常。

（一）病因和发病机制

原发因素为过度换气。CO_2 的排出速度超过生成速度,导致 CO_2 减少,$PaCO_2$ 下降。只要刺激肺通气过度的原因持续存在,肺的代偿调节作用就不明显。可分为:①中枢性换气过度;②外周性换气过度。

（二）临床表现

主要表现为换气过度和呼吸加快。急性轻者可有口唇、四肢发麻、刺痛,肌肉颤动;重者有眩晕、昏厥、视力模糊、抽搐;可伴胸闷、胸痛、口干、腹胀等;也可伴有脑电图和肝功能异常。

（三）诊断与鉴别诊断

各种原因所致呼碱的共同特点是换气过度。确诊依赖于实验室检查:①$PaCO_2$ 降低,除外代谢因素影响的 CO_2 结合力降低,AB<SB;②失代偿期 pH 升高。

（四）治疗

主要针对原发病进行治疗。应用人工呼吸机时,注意调整呼吸机的潮气量和呼吸频率等。对焦虑过度通气综合征者,可通过纸筒呼吸以增加气道死腔,进行心理治疗,必要时给予小剂量镇静剂。如属高原反应,可提前 2 天给予乙酰唑胺 500mg/d 进行预防。

五、混合型酸碱平衡紊乱

在临床实践中,酸碱平衡紊乱几乎均为混合性,且随病情变化和治疗干预而不断改变。因此,必须正确识别和判断患者的酸碱平衡紊乱的实际状况。

（陈孟华）

本章小结

　　水、电解质和酸碱平衡紊乱是临床工作中十分常见的一组病理生理状态,存在于多种疾病的发展过程中。肾脏是调节水、电解质、酸碱平衡的核心脏器,通过肾小球的滤过、肾小管的重吸收和分泌及一系列体液内分泌调控机制维持人体内环境的稳定。本章重点介绍了临床常见的水、钠、钾平衡紊乱类型和临床表现,需注意积极寻找原发病因并进行治疗。临床实践中,酸碱平衡紊乱很少孤立存在,常见的是混合性酸碱平衡紊乱,必须正确识别和治疗患者酸碱平衡紊乱的实际状况。

关键术语

　　低钠血症(hyponatremia)

　　高钠血症(hypernatremia)

　　低钾血症(hypokalemia)

　　高钾血症(hyperkalemia)

　　酸中毒(acidosis)

　　碱中毒(alkalosis)

思考题

1. 简述代谢性酸中毒的临床表现。
2. 以急性肾损伤为例,试述其少尿期的水电解质酸碱平衡紊乱的临床表现。

第二篇　泌尿生殖系统畸形和遗传性疾病

　　泌尿生殖系统先天畸形是临床上常见疾病,主要由于胚胎期受遗传(基因或染色体)物质变化或获得性(药物、毒物等)因素影响,使泌尿生殖系统各个器官发育异常,发病率约为1‰～8‰,具有呈不明原因上升的趋势。

　　泌尿系统和生殖系统在发生学上密切相关,均起源于体节外侧的中胚层。泌尿系统的发生要早于生殖系统,在胚胎发育第5～12周经过原肾、中肾、后肾三个时期,完成由原肾经中肾到后肾的演化过程。器官的结构和功能也逐渐趋于成熟和复杂,后肾最终发育为成熟的泌尿器官。中肾管诱导中肾小管的发生,向尾端延伸通向总泄殖腔内,形成输尿管芽,最终形成输尿管、肾盂、肾盏、集合管及肾乳头。后肾组织的一部分间质与新生的次级集合小管共同发育为肾单位,组成肾实质。泄殖腔残存的部分在男性形成射精管、附睾、输精管和精囊,在女性则形成卵巢。膀胱由中肾管开口处头侧生殖窦形成,尾侧形成尿道。胚胎发育过程中任何一个环节发生异常均可导致先天畸形的发生。

　　从器官-系统整合的角度来看,泌尿生殖系统先天性畸形各种疾病具有不同的表现形式,但是各系统及器官之间存在密切联系,任何一个系统的病变可能并发或导致另一个系统病变,任何一个器官的病变可导致整个系统功能紊乱。泌尿生殖系统畸形还可同时合并其他系统器官的异常,如异位肾常可合并心血管异常、肛门闭锁及骨畸形。临床诊断及治疗过程中需系统认识,全面分析,综合判断。

第一章　肾和输尿管先天性畸形

【学习目标】

掌握常见的肾和输尿管先天性畸形的临床表现和诊断要点;熟悉治疗原则;了解病因及发病机制。

肾和输尿管先天性畸形包括肾结构及肾单位数量异常,肾发育异常,肾旋转、位置及形态异常,肾集合系统异常,及输尿管芽发育异常,出现多种疾病。

第一节　肾囊性疾病

肾脏囊性疾病是指在肾脏出现单个或多个内含液体囊肿的一大类疾病。发生部位可在肾皮质、髓质、或肾外,主要分为遗传性和非遗传性。遗传性以多囊肾多见,非遗传性则以单纯肾囊肿最常见,约占肾囊性疾病的70%。超过1/3的50岁以上人群有肾囊肿,但很少需手术治疗。

一、单纯性肾囊肿

(一) 概述

单纯性肾囊肿(simple cyst of kidney)是最常见的肾脏良性占位性疾病。发病率随年龄增加而增加,50岁以上发病率25%,男女比例约2∶1。一般认为本病的成因是单一的后天因素,目前认为有遗传因素参与。可能起源于一段扩张的肾小管。一般为单侧单发,也可单侧多发或双侧多发。囊肿发生在肾皮质表面,外向性生长,邻近肾窦的皮质囊肿称为肾盂旁囊肿。囊肿多孤立呈球形,直径1~5cm(大者可达10cm以上)。囊肿壁薄,内衬单层扁平或立方上皮,可伴有钙化。囊液多为清亮琥珀色液体,仅5%呈血性,即出血性囊肿。

(二) 临床表现

大多数患者无症状,多因健康体检或其他疾病行B超或CT检查时偶然发现。当囊肿持续增大,囊肿内突然出血,继发感染,压迫邻近肾实质或压迫输尿管引起梗阻时才引起相应症状。常表现为肾区疼痛,囊内出血或继发感染时可出现疼痛加剧及发热。当囊肿压迫邻近血管会导致血压升高。部分患者可出现血尿或蛋白尿,其严重程度与囊肿大小无关。当囊肿合并出血、迅速增大时应警惕癌变可能。

(三) 诊断

B超是首选的检查方法,区分肾囊性或实质性占位病变。典型肾囊肿B超表现为病变区无回声,囊壁光滑,界限清晰。继发感染时囊壁增厚,囊内有血性液体时回声增强,囊壁有不规则回声或局部增强回声时应警惕癌变。B超不能确定时CT有明确诊断价值,典型表现为边缘整齐,壁薄而光滑,均质的球形肿物,CT值约-10~+20,增强扫描无强化。合并出血感染时内部呈现不均质密度,CT值增加。MRI主要用于造影剂过敏及肾功能不全者,对明确囊液性质有重要价值。肾盏憩室是肾实质内覆盖移行上皮细胞的囊腔,经过狭窄通道与肾盏或肾盂相连通,因

Note

肾盏颈部狭窄导致肾盏近端扩张形成憩室。多数小憩室无明显临床症状,但憩室增大或合并结石、感染等,可出现腰痛、血尿以及膀胱刺激征。增强 CTU 排泄期图像显示肾盏憩室常与邻近肾盏间以一细窄的管道交通,内有少量造影剂充填,与肾囊肿相鉴别。

(四) 治疗

无自觉症状或压迫梗阻的患者可随诊观察。囊肿>4cm、压迫并引起肾实质萎缩和引起梗阻症状者,可在 B 超引导下囊肿穿刺引流,并用95% 乙醇硬化治疗,也可行腹腔镜肾囊肿去顶减压。怀疑癌变者应尽早手术探查。

二、多囊肾

(一) 概述

多囊肾病(polycystic kidney disease,PKD)是一种常染色体遗传性疾病(genetic diseases)。双侧肾脏发生多个囊肿且进行性增大,导致功能性肾组织减少,肾脏结构和功能损害。肾小管与集合管连接不良,分泌的尿液排出受阻,形成肾小管潴留性囊肿,肾脏体积增大,功能性肾组织受压迫减少。多囊肾病占终末期肾病的第 4 位,分为常染色体隐性遗传型(婴儿型)及常染色体显性遗传型(成年型),后者临床较常见,又称为多囊肾。

(二) 病因

多囊肾是常染色体显性遗传病,有近 100% 的外显率,发病率约 1/1000。目前发病机制尚不十分明确,可能与"两次打击学说"理论有关。遗传多囊蛋白 PKD1 或 PKD2 的基因常不引起多囊肾,但后天环境下基因突变可发生囊性病变,支持"两次打击"假说。囊肿压迫肾组织,间质纤维化,肾小管萎缩,肾血管硬化,肾功能受损。

(三) 临床表现

多囊肾起初多无症状,可在体检时偶然发现,囊肿大小及数量随年龄增长而增长。临床症状多在 40 岁左右出现,表现为腰痛不适或间歇性血尿。可伴高血压、消化系统症状和慢性肾功不全,近半数患者自然进展为肾衰竭。肾功能不全时可出现头痛、恶心、呕吐和体重减轻等症状。患者常终因尿毒症死亡。囊肿合并结石、感染,可出现发热、肾区疼痛和脓尿。女性患者易发生急性肾盂肾炎。体格检查可在双侧上腹部触及对称肿物,表面高低不平。肝囊肿是最常见的肾外表现,发生率随年龄增加,可导致慢性疼痛,但对肝功能无明显影响。其他肾外病变有心瓣膜病、脑动脉瘤、憩室病、胰腺囊肿等。

(四) 诊断

患者有家族史,出现腹部包块及肾功能不全的表现,影像学检查发现双肾多个大小不等的囊肿,双肾体积增大,同时伴有肝囊肿,多可做出正确诊断。超声检查为首选检查方法,可见肾脏体积增大,肾实质内多个大小不等、互不相通的无回声囊性结构。CT 检查对复杂性囊肿诊断率高,怀疑恶性肿瘤者应行增强 CT 检查,但肾功能不全者应慎用。尿路造影可见双肾明显增大,肾盂和肾盏受压、弯曲拉长、变细,末端可呈新月形或不规则状。

(五) 治疗

对肾功能正常的病人,应严密随访。限制钠盐摄入,低蛋白饮食,避免剧烈活动,应用降压药控制血压(130/80mmHg)。合并感染者合理选择抗生素治疗。囊肿穿刺抽吸和去顶减压可缓解残存的正常肾脏组织压力,保护肾功能。目前临床常用后腹腔镜手术,但不宜双侧同期进行处理。肾功能严重损害时应进行血液透析治疗或行同种异体肾移植术。

(六) 预后

多囊肾患者预后个体差异较大,若不行血液透析或肾移植手术治疗,诊断后生存时间通常不超过 10 年。45% 的多囊肾患者 60 岁时进展至终末期肾衰竭,三分之一死于肾衰竭,三分之一死于高血压肾病的并发症。

三、髓质海绵肾

（一）概述

髓质海绵肾(medullary sponge kidney,MSK)以肾髓质集合管远端和锥体乳头管梭形扩张或小囊状扩张为特征,与遗传和发育相关的一种先天性病变,常伴发感染和尿路结石。锥体剖面呈海绵样或多孔样,显微镜下见集合管囊状扩张,多数内含结石,以草酸钙和磷酸钙结石居多。女性发病率高于男性且更易伴发尿路感染。

（二）临床表现

患者多数无明显临床表现,有症状者大多于 20 岁以后可出现肾结石的表现,如肾绞痛、尿路感染、肉眼血尿及高尿钙症等。近半数患者伴有高钙血症,可能与肾丢失钙后的代偿机制有关。

（三）诊断

髓质海绵肾发病率低。静脉尿路造影典型表现为肾影增大,扩张的小管可形成条形致密影,当集合管明显扩张并且内含结石时可呈现"花束"或"画刷"征象。另外还可出现肾乳头部钙化、变长、伴囊肿等表现。CT 扫描显示皮髓质交界部"钙化",诊断的敏感性不如尿路造影。

（四）治疗

髓质海绵肾主要需要针对结石及感染进行治疗。合并结石者应多饮水,控制高钙饮食,可采用体外冲击波碎石治疗双侧集合管结石。噻嗪类药物可以有效控制高钙血症和结石形成。合并感染者应根据尿培养及药敏结果,早期应用敏感抗生素治疗。局灶性髓质海绵肾也可行肾部分切除术或肾段切除术。

第二节 肾缺如和肾发育不良

单侧肾脏不发育(unilateral renal agenesis,URA)又称单侧肾缺如或孤立肾,发育不充分则造成肾发育不良。肾缺如者一半合并有输尿管缺如,少数患者伴同侧肾上腺缺如。合并生殖系统畸形率高,女性常见单角子宫,男性常伴附睾、输精管缺如等,但性腺发育多正常。单侧肾缺如者无明显临床表现,多在体检时经影像学检查发现,对侧肾脏代偿性增大。肾发育不良者可能出现腹痛和高血压表现,肾脏体积小且功能差。临床拟行肾切除术时,须排除对侧肾缺如和发育不良。

第三节 异 位 肾

成熟的肾脏未能达到正常肾窝的位置称为异位肾(ectopic kidney),多为单侧,左侧发病率略高,双侧罕见。输尿管发育不成熟,后肾胚胎组织缺陷,基因异常等因素均可导致肾脏上升异常,形成异位肾。肾下垂与异位肾不同的是肾脏最初位于正常的位置,随后下垂而异常。肾异位的位置包括同侧盆腔、髂窝、腹部、胸腔或交叉到对侧的上述部位。异位肾的动脉供应可来自腹主动脉的末端或分叉处,也可来自髂总、髂外动脉。常伴有泌尿生殖系统其他畸形,女性可见双角子宫、单角子宫、子宫缺如、阴道缺如或重复阴道。男性可见隐睾、重复尿道或尿道下裂等。

异位肾大多无明显临床表现,最常见的是梗阻引起的肾绞痛,由于肾位置异常,可能被误诊为阑尾炎或盆腔附件炎等。也有患者因尿路感染或腹部包块就诊。异位肾常比正常肾脏小,半数以上可出现肾积水,可由肾盂输尿管连接部狭窄、膀胱输尿管反流或肾旋转不良引起。异位肾失去了肋骨保护,易受外伤。

静脉尿路造影、超声及 CT 等影像学检查可明确诊断,动脉造影可以了解异位肾的血供情

Note

况。需根据异位肾合并的畸形、肾积水及结石等情况采取相应的外科手术治疗。由于异位肾位置特殊,应避免将其误诊为盆腔肿瘤而切除。

第四节　融　合　肾

一、概述

肾脏发育的旋转和上升过程中,受遗传或致畸因子影响,导致原本位于脊柱两侧的肾脏逐渐靠近,某些部位肾组织相互融合,形成融合肾(fused kidney)。肾融合畸形可分为肾单侧融合伴向下移位、S 型融合、团块肾、L 型融合肾、盘状肾及肾单侧融合伴向上移位。其中肾单侧融合向下移位发病率最高,左向右移位者居多。马蹄肾(horseshoe kidney)是最常见的肾融合畸形,两侧肾脏下极在脊柱或腹部大血管之前通过肾实质或纤维组织形成峡部相连。两侧肾脏在绕长轴旋转以前便相互连接发生融合,影响肾脏正常旋转,肾盂多朝向前方。输尿管越过峡部向下走行,使尿液流出不畅,易并发积水、结石或感染。肾血管有较大的变异。

二、临床表现

马蹄肾患者可无明显临床症状,很多情况下是在超声检查或尸检时被偶然发现。并发肾盂积水、尿路感染及结石时,出现腹痛,可放射至背部。当峡部压迫后方的神经时会出现 Rovsing 征,即在脊椎过度伸展时出现腹痛、恶心、呕吐。体格检查常为阴性,但可能在低位腰椎前触及包块。

三、诊断

影像学检查对于明确融合肾的类型、指导治疗和判断预后具有重要的价值。马蹄肾行静脉尿路造影时可见双肾位置偏低且更靠近脊柱,肾轴方向由正常的内上至外下改变为外上至内下或垂直,双肾下极在中线处相连,肾盂位于肾脏的前面,肾下盏比输尿管更靠近中线。CT 检查诊断融合肾畸形的敏感性和特异性均优于超声检查和静脉尿路造影检查。

四、治疗

马蹄肾患者合并肾盂输尿管交接部狭窄、肾积水,可进行相应手术治疗,腹腔镜下马蹄肾峡部离断及肾盂成形术逐渐成熟。若伴发结石者,可行体外冲击波碎石(ESWL)、经皮肾镜取石术(PCNL)等治疗。

第五节　重复肾和重复输尿管畸形

一、概述

肾和输尿管重复畸形是泌尿系统常见的先天畸形。是同侧重复的上半肾及下半肾由包膜包绕合为一体,表面有一浅沟将两肾分开,但有本身的肾盂、输尿管及血管,且都各自分开的一种肾脏先天性畸形。下半肾的输尿管在输尿管开口正常的位置进入膀胱,上半肾的输尿管在下半肾的输尿管下方行走,可开口于膀胱,在男性也可异位开口于前列腺部尿道,精阜等处,在女性也可异位开口于尿道、前庭、阴道。男性输尿管异位开口一般不出现尿失禁,女性输尿管异位开口可出现尿失禁。不完全性重复肾输尿管畸形者上半肾的输尿管呈"Y"型注入下半肾输尿管。重复肾和重复输尿管与胚胎发育过程有关。输尿管芽顶端膨大发育成肾盂,主干成为输尿管,分支形成肾盏、集合管。若输尿管芽与生肾组织汇合前过早发出分支,则形成不完全性重复肾输尿管畸形。若中肾管多发出一支输尿管芽,与正常输尿管平行走行,则形成完全性重复肾输尿管畸形。决定输尿管芽异常的遗传因素可能与 PAX-2 和 RET 基因有关,重复肾和重复输尿管畸形有一定的遗传倾向。重复肾和重复输尿管畸形可以是单侧也可以是双侧出现,单侧多见,女性多于男性。

二、临床表现

大部分患者无特异临床表现,常在体检或因其他疾病行影像检查偶然发现。常见的临床表现包括尿路感染、腰腹痛、肾积水、排尿困难、尿失禁等。女性输尿管异位开口多位于膀胱颈或阴道壁、尿道壁、会阴等处,均在尿道括约肌远端,表现为持续漏尿。内裤或尿垫常被尿液浸湿,平卧时漏尿轻,站立活动时明显。患者仍有正常排尿,且尿量大,是本病的特点。男性异位输尿管开口多位于尿道外括约肌上方,尿失禁少见,常表现为梗阻和尿路感染症状,还可出现前列腺炎、附睾炎等表现。

三、诊断

不完全性重复肾输尿管畸形、完全性重复肾输尿管畸形若输尿管开口于尿道括约肌以上者,可无临床表现,只在泌尿系统检查时被发现。完全性肾输尿管重复畸形者,若输尿管异位开口于括约肌以外,既有正常排尿,又合并有漏尿,有时可在外阴处发现异位输尿管开口喷尿现象。重复肾输尿管畸形合并肾积水、结石,多于检查时被发现。B 超检查经济简便,能明确畸形肾脏形态、肾积水程度及输尿管有无扩张或囊肿,可作为首选。静脉尿路造影能较准确的显示出重复的肾脏功能状态、输尿管走行以及异位开口位置等。CTU 敏感性优于前两者,能够清晰显示泌尿系全程图像以及畸形形态,并有助于确定重复输尿管的开口位置。MRU 可清晰显示扩张积水的上半肾、输尿管以及输尿管膨出。真性尿失禁为尿道括约肌功能障碍,常有神经系统病变或脑外伤史,持续漏尿但无正常的分次排尿,输尿管走行无异常,膀胱以外找不到输尿管异位开口。

四、治疗

无症状及肾功能良好者无需治疗。重复肾输尿管畸形合并漏尿、肾积水、肾结石者,可进行手术治疗,可切除上半肾以及同肾的输尿管。

第六节　腔静脉后输尿管

一、概述

腔静脉后输尿管(retrocaval ureter)也称输尿管前下腔静脉或环绕腔静脉输尿管,是由下腔静脉胚胎发育异常引起的一种少见疾病,并非输尿管发育异常。正常情况下,后主静脉萎缩,下腔静脉位于输尿管后方。若位于输尿管前方的后主静脉不萎缩,则下腔静脉位于输尿管前方。腔静脉后输尿管的特点是右侧输尿管绕过下腔静脉的后侧走向中线,再从内向外沿正常途径至膀胱。男性发病率约为女性 4 倍。

二、诊断

腔静脉后输尿管患者早期一般没有症状,多数患者临床表现在 30～40 岁以后出现,因并发尿路感染、肾积水、结石或血尿而就诊。患者可有右腰部酸胀、疼痛,输尿管梗阻积水常继发感染和结石,可有膀胱刺激症状、发热、肾绞痛、血尿。部分患者经体检发现。

常用超声、CTU 或 MRU 确诊,CTU 不仅能明确血管畸形还可显示输尿管有无扩张,更能直观的呈现输尿管的走行。可选择使用静脉尿路造影,显示梗阻的位置及水平。

三、治疗

合并轻度肾积水的患者可随诊观察。出现明显肾积水或严重的肾功能损害以及合并结石、感染等并发症的患者,需要手术治疗。可选择输尿管离断复位术。

第七节　先天性肾盂输尿管连接部梗阻

一、概述

先天性肾盂输尿管连接部梗阻(ureteropelvic junction obstruction,UPJO)是较常见的泌尿系统畸形之一,是各种先天性因素导致肾盂内尿液向输尿管排泄受阻,伴随肾脏集合系统扩张并继发肾损害的一类疾病。先天性 UPJO 是小儿肾积水的主要原因,男性多于女性,左侧多于右侧,双侧发病率约为10% ~ 15%。该病可见于同一家庭中的数位成员,但遗传倾向尚待进一步证实。

二、病因和发病机制

UPJO 准确的发病原因仍不清楚,肾盂输尿管连接部发育停滞或再腔化不完全可能是主要原因。

(一)肾盂输尿管连接处狭窄

是最常见原因,约占85%以上。多因肾盂输尿管连接处或输尿管起始部肌层增厚或纤维组织增生,引起狭窄。

(二)输尿管瓣膜或息肉

输尿管存在一个内在活瓣样结构,或因输尿管内生长息肉,引起尿液排出受阻,导致肾积水。

(三)肾盂输尿管高位连接

正常情况下输尿管起始于肾盂最低位,形成漏斗状,有利于尿液排出。若因先天畸形所致连接部位偏高,造成折角或形成活瓣样作用,则尿液流出受阻,最终导致肾积水,常伴有肾旋转不良。

(四)输尿管外压迫

肾下极的副肾动脉或迷走血管在肾盂输尿管连接部前方穿过,导致外源性梗阻。长时间的压迫、缺血、纤维化、粘连等进一步加重梗阻,最终导致狭窄。纤维索带压迫或粘连等也可致肾盂输尿管连接部扭曲。

(五)动力性梗阻

其原因主要为肾盂输尿管交界部神经分布或平滑肌发育异常,引起蠕动传导障碍。肾盂输尿管连接部无管腔受压或狭窄。

三、临床表现

腹部包块是多数病例的早期表现,尤其是新生儿常因发现腹部包块就诊,包块多呈囊性感,表面光滑,无压痛。大量饮水后出现腰腹部痛是本病特点,由利尿引起肾盂突然扩张所致。部分患者还可因合并肾结石或血块堵塞而引起肾绞痛。胃肠道功能紊乱是肾盂肾盏扩张引起的反射作用,

Note

出现恶心、呕吐、厌食等。因肾盂内压力增高、结石、感染等原因可出现血尿,严重者可表现为肉眼血尿。泌尿系感染多见于儿童,病情重不易控制,常伴全身中毒症状,如出现寒战、高热等。扩张的集合系统压迫肾内血管引起肾脏缺血,肾素分泌增加,导致高血压。双侧肾积水严重者可有肾功能不全表现,严重者可发展为尿毒症。患儿出现生长缓慢、发育迟缓、厌食等表现。

四、诊断

(一)超声

是诊断肾积水的首选方法,能观察到肾盂、肾盏扩大程度及肾实质厚度,同时发现有无其他泌尿系畸形等。可早期发现多数胎儿的肾积水,对评估胎儿期泌尿系统异常有重要作用。B超发现肾盂增大不伴有输尿管扩张时应想到本病可能性。

(二)静脉尿路造影

当超声发现肾积水或肾积水伴输尿管扩张时应行静脉尿路造影检查。可发现患侧肾盂肾盏扩张,造影剂排泄延缓,梗阻部位在肾盂输尿管连接部,也可显示肾盂输尿管高位连接。梗阻比较严重,肾功能受损,导致肾盂肾盏不显影时可行逆行尿路造影,能够明确梗阻部位。

(三)CTU、MRU

CTU及MRU能明确诊断,特别是MRU不用注入照影剂即可显示尿路梗阻的部位和程度,避免创伤,减少感染。

(四)肾图

是最常用的评价肾脏排泄功能受损严重程度的无创性检查。除可以了解上尿路梗阻情况外,特别是能对肾功能进行定量测定。

五、治疗

产前若确诊患儿肾积水,应充分告知父母患儿的病情及预后,胎儿期肾积水程度的定量评估有助于预测出生后是否需要干预治疗。治疗的目的是尽早解除梗阻,最大程度的保留和恢复肾功能,并维持肾脏的生长发育。

多数轻、中度肾积水患儿不需手术治疗,可自行好转。重度肾积水患儿应及时手术治疗,成人患者中度以上肾积水或出现临床症状者应积极手术。肾盂成形术为最常用术式,其基本要点是去除连接部梗阻的组织,切除多余的扩张肾盂以提高肾盂内张力,形成漏斗状肾盂,并确保吻合口无张力、无渗漏。Anderson-Hynes离断性肾盂成形术是UPJO开放性修复手术的金标准。另外还可以应用腹腔镜肾盂成形术或机器人辅助的腹腔镜手术治疗UPJO。离断性肾盂成形术成功率可达90%。定期随访需注意肾功能有无好转,影像学检查有无吻合口漏尿、吻合口狭窄或闭锁以及尿液排空情况。患儿肾功能恢复能力强,原则上尽量保留肾脏。但当单侧巨大肾积水伴肾功能丧失,肾积水继发感染形成脓肾,或发育不良的肾脏合并肾积水,且对侧肾功能正常者,可酌情考虑行肾切除术。

第八节　输尿管口囊肿

一、概述

输尿管口囊肿(ureterocele)又称为输尿管囊肿、输尿管膨出、输尿管下段囊性扩张,是指膀胱黏膜下输尿管末端组织呈囊性扩张病变。也可因重复输尿管畸形异位开口于膀胱颈部或其他部位。囊肿外层为膀胱黏膜,内层为输尿管黏膜,大小不一,小的1~2cm,大的可充盈膀胱。发病原因尚不十分清楚,约80%患者同时伴有重复输尿管畸形,男女发病率为1:4~7。

Note

二、临床表现

根据输尿管口囊肿位置可分为单纯型和异位型。单纯型者囊肿位于膀胱内,体积较小,症状轻,多见于成人。异位型者囊肿位于膀胱颈或者后尿道,绝大多数伴有重复肾输尿管畸形,多见于儿童。临床表现为排尿困难、尿路感染、上尿路梗阻、尿失禁或伴发结石等。膨出的囊肿位于膀胱颈或后尿道时可出现排尿困难,尿线变细,排尿中断甚至尿潴留。70%～80%的病人可继发反复尿路感染,出现发热、尿频、尿急、尿痛等症状。女性异位输尿管口囊肿可经尿道口脱出,形成红色黏膜囊性肿物。肿物反复脱出可引起尿道括约肌松弛,控尿能力下降,引起尿失禁。输尿管口囊肿易引起膀胱输尿管反流,较大囊肿本身也可压迫输尿管,导致上尿路梗阻,肾脏积水。临床上患者常以腰部胀痛和腰部肿块表现就诊。

三、诊断

B超检查可作为初步筛选的方法,了解囊肿在膀胱内位置、大小及形态。典型表现为膀胱三角区侧方圆形或椭圆形无回声囊性肿物。静脉尿路造影可发现输尿管末端圆形或椭圆形影,周围绕以透明环,呈"眼镜蛇头"或球状阴影。膀胱镜检查可见一侧或双侧输尿管口有圆形或椭圆形囊性肿物,囊壁光滑,有节律性充盈和萎陷。MRU可清晰显示输尿管口囊肿及重复肾输尿管畸形,对手术选择有重要意义。

四、治疗

单纯型输尿管囊肿多无临床表现,可定期复查。若囊肿较大或重复肾畸形异位型输尿管口囊肿,并发泌尿系感染、梗阻者,应行经尿道输尿管口囊肿切开术或囊壁部分切除术。术后复查发现有膀胱输尿管反流者,应行抗反流输尿管膀胱吻合术。异位型输尿管囊肿同侧上半肾发育不良或肾功能严重损害者,可行上半肾切除加输尿管切除手术。

（孔垂泽）

本章小结

肾和输尿管先天性畸形多数无明显临床表现,常在成年后疾病发生进展或体检时发现。合并梗阻、感染、结石多需外科手术干预,同时处理各种相关畸形。应注意随访,观察病情变化及治疗效果。

关键术语

泌尿生殖系统先天畸形(congenital anomalies of the genitourinary system)

遗传性疾病(genetic diseases)

髓质海绵肾(medullary sponge kidney)

单侧肾脏不发育(unilateral renal agenesis)

单纯性肾囊肿(simple cyst of kidney)

异位肾((ectopic kidney)

融合肾(fused kidney)

马蹄肾(horseshoe kidney)

腔静脉后输尿管(retrocaval ureter)

输尿管口囊肿(ureterocele)

Note

思考题

1. 单纯性肾囊肿、多囊肾、髓质海绵肾的鉴别诊断。
2. CT 片示一侧肾窝空虚,应考虑哪些疾病?如何进行诊断?
3. 女性患者持续性漏尿,应考虑哪些疾病?如何鉴别诊断?
4. 结合 UPJO 发病机制阐述肾盂成形术要点。

Note

第二章　膀胱和尿道先天畸形

【学习目标】

熟悉膀胱外翻和尿道上裂、尿道下裂的诊断和治疗原则；了解相关术式的适应证及手术方法。

第一节　膀胱外翻和尿道上裂

一、概述

膀胱外翻（bladder exstrophy）和尿道上裂（epispadias）是外翻-尿道上裂综合征中的主要表现，是比较少见而又治疗困难的泌尿生殖系统先天性畸形。表现为下腹部和膀胱前壁缺损，膀胱后壁部分或者全部外露，常伴有耻骨联合分离和尿道上裂。在新生儿中的发病率约为3.3/100 000，男女患病比例为3~6：1。该病的发病机制目前还不清楚，可能为泄殖腔膜发育异常阻碍间叶组织的移行，影响下腹壁发育。有一定的遗传倾向。

二、临床表现

膀胱外翻畸形生后即发现下腹壁正中有不同程度的腹壁缺损，膀胱自内翻出，常合并直肠肛门、生殖系统、尿道及肌肉骨骼系统缺陷。严重者膀胱全部外翻，两侧输尿管口外露，耻骨联合分离，常合并尿道上裂。男性表现为包皮堆积于阴茎腹侧，阴茎短而上翘，阴茎头扁平，尿道口位于阴茎背侧，常伴有隐睾和腹股沟疝。女性表现为阴蒂向两侧分裂，阴唇间距变宽，有耻骨联合分离者往往伴有尿失禁。

三、诊断

膀胱外翻和尿道上裂的产前诊断较困难，常被忽略或被误诊。应用三维超声和胎儿MRI有助于诊断膀胱外翻。典型的膀胱外翻和尿道上裂在出生时很容易辨认，凭畸形外观即可诊断。应进行常规肾功能检查及肾同位素扫描，评估肾功能。行泌尿系统彩超及造影，确定是否伴发上尿路畸形。逆行性尿路造影可以评估膀胱容量及观察膀胱输尿管反流情况，为手术方案提供参考。

四、治疗

一般治疗包括患儿出生后应用丝线结扎脐带，避免脐带夹损伤膀胱黏膜。膀胱黏膜应以非黏性的塑料薄膜覆盖，并经常更换、清洗。生后应即刻开始预防性应用抗生素，直到膀胱闭合手术之前。膀胱外翻的修复是小儿泌尿科的一大难题，手术的关键目标是保护肾功能，控制排尿，保留美观和有功能的外生殖器。主要包括膀胱闭合，尿道上裂修复及膀胱颈的重建和抗反流手术，可分阶段进行，也可一期完成。术后长期的尿流控制率可达77%~90%，可能需要多次手术。大部分男性术后可维持正常的勃起和射精功能，女性术后通常都能保持正常的性功能和生育能力。患者需要定期随访肾功能及泌尿系统超声,观察有无膀胱输尿管反流、尿路结石、肾积水等并发症。

第二节 尿 道 下 裂

尿道下裂(hypospadia)是常见的男性外生殖器畸形,表现为尿道异位开口于尿道腹侧任何部位,伴有不同程度的阴茎向腹侧屈曲畸形,以及阴茎腹侧海绵体和皮肤缺损。新生男婴中发病率约1:250,近年来发病率有升高趋势。导致尿道下裂的病因不清,危险因素主要包括遗传、环境、内分泌干扰、酶或局部组织异常以及发育不良等。

患儿出生后发现尿道口异位于正常尿道口和会阴部之间,多合并阴茎下弯。尿道下裂的诊断并不困难,根据外观表现就可确诊。根据阴茎下弯矫正后尿道外口位置可分为前端型、中间型及后端型(图 2-2-1)。诊断时需注意是否合并其他先天畸形。

手术修复是治疗尿道下裂主要手段,手术方法包括阴茎伸直术、尿道成形、阴茎头成形及皮肤覆盖。

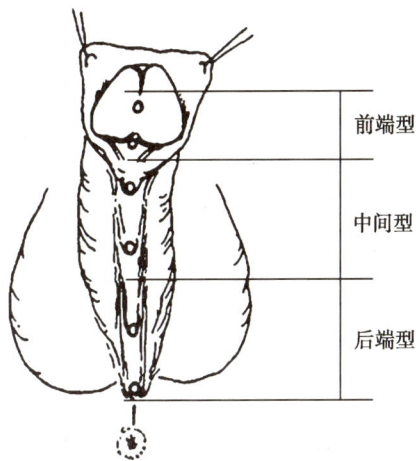

图 2-2-1 尿道下裂位置示意图

（孔垂泽）

本章小结

膀胱和尿道先天性畸形主要是由于泄殖腔膜发育异常引起,典型的畸形外观在出生时很容易辨认,但应注意合并其他系统的缺陷及并发症。修复手术的种类很多,应根据病情及术者经验进行选择,术后定期随访观察。

关键术语

膀胱外翻(bladder exstrophy)

尿道上裂(epispadia)

尿道下裂(hypospadia)

思考题

1. 膀胱外翻和尿道上裂典型外观表现有哪些?
2. 尿道下裂典型外观表现有哪些?

第三章   隐   睾

【学习目标】

掌握隐睾的临床表现和诊断方法;熟悉隐睾的治疗方法;了解隐睾的预后。

一、概述

隐睾(cryptorchidism,undescended tests,UDT)确切病因还不十分明确,内分泌调节异常和/或多基因缺失可能是主要原因。包括睾丸下降不全、睾丸异位和睾丸缺如。睾丸下降不全是指睾丸未能通过腹股沟管并沿腹膜鞘突下降至阴囊,而停留在其行经的任何部位,可以是腹膜后、腹股沟管或阴囊入口处。睾丸异位是睾丸离开正常下降途径,可位于腹部、股部、会阴部、耻骨上及对侧阴囊。睾丸缺如是指一侧或双侧无睾丸。约3%左右足月男性新生儿发生隐睾,约80%隐睾位于腹股沟部,是足月胎儿出生时最常见的男性生殖器先天畸形,单侧发病率高于双侧,以右侧多见。睾丸下降到阴囊内是精子正常发育的必要条件。睾丸若未降至正常位置,在3岁左右精曲小管的细胞停留于单层细胞而无造精功能。未降至阴囊内睾丸局部温度高于阴囊内温度是引起睾丸恶变的最重要因素。青春期一些患者睾丸间质细胞可继续发育并分泌雄激素,保持第二性征。一些患者常发生睾丸萎缩、恶性变,易受外伤、易发生睾丸扭转且易并发腹股沟疝。睾丸缺如者内外生殖器均表现为男性,单侧睾丸缺如可合并附睾、输精管及肾、输尿管缺如。单侧或双侧睾丸缺如者其余泌尿系统也可正常。

二、临床表现

隐睾患儿多无自觉症状。临床上多表现为单侧或双侧阴囊发育差,阴囊空虚,右侧多于左侧。双侧阴囊空虚者,阴囊扁平,占隐睾的10%~20%。多数隐睾可在腹股沟部扪及,但无法推入阴囊内。可伴有生育能力下降或不育,多因鞘突未闭而发生腹股沟斜疝,易发生隐睾扭转、恶变及损伤。隐睾应与回缩睾丸相鉴别,后者多发生于5~6岁,因提睾肌过度敏感,睾丸可从阴囊内回缩至腹股沟部。检查时取坐位,两大腿外展外旋,避免提睾肌反射。轻轻夹住睾丸,将睾丸牵入阴囊内,松开后睾丸仍停留在阴囊内。回缩睾丸青春期后一般趋于正常,多不需要手术治疗。双侧睾丸无法触及,合并小阴茎、尿道下裂时应想到两性畸形可能性。

三、诊断

B超检查因其无创、价廉、简便,作为诊断隐睾的首选检查。可发现腹膜后及腹股沟区隐睾的位置,并可测定其大小。CT、MRI也可用于隐睾的定位诊断,但各种影像学检查对萎缩睾丸诊断的准确率较低。睾丸动静脉造影或精索内静脉造影可提供100%的准确率,但是一种侵入性检查,可应用于年龄大的儿童。影像学检查未发现睾丸者,腹腔镜探查在定位的同时可进行治疗。对于双侧无法触及睾丸者,可进行内分泌学检测,判断无睾丸症,最常应用绒毛膜促性腺激素(HCG)激惹实验。

四、治疗

隐睾者有效保留生育能力的理想年龄是在出生后12~24个月。出生后睾丸自行下降可发生于 6 个月内,1 岁后无自行下降可能。手术时机的选择至关重要。

（一）激素治疗

是隐睾的保守疗法。常采用 HCG 或促黄体激素释放激素（LHRH）或两种合用,刺激下丘脑-垂体-性腺轴生成更多的睾酮。LHRH 鼻喷剂无痛,且两药均无明显副作用。药物剂量及使用周期根据具体情况确定。如果内分泌治疗失败,须于 1 周岁后采用手术治疗。

（二）睾丸下降固定术（cryptorchidopexy）

手术要点为充分游离松解精索,修复并存的疝囊,将睾丸固定于阴囊内。手术时除注意睾丸本身情况外,也应检查附睾有无异常,如附睾与睾丸分离、附睾缺如等。术中充分游离松解精索非常重要,如果精索血管非常短,睾丸不能无张力固定于阴囊内,应固定于最低位,6 个月后再次行睾丸固定术。

（三）腹腔镜手术

对双侧无法触摸到或影像学未检测到的隐睾是最安全有效的方法,其诊断准确性大于95%,同时可行腹腔镜下睾丸固定术。

（四）自体睾丸移植

对于高位隐睾者可考虑采用自体睾丸移植术。

五、预后

隐睾是男性不育的重要因素,睾丸癌的发生率也明显增加。隐睾引发不育和癌变与隐睾为单侧或双侧、位置、治疗时机有关,双侧隐睾、高位隐睾以及隐睾治疗较晚或不治疗者更易发生不育或癌变。随访时应测量睾丸体积,检测血清 FSH、LH、睾酮及抑制素 B 浓度,并且在成年后进行精液分析。

（孔垂泽）

本章小结

隐睾是足月胎儿出生时最常见的男性生殖器官先天畸形,包括睾丸下降不全、睾丸异位和睾丸缺如。隐睾可引起精子发育异常,是男性不育的主要原因,也可引起恶性变,早期诊断及早期治疗至关重要。通过体检和影像学检查多能对隐睾做出正确诊断。内分泌治疗和睾丸下降固定术是传统的治疗方法,腹腔镜手术可确定隐睾的位置并同时进行下降固定。

关键术语

隐睾（cryptorchidism）
睾丸下降固定术（cryptorchidopexy）

思考题

1. 小儿患者阴囊空虚,应考虑哪些疾病? 如何鉴别诊断?
2. 为什么说隐睾的手术时机选择至关重要?

第四章　包茎和包皮过长

【学习目标】

掌握包茎的临床表现;熟悉生理性和病理性包茎的不同病因;了解包茎嵌顿的诊断及治疗。

一、概述

包皮覆盖于全部阴茎头与尿道外口,如果包皮能向上翻转而露出阴茎头称为包皮过长(redundant prepuce)。包皮口狭窄或包皮与阴茎头粘连,使包皮不能上翻外露阴茎头称为包茎(phimosis)。在成年男性包皮过长发病率约为21%,包茎为4%~7%,而小儿较多存在包皮过长和包茎。

二、病因和发病机制

包茎分为生理性(先天性)和病理性(继发性)两种。胚胎早期包皮内板与阴茎头相互融合,约96%新生儿存在先天性包茎。随着阴茎的生长发育,在雄激素作用下包皮内板与阴茎头间出现上皮层角化,包皮和阴茎头逐渐分离。3~4岁后约90%的小儿包茎可以自愈。病理性包茎多继发于阴茎头和包皮的炎症及损伤,包皮口有环状瘢痕挛缩,皮肤硬化失去弹性,包皮不能上翻显露阴茎头,多不能自愈。

三、临床表现

包茎表现主要为包皮口狭小呈针孔样,排尿时包皮膨起,甚至可出现排尿困难。包皮不能翻起清洗,包皮囊内上皮细胞脱落积聚形成包皮垢。包皮垢可从包皮口排出,亦可呈小块状存留于阴茎头冠状沟部,甚至形成包皮结石。容易发生包皮阴茎头炎,包皮口红肿、痒痛,排出脓性分泌物。包皮垢及炎症长期刺激,有诱发癌变可能性。包皮上翻至阴茎头上方不能复位,出现包茎嵌顿,表现为静脉及淋巴回流受阻,疼痛剧烈,包皮水肿,在其上缘可见到狭窄环,阴茎头呈暗紫色。包茎导致阴茎头无法暴露,敏感性降低,易出现射精延迟或不射精。出现勃起疼痛或性交疼痛,导致性欲减低。

四、诊断

包皮过长和包茎仅凭体格检查即可明确诊断。

五、治疗

婴幼儿期的生理性包茎,可经常牵拉包皮口,使包皮口逐渐扩大,也可联合局部类固醇膏涂抹。操作时手法要轻柔,强行翻转包皮有可能造成包皮撕裂,瘢痕形成,引起病理性包茎或包茎嵌顿。少数生理性包茎和病理性包茎患者需行包皮环切术或包皮成形术(posthioplasty)。包皮环切的术式主要包括传统内外板全层包皮环切术、袖套式包皮环切术、包皮环扎器环切术及改良包皮环切术等,切除适量包皮,充分暴露阴茎头。包皮成形术是通过手术方式使包皮口增宽,既能使包皮翻起显露阴茎头,又能最大限度地保留包皮组织。嵌顿性包茎是泌尿外科急症,应

Note

及时手法复位,若手法复位失败或嵌顿时间过长者,应及时行包皮背侧切开术。

(孔垂泽)

本章小结

　　包皮过长和包茎是泌尿外科常见疾病,容易诊断,但常被忽视。生理性包茎多采用保守治疗,加强健康宣教和护理。病理性包茎可采用包皮环切术或包皮成形术。包茎嵌顿是泌尿外科急症,应及时手法复位或行包皮背侧切开术。

关键术语

包皮过长(redundant prepuce)

包茎(phimosis)

包皮成形术(posthioplasty)

思考题

1. 生理性和病理性包茎病因有何不同?
2. 生理性包茎治疗方法有哪些?

第五章　遗传性肾小球疾病

【学习目标】

掌握 Alport 综合征的常见临床表现;熟悉 Alport 综合征和薄基底膜肾病的发病机制;了解 Fabry 病的临床特点和发病机制。

第一节　Alport 综合征

Alport 综合征(Alport syndrome,AS),又称遗传性肾炎,是一种并不少见、遗传方式多样、以血尿、进行性肾功能减退伴感音神经性耳聋、眼病变为主要临床表现的遗传性肾小球基底膜(glomerular basement membrane,GBM)疾病。

一、发病机制及遗传方式

近年来研究发现 AS 的发病与肾小球 GBM 重要组成成分—Ⅳ型胶原亚单位 α3~6 链编码基因 COL4A3~COL4A6 突变有关。其中 COL4A3、COL4A4 位于 2 号常染色体(2q36),COL4A5 和 COL4A6 位于 X 染色体(Xq22),因此 AS 遗传方式有 3 种:X 伴性遗传(XL)、常染色体显性(AD)和常染色体隐性(AR)遗传,约 80%~85% 的 AS 遗传方式是 X 伴性遗传。

二、临床表现

AS 临床表现多样,X 伴性遗传 AS(XLAS)男性、常染色体隐性 AS(ARAS)患者发病多较早、病情较重,而 XLAS 女性和 ADAS 则较晚和较轻。

(一)肾脏表现

血尿是最常见的临床表现,几乎所有 XLAS 男性和 ARAS 患者可见镜下血尿,且多呈持续性,约 30%~70% 患者可伴反复肉眼血尿,部分出现在感染或劳累后。蛋白尿在发病初期可不明显,随病程进展可加重,肾病综合征少见。几乎所有 XLAS 男性和 ARAS 患者均发展至终末期肾病(end stage renal disease,ESRD),仅部分 XLAS 女性和 ADAS 患者可不出现肾功能受累。

(二)听力改变

主要表现为感音神经性耳聋,常累及 2~8kHz,病变以双侧为主。XLAS 男性、ARAS 患者及少数病情严重 XLAS 女性可累及其他频率范围,表现为听力进行性下降。

(三)眼病变

前锥形晶体被认为是特征性改变,见于约 60%~70% XLAS 男性、10% XLAS 女性及约 70% 的 ARAS 患者,其他晶体改变有球形晶体、后锥形晶体等。黄斑周围视网膜色素改变也是常见的眼病变,这一改变出现较前锥形晶体早,因此报道的发生率高于或接近前锥形晶体。

(四)其他系统病变

包括弥漫性平滑肌瘤、肌发育不良、甲状腺疾病等。

三、肾脏与皮肤病理

（一）肾组织病理检查

1. **光镜**　无特异性。疾病早期或 5 岁之前,肾小球和肾血管基本正常,5 岁以上患者可出现系膜和毛细血管襻改变,光镜下表现为轻微病变、局灶节段肾小球透明变性和(或)硬化、弥漫系膜增生等。约 40% 肾组织标本可有间质泡沫细胞,此改变不具诊断意义,但若发现间质泡沫细胞,应注意有无 AS 可能。

2. **免疫荧光**　多为阴性,少数患者系膜区、毛细血管壁可有局灶节段或弥漫性 IgA、IgG、IgM、C_3、C_4 等沉积。

3. **电镜**　电镜改变多种多样,典型者 GBM 呈弥漫性厚薄不均、分层、网篮样改变,极少数可见 GBM 断裂,多数 XLAS 男性、ARAS 患者及少数 XLAS 女性表现为上述典型病变,部分儿童、XLAS 女性和 ADAS 患者仅表现为弥漫性 GBM 变薄。

（二）肾组织及皮肤Ⅳ型胶原检测

应用疫荧光染色可检测Ⅳ型胶原不同 α 链的存在或缺失。正常情况下,抗Ⅳ型胶原 α3、4 链抗体在 GBM、远端肾小管基底膜(dTBM)、抗 α5 链抗体在 GBM、包氏囊(BC)、dTBM、表皮基底膜(EBM)上均应为染色阳性,免疫荧光呈连续线样。而 α3-5 链在 XLAS、ARAS 患者肾组织和皮肤中有相应改变,详见表 2-5-1。约 75% XLAS 男性和 50% XLAS 女性及部分 ARAS 患者可发现这样的改变,该检测方法具有重要诊断意义,且有助于 AS 遗传方式的确定。

表 2-5-1　AS 患者Ⅳ型胶原不同 α 链免疫荧光检测结果

	GBM	BC	dTBM	EBM
XLAS 男性				
α3（Ⅳ）链	阴性	/	阴性	/
α4（Ⅳ）链	阴性	/	阴性	/
α5（Ⅳ）链	阴性	阴性	阴性	阴性
XLAS 女性				
α3（Ⅳ）链	阳性,不连续	/	阳性,不连续	/
α4（Ⅳ）链	阳性,不连续	/	阳性,不连续	/
α5（Ⅳ）链	阳性,不连续	阳性,不连续	阳性,不连续	阳性,不连续
ARAS				
α3（Ⅳ）链	阴性	/	阴性	/
α4（Ⅳ）链	阴性	/	阴性	/
α5（Ⅳ）链	阴性	阳性	阳性	阳性

四、诊断与鉴别诊断

AS 诊断必须结合临床表现、电镜、家系调查、Ⅳ型胶原检测结果等综合判断,诊断思路见图 2-5-1。

AS 需与薄基底膜肾病、家族性 IgA 肾病、家族性局灶节段性肾小球硬化等鉴别,GBM 超微结构改变和皮肤、肾组织Ⅳ型胶原不同 α 的链检测有助于和上述疾病进行鉴别。

五、治疗

目前为止仍无特别有效的治疗方法,激素和免疫抑制剂对 AS 有弊无利。对尚未进入 ESRD

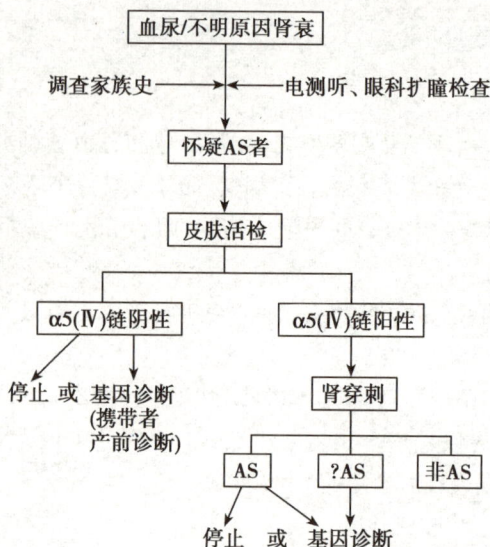

图 2-5-1   疑为 Alport 综合征患者诊断思路

者,以综合对症治疗为主:①减少蛋白摄入;②控制高血压;③纠正贫血、水电解质酸碱紊乱;④积极查找和去除感染灶;⑤避免肾毒性药物。对 ESRD 者,则依靠透析或移植治疗。移植效果较好,报道约 3% ~4% 患者可并发移植后抗 GBM 抗体性肾炎,此类患者再移植效果差。血管紧张素转换酶抑制剂(ACEI)、血管紧张素受体阻滞剂(ARB)、醛固酮抑制剂(安体舒通)可减少蛋白尿、延缓进入肾脏替代治疗的进程。

第二节   薄基底膜肾病

薄基底膜肾病(thin basement membrane nephropathy,TBMN)因 GBM 超微结构呈弥漫性变薄而得名,在普通人群中发病率高达 1%,占肾活检的 3% ~10% 不等。本病以镜下血尿、伴或不伴少量蛋白尿、肾功能和血压正常、GBM 变薄和预后良好为主要特征,以往又称为"良性家族性血尿"。

在有家族史的 TBMN 患者中,绝大多数表现为常染色体显性遗传方式,但也有少数患者表现为常染色体隐性遗传或 X 伴性遗传。目前认为,TBMN 的发病是由位于 2 号染色体 COL4A3 或 COL4A4 基因的杂和突变所致,而上述基因的纯和突变或复合杂和突变将导致常染色体隐性遗传的 Alport 综合征。另外,X 染色体上编码Ⅳ型胶原 α5 链的 COL4A5 基因某些点位如果发生突变,临床上也可以表现为 TBMN,而非 Alport 综合征,故而目前常把 TBMN 和 Alport 综合征归为相关疾病。

一般来说,本病任何年龄均可发病,男女比例约为 1:2 ~3。几乎所有患者都有血尿,多数呈持续镜下血尿,尿红细胞位相检查显示为肾小球源性血尿,部分患者在上呼吸道感染或剧烈运动后可出现肉眼血尿。蛋白尿少见,如有出现,往往是疾病进展的表现,需引起重视。小于 30% 的成人患者合并高血压,但儿童合并高血压者少见。TBMN 患者肾功能长期维持在正常范围,近年有报道极少数患者可出现肾衰竭。本病患者通常无眼、耳等其他肾外系统的异常表现。患者可伴有血尿家族史,但一般来说其家系成员没有肾功能不全的表现。

临床上出现以下情况时,是进行肾活检的强烈指征:肾功能不全,24h 尿蛋白定量大于 1g,疑似 Alport 综合征或者合并其他肾小球或肾小管疾病。

肾脏病理光镜大多表现为正常肾小球,电镜对本病诊断至关重要。弥漫性 GBM 变薄为本病最重要并且是唯一的病理特征。COL4A3、COL4A4 和 COL4A5 基因突变检测对于鉴别 TBMN

和 Alport 综合征意义非常重大。相对而言,在基因突变筛查中,*COL4A5* 基因突变筛查对排除 X 伴性 Alport 综合征具有首要和更高的临床价值。因此,皮肤和肾组织免疫组化及电镜检查,结合基因突变分析有助于与 TBMN 和早期 Alport 综合征的鉴别。

本病无特殊治疗。虽然大部分呈良性进展,预后较好,但仍有极少数患者可进入 ESRD,故对 TBMN 应注意定期随访。避免上呼吸道感染、过度劳累,控制高血压,避免肾毒性药物等对疾病是有益的。当出现尿蛋白量增多、高血压或肾功能受损时,可给予 ACEI 类药物治疗。极少数 TBMN 患者表现为大量蛋白尿或肾病综合征时,可用糖皮质激素治疗。

第三节 Fabry 病

Fabry 病是一种罕见的 X 伴性遗传的溶酶体蓄积病。由于编码 α-半乳糖苷酶 A(α-galactosidase A,α-Gal A)的基因发生突变,导致该酶活性部分或全部丧失,使其代谢底物三己糖酰基鞘脂醇(globotriaosylceramide,GL3)和相关的鞘糖脂在人体各器官大量贮积,最终引起一系列脏器病变和临床表现。编码人类 α-Gal A 蛋白的 *GLA* 基因位于 Xq22,国外报道在男性中的发病率约为 1/40 000~1/110 000。

一、临床表现

临床表现为多系统多器官受累,往往男性(半合子)临床表现多重于女性(杂合子)。

(一)神经系统

疼痛在儿童时期作为最常见的症状之一出现,主要表现为肢端疼痛,少汗或无汗为男性患者常见。中枢神经系统病变可表现为颅内血管受累或继发血栓栓塞等。

(二)皮肤

皮肤血管角质瘤是本病特征性改变,表现为小而凸起的暗红色斑点,多分布于臀部、大腿内侧、背部和口周,皮损范围可随着病程进展而扩大。

(三)眼

多数患者可有眼部受累,角膜涡状混浊具有诊断意义。

(四)肾脏

早期表现为尿浓缩功能障碍、脂肪尿,随病程进展出现血尿、蛋白尿甚至肾病综合征、肾功能不全。肾组织光镜下可见肾小球脏层上皮细胞高度肿胀和空泡化,甲苯胺蓝染色见足细胞、肾小管上皮细胞和肾血管内皮细胞胞质内嗜甲苯胺蓝的颗粒状物质,电镜下可见肾小球上皮、内皮及系膜细胞胞质内堆积大量致密不规则的嗜锇性"髓样小体",明暗相间呈板层状。

(五)心脏

常见心室肥厚、左心房扩大、心脏瓣膜病变、心律失常和传导异常。在一些半合子男性中心脏受累可能是唯一症状。

二、诊断

根据肾小管功能障碍表现、发作性肢端疼痛、对称分布的皮肤血管角质瘤等特征性改变,Fabry 病的诊断并不困难。通过血浆或白细胞 α-Gal A 酶活性测定和基因突变检测,可进一步明确诊断。

三、治疗

目前 Fabry 病的治疗主要为控制血压、保护肾功能及对症治疗。蛋白尿或者慢性肾功能不全的患者可应用 ACEI 和 ARB。苯妥英钠、卡马西平和(或)加巴喷丁常被用来缓解疼痛。

　　重组人类 α-Gal A 酶替代治疗目前已在国外广泛使用,可减少细胞、组织内 GL3 的蓄积,有效减轻症状,大大改善患者的生活质量和预后。一些新的治疗方法如酶分子伴侣、底物降解、蛋白稳定性调节、基因治疗等正在研发中。

（陈　楠）

本章小结

　　Alport 综合征常有肾、眼、耳等多脏器累及,遗传方式呈异质性。薄基底膜肾病以肾小球基底膜弥漫变薄和较为良好的预后为主要特征,肾脏超微结构检查及Ⅳ型胶原不同 α 链检测有助于两者鉴别。Fabry 病是 α-半乳糖苷酶 A 编码基因发生突变所致 X 伴性遗传的溶酶体蓄积病。

关键术语

　　Alport 综合征(Alport syndrome)
　　薄基底膜肾病(thin basement membrane nephropathy)
　　Ⅳ型胶原(collagen Ⅳ)
　　Fabry 病(Fabry disease)
　　α-半乳糖苷酶(α-galactosidase A)

思考题

　　1. Alport 综合征的临床病理特点是什么?
　　2. 如何诊断薄基底膜肾病?
　　3. 如何诊断 Fabry 病?

Note

第三篇 泌尿男生殖系统感染

第一章　概　　述

【学习目标】

掌握泌尿系统感染相关的概念;掌握泌尿系统感染的常见病原菌及感染途径;掌握泌尿系统感染诱发因素及危险因素;熟悉抗生素使用原则;了解病原菌侵入机制。

泌尿、男生殖系统感染(infections of urogenital system)是病原微生物侵入泌尿、男生殖系统引起的局部组织器官和全身性炎症反应。泌尿系统和男性生殖系统通过尿道与外界相通,逆行感染是病原微生物入侵的最主要途径。累及膀胱和尿道为下尿路感染,累及肾脏、肾盂及输尿管为上尿路感染,累及前列腺、附睾及睾丸等为男性生殖系统感染(infections of male genital system)。感染在泌尿系统和生殖系统可同时存在或相互传播。

泌尿系统感染一般又称为泌尿道感染(urinary tract infections,UTIs)或尿路感染,包括了上尿路感染和下尿路感染。在感染性疾病中,尿路感染的发病率仅次于呼吸道感染。女性尿道短而直,开口与阴道口、肛门相比邻,尿路感染发病率远高于男性。男性不容易发生尿路感染,感染时往往存在易感或诱发因素,且感染程度较重。

一、病因学

(一)病原微生物

尿路病原菌(uropathogens)是导致泌尿、男生殖系统感染最常见、最重要的病原微生物,主要为来源于肠道和肛周、会阴区的革兰阴性杆菌。大肠埃希菌约占 60% ~80%,其他为副大肠埃希杆菌、变形杆菌、克雷伯菌、产气杆菌、铜绿假单胞菌等,多经逆行途径引起尿路感染。革兰阳性球菌也可引起泌尿、男生殖系统感染,如金黄色葡萄球菌、溶血性链球菌、粪链球菌等,多为血行感染。结核杆菌为革兰阳性杆菌,通过血行途径入侵泌尿、男生殖系统,泌尿、男生殖系结核为全身结核的一部分,是以细胞免疫为主的慢性、特异性感染。

其他可引起泌尿、男生殖系统感染的病原微生物包括病毒、真菌、衣原体、支原体以及寄生虫。如腮腺炎病毒引起病毒性睾丸炎,单纯疱疹病毒引起生殖器疱疹,衣原体和支原体引起非淋菌性尿道炎,阴道毛滴虫引起滴虫性尿道炎等,但都不属于一般的泌尿、男生殖系感染。真菌如白色念珠菌和新型隐球菌感染则多见于糖尿病、严重营养不良、免疫低下、使用糖皮质激素和免疫抑制剂的病人。

(二)感染途径

1. 逆行感染　是最常见的感染途径。病原菌经尿道外口逆行进入膀胱,还可沿输尿管向上进一步播散至肾盂,多见于女性。约 50% 的下尿路感染病例会导致上尿路感染。若存在输尿管口先天异常或病变时,膀胱尿液更易反流到输尿管和肾盂,引起上尿路感染。病原菌也可沿男性生殖管道逆行感染引起细菌性前列腺炎、附睾睾丸炎。

2. 血行感染　较逆行感染少见。病原菌多为金黄色葡萄球菌、溶血链球菌等革兰阳性菌。感染首发部位为皮肤疖、痈、扁桃体炎、中耳炎、龋齿等,当细菌侵袭力和毒力强或存在机体免疫受损时,病原菌可经血行途径入侵泌尿、男生殖系血供丰富的器官包括肾脏、前列腺和附睾等,常为化脓性感染。

3. 淋巴途径 病原菌从邻近器官的感染灶经淋巴系统传播至泌尿、男生殖系器官,可见于肠道的严重感染或腹膜后脓肿等。

4. 直接蔓延 由邻近器官的感染灶直接蔓延所致,如阑尾脓肿、盆腔化脓性炎症等,外伤或肾区瘘管也可直接引入病原菌导致感染。

二、发病机制

泌尿、男生殖系统感染是病原微生物入侵与机体防御之间相互作用的结果。当机体和泌尿、男生殖系统的正常防御机制受到破坏,侵入的病原菌增多到一定数量并具备较强的侵袭力和毒力时,即可导致感染。机体存在各种危险因素时,容易诱发感染。

(一)细菌入侵

1. 细菌的黏附 是细菌入侵的第一步。逆行进入泌尿道的病原菌,首先需黏附于尿路上皮并在局部繁殖。如细菌数量少,或不能牢固黏附于尿路上皮,尿流冲刷很容易将其清除。绝大多数病原菌拥有菌毛,菌毛能产生黏附素,使细菌黏附于尿路上皮,继而引起感染。菌毛越多,黏附力越强。菌毛可分为Ⅰ型和P型两种。Ⅰ型菌毛可与膀胱黏膜上的甘露醇受体结合,引起下尿路感染。P型菌毛能与肾盂黏膜上的糖脂受体结合,引起肾盂肾炎。

2. 细菌的数量、侵袭力和毒力 感染的发生取决于细菌的数量、侵袭力和毒力。一般认为,膀胱尿液中的细菌浓度如超过 10^5/ml 即可引起感染。病原菌的侵袭力与其产生的透明质酸、血浆凝固酶、链激酶等密切相关,毒力则由其产生的外毒素和内毒素决定。

3. 细菌的适应性 病原菌黏附于尿路上皮表面,可呈菌落状繁殖并分泌多糖蛋白将多个菌体包裹为高度组织化的膜状物,称为细菌生物膜(bacterial biofilm)。细菌生物膜可包含不同的细菌,常见有大肠埃希菌、表皮葡萄球菌、铜绿假单胞菌等,也可在无生命物体如结石、异物或导尿管、输尿管支架等医用材料表面形成。形成生物膜的细菌不容易清除,并具有很强的耐药性和抵抗机体免疫的能力。为适应尿液的高渗透压环境,病原菌可突变形成遗传稳定的细胞壁缺损菌株即 L 型细菌,其胞壁肽聚糖合成受到抑制、细胞壁缺损,能在高渗条件下生存。

(二)机体防御

1. 排尿活动 膀胱有规律的排尿活动,可将进入膀胱和尿道的细菌通过尿流的机械性冲刷而排出体外。正常生理条件下,尿道远端可存在少量细菌,膀胱及上尿路没有细菌。如果排尿间隔时间过长,入侵细菌就有机会繁殖,增加感染风险。

2. 尿液单向流动 肾脏持续产生的尿液由肾盏、肾盂收集,经输尿管蠕动排送入膀胱贮存,再经尿道排出体外。保证尿流自肾向下单向排出体外的尿路结构和功能包括:输尿管自上而下的节段性单向蠕动,输尿管膀胱壁内段和输尿管开口的抗反流结构和机制,正常的膀胱储尿和排尿功能等。膀胱储尿和排尿受大脑皮层、皮层下和脊髓排尿中枢调节。储尿过程中膀胱逼尿肌松弛,保持良好的顺应性,维持膀胱内低压,输尿管通过蠕动将尿液顺利输送入膀胱。排尿过程中膀胱逼尿肌收缩,尿道括约肌舒张,膀胱内压显著远高于尿道内压。输尿管开口存在抗反流机制,排尿时尿液不会反流进入上尿路,只会单向经尿道排出体外。任何破坏尿液单向流动的尿路结构和功能异常,均可引起尿路梗阻、尿流瘀滞及尿液反流,增加尿路感染的风险。

3. 尿路上皮防御 尿路上皮分泌的黏液像一层屏障覆盖于尿路黏膜表面。黏液中的主要成分为抗细菌黏附的黏蛋白,细菌进入后附着于黏蛋白之上,在尿液的冲刷下黏蛋白脱落,细菌被排出。尿路上皮还可产生具有抗菌活性的天然小分子多肽,杀伤病原菌,并可诱导后续的抗感染免疫。

4. 免疫应答 病原菌入侵尿路上皮后,机体就会产生抗感染的免疫反应,包括局部及全身免疫反应。早期以非特异性免疫为主,尿内常能检测出 IgG 和 IgA。IgG 由膀胱尿道壁的浆细胞分泌,可使细菌光滑族群转变为毒力较低的粗糙型,补体激活可溶解细菌。感染时间较长时,可出现特异性免疫反应。

5. 其他　正常尿液 pH、高渗透压、高浓度尿素均能抑制细菌生长,但尿液也有较丰富的病原菌生长所需的营养成分。正常人尿道口和远端尿道常有少量乳酸杆菌、葡萄球菌等,为正常菌群,可对病原菌起抑制作用,但这些细菌也可成为条件致病菌。

(三)危险因素

1. 尿路梗阻　任何原因所致的尿路梗阻都会发生不同程度的尿液淤滞,致使细菌滞留,增加尿路感染风险。梗阻还可加重原本轻微的尿路感染。常见的尿路梗阻的原因有泌尿系先天发育畸形、结石、肿瘤、前列腺增生、尿道狭窄、神经源性膀胱等。

2. 尿路结石　结石、梗阻、感染三者常相互促发,互为因果。结石可致尿路梗阻,也易附着聚集细菌。感染的病原菌可作为结石形成的核心或组分,分解尿素的细菌可形成感染性结石。结石包裹的细菌不容易被机体免疫和抗生素清除,且往往具有较强的侵袭力和毒力。

3. 机体抵抗力下降　引起全身免疫机能和局部抗感染能力下降的各种病理状态都易诱发泌尿系统感染,包括糖尿病、慢性肝病、慢性肾病、贫血、营养不良、创伤、肿瘤及先天性免疫缺陷或长期应用免疫抑制剂治疗等。

4. 女性易感因素　女性在经期、性生活后易发生尿路感染。绝经后女性雌激素水平显著下降,阴道和尿道黏膜萎缩,黏液分泌减少,细菌易于入侵。妊娠时孕激素作用使输尿管蠕动减弱,增大的子宫可压迫膀胱和输尿管,引起输尿管甚至肾脏积水,尿液不易排空,均可增加尿路感染的风险。

5. 医源性因素　任何泌尿道的腔内操作和手术,如尿道扩张、膀胱镜检查、输尿管镜检查、经尿道手术、输尿管镜手术等,都可能不同程度损害尿路上皮的完整性,增加感染的风险。尿路留置导尿管、输尿管支架等,虽改善引流,但导管作为异物也增加了病原菌入侵的风险,长时间留置更容易诱发感染、结石。导管相关性尿路感染已成为医院内感染的一个重要问题。

三、临床类型

尿路感染除传统上以感染部位分为上尿路感染和下尿路感染外,还可根据是否合并泌尿系统异常和全身疾病等危险因素分为单纯性感染和复杂性感染,也可根据是否首次发生分为初发性感染和复发性感染。

(一)上尿路感染和下尿路感染

上尿路感染以急、慢性肾盂肾炎为主。肾实质和肾周感染也属于上尿路感染,可继发于严重的肾盂肾炎,也可由化脓性病菌血行感染引起。肾实质感染可引起广泛的化脓性病变,或肾脏积水感染化脓,形成肾积脓(pyonephrosis)。肾皮质感染可形成多发性肾脓肿(renal abscess),并可融合扩大。肾周围组织的化脓性炎症称肾周围炎(perinephritis),若形成脓肿称肾周围脓肿(perirenal abscess)。

下尿路感染以细菌性膀胱炎为主,多合并尿道炎症。单纯的尿道炎以淋菌性尿道炎和非淋菌性尿道炎常见,通过性传播,属特异性感染。

(二)单纯性尿路感染和复杂性尿路感染

单纯性尿路感染(simple UTIs)指泌尿道结构和功能正常且不存在诱发尿路感染的危险因素情况下所发生的尿路感染,短期抗菌药物治疗即可治愈,一般不会对肾功能造成影响。

复杂性尿路感染(complicated UTIs)患者合并泌尿道结构或功能异常,存在诱发或加重感染的危险因素,多数病情较重且病程迁延,可引起肾功能损害、尿脓毒血症(urosepsis)等严重后果。尿脓毒血症为尿路感染引发的脓毒血症,是严重的全身性感染,可发展为败血症和感染性休克,处理不及时或不恰当可威胁患者生命。复杂性尿路感染仅用抗感染治疗往往效果不佳,伴发因素不除,感染难以控制和治愈。对于大的肾脓肿、肾周脓肿、残存部分功能的脓肾和肾积脓,需外科引流方能控制感染。对于合并尿路异常和梗阻者,需外科治疗解除梗阻、恢复通畅的尿液引流,才能达到最终治疗目的。

（三）初发性感染和复发性感染

初发性感染又称孤立性或散发性感染(sporadic infection),多为首次发生,少数虽以前发生过尿路感染,但两次间隔时间很长且现在的感染与之前无关。复发性感染(recurrent infection)指尿路感染虽已表现为临床治愈但随后不久又再发生,包括再感染(reinfection)和复发(relapse)。再感染是前次感染的病原菌已被清除,目前的感染为相同或不同病原菌再次入侵引起。复发又称细菌持续存在(bacterial persistence),是指前次感染的病原菌未被彻底清除,持续存在于泌尿系统中并再次引发新的感染。

复发性感染的发生与病原菌的侵袭力、适应性、耐药性等有关,也与机体防御机制受损有关。有些病人合并有易感的危险因素,本就属于复杂性尿路感染。有些虽为单纯性感染,但反复复发可致尿路结构和功能异常,继发结石、尿路炎性狭窄、梗阻、肾功能受损等并发症,发展为复杂性尿路感染。出现复发性感染,需分析其原因和危险因素并加以处理,在此基础上进行规范、彻底的抗菌治疗才能获得满意疗效,避免病情迁延和并发症的发生。

四、抗生素使用原则

抗生素是治疗泌尿、男生殖系统感染的主要药物,应遵循合理使用的原则。使用不合理或滥用,将增加药物不良反应和治疗费用,诱导细菌耐药,引发混合感染及条件致病菌感染。使用抗生素的前提是明确感染的诊断,选择敏感抗生素,避免盲目滥用。根据病情合理选择和使用抗生素,充分发挥其抗感染的作用,在保证疗效的前提下慎用和少用,最大限度避免不良反应的发生和细菌耐药。

（一）抗生素的合理选择

1. **根据药敏实验选用和调整抗生素**　原则上均应通过尿液的细菌培养和药物敏感实验来明确病原菌,选用敏感抗生素。初发的单纯性下尿路感染,经验性选择对革兰阴性杆菌敏感的抗生素多数有效,无效时需完善尿培养和药敏实验。其余感染应在使用抗生素之前先做细菌培养和药敏试验,以获得准确的病原学证据。抗生素使用之后进行尿培养,可能影响对病原学结果的判断。出现明显全身性感染症状的病人,还应做血液培养及药敏实验。细菌培养至少需要48小时才能获得结果,如初步诊断为泌尿、男生殖系统感染,可根据感染的类型和最有可能的病原菌,经验性选择相应的抗生素,之后再根据细菌培养的结果和药物敏感度及时调整。

2. **使用肾组织和尿液中浓度高的抗生素**　泌尿系感染的治疗目的是达到尿液无菌。对尿路病原菌而言,血清和尿中的最低抑菌浓度(minimum inhibitory concentration, MIC)应超过MIC90。如感染主要局限在泌尿道,特别是下尿路的感染,使用尿液中浓度高的抗生素如呋喃类药物、喹诺酮类药物等,可提高疗效,减少对其他器官系统的副作用。上尿路感染多伴不同程度肾实质感染,需在尿和血中都有较高的抗生素浓度,最好选用杀菌剂而非抑菌剂,迅速杀灭和清除病原菌,保护肾实质。

（二）抗生素的合理使用

1. **使用时间**　不同类型尿路感染的抗生素使用时间有较大的差别,使用时间充分可以保证抗感染治疗效果。抗生素的使用至少应持续到症状消失、尿常规结果恢复正常。对于非单纯性感染者,应持续使用到尿培养转阴后2周,可有效清除泌尿系统内致病菌,避免细菌残留及反复复发。初发的急性单纯性下尿路感染病人,宜选用短程口服敏感抗生素,通常为3~5天。急性肾盂肾炎伴明显全身症状的病人宜选用静脉给药,疗程至少14天,一般为2~4周,体温恢复正常后改为口服给药。反复发作性肾盂肾炎患者疗程需更长,常需4~6周。

2. **联合用药** 尿路感染应首选抗生素单药治疗。联合用药的指征包括：①单药治疗失败；②多重感染；③耐药菌株；④严重感染。大肠埃希菌感染可选用氨基糖苷类与第三代头孢菌素合用，变形杆菌感染可选用半合成广谱青霉素类与氨基糖苷类合用，铜绿假单胞菌感染选用半合成广谱青霉素或第三代头孢菌素加氨基糖苷类治疗。对于需长时间治疗的复杂性尿路感染，合理的联合用药可通过药物协同作用增加疗效，减轻副作用，并减少耐药菌的产生。

3. **慎用肾毒性药物** 复杂性尿路感染的病人如已存在肾功能不全，应尽可能避免使用肾毒性抗生素。已有肾功能不全的患者，应考虑抗生素的毒性、半衰期、蛋白结合率、在体内的代谢和排泄情况以及患者的肾功能状况。选用无肾毒性或肾毒性低的抗生素，或调整给药剂量及方法，如确需用肾毒性抗生素时应进行药物浓度监测。氨基糖苷类药物在肾功能不全病人的尿中不能达到有效浓度且有肾毒性，应避免使用。

（李 响）

本章小结

泌尿系统感染是由病原微生物侵入引起的感染性炎症，病原菌通常沿尿路逆行向上引起感染，也可由血液、淋巴等其他方式引起感染。大肠埃希菌是最常见的致病菌。按照解剖结构把泌尿系感染分为上尿路感染、下尿路感染；按照感染时合并因素又分为单纯性尿路感染和复杂性尿路感染，复杂性尿路感染常与尿路的解剖异常、结石、肿瘤和长期留置输尿管支架管及导尿管等有关。治疗泌尿系感染最有效的方法仍然是使用抗生素。抗生素的合理选择、合理使用至关重要。

关键术语

泌尿、男生殖系统感染（infections of urogenital system）

男性生殖系统感染（infections of male genital system）

泌尿道感染（urinary tract infections）

尿路病原菌（uropathogens）

细菌生物膜（bacterial biofilm）

肾积脓（pyonephrosis）

肾脓肿（renal abscess）

肾周围炎（perinephritis）

肾周围脓肿（perirenal abscess）

尿脓毒血症（urosepsis）

细菌持续存在（bacterial persistence）

最低抑菌浓度（minimum inhibitory concentration）

思考题

1. 泌尿系统感染的临床类型及定义？
2. 泌尿系统感染常见病原菌是什么？
3. 引起泌尿系统感染的途径有哪些？最常见的途径是什么？
4. 引起泌尿系统感染的诱因及危险因素有哪些？
5. 泌尿系统感染抗生素使用原则有哪些？

第二章 泌尿系统感染

【学习目标】

掌握泌尿系统感染的诊断方法,掌握泌尿系感染治疗原则;熟悉特殊类型尿路感染的诊断,熟悉尿路感染的治疗要点,熟悉上、下尿路感染的治疗方法;了解特殊类型泌尿系感染的治疗方法及用药原则。

广义上泌尿系统感染为各种病原微生物侵入所引起的感染,一般指非特异性病原菌入侵泌尿系统引起的尿路感染,常伴菌尿(bacteriuria)和脓尿(pyuria)。菌尿指尿液中出现细菌,脓尿是尿中存在异常增多的白细胞和脓细胞。严重泌尿系统感染可引发全身性感染,主要为尿脓毒血症。

单纯性尿路感染好发于女性,尤其是性生活活跃期及绝经后女性。多由单一病原菌引起,初发性感染主要为大肠埃希菌,再感染则可由不同病原菌引起,肠道 G⁻ 杆菌属仍为主要病原菌。复杂性尿路感染可同时存在多种病原菌感染,常见有变形杆菌、产气杆菌、克雷白肺炎杆菌、铜绿假单胞菌、粪链球菌等,多见于尿路结石、尿路梗阻、长期留置导尿管及合并其他危险因素。

医院内获得性尿路感染(hospital acquired UTI)属特殊类型的复杂性尿路感染,是发生率仅次于呼吸道的院内感染,其中约80%为导管相关尿路感染(catheter associated UTI,CAUTI),病原菌种类复杂且常具多重耐药性。随着微创腔内泌尿外科技术的广泛应用,对于已有尿路感染或潜在风险的泌尿系统疾病患者,腔道内的操作有导致尿脓毒血症的风险,诊治不当后果严重。需要高度警惕,积极防治。

一、临床表现

临床表现以尿路及受累的器官为基础,重者出现全身感染表现。无论上、下尿路感染,膀胱刺激症状(vesical irritability)是最常见的表现。急性感染起病急,症状明显,多伴阳性体征。慢性感染病程迁延,症状时好时坏。畏寒、发热等全身症状主要出现在肾脏等血供丰富脏器的感染,尤其是急性感染如急性肾盂肾炎、肾和肾周化脓性炎症等。老年、免疫机能下降、营养不良患者的临床表现可不明显,甚至不出现任何症状,症状的程度不能完全说明感染的严重程度。

(一)细菌性膀胱炎(bacterial cystitis)

为病原菌入侵膀胱后引起,常伴尿道炎症。急性细菌性膀胱炎多突然起病,膀胱黏膜弥漫性充血、水肿,可有黏膜下出血,严重时可见溃疡形成,黏膜表面有脓液和坏死组织附着。炎症一般比较表浅,仅累及黏膜及黏膜下层。显微镜下可见毛细血管扩张和白细胞浸润。炎症往往以膀胱三角区最为明显。

膀胱刺激症状又称尿路刺激征(urinary irritation symptoms),为下尿路感染最典型的表现,包括尿频、尿急、尿痛,由膀胱颈和膀胱三角区炎症刺激所致。炎症程度越重,症状越明显,甚至出现急迫性尿失禁。膀胱刺激征合并血尿是膀胱炎症的典型症状。血尿可表现为镜下或肉眼血尿,炎症多发生于膀胱三角区,常表现为终末血尿。炎症重者可导致膀胱排尿功能紊乱,出现排尿困难。膀胱区疼痛往往不严重,表现为下腹部、耻骨上区不适。重者可有局部压痛。全身症

Note

状多不明显,体温正常或仅有低热,当并发急性肾盂肾炎或前列腺炎、附睾炎时可有高热。

细菌性膀胱炎如反复发作、病程迁延,可导致慢性细菌性膀胱炎。膀胱黏膜苍白、粗糙、肥厚,黏膜固有层内有较多浆细胞、淋巴细胞浸润和结缔组织增生。如肌层受累可致膀胱壁纤维化,严重时膀胱容量减少、膀胱输尿管反流和肾积水。男性常继发于下尿路梗阻性疾病如前列腺增生、尿道狭窄、膀胱结石等,女性多有尿道开口异常或其他危险因素。反复发作或持续存在尿频、尿急、尿痛,并有耻骨上膀胱区不适,膀胱充盈时症状较明显。尿液浑浊。

(二) 急性肾盂肾炎(acute pyelonephritis)

急性肾盂肾炎是肾盂和肾实质的急性感染性炎症,致病菌主要为大肠埃希菌、其他肠杆菌及革兰阳性球菌。病原菌多由尿道进入膀胱逆行感染肾盂,再经肾盂感染肾实质。肾盂、肾盏黏膜充血水肿,多量中性粒细胞浸润,可有散在小出血点。肾实质散布大小不等的小脓灶,多集中于一个和多个楔形区。早期肾小球多不受影响,病变严重时可见肾小管、肾小球破坏。化脓灶愈合后可形成微小的纤维化瘢痕,一般不损害肾脏功能。病灶广泛而严重者,可使部分肾单位功能丧失。

上尿路含病原菌的感染性尿液经输尿管进入膀胱,可引起膀胱刺激症状,膀胱黏膜炎症程度与症状相关。患侧甚至双侧腰痛,多呈胀痛。急性期患侧肾区压痛、叩痛往往较为明显,可出现肌紧张。如继发肾脓肿、肾周脓肿,症状更为剧烈。可出现不同程度的脓尿,血尿则多为镜下血尿。可突发寒战、高热,体温可达39℃以上,可伴头痛,全身痛及恶心、呕吐。热型类似脓毒血症,大汗后体温下降,反复发作。

(三) 慢性肾盂肾炎(chronic pyelonephritis)

病原菌及感染诱因未被彻底消除,急性肾盂肾炎病程迁延或反复发作而转为慢性。肾盂肾盏瘢痕形成、变形、积水,肾实质纤维化。随着炎症的发展和肾实质损害的不断加重,纤维组织不断增多,肾脏变形、质地变硬,表面凹凸不平或体积缩小等,造成肾脏功能的损害甚至完全失去功能。

慢性肾盂肾炎临床表现复杂,容易反复发作,症状较急性期轻,有时可表现为无症状性菌尿和脓尿。静止期常有患侧肾区隐痛不适,尿路刺激症状往往较轻,可伴乏力、低热、厌食等症状。急性发作时出现急性肾盂肾炎临床表现。随病情的发展,肾小球和肾小管的功能均受损害,病人出现颜面、眼睑水肿,高血压,贫血,低渗、低比重尿,夜尿增多及肾小管性酸中毒,晚期可出现氮质血症甚至尿毒症。

(四) 肾及肾周组织化脓性炎症

1. 肾脓肿　多由金黄色葡萄球菌经血行感染肾实质,形成肾皮质多发脓肿。原发灶可为皮肤疖肿、肺部感染、骨髓炎、扁桃体炎或外伤后感染等。多个小脓肿融合形成肾痈,穿破肾被膜积聚在肾周形成肾周脓肿。少数由肾盂肾炎引起,往往是G⁻杆菌经肾内淋巴系统感染肾皮质。糖尿病患者是高危人群。

病人可先有较为明显的原发病灶症状,突发畏寒、发热、腰痛,肾区压痛,肌紧张和肋脊角叩击痛。血白细胞升高,中性粒细胞增加,血培养有细菌生长。部分病例脓肿与集合系统相通,出现脓尿和菌尿。

2. 肾周围炎和肾周脓肿　肾周围炎是肾周组织的化脓性炎症,多由肾盂肾实质感染波及,或继发于肾外伤血肿、尿外渗感染,少数由肾外感染病灶血行播散引起。肾周围炎形成脓肿则称肾周脓肿。病原菌以金黄色葡萄球菌及大肠杆菌多见。

临床表现主要为腰痛、肾区压痛、叩击痛和肌紧张,在腰部或腹部扪及肿块,形成脓肿后可有畏寒、发热等全身中毒症状。若脓肿破溃,感染沿腰大肌蔓延扩展,可出现明显的腰大肌刺激症状。如脓肿位于肾上方,累及膈肌,可有胸膜炎性反应,同侧膈肌抬高,活动受限。

3. 肾积脓　是肾严重感染所致的广泛化脓性病变,多继发于肾输尿管结石等梗阻性疾病所致的肾积水,肾实质全部破坏形成一个积聚脓液的囊腔,病原菌多为 G^- 杆菌。肾积脓如急性起病则症状较重,可出现畏寒、高热全身感染症状,腰部疼痛、肿块及肋脊角叩击痛等。血白细胞计数升高,中性粒细胞增多明显,血沉加快。肾内的积脓排入膀胱可出现膀胱刺激症状。慢性肾积脓病程较长,患者可有消瘦、贫血、反复尿路感染,通常合并尿路畸形、结石、梗阻、泌尿系感染或手术史。

二、诊断

根据患者的临床表现,结合尿液分析、尿培养等,泌尿系统感染的诊断并不困难。但在诊断过程中还需进一步明确:感染的部位和途径,感染为初发还是复发,是否合并尿路异常和其他基础疾病,是否引起了全身感染,以及病原菌的种类和药物敏感性,以利于不同类型的尿路感染患者获得合理、有效的治疗。

(一)病史采集

下尿路感染最常见主诉为膀胱刺激症状,严重的急性膀胱炎可有脓尿、血尿、膀胱痛等,全身症状一般不明显,体温正常或低热。上尿路感染则以尿路刺激症状和腰痛常见,经膀胱逆行感染可先有尿路刺激症状,再出现腰痛。重者可出现寒战、发热、头痛等全身症状及恶心、呕吐等胃肠道症状。

既往史的采集需注意:了解尿路感染和其他感染病史,药物史特别是抗生素的使用情况,泌尿系统疾病和其他基础疾病如先天畸形、结石、梗阻、糖尿病等。了解有无不洁性交史有助于鉴别性传播疾病引起的尿道炎。

(二)体格检查

下尿路感染患者可有耻骨上压痛。上尿路感染患者可有上输尿管点(腹直肌外缘与脐平线交叉点)或肋腰点(腰大肌外缘与十二肋交叉点)压痛、肾区(肋脊角)叩痛,感染严重时患侧腰部肌紧张。慢性感染者的体征可不典型。

对男性患者应行外生殖器检查和直肠指诊。观察尿道口有无红肿、分泌物,阴茎有无畸形,阴囊内容物性状、质地、有无红肿触痛,直肠指诊了解前列腺情况,排除尿道结石、生殖系统炎症。女性应检查尿道口位置,与处女膜伞和阴道的关系,必要时行妇科检查以排除阴道炎、宫颈炎等。体格检查可发现一部分潜在的泌尿生殖系统解剖异常,以及引起或增加感染风险的危险因素。

下尿路感染的患者发现上尿路体征,提示进展为上尿路感染。上尿路感染也要注意下尿路以及全身其他部位是否存在感染灶。当出现高热、低血压、心率加快等全身炎症反应征象时,要警惕尿脓毒血症。

(三)辅助检查

通过尿液、血液的实验室检查,能够明确有无尿路感染,获得病原学证据,并协助判断病情的严重程度。这对于单纯性尿路感染的临床诊治多已足够。对于严重感染、反复复发的感染、慢性感染、以及复杂性尿路感染者,还需进行必要的影像学检查甚至侵入性检查,发现原因,判断病情,指导治疗。

1. 尿液检查

(1)尿液标本收集:因初段尿液可能被尿道口、包皮或阴道前庭的细菌污染,应清洁外阴和尿道口后留取中段尿液。但不应使用消毒液,以免造成结果假阴性。为防止尿液标本受到污染,可通过导尿管导尿留取尿液。但应注意导尿具有创伤性,且导尿操作本身就可能造成尿路感染。耻骨上膀胱穿刺所取尿液标本准确性最高,因其有创,仅用于不能按要求排尿和导尿者,如截瘫或新生儿等。尿液标本采集后应在 2 小时内送检,以避免污染。

(2)尿液分析:尿沉渣涂片镜检见革兰阴性杆菌或阳性球菌。尿路感染时尿液中白细胞数

Note

增多,每高倍镜视野白细胞超过 5 个即为脓尿。值得注意的是有些泌尿道疾病如结核可出现无菌性脓尿。40%~60% 的膀胱炎患者出现镜下血尿。脓尿和血尿是诊断泌尿道炎症的重要指标。

（3）尿培养和药敏实验:清洁中段尿培养菌落计数是诊断尿路感染的主要依据,同时还应进行药物敏感实验。尿培养菌落计数 $\geq 10^5$ cfu/ml 证明有尿路感染; $< 10^3$ cfu/ml 可能为标本污染,应重复培养; $10^3 \sim 10^5$ cfu/ml 之间为可疑感染。对于已经应用抗菌药物治疗的患者,尿培养菌落计数结果往往难以判断。尿道口有分泌物时应涂片进行细菌学检查。

2. 血液检查　上尿路感染多出现白细胞计数和中性粒细胞比值升高。当患者出现寒战、高热等脓毒血症表现时,应进行血培养和药敏试验。血液检查还可发现其他潜在性基础疾病如糖尿病、肝功能不全、肾功能不全、免疫缺陷等。

3. 影像学检查　超声检查无创、简便,可作为首选,对尿路梗阻、肾积水、肾积脓、肾周脓肿、结石等病变较为敏感。CT 检查有助于确定感染的诱因、部位以及范围,能发现泌尿系统各器官解剖结构的异常,对肾实质和肾周感染的诊断准确性高。尿路平片有助于发现尿路结石,静脉尿路造影可发现尿路梗阻和畸形,确定病变部位和范围。同位素肾图检查可了解分侧肾功能、尿路梗阻等情况。影像学检查在慢性泌尿系感染和久治不愈的患者中有重要意义。

4. 侵入性检查　不明原因的尿路刺激症状,出现明显肉眼血尿,尤其 B 超提示膀胱肿物、膀胱壁异常时,膀胱镜检查可发现可能存在的膀胱肿瘤、前列腺增生、结核等,同时还可了解双侧输尿管开口有无异常。下尿路急性感染期禁忌行膀胱镜检查。尿流动力学检查可了解膀胱逼尿肌功能状态。

（四）鉴别诊断

泌尿系统非特异性感染需与泌尿系统结核相鉴别,尤其是反复出现尿路感染症状者。泌尿系统结核为慢性、特异性感染,首发于肾脏,再向下顺行感染输尿管和膀胱。起病缓慢,膀胱刺激症状时有时无,或轻或重,但随病程迁延逐渐加重。一般抗生素治疗效果不佳,脓尿持续存在,普通尿培养结果阴性,表现为"无菌性脓尿",需高度怀疑泌尿系统结核。尿结核菌检查和结核菌培养可为阳性,血常规检查可见淋巴细胞比例异常升高。B 超、静脉尿路造影、CT 等影像学检查可发现肾脏、输尿管、膀胱的结核特征性改变。膀胱镜检查可发现膀胱黏膜表面的结核结节、溃疡等典型征象。

细菌性膀胱炎可继发于膀胱结石、膀胱癌、前列腺增生症等下尿路疾病,这些疾病本身也可出现膀胱刺激症状。排尿时尿流中断并伴放射至阴茎头的疼痛为膀胱结石的典型表现,B 超检查易于诊断。膀胱癌主要表现为无痛性肉眼血尿,膀胱镜检及活检可确诊。前列腺增生症发生于老年男性,以膀胱出口梗阻的下尿路症状为主要表现,如尿频、尿急、排尿困难等,通过直肠指诊、B 超检查常可明确诊断。

急性肾盂肾炎如发热、疼痛明显,需与腹腔脏器的炎症病变如胃肠炎、胰腺炎、胆囊炎、阑尾炎、女性附件炎等相鉴别。慢性肾盂肾炎出现肾功不全,需与慢性肾小球肾炎、肾病综合征、糖尿病肾病、高血压肾病等相鉴别。肾实质和肾周感染尤其病变广泛、脓肿形成者,需与肾癌、肾淋巴瘤等肿瘤性病变相鉴别。

（五）特殊类型尿路感染的诊断

1. 无症状性菌尿　无症状性菌尿(asymptomatic bacteriuria)又称隐匿型菌尿,病人有真性细菌尿而无任何尿路感染的症状,是一种隐匿型尿路感染。病原学诊断依据是清洁中段尿细菌定量培养连续 2 次大于 10^5 cfu/ml,且 2 次菌种相同,并确切排除了假阳性结果。

2. 复杂性尿路感染　诊断复杂性尿路感染标准:①尿细菌培养阳性。②同时存在下列 1 个或以上的因素:留置导尿管、支架管或间歇性膀胱导尿,残余尿>100ml,任何原因引起的梗阻性尿路疾病,膀胱输尿管反流或排尿功能异常,尿流改道,化疗或放疗损伤尿路上皮,围手术期和术后尿路感染、肾功能不全、移植肾、糖尿病或免疫缺陷。

3. 导管相关尿路感染　指患者留置导尿管后,或者拔除导尿管 48 小时内发生的泌尿系统感染,是医院感染中常见的感染类型。留置尿管病人出现膀胱刺激症状,下腹压痛、肾区叩痛、发热等临床表现,尿检白细胞男性≥5 个/高倍视野,女性≥10 个/高倍视野,临床上可诊断为导管相关尿路感染。病原学诊断标准为:清洁中段尿或导尿留取尿液培养,G^+球菌菌落数≥10^4cfu/ml,G^-杆菌菌落数≥10^5cfu/ml;或耻骨联合上膀胱穿刺留取尿液培养,细菌菌落数≥10^3cfu/ml;或新鲜尿液标本经离心应用相差显微镜检查,每 30 个视野中有半数视野见到细菌;或经手术、病理学或者影像学检查有尿路感染证据者。对无症状的留置尿管病人不需常规进行尿培养。大多数的无症状菌尿不推荐使用抗菌药物治疗。

4. 尿脓毒血症　当尿路感染出现临床感染症状及全身炎症反应征象(systemic inflammatory response syndrome,SIRS)就可以诊断尿脓毒血症。SIRS 需具备以下 2 个或 2 个以上条件:①体温>38℃或<36℃;②心率>90 次/分;③呼吸频率>20 次/分或 $PaCO_2$<32mmHg;④外周血白细胞计数>12 ×10^9/L 或<4 ×10^9/L 或幼粒细胞>10%。

三、治疗

泌尿系统感染治疗的目的是及时有效地清除和消灭病原菌,促进感染痊愈,避免感染扩散或迁延,保护泌尿系统各器官尤其是肾脏的功能。单纯性尿路感染通过合理的抗生素治疗可获满意疗效。病情严重,病程迁延或反复复发者,需积极查找原因,发现潜在的泌尿系统解剖功能异常和其他基础疾病,进行综合治疗。

(一) 治疗原则

1. 一般治疗　治疗期间注意休息、营养,避免性生活。多饮水,保持每日尿量在 2000ml 以上,有助于感染尿液及尿中细菌的排出。

2. 抗感染治疗　根据细菌培养和药物敏感试验结果选用抗生素。单纯性尿路感染者应持续使用敏感抗生素至症状消失,尿常规检查正常,尿细菌培养转阴。严重感染、复发感染、复杂性感染者在尿培养结果转阴后还需维持抗感染治疗数天至 1～2 周。需长期使用抗生素治疗的慢性尿路感染者,为避免耐药菌株的产生,可联合应用两种或两种以上的抗生素。

3. 对症治疗　使用解热镇痛药缓解高热、疼痛,使用碱性药物如碳酸氢钠降低尿液酸性,缓解膀胱刺激症状。

4. 纠正全身基础疾病　需积极控制和纠正引起局部和全身免疫机能下降的疾病,如糖尿病、营养不良、免疫缺陷等。

5. 去除诱发因素　非单纯性尿路感染需针对合并的危险因素采取相应治疗措施。诱发因素不除,感染往往难以彻底治愈。引起泌尿系统解剖和功能异常的疾病,如先天畸形、尿路狭窄、结石、前列腺增生等,应在感染控制后选择适当的时机手术治疗。合并尿路梗阻的严重感染,不具备同时治疗梗阻性疾病的条件时,上尿路梗阻者可行肾穿刺造瘘、输尿管支架管置入,下尿路梗阻者可留置导尿管或行耻骨上膀胱造瘘,从而解除梗阻、改善引流,使感染得到有效控制。肾实质和肾周感染形成明显脓肿和积脓,需外科引流。

(二) 临床常用抗生素

抗生素能有效杀灭细菌或抑制其生长,细菌也可对抗生素产生耐药性。抗生素使用不合理、不规范,尤其是滥用和长期使用,容易诱导耐药菌株的产生。应明确具体感染的病原菌种类,有针对性地选择敏感抗生素,避免盲目使用广谱抗生素,保证足够剂量、足够疗程的同时,慎用和少用。

1. β 内酰胺类抗生素　抑制细菌胞壁黏肽合成酶即青霉素结合蛋白,阻碍细胞壁黏肽合成,导致细菌胞壁缺损,菌体膨胀裂解。细菌可通过产生 β 内酰胺酶而获得耐药性。

Note

（1）青霉素类：对 G⁺菌属有强效作用。其中半合成的广谱青霉素类如氨苄青霉素、羧苄青霉素等对大肠杆菌、变形杆菌和肠球菌等有较强作用。氧哌嗪青霉素等作用比氨苄青霉素强，且毒性较氨基糖苷类低，主要用于铜绿假单胞菌感染。

（2）头孢菌素类：第一代有头孢拉定、头孢唑林等，主要作用于 G⁺菌，包括对青霉素敏感或耐药的金葡菌，有一定肾毒性。第二代有头孢呋辛、头孢克洛等对 G⁺菌作用与第一代相仿，对多数 G⁻菌作用明显增强，但对铜绿假单胞菌无效，肾毒性有所降低。第三代有头孢他啶、头孢哌酮等，对 G⁺菌不及一、二代，对 G⁻菌包括肠杆菌属和铜绿假单胞杆菌及厌氧菌有较强作用，对肾脏基本无毒性。第四代有头孢吡肟、头孢匹罗等，与三代相比抗菌谱更广，血药半衰期延长，无肾毒性。

（3）碳青霉烯类：主要有亚胺培南、美罗培南，对 β 内酰胺酶高度稳定，具有超广谱、极强的抗菌活性。此类抗生素已成为治疗严重细菌感染最主要的药物，对 G⁻杆菌杀菌活性好，特别适用于难治性院内感染、免疫缺陷者的肾盂肾炎、进展的尿脓毒血症。

2. 氨基糖苷类抗生素 阻碍细菌蛋白质的合成，主要作用于静止期细菌，对多种 G⁻菌和一些 G⁺菌有很强的杀菌作用，其中半合成的丁胺卡那霉素（阿米卡星）、妥布霉素、奈替米星等对铜绿假单胞菌效果较好。此类抗生素主要毒副作用是肾毒性、耳毒性及前庭功能失调，妊娠期应禁用，避免新生儿听力损害。

3. 喹诺酮类药物 为人工合成的广谱抗生素，对静止期和繁殖期细菌均有明显作用。对需氧的 G⁻杆菌包括铜绿假单胞菌有强大的杀菌作用，对金葡菌及产酶金葡菌也有良好作用。有些还能杀灭结核杆菌、支原体、衣原体及厌氧菌。大多数为口服制剂，吸收良好，体内分布广，半衰期较长，不良反应较少。多数喹诺酮类药物以原形经肾排泄，尿药浓度高，常在泌尿系统感染治疗时选用。该类药可影响软骨发育，不宜用于孕妇、儿童和 18 岁以下青少年。长期大量使用可致肝损害，肾功能不全者也须慎用。细菌对喹诺酮类天然耐药率极低，但获得性耐药却发展很快。第三代氟喹诺酮类有诺氟沙星、氧氟沙星、环丙沙星等，第四代有加替沙星、莫西沙星等，不易产生耐药并对常见耐药菌包括铜绿假单胞菌、肠球菌和金黄色葡萄球菌等有效。

4. 磺胺类药物 广谱合成抗生素，对除铜绿假单胞菌外的 G⁺和 G⁻菌有效。易在尿中析出形成结晶，使用时应严格掌握剂量，同时服用碳酸氢钠并多饮水。老人和肾功能不全者应慎用。细菌对磺胺类药物易产生耐药，尤其在用量或疗程不足时更易出现。

5. 去甲万古霉素 对 G⁺细菌的细胞壁、细胞膜和 RNA 有三重杀菌机制，不易诱导细菌耐药。适用于耐甲氧西林的葡萄球菌、多重耐药的肠球菌感染及对青霉素过敏病人的 G⁺球菌感染。

（三）尿路感染的治疗要点

1. 膀胱炎

（1）急性单纯性膀胱炎：采用口服单一抗菌药物，单剂或 3 日短程治疗。可经验性选用半合成青霉素类如匹美西林、氟喹诺酮类、第二或三代头孢菌素类抗生素，大多数患者治疗后菌尿可转阴。治疗效果不佳，应根据药敏实验更换抗生素，治疗 7～14 日。绝经后女性除使用抗生素外，可在妇科医师的指导下应用雌激素替代疗法，减少尿路感染的发生。

（2）慢性膀胱炎：根据细菌培养和药敏实验选择抗生素，足量、足疗程使用，可交替使用 2～3 种抗生素，应用 2 周或更长时间。治疗期间保持排尿通畅，积极处理诱发因素如前列腺增生、膀胱结石、尿道狭窄等。女性如有尿道开口异常，可行尿道外口成形矫正。

（3）复发性单纯下尿路感染：多见于女性。用低剂量长疗程抑菌疗法预防再感染。每晚睡前或性交排尿后，口服复方磺胺异噁唑半片或一片或左氧氟沙星 100mg。通常使用半年，如停药后仍反复再发，则需预防治疗 1～2 年。根据药敏实验结果选择敏感抗生素治疗复发患者，用最大允许剂量治疗 6 周，如不奏效可考虑延长疗程或改为静脉用药。

2. 肾盂肾炎

（1）急性肾盂肾炎：经验性用药可选氟喹诺酮类药物作为一线治疗，禁忌者第三代头孢菌素可作为首选。G⁺菌感染使用氨苄青霉素加 β-内酰胺酶抑制剂。用药 48~72 小时后效果不佳，应根据药敏实验更换抗生素。治疗时间至少 2 周。出现全身症状的患者应选择静脉给药或肌内注射，退热 72 小时后再更换为口服抗生素，完成 2 周疗程。治疗 14 日后仍有菌尿，需根据药敏实验调整抗生素再治疗 4~6 周。

（2）慢性肾盂肾炎：慢性肾盂肾炎应用抗生素的目的是彻底控制菌尿以及抑制细菌生长。应该根据病原菌种类和药物敏感性实验结果选择敏感且肾毒性小的抗菌药物。抗菌药物至少应用 2~3 周，以后需长时间小剂量口服抗生素维持血药浓度，抑制细菌生长。用药时间可持续数月，治疗过程中应多次复查尿常规和尿培养，调整用药方案，尿培养结果转阴后停药。慢性肾盂肾炎多在停药后 2 个月内复发，在 2 个月内每月复查尿常规和尿培养。

3. 复杂性尿路感染

与潜在基础疾病的治疗密切相关。抗生素应根据尿培养和药敏试验结果选用。经验性治疗需重视多种病原菌和耐药菌感染，可选氟喹诺酮类、半合成青霉素类加 β-内酰胺酶抑制剂、二代或三代头孢菌素、或者氨基糖苷类抗生素。伴下尿路症状的患者疗程至少 1 周，有上尿路症状或尿脓毒症患者疗程至少 2 周。初始治疗无效或感染严重、迅速进展，可直接换用 3 代头孢菌素或碳青霉烯类。需长期留置导尿管或输尿管支架的病人，在感染控制前提下应尽量缩短抗生素使用时间，不能以留置导管、预防感染为理由持续使用。

4. 肾实质和肾周感染

肾实质和肾周感染早期应及时使用敏感抗生素治疗，并加强全身支持治疗。须依据尿液和血液的细菌培养结果选择抗生素，继发于其他感染病灶者的经验性用药可先选用主要针对 G⁺球菌的抗生素，否则选用在血液和肾组织中浓度高的广谱抗生素。抗感染治疗 6~8 周，部分患者可以痊愈。形成大的肾脓肿、肾周围脓肿，需在 B 超引导下穿刺引流或切开引流，同时做脓液的细菌培养和药敏实验。患肾功能受损严重或功能丧失，可行肾切除术。

肾积脓患者需应用广谱抗生素积极抗感染，同时注意加强营养，纠正水、电解质紊乱。合并上尿路梗阻者可行输尿管逆行插管或 B 超引导下肾穿刺造瘘术，改善引流，减轻症状，控制感染和保护肾功能。在感染控制后，患肾尚有功能时，积极寻找致病原因，治疗原发病。如患肾功能已丧失，可行患肾切除术。

（四）特殊类型尿路感染的治疗要点

1. 导管相关尿路感染

预防导管相关尿路感染十分重要。应严格掌握导管引流的适应证，减少尿管使用，尽早拔除尿管。置管时严格无菌操作，常规使用封闭引流。留置尿管后应充分饮水，确保足够尿流。一般不需膀胱冲洗，也不需使用抗生素。患者出现感染症状，在使用抗生素之前进行尿培养。符合 CAUTI 诊断标准的病人，应使用抗生素治疗。可先经验性选择广谱抗生素，待药敏结果出来后调整。症状迅速缓解者疗程为 7 天，反应延迟者疗程为 14 天。需长期导尿的可更换新的导管，病情允许的可拔除导管。拔除尿管后出现的 CAUTI，口服氟喹诺酮类药物治疗 3~5 天多可奏效。

2. 尿脓毒血症

需在发生早期及时诊断。特别在严重的复杂性尿路感染、合并感染的尿路结石行腔内微创碎石等情况下，发现、处理不及时可迅速进展为败血症休克，出现多器官功能衰竭，威胁病人生命。尽快使用高效抗生素，先做尿液和血液的细菌培养，结果出来前经验性选用抗生素。病情严重尤其是腔内操作或长期留置导尿管引起者，可用抗假单胞菌的第三代头孢菌素、哌拉西林/他唑巴坦、碳青霉烯类，以覆盖多重耐药细菌在内的大部分细菌。治疗反应不佳时需根据药敏实验结果及时调整敏感抗生素。生命体征不稳定的患者，立即给予生命支持治疗，纠正休克，维持循环和稳定呼吸。采用简便、快捷的微创方法如穿刺造瘘、留置导管等，及时解除尿路梗阻，改善引流，降低泌尿道内压力，减少细菌及其毒素进入血流。导致梗阻的基础疾病则待感染有效控制后再予治疗。

Note

3. 妊娠期尿路感染　治疗前后均需尿培养检查。急性膀胱炎用 3 ~ 5 天抗生素治疗,可经验性选用呋喃妥因、阿莫西林、第二、三代头孢菌素等单药口服治疗,不宜用氟喹诺酮类、氨基糖苷类。反复发作者可每日睡前口服呋喃妥因或头孢呋辛,维持至产褥期,预防复发。急性肾盂肾炎多发生于妊娠后期,经验性用药可选择半合成青霉素类加酶抑制剂如哌拉西林+他唑巴坦,或头孢曲松、头孢吡肟等三、四代头孢菌素。开始宜静脉给药,症状明显改善后改为口服,总疗程至少 2 周。

（李　响）

本章小结

　　尿路感染根据病史、症状、体征和实验室检查多能做出正确诊断。影像学检查多用于复发、复杂及特殊类型尿路感染的诊断。除女性初发单纯性尿路感染外,患者在使用抗感染治疗之前均应寻找病原学证据,行尿培养和药物敏感实验,伴全身性症状时还需血液培养和药物敏感实验。抗生素是治疗尿路感染的主要方法,需注意合理选择及合理使用。复杂性尿路感染还需寻找诱发或加重感染的危险因素,并采取引流、手术等外科措施加以处理。

关键术语

菌尿(bacteriuria)

脓尿(pyuria)

细菌性膀胱炎(bacterial cystitis)

膀胱刺激症状(vesical irritability)

尿路刺激征(urinary irritation)

急性肾盂肾炎(acute pyelonephritis)

慢性肾盂肾炎(chronic pyelonephritis)

无症状菌尿(asymptomatic bacteriuria)

全身炎症反应征象(systemic inflammatory response syndrome)

思考题

1. 尿液分析和培养诊断尿路感染的指标。
2. 影像学检查诊断复发、复杂及特殊类型尿路感染的定义。
3. 单纯性尿路感染和复杂性尿路感染治疗相同点及不同点。
4. 妊娠期妇女及肾功能不全并尿路感染者选用抗生素的原则。

第三章　男生殖系统感染

【学习目标】

掌握前列腺炎分类;掌握慢性前列腺炎诊断与鉴别诊断;掌握慢性前列腺炎治疗;掌握慢性附睾炎的鉴别诊断;熟悉慢性前列腺炎的病因及发病机制;熟悉急性附睾炎的诊断和治疗;了解慢性前列腺炎表型分类方法。

男生殖系统感染一般指非特异性感染,与特异性感染(如结核、淋病)有本质区别。包括急、慢性前列腺炎,急、慢性精囊炎,急、慢性附睾炎,急性睾丸炎及阴囊感染等。主要致病菌为大肠埃希菌、变形杆菌、葡萄球菌、肠球菌,常见于中青年男性。感染可从男生殖系统一个器官扩散到另一个器官,也可累及泌尿系统任何器官。慢性非细菌性前列腺炎是多因素、多途径引起的临床综合征,给患者生活质量和健康状况带来严重的影响,其中精神因素的影响更大,与组织、器官实际损害不匹配。

第一节　前列腺炎概述

前列腺炎是中青年男性最常见的生殖系统疾病,非细菌感染占90%以上。采用不同的流行病学调查以及调查的人群结构不同,前列腺炎患病率差异较大。在美洲和亚洲不同国家20～79岁男性前列腺炎患病率分别是2.2%～16%及2.7%～8.7%。我国15～60岁男性前列腺炎症状的比例为8.4%。20～40岁发病率最高。慢性前列腺炎与医疗费用和资源损耗密切相关,评估其发病率有重要的卫生经济学意义。

前列腺基质中炎症细胞数量增加是病理学诊断前列腺炎症的依据。最常见的炎症组织病理表现是邻近前列腺腺泡腔淋巴细胞的浸润,常伴随外周腺体的炎症。没有任何前列腺疾病者的前列腺组织中,有44%能够发现炎症细胞。良性前列腺增生的穿刺或手术标本中组织学炎症的检出率达49.5%～100%。前列腺炎症状与组织学前列腺炎症程度之间缺乏有临床意义的相关性。

美国国家卫生院(NIH)前列腺炎分类:Ⅰ型前列腺炎为前列腺的急性感染。Ⅱ型前列腺炎为前列腺的慢性感染。Ⅲ型前列腺炎又称慢性前列腺炎(chronic prostatitis,CP)/慢性盆腔疼痛综合征(chronic pelvic pain syndromes,CPPS),主要表现为骨盆区域的慢性疼痛和不适,可伴有不同程度的下尿路症状,而前列腺按摩液(expressed prostatic secretion,EPS)或前列腺按摩后尿液(voided bladder three,VB3)或精液细菌培养阴性。Ⅲ型前列腺炎又分为ⅢA型(炎症性CPPS)和ⅢB型(非炎症性CPPS),前者在EPS/VB3/精液中能检测到有意义的白细胞,后者则不能检测到有意义的白细胞。Ⅳ型前列腺炎为无症状性前列腺炎,仅在EPS、VB3、精液或前列腺组织标本中检测到白细胞或细菌,一般无需治疗。前列腺炎分类有助于对疾病全面、系统认识,有助于统一研究标准,有助于准确诊断和治疗。

Ⅰ型和Ⅱ型前列腺炎是定位于前列腺的感染性疾病,病因、病理、临床表现及转归明确,是独立的疾病。Ⅲ型前列腺炎通常与前列腺区域的慢性疼痛关联,又称为CPPS。欧洲泌尿外科学

Note

会"慢性盆腔疼痛指南"将 CPPS 定义为:男性或女性盆腔疼痛持续或反复发作至少 6 个月,疼痛与消极的认知、行为、性活动及情感有关,伴随有下尿路症状以及胃肠道、骨盆底、妇科异常或性功能障碍,没有明显盆腔局部器官、组织感染或其他病理改变。CPPS 除与前列腺有关外,还与中枢神经系统及全身(含盆腔)多个系统、器官有关,涉及多学科、多领域,进一步扩展了 CPPS 的概念。ⅢA 和ⅢB 型前列腺炎临床表现无明显差异,治疗方法相似。临床实践中区别ⅢA 和ⅢB型意义有限。

第二节   细菌性前列腺炎

细菌性前列腺炎分为急性细菌性前列腺炎(acute bacterial prostatitis,ABP,Ⅰ型)和慢性细菌性前列腺炎(chronic bacterial prostatitis,CBP,Ⅱ型),均以前列腺感染为特征。

一、病因和发病机制

病原体感染为主要致病因素。Ⅰ型前列腺炎多由血行感染和经尿道逆行感染引起,致病菌主要为大肠埃希菌,占 65% ~85%,其次为肺炎克雷白菌、变形杆菌、绿脓假单胞菌及金黄色葡萄球菌等,占 10% ~15% 。Ⅱ型前列腺炎以经尿道逆行感染为主,也可由急性转变而来,病原体主要为葡萄球菌属,其次为大肠埃希菌、棒状杆菌及肠球菌属等。细菌毒力在细菌性前列腺炎的发病中占有重要地位,细菌可潜伏在前列腺导管深处,即使抗菌治疗也能持续在前列腺中存活。前列腺导管尿液反流、尿路感染、急性附睾炎、留置导尿及经尿道手术等是致病菌定居或引起前列腺潜在感染的危险因素。

二、临床表现

Ⅰ型前列腺炎临床比较少见,呈急性发病。典型症状为显著的会阴部及耻骨上疼痛伴生殖器不适或疼痛,尿频、尿急、尿痛,痛性排尿困难甚至出现急性尿潴留。全身表现有发热、寒战、恶心及呕吐,严重时出现低血压。常规对患者进行直肠指诊检查,可发现前列腺肿胀,质地韧而偏软,压痛明显,局部温度升高。形成前列腺脓肿则有波动感。禁忌进行前列腺按摩。

Ⅱ型前列腺炎主要症状有泌尿生殖系疼痛,包括会阴、阴茎、睾丸、腹股沟区、耻骨上区疼痛及射精痛。常伴有下尿路症状,如尿频、尿急、尿踌躇、尿流缓慢、尿不尽、排尿困难。偶有射精后疼痛、血精、早泄和勃起功能障碍。有时可急性发作。直肠指诊可发现肛门外括约肌张力增加,前列腺有压痛,前列腺按摩获取前列腺液。应在直肠指诊前留取尿液进行常规分析和尿液细菌培养。

三、诊断

Ⅰ型前列腺炎诊断主要依靠病史、体格检查和血及尿的细菌培养结果。经 36 小时规范处理,患者病情未改善时,应进行经直肠 B 超等检查,全面评估下尿路病变,明确有无前列腺脓肿。Ⅱ型前列腺炎须详细询问病史,特别是反复下尿路感染病史,包括直肠指诊的全面体格检查,尿液和前列腺液常规检查。推荐"两杯法"或"四杯法"进行病原体定位试验(见表 3-3-1),常能确定感染部位是尿道、膀胱或前列腺。VB1 为最初的 10ml 尿液,代表尿道标本;VB2 为中段尿,代表膀胱标本;EPS 为按摩出的前列腺液;VB3 为前列腺按摩后立即排出的 10ml 尿液。EPS 或 VB3 菌落计数较 VB1 和 VB2 增加 10 倍,可诊断Ⅱ型前列腺炎。VB1 及 VB2 细菌培养阴性,EPS 和 VB3 细菌培养阳性,即可确定Ⅱ型前列腺炎的诊断。EPS 或 VB3 细菌培养阴性,但 EPS 白细胞(WBC)>10 个/HPE,巨噬细胞含有大量的卵磷脂小体或细胞碎片,可诊断为ⅢA 型前列腺炎。ⅢB 型前列腺炎 EPS、VB3 细菌培养和白细胞均正常。"二杯法"仅对 VB2 和 VB3 进行白细胞镜检和细菌培养,敏感性和特异性与"四杯法"相当,具有推广应用价值。Ⅱ型前列腺炎临床表现及体征与Ⅲ型前列腺炎相似,主要依据分段尿及前列腺液检查结果进行区别。

表 3-3-1　"四杯法"诊断前列腺炎结果分析

类型	标本	VB1	VB2	EPS	VB3
Ⅱ型	WBC	–	+/–	+	+
	细菌培养	–	+/–	+	+
ⅢA型	WBC	–	+/–	+	+
	细菌培养	–	+/–	–	–
ⅢB型	WBC	–	+/–	–	–
	细菌培养	–	+/–	–	–

四、治疗

Ⅰ型前列腺炎治疗主要包括应用广谱抗生素、对症治疗和支持治疗。抗生素应早期应用且推荐静脉给药。使用抗生素前应留取血、尿标本进行细菌培养,根据培养结果和药物敏感试验调整抗生素。氟喹诺酮类药物在前列腺体中的浓度高于血浆浓度,为一线用药,其他包括广谱青霉素类、三代头孢菌素、氨基糖苷类等。急性炎症消退后仍需口服广谱抗生素 2～4 周。伴急性尿潴留者可采用耻骨上膀胱穿刺造瘘引流尿液。对抗生素治疗不敏感的进展期前列腺脓肿可采用经会阴穿刺引流。

Ⅱ型前列腺炎治疗应根据细菌培养结果和药物穿透前列腺能力选择抗生素。氟喹诺酮类抗生素对大肠埃希菌及其他肠杆菌有效,能改善治疗效果,包括诺氟沙星、环丙沙星、左氧氟沙星、洛美沙星和莫西沙星等。其他推荐使用的抗生素有大环内酯类、四环素类及磺胺类等。抗生素治疗时间一般为 4～6 周。使用 α-受体阻滞剂改善排尿和疼痛,植物制剂、非甾体抗炎药、M-受体阻滞剂改善症状。

第三节　Ⅲ型前列腺炎

慢性Ⅲ型前列腺炎占前列腺炎 90% 左右,是一种具有多种病因、不同进展途径和多样症状的异质性临床综合征(heterogeneous clinical syndrome),难以用单一机制进行解释,更可能是初始诱导因素下产生的联级放大效应,采用 CPPS 名称更为准确。

一、病因和发病机制

CPPS 的病因及发病机制仍不清楚,是精神因素、免疫功能紊乱、神经功能紊乱和内分泌功能紊乱等多因素相互影响的结果。越来越多的证据表明 CPPS 中的疼痛与神经系统特别是中枢神经系统的改变有关。

(一)感染

CPPS 无前列腺病原微生物感染的证据,但不能完全排除病原体致病的可能。用于病原微生物诊断的培养技术存在许多局限性,大部分与环境有关的细菌鉴定困难。此外厌氧菌、衣原体、支原体、真菌、病毒、毛滴虫属等微生物与前列腺炎致病关系仍不清楚。感染也可能是 CPPS 的始发因素,排除感染致病因素后再反复寻找致病因素无明显意义。

(二)前列腺内导管反流

某些因素引起尿道括约肌过度收缩,导致膀胱出口梗阻,尿液反流可能使细菌进入前列腺,也可能使尿液中有毒物质进入前列腺,是慢性细菌性和非细菌性前列腺炎症的最主要致病原因。"化学性前列腺炎"可引起排尿功能紊乱,过度刺激会阴及盆腔神经引起慢性神经性疼痛。

(三) 免疫反应异常

CPPS 与免疫机制之间关系密切,患者的前列腺组织、按摩液和血清中有免疫球蛋白和细胞因子水平的变化。前列腺产生的某些精浆蛋白抗原如前列腺特异性抗原、病原体的残余碎片及坏死组织均可作为抗原,诱发机体产生抗体和促炎性细胞因子,前列腺局部发生免疫反应。CPPS 可能是继发于一些抗原诱导的免疫性炎症,也可能是一种自身免疫性疾病。无论最初的诱发因素是什么,前列腺免疫级联反应在前列腺炎的形成中起着重要的作用。

(四) 神经因素

CPPS 早期可能有炎症或感染,外周组织改变导致感受器敏感性增加,放大了伤害信号的传入。CPPS 发病机制以中枢神经系统为基础,中枢致敏是主要原因。外周刺激(如感觉)可能是疼痛的触发点,但疼痛的持续存在不再依赖上述触发点,轻微的躯体(触摸)或内脏(膀胱贮尿)刺激便可产生较严重的前列腺及以外区域疼痛或牵涉痛。

(五) 心理因素

经久不愈的前列腺炎患者中一半以上存在明显的精神心理因素和人格特征改变,如焦虑、抑郁、甚至出现自杀倾向。CPPS 被认为是一种身心疾病,精神因素在发生上占有重要地位。各种心理过程能够影响疼痛在更高水平的神经调节,也能调整对伤害性修复的反应。若长时间暴露于某一刺激,通过长时程增强,导致以后长期容易感知慢性内脏性疼痛的刺激并增强感知刺激的敏感性。目前还不清楚精神心理改变是 CPPS 的原因还是结果。

(六) 盆底功能异常

盆底由肌肉和筋膜构成,具有支持、收缩和舒张三种功能。盆底肌功能异常(pelvic floor dysfunction)特别是盆底肌过度活动与盆腔疼痛关系密切,互为因果关系。骶骨、尾骨、坐骨结节、耻骨支及盆底筋膜是盆底肌的附着点,毗邻前列腺和膀胱,是应激过度或是肌筋膜疼痛的触发点。中枢神经系统病变可导致盆底功能失调,触发点压力增加,引起或加重盆腔疼痛。

(七) 诱发因素

吸烟、饮酒、嗜辛辣食品、不适当的性活动、久坐是 CPPS 的诱发因素。

二、临床表现

(一) 症状

CPPS 的主要症状是疼痛,应注意疼痛的类型和定位。除前列腺外,疼痛常见于会阴、耻骨上和阴茎,也可见于睾丸、腹股沟或腰部。有时射精过程中或射精后疼痛是许多患者主要和最忧虑的症状。常有下尿路症状(lower urinary tract symptoms,LUTS),如尿频、尿急等膀胱刺激症状,排尿踌躇、排尿间断、排尿困难等下尿路梗阻症状。可能有性欲减退、勃起功能障碍(erectile dysfunction,ED)、早泄、血精等表现。可出现浑身不适、疲乏、失眠、焦虑及抑郁等精神症状。CPPS 与 ED 的关系尚不肯定,精神心理改变可能是重要的影响因素。应仔细询问患者病史,了解发病原因和诱因。应了解疾病的严重程度、进展和对既往治疗的反应。NIH-慢性前列腺炎症状评分(NIH chronic prostatitis symptom index,NIH-CPSI)涉及疼痛、排尿功能障碍和对生活质量影响三个主要方面,进行基础评估和治疗监测。

(二) 体格检查

重点包括直肠指诊在内的泌尿男生殖系统检查和局部肌肉神经系统检查。直肠指诊了解前列腺大小、质地、有无结节、有无压痛,盆底肌肉的紧张度,盆壁有无压痛。直肠指诊有助于鉴别会阴、直肠、神经病变及前列腺其他病变。按摩前列腺获取前列腺液进行相关实验室检查。若不能获取前列腺液,于按摩后收集尿液进行检查,有助于诊断。检查骶骨、尾骨、坐骨结节、耻骨支等盆底肌肉触发点有无压痛。检查睾丸、附睾、精索、阴茎、尿道外口有无异常,排除相关特异性疾病。

三、诊断与鉴别诊断

（一）实验室检查

正常前列腺液（EPS）中白细胞<10个，卵磷脂小体均匀分布于整个视野。当白细胞>10个/HP，卵磷脂小体减少，有诊断意义，但应注意白细胞的多少与症状的严重程度不相关。巨噬细胞内吞噬有较多的卵磷脂小体是前列腺炎的特有表现。尿常规分析及尿沉渣检查是排除尿路感染、诊断前列腺炎的辅助办法。采用"两杯法"或"四杯法"进行病原体定位。

（二）尿流动力学检查

CPPS伴有严重下尿路症状时应选择尿流动力学检查。可发现最大尿流率和平均尿流率下降，最大尿道关闭压显著升高，膀胱收缩功能受损，不稳定膀胱，尿道外括约肌反射亢进。需与原发性排尿功能障碍相鉴别。

（三）B超检查

经腹或经直肠超声检查诊断前列腺炎的意义有限，可有前列腺稍增大、内部光点增多、回声不均匀等表现。可发现前列腺结石，同时测定残余尿量。B超检查主要用于排除引起盆腔疼痛的特异性疾病。

（四）诊断

必须仔细询问病史，进行全面体格检查特别是泌尿生殖系统检查，尿常规检查和前列腺按摩液常规检查。推荐进行"两杯法"或"四杯法"病原体定位检查和B超检查。可用NIH-CPSI、心理健康问卷、国际勃起功能指数等量表了解疾病程度和对生活质量影响程度。可选择进行沙眼衣原体、支原体、淋球菌、真菌等病原体检测，了解与CPPS的关系。可选择尿流率测定和尿动力学检查，了解下尿路功能状况。

CPPS是一组症候群，不同患者临床表现不一致，将症候群进行表型分类，有助于对疾病的认识和治疗。CPPS主要有泌尿系统（urinary）、社会心理（psychosocial）、器官特异（organ specific）、感染（infection）、神经系统（neurologic systemic）及骨骼肌疼痛（tenderness of skeletal muscles）6组症状群。UPOINT临床表现分型见表3-3-2。

表3-3-2 UPOINT临床表现分型

症状类型	主要表现	治疗选择
泌尿系统症状（U）	CPSI评分中排尿症状评分>4；尿急、尿频或夜尿；残余尿>100ml	α受体阻滞剂、M-受体阻滞剂等
社会心理症状（P）	抑郁；感觉无助、无希望	转诊到精神、心理专科
器官（前列腺和/或膀胱）特异症状（O）	前列腺触痛；前列腺按摩液白细胞增加；血精；前列腺内广泛钙化灶	植物药等
感染症状（I）	除外Ⅰ型和Ⅱ型前列腺炎；前列腺按摩液培养有革兰阴性菌、肠球菌等	选择敏感抗生素
神经系统或全身症状（N）	腹部和盆腔外的疼痛；肠易激综合征；纤维肌痛；慢性疲劳综合征等	镇静、止痛等
骨骼肌触痛症状（T）	会阴、盆底、腹部肌肉痉挛或触发点触痛等	盆底肌肉训练、康复疗法

（五）鉴别诊断

CPPS缺乏客观及特异性的诊断依据，诊断时需要排除引起盆腔疼痛和下尿路症状的其他泌尿生殖系统特异性疾病，如感染、肿瘤等。血清PSA测定用于50岁以上前列腺癌高危人群的排除诊断，疑有前列腺癌时应进行前列腺穿刺活检。膀胱尿道镜检查主要用于下尿路肿瘤、结石、尿道狭窄等疾病的鉴别诊断。前列腺结核症状与 CPPS 相似,但直肠指诊前列腺呈不规则结节状,合并生殖系统结核时附睾肿大变硬,输精管呈串珠状改变。鉴别困难时需进行组织病理检查。前列腺结石与前列腺慢性炎症有关并出现类似症状,但直肠指诊前列腺有结石摩擦感,X 线和 B 超检查可确定诊断。

四、治疗

CPPS 具有多种病因,不同进展途径,症状多样,对治疗反应不一。CPPS 有很多治疗方法,根据循证医学研究结果来选择治疗方法具有重要意义。单一治疗措施难以使所有患者取得满意治疗效果,应采用针对主要症状兼顾伴随症状的综合治疗。依据 CPPS 患者的表型分类,针对一类或多类表型实施个性化的定向治疗。UPOINT 表型建议治疗方法见表 3-3-2。

(一)基础治疗

CPPS 与患者疾病知识缺乏以及不良的饮食和生活行为相关,健康教育、心理疏导、调整饮食和良好的行为有积极作用。患者应戒酒、忌辛辣刺激食物,避免憋尿、久坐和劳累,加强体育锻炼,规律性生活,有助于改善症状。

(二)药物治疗

1. 抗生素　CPPS 患者大多采用了抗生素治疗,可改善疼痛、排尿、生活质量(NIH-CPSI)。抗生素治疗 CPPS 缺乏充分证据,可能的原因是抗生素抑制了难以培养的病原微生物,某些抗生素具有抗炎作用,也可能是安慰剂效果。对于病程<1 年且治疗经历简单的患者推荐使用单一抗生素,包括氟喹诺酮类、大环内酯类(如阿奇霉素、克拉霉素)、四环素类(如米诺环素)。抗生素使用的疗程为 4~6 周,超过 6 周无效的患者应选择其他治疗方法。

2. α-受体阻滞剂　α-受体阻滞剂可通过拮抗膀胱颈和前列腺的 α-受体或直接作用于中枢神经系统的 α-受体,改善尿流及消除前列腺导管反流。α-受体阻滞剂对新近发生或未经治疗的 CPPS 患者有效,改善排尿、疼痛、生活质量及症状评分。常用的 α-受体阻滞剂有坦索罗辛、特拉唑嗪、阿夫唑嗪、多沙唑嗪,适用于病程<1 年的患者,治疗时间最少 6 周。α-受体阻滞剂可与抗生素联合使用。

3. 植物制剂　植物制剂指花粉与植物提取物,其药理作用主要为非特异性抗炎、抗水肿,促进膀胱逼尿肌收缩及尿道平滑肌松弛等。推荐使用普适泰、沙巴棕治疗 CPPS,用法及用量需根据患者具体情况确定。

4. 抗炎药物和免疫调节剂　环氧合酶-2 抑制剂(如罗非考昔)、对改善 CPPS 患者的症状具有潜在价值,但其临床有效性尚需进一步前瞻性研究来证实。

5. 抗抑郁和抗焦虑　关心患者,耐心解释,传递信念和信心,是减轻焦虑的一种有效方法。心理干预、认知行为治疗(催眠疗法、自我训练)可减轻疼痛、改善情绪并提高患者生活质量。心理干预取决于介入的内容和关注点。抗抑郁药和抗焦虑药应在精神科医生指导下使用,可选择5-羟色氨再摄取抑制剂(度洛西汀、文拉法辛)、三环类抗抑郁药和苯二氮䓬类等药物,既可改善患者心理障碍症状还可缓解排尿异常与疼痛等躯体症状。

(三)物理治疗

前列腺按摩有利于已堵塞的前列腺导管引流,改善前列腺的血流循环,增加抗生素的穿透能力。前列腺按摩联合抗生素治疗可减轻 CPPS 患者症状。盆底治疗包括盆底肌功能锻炼、会阴部或骨盆底按摩。生物反馈治疗(biofeedback therapy)合并电刺激可使盆底肌肉松弛,同时松弛外括约肌,缓解会阴部不适及排尿症状。物理治疗应有物理治疗师参加或在物理治疗师指导下进行。

(四)手术治疗

手术治疗的作用非常有限且需要其他特异性指征,如合并尿道狭窄、膀胱颈挛缩、前列腺增生症。手术方法包括经尿道膀胱颈切开术、经尿道前列腺切除术、根治性前列腺切除术等,需严格掌握适应证。

第四节 附 睾 炎

附睾炎是附睾的炎性疾病,分为急性附睾炎和慢性附睾炎两类,多由细菌等感染引起。附睾的非特异性感染是阴囊内最常见的感染性疾病。

一、病因及发病机制

附睾炎最常见的病原微生物为大肠埃希菌、变形杆菌、葡萄球菌感染,性活跃的男性可由淋球菌或沙眼衣原体感染引起,肛交的同性恋男子最主要的致病菌是大肠埃希菌和流感嗜血杆菌。病毒、真菌和寄生微生物可能诱发附睾炎。膀胱、尿道或前列腺的病原微生物经射精管和输精管反流进入附睾,是附睾炎的主要原因。泌尿男生殖道先天性异常、尿潴留、尿路感染、留置导尿等容易诱发附睾感染。感染也可通过淋巴管或血行播散引起。绝大多数急性附睾炎累及睾丸,称为附睾睾丸炎。急性附睾炎治疗不彻底或复发转为慢性附睾炎,症状持续时间超过 6 周。部分慢性附睾炎患者无急性炎症过程,可合并有慢性前列腺炎。

二、临床表现

附睾炎多见于中青年。急性附睾炎发病突然,主要临床表现为阴囊的疼痛和肿胀,立位时加重,可放射到腹股沟、下腹部等部位,伴有精索的疼痛和肿胀。伴有发热、寒战等全身症状。可存在尿路感染等原发病。体检发现阴囊皮肤红肿,附睾肿大,压痛明显。如有脓肿形成,可出现波动感,脓肿破溃形成阴囊皮肤窦道。病变扩散到睾丸,肿胀的附睾很难与睾丸区分,并伴有鞘膜积液。慢性附睾炎除了急性发作之外常无特异性症状,主要临床表现是附睾的长期疼痛,可加重、轻微或不变,影响患者的生活质量。体检可发现附睾肥厚增大,有硬结,输精管增粗。

三、诊断和鉴别诊断

急性附睾炎根据症状和体征多能做出诊断。血常规检查可见白细胞和中性粒细胞增加。尿道拭子和中段尿培养可以了解尿路感染及病原菌,有助于附睾炎的诊断和治疗。B 超检查了解附睾、睾丸病变,诊断附睾脓肿。急性附睾炎需与睾丸扭转(testicular torsion)相鉴别。睾丸扭转是泌尿外科急症,如不及时处理可发生睾丸坏死。睾丸扭转者 Prehn 征阳性,即阴囊抬高到耻骨联合处时疼痛不减轻反而加重。多普勒超声血流图显示睾丸血流灌注降低。临床鉴别诊断困难时须进行手术探查。慢性附睾炎多无特征性表现,附睾疼痛、肿大,需与附睾结核相鉴别。附睾结核有结核病史,附睾硬结且表面不平,浸润阴囊组织形成脓肿、窦道,输精管增粗、变硬、有串珠样改变。尿液或前列腺液培养可找到结核杆菌。排泄性尿路造影、膀胱镜检查可协助诊断泌尿道潜在疾病。

四、治疗

急性附睾炎治疗应根据细菌培养和药敏试验结果选择抗生素,根据病变的严重程度静脉或口服给药,选择口服给药疗程需 4 周。附睾脓肿需切开引流。抗炎药物、镇痛药、抬高阴囊及1% 利多卡因精索封闭为推荐的经验性治疗。

慢性附睾炎具有自限性,可以愈合。慢性附睾炎急性发作时可按急性附睾炎治疗方法处理。慢性附睾炎发生附睾脓肿需行附睾切除术。慢性附睾炎疼痛症状剧烈、持久,反复发作,可选择附睾切除术。

(王子明)

Note

本章小结

　　前列腺炎中慢性前列腺炎/慢性盆腔疼痛综合征(CPPS)最为多见,严重影响患者生活质量,占用了大量医疗资源。CPPS 的病因及发病机制仍不清楚,欧洲泌尿外科学会拓展了 CPPS 的定义,涉及全身多系统、多器官,需多学科联合研究、诊断及治疗。CPPS 的诊断需排除引起盆腔疼痛和排尿异常的特异性疾病,鉴别诊断更显重要。将 CPPS 临床表现进行分类,采用针对主要症状兼顾伴随症状的综合性个体化治疗。临床上急性附睾炎需与睾丸扭转相鉴别,慢性附睾炎需与附睾结核相鉴别。

关键术语

　　慢性前列腺炎(chronic prostatitis,CP)

　　慢性盆腔疼痛综合征(chronic pelvic pain syndromes,CPPS)

　　前列腺按摩液(expressed prostatic secretion,EPS)

　　急性细菌性前列腺炎(acute bacterial prostatitis,ABP)

　　慢性细菌性前列腺炎(chronic bacterial prostatitis,CBP)

　　异质性临床综合征(heterogeneous clinical syndromes)

　　盆底功能异常(pelvic floor dysfunction)

　　下尿路症状(lower urinary tract symptoms,LUTS)

　　勃起功能障碍(erectile dysfunction,ED)

　　NIH 慢性前列腺炎症状评分(NIH chronic prostatitis symptom index,NIH-CPSI)

　　生物反馈治疗(biofeedback therapy)

　　睾丸扭转(testicular torsion)

思考题

　1. 慢性前列腺炎(CPPS)需与哪些盆腔疾病相鉴别。

　2. 慢性前列腺炎(CPPS)临床表型分类的意义。

　3. 慢性附睾炎与附睾结核在病史、发病、临床表现、辅助检查、预后等方面的异同。

Note

第四章 泌尿男生殖系统结核

【学习目标】

掌握泌尿男生殖系统结核的发病机制;掌握肾结核的主要病理表现;掌握肾结核及附睾结核的诊断;熟悉附睾结核的鉴别诊断;熟悉肾切除术及附睾切除术的适应证;了解抗结核化学治疗的基本原则。

第一节 概 述

泌尿男生殖系统结核是全身结核的一部分,既有全身结核的共同点,又有自身的特性,全面认识这些共同点和特性,是掌握泌尿男生殖系统结核的关键。

结核病严重危害人类健康,20世纪90年代结核病开始回升。世界卫生组织(WHO)统计全世界1/3人已感染结核杆菌,每年新增病例800~1000万,其中发展中国家占80%以上,而死亡率也高达300万/年。2011年中国结核病发病率为75/10万人,患病率为104/10万人,死亡率为3.5/10万人。我国结核病人数居世界第二。肺外结核占结核病10%,泌尿男生殖系统结核仅次于周围淋巴结核,占肺外结核的30%~40%。

贫困及对公共卫生健康忽视,肾移植等使用免疫抑制剂,糖尿病、血液透析增多,移民的迁入等是结核病增多的主要原因。人类免疫缺陷病毒(human immuno-deficiency virus, HIV)感染已成为控制结核的主要障碍。获得性免疫缺陷综合征(acquired immuno-deficiency syndrome, AIDS)患者是结核菌常见的机会感染,约24%~58%合并鸟分枝杆菌感染。经理化、生物等因素诱导产生的L型结核菌对抗结核药物不敏感,是治疗不当产生的继发性耐药菌株,这些都为结核病的防治带来了新的挑战。

第二节 病因及发病机制

一、病原生物学

结核病由结核杆菌感染引起。结核菌属分枝杆菌,感染人的主要是人型结核菌。极少数牛型结核菌感染是通过食用含菌的牛奶引起。牛分枝杆菌首先感染消化道,然后通过各种途径传播到其他器官。AIDS患者易被鸟分枝杆菌感染。结核菌生长缓慢,每20~24小时繁殖一代。抗生素通过阻断结核菌的代谢起作用,因此对繁殖生长期的结核菌有效,不繁殖的结核菌可在细胞内长期存活。

二、发病机制

人类对结核杆菌不具备先天性免疫。卡介苗预防接种可以使人获得后天特异性细胞免疫。人感染结核菌后的转归取决于细菌的数量及毒力,更取决于机体获得性细胞免疫及迟发型变态反应的程度。几乎所有的人结核分枝杆菌感染均通过空气中的带菌飞沫进入肺泡,形成原发性

Note

结核灶。初次感染结核,机体诱发的非特异炎症反应不能阻止细菌增殖,结核菌通过血行和淋巴迅速向全身其他器官播散。绝大多数肾结核继发于肺结核感染,血行播散是肾结核的最主要感染方式。结核菌进入肾脏,先到达血供丰富的双侧肾脏皮质,进入皮质肾小球的血管丛中,形成多数粟粒样结核结节。结核菌在 3～4 周建立起来的特异性细胞免疫作用下被杀死。皮质血供充足,抵抗力和修复力强,病灶相继吸收愈合。患者除出现结核菌尿外无临床症状,肾脏肉芽肿性结核结节病变仅在病理检查(如尸检)时被发现,称为病理性肾结核(pathological renal tuberculosis)。尸检发现病理性肾结核相当普遍,且80%出现在双侧肾脏。

如结核细菌量多、毒性强,可经肾小球过滤或血循环到肾脏髓质,该部血流缓慢,细菌不易被清除。当机体抵抗力低下时,残留在肾脏病灶中处于休眠状态的结核菌繁殖,细菌毒力增加,在髓质和肾乳头形成结核病灶。迟发性变态反应引起结核性组织破坏,病灶发生干酪样坏死、破溃,大量细菌和坏死物排入集合系统,引起尿路刺激症状和脓尿等临床表现,称为临床型肾结核(clinical renal tuberculosis)。90%临床型肾结核发生于一侧肾脏。肾结核从原发感染到原发后感染潜伏期不等,可以是数年,也可以是 10～20 年或更长时间。

肾结核含有结核菌的尿液流经输尿管、膀胱及尿道,是这些器官感染结核的主要原因。一侧泌尿系统结核感染的尿液反流到对侧输尿管及肾脏,是对侧肾结核发生的主要原因。附睾也是结核菌血行播散的主要部位。前列腺结核可由血行播散引起,也可由携带结核菌的尿液沿前列腺导管及射精管反流入腺体引起。前列腺结核是男生殖系统结核的首发部位,可通过生殖道逆行感染输精管、附睾、睾丸。肾结核约有 50%～70%合并有男生殖系统结核,附睾结核可能在肾结核症状发生之前出现。临床上泌尿或男生殖系统任何器官感染结核,要注意该系统其他器官感染结核可能,还要注意另一系统或全身(肺、骨、淋巴)感染结核可能。

三、病理学

(一) 病理类型

结核病主要病理类型有:①结核结节:由淋巴细胞、浆细胞、上皮样细胞及朗汉斯巨细胞组成,中央常可见干酪样坏死,边缘为增生的纤维组织;②坏死空洞:病灶中细菌占优时,以迟发过敏反应为主,引起组织破坏。结核结节彼此融合,中心出现坏死,形成干酪样病变。坏死组织排出,形成空洞;③纤维化、钙化:纤维化是细胞免疫的表现,是机体对干酪样变损害的修复性反应。钙化的机制还不十分清楚,钙化灶内仍有存活的结核杆菌。结核病为慢性感染,受累器官多出现破坏和增殖病变相互交织的情况。

(二) 病理表现

1. 肾结核　肾脏原发性结核感染部位在肾小球,表现为粟粒性结核结节。原发后结核感染,进入肾髓质及肾乳头的结核菌,引起组织破坏,多个结核结节融合形成干酪样坏死,干酪样物质排入肾盂形成空洞。病变可以局限在肾的某一部分,也可波及全肾,形成结核性脓肾。血管周围纤维化导致肾内动脉狭窄,肾皮质缺血、萎缩,称为梗阻性肾皮质萎缩(obstructive atrophy of the cortex),也是肾皮质结核感染之后的一个主要病理改变。肾盏、肾盂纤维化,管壁增厚,肾盏变形、盏颈狭窄,梗阻进一步加重肾实质破坏。肾结核可在肾内经淋巴、血行或直接蔓延,从肾的一部分扩散到其他部分,使整个肾脏遭到破坏。钙化首先出现于较大脓腔的边缘,呈斑点状,逐渐扩及全肾,形成贝壳样钙化。抗结核药对钙化灶内结核菌很难奏效。肾积脓及广泛肾钙化导致肾功能完全丧失,输尿管狭窄甚至完全闭塞,含有结核菌的尿液不能排入膀胱,膀胱结核可逐渐好转或愈合,膀胱刺激症状等临床表现逐渐减轻或消失,称为肾自截(autonephrectomy)。肾自截的肾脏内仍有大量存活的结核菌,需要进行治疗。肾结核并发结核性肾周围炎或肾周围寒性脓肿,向皮肤破溃形成经久不愈的结核性窦道。临床上肾结核各种病理表现往往混合存在,有助于认识病变的发展过程。

2. 输尿管结核　结核菌尿感染输尿管,早期黏膜充血、水肿,出现散在的结核结节。结核结节融合,干酪样坏死,形成输尿管溃疡。肉芽组织和纤维组织增生导致输尿管增粗、僵硬,输尿管狭窄甚至管腔闭塞,输尿管梗阻近端及肾盂扩张积水。输尿管狭窄最多见于输尿管膀胱连接部的膀胱壁间段,其次是肾盂输尿管连接部。输尿管狭窄梗阻是结核病肾脏功能丧失的主要原因。

3. 膀胱结核　结核菌尿起初感染膀胱三角区,患侧输尿管口周围病变较重,随病情的进展可累及整个膀胱。膀胱黏膜水肿、结核结节、溃疡。膀胱壁纤维化,膀胱收缩功能障碍,膀胱容量变小,当膀胱容量小于50～100ml 时称为挛缩膀胱(contracted bladder)。输尿管开口纤维化使输尿管口狭窄或输尿管口闭合不全,膀胱挛缩使膀胱内压增高,导致患侧和对侧输尿管、肾盂扩张和积水。挛缩膀胱和对侧肾积水是肾结核常见的晚期并发症。对侧输尿管开口关闭不全,尿液反流可引起该侧肾脏感染结核。膀胱病变严重,溃疡可穿透膀胱壁,形成膀胱阴道瘘或膀胱直肠瘘。

4. 尿道结核　尿道结核由泌尿系结核或生殖道结核播散引起。虽然尿道常与感染的尿液接触,但尿道结核非常罕见,原因不明。结核结节、干酪样坏死出现尿道脓性分泌物,后期纤维化可出现尿道狭窄。

5. 前列腺结核　前列腺结核可表现为结核肉芽肿、干酪样坏死、空洞形成和纤维化。结核纤维化可形成质地坚硬的肿块。病变偶可破溃到前列腺周围,形成会阴部窦道。前列腺结核临床诊断率低,许多病例是在病(尸)检时被发现。

6. 附睾睾丸结核　附睾尾部是附睾结核始发部位,向附睾体部、头部蔓延。结核性肉芽肿及纤维化使附睾肿大,变硬。附睾结核可直接蔓延到睾丸,引起睾丸结核。睾丸因有鞘膜可阻止结核侵犯,是睾丸结核少见的原因。附睾结核若形成寒性脓肿,与阴囊粘连,破溃后形成经久不愈合的阴囊窦道。附睾结核常合并输精管结核,管壁增厚,变硬变粗,出现典型的串珠状改变。

7. 阴茎结核　阴茎结核非常少见。阴茎头部结核可有结节、溃疡、干酪样坏死。海绵体结核多表现为结节性增生,纤维组织可使阴茎变形、弯曲,有时可形成瘘管。

泌尿男生殖系统结核的病理特征是组织破坏和修复。溃疡和脓肿是破坏的表现,纤维化和钙化则是修复的过程,但这种修复也会产生一系列的负面作用。泌尿男生殖系统结核患者各种病理类型往往交替、混合存在,错综复杂。个案病理分析对认识疾病发展过程极为有益。

第三节　临床表现

泌尿男生殖系统结核好发青壮年,大多数患者发病年龄在20～40 岁之间,男:女的比率为2:1,这种发病状况多年来未发生改变。儿童在初次感染结核后的3～10 年或更长时间结核菌处于潜伏状态,这一时期泌尿系统结核极为少见。

泌尿男生殖系统结核的症状和体征在严重程度及持续时间上存在很大的差异。起病缓慢,早期往往无任何症状,临床表现间断出现并进行性加重。泌尿系统结核首发部位在肾脏,但主要临床表现在膀胱。

尿频往往是患者最初的临床表现,排尿时有灼热感并伴有尿急、尿痛。早期尿频由含有结核杆菌及脓细胞的尿液刺激膀胱引起,结核性膀胱炎使症状进一步加重。膀胱黏膜广泛溃疡刺激膀胱,膀胱挛缩引起膀胱容量显著减少,可导致严重尿频。

血尿主要由膀胱结核溃疡出血引起,是泌尿系统结核的另一重要症状,多在尿频、尿急、尿痛后出现。膀胱收缩引起出血,以终末血尿为主。部分患者血尿是最初症状,肾脏血管破裂可引起无痛性血尿。10% 患者为肉眼血尿,多达50% 患者出现镜下血尿。

脓尿由泌尿系统炎症及干酪样物质排出引起，程度不等，严重时呈米汤样，也可出现脓血尿。

窦道(瘘管)是结核浸润周围组织、寒性脓肿向皮肤(腔道)破溃形成的病理性管道，有肾脏、膀胱、附睾及尿道窦道(瘘管)。可有豆腐渣样物质经窦道排出。尿道结核除尿道瘘外，还可出现尿道脓性分泌物及排尿困难。

消瘦、乏力、发热、盗汗等全身结核症状多不明显。一侧肾结核时对侧肾脏病理改变多为肾积水，是我国泌尿外科先驱吴阶平的重要发现，丰富了人们对肾结核病理生理变化的认识。双侧肾脏功能严重受损可出现肾功能不全甚至肾衰竭的表现。

前列腺结核是男生殖系统结核常发生的部位。前列腺结核早期可无临床表现，尿频、尿急、会阴不适及睾丸疼痛易与前列腺炎相混淆。直肠指诊前列腺可增大、硬结，需与前列腺癌相鉴别。前列腺结核严重时出现会阴窦道。临床上前列腺结核诊断率低，与其无特异性临床表现有关。

附睾结核是临床上男生殖系统最常见的结核。附睾结核发病缓慢，附睾肿大多出现在附睾尾部，无明显疼痛和压痛。附睾变硬，形成大小不等的结节，严重时可形成阴囊窦道。合并睾丸结核可在睾丸内触及硬结，附睾与睾丸分界不清，有少量鞘膜积液。输精管可增粗、变硬，呈串珠状改变。附睾结核可在肾结核发生之前出现，需注意泌尿系统的检查。

第四节 诊断与鉴别诊断

一、检查方法

泌尿男生殖系统结核检查方法主要是实验室检查和影像学检查。疾病严重程度不同，病程长短不一，检查结果差异很大。此外不同的检查方法具有不同的优势和缺陷，应根据病情合理选择，根据结果综合分析。

(一) 尿检查

尿检查对泌尿系统结核诊断有决定意义。

1. 尿液检查 尿常规检查尿中出现红细胞、白细胞、少量蛋白，尿呈酸性。

尿沉渣抗酸染色抗酸杆菌阳性对肾结核的诊断有重要意义。连续三次检查均为阳性，诊断比较可靠。此检查阳性检出率差别很大，多需 3~5 次新鲜晨尿检查。包皮垢杆菌、草分枝杆菌亦呈抗酸染色阳性，检查前需清洁外阴。检查前应停用所有抗结核药物及抗菌药物。

尿培养出现"无菌性脓尿"，是泌尿系统结核典型的尿液检查及尿培养结果，但应注意 20% 患者可有继发性细菌感染。

2. 尿结核杆菌培养 尿结核杆菌培养是泌尿系统结核最有价值的诊断方法。培养出的结核杆菌需同时做药物敏感试验，敏感性达 80%~90%。结核菌生长缓慢，培养时间需要 6~8 周，且阳性检出率低，是主要缺点。由于结核菌是间断由体内排出，应连续留取晨尿培养 3~5 次。

3. 结核菌 DNA 检测 核酸分子杂交和 DNA 或 rRNA 多聚酶链反应能快速检测鉴定结核杆菌，具有较高特异性和敏感性，但同时易出现假阳性结果，目前只作为一种补充检查手段。

(二) 结核菌素试验

结核菌素试验可在感染结核 3~4 周后出现阳性，只要体内还有存活的结核菌，阳性结果将持续保持。结核菌素试验阳性，说明患者感染了结核，但并不等于患者处于结核活动期，并不等于患者的临床症状是由结核感染引起。非结核感染引起结核菌素试验阳性反应比较少见。恶性肿瘤、营养不良、放疗、应用肾上腺皮质激素等免疫抑制药物及 AIDS 患者结核菌素试验结果可减弱,试验阴性不能完全排除结核菌感染。结核菌素试验对结核诊断具有一定的指导意义。

(三)影像学检查

1. **泌尿系平片**　泌尿系平片除可以了解肾脏轮廓、大小、腰大肌影外,还可显示泌尿生殖道的钙化,是重要的检查方法。肾脏钙化表现为斑点状、干酪性空洞周围圆形钙化呈贝壳状或分叶状。肾结核钙化影位于肾实质,密度不均,与肾结石区别。输尿管钙化少见,特点是腔内钙化并形成输尿管管型。

2. **静脉尿路造影**　静脉尿路造影是传统上诊断泌尿系统结核的"金标准"。肾盏破坏,出现边缘不整的虫蚀样改变,是肾结核最早出现的征象。肾盏纤维化表现为盏颈狭窄,肾盏变形消失。肾盏空洞可使肾盏完全不显影。肾盂纤维化使肾盏形态不规则,肾盂、肾盏可有积水。肾脏病变严重,肾功能严重损害,可使肾脏不显影。输尿管可表现为增粗、僵硬,输尿管狭窄引起狭窄的近段和肾盂扩张、积水。膀胱外形不规则或膀胱不对称,膀胱容量小或挛缩。静脉尿路造影还可评估分侧肾功能,为肾结核治疗提供重要的依据。

3. **逆行肾盂造影**　目前已很少采用逆行肾盂造影诊断泌尿系统结核。逆行造影可了解输尿管狭窄部位、长度及狭窄段以上扩张情况。收集分侧肾脏来源的尿液可确定结核部位。

4. **经皮肾穿刺造影**　经皮肾穿刺造影多在超声引导下进行,对静脉尿路造影不显影或为了解梗阻以上的病变情况更为适用。还可吸取尿液进行检查,测定结核空洞内抗结核药物的浓度,向肾内注入抗结核药物。

5. **CT 检查**　三维 CT 影像重建具有诸多突出优势,特别适用于晚期肾结核检查,被认为是诊断肾结核新的"金标准"。CT 三维影像重建发现肾盏畸形、肾盏漏斗部狭窄闭塞、输尿管扩张、肾积水、肾自截、尿路钙化灶及肾实质空洞的效果同静脉尿路造影。静脉尿路造影显影不良或不显影时,CT 检查优势突出,可以清晰显示肾内异常空洞。CT 检查可以发现增厚的肾盂、肾盏、输尿管及膀胱壁,可以发现伴随的淋巴结病变,可以判断肾、输尿管、膀胱周围组织结构变化。CT 还可用于前列腺、精囊腺结核诊断,发现干酪样坏死。

6. **B 超检查**　早期轻型肾结核 B 超图像可无变化。肾积脓可显示肾盂液性区内有低回声光点,集合系统欠整齐。肾内干酪灶和空洞表现为混合的中等回声、低回声及无回声区。肾脓肿则表现为无回声区,边界均不整齐。肾纤维化表现为强回声。肾结核钙化出现弧形强回声,后伴明显声影。输尿管增粗,管壁回声增强,管腔扩张程度与肾积水不成比例。超声检查还可了解对侧肾脏(如肾积水)情况。附睾结核超声表现为低回声结节,可单发或多发,外形不规则,边界不清晰,内部回声不均匀。可发现寒性脓肿及散在的钙化灶,有较高的诊断价值。

7. **磁共振尿路成像**　当静脉尿路造影不显影或不能行 CT 增强扫描时,磁共振尿路成像是一种可选择的检查方法。MRI 可以清晰显示生殖系统结核病变位置,又能显示附睾结核的浸润范围。

(四)膀胱镜检查

膀胱镜检查是诊断泌尿系统结核的重要手段。早期膀胱黏膜充血水肿多位于输尿管口附近及三角区。浅黄色粟粒样结核结节、溃疡、输尿管开口呈"洞穴"状及输尿管喷出混浊尿液等是典型改变。行输尿管插管收集两侧肾盂尿液进行检查,行逆行肾盂造影检查了解两侧上尿路情况。膀胱组织病理检查可明确诊断并排除膀胱肿瘤等病变。当膀胱挛缩容量小于 100ml 或严重的膀胱刺激症状时,不宜行膀胱镜检查。

二、诊断与鉴别诊断

越来越多泌尿系统结核患者没有典型的临床表现,仅表现轻微尿频或以血尿、疼痛为主要症状,甚至无任何临床表现,致使早期诊断困难,误诊、漏诊常有发生。长期反复尿频、尿急、尿痛按非特异性尿路感染进行治疗,是泌尿系结核诊断中最易犯的错误,也是首诊误诊率相当高的主要原因。

泌尿系结核出现尿频、尿急、尿痛与非特异性膀胱炎相同,但膀胱刺激征伴有终末血尿,症状进行性加重,"无菌性"脓尿,抗生素治疗无效是泌尿系统结核的特点。尤其是男性青壮年出现上述情况更应考虑有泌尿系统结核诊断可能,通过相关检查做出正确诊断。诊断了泌尿系统结核,还应排除男生殖系统结核可能。

附睾结核多发生附睾尾部,疼痛不明显,常无急性发作及反复发作病史。附睾有局限性硬结,输精管串珠样改变,附睾阴囊窦道形成是附睾结核的特征。诊断附睾结核应注意有无前列腺结核和对侧附睾结核,还应注意可能存在的泌尿系统结核。

AIDS 常常合并有结核病,后者的症状可能早于前者出现,且不典型,有时表现为严重的播散性及肺外型结核。在 AIDS 流行区应特别引起注意。

慢性附睾炎可表现为附睾疼痛,附睾较硬,需与附睾结核相鉴别。慢性附睾炎常有急性发作及反复发作病史,附睾硬结多为结节状,输精管增粗但无串珠样改变,少有阴囊皮肤窦道。

前列腺结核有时很难与前列腺癌相鉴别。前列腺癌多见于 50 岁以上男性,前列腺特异性抗原(PSA)测定、直肠指检及 MRI 检查有助于诊断,往往需要组织(如前列腺穿刺组织)病理检查确诊。前列腺结核患者约 10% 出现血精,血精患者没有其他临床症状时要考虑结核的可能。

诊断泌尿男生殖系统结核,除病史采集、体格检查、实验检查外,还须详细了解患者疾病过程及诊疗过程,还须详细了解泌尿生殖系统以外结核情况,综合分析,准确判断。

第五节　治　疗

泌尿男生殖系统结核治疗主要包括抗结核药物化学治疗和手术治疗两部分。药物治疗是结核治疗的基础及主要的治疗方法,手术原则是保留器官和重建,是药物治疗的一种辅助手段,两者互为补充。

一、药物治疗

单纯抗结核药物治疗适用于男生殖系结核;早期肾结核;肾结核已发生空洞破溃,但病变不超过 1~2 个肾盏,且无输尿管梗阻。外科手术前必须用抗结核药 2~4 周,手术后继续用抗结核药短程化疗。早期用药有利于药物渗透,有利于组织修复,有利于抑制或杀死处于代谢旺盛时期的结核菌。多种抗结核药物联合应用可以缩短治疗周期和防止耐药菌的产生。足够的血药浓度能充分发挥疗效,延缓和减少耐药菌株的发生,采用一日药物一次顿服。短程治疗是目前推荐的方案,可以减少药物的副作用,提高患者的依从性。

用于泌尿男生殖系统结核抗菌化疗药物主要有异烟肼(成人常用量 300mg/d)、利福平(450~600mg/d)、吡嗪酰胺[25mg/(kg·d)]、链霉素(1.0g/d 或 2.0g/w)及乙胺丁醇(750mg/d)。所有这些药物在肾脏、输尿管、膀胱及前列腺均可达到足够浓度,尿液中异烟肼、利福平和链霉素浓度高,异烟肼、利福平可以进入肾结核空洞并达到较高浓度。

目前推荐的抗结核化学治疗 6 个月短程标准化方案对大多数结核都有效,更适合泌尿男生殖系结核。其中 2 个月强化阶段使用异烟肼、利福平、吡嗪酰胺和乙胺丁醇,4 个月巩固阶段使用异烟肼和利福平,或加乙胺丁醇。对病情严重或复发结核者,巩固阶段视病情为 12~18 个月。

抗结核化学药物治疗日益复杂,推荐的一线和二线用药有十余种之多。了解药物的剂量、毒性及副作用,药物相互作用,特殊情况下如何用药非常重要。异烟肼和利福平均有肝毒性作用,须注意肝功变化并调整剂量。链霉素具有耳毒性,不宜用于孕妇及哺乳期妇女。肌酐清除率是用药的良好指标,100ml/min 属于正常,低于此值按百分比减少剂量,如肌酐清除率下降至

50ml/min 时,则给半量。

结核多重耐药菌(multiple drug resistanle,MDR)严重影响治疗效果,且呈上升趋势。对 MDR 的治疗需根据病菌药物敏感性选择方案,坚持用药 18 ~ 24 个月,或病菌培养阴性后持续用药 12 ~ 18 个月。

泌尿生殖系统结核药物治疗需加强疗效评估,化疗后第 3 个月、6 个月和 12 个月进行尿常规、尿结核菌培养及耐药试验和静脉尿路造影检查,调整治疗方案。停药后仍需长期随访 3 ~ 5 年。

二、手术治疗

泌尿男生殖结核手术治疗包括病损器官或组织切除、修复重建及并发症治疗三大类,手术前和手术后均需应用足够的抗结核药物,同时应注意全身有无活动性结核存在。

(一) 肾切除手术

肾切除适用于伴有或不伴有钙化的无功能肾;肾实质破坏 2/3 或超过 2 个大盏以上;肾结核并发难以控制高血压;肾结核合并输尿管严重梗阻,尤其是肾盂输尿管连接部狭窄;同时存在肾癌。肾切除术一般选用开放手术方式,腹腔镜技术熟练者也可选用微创手术方式。肾切除前须了解对侧肾脏结核、积水及功能等情况。对侧肾积水时,如何保留和恢复积水肾的功能是处理疾病的核心,治疗的先后顺序应根据积水肾的功能情况来决定。

(二) 肾部分切除手术

抗结核药物能很快治愈肾脏局灶性病变,肾部分切除术已很少用于治疗肾结核。肾部分切除术只适用于钙化灶的病例:①钙化灶位于肾上极或下极,6 周的抗结核强化治疗效果不明显。②钙化灶逐渐增大,并有破坏整个肾脏的危险。没有证据表明无钙化的肾结核需要做肾部分切除术。术后需继续使用抗结核治疗 6 ~ 9 个月。

(三) 肾病灶清除术

适用于与集合系统不相通的肾内局灶性脓肿,有无钙化均可手术。病例选择恰当,是取得良好疗效的关键。

(四) 附睾切除术

适用于对抗结核药无效的附睾干酪样脓肿者。附睾硬结经抗生素和抗结核药物治疗无效或硬结逐渐增大也是手术的适应证。若需切除睾丸病变,应尽可能保留睾丸组织。输精管需做高位切除。附睾切除术后需监测对侧附睾、睾丸变化。

(五) 输尿管狭窄手术治疗

输尿管狭窄治疗方式需根据狭窄的部位和程度进行选择。狭窄段相对较短的病例可选择输尿管扩张或输尿管内切开,留置双 J 管,但成功率较开放手术低。出现肾盂输尿管交界处狭窄时,大部分肾脏已被破坏,往往需要行肾切除术。输尿管膀胱连接部狭窄,经 6 周抗结核治疗病情无改善或进一步恶化,需行输尿管狭窄段切除、输尿管膀胱再植术。输尿管狭窄手术治疗后可出现复发,术后应长期进行影像学检查随访。

(六) 膀胱挛缩手术治疗

膀胱挛缩影响膀胱弹性和顺应性,膀胱容量明显下降,可小于 100ml,需要行膀胱扩大成形术。手术的目的是增加膀胱容量并尽可能多保留膀胱。膀胱扩大术一般在结核肾切除并抗结核治疗 3 ~ 6 个月后进行。可采用结肠、回肠扩大储尿囊。

(七) 肾积水手术治疗

一侧肾结核、对侧肾积水是对侧肾脏的主要并发症。对侧肾积水的处理需根据积水程度及肾功能变化情况确定。肾积水较轻,肾功能良好,可在抗结核药物治疗下先做结核肾切除,待膀胱结核好转后再处理对侧肾积水。肾积水严重,肾功能不全或继发感染,则应先行肾穿刺造瘘

解除梗阻,挽救肾功能。待肾功能及一般情况好转后,再行结核肾切除。

三、预后

影响肾结核预后的因素有:①全身情况及泌尿系统外的结核状况;②膀胱结核病变的程度;③对侧肾脏的病变和功能情况;④治疗的及时、合理和正确性。

（王子明）

本章小结

肾结核是全身结核的一部分,可通过尿流感染泌尿系统其他器官包括对侧肾脏。附睾结核是男生殖系统最常见的结核,可直接播散至男生殖系统其他器官。泌尿系统结核和男生殖系统结核常同时存在,泌尿男生殖系统任何一个器官出现结核,要注意其他器官感染结核可能。泌尿男生殖系统结核主要病理类型是结核结节、坏死空洞及纤维化钙化,是患者临床表现和诊断的基础。泌尿系统结核主要临床表现在膀胱,尿液检查、结核菌培养、影像学检查是诊断的重要手段。抗结核化学药物治疗是基础,正确选择手术适应证是取得满意效果的关键。

关键术语

病理性肾结核(pathological renal tuberculosis)
临床肾结核(clinical renal tuberculosis)
梗阻性肾皮质萎缩(obstructive atrophy of the cortex)
孪缩膀胱(contracted bladder)

思考题

1. 临床出现附睾结核要考虑哪些系统、器官结核可能? 为什么?
2. 肾结核病理改变在静脉尿路造影检查中出现哪些征象?

第四篇　原发性肾小球疾病

器官系统
整合教材
O S B C

第一章　概　　述

【学习目标】

掌握原发性肾小球肾炎的临床分型及基本病理分型;熟悉原发性肾小球肾炎主要的治疗方法;简要了解原发性肾小球肾炎的发病机制。

肾小球疾病是临床表现相似,具有蛋白尿和(或)肾小球源性血尿,但病因、病理、发病机制、病程和预后存在明显差异,病变累及双侧肾脏的一组疾病。根据病因的不同,该组疾病可分为原发性、继发性和遗传性三大类型。原发性肾小球疾病是指临床上未能发现病因或病因不明的肾小球疾病;继发性肾小球疾病是指继发于其他全身性疾病的肾脏损害,如狼疮性肾炎、糖尿病肾病、高血压肾病等;遗传性肾小球疾病是指遗传性基因变异或基因突变所致的肾小球疾病,如Alport综合征等。

原发性肾小球肾炎发病率与年龄、种族、性别及地域有关,不同病理类型的肾小球肾炎发病率也存在差异,国外统计资料表明成人原发性肾小球肾炎发病率在 0.2/100 000/年 ~2.5/100 000/年。由于部分患者呈亚临床表现,且不同国家、地区社会经济及医疗条件、肾脏病理活检指征等存在差异,对发病率的统计也存在一定的影响。从不同国家的文献报道上看,肾小球肾炎是继糖尿病肾病之后导致终末期肾病的最常见病因,其中原发性肾小球肾炎约占 54.8% ~70.8%。在我国,肾小球疾病是导致终末期肾病的主要原因,本章主要讨论原发性肾小球疾病。

一、发病机制

目前认为,免疫功能紊乱是所有肾小球疾病的重要发病机制,肾小球肾炎是免疫介导的炎症性疾病,但是否为自身免疫性疾病仍然存在争议。在疾病条件下,体液免疫和细胞免疫异常,在此基础上炎症细胞和炎症介质(如补体、白细胞介素、趋化因子等)共同参与并导致肾小球损伤。在疾病慢性进展过程中,非免疫非炎症机制(血流动力学、遗传、环境因素等)也参与了肾小球损伤的发病过程。

体液免疫异常对肾小球的损伤机制包括产生针对肾小球成分的自身抗体、循环免疫复合物在肾小球沉积以及肾小球原位免疫复合物形成所导致的肾小球免疫炎症损伤。血液循环中的免疫复合物在某些情况下,如单核-巨噬细胞系统吞噬功能和(或)肾小球系膜细胞清除功能降低及补体成分减少或功能缺陷等,在肾小球沉积或被肾小球所捕捉并介导炎症介质活化引起肾小球损伤而致病。血循环中游离抗体(或抗原)与肾小球固有抗原或已种植于肾小球的外源性抗原(或抗体)相结合,可在肾脏局部形成免疫复合物并导致肾小球损伤。

肾小球炎症损伤也可由细胞免疫介导,且常伴有小管间质损伤。致敏性效应T淋巴细胞与抗原相互作用后,在局部产生两种类型的免疫效应:由抗原特异性T淋巴细胞与巨噬细胞介导的迟发型过敏反应所导致的组织损伤以及由细胞毒性T淋巴细胞介导的组织损伤;此外,由淋巴细胞和巨噬细胞所产生和释放的细胞因子在细胞免疫介导的肾小球损伤中也起着重要作用。近年在肾炎实验动物模型中提供了细胞免疫在肾炎发病中的部分证据,细胞免疫在某些类型肾炎发病机制中的作用逐步得到认可。

除免疫异常外,在疾病慢性进展过程中同时存在着非免疫机制参与。肾脏健存肾单位发生的适应性血流动力学改变,可促进肾小球硬化;尿液中漏出的蛋白质也是独立的致病因素参与肾脏的病变过程;高脂血症亦是加重肾小球损伤的重要因素之一。

遗传因素在肾小球肾炎易感性、疾病严重性和治疗反应中起着重要作用,如近年研究发现家族性及部分散发性局灶节段性硬化性肾病由足突细胞裂孔隔膜蛋白基因突变所致,基因变异蛋白包括足突素(podocin)、α-肌动蛋白4(α-actin 4),CD2相关蛋白(CD2-associated protein)和瞬时受体电位阳离子通道蛋白6(transient receptor potential cation channel 6)。

二、分类

原发性肾小球疾病的分型及分类一直是存在争议的领域,原发性肾小球疾病可根据临床特点及病理特点进行分型,但临床分型和病理分型间的相关性较差,从而导致不同临床分型肾小球疾病在病理表现上呈现重叠现象,临床分型相同的患者其肾脏病理表现可以不同,反之亦然。因此,肾活检是确定肾小球病病理类型和病变程度的必需手段,病理诊断必须与临床密切结合。

(一)原发性肾小球疾病的临床分型

1. 急性肾小球肾炎(acute glomerulonephritis)。

2. 急进性肾小球肾炎(rapidly progressive glomerulonephritis)。

3. 慢性肾小球肾炎(chronic glomerulonephritis)。

4. 肾病综合征(nephrotic syndrome)。

5. 无症状性血尿或(和)蛋白尿(asymptomatic hematuria and/or proteinuria)又称为隐匿性肾炎(latent glomerulonephritis)。

(二)原发性肾小球疾病的病理分型

世界卫生组织(WHO)1995年肾小球病病理学分类标准,原发性肾小球疾病分为以下四类。

1. 轻微性肾小球病变(minimal glomerular abnormalities)。

2. 局灶性节段性病变(focal segmental lesions)包括局灶性肾小球肾炎(focal glomerulonephritis)。

3. 弥漫性肾小球肾炎(diffuse glomerulonephritis)

(1)膜性肾病(membranous nephropathy)。

(2)增生性肾炎(proliferative glomerulonephritis):①系膜增生性肾小球肾炎(mesangial proliferative glomerulonephritis);②毛细血管内增生性肾小球肾炎(endocapillary proliferative glomerulonephritis);③系膜毛细血管性肾小球肾炎(mesangiocapillary glomerulonephritis);④新月体和坏死性肾小球肾炎(crescentic and necrotizing glomerulonephritis)。

(3)硬化性肾小球肾炎(sclerosing glomerulonephritis)。

4. 未分类的肾小球肾炎(unclassified glomerulonephritis)。

三、临床表现

原发性肾小球疾病的主要临床表现包括蛋白尿、血尿、水肿、高血压、贫血、及肾小球滤过率下降等,不同临床分型由上述不同程度的临床表现构成。

(一)蛋白尿

为肾小球性蛋白尿。根据肾小球滤过膜损伤程度和尿蛋白的组成,分为选择性蛋白尿和非选择性蛋白尿,前者尿蛋白以白蛋白为主,并有少量小分子蛋白如 β_2 微球蛋白,不含大分子蛋白如免疫球蛋白;后者尿蛋白除含有白蛋白、部分小分子蛋白外,还出现大分子的血浆蛋白,如免疫球蛋白、补体 C_3 和 α 巨球蛋白等,常提示肾小球滤过膜结构损伤严重、治疗效果差及预后不良。

目前认为,蛋白尿的完全缓解可以明显改善患者的生活质量和肾脏存活,尿蛋白定量同时也是决定临床治疗措施的重要参考。

(二) 血尿

可为镜下或肉眼血尿,持续性或间歇性,通常为无痛性全程血尿,伴蛋白尿、管型尿等。尿液中红细胞形态失常是肾小球源性血尿的重要特征。因此,目前临床上可通过尿沉渣相差显微镜检查及尿红细胞容积分布曲线检测来协助诊断血尿的来源。在肾小球源性血尿,多形性红细胞计数常大于尿液红细胞总数的 75%,尿液红细胞平均体积表现为小红细胞。血尿的出现或加重往往提示原有肾小球疾病存在活动性。

(三) 水肿

水钠潴留是肾性水肿的基本病理生理改变。肾小球疾病时水肿一般分为两大类:肾病性水肿和肾炎性水肿。肾病性水肿主要由于低蛋白血症,血浆胶体渗透压降低,血液中液体渗入组织间隙而产生水肿,多首先见于低垂部位;此外,因有效血容量减少导致肾素-血管紧张素-醛固酮活性增加和抗利尿激素分泌增加等因素可进一步加重水钠潴留和水肿。肾炎性水肿主要由机体水钠潴留所致,由于肾小球滤过率下降而肾小管重吸收功能基本正常造成"球-管失衡"以及肾小球滤过分数下降导致机体水钠潴留,多首先出现于颜面部;同时由于血容量扩张、肾素-血管紧张素-醛固酮活性抑制、抗利尿激素分泌减少、毛细血管通透性增加等因素而使水肿持续和加重。

(四) 高血压

部分肾小球疾病患者常伴高血压,慢性肾衰竭患者 90% 出现高血压。高血压是肾功能恶化的高危因素。肾小球疾病高血压的发生与钠、水潴留导致的血容量增加、以及肾素分泌增多有关,同时与肾实质损害后肾内降压物质分泌减少、升压物质分泌增加有关。肾小球疾病中多数为两型高血压同时存在。

(五) 肾功能损害

急进性肾炎常导致急性肾损伤。急性肾小球肾炎患者可有一过性肾功能损害。慢性肾小球肾炎常伴肾功能损害并缓慢进展。肾小球肾炎随着病程进展,最终发展为终末期肾病。

(六) 各型原发性肾小球疾病的临床特点

如前所述,根据原发性肾小球疾病的不同临床表现,可分为急性肾小球肾炎、急进性肾小球肾炎、慢性肾小球肾炎、肾病综合征和隐匿性肾炎 5 个类型。

急性肾小球肾炎简称急性肾炎,一般起病较急,部分患者在前驱感染 1~4 周后发病,病情轻重不一,表现为水肿,不同程度血尿、蛋白尿及管型尿,常伴高血压及一过性肾功能下降,大多数患者预后良好,数月内趋向痊愈。

急进性肾小球肾炎起病急、病情重,临床表现类似急性肾小球肾炎,但疾病进展迅速,肾功能损害进行性加重,于数周至数月内出现少尿、无尿和肾衰竭,多需要进行肾脏替代治疗以维持生命。

慢性肾小球肾炎简称慢性肾炎,临床起病缓慢,病情迁延,表现为不同程度水肿、高血压、蛋白尿、血尿及管型尿,可伴有肾功能减退、贫血、电解质和矿物质代谢紊乱等,病程中常因感染等诱因呈急性发作表现,病情缓解和加重可交替出现。

肾病综合征临床主要表现为大量蛋白尿,低白蛋白血症,水肿和高脂血症,其中大量蛋白尿和低白蛋白血症是临床诊断的必要条件。

无症状性血尿和/或蛋白尿又称为隐匿性肾炎,患者无急、慢性肾炎或其他肾脏病史,肾功能正常,无高血压及其他明显的临床症状、体征,单纯表现为蛋白尿和/或肾小球源性血尿。

四、治疗

(一)非免疫抑制治疗

肾小球疾病发生与发展过程中正常肾单位逐渐丧失,健存肾单位代偿性高滤过常导致慢性肾脏病的持续性进展,因此,使用降压药物严格控制高血压,选用血管紧张素转换酶抑制剂及血管紧张素受体拮抗剂在降低血压的同时改善肾单位高滤过状态,减少蛋白尿是延缓肾脏病进展的重要治疗措施;与此同时,结合饮食治疗、改善贫血及纠正骨及矿物质代谢异常治疗,防治心脑血管并发症的出现,共同构成延缓肾脏病进展的综合治疗体系。

(二)免疫抑制治疗

免疫抑制治疗是原发性肾小球疾病的重要治疗手段。20世纪五十年代开始使用肾上腺糖皮质激素,六十年代至七十年代逐渐采用环磷酰胺、氮芥和硫唑嘌呤治疗肾小球疾病,其后,钙调磷酸酶抑制剂(环孢素 A、他克莫司)及吗替麦考酚酯被用于肾小球肾炎的治疗,上述药物的发现和临床应用明显提高了肾小球疾病的治疗效果,改善了患者的预后。近年来,新型的生物制剂被应用于临床并取得了令人鼓舞的疗效,其中包括嵌合型抗 CD20 单克隆抗体、人源化抗肿瘤坏死因子 α 单克隆抗体、人源化抗转化生长因子 β 单克隆抗体等。

(余学清)

本章小结

1. 原发性肾小球肾炎是我国终末期肾病患者的重要病因。

2. 体液免疫和细胞免疫功能紊乱及其所介导的炎症反应是原发性肾小球肾炎的主要发病机制,非免疫非炎症因素如遗传、血流动力学改变、尿蛋白、高脂血症等也在疾病进展中起重要作用。

3. 原发性肾小球疾病可根据临床特点及病理特点进行分型,但临床分型和病理分型间的相关性较差,肾活检是确定肾小球疾病病理类型和病变程度的必需手段,病理诊断必须与临床密切结合。

4. 免疫抑制治疗和非免疫抑制治疗是原发肾小球肾炎治疗的主要方法。

关键术语

原发性肾小球肾炎(primary glomerulonephritis)

急性肾小球肾炎(acute glomerulonephritis)

急进性肾小球肾炎(rapidly progressive glomerulonephritis)

慢性肾小球肾炎(chronic glomerulonephritis)

肾病综合征(nephrotic syndrome)

无症状性血尿和(或)蛋白尿(asymptomatic hematuria and/or proteinuria)

隐匿性肾炎(latent glomerulonephritis)

轻微性肾小球病变(minimal glomerular abnormalities)

局灶性节段性病变(focal segmental lesions)

弥漫性肾小球肾炎(diffuse glomerulonephritis)

Note

思考题

1. 简述原发性肾小球肾炎临床分型与病理分型之间的联系。
2. 简述原发性肾小球肾炎的治疗。

第二章　肾小球肾炎

【学习目标】

掌握各型肾小球肾炎的临床表现及治疗原则；熟悉临床常用免疫抑制剂的作用机制、使用原则和常见不良反应。

第一节　免疫抑制剂在肾小球疾病中的应用原则

免疫抑制剂（immunosuppressant）是一类通过抑制特异性或非特异性免疫反应而使组织损伤得以减轻的化学或生物物质，主要应用于自身免疫性疾病和器官移植抗排斥反应。按照作用机制及靶点，可分为以下几类：①肾上腺皮质激素（adrenocortical hormones）：代表药物有泼尼松、泼尼松龙；②烷化剂：如环磷酰胺、苯丁酸氮芥；③抗代谢药物：如吗替麦考酚酯、甲氨蝶呤、硫唑嘌呤等；④核苷酸还原酶或酪氨酸激酶抑制剂：如来氟米特等；⑤钙调磷酸酶抑制剂：如环孢菌素、他克莫司；⑥具有免疫抑制作用的植物药：如雷公藤；⑦生物药品和单克隆抗体：如抗胸腺细胞免疫球蛋白。

一、肾上腺皮质激素

肾上腺皮质激素主要包括糖皮质激素、盐皮质激素及性激素。糖皮质激素因具有免疫抑制作用被广泛应用于肾小球疾病治疗，根据生物半衰期不同，可分为短效（可的松、氢化可的松）、中效（泼尼松、甲泼尼龙）和长效（地塞米松、倍他米松）糖皮质激素。中效糖皮质激素具有与受体亲和力大、抗炎作用强、对下丘脑-垂体-肾上腺轴抑制作用弱等优点，适用于肾小球疾病的治疗。

（一）作用机制

糖皮质激素作用于免疫反应各期，包括基因效应和非基因效应。糖皮质激素进入细胞核后与特异性 DNA 位点结合，抑制 IL-2 等基因转录，从而抑制 T 细胞克隆、增殖；另外，糖皮质激素还可抑制 INF-γ、TNF-α、IL-1 等免疫因子的基因表达。非基因效应主要通过 cAMP 依赖的蛋白酶 A 信号转导途径及细胞膜的生化效应，产生抗炎性蛋白及改变细胞膜离子通透性，产生快速抗炎作用，这一作用反应迅速，通常几分钟之内可实现。

（二）应用原则

糖皮质激素在治疗肾小球疾病中总原则及方案可总结为九字方针，即始量足、减药缓、长维持：①始量足：泼尼松成人起始量 $1mg/(d \cdot kg)$ 体重，晨起顿服 8 周，必要时延长至 12 周；②减药缓：足量治疗后约每 2 周减原用量的 10%，减至 20mg/天时减量速度应更缓；③长维持：减至 10mg 左右时依据病情可再维持半年。

（三）不良反应

糖皮质激素不良反应呈现剂量和时间依赖特性，即使小剂量，长期使用也会有严重不良反应。

1. 诱发或加重感染　由于糖皮质激素降低机体防御功能，故可导致条件致病菌及病毒、真菌感染。

2. 诱发眼病　可诱发青光眼、白内障、眼色素层炎症及角膜变厚。

3. 皮肤软组织病　可表现为皮肤萎缩、毛细血管扩张及痤疮样丘疹、脱发、日光性紫癜、Cushing 外貌。

4. 类固醇糖尿病　糖皮质激素能促糖原异生，对抗胰岛素作用，故糖尿病患者应用糖皮质激素易出现血糖升高，需调整胰岛素用量。

5. 骨质疏松　与糖皮质激素促进蛋白分解、抑制蛋白合成及增加钙、磷排泄有关，严重者可导致无菌性股骨头坏死。故此在使用中应注意补充钙剂及维生素 D_3，以减缓骨钙丢失。

6. 其他不良反应　包括中枢神经系统、消化系统、生殖系统等不良反应。应在使用中密切监测，及时调整用药。

二、环磷酰胺

环磷酰胺(cyclophosphamide,CTX)是烷化剂代表药物，其免疫抑制作用强，抗炎作用较弱，在肾脏疾病中应用广泛。

（一）作用机制

环磷酰胺是细胞周期非特异性药物，进入体内后转化为磷酸酰胺氮芥和苯乙酸氮芥，与 DNA 及 RNA 交联后抑制细胞蛋白质转录与翻译过程，不仅杀伤增殖期淋巴细胞，而且也可以影响静止期细胞。

（二）应用原则

环磷酰胺对系统性红斑狼疮肾损害、ANCA 相关性血管炎肾损害及肾病综合征复发、激素依赖及激素抵抗性肾病综合征有重要治疗价值。CTX 可以单独用药，但与糖皮质激素联合应用疗效会更好，且不良反应相对较少。目前认为，CTX 的合理剂量是：每日 $1 \sim 2mg/(d \cdot kg)$ 体重，分 $2 \sim 3$ 次口服；或 $0.5 \sim 1.0g/m^2$ 每月静脉冲击治疗 1 次；治疗急进性肾小球肾炎，可隔日 200mg 静脉滴注。以上治疗 CTX 累积总剂量为 150mg/kg 或总量达到 $6 \sim 8g$，常与每日或隔日激素疗法一起使用。

（三）不良反应

CTX 早期的不良反应包括严重的骨髓抑制、感染、肝脏损害、造血系统损害及消化系统症状。远期副作用包括暂时性脱发、出血性膀胱炎及性腺的抑制、发生恶性肿瘤等。静脉使用 CTX，应在使用前后进行充分水化以减少出血性膀胱炎的发生几率。对于肾功能不全的患者，应依据肾功能调整 CTX 用量。用药期间禁止妊娠及哺乳。

三、硫唑嘌呤

硫唑嘌呤为抗代谢药，既往主要用于类风湿性关节炎的治疗，目前已应用于部分肾小球疾病的治疗。

（一）作用机制

硫唑嘌呤在细胞内转变成 6-巯基嘌呤，其可干扰嘌呤从头合成途径，从而通过干扰 RNA 代谢而减少 T、B 淋巴细胞数量及抑制抗体产生。小剂量硫唑嘌呤可抑制致敏淋巴细胞在体外杀伤靶细胞的作用。

（二）应用原则

硫唑嘌呤可口服、静脉滴注，目前主要应用于肾移植患者、狼疮性肾炎、ANCA 相关性小血管炎肾损害及部分激素抵抗或依赖的微小病变型肾病综合征患者。对于自身免疫性疾病肾损害，起始剂量 $1mg/(d \cdot kg)$ 体重，然后每 4 周增加 $0.5mg/(d \cdot kg)$ 体重，维持剂量为 $2.5mg/(d \cdot kg)$ 体重。肾功能受损患者应依据肾小球滤过率(GFR)调整用量。

（三）不良反应

硫唑嘌呤常见不良反应包括骨髓抑制、感染及胃肠道反应。骨髓抑制包括白细胞、血小板减少、贫血等，呈剂量依赖性，减量或停药后多可恢复。硫唑嘌呤可增加细菌、真菌和病毒感染机会。消化系统不良反应有恶心、呕吐、中毒性肝炎和胰腺炎，长期使用可增加肿瘤发生机会。故此，应定期进行血常规及肝功能监测，第一月每2周监测1次，以后每4周监测一次，如出现白细胞减少或肝功能损害应及时停药。值得注意的是硫唑嘌呤作用不如环磷酰胺强和持久，且不良反应较多而严重，在免疫抑制剂中不作为首选药物使用。

四、吗替麦考酚酯

吗替麦考酚酯（mycophenolate mofetil，MMF）是一种抗代谢免疫抑制剂，是多种青霉菌发酵产物，于1995年开始应用于临床。

（一）作用机制

MMF经肝脏水解成具有活性的霉酚酸（mycophenolic acid，MPA）。MPA能特异性地抑制淋巴细胞嘌呤从头合成途径中次黄嘌呤核苷酸脱氢酶的生物活性，因而具有强大的抑制淋巴细胞增殖的作用；同时因其可抑制巨噬细胞增殖，可减轻炎症反应。

（二）应用原则

依据中国专家共识，推荐MMF成人起始剂量为1.5g/d，个别体重超大或病情严重者可予2.0g/d，分两次空腹服用；诱导治疗期3~6个月，以后逐渐减量，维持剂量不应小于0.75g/d，维持治疗时间大于6个月。慢性肾功能不全患者应依据GFR减少每日剂量。单用MMF的疗效尚不肯定，一般需与激素合用。MMF不能与硫唑嘌呤合用，但MMF停药后可继续以硫唑嘌呤维持治疗。

（三）不良反应

MMF具有较好的耐受性，少数患者可有一过性肝酶升高，但轻度肝功能损害不需调整剂量。其他不良反应有胃肠道反应、骨髓抑制及感染。以上不良反应具有时间及剂量依赖性，减量或停药后可缓解，用药初时应每2周监测血常规、肝功能。

五、来氟米特

来氟米特是一个具有抗增殖活性的异噁唑类免抑制剂，目前主要应用于类风湿性关节炎及部分肾小球疾病治疗。

（一）作用机制

来氟米特在肠道和肝脏内转化为活性代谢产物，能够选择性抑制二氢乳清酸脱氢酶的活性，抑制嘧啶的从头合成途径，影响细胞DNA及RNA合成。此外，来氟米特通过抑制炎性细胞附壁以及向毛细血管外游走，产生抗炎作用。

（二）应用原则

目前常用方案中来氟米特的负荷剂量50~100mg/d，连续3天后给予维持剂量20~30mg/d。中国专家共识推荐根据病情选择适当剂量：①狼疮性肾炎：诱导治疗20~40mg/d，维持治疗20mg/d，若病情控制较好，可酌情减量至10mg/d维持；②原发性小血管炎肾损害：起始剂量为20mg/d，维持剂量为10~20mg/d；③IgA肾病：起始剂量为20mg/d，临床缓解后10mg/d维持治疗；④难治性肾病综合征：起始剂量为20mg/d，疗效不佳者可增加剂量至30mg/d，维持剂量为10mg/d；⑤紫癜性肾炎：起始剂量为20mg/d，临床完全缓解后，可改为5~10mg/d维持治疗。

（三）不良反应

来氟米特的不良反应包括感染、腹泻、瘙痒、一过性肝酶升高、脱发、皮疹及白细胞减少等。感染最常见类型是呼吸道感染，包括卡式肺囊虫、巨细胞病毒、真菌感染等，一旦明确诊断应及

时进行抗感染治疗。来氟米特对肝酶的影响呈一过性,应每2~4周监测肝功能,如果ALT升高2~3倍,减半量服用,超过3倍,立即停药。同时要密切监测血常规变化。应严密关注来氟米特引起的间质性肺损害,若诊断明确,立即停药。

六、钙调磷酸酶抑制剂

目前临床常用的钙调磷酸酶抑制剂(calcineurin inhibitors,CNIs)主要是环孢素和他克莫司,近年在肾小球疾病中得到广泛应用。

(一)环孢素A(cyclosporin A,CsA)

1. 作用机制　CsA可与T淋巴细胞内环孢素结合蛋白结合,进而与钙调磷酸酶形成复合体,阻断钙调磷酸酶对IL-2、IL-3、IL-4、TNF-α等相关转录因子的活化作用,从而选择性抑制T细胞活化,并降低T辅助细胞/T抑制细胞比例。

2. 应用原则　CsA是治疗原发性肾病综合征免疫抑制剂中的二线用药,主要用于难治性肾病综合征或不能耐受糖皮质激素不良反应的患者。中国专家共识推荐,对于肾病综合征,成人起始剂量一般为4~5mg/(d·kg)体重,总疗程为3~6个月,少数患者可用小剂量(≤3mg/(d·kg)体重)CsA长期维持。肾功能受损者慎用,但若必须使用时,起始治疗剂量应为2.5mg/(d·kg)体重或更低,若使用后血清肌酐较基础值升高30%,则应减量或停药。单用CsA治疗后复发率高,临床常与肾上腺皮质激素或其他免疫抑制剂联合使用。

3. 不良反应　CsA不良反应发生率高,呈剂量及时间依赖性。长期应用CsA可导致肾间质纤维化、血管钙化、肾小球硬化,故其具有肾毒性,发生率约为70%左右。同时,CsA亦可引起急性肾损伤,与肾血流量的下降有关,通常停药后可恢复。CsA具有肝毒性,致肝损害的发生率约为5%~10%。故此,长期使用CsA应注意监测肝、肾功能和血药浓度,使血药谷浓度维持在100~200ng/ml为宜。其他不良反应包括CsA相关性高血压、胃肠道不适、高尿酸血症、血糖升高、多毛、齿龈增生、感染等,长期使用有引起肿瘤的报道。

(二)他克莫司

1. 作用机制　他克莫司(FK-506)与CsA有类似的免疫抑制作用,但效力更强。其主要通过与细胞胞质内FK-506结合蛋白(FK-506 binding protein 12,FKBP-12)形成复合物,竞争性抑制钙调磷酸酶,从而抑制IL-2基因的转录及Ca^{2+}依赖性T细胞活化。

2. 应用原则　他克莫司常用口服起始剂量为0.15mg/(d·kg)体重,维持药物谷浓度在4~6ng/ml,但需严密监测肾功能情况,以便及时调整治疗。对于肾小球疾病,目前认为他克莫司在狼疮性肾炎、系膜增生性肾小球肾炎等的治疗中有效,可以明显减少尿蛋白,尤其以FK506联合MMF取得良好效果。

3. 不良反应　他克莫司主要不良反应为肾毒性及肝毒性,有剂量及时间依赖特性,但较CsA发病率少,程度较轻。其他的常见不良反应包括高血压、糖代谢紊乱、牙龈增生、高血钾、低镁血症等。他克莫司还可引起神经毒性,表现为震颤及感觉异常,多数情况下可自愈,但极少数情况下可出现失语、共济失调、癫痫发作,在使用中应注意。

(陈孟华)

第二节　急性肾小球肾炎

急性肾小球肾炎(acute glomerulonephritis)简称急性肾炎(AGN),多发生于儿童和青少年,一般于感染后1~3周急性起病,以血尿、蛋白尿、水肿、高血压为主要临床表现,可伴有一过性少尿、氮质血症等肾功能下降表现。可见于各种病原体感染后,多见于链球菌感染。本节主要介绍急性链球菌感染后肾小球肾炎(post-streptococcal glomerulonephritis,PSGN)。

Note

一、病因和发病机制

绝大多数急性肾炎与β-溶血性链球菌(常为A组链球菌)感染有关,常见于上呼吸道感染(多为扁桃体炎)、猩红热、皮肤感染(多为脓疱疮)等链球菌感染后。本病属于免疫复合物型肾炎,链球菌致病成分诱发免疫反应后可通过循环免疫复合物(circulating immune complex)沉积于肾小球致病,或种植于肾小球的抗原与循环中的特异性抗体形成原位免疫复合物(in situ immune complex)致病。急性肾炎的发病中,自身免疫的作用一直被人们关注,但有待进一步研究明确。补体激活是本病发病的中心环节,补体激活后引起一系列免疫病理改变,特别是上皮下免疫复合物激活补体后形成的膜攻击复合物,在急性肾炎的发病中起着重要作用。

二、病理

肾脏病理改变为毛细血管内增生性肾小球肾炎(endocapillary proliferative glomerulonephritis)。光镜下可见以内皮细胞和系膜细胞弥漫性增生为主的肾小球病变(图4-2-1/文末彩色插图4-2-1),急性期可伴中性粒细胞和单核细胞浸润。增生和浸润的细胞可压迫毛细血管袢导致管腔狭窄或闭塞。免疫荧光检查可见IgG和C_3呈粗颗粒状沿肾小球毛细血管壁或(和)系膜区沉积。电镜检查可见肾小球上皮细胞下有驼峰样大块电子致密物沉积。

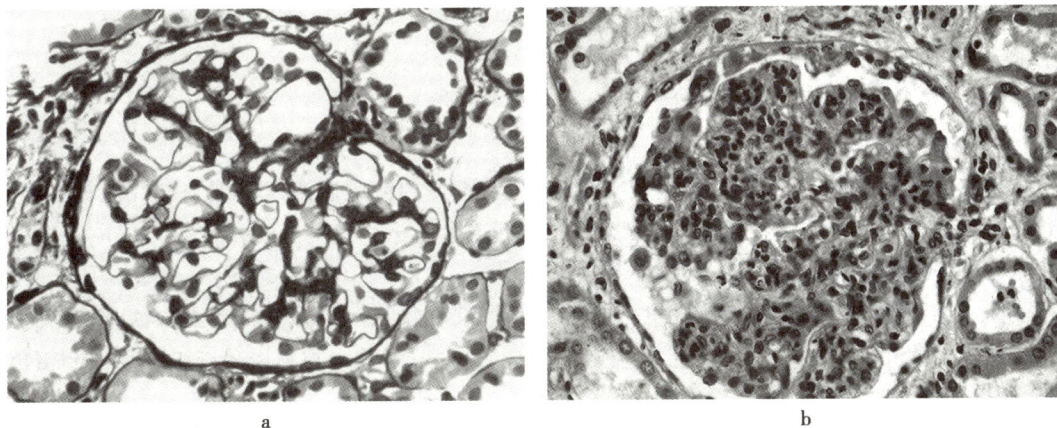

图 4-2-1
a. 正常肾小球;b. 毛细血管内增生性肾小球肾炎

三、临床表现和实验室检查

急性肾炎多见于儿童,男性多于女性。通常于起病前1~3周有咽部感染或皮肤感染史。起病较急,病情轻重不一。几乎所有患者都有血尿,约40%有肉眼血尿,可伴有不同程度的蛋白尿(少数患者可呈肾病综合征范围蛋白尿)。大多数患者均有水肿,典型表现为晨起眼睑水肿或伴双下肢水肿。可有一过性轻、中度高血压,这与水、钠潴留有关。重症者可出现以下并发症:

1. 急性肾损伤(acute kidney injury)　表现为一过性少尿或无尿、尿素氮及血肌酐水平升高等,可有高钾血症或代谢性酸中毒。

2. 心力衰竭(heart failure)　表现为心悸、气促、颈静脉怒张、奔马律和肺水肿等。

3. 高血压脑病(hypertensive encephalopathy)　指血压急骤升高(舒张压为主)伴中枢神经系统功能障碍。可表现为剧烈头痛、恶心、呕吐、视力障碍、嗜睡或烦躁、甚至昏迷。部分患者出现暂时性偏瘫、失语,严重时可发生脑疝。眼底检查可有视网膜小动脉痉挛、出血、渗出及视乳头水肿。主要为水钠潴留所致。

PSGN 临床上常存在链球菌感染的证据:①病灶或咽拭子细菌培养,阳性可提示 A 组链球菌感染,但阳性率仅 20%～30%;②抗链球菌溶血素"O"抗体(antistreptolysin O,ASO)阳性,阳性率为 50%～80%;③抗 DNA 酶 B 及抗透明质酸酶阳性。

另外,PSGN 患者血清补体动态呈特异性改变:起病早期血清总补体及 C_3 均明显下降,6～8 周恢复正常。血清补体动态改变对诊断本病意义很大。

四、诊断与鉴别诊断

感染后 1～3 周急性起病,以血尿、蛋白尿、水肿和高血压,甚至少尿及肾衰竭等急性肾炎综合征表现为特点,应考虑急性感染后肾小球肾炎的可能。若存在链球菌感染的证据、血清补体动态改变,即可临床诊断为急性肾炎。对于以下情况:①少尿 1 周以上或进行性尿量减少伴肾功能恶化者;②病程超过 8 周并且未见好转者;③持续超过 3 个月低补体血症者;④急性肾炎综合征伴肾病综合征者,都应及时行肾活检,以明确诊断。

AGN 应与以下疾病鉴别:

(1) 以急性肾炎综合征起病的其他原发性肾小球疾病:如 IgA 肾病、膜增殖性肾炎、急进性肾炎等。

(2) 以急性肾炎综合征为表现的系统性疾病及遗传性疾病:如狼疮性肾炎、紫癜肾炎、系统性血管炎、结节性多动脉炎、溶血尿毒综合征、Goodpasture 综合征、Alport 综合征等。

(3) 若急性期有大量蛋白尿、低蛋白血症者,还须与原发性肾病综合征鉴别。

五、治疗

(一) 治疗原则

本病为自限性疾病,主要为对症及支持治疗,不宜使用糖皮质激素及细胞毒性药物治疗。积极控制感染、防治并发症、保护肾功能并促进肾脏功能恢复为治疗主要环节。

(二) 具体措施

1. **一般治疗**　急性期应注意休息,饮食应予低盐(钠摄入≤3g/d)、优质蛋白饮食;食物应含丰富维生素并易于消化;氮质血症时应限制蛋白质摄入;严重水肿和尿量减少者须限制液体摄入。

2. **感染灶的治疗**　存在明确的活动性感染者,可选用青霉素或链球菌敏感的抗菌药物治疗。如急性肾炎发生时感染灶已经得到控制,而链球菌感染后免疫复合物介导的肾小球损伤已经确立,这时使用抗生素治疗对于急性肾炎的治疗并无帮助。

扁桃体切除术

与慢性扁桃体炎反复发作有关的急性肾炎患者,可考虑行扁桃体切除术。

手术时应注意:①待病情稳定(尿蛋白<1+,尿沉渣红细胞<10 个/HP)方可手术;②术前、术后两周需注射青霉素。

---

3. **对症治疗**　少尿、水肿患者可适当使用利尿剂,慎用渗透性利尿剂和保钾利尿剂。有高血压者可选用降压药物治疗。同时应积极防治心力衰竭、高血压脑病和急性肾损伤等严重并发症。有透析指征者应及时给予透析治疗。

六、预后

本病的近期预后较好,绝大多数患者在 1～4 周内出现尿量增多、水肿消失、血压下降,随之蛋白尿和血尿改善,血清 C_3 多在 8 周内恢复正常。但少数患者的血尿及微量蛋白尿有时可迁延半年至一年才消失。

本病的远期预后各家报道不一,但多数患者预后良好,可完全治愈,仅部分患者遗留尿检异常和(或)高血压。一般认为老年患者、存在严重而持续的高血压、大量蛋白尿或肾功能损害者预后可能较差;肾活检病理较多新月体形成者预后差。

(余学清)

第三节　急进性肾小球肾炎

急进性肾小球肾炎(rapidly progressive glomerulonephritis,RPGN)是一组快速进展的肾小球疾病,以急性肾炎综合征、肾功能急剧恶化、早期出现少尿型急性肾损伤为主要临床特点,病理类型为新月体性肾小球肾炎(crescentic glomerulonephritis)。

一、分型和发病机制

根据肾脏免疫病理,将 RPGN 分为三型:① Ⅰ 型即抗肾小球基底膜(anti-glomerular basement membrane)型,由于抗 GBM 抗体与 GBM 抗原相结合激活补体致病,但是目前发现约有 1/3 患者合并有血清抗中性粒细胞胞浆抗体(anti-neutrophil cytoplasmic antibody,ANCA)阳性;② Ⅱ 型即免疫复合物型,因肾小球内循环免疫复合物的沉积或原位免疫复合物形成激活补体而致病;③ Ⅲ 型即寡免疫复合物型,肾小球内无或仅微量免疫复合物沉积,现已证明大多数 Ⅲ 型新月体肾炎为原发性小血管炎肾损害,患者血清中 ANCA 常为阳性。

二、病理

肾脏病理改变为新月体性肾小球肾炎,即绝大多数(>50% 以上)的肾小球囊腔内有大新月体(占肾小球囊腔 50% 以上)形成为主要特征,早期为细胞性新月体(图 4-2-2 B/文末彩色插图 4-2-2B),晚期为纤维性新月体(图 4-2-2C/文末彩色插图 4-2-2C)。免疫荧光检查见:Ⅰ 型 RPGN,IgG 及 C_3 沿肾小球毛细血管壁呈线状沉积;Ⅱ 型 RPGN,IgG(或 IgA、或 IgM)、C_3、C_{1q} 等呈颗粒状或团块状沉积于肾小球系膜区及毛细血管壁;Ⅲ 型 RPGN,肾小球内无或仅有微量免疫沉积物。电镜检查,Ⅱ 型 RPGN 可见电子致密物在系膜区和内皮下沉积,Ⅰ 型和 Ⅲ 型 RPGN 无电子致密物沉积。

新月体(crescents)

由于肾小球毛细血管严重损伤、管壁断裂,血液流入肾小囊并导致肾小囊壁层上皮细胞增生、足细胞增生、单核巨噬细胞浸润,多种促纤维化细胞因子产生,从而促使壁层上皮细胞向肌成纤维细胞转分化,纤维母细胞增生、纤维化,形成各种新月体。因此,新月体是肾小囊腔内出现细胞或其他有形成分并挤压毛细血管袢而呈现出的一种病理改变。

根据新月体大小,分为大新月体(新月体体积占肾小球囊的 50% 以上)和节段性新月体(新月体的体积占肾小球囊的 50% 以下)。根据新月体的组成成分,分为细胞性新月体(cellular crescents)(以增生的上皮细胞和浸润的炎细胞等细胞成分为主)、细胞纤维性新月体(cellulofibrous crescents)(细胞性新月体出现胶原纤维)、纤维性新月体(fibrous crescents)(以胶原纤维为主)。

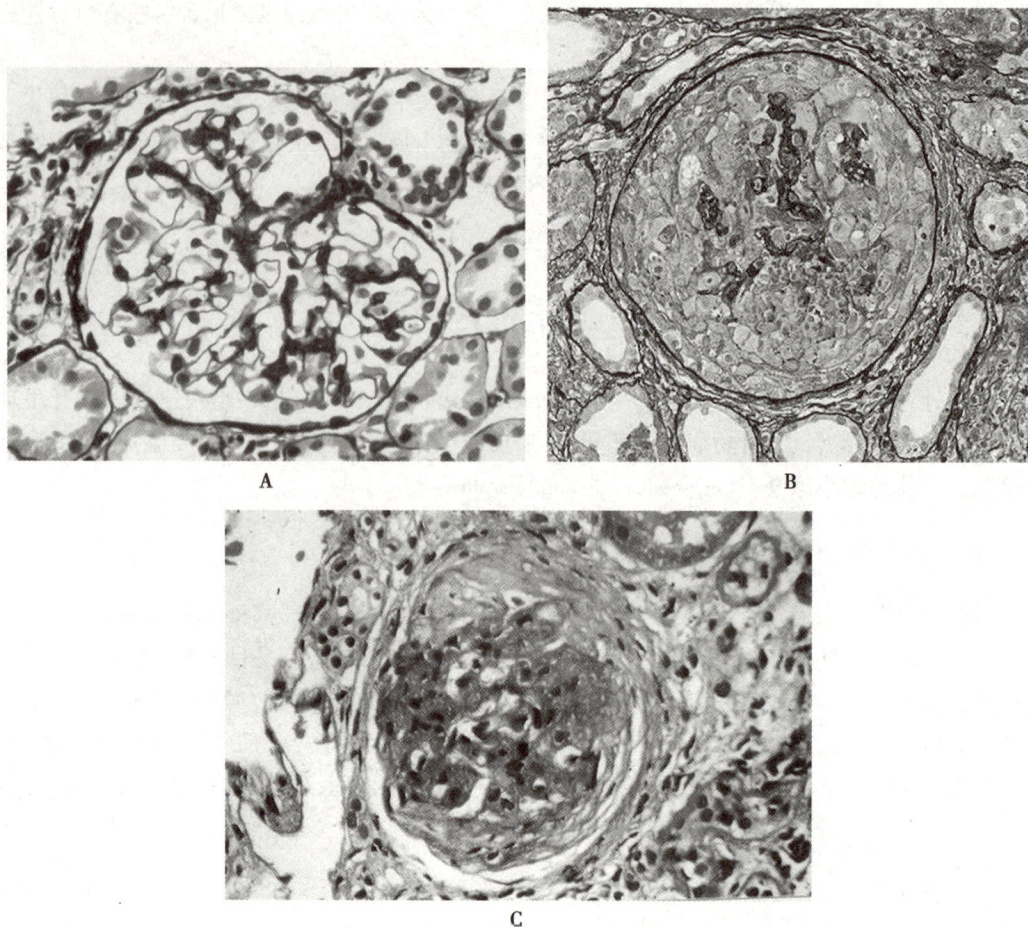

图 4-2-2

A. 正常肾小球(PASM,×400);B. 细胞性新月体(PASM,×400);C. 纤维性新月体(Masson,×400)

三、临床表现和实验室检查

Ⅰ型 RPGN 有两个发病年龄高峰:20~40 岁和 60~80 岁,多数患者有接触碳氢化合物(如汽油)、氧化剂、有机溶剂,或呼吸道感染病史。该型一般起病急骤,部分患者可有上感或流感样症状。患者多表现为急进性肾炎综合征。

Ⅱ、Ⅲ型 RPGN 常见于中老年患者,除急进性肾炎综合征外,Ⅱ型患者约半数合并肾病综合征;Ⅲ型患者常有不明原因的发热、乏力、关节痛等系统性血管炎的表现。

Ⅰ型患者血清抗 GBM 抗体阳性,约 1/3 同时合并 ANCA 抗体阳性(双阳性)。Ⅱ型患者的循环免疫复合物及冷球蛋白可呈阳性,并可伴血清 C_3 降低。多数Ⅲ型患者血清 ANCA 呈阳性,但也有约 1/3 患者为阴性。

四、诊断与鉴别诊断

表现为血尿、蛋白尿的患者,若有少尿和肾功能急剧恶化,应注意本病的可能,并尽早肾活检确诊。如病理证实为新月体性肾小球肾炎,且能除外系统性疾病,诊断原发性急进性肾炎可成立。

应注意与以下疾病鉴别:

(一)引起少尿性急性肾损伤的非肾小球疾病

急性肾小管坏死、急性过敏性间质性肾炎、梗阻性肾病。依据临床表现、实验室检查和肾脏病理,鉴别诊断不难。

（二）表现为急进性肾炎综合征的其他肾小球疾病

继发性肾小球病如狼疮性肾炎、过敏性紫癜性肾炎；原发性肾小球病如重症毛细血管内增生性肾小球肾炎或重症系膜毛细血管性肾小球肾炎。临床上鉴别诊断较困难，常需依靠肾活检确诊。

五、治疗

（一）治疗原则

本病进展迅速，一旦确诊应尽早给予积极治疗。应根据病因和免疫病理分型，制定合理的治疗方案。治疗过程中，应密切观察疗效，同时注意药物副反应。

（二）具体措施

1. 强化治疗

（1）血浆置换（plasmapheresis）治疗：通过该治疗手段主要能清除致病的自身抗体，适用于各型急进性肾炎，对于 I 型急进性肾炎、Goodpasture 综合征、和 III 型急进性肾炎伴肺出血症疗效较为肯定，可作为首选治疗。通常每日或隔日 1 次，每次置换血浆 2~4L，直至血清抗体或免疫复合物转阴、病情好转，一般需治疗 10 次左右。

为防止血浆置换后致病性抗体大量合成而造成病情"反弹"，该疗法需配合糖皮质激素及细胞毒药物治疗，如口服泼尼松 1mg/（kg·d）（2~3 个月后渐减量）及环磷酰胺 2~3mg/（kg·d）（累积量不超过 8g）。

血 浆 置 换

原理：通过血液体外循环方式分离并去除血液中的血浆成分，同时补充相同容量新鲜冰冻血浆、白蛋白溶液和/或生理盐水的治疗方式。

主要作用机制：清除血浆中的疾病相关因子如自身抗体、免疫复合物、冷球蛋白等；清除参与炎症反应的大分子蛋白等；改善网状内皮系统对异常抗体和免疫复合物的清除功能；补充正常或机体缺乏的血浆成分。

适应证：新月体肾炎（特别是抗肾小球基底膜肾炎）；重症肌无力；格林-巴利综合征；多发性骨髓瘤；巨球蛋白血症；冷球蛋白血症；循环免疫复合物相关性疾病；溶血尿毒症综合征（hemolytic uremic syndrome, HUS）；血栓性血小板减少性紫癜（thrombotic thrombocytopenic purpura, TTP）。

可能副作用及防治：过敏反应（治疗前使用抗过敏药）；出血（补充凝血因子）；低血压（减少血流速度及血浆置换速度和总量）；感染（补充丙种球蛋白、使用抗生素）。

（2）甲泼尼龙冲击联合细胞毒药物：主要作用机制为抑制自身免疫反应，适用于 II、III 型 RPGN，对 I 型 RPGN 疗效较差。冲击方案：甲泼尼龙 0.5~1.0g 溶于 5% 葡萄糖溶液中静脉点滴，每日或隔日 1 次，3 次为一疗程。必要时间隔 3~5 天可重复一疗程，一般不超过 3 个疗程。

该疗法需配合口服泼尼松及环磷酰胺治疗，方法同前。也可用环磷酰胺冲击疗法替代口服疗法（0.5~1.0g/m² 体表面积，静脉注射，每月注射一次至基本缓解，疗程 3~6 个月），两者疗效相似，但口服疗法副作用较大。用甲泼尼龙及环磷酰胺冲击治疗时，应注意感染、骨髓抑制、水钠潴留、高血压、高血糖等药物副作用。

（3）大剂量免疫球蛋白冲击治疗：主要作用机制为封闭自身抗体。适用于细胞毒药物及糖皮质激素使用存在禁忌证或出现严重副作用的患者。对部分急进性肾炎患者有效。具体方案：

丙种球蛋白 0.4g/(kg·d)静脉滴注,疗程为3~5天。

2. 维持治疗 维持治疗取决于原发病及病情控制情况而定。Ⅰ型 RPGN 一经有效治疗,较少复发。对于Ⅱ型和Ⅲ型 RPGN 的疗程则取决于其基础疾病。对于原发性免疫复合物型急进性肾炎,常需维持6~12个月。对于Ⅲ型 RPGN,常需要12~18个月的维持治疗,细胞毒药物的剂量取决于血管炎控制的效果。

3. 对症治疗

(1)肾脏替代治疗:凡病情已达透析治疗指征者,应及时透析。强化治疗无效的晚期患者或肾功能已无法逆转者,则予长期透析治疗。

(2)积极防治感染、控制高血压及纠正水、电解质、酸碱平衡紊乱。

(三)随访与监测

每3~6个月复查一次相关抗体,并结合其他临床或病理指标判断是否有复发,及时调整治疗措施。

六、预后

如患者能及早明确诊断和早期强化治疗,预后可得到显著改善;若诊断及治疗不及时,患者多于数周至半年内进展至不可逆的终末期肾病。

影响预后的因素主要包括:①免疫病理类型:Ⅲ型较好,及时治疗可能摆脱透析;Ⅰ型最差,多依赖维持性肾脏替代治疗;Ⅱ型居中;②强化治疗是否及时:开始强化治疗时临床无少尿、血肌酐<600μmol/L、病理尚未显示广泛不可逆病变者预后较好,否则预后差;③老年患者预后差。

(余学清)

第四节 慢性肾小球肾炎

慢性肾小球肾炎(chronic glomerulonephritis)简称慢性肾炎,是指以蛋白尿、血尿、高血压、水肿为基本临床表现,起病方式各有不同,病情迁延,病变缓慢进展,可伴有不同程度的肾功能减退,最终将发展为终末期肾病的一组肾小球疾病。由于肾脏损害表现与许多疾病相似,临床上需排除继发性肾小球肾炎和遗传性肾小球肾炎后,方可诊断为慢性肾炎。由于其病理类型及病期不同,其主要临床表现呈多样化。

一、病因和发病机制

慢性肾炎仅是一种临床综合征,其病理类型多样,而相关病因和发病机制也不尽相同。仅有少数慢性肾炎是由急性肾炎发展所致(直接迁延或临床缓解后若干年后再出现)。目前观念认为其起始因素多为免疫介导,包括体液免疫和细胞免疫,在引起肾脏损伤时二者往往相互作用,相互依赖。这种免疫反应造成的肾损害还受到遗传背景的影响。此外,导致病程慢性化过程中除免疫因素外,非免疫非炎症因素也起到重要作用(详见本篇第一章概述)。

二、临床表现

慢性肾炎可发生于任何年龄,但以中青年为主,男性多见。多数患者起病缓慢、隐袭。部分患者因感染、劳累后呈急性发作而就诊方被发现。慢性肾炎的临床表现呈多样性,蛋白尿、血尿、高血压、水肿为其基本临床表现,可有不同程度肾功能减退,病情时轻时重、迁延,渐进性发展为终末期肾病。

早期患者可无任何症状,或有乏力、疲倦、腰部酸痛、食纳差的表现;水肿可有可无,一般为轻度。血压可正常或轻度升高,或起病后随病程进展逐渐升高。部分患者血压(尤其舒张压)呈中等程度以上持续升高,可伴眼底出血、渗出,甚至视乳头水肿。血压控制不好的患者肾功能恶化进展较快,预后通常较差。慢性肾炎患者起病时肾功能可完全正常,但由于其起病隐匿,诊断时多已伴不同程度的肾功能减退。而且其肾功能损害通常呈缓慢渐进性加重,病理类型是影响其疾病进展速度的重要因素(如膜增生性肾小球肾炎进展较快,膜性肾病进展常较慢),但也与是否合理控制饮食和适当药物治疗等因素相关。部分患者因感染、劳累、妊娠、手术或使用肾毒性药物呈急性发作或肾功能急骤恶化,及时去除诱因和适当治疗后病情可一定程度的缓解,但也可能从此进入不可逆的慢性肾衰竭。随着患者肾功能逐渐恶化,可出现慢性肾衰竭的相关并发症,如贫血、钙磷代谢异常、继发性甲状旁腺功能亢进等。

慢性肾炎临床表现呈多样性,个体差异很大,需注意因某一方面表现突出而造成误诊。例如慢性肾炎以高血压及相关症状为突出表现易误诊为原发性高血压,慢性肾炎在感染后急性加重或发作时易误诊为急性肾炎,应予以注意并鉴别。

三、病理

慢性肾炎可由多种病理类型引起,常见的类型包括 IgA 和非 IgA 系膜增生性肾小球肾炎、膜增生性肾小球肾炎、局灶节段性肾小球硬化及膜性肾病等,其中少数非 IgA 系膜增生性肾小球肾炎可由毛细血管内增生性肾小球肾炎转化而来。病变进展至后期,所有上述病理类型均可出现程度不等的肾小球硬化,伴相应肾单位的肾小管萎缩、纤维化。疾病晚期肾皮质变薄、肾脏体积缩小,病理类型均转化为硬化性肾小球肾炎。

四、实验室检查

实验室检查多为轻度尿液异常,尿蛋白多在 1~3g/d 之间,尿沉渣镜检红细胞可增多,可见管型。肾功能正常或轻度受损(血肌酐和尿素氮升高)。尿蛋白较多者可有血白蛋白降低,有些患者可伴随明显高脂血症和高尿酸血症。随着肾功能逐渐恶化,血肌酐和尿素氮进一步升高,可出现贫血(常见为小细胞低色素性贫血)、钙磷代谢异常和继发性甲状旁腺功能亢进等的表现。

五、诊断与鉴别诊断

凡尿液检查异常(蛋白尿、血尿、管型尿),伴或不伴水肿和高血压,病史达三月以上,无论有无肾功能异常均应考虑本病。在排除继发性肾小球肾炎和遗传性肾小球肾炎后,临床上可诊断为慢性肾炎。

六、治疗

(一)一般治疗

注意休息,适度运动,预防感染,防治可能导致肾脏疾病加重的因素,如感染、劳累、妊娠及肾毒性药物(如氨基糖苷类抗生素、含马兜铃酸中药或中成药等)等。非甾体抗炎药亦应避免,如必须使用,不应超过每周 1~2 次的剂量。尤需注意查找潜在的慢性感染,如慢性扁桃体炎、慢性鼻窦炎、龋齿、慢性牙龈炎及呼吸、消化、生殖等系统的慢性炎症。如有,应及早治疗。

(二)饮食治疗

肾功能异常患者应给予优质低蛋白[0.6~0.8g/(kg·d)]和足够热量的饮食,并同时补充必需氨基酸(如 α-酮酸)治疗,限制磷的摄入(详见第十二篇慢性肾脏病)。

Note

（三）减少尿蛋白

蛋白尿是慢性肾炎患者肾小球硬化、肾功能恶化的重要独立危险因素。尿蛋白的治疗目标是<1.0g/d。首选用 ACEI/ARB 药物,血压正常者亦可使用此类药物,但需注意监测用药后血压的变化。

慢性肾炎的病因、病理类型、临床表现和肾功能等变异较大,一般不主张积极应用糖皮质激素和细胞毒药物,但对肾功能正常或轻度受损、肾脏体积正常、病理类型有明显活动性病变(如病理类型为轻度系膜增生性肾炎、膜性肾病,或伴有细胞性新月体、袢坏死等)、尿蛋白较多者可试用。

（四）积极控制高血压

高血压是加速肾小球硬化、促进肾功能恶化的重要环节。高血压控制的靶目标为<130/80mmHg。

慢性肾炎常伴随钠水潴留,引起容量依赖性高血压。因此低盐饮食和适当控制液体量是基础疗法;如效果欠佳可使用利尿剂辅助治疗,可选用噻嗪类利尿剂,如氢氯噻嗪12.5~25mg/d。GFR<30ml/min 时,噻嗪类利尿剂无利尿效果,应改用袢利尿剂,但不宜过多或长期使用。降压药物可首选 ACEI 或 ARB 药物治疗,但在肾功能不全患者应注意血清钾及血肌酐水平。也可选用β受体阻断剂、二氢吡啶类钙通道阻断剂、α受体阻断剂,或联合应用多种降压药物治疗。

> ACEI/ARB(angiotensin converting enzyme inhibitors/angiotensin 2 receptor blockers):大量研究证实,ACEI/ARB 类药物除具有降低血压作用外,还有减少尿蛋白和延缓肾功能恶化的肾脏保护作用。这两种作用是通过血流动力学效应和非血流动力学效应发挥的。通常要达到减少尿蛋白的目的,应用剂量常需高于常规的降压剂量。应用 ACEI 或 ARB 时可有血压降低、血钾增高和血清肌酐升高的副作用,少数患者应用 ACEI 有持续性干咳的副作用。双侧肾动脉狭窄者禁用 ACEI/ARB,当患者存在脱水、低血压或肾病综合征致有效血容量不足时暂不宜使用。用药前血肌酐大于264μmol/L(3mg/dl)者务必在严密观察下谨慎使用,同时密切监测血压、血肌酐、血钾的变化。使用 ACEI 或 ARB 后血肌酐上升>基础值30%,需暂停用药物,并查找可能存在的原因。

（五）调脂治疗

血脂异常既是慢性肾脏病常见的临床表现,又是肾脏病进展的独立危险因素。尽管调脂治疗在肾脏保护方面的作用还有待进一步的临床观察明确,但其对心血管的保护作用已被肯定。对饮食运动治疗无效的血脂异常患者,可选用他汀类降脂药物,但需注意肝功能损害及肌溶解等副作用。

（六）其他并发症的治疗

如肾功能继续恶化,出现了肾性贫血、继发性甲旁亢等并发症,应根据相应指南进行干预。

七、预后

慢性肾炎病情迁延,逐渐进展,但最终将发展至终末期肾病。病变进展速度个体差异大,病理类型是决定预后的重要因素,同时与是否重视肾脏保护、是否注意避免恶化因素及治疗是否恰当及时有关。

（余学清）

Note

本章小结

免疫抑制治疗在肾小球疾病的治疗中发挥着不可替代的作用,依据不同作用机制目前临床常用的免疫抑制剂可分为七大类。多数免疫抑制剂的选择性不高,需要联合应用,在使用中还需严密监测不良反应。

急性肾小球肾炎是以急性肾炎综合征为主要表现的一组疾病,多发生于儿童和青少年。预后较好,通常不需要激素和免疫抑制剂治疗;急进性肾小球肾炎病理表现为新月体性肾小球肾炎,临床进展迅速,应尽早给予积极强化的免疫抑制甚至血液净化治疗,总体预后差;慢性肾小球肾炎起病和进展较缓慢,可由多种病理类型引起,病情迁延,如不积极治疗多数将发展为终末期肾病,应给予综合的治疗措施,以延缓肾功能恶化和心脑血管并发症的进展。

关键术语

急性链球菌感染后肾小球肾炎(acute poststreptococcal glomerulonephritis)

毛细血管内增生性肾小球肾炎(endocapillary proliferative glomerulonephritis)

新月体性肾小球肾炎(crescentic glomerulonephritis)

硬化性肾小球肾炎(sclerosing glomerulonephritis)

抗肾小球基底膜抗体(anti-glomerular basement membrane antibody)

抗中性粒细胞胞质抗体(anti-neutrophil cytoplasmic antibody)

血浆置换(plasmapheresis)

终末期肾病(end stage renal disease)

思考题

1. 急性链球菌感染后肾小球肾炎的临床和病理特点?

2. RPGN 的病理分型及临床表现特点?

3. 不同分型 RPGN 的主要治疗措施及预后?

第三章　肾病综合征

【学习目标】

掌握肾病综合征的诊断及鉴别诊断思路、常见并发症及其治疗原则;熟悉微小病变型肾病、局灶节段性肾小球硬化、膜性肾病的病因、临床特点和治疗原则。

第一节　概　　述

肾病综合征(nephrotic syndrome,NS)的临床表现是大量蛋白尿(≥3.5g/d)、低白蛋白血症(≤30g/L)、水肿以及高脂血症,其中前两项为诊断 NS 的必需条件。

肾病综合征的病因多种多样,组织病理学也表现不一。按病因学分为原发性、继发性及遗传性,大部分肾病综合征由原发性肾小球疾病引起。临床上应先排除继发性或遗传性病因才能诊断为原发性肾病综合征。一旦确定为原发性肾病综合征,应积极明确病理类型。

一、病因

肾病综合征的分类及常见病因如表 4-3-1。原发性肾病综合征的常见病理类型包括:微小病变型肾病、局灶节段性肾小球硬化、系膜增生性肾小球肾炎、膜性肾病以及系膜毛细血管性肾小球肾炎。按年龄分组各种病因所占的比例见图 4-3-1/文末彩色插图 4-3-1。

表 4-3-1　肾病综合征的分类、病因及常见病理类型

原发性肾病综合征	继发性肾病综合征
微小病变型肾病	狼疮性肾炎
局灶节段性肾小球硬化	糖尿病肾病
系膜增生性肾小球肾炎	肾淀粉样变性
IgA 肾病	过敏性紫癜肾炎
膜性肾病	乙型肝炎病毒相关性肾炎
膜增生性肾小球肾炎	骨髓瘤性肾病
	淋巴瘤或实体肿瘤性肾病
	药物或感染引起的肾病综合征
	遗传性肾病综合征

二、病理生理

各种病因导致的肾病综合征,其基本病理生理过程是肾小球滤过膜电荷屏障和(或)分子屏障受损导致的大分子蛋白通透性增加,血浆白蛋白及其他血浆蛋白成分从尿中流失,导致大量蛋白尿。如果肝脏合成白蛋白的能力不能代偿尿蛋白的丢失,血浆白蛋白浓度随之下降,导致水肿。肾病性水肿的形成主要是由于血浆胶体渗透压下降,另外,钠潴留等因素也参与了水肿

Note

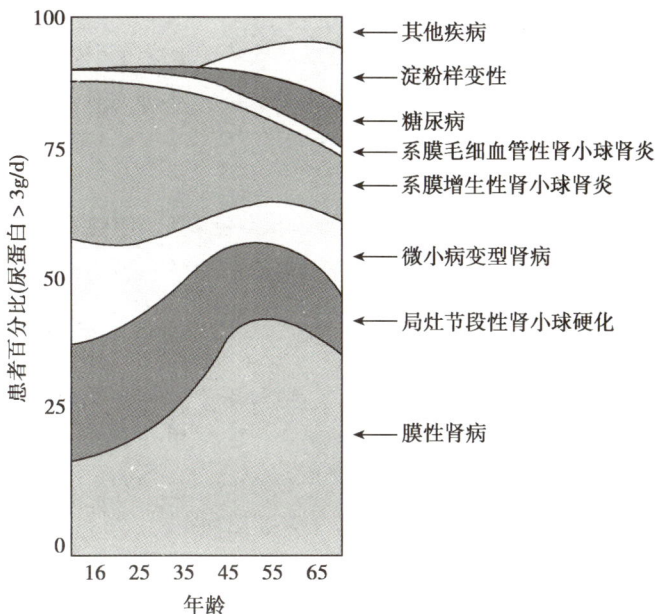

图 4-3-1 不同年龄患者肾病综合征病因构成

的形成。血浆白蛋白浓度下降促使肝脏合成脂蛋白增加,同时某些抑制脂蛋白分解的酶从尿中丢失,最终导致高胆固醇、高甘油三酯血症等脂质蛋白代谢紊乱。

三、临床表现

肾病综合征的主要临床表现包括"三高一低","三高"即大量蛋白尿($\geq 3.5g/d$)、水肿和高脂血症,"一低"即低白蛋白血症($<30g/L$)。其中,大量蛋白尿和低白蛋白血症为必备的临床表现。临床上有少数患者虽然血浆白蛋白很低,但无明显水肿,部分患者亦可无高脂血症。需要注意的是,随着患者尿蛋白流失,血浆白蛋白逐渐降低,后期尿蛋白定量可能会减少而达不到$3.5g/d$,此时早期 24 小时尿蛋白定量结果更有诊断价值。

当出现大量蛋白尿时,尿液表面张力增高而产生泡沫,因此泡沫尿和水肿常常是患者就诊时的主诉。正常人的尿中也可有少许泡沫,特别是清晨第一次尿,但一般几分钟就可消散。肾病综合征的水肿常以活动后下肢水肿最明显,也可出现晨起时颜面部水肿,以眼眶周围较明显。且水肿可表现为"游走性",如活动一天后下肢水肿加重,平卧时腰骶部出现水肿,侧卧时一侧肢体水肿加重等;低白蛋白血症明显时常伴有胸腔、腹腔积液,甚至心包积液和肺水肿。需要注意的是,排除长期侧卧等体位因素,如出现一侧下肢水肿较对侧明显,甚至胀痛,应高度怀疑该侧肢体有无深静脉血栓形成,此时行血管彩色多普勒超声等检查有助于明确诊断。部分水肿明显的患者可伴有尿量减少,主要原因是血浆胶体渗透压下降后存在有效血容量不足,导致肾灌注减少,且进一步激活肾素-血管紧张素-醛固酮系统,导致钠水潴留。

此外,临床需要重视的危重情况是,当患者出现气促、气喘并伴有胸痛等表现时,应积极排除有无肺动脉栓塞,此时肺动造影(CTA)检查有助于明确诊断。

四、实验室检查

(一)尿常规

尿蛋白定性常为 3+ ~ 4+。可伴不同程度的镜下血尿,尿红细胞及尿潜血波动于 1+ ~ 3+,尿中可出现透明管型和颗粒管型。尿红细胞位相检查以肾小球源性红细胞为主。

(二)24 小时尿蛋白定量

成人为$\geq 3.5g/d$,儿童尿蛋白定量一般$\geq 50mg/(kg \cdot d)$。

Note

（三）血生化检查

血浆白蛋白<30g/L。血总胆固醇、甘油三酯以及低密度脂蛋白胆固醇和极低密度脂蛋白胆固醇浓度常升高。应常规检测血肌酐、尿素氮等肾功能指标，胱抑素 C 早于肌酐变化，对早期诊断肾功能损害有一定价值。

（四）免疫学检查

自身免疫病相关指标检查，如抗核抗体（ANA），抗双链 DNA 抗体（ds-DNA），补体 C_3 和 C_4 检测等；各型肝炎血清学指标检测；消化系统肿瘤、肺癌等肿瘤学标志物检测，血清和尿免疫固定电泳等以鉴别继发性 NS。

（五）影像学检查

双肾 B 型超声波检查，以明确双肾大小、形态、结构及皮质厚度等，既可了解病变程度，也可指导肾穿刺活检。

（六）肾穿刺病理组织学检查

为明确病因、病理类型、病变程度等，常依赖于肾穿刺检查。

五、并发症

（一）感染

肾病综合征患者因低白蛋白血症、应用糖皮质激素和免疫抑制剂等，易发生感染，特别是在应用免疫抑制剂，而无法监测药物浓度时。感染可导致病情加重，也可导致糖皮质激素或免疫抑制剂治疗效果不佳。感染也是导致患者 NS 复发的主要诱因之一。呼吸道感染是最常见的感染类型。此外，还需明确有无皮肤软组织感染、口腔感染、扁桃体炎、泌尿系感染、肠道感染、浆膜腔感染等相对隐匿的感染类型。细菌感染多见，在应用激素和免疫抑制治疗的患者，应排除有无结核菌、病毒（如巨细胞病毒）、真菌感染（如卡氏肺孢子菌、曲霉菌）等。

（二）急性肾损伤

肾病综合征患者发生急性肾损伤的可能原因如下：有效血容量不足、利尿剂过度使用、肾间质水肿压迫肾小管、蛋白管型阻塞导致小管腔内高压、抗生素的毒性、ACEI/ARB 等药物的应用等。肾病综合征患者合并急性肾损伤应积极与下列情况鉴别：肾前性少尿、急性肾小管坏死、急进性肾炎、肾静脉血栓栓塞等。必要时应行肾活检以明确病因。

（三）血栓及栓塞

肾病综合征患者存在高凝状态，可能与低白蛋白血症、脂质代谢紊乱、凝血、抗凝与纤溶系统失衡、过度利尿、糖皮质激素的应用等有关。静脉和动脉血栓、栓塞的发病率升高，尤其是下肢深静脉血栓（deep vein thrombosis，DVT）形成和肾静脉血栓（renal vein thrombosis，RVT）形成。RVT 常常起病隐匿，可以发生在单侧或双侧并可延伸至下腔静脉。病情严重者，静脉血栓脱落后的栓子可以导致肺栓塞，大多数肺栓塞无明显症状或仅表现为轻度呼吸困难等非特异症状，常易漏诊。肺通气灌注扫描提示 10%～30% 的 RVT 患者合并有肺栓塞，如出现肺动脉主干栓塞，可导致患者猝死。如患者出现腰痛、镜下或肉眼血尿、血浆乳酸脱氢酶明显升高等情况，应高度怀疑 RVT，此时，B 超检查可发现肾脏体积增大。选择性肾静脉造影是诊断 RVT 的最佳方法，CT 和磁共振可协助诊断。

（四）营养不良

因大量蛋白尿、激素的应用、胃肠道水肿引起的食欲下降等因素，常导致患者出现蛋白质营养不良表现，如肌肉萎缩、儿童生长发育迟缓、伤口愈合延迟等。此外，还可有维生素 D 缺乏、微量元素缺乏、缺铁性贫血、甲状腺功能减退等表现。

六、诊断和鉴别诊断

（一）NS 诊断标准

①大量蛋白尿（≥3.5g/d）；②低白蛋白血症（≤30g/L）；③水肿；④高脂血症，其中①和②为诊断肾病综合征的必要条件。

（二）寻找病因

需排除继发性（包括遗传性）因素才可以诊断为原发性肾病综合征。

常见的继发性肾病综合征的病因见表 4-3-1。

临床上，常见的继发性 NS 临床特点如下：

1. **过敏性紫癜**　青少年多见，典型的皮肤表现为双下肢对称性出血性紫癜，紫癜压之不退色，可伴有消化道症状，如恶心、呕吐、血便等，也可伴有关节疼痛。

2. **系统性红斑狼疮（SLE）**　育龄女性多见，有多系统受累表现，免疫学检查明显异常，如 ANA、抗 ds-DNA 抗体阳性。按美国风湿病学会制定的 SLE 11 项诊断标准，符合 4 项即可诊断为 SLE，如同时合并有尿蛋白、肾功能异常等肾脏受累表现，则可诊断为狼疮性肾炎。

3. **糖尿病**　多见于中老年人，发展为糖尿病肾病的患者，往往有 5 ~ 10 年以上的糖尿病病史，眼底检查显示为糖尿病视网膜病变时支持糖尿病肾病的诊断。

4. **淀粉样变性病**　多见于中老年男性，除累及肾脏外，其他组织和器官常合并有淀粉样物质沉积的表现，如胃肠道症状（消化道出血、腹泻等）、巨舌、心血管系统症状（血压低）、心肌肥厚、心脏扩大、关节病变等，确诊需依靠活检组织（如直肠黏膜、口腔黏膜等）刚果红染色，其中，肾活检也是明确诊断的重要方法。

5. **多发性骨髓瘤**　多见于中老年男性，常伴有骨痛，骨髓穿刺检查可见异常浆细胞大量增生，血清蛋白电泳可见大量的单克隆蛋白（M 带），尿本周蛋白常阳性，骨 X 线检查显示为溶骨性改变。

6. **病毒性肝炎**　常见于乙型或丙型病毒性肝炎患者或病毒携带者，发病与肝炎病毒定量无相关性，确诊有赖于肾组织病理显示相关肝炎标志物沉积。

7. **实体肿瘤**　肺癌、肠癌、乳腺癌等均可并发免疫复合物肾炎，多为不典型膜性肾病。相关肿瘤学标志物检查、影像学检查、组织病理检查等有助于鉴别。

（三）明确 NS 病理类型

肾活检病理检查有助于明确原发性 NS 的病理类型，也可了解继发性 NS 的病因和病变程度，对指导治疗和判断预后非常重要。

七、治疗

（一）一般治疗

肾病综合征患者应注意休息，避免劳累，辅以适当活动，预防深静脉血栓形成。饮食上，应给予易消化、优质蛋白（富含必需氨基酸的动物蛋白）饮食，每日蛋白质摄入量以 1.0g/kg 为宜。同时，保证每日热量供应不少于 30 ~ 35kcal/（kg·d）。对于慢性肾衰竭患者，应给予优质低蛋白饮食 0.6 ~ 0.8g/（kg·d），并加用 α-酮酸或必需氨基酸。对于水肿严重者，给予低盐饮食（NaCl<3g/d）。建议多进食富含多聚不饱和脂肪酸的饮食，如鱼油、植物油。

（二）对症治疗

1. **低白蛋白血症的治疗**　低白蛋白血症的主要原因是尿蛋白的大量丢失，因此纠正低白蛋白血症的主要措施是控制蛋白尿。一般不主张输注白蛋白或血浆来纠正低白蛋白血症，因为大量输注白蛋白或血浆后加重肾小球高滤过负担，对肾功能不利。如血浆白蛋白低于 20g/L，患者水肿明显，且单用利尿剂无明显疗效者可考虑短期应用白蛋白；低血压、有效血容量不足的患者可考虑输注血浆或白蛋白来扩容。

2. 水肿的治疗

（1）限钠饮食：患者无严重水肿时，不必严格限制钠盐摄入。如果患者存在高度水肿，应予低盐饮食。

（2）利尿剂应用：轻度水肿可用噻嗪类利尿剂。对于中、重度水肿可考虑应用袢利尿剂，如呋塞米、布美他尼、丁苯氧酸和托塞米等。应用噻嗪类和袢利尿剂时，需注意低钾血症的发生。必要时，可联合应用保钾利尿剂，如螺内酯、阿米洛利和氨苯蝶啶等。此外，长期大剂量应用利尿剂易导致电解质紊乱且影响利尿效果，严重时可导致肾小管上皮细胞损害，因此，不应长期大剂量连续应用，宜间歇使用。输注白蛋白或血浆可提高血浆胶体渗透压，配合应用袢利尿剂，利尿效果更佳。但不宜过多输注。低分子右旋糖酐等渗透性利尿剂可一过性提高血浆胶体渗透压，联合袢利尿剂可增强利尿效果，但对于少尿患者应慎用，因其易与肾小管分泌的 T-H 蛋白以及肾小球滤过的白蛋白结合而形成管型，阻塞肾小管，并且由于其高渗作用易导致肾小管上皮细胞变性坏死，引起急性肾损伤。

（3）血液超滤：对于反复使用大剂量利尿剂疗效不佳者，以及全身水肿严重、伴有重度胸腔、腹腔和心包腔积液者，以及出现急性肺水肿、左心功能衰竭或脑水肿的患者，可考虑应用单纯超滤治疗。

（三）蛋白尿的治疗

治疗蛋白尿时，应注意患者有无合并感染、血压和血糖是否得到控制、是否合并肾静脉血栓形成等因素。控制蛋白尿应以保护肾功能为目的，不应为追求减少尿蛋白而损害肾功能。

1. ACEI 和（或）ARB

ACEI 和（或）ARB 可有效降低肾小球内压，从而减少尿蛋白。同时，能够减少细胞增生、肥大以及细胞外基质的积聚。此外，还可增加利尿剂抵抗患者对利尿剂的反应。对肾病综合征患者，无论是否合并有高血压，均可应用 ACEI 和/或 ARB，以减少蛋白尿，延缓肾功能恶化。应用 ACEI 和 ARB 有导致血清肌酐短期升高的可能，若升高范围不超过基础值的 20% ~30%，可减量或继续使用。多数患者使用一段时间后血肌酐可下降到基础值，若血肌酐升高超过 30%，则应停用 ACEI 和 ARB。同时应注意预防高钾血症。

2. 免疫抑制剂治疗（详见第三章第二节）

（四）高脂血症的治疗

药物治疗首选羟甲基戊二酰辅酶 A（HMG CoA）还原酶抑制剂（他汀类）。他汀类可降低 20% ~45% 的血浆总胆固醇和 LDL 胆固醇，也能降低甘油三酯和脂蛋白 a。副作用主要是肝功能损害和发生横纹肌溶解。贝特类降脂药主要用于降低甘油三酯，也能部分降低总胆固醇水平。

（五）抗凝治疗

对于有高凝倾向的患者，为预防血栓及栓塞并发症，应考虑给予抗凝及抗血小板治疗。当血浆白蛋白低于 20g/L 时，存在明显高凝状态，应给予预防性抗凝治疗。可选用低分子肝素 4000 ~5000IU，皮下注射，每日 1 ~2 次，也可服用华法林，维持凝血酶原时间国际标准化比值（INR）于 1.5 ~2.5。辅助的抗血小板药物包括：口服阿司匹林和/或双嘧达莫等。

对于已发生血栓的患者，应采取溶栓和抗凝治疗，一般可应用普通肝素或低分子肝素治疗，同时加用尿激酶溶栓（10 ~20 万单位/d）。溶栓过程中应严密监测凝血指标，维持凝血酶原时间在正常的 1.8 ~2.0 倍左右，避免出血、特别是脑出血的风险。

八、预后

病理类型是决定 NS 预后的主要因素之一，微小病变型肾病预后良好，长期肾脏存活率高；局灶节段性肾小球硬化、系膜毛细血管性肾炎预后较差；系膜增生性肾炎、膜性肾病居中。持续性高血压、发病时即有肾功能损害、持续性蛋白尿(>3.5g/d)、细胞性新月体较多、肾小球硬化比例高、肾小管-间质损害重等也是预后不良的指标。

第二节　微小病变型肾病

微小病变型肾病(minimal change disease, MCD) 于 1913 年由 Monk 首先描述。肾小球微小病变是最常见的儿童肾病综合征类型,占 10 岁以下儿童肾病综合征的 70% ~ 90%。在我国,该型占成人原发性肾病综合征的 10% ~ 25%。

一、病因和发病机制

MCD 可分为原发性和继发性,原发性 MCD 病因尚不清楚,有研究发现与异常 T 淋巴细胞介导的免疫应答有关。已知继发性 MCD 的致病因素包括:感染、药物、恶性肿瘤以及过敏等。感染因素如 HIV、梅毒、寄生虫(如血吸虫)等;部分患者出现 MCD 前有相关药物应用史,如非甾体抗炎药、干扰素、青霉素、利福平等。大多数药物导致的 MCD 患者不仅有大量蛋白尿,而且可出现白细胞尿和肾功能不全,主要是因为此类药物可同时引起急性小管-间质性肾炎。停止应用这些药物后,多数患者蛋白尿可很快缓解,但白细胞尿和肾功能不全可能需要几周到几个月的时间才能得到改善。

二、病理

光镜下该型肾小球基本正常。肾小管上皮细胞常出现脂肪或空泡变性,以近端肾小管多见,常在肾小管腔内观察到大量蛋白管型。

免疫荧光检查阴性。电镜下,该型特征性的病理变化为脏层上皮细胞足突广泛融合,如电镜模式示意图 4-3-2/文末彩色插图 4-3-2。

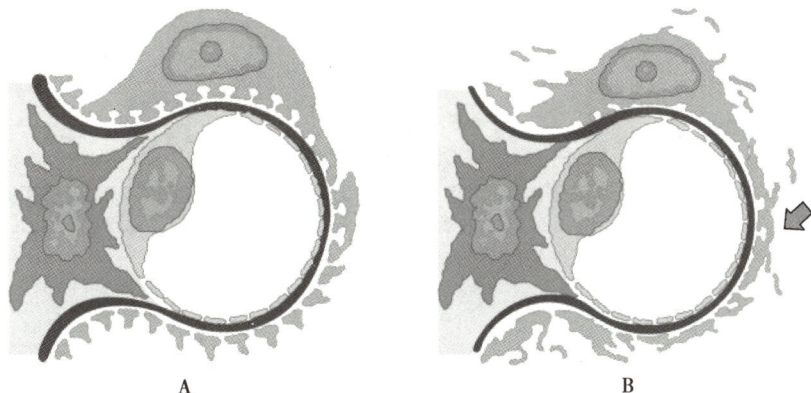

图 4-3-2　模式示意图

A. 正常肾小球毛细血管袢超微结构模式示意图;B. MCD 毛细血管袢超微结构模式示意图,上皮细胞足突融合(如箭头所示)

三、临床表现

MCD 男性多于女性。儿童高发,成人发病率降低,但 60 岁后发病率又出现小高峰。该型患者临床表现中血尿和高血压少见。但在 60 岁以上的患者中,高血压和肾功能损害较为多见。大多数患者(约 80% ~ 90%)对糖皮质激素治疗敏感,一般治疗 10 ~ 14 天后开始出现利尿效应,蛋白尿可在数周内转阴,血清白蛋白逐渐恢复正常,但易复发。反复发作者,应积极寻找诱因并及时调整治疗方案。

Note

四、治疗

糖皮质激素是首选治疗药物。激素对 MCD 的治疗缓解率高达 90% 以上,但复发率高。建议泼尼松 1mg/(kg·d)顿服(最大剂量 60mg/d),维持 6~8 周。达到缓解后,激素缓慢减量。对于糖皮质激素有相对禁忌证或不能耐受大剂量糖皮质激素的患者,如糖尿病血糖控制不佳、精神疾病、严重的骨质疏松等,建议可单用钙调磷酸酶抑制剂(CNIs)。对于非频繁复发的患者,复发时建议采用初发 MCD 相同的治疗方案,效果欠佳时加用免疫抑制剂。

难治性 MCD 治疗:包括激素抵抗、频繁复发、激素依赖型。建议加用 CTX 200mg,口服或静脉注射,隔日用药,达到累积剂量(6~8g)。使用 CTX 后复发和希望保留生育能力的患者,建议使用 CNIs 1~2 年(他克莫司 0.05~0.10mg/(kg·d)或环孢素 A 3.0~5.0mg/(kg·d),分 2 次口服,间隔 12 小时),可单用或与小剂量激素[泼尼松 0.4~0.5mg/(kg·d)]联合应用。对于激素依赖或抵抗患者,CNIs 较 CTX 可更快达到缓解并有可能获得更高的完全缓解率,但复发率较高,减量过程中应缓慢。

第三节 局灶节段性肾小球硬化

局灶节段性肾小球硬化(focal and segmental glomerulosclerosis,FSGS)并非特指某一种疾病,而是一个病理诊断名词,即由多种病因和发病机制导致的一组临床病理综合征。临床上表现为肾病性或非肾病性蛋白尿,病理特征为肾小球局灶节段性球囊粘连或瘢痕形成。

在过去的 20 年中,成人原发性 FSGS 在原发性肾病综合征中的比例从每年不足 10% 上升到约 25%。这种增长很大一部分可能是由于塌陷型 FSGS 发病率增加以及肥胖所致。此外,FSGS 的发病率在不同种族间的差异很大,黑人的 FSGS 患病率远高于白人患者,特别是经典型和塌陷型 FSGS。

一、病因和发病机制

FSGS 可分为原发性、继发性和遗传性(如表 4-3-2)。

表 4-3-2 局灶节段性肾小球硬化的病因分类

分类	病因
原发性 FSGS	具体病因不明,可能与血管通透因子有关
继发性 FSGS	
病毒相关性	Ⅰ型人类免疫缺陷病毒(HIV),微小病毒 B19,猿猴病毒 40,巨细胞病毒,EB 病毒
药物诱导性	海洛因,干扰素-α、β、γ,锂,氨羟二磷酸二钠,西罗莫司,钙调磷酸酶抑制剂,促蛋白合成类固醇
肾小球内高压的适应性反应	肾组织丢失:先天性肾单位减少伴代偿性肥大,极低出生体重,单侧肾发育不全,肾发育不良,反流性肾病,皮质坏死后遗症,肾切除,肾移植,肾衰老,任何导致肾单位减少的进展性肾病 肾组织起始正常:系统性高血压,急性或慢性血管闭塞(动脉粥样硬化、血栓性微血管病、肾动脉狭窄),肥胖,紫绀型先天性心脏病,镰形细胞性贫血
家族性或遗传性	足细胞基因突变

FSGS 的发病机制包括肾小球滤过屏障破坏、遗传易感性、足细胞基因突变等。肾小球滤过屏障的完整性丧失可导致肾病性蛋白尿，其中足细胞在维持滤过屏障完整性中有重要作用。足细胞属于高度分化的极化上皮细胞，其足突沿肾小球毛细血管壁的外侧交错分布，通过裂隙膜相连，呈拉链状结构。足细胞可对肾小球毛细血管网的骨架结构起到重要的支撑作用，同时可合成裂隙膜蛋白以及一些构成肾小球基底膜的胞外基质。但足细胞作为终末分化细胞，不能通过细胞分裂的方式来自我修复，因此当发生细胞剥离、细胞凋亡或坏死时，常导致足细胞数量减少和耗竭。近十年来，有关 FSGS 的许多新的机制发现主要来自足细胞耗竭的动物模型和人类疾病的遗传基因研究。

遗传因素在 FSGS 发病机制中也起重要作用，可分为常染色体显性遗传和隐性遗传两种方式，后者相对多见。例如，位于足细胞裂隙膜上的重要功能蛋白 nephrin，其编码基因 *NPHS1* 突变可导致先天性 FSGS 芬兰型。此外，有关原发性 FSGS 的发病机制，目前认为可能与血管通透因子（现也称为循环因子）有关。该观点来源于一些重要的临床观察：当 FSGS 患者接受肾移植手术后，病情可很快复发；典型的病例在术后行重复肾活检，发现移植肾的肾小球可再次出现 FSGS 样病变；将这些复发患者的血清注入实验大鼠体内，能导致大鼠足细胞足突消失和蛋白尿。此外，还发现行血浆置换治疗可以减少这部分患者的蛋白尿。这些证据均提示血管通透因子在 FSGS 发病中起一定作用。

二、病理

光镜显示，肾小球病变呈局灶性和节段性分布，不同肾小球的病变程度、节段性硬化的范围并不一致，病变容易累及近髓肾小球，主要表现为病变肾小球的毛细血管袢呈节段性硬化，即系膜基质增多，毛细血管闭塞、球囊壁粘连等。病变肾小球毛细血管袢的内皮下可见透明样变性的物质。无节段性硬化的肾小球病变轻微或伴有弥漫性系膜基质增生。病变肾小球相对应的肾小管发生萎缩、肾间质发生纤维化，常伴有单核细胞浸润。间质中有时可见泡沫细胞（单核巨噬细胞吞噬低密度脂蛋白所致）。病变节段的小动脉可出现增生、玻璃样变、甚至硬化。

免疫荧光检查显示，IgM 和 C_3 呈团块状沉积于肾小球节段性硬化部位，一般无 IgG 或 IgA 沉积。未受累的肾小球免疫荧光通常为阴性，有时可在系膜区见到 IgM、C_3 沉积。

电镜下，FSGS 的超微结构特征无特异性，但对 FSGS 的诊断和鉴别诊断起重要作用，可见足细胞足突扁平、广泛融合，甚至导致 GBM 节段性裸露。原发性 FSGS 较继发性 FSGS 足突融合更广泛。未硬化的肾小球和节段无电子致密物沉积。

根据 FSGS 的不同病理特征，可分为五型：经典型（硬化发生在血管极周围的毛细血管襻）、顶端型（硬化发生在尿极）、塌陷型（毛细血管袢皱缩、塌陷呈节段或球性分布）、细胞型（局灶性系膜细胞、内皮细胞增生伴有足细胞增生）以及非特殊型（无法纳入上述各型，硬化可发生于任何部位）。其中非特殊型最常见，顶端型预后较好，而塌陷型预后最差。

三、临床表现

FSGS 好发于青少年，男性多于女性，本型约占我国成人肾病综合征的 5% ~ 10%。不同病理形态的原发性 FSGS，尿蛋白量变化范围很大，可以表现为非肾病性的蛋白尿（1 ~ 2g/d），也可表现为大量蛋白尿，约 50% 的 FSGS 患者合并有血尿，肉眼血尿的发生率比 MCD 患者高；约 1/3 的患者伴有不同程度的肾功能减退、高血压。成人和儿童 FSGS 的临床表现存在差异。一般而言，儿童往往有更多的蛋白尿，而成人常伴有高血压。持续肾病综合征的患者，5 ~ 10 年内 50% 以上进展至终末期肾病。

Note

四、治疗

FSGS 的初始治疗可采用糖皮质激素,泼尼松 1mg/(kg·d),清晨顿服(最大剂量 60mg/d),但诱导缓解需要时间较长,至少使用 8 周,如能耐受最长可延长至 12 周,或直至完全缓解。达完全缓解后,糖皮质激素在 6 个月内缓慢减量。有糖皮质激素应用的相对禁忌证或不能耐受时,建议应用 CNIs。

对于非频繁复发的患者,复发时建议采用 FSGS 初始治疗相同的方案。而对于难治性 FSGS(包括糖皮质激素抵抗型、频繁复发型、糖皮质激素依赖型 FSGS)。建议糖皮质激素联合口服或静脉 CTX 200mg,隔日用药,累积剂量 6~8g。应用 CTX 治疗后复发以及希望保留生育能力的患者,建议应用 CNIs 1~2 年(他克莫司 0.05~0.1mg/(kg·d)或环孢素 A 3.0~5.0mg/(kg·d),分 2 次口服,间隔 12 小时)。可单用或与激素联合用药。联合用药效果可能更佳。对糖皮质激素依赖或抵抗的患者,CNIs 较 CTX 更快达到缓解并有可能获得更高的完全缓解率。

第四节 膜 性 肾 病

膜性肾病(membranous nephropathy,MN)是成人肾病综合征最常见的病理类型之一,占我国成人肾病综合征的 20%~30%,且近年来发病率有逐年上升的趋势。多见于 40~50 岁的中年男性,儿童 MN 少见,男性与女性的比例约为 2:1,成人与儿童的比例约为 26:1。大多数 MN 患者表现为肾病综合征,但也有 10%~20% 的患者蛋白尿小于 2g/d,这些患者可能因为蛋白尿不多未行肾穿刺活检而低估了 MN 的患病率。

一、病因和发病机制

膜性肾病可分为特发性和继发性。特发性病因不明,研究发现大多与抗磷脂酶 A2 受体的相关抗体有关,发病机制可能为抗磷脂酶 A2 受体相关抗体能够识别足细胞相关抗原,形成原位免疫复合物,进一步激活补体旁路途径,导致足细胞损伤,进而破坏肾小球滤过屏障。

继发性膜性肾病的病因常为免疫性疾病(如系统性红斑狼疮、自身免疫性甲状腺炎)、感染(乙型病毒性肝炎、丙型病毒性肝炎)、药物(青霉胺、金制剂)和恶性肿瘤(如结肠癌、肺癌)。相对成人而言,儿童继发性膜性肾病的病因多为乙型病毒性肝炎或系统性红斑狼疮。而在 60 岁以上的年长患者中,20%~30% 的膜性肾病伴有恶性肿瘤。

二、病理

MN 的病理特征主要是肾小球毛细血管壁弥漫性增厚的同时,常不伴有细胞增生。光镜下,早期大致正常,肾小球脏层上皮细胞下可见免疫复合物沉积,随着病变进展,肾小球基底膜弥漫性增厚伴"钉突"形成(嗜银染色)。

免疫荧光检查显示,IgG、C₃沿肾小球毛细血管壁呈细颗粒状沉积。

电镜下早期可见颗粒状电子致密物沉积于上皮细胞下,上皮细胞足突广泛融合。晚期电子致密物被吸收。根据电镜表现,可分为四期:Ⅰ期,基底膜基本正常,基底膜与上皮细胞之间可见小块状电子致密物,足突广泛融合;Ⅱ期,上皮细胞下可见大块状电子致密物,致密物之间可见钉突形成,基底膜弥漫增厚;Ⅲ期,部分电子致密物被吸收,可出现电子致密物形状不一、密度不等,之间可见透亮区。Ⅳ期,电子致密物逐渐被吸收,基底膜明显增厚。

三、临床表现

MN 发病常较隐匿,无明显前驱感染病史,约 70%~80% 患者表现为典型肾病综合征,约

Note

30%患者伴有镜下血尿。该类型易发生血管血栓栓塞并发症,包括下肢深静脉血栓形成、肾静脉血栓形成等。部分病人伴高血压和/或肾功能损害。MN 的自然病程差异较大,约 1/3 患者可出现自然缓解,1/3 患者持续存在蛋白尿但肾功能稳定,1/3 患者 5～10 年进展至终末期肾病。

四、治疗

特发性膜性肾病可发生自然缓解和复发。治疗前应综合评估患者的病情,结合年龄、是否存在感染等因素,评估激素和细胞毒药物治疗的利弊,选择合适的治疗方案。

表现为肾病综合征的患者,经保守治疗无效时,通常单用糖皮质激素效果不佳,需同时联用免疫抑制剂治疗。

1. 特发性膜性肾病患者是否需要使用糖皮质激素和免疫抑制剂,一直存在争议　目前认为,经 6 个月保守治疗和随访后病情无好转的患者,特别是尿蛋白较多、有进展趋势者,多主张应用。治疗建议如下:

(1) 肾功能正常、尿蛋白<3.5g/d 的特发性 MN:不推荐使用免疫抑制剂,给予 ACEI、ARB 类药物治疗。同时,密切病情随访,检测肾功能、蛋白尿和血压,及时调整治疗方案。

(2) 肾功能正常、尿蛋白>3.5g/d 的特发性 MN:一般认为此类患者需要激素和免疫抑制剂治疗。特别是对于血浆白蛋白浓度较低,保守治疗后仍无上升趋势者,更支持给予免疫抑制剂治疗。也有观点认为,对于尿蛋白<6g/d 的患者,可首先考虑给予 ACEI、ARB 类药物治疗,并随访 6 个月,病情无好转者再给予免疫抑制剂治疗。

(3) 伴有肾功能损害的特发性 MN 患者:对于伴有肾功能轻度损害的特发性 MN 患者,可以考虑试用激素联合免疫抑制剂治疗,但应密切观察肾功能变化,必要时减量或停药。对于血清肌酐>4mg/dl 的患者,若肾活检显示广泛肾小球硬化和严重小管间质纤维化,一般不应给予免疫抑制治疗。

2. 免疫抑制剂治疗方案　初次治疗者可采用糖皮质激素及烷化剂以月为周期进行交替治疗。烷化剂首选 CTX,疗程为 6 个月。具体方案为:第 1、3、5 个月的第 1～3 天分别给予甲基泼尼松龙(1.0g/d)静脉点滴,接着口服泼尼松[0.5mg/(kg·d)]27 天;第 2、4、6 个月口服 CTX [2～2.5mg/(kg·d)]或静脉注射 CTX(0.2,隔天 1 次),同时口服泼尼松[0.5mg/(kg·d)],总疗程为 6 个月。该方案在成人特发性膜性肾病患者中的总缓解率为 80%～90% 左右,但复发率较高。在我国,建议采用糖皮质激素+静脉注射 CTX 方案,CTX 200mg,隔日静脉用药,或 CTX 600～1000mg,每月 1 次,达到累积剂量(6～8g)。

经上述治疗后,如果病情无明显缓解,或出现肾功能恶化,可考虑重复肾活检。必要时调整 CTX 剂量或改用其他免疫抑制剂。

此外,也可采用糖皮质激素联合钙调磷酸酶抑制剂(CNIs)的治疗方案,一般建议 CNIs 从小剂量开始应用[他克莫司从 0.05mg/(kg·d)开始,环孢素从 3mg/(kg·d)开始],诱导治疗 6 个月,然后逐渐减量维持 6～12 个月。初始治疗期间应定期监测 CNIs 血药浓度,他克莫司的血药谷浓度控制在 5～10ng/ml,环孢素 A 谷浓度控制在 100～150ng/ml。如出现不明原因的血清肌酐升高(>基础值20%),应及时检测血药浓度,必要时减量。CNIs 与小剂量糖皮质激素[0.4～0.5mg/(kg·d)]的联用方案起效较快。

对糖皮质激素联合烷化剂方案抵抗的特发性膜性肾病患者,可选择 CNIs 治疗方案;而对糖皮质激素联合 CNIs 方案抵抗的患者,也可使用糖皮质激素联合烷化剂治疗。

对于特发性膜性肾病所致肾病综合征复发者,建议重新使用与初始治疗相同的方案。对于采用糖皮质激素联合烷化剂治疗 6 个月为初始方案者,若出现复发,建议该方案仅可再重复使用 1 次。

(余学清)

本章小结

　　肾病综合征(NS)是肾小球疾病的重要临床综合征。主要临床表现是大量蛋白尿、低白蛋白血症、水肿和高脂血症。需排除继发性或遗传性 NS 后才能诊断原发性 NS,肾活检能明确病理类型,指导治疗和预后;原发性 NS 的常见病理类型包括:微小病变、局灶节段性肾小球硬化、膜性肾病、系膜增生性肾小球肾炎、系膜毛细血管性肾小球肾炎。感染、血栓形成、蛋白质和脂肪代谢紊乱以及急性肾损伤是 NS 常见的并发症。激素和免疫抑制剂是NS 最主要的治疗方案;微小病变型 NS 常见于儿童,大多数对激素敏感,预后较好,但易复发;FSGS 肾功能损害和高血压多见,需要激素联合免疫抑制剂治疗,预后较差;MN 是成人NS 最主要的病理类型,易出现血栓、栓塞并发症,单用糖皮质激素效果不佳,需同时联用免疫抑制剂治疗。

关键术语

　　肾病综合征(nephrotic syndrome)

　　微小病变型肾病(minimal change disease)

　　局灶节段性肾小球硬化(focal and segmental glomerulosclerosis)

　　膜性肾病(membranous nephropathy)

　　系膜增生性肾小球肾炎(mesangial proliferative glomerulonephritis)

　　系膜毛细血管性肾小球肾炎(membranoproliferative glomerulonephritis)

思考题

1. 肾病综合征的诊断标准?
2. 肾病综合征的常见并发症有哪些?
3. MCD、FSGS、MN 的临床、病理、治疗方面有哪些特点?

Note

第四章　IgA肾病

【学习目标】

掌握 IgA 肾病的临床表现、病理表现和诊断方法以及 IgA 肾病的牛津分类;熟悉 IgA 肾病的临床治疗方法;了解 IgA 肾病的病因和发病机制。

IgA 肾病(IgA nephropathy,IgAN)的全称是"系膜增生性 IgA 肾病"(mesangial proliferative IgA nephropathy),1968 年 Berger 首先对此病加以描述,故又称 Berger 病。世界不同地区人群 IgA 肾病发生率存在差异。IgA 肾病在欧洲和澳大利亚占原发性肾小球肾炎 20% ~ 30%,而在南非仅占 1%。在我国,IgA 肾病是最常见的肾小球疾病,约占原发性肾小球肾炎的 45.3%,占肾小球疾病总体的 33.2%。这种差异可能与人种和肾活检指征有关。在美国,无症状尿检异常的患者往往不行肾活检。而在亚洲国家,单纯镜下血尿即可行肾活检,从而发现大量早期 IgA 肾病。此外,IgA 肾病发病率的高低还可能与当地生活方式有关。

由于 IgA 肾病患者体内 IgA1 的 O-糖链半乳糖基化缺陷,IgA1 自身聚集或与体内抗体形成免疫复合物,沉积于肾小球,引发肾小球肾炎。IgA 肾病的共性是系膜区有弥漫性的 IgA 沉积,但病理形态多种多样,目前临床多按牛津分类法对 IgA 肾病的病变进行病理评分。

一、病因和发病机制

IgA 肾病的发病机制,包括以下几个方面:①体内合成和释放低糖基化多聚体 IgA1(pIgA1);②pIgA1 与体内抗体形成免疫复合物;③pIgA1 及其免疫复合物沉积于肾小球系膜区;④系膜细胞活化,引发肾脏炎症反应和组织损伤。

IgA 肾病患者血清 IgA 有别于健康者,其 IgA1 的 O-糖链半乳糖基化发生障碍,为低糖基化 IgA1(underglycosylated IgA1)。IgA 肾病患者体内 IgA1 分泌细胞中 β1,3-半乳糖基转移酶表达量和活性下降,而 α2,6-唾液酸转移酶表达量和活性增强。此外患者体内黏膜淋巴细胞归巢异常,分泌多聚体 IgA1 的黏膜淋巴细胞进入骨髓,导致循环多聚体 IgA1 增加。

由于半乳糖基缺失,IgA1 铰链区 O-聚糖的 N-乙酰半乳糖胺暴露增多,构成新的抗原表位。低糖基化 IgA1 分子,被体内 IgG 或 IgA1 抗体识别结合,通过循环免疫复合物或原位免疫复合物的形成,沉积于肾小球。IgA1 低糖基化,也使得 IgA1 分子更易自身聚集。多聚体 IgA1 分子易与肾小球基质成分结合。

低糖基化 IgA1 与抗体结合,以及低基化 IgA1 铰链区 O-聚糖末端唾液酸增加,阻碍 IgA1 与肝细胞表面的脱唾液酸糖蛋白受体结合,从而逃脱体内正常降解途径。在肾小球系膜区,含有低糖基化 IgA1 的免疫复合物或 IgA1 多聚体,黏附于细胞外基质中的 IV 型胶原和纤连蛋白,或与肾小球系膜细胞表面转铁蛋白受体或整联蛋白结合。

多聚体 IgA1 及其免疫复合物,能够直接激活系膜细胞,或通过旁路途径和凝集素途径激活补体,导致肾脏损伤。活化的肾小球系膜细胞分泌细胞外基质成分,过表达诱导型一氧化氮合酶,并释放多种肾脏损伤因子,如血管紧张素 II、醛固酮、TGF-β 等。系膜细胞持续活化,引发细胞增殖、氧化应激以及足细胞和肾小管上皮细胞损伤,最终导致肾小球硬化和间质纤维化。相

Note

应地,临床上出现血尿、蛋白尿、高血压以及肾小球滤过率下降等表现。

遗传因素也参与 IgA 肾病的发病。约 75% 的 IgA 肾病患者的血清中低糖基化 IgA1 水平超过正常人群的第 90 百分位数。30% ~40% 的 IgA 肾病患者一级亲属血清 IgA1 低糖基化水平增高。约 5% 的 IgA 肾病患者亲属,会出现血尿、蛋白尿,或确诊为 IgA 肾病。遗传分析提示,IgA 肾病为不完全外显的常染色体显性遗传,有多个基因被认为在 IgA 肾病发病中起作用。如 *C1GALT1* 基因-292 位呈插入/缺失型基因多态性,IgA 肾病患者 *C1GALT1* 基因-292 位 *D* 等位基因和 *DD* 基因型显著低于正常对照。1997 年 Liu 等在国际上率先研究了 IL-1 受体拮抗剂(IL-1ra)基因多态性与 IgA 肾病临床特征之间的关系,发现汉族人群中反复发作肉眼血尿的 IgA 肾病患者白细胞介素-1 受体拮抗药等位基因 IL1 RN＊2 携带率显著高于其他 IgA 肾病患者。肾素-血管紧张素系统在慢性肾小球肾炎的发病机制中有重要作用。IgA 肾病高血压型患者中血管紧张素原基因 *T* 等位基因和 *ACE* 基因 *D* 等位基因的频率显著高于单纯尿检异常型,病理改变亦较重。此外,纤溶酶原激活物抑制剂-1、甘露糖结合蛋白、细胞间黏附分子-1 等基因多态性均被发现与 IgA 肾病的临床病理表现及预后有关。

二、病理

IgA 肾病的特征是 IgA 沉积于肾小球系膜区,且多数为低糖基化的多聚体 IgA1。部分患者伴有 IgG 或 IgM 沉积。补体成分的沉积很普遍。几乎所有的患者在肾小球系膜区均可见到 C_3 的沉积。甘露糖结合凝集素、膜攻击复合物($C5b-C9$)也常沉积于系膜区,但 C_{1q} 检测通常为阴性。

光镜下 IgA 肾病的病理形态,在不同患者之间,以及在同一病例不同肾小球之间,存在显著异质性。系膜细胞增生和系膜基质增多是普遍的病理改变。其他肾小球病变包括袢坏死、节段性硬化以及新月体形成等。肾小管间质病变包括炎性细胞浸润及间质纤维化。约 20% 的 IgA 肾病患者出现中、重度的间质纤维化。肾小管萎缩和间质纤维化一般与肾小球球性硬化相伴随,指示疾病预后不良。72.2% 的 IgA 肾病患者存在血管病变,包括血管透明变性、动脉硬化、纤维素样坏死、炎细胞浸润等。

几乎所有的 IgA 肾病患者,电镜下均可见系膜区或系膜旁区电子致密物沉积,但偶尔可见电子致密物沉积于肾小球基底膜的内皮下或上皮侧。IgA 肾病患者还常有毛细血管基底膜变薄、节段性断裂等病变。

迄今为止,病理学家提出过多种 IgA 肾病的病理分型方案,例如 WHO 组织学分类方法、Lee 分类法和 Hass 分类法,试图全面反映本病的病理损害特点。2009 年国际 IgA 肾病组织联合肾脏病理学会发布了 IgA 肾病的牛津分类法(表 4-4-1)。牛津分类法采用四项指标(M、E、S、T)即:系膜增殖(mesangial hypercellularity,M)、毛细血管内增殖(endocapillary proliferation,E)、节段硬化(segmental sclerosis,S)和肾小管萎缩和间质纤维化(tubular atrophy and interstitial fibrosis,T),对 IgA 肾病光镜下病变进行定量评分。

表 4-4-1　IgA 肾病牛津分类病理指标积分方法

病理指标	定　义	积分
系膜细胞增殖	<4 系膜细胞/系膜区 =0 4-5 系膜细胞/系膜区 =1 6-7 系膜细胞/系膜区 =2 >8 系膜细胞/系膜区 =3 系膜细胞增殖积分取所有肾小球的平均值	M0≤0.5 M1>0.5*
肾小球节段硬化	任何不同程度的袢受累,不包括全球受累或粘连	S0 无 S1 有

续表

病理指标	定　义	积分
毛细血管内增殖	肾小球毛细管内细胞增殖致袢腔狭小	E0 无 E1 有
小管萎缩/间质纤维化	肾皮质小管萎缩或间质纤维化	T0:0%~25% T1:26%~50% T2:>50%

* 系膜细胞积分计算在 PAS 染色下进行,半数肾小球系膜区超过 3 个系膜细胞即归为 M1。

三、临床表现

IgA 肾病可以发生在不同年龄人群,但以青壮年为主。在白人中 IgA 肾病男女之比为 2:1,亚洲人群中比例约为 1:1。无论是儿童还是成人,IgA 肾病的临床表现多种多样,缺乏特异性。在我国,许多患者是在各种条件(如体检)下偶然尿检异常,然后行肾活检才明确诊断的。

(一)肉眼血尿

30%~50% 的 IgA 肾病患者可出现肉眼血尿。肉眼血尿常继发于咽炎与扁桃体炎后,亦可以在受凉、过度劳累、预防接种、肺炎、胃肠炎等影响下出现。尿液呈褐色或洗肉水样,血凝块少见。儿童肉眼血尿发生率高于成人患者。与感染后肾小球肾炎不同,IgA 肾病肉眼血尿常伴随诱因出现或之后数小时至 24h 内出现,持续数小时至 1 周后可自行缓解,而感染后肾小球肾炎则是在感染发生后 1~2 周才出现,两者前驱感染到血尿出现的间隔时间不同。有报道少数患者在血尿发作时出现急性少尿型肾衰竭,可能与红细胞管型堵塞肾小管及肾小管坏死有关。

(二)尿检异常

以持续性镜下血尿伴蛋白尿较为常见,尿蛋白少于 1.0g/24h 的 IgA 肾病患者占总数的 19%~82%。单纯尿检异常在成人患者中多见。部分患者在病程中可出现肉眼血尿,也可能出现高血压和肾功能损害。

(三)肾病综合征

IgA 肾病肾病综合征发生率为 5%~16.7%。肾病综合征一般发生于肾小球病变严重的病例。患者出现较多局灶节段性肾小球硬化样病变、伴有足细胞损伤,较广泛的小管间质损害或者新月体形成等。少数有大量蛋白尿的患者肾组织可仅出现类似于微小病变的病理特征。这些患者对糖皮质激素治疗反应好,预后良好。

(四)急性肾损伤

急性肾损伤在不同年龄组患者中的比例存在差异。急性肾损伤的发生可能与两种病变有关。一种由于肾小球内大量新月体形成,有血管炎样病变;另一种由于肉眼血尿期间大量红细胞管型阻塞肾小管。部分急性肾损伤患者需要行透析治疗。

(五)慢性肾衰竭

慢性肾衰竭通常是 IgA 肾病长期迁延、疾病进展的晚期表现。只有少数患者以急进性肾炎起病,后转为慢性肾衰竭。文献报道慢性肾衰竭平均发生率为 5%~38%。欧美地区慢性肾衰竭发生率高于亚洲国家。这一差别可能与肾活检指征不同有关。

(六)高血压

IgA 肾病合并高血压的发生率明显高于正常人群。我国 IgA 肾病高血压发生率为 31.0%。患者可以高血压起病,也可以在病程中出现高血压,并且随着疾病进展而加剧。Droz 等报道一组患者,病初高血压发生率为 6.8%,在随访终点,该比例升高至 41%。

四、诊断和鉴别诊断

IgA 肾病的确诊必须要有肾活检病理。要充分利用光镜、免疫病理和电镜检查提供的信息,

Note

保证诊断的准确性。IgA 肾病病理表现多样,缺乏特征性病变,因此,原发性 IgA 肾病的诊断是建立在充分排除了继发性肾脏病的基础上的。若在系膜病变的基础上发现较多的炎性细胞浸润、内皮细胞病变、广泛的新月体形成、毛细血管袢坏死和突出的小管间质病变,包括间质血管炎性病变,要注意搜寻继发病因。

国内目前对免疫荧光检查在 IgA 肾病诊断中的价值重视不够,要特别注意免疫荧光检查 IgA 在肾小球内分布上的特点,这对于鉴别诊断有一定的帮助。IgA 的沉积是沿着系膜区弥漫性分布。在免疫荧光下,必须确认这一形态特点,同时强调 IgA"弥漫性沉积"的意义。IgA 如果节段沉积,要注意非 IgA 肾病节段性硬化性病变所致循环中大分子物质在局部的滞留。IgA 肾病患者 IgA 沉积除系膜区外可以伴血管袢沉积,但是广泛的血管袢沉积则要考虑继发性因素的可能。此外,还要注意免疫复合物沉积的种类。IgA 肾病患者肾小球系膜区除 IgA 沉积外,往往同时伴有 C_3 的沉积,还可以有 IgG 和 IgM 的沉积,若出现 C_4、C_{1q} 沉积,一定要排除继发性病因。

肾小球系膜区和系膜旁区电子致密物沉积是 IgA 肾病典型的电镜下表现。部分患者可见内皮下电子致密物,但多为节段性,往往由系膜旁区延伸而来。若观察到较广泛的内皮下和(或)上皮侧以及基底膜内电子致密物沉积,要警惕继发性因素的存在。

南京军区南京总医院解放军肾脏病研究所对 1985~2007 年住院诊断为继发性 IgA 肾病的 1324 例患者进行了分析。其中最常见的是过敏性紫癜。过敏性紫癜所致的继发性 IgA 肾病和原发性 IgA 肾病的鉴别主要依赖临床表现。前者常有紫癜性皮疹(尤以双下肢为主),有的患者伴关节痛、腹痛和消化道出血。

五、治疗

尽管目前对 IgA 肾病发病机制已经有了更深入的研究,但尚缺乏 IgA 肾病特异性治疗方案,关于 IgA 肾病治疗的随机对照试验也较少。2012 年 KDIGO 指南对 IgA 肾病的临床治疗给出了推荐意见。

KDIGO 指南强调通过 ACEI 或 ARB 抑制血管紧张素 Ⅱ 的作用,来控制蛋白尿和高血压。蛋白尿>1g/d 时,推荐长期口服 ACEI 或 ARB,并根据血压调整药物剂量。蛋白尿在 0.5~1g/d,建议采用 ACEI 或 ARB 治疗。蛋白尿低于 1g/d 时血压控制目标为<130/80mmHg,尿蛋白高于 1g/d 时血压控制目标为<125/75mmHg。对于经过 3 到 6 个月 ACEI 和/或 ARB 治疗,尿蛋白仍≥1g/d 并且 eGFR 大于 50ml/(min·1.73m²)的患者,KDIGO 指南建议加用 6 个月疗程的糖皮质激素。

新月体型 IgAN 是指肾活检证实>50% 肾小球有新月体,伴进行性肾功能减退。对迅速进展的新月体型 IgAN 患者,KDIGO 指南推荐采用激素联合环磷酰胺治疗,治疗方案同 ANCA 相关性小血管炎肾损害。

一些患者表现为肾病综合征,光镜病理表现为轻微肾小球病变、电镜下见足突广泛融合、免疫荧光 IgA 沉积为主。在这些患者中,微小病变肾病和 IgA 肾病并存,推荐治疗方案与微小病变肾病相同。口服足量激素治疗,能够获得较好的疗效。

临床上反复肉眼血尿的患者,肉眼血尿发作与感染密切相关。清除病灶在反复发作肉眼血尿的患者治疗中有重要意义,能够迅速改善尿检异常。但由于缺乏随机对照临床试验,KDIGO 指南未推荐此法。

病情轻微的患者(血压正常,eGFR 正常,尿蛋白/肌酐比值持续小于 0.20),不需要药物治疗。但由于患者病情可能波动,需要定期监测肾功能、蛋白尿和血尿。

对于进入 ESRD 的 IgAN 患者,需进行肾脏替代治疗,包括肾移植。但至少 50% 的 IgA 肾病患者肾移植术后易复发,并最终导致 5% 的患者移植肾失功。KDIGO 指南并未涵盖 IgA 肾病移植术后复发的治疗。文献报道,采用抗胸腺细胞球蛋白诱导治疗和强的松维持治疗,可降低移植后 IgA 肾病的复发。应用 ACEI 或 ARB 抑制血管紧张素 II 的作用,也能减少移植术后复发 IgAN 的蛋白尿。

六、预后

IgA 肾病的临床预后差异较大。我们对 1155 例 IgA 肾病的随访研究发现,IgA 肾病 10 年和 20 年肾存活率约为 83% 和 64%。尿蛋白 $>1.0g/d$、$eGFR<60ml/(min \cdot 1.73m^2)$、高血压、低蛋白血症和高尿酸血症是 IgA 肾病肾功能减退的独立危险因素,而反复发作肉眼血尿则是肾脏预后的保护性因素。

牛津分类研究提出,三个组织学指标,能独立预测患者肾功能的减退,包括系膜细胞增殖(M)、节段性肾小球硬化(S)以及肾小管萎缩和间质纤维化(T)。毛细血管内增殖,可用于指导临床采用糖皮质激素或免疫抑制治疗。我们进行的国内多中心验证研究证实了,系膜细胞增殖和肾小管萎缩/间质纤维化,是影响中国 IgA 肾病预后的独立危险因素。其他文献还报道了提示患者预后不佳的病理学指标包括:肾小球甘露糖结合凝集素沉积、C_{4d} 沉积、IgG 沉积、血栓性微血管病等。

（刘志红）

本章小结

IgA 肾病是我国最常见的原发性肾小球肾炎,其主要是由于低糖基化 IgA1 的多聚体及其免疫复合物沉积于肾小球系膜区,而引发的肾小球肾炎。原发性 IgA 肾病的临床和病理表现异质性大,需排除继发因素,病理特征是 IgA 沉积于肾小球系膜区。IgA 肾病的治疗方案需结合不同的临床和病理特点综合考虑。

关键术语

IgA 肾病(IgA nephropathy)

低糖基化 IgA1(underglycosylated IgA1)

IgA 肾病牛津分类法(the Oxford classification of IgA nephropathy)

思考题

1. IgA 肾病的发病机制包括哪几个方面?
2. IgA 肾病有哪些临床病理特点? 简述 IgA 肾病的临床治疗方法?

第五篇　肾脏与其他系统疾病

第一章 概 述

肾脏是人体的重要器官,除了排泄代谢产物、维持内环境稳定等功能外,还具有内分泌和免疫应答功能,全身很多系统的疾病可以累及肾脏。继发性肾小球疾病(secondary glomerular disease)是指肾小球病变继发于其他脏器病变或全身系统疾病,也可同时累及肾小管-间质或肾血管,继发性肾小球疾病有时是系统性疾病的主要临床表现。

肾小球主要是由毛细血管组成,存在两级毛细血管网,膜面积大,血流量丰富,因此一些循环中的免疫复合物和异常物质极容易沉积在肾小球,导致肾脏病变;肾脏对血流动力学的改变极其敏感,容量不足、缺血、缺氧可导致肾小管和血管病变。随着年龄增加,肾脏的生理功能逐渐减退,对内外环境的适应能力差,也容易受到创伤、手术、药物或感染等因素的影响。因此,继发性肾脏疾病的范畴比较广泛。根据不同疾病的发病机制,继发性肾小球疾病可分为自身免疫性疾病、感染性疾病、代谢性疾病、循环系统疾病(血管性疾病、血流动力学异常)、内分泌系统疾病、血液系统疾病、药物、毒物及理化因素所致肾病、妊娠相关肾病、肿瘤相关肾病及异常蛋白沉积症和遗传性疾病等(表5-1-1)。

既往我国肾脏疾病以原发性肾小球肾炎为主,近年来随着肾脏疾病谱的改变,继发性肾脏疾病的发病率呈明显上升趋势。导致继发性肾脏疾病增多的原因:一方面是由于社会经济的发展、生活方式及环境因素的改变,糖尿病、高血压、肥胖、高脂血症、动脉粥样硬化等代谢性疾病和心血管疾病增加;另一方面与人口老龄化,与年龄相关的全身性疾病发病率明显攀升有关(如系统性血管炎、系统性淀粉样变、高血压、肿瘤、心血管系统疾病等);第三,随着年龄增加,肾脏生理功能自然衰退,对许多全身性因素和外部因素(外伤、药物、手术等)易感性增加,容易导致继发性肾脏病产生。此外,随着检测手段不断完善,对疾病诊断认识水平的提高,既往不被认识或诊断为“原发性”或“特发性”肾脏疾病的真正病因被澄清,因此,继发性肾脏疾病的范畴也在逐渐增大。

继发性肾脏疾病可以累及肾小球、小管间质和肾血管,不同疾病,肾脏受累的部位也有不同。大多数继发性肾脏疾病如狼疮性肾炎、糖尿病肾病、ANCA相关性小血管炎和抗GBM肾炎以肾小球病变为主,病理改变与原发性肾小球疾病相同;也有以小管间质损害为主的疾病,如骨髓瘤肾损害、痛风性肾病、淋巴瘤肾损害等,表现为管型肾病或间质性肾炎;也有以血管损害为主,如系统性血管炎和高血压肾损害等。有些疾病(如系统性淀粉样变和狼疮性肾炎)可同时累及肾小球、小管间质和血管。绝大部分原发性肾小球肾炎的病理类型均可出现在继发性肾小球疾病中。不同疾病可以引起相同的病理改变,同一种疾病也可以表现出多种病理改变。

糖尿病肾病(diabetic nephropathy,DN)是糖尿病微血管并发症之一,随着糖尿病的发病率逐年升高,DN的患病率也在逐渐攀升。目前我国成人糖尿病的总体患病率已达9.7%,约30%~40%的糖尿病患者发生DN。DN是继发性肾小球肾炎中进展最快的疾病,早期表现为肾小球内高压力、高灌注、高滤过,进而出现病理改变直至肾小球硬化。一旦出现显性蛋白尿,GFR多进行性下降,最终发展至ESRD。欧美国家及日本,DN占ESRD的25%~45%,是引起ESRD的最主要原因,我国透析患者中DN的比例也在增多。目前糖尿病肾病的治疗,除了控制血糖、控制血压、应用ACEI和ARB降低肾脏高灌注外,尚缺乏有效的延缓糖尿病肾病进程的药物。

表 5-1-1 继发性肾小球疾病分类

分类	常见疾病	分类	常见疾病
Ⅰ 继发于自身免疫病的肾病	系统性红斑狼疮 抗磷脂抗体综合征 混合性结缔组织病 系统性血管炎 抗 GBM 肾病(肺出血肾炎综合征) 原发性干燥综合征 类风湿关节炎 强直性脊柱炎 白塞综合征 多发性肌炎、皮肌炎 复发性多软骨炎 系统性硬化病	Ⅵ 继发于肿瘤的肾病	肿瘤相关性肾病
		Ⅶ 继发于血液系统疾病的肾病	多发性骨髓瘤肾损害 淋巴瘤肾损害 白血病肾损害 紫癜性肾炎 血栓性血小板减少性紫癜 轻链沉积症 重链沉积症 溶血性尿毒症综合征 冷球蛋白血症 华氏巨球蛋白血症 未定性的单克隆免疫球蛋白病
Ⅱ 继发于感染性疾病的肾病	感染性心内膜炎 全身脏器感染 其他细菌感染 寄生虫感染肾损害 病毒感染 乙型肝炎病毒感染相关性肾炎 丙型肝炎病毒感染相关性肾炎 HIV 相关肾病 流行性出血热 肾结核 其他	Ⅷ 药物、毒物及理化因素所致肾损害	非甾体抗炎药及止痛剂相关肾病 造影剂肾病 马兜铃酸肾病 免疫抑制剂、抗肿瘤药物引起的肾病 抗生素肾损害 放射性肾炎 中毒性肾病 海洛因肾病
		Ⅸ 继发于肝脏疾病的肾病	肝硬化肾损害 肝肾综合征
Ⅲ 继发于循环系统和血管的肾病	高血压肾损害 缺血性肾病 肾静脉血栓形成 肾动脉血栓形成 肾小动脉胆固醇结晶与栓塞	Ⅹ 继发于遗传性疾病的肾病	Alport 综合征 薄基膜肾病 遗传性肾病综合征(芬兰型肾病) Fabry 病 指甲-髌骨综合征 镰状细胞性肾病 脂肪营养不良 卵磷脂胆固醇酰基转移酶缺乏综合征
Ⅳ 继发于内分泌代谢系统疾病的肾病	糖尿病肾病 痛风性肾病 甲状旁腺疾病肾损害 低钾性肾病 肾性糖尿病 肥胖相关性肾病 代谢综合征肾损害 营养不良肾损害	Ⅺ 继发于妊娠的肾病	妊娠高血压综合征肾损害
Ⅴ 继发于淀粉样变的肾病	系统性淀粉样变	Ⅻ 继发于结节病的肾病	结节病肾损害

狼疮性肾炎也是常见的继发性肾脏病,属于典型的免疫复合物介导的肾小球肾炎,占我国继发性肾小球肾炎的 54.3%。狼疮性肾炎多见于育龄期女性,临床上表现为多系统损害,病理学改变多样,累及肾小球、小管间质和血管。狼疮性肾炎的治疗应根据病理类型选择有效的治疗方案,除诱导治疗外,还需给予维持期治疗,避免复发。及时诊断和积极治疗,使狼疮性肾炎的远期预后得到很大改善。

随着人口老龄化,环境因素的影响,肿瘤,尤其是血液系统肿瘤的发生率明显升高;伴随诊疗水平的提高,人们对浆细胞病(如多发性骨髓瘤、轻链/重链沉积病、系统性淀粉样变、单克隆免疫球蛋白病等)导致继发性肾脏疾病的认识也在加深。多发性骨髓瘤占血液系统肿瘤的10%左右,多见于中老年人群,其导致的肾损害临床表现多样,包括管型肾病、急性间质性肾炎、高钙血症肾损害、轻链沉积病、淀粉样变或骨髓瘤直接肾损害。约50%以上患者就诊时已存在肾功能不全。及时诊断、积极有效的化学治疗和肾脏替代治疗能明显改善预后。目前新型化疗药物硼替佐米的应用,显著提高了多发性骨髓瘤的治疗疗效,延长生存时间。

近年来,系统性淀粉样变的发生率逐渐增加,并有年轻化趋势。系统性淀粉样变性的临床表现复杂多样,主要取决于受累的器官种类及严重程度。除肾脏受累外、消化道、心血管、肝脏和皮肤等也容易受累。肾组织活检病理检查是确诊淀粉样变性的重要依据。淀粉样物质不仅可沉积于肾小球,还可沉积于肾血管及肾小管。虽然化疗可延长患者中位生存时间,但是总体预后较差,尤其是累及心血管系统预后更差。

ANCA相关性小血管炎(ANCA associated vasculitis,AAV)是中老年人中引起肾脏损害最常见的自身免疫性疾病,包括微型多动脉炎,肉芽肿性血管炎和嗜酸性肉芽肿性血管炎。随着ANCA检测技术和肾活检的广泛开展,诊断率并不低下。肾脏和肺部是最常受累的器官,多数患者因肾功能不全而就诊。绝大多数患者ANCA阳性。除了有肾脏损害外,还包括全身症状,如肺出血、消化道症状、皮疹等。未经治疗者预后极差,90%患者在1年内死亡。AAV的治疗分为诱导缓解、维持缓解的治疗。

随着年龄增加,高血压患者的比例也在增多。无论原发性还是继发性高血压均可引起不同程度的肾脏损害。80岁以上人群的肾活检病理中高血压性肾小动脉硬化占7.1%。高血压肾损害也是导致ESRD的主要原因。高血压导致的肾小动脉硬化分为良性和恶性。长期高血压导致肾小动脉硬化、肾小球缺血性改变,引起球性废弃和小管间质病变,早期肾功能正常,随着病情进展肾功能逐渐减退;恶性高血压短期内血压明显升高,病变广泛累及全身小动脉,出现增生性小动脉内膜炎和小动脉壁纤维素样坏死,导致心、脑、肾等重要器官功能损害。短期内肾功能进行性减退,病情进展迅速,如不及时治疗,患者会快速进入ESRD。

因此,本章针对继发性肾脏疾病,重点介绍自身免疫性疾病(狼疮性肾炎、ANCA相关性小血管炎、抗GBM肾炎),淀粉样变、代谢性疾病(糖尿病、痛风)、血液系统疾病(多发性骨髓瘤、淋巴瘤肾损害)以及高血压(高血压性小动脉性肾硬化、恶性高血压肾损害)导致的肾脏损害。

(刘志红)

第二章　自身免疫性疾病与肾脏

【学习目标】

掌握狼疮性肾炎的临床表现特点、诊断标准和治疗原则;掌握 ANCA 相关性小血管炎的概念和常见临床表现;熟悉狼疮性肾炎的病理特点及分型标准;熟悉 ANCA 相关性小血管炎的治疗原则;熟悉抗 GBM 病临床表现和治疗原则;了解增殖性狼疮性肾炎的治疗方案;了解 ANCA 相关性小血管炎的发病机制。

第一节　狼疮性肾炎

狼疮性肾炎(lupus nephritis,LN)是自身免疫性疾病系统性红斑狼疮(systemic lupus erythe-matosus,SLE)累及肾脏导致的,是 SLE 常见和最主要的内脏病症。我国狼疮性肾炎的发病率有不断增加的趋势,其临床表现、病理分型及治疗比较复杂,随着免疫抑制剂的研究进展,狼疮性肾炎的治疗水平不断提高,预后得到了明显改善。

SLE 主要见于女性患者,男女比例为 1∶7~9,80% 为育龄期女性,儿童、青少年,老年人及男性少见。SLE 的发病率因地区、种族、性别和年龄而异。我国 SLE 的发病率约为 70/10 万,高于白种人,低于美国黑人。狼疮性肾炎是我国最常见的继发性肾小球肾炎,占肾脏疾病的 13.5%,继发性肾小球肾炎的 54.3%。

一、病因和发病机制

SLE 是一个复杂的自身免疫性疾病,病因尚未完全明确,其发病机制与遗传、环境、内分泌异常及免疫调节紊乱等多个因素有关。狼疮性肾炎的发病机制主要是 B 细胞活化产生大量自身抗体导致免疫复合物沉积在肾脏所致,属于典型的免疫复合物性肾炎。目前认为三种机制可能参与了肾内免疫复合物的沉积:①循环中的抗体直接与肾小球抗原结合导致肾脏系膜区和内皮下出现免疫复合物沉积;②循环抗原植入肾小球后,再与循环中的自身抗体相结合,激发自身免疫反应;③循环免疫复合物直接沉积于肾小球。沉积于肾脏的免疫复合物,通过经典途径和旁路途径激活补体系统,引起一系列的免疫损伤反应。除此之外,狼疮性肾炎患者体内免疫细胞功能紊乱,多种浸润细胞(如单核巨噬细胞、淋巴细胞等)与肾脏固有细胞一起产生细胞因子、活性氧和蛋白酶,激活补体,导致血管内凝血因子激活,进一步扩大炎症反应,使毛细血管通透性增加,细胞浸润加重,局部组织坏死、溶解,以及大量肾小球细胞增生、基质增多,从而导致肾组织损伤。狼疮性肾炎的发病机制还与免疫调节障碍、内分泌激素失调、遗传及环境等因素相关。

二、病理

狼疮性肾炎病理改变多样,累及肾小球、小管间质和肾血管。如果做免疫荧光或电镜检查,几乎所有 SLE 患者都存在不同程度的肾脏病变。因此,狼疮性肾炎患者在治疗前一定要行肾活检明确肾脏病理类型。

Note

（一）病理分型

目前狼疮性肾炎的病理分型主要是根据肾小球的光镜、免疫荧光和电镜下改变进行分型。过去较多使用 1982 年 WHO 修订的病理分型标准，现临床上广泛采用 2003 年国际肾脏病学会/肾脏病理学会（ISN/RPS）共同制定的病理分型标准（表 5-2-1）。国内南京军区南京总医院国家肾脏疾病临床医学研究中心对 1352 例狼疮性肾炎患者病理分型进行统计，发现各型比例如下：Ⅱ型 14.2%，Ⅲ型 5.6%，Ⅳ型 49.1%，Ⅴ型 14.4%，Ⅴ+Ⅳ型 11.7%，Ⅴ+Ⅲ型 5%。

表 5-2-1　1982 年 WHO 分型与 2003 年 ISN/RPS 分型比较

WHO,1982		ISN/RPS,2003	
Ⅰ	正常	Ⅰ	系膜轻微病变型狼疮性肾炎
	a　完全正常		
	b　光镜正常，IF 或 EM 系膜区沉积物		
Ⅱ	系膜病变	Ⅱ	系膜增生性狼疮性肾炎
	a　系膜增宽和（或）伴轻度系膜细胞增多		
	b　中等程度的系膜细胞增多		
Ⅲ	局灶节段性肾炎	Ⅲ	局灶性狼疮性肾炎（累及<50% 的肾小球）
	a　活动性坏死性病变		Ⅲ（A）：局灶增殖性
	b　活动性和硬化性病变		Ⅲ（A/C）：局灶增殖伴硬化性
	c　硬化性病变		Ⅲ（A/C）：局灶硬化性
Ⅳ	弥漫性肾炎	Ⅳ	弥漫性狼疮性肾炎（受累肾小球>50%）
	a　不伴节段性病变		Ⅳ-S（A）：弥漫节段增殖性
	b　伴活动性坏死性病变		Ⅳ-G（A）：弥漫球性增殖性
	c　伴活动性和硬化性病变		Ⅳ-S（A/C）：弥漫节段增殖伴硬化性
	d　伴硬化性病变		Ⅳ-G（A/C）：弥漫球性增殖伴硬化性
			Ⅳ-S（C）：弥漫节段硬化性
			Ⅳ-G（C）：弥漫球性硬化性
Ⅴ	膜性肾炎	Ⅴ	膜性狼疮性肾炎
	a　单纯膜性病变		（合并Ⅳ型或Ⅲ型，需同时诊断）
	b　伴Ⅱ型病变		
	c　伴Ⅲ型病变		
	d　伴Ⅳ型病变		
Ⅵ	进展性硬化性肾炎	Ⅵ	终末硬化性狼疮性肾炎

节段性（S）—指病变范围不超过单个肾小球的 50%；球性（G）—指病变范围超过单个肾小球的 50%；IF：免疫荧光检查；EM：电镜检查

（二）光镜、免疫荧光及电镜表现

光镜下肾小球典型病变包括系膜细胞和基质增生，毛细血管内或毛细血管外细胞增殖；肾小球内单核巨噬细胞、淋巴细胞浸润；大量免疫复合物沉积（内皮下、上皮下或系膜区）；袢坏死、核碎裂、新月体形成；"白金耳"或血栓形成。小管间质病变包括肾小管上皮细胞坏死、脱落，间质炎细胞浸润、小管炎，不同程度的小管萎缩、间质纤维化等，受累程度多与肾小球和血管病变相关，Ⅳ型患者中有 3/4 存在小管间质损害。血管病变包括血管壁免疫复合物沉积、非炎症坏死性血管病变、血栓栓塞性微血管病（thrombotic microangiopathy，TMA）和狼疮性血管炎等。

免疫荧光检查可见肾小球 IgG、IgM、IgA、C_{1q}、C_3、C_4 等沉积，呈"满堂亮"现象，IgG 沉积以 IgG1 为主。荧光典型的表现为肾小球系膜区免疫复合物呈颗粒状沉积，可融合成片；内皮下大量免疫复合物沉积通常为团块状;上皮下沉积物多呈颗粒状。免疫复合物也可沉积在小管间质,多在间质侧,为颗粒状或短线状,其中Ⅳ型免疫复合物沉积最突出。间质毛细血管基底膜也可见沉积物,以 IgG 为主,有时仅见 C_3 和 C_{1q}。

电镜下可见系膜区、内皮下、上皮下有显著的电子致密物沉积,多数肾小球电子致密沉积物呈颗粒状。电镜下致密物沉积的位置与免疫荧光所见并不完全一致。

(三)肾脏病理指数

增殖性狼疮性肾炎的病理改变有活动性和慢性之分,可对患者进行肾组织活动性指数(activity index,AI)和慢性指数评分(chronicity index,CI)。目前评分多采用美国国立卫生院(NIH)制定的半定量评分方法。

(四)狼疮性肾炎的转型

狼疮性肾炎的病理类型可以出现转变,转型高达 30% 以上。治疗成功后,患者的病理类型可从增殖型病变转为非增殖型,如Ⅳ型和Ⅳ+Ⅴ型患者治疗后,重复肾活检病理类型可变为Ⅱ型或Ⅴ型;持续不缓解或复发的患者,可由非增殖型病变转变为增殖型,或者同时出现两种病变,如Ⅴ型患者转变为Ⅳ+Ⅴ型或Ⅲ+Ⅴ型病变。小管间质病变通常与肾小球病变伴随存在,或因病程长短、对治疗反应不同而表现为不同程度的急性或慢性化病变。

三、临床表现

(一)肾脏损害

狼疮性肾炎临床症状表现不一,轻重各异。可隐匿起病,也可急骤起病。临床表现为水肿、蛋白尿、血尿、高血压或肾功能损害,也有少部分表现为小管间质病变,如肾小管酸中毒或电解质紊乱。其中以蛋白尿和血尿的发生率最高,白细胞尿少见。高血压的发生率约为 15% ~ 50%,与肾脏病变损害程度、肾功能及水肿等因素相关。伴有血管病变的患者(如 TMA),高血压发率较高,甚至出现恶性高血压表现。约 30% ~ 50% 的 SLE 患者以肾脏损伤为首发症状。临床常表现为:

1. **尿检异常** 临床较常见,表现为轻到中度蛋白尿和(或)血尿,伴或不伴浮肿、高血压,通常肾功能正常。多见于Ⅱ型、Ⅲ型和Ⅴ型患者,部分Ⅳ型患者也可见。

2. **肾病综合征** 临床多见,表现为大量尿蛋白、低蛋白血症、高脂血症和水肿,少数可伴有血尿、高血压和肾功能损害。肾病综合征多见于Ⅳ型、Ⅴ型、Ⅳ+Ⅴ型患者,少数Ⅱ型、Ⅲ型患者也可表现为肾病综合征。

3. **急性肾炎综合征** 较少见,起病急,有一定程度的血尿、蛋白尿或管型尿,可伴有浮肿、高血压。

4. **急进性肾炎综合征** 起病急骤,发展迅速,甚至出现少尿或无尿,肾功能在短期内迅速恶化,常伴有大量血尿、高血压。持续肉眼血尿或大量镜下血尿多见于血管病变、新月体形成的患者。部分患者进展迅速,需要肾脏替代治疗。

5. **慢性肾炎综合征** 临床多见,表现为持续性蛋白尿、血尿、管型尿和不同程度的水肿、高血压、贫血及肾功能不全。可见于各型狼疮性肾炎。

6. **急性肾损伤** 狼疮性肾炎患者往往伴随有急性肾损伤,临床可表现为急进性肾炎,与多种因素有关,如肾小球弥漫性新月体形成、广泛袢内血栓、血管病变、急性间质性肾炎、肾病综合征、抗磷脂抗体导致的血栓并发症等。

7. **慢性肾功能不全** 狼疮性肾炎活动期未得到有效控制,或治疗效果不佳,患者往往会进入慢性肾功能不全。尽即使患者进入 CKD3 ~ 5 期,仍然会出现全身狼疮活动,需要一定的免疫抑制剂治疗。对于慢性肾功能不全急性加重的患者,经积极治疗后,肾功能有可能部分逆转,但是最终仍有 8% ~ 15% 的患者进入 ESRD,需要肾脏替代治疗。

8. 肾小管间质损害　临床较少见,表现为急性或慢性间质性肾炎、Fanconi 综合征。可表现为夜尿增多、尿比重降低、近端小管功能障碍(尿酶升高、尿糖阳性等)、肾小管酸中毒、电解质紊乱等。肾小管间质损害可与肾小球、血管病变合并存在。

(二)肾外损害

SLE 累及全身多个脏器系统,狼疮性肾炎患者除肾脏损害外,往往合并肾外损害。多数 SLE 患者可出现全身症状,如乏力、体重下降、消瘦、食纳差及发热等非特异性症状,对激素治疗敏感。皮肤黏膜损害发生率较高,半数以上患者可出面部红斑(面部蝶形红斑和盘状红斑),日光或紫外线照射会加重。典型的面部蝶形红斑表现为鼻梁和双颧颊部呈蝶形分布的水肿性红斑(鼻唇沟处无皮损),可有毛细血管扩张和鳞屑,严重时可有水疱和痂皮,红斑消退后一般不留瘢痕。皮肤黏膜损害还包括光过敏、脱发、"雷诺现象"、黏膜糜烂或无痛性溃疡、血管炎性皮肤损害、荨麻疹样皮损、冻疮样皮疹、毛细血管扩张等。关节和肌肉受累多表现为四肢小关节疼痛和关节炎,不伴有关节畸形,对激素或非甾体类消炎镇痛药敏感;还可出现肌肉疼痛、肌病,甚至肌无力或肌肉萎缩。肺部受累表现为间质性肺炎、胸膜炎、弥漫肺泡出血、肺栓塞或肺动脉高压等。心血管系统可表现为大量心包积液,心肌炎或心律失常等。血液系统损害临床多见,出现免疫性或非免疫性溶血性贫血,白细胞和血小板减少,部分患者存在多种狼疮抗凝物质,导致凝血功能异常。消化道症状表现为食欲不振、恶心呕吐、腹痛、腹泻,30% 的患者有肝肿大和肝功能异常,少数伴脾大。部分患者以假性肠梗阻起病,容易被误诊。神经系统病变是 SLE 最严重的肾外并发症之一,可累及中枢及周围神经,包括器质性与功能性改变。临床表现复杂,包括脑血管意外(出血、梗死等)、精神异常(如抑郁、躁狂、智能缺陷、精神错乱等)、癫痫发作、偏头痛、舞蹈病、外周神经炎及视网膜病变等,多数与狼疮病情活动有关。部分患者出现无痛性淋巴结肿大、腮腺肿大、结膜炎等。

四、实验室检查

自身抗体检测对 SLE 诊断意义重大。90% 以上 SLE 患者血清抗核抗体(ANA)阳性,虽然阳性率高,但特异性相对较低,ANA 也可见于其他自身免疫性疾病。抗双链 DNA 抗体(dsDNA)是 SLE 的特异性抗体,阳性率可达 50% 以上,与狼疮性肾炎关系密切。ANA 和抗 dsDNA 抗体不仅是 SLE 的诊断标准,其滴度变化还可以反映疾病的活动程度。抗 Sm 抗体的阳性率偏低,但特异性较高。约 1/3 的 SLE 患者存在血清抗磷脂抗体阳性。SLE 患者血清中还存在多种其他自身抗体,包括针对细胞内的抗核糖核蛋白(RNP)、SSA/Ro、SSB/La、单链 DNA 或组蛋白等抗体,针对细胞膜上抗原的抗红细胞、血小板、淋巴细胞抗体或细胞外抗体(抗补体 C_{1q}、类风湿因子)。不同抗体对应不同的临床表现和组织系统损害。

SLE 患者存在低补体血症,未经治疗的患者低补体血症达 75%,表现为补体 C_3 和 C_4 下降,尤其是 C_4 下降显著,并存在抗 C_{1q} 抗体。此外,SLE 患者有高球蛋白血症、直接抗人球蛋白试验(Coombs' 试验)阳性,ESR 增快。

五、诊断与鉴别诊断

狼疮性肾炎是 SLE 的肾损害,因此,首先要确定 SLE 的诊断。目前 SLE 的诊断标准多采用 1997 年美国风湿病学会(ARA)修订的诊断标准,11 项标准中符合 4 项或以上即可诊断,其敏感性和特异性都较高。典型的 SLE 诊断并不困难,但是对于不典型或早期 SLE 仍然容易漏诊或误诊。为了提高 SLE 诊断的敏感性,2012 年 SLE 国际临床协作组(systemic lupus international collaborating clinics,SLICC)重新修订了 SLE 的诊断标准(表 5-2-2)。SLE 确诊后,可以通过疾病活动指数(disease activity index,DAI)评估 SLE 是否活动。通常 DAI 评分超过 10 分,认为是活动性狼疮。

Note

表 5-2-2 1997 年 SLE 修订诊断标准与 2012 年 SLICC 制订的 SLE 诊断标准比较

ARA 修订的 SLE 分类标准		SLICC 制订的 SLE 分类标准	
		临床标准	
1. 颧部红斑	遍及颧部的扁平或高出皮肤的固定性红斑,常不累及鼻唇沟部位	1. 急性皮肤狼疮	包括:颧部红斑(不包括颧部盘状红斑),大疱型皮疹,中毒性表皮坏死松解症,斑丘疹样皮疹,光敏感皮疹或亚急性皮肤狼疮(非硬化性银屑病样损伤和/或环形多环形损伤,缓解后不留疤痕,偶有炎症后色素异常沉着或毛细血管扩张)
2. 盘状红斑	隆起红斑上覆有角质性鳞屑和毛囊栓塞,陈旧病灶可有皮肤萎缩性瘢痕	2. 慢性皮肤狼疮	包括典型的盘状红斑:局灶性(颈部以上)和广泛性(颈部以上和以下);增殖型(疣状)皮疹;脂膜炎(深层脂膜炎型);黏膜疹;肿胀型皮疹;冻疮样皮疹;盘状红斑/覆有扁平苔藓
3. 光敏感	对日光有明显的反应,引起皮疹(依据病史和/或医师观察)	3. 口腔溃疡或鼻溃疡	
4. 口腔溃疡	医师检查到的口腔或鼻部无痛性溃疡	4. 脱发	非瘢痕性脱发(广泛的发质变细或脆弱伴断发)
5. 关节炎	非侵蚀性关节炎,累及 2 个或 2 个以上的周围关节,特征为关节肿、痛或渗液	5. 关节炎	累及 2 个及以上关节的滑膜炎,以肿胀或渗出为特征,或 2 个及以上的关节疼痛伴至少 30 分钟的晨僵
6. 浆膜腔炎	①胸膜炎:胸痛、胸膜摩擦音或胸膜腔渗液或 ②心包炎:心电图异常、心包摩擦音或心包渗液	6. 浆膜炎	胸膜炎或心包炎
7. 肾脏疾病	①蛋白尿:定量>0.5g/24h,或尿常规蛋白>3+ ②管型:可为红细胞、血红蛋白、颗粒、小管上皮细胞管型或混合管型	7. 肾脏损害	尿蛋白与肌酐比值(或 24 小时尿蛋白)超过 500mg/24h 或红细胞管型
8. 神经系统异常	①抽搐:非药物或代谢紊乱(如尿毒症、酮症酸中毒、电解质紊乱)所致 ②精神病:非药物或代谢紊乱所致	8. 神经系统损害	包括癫痫、精神病、多发性单神经炎、脊髓炎、周围神经病变或颅神经病变、急性意识模糊
9. 血液学异常	①溶血性贫血伴网织红细胞增多或 ②白细胞减少<4×10^9/L,至少 2 次或 ③淋巴细胞减少<1.5×10^9/L,至少 2 次或 ④血小板减少<100×10^9/L(除外药物影响)	9. 溶血性贫血	
		10. 白细胞或淋巴细胞减少	白细胞减少(<4000/mm^3 至少一次)或淋巴细胞减少(<1000/mm^3 至少一次)
		11. 血小板减少	血小板减少(<100 000/mm^3 至少一次)

续表

ARA 修订的 SLE 分类标准		SLICC 制订的 SLE 分类标准	
免疫学标准			
1. 抗核抗体	在任何时候或未用药物诱发"药物性狼疮"情况下,免疫荧光或相当于该法的其他试验抗核抗体滴度异常	1. ANA 阳性	ANA 水平超过实验室参考值
2. 免疫学异常	①抗 ds-DNA 抗体阳性或	2. 抗 ds-DNA 阳性	抗 ds-DNA 水平超过实验室参考值(或用 ELISA 法>2 倍参考值)
	②抗 Sm 抗体阳性或	3. 抗 Sm 抗体阳性	抗 Sm 抗体阳性
	③抗磷脂抗体阳性(包括抗心磷脂抗体 IgG 或 IgM 水平异常、狼疮抗凝物阳性或梅毒血清试验假阳性至少持续 6 个月,并经梅毒螺旋体固定试验或梅毒抗体吸收试验证实)	4. 抗磷脂抗体阳性	符合以下任一项即可:狼疮抗凝物阳性,快速血浆反应素试验假阳性,抗心磷脂抗体水平中或高滴度升高(IgA、IgG 或 IgM),抗 β2-糖蛋白 I 抗体阳性(IgA、IgG 或 IgM)
		5. 低补体	低 C_3,低 C_4 或低 CH50
		6. 直接抗人球蛋白试验阳性	

SLICC 制定的 SLE 诊断标准是累积的,无需同时符合。患者必须满足至少 4 项诊断标准,包括至少一项临床诊断标准和至少一项免疫学诊断标准,或患者经肾活检证实为狼疮肾炎伴抗核抗体或抗 ds-DNA 抗体阳性

诊断狼疮性肾炎要重视尿液和肾功能的检查,对有持续尿检异常或肾功能损害的患者,应该行肾活检明确病理类型。少数患者以肾脏损害为最先出现或唯一的临床表现,需要与原发性肾小球疾病相鉴别。对于起病时自身抗体阴性,或治疗后自身抗体呈阴性的患者,诊断应慎重。临床上要重视全身系统症状的表现,并动态监测免疫学指标。SLE 往往可能与其他自身免疫性疾病(如干燥综合征、类风湿性关节炎或多发性肌炎等)同时存在,因此必须加以区别。

六、治疗

(一)治疗原则

狼疮性肾炎的治疗要根据病理类型选择有效的免疫抑制剂(immunosuppressant)方案。因此,狼疮性肾炎必须依据肾活检病理制定治疗方案,对于治疗效果不佳的患者,需要重复肾活检来调整治疗。增殖型狼疮性肾炎的治疗一般包括"初始治疗"(initial therapy)和"维持治疗"(maintenance therapy)两个阶段。初始治疗主要针对活动性病变,给予大剂量免疫抑制剂,迅速控制免疫性炎症及临床症状,时间一般为 6 个月;维持治疗重在稳定病情,防止狼疮性肾炎复发,减轻组织损伤及慢性纤维化病变,保护肾脏及其他重要脏器功能。长期接受免疫抑制剂治疗,必须警惕药物的不良反应,强调个体化治疗。

(二)I 型和 II 型狼疮性肾炎的治疗

I 型狼疮性肾炎主要根据肾外症状来决定治疗,通常口服糖皮质激素,或辅以氯喹、非甾体类消炎镇痛药;II 型狼疮性肾炎患者当尿蛋白>3.0g/d,主张给予糖皮质激素或钙调磷酸酶抑制剂治疗。

Note

（三）Ⅲ型和Ⅳ型狼疮性肾炎（增殖型 LN）的治疗

1. 初始治疗方案

KDIGO 指南推荐采用糖皮质激素联合环磷酰胺或吗替麦考酚酯（MMF）治疗。

（1）糖皮质激素：糖皮质激素是狼疮性肾炎的基础治疗药物，它明显改善了狼疮性肾炎的预后。国外推荐糖皮质激素起始剂量为 1mg/（kg·d），根据患者情况在 6～12 个月内逐渐减量；国内通常采用静脉甲基强的松龙冲击后再给予中等量剂量糖皮质激素［强的松 0.6～0.8mg/（kg·d）］治疗，4 周后逐渐减量至 10mg/d 维持。静脉甲基强的松龙冲击的剂量为 0.5g，连续 3 天为一个疗程，适用于重症狼疮性肾炎或有严重肾外脏器损害的患者（如严重溶血性贫血、血小板减少、狼疮性脑病、弥漫肺泡出血、心肌炎、大量心包积液或严重皮损等）。

（2）环磷酰胺（cyclophosphamide，CTX）：CTX 属于细胞毒性药物，是增殖型 LN 的经典疗法。目前多采用静脉 CTX 冲击疗法，分为 NIH 方案和欧洲改良疗法。NIH 方案中，CTX 起始剂量 $0.75g/m^2$，以后每月 $0.5～1.0g/m^2$，连续使用 6 个月，可根据年龄、肾功能、外周血白细胞变化及治疗反应调整剂量。欧洲改良疗法中 CTX 的剂量为 0.5g，每 2 周一次，治疗 3 个月。CTX 的副作用包括胃肠道反应、感染、脱发、性腺抑制、白细胞减少、出血性膀胱炎等，欧洲改良疗法的副作用低于 NIH 方案。

（3）MMF：MMF 用于狼疮性肾炎的治疗，已近 20 年。1997 年南京军区南京总医院首次将 MMF 用于难治性狼疮性肾炎的治疗，取得显著临床疗效。临床上观察到 MMF 对Ⅳ型狼疮性肾炎患者的诱导缓解率高于 CTX，并对伴血管病变的患者疗效较好。MMF 选择性抑制淋巴细胞，需要定期监测淋巴细胞，避免过度免疫抑制，导致严重感染。KDIGO 指南推荐诱导期 MMF 剂量为 3.0g/d，分两次服用，使用 6 个月。因存在种族差异，建议国内成人患者诱导剂量不超过 2.0g/d，并根据体重、血红蛋白、血浆白蛋白和肾功能水平酌情调整药物剂量。

2. 维持治疗方案

初始治疗获得缓解后可进入维持治疗，KDIGO 推荐采用硫唑嘌呤［1.5～2.5mg/（kg·d）］或 MMF（1.0～2.0g/d，分次服用），联合小剂量糖皮质激素（≤10mg/d）进行维持治疗。建议国内患者 MMF 维持剂量为 0.5～1.0g/d。对于不能耐受硫唑嘌呤和 MMF 的患者，可使用钙调磷酸酶抑制剂，国内也有报道采用来氟米特（20mg/d）或雷公藤多苷（60mg/d）维持治疗，对增殖型 LN 患者目前多不主张完全停用免疫抑制剂。

（四）Ⅴ型狼疮性肾炎

Ⅴ型狼疮性肾炎的治疗主要根据蛋白尿水平选择免疫抑制剂。对于未达肾病综合征水平蛋白尿、肾功能正常的患者，推荐使用 RAS 阻断剂，并根据肾外症状决定糖皮质激素治疗；对于肾病综合征或者超大量蛋白尿患者，应联合使用糖皮质激素和钙调磷酸酶抑制剂。由于 CsA 的副作用较大，目前临床多使用他克莫司（FK506），其主要副作用是对血压、血糖和肾功能的影响。他克莫司起始剂量为 0.1～0.15mg/（kg·d），间隔 12 小时口服，需要监测血药浓度，目标谷值浓度为 5～10ng/ml。

（五）Ⅵ型狼疮性肾炎

Ⅵ型狼疮性肾炎通常不需要积极的免疫抑制剂治疗，主要以延缓肾衰进展和对症治疗为主。当患者出现肾外狼疮活动时，应加用免疫抑制剂。

（六）其他治疗措施

对合并特殊病变或其他脏器损害的狼疮患者，如合并血栓性血小板减少性紫癜、溶血尿毒综合征（HUS）或狼疮性脑病、肺泡出血的患者，可采用血浆置换、双重滤过血浆置换、免疫吸附或大剂量静脉免疫球蛋白（IVIg）治疗；合并感染或抵抗力低下的患者，也可以采用 IVIg 或血浆置换治疗；反复发作、难治性狼疮性肾炎可考虑自体干细胞移植；合并抗磷脂综合征的患者，主张积极抗凝治疗；伴有肺动脉高压的患者，应采用降低肺动脉压的药物治疗。

Note

狼疮性肾炎的治疗除免疫抑制剂治疗外,还应重视肾功能的保护:采用 RAS 阻断剂减少蛋白尿,保护肾功能;使用羟氯喹减轻肾脏病变,减少复发,KDIGO 推荐所有狼疮性肾炎均采用羟氯喹治疗,最大剂量 6～6.5mg/kg。除上述措施外,还应积极对症治疗:控制血压、纠正贫血、预防血栓形成、降脂治疗、预防心脑血管并发症、预防感染等。

七、预后

随着免疫抑制剂的使用,狼疮性肾炎的总体预后明显改善。影响预后的因素包括:种族、性别、经济状况、尿蛋白的量、高血压、血清肌酐水平、贫血、血小板减少、低补体血症、dsDNA 抗体滴度等。通常男性、病理上存在细胞性新月体,肾小球硬化和间质纤维化程度高及肾脏血管病变明显的患者,临床预后差。一般而言,AI>7 分,CI>3 分,提示狼疮性肾炎预后不佳。狼疮性肾炎的预后还与治疗反应有关。积极诱导和后续维持治疗,可使病情持续缓解、不复发。获得临床缓解的患者,5 年、10 年的人/肾存活率明显高于未缓解患者。反复复发、对治疗效果反应不佳的患者预后较差。

(刘志红)

第二节　ANCA 相关性小血管炎

系统性血管炎是指以血管壁的炎症和纤维素样坏死为病理特征的一组系统性疾病,可分为原发性和继发性,继发性是指继发于其他疾病如感染、冷球蛋白血症、系统性红斑狼疮等;原发性则主要指目前病因不明者。为统一血管炎的分类标准,1994 年在美国的 Chapel Hill 召开了有关系统性血管炎命名的国际会议,会议根据受累血管的大小将系统性血管炎分为三类,即大血管炎、中等血管炎和小血管炎,而 2012 年在美国的 Chapel Hill 召开的血管炎国际大会上,又将这一沿用了近 20 年之久的分类命名标准进行了一些修订。在原发性小血管炎中,部分疾病与抗中性粒细胞胞浆抗体(anti-neutrophil cytoplasmic antibodies,ANCA)密切相关,后者是其特异性的血清学诊断工具,因而称之为 ANCA 相关性小血管炎(ANCA associated vasculitis,AAV),包括肉芽肿性多血管炎(granulomatosis with polyangitis,GPA)、显微镜下多血管炎(microscopic polyangitis,MPA)和嗜酸细胞性肉芽肿性多血管炎(eosinophilic granulomatosis with polyangitis,EGPA)。

ANCA 是一种以中性粒细胞和单核细胞胞浆成分为靶抗原的自身抗体。ANCA 的主要检测方法包括间接免疫荧光和酶联免疫吸附法。间接免疫荧光法显示 ANCA 可呈胞浆型(cytoplasmic ANCA,cANCA)和环核型(peri-nuclear ANCA,pANCA);cANCA 的主要靶抗原是蛋白酶 3(proteinase 3,PR3),pANCA 的主要靶抗原之一是髓过氧化物酶(myeloperoxidase,MPO)。

一、病因和发病机制

目前认为该疾病的发生是多因素的,有可能是在某些遗传背景下由某些环境因素诱发的,后者包括感染、药物以及职业接触史等。

ANCA 相关性小血管炎的发病机制中,ANCA、中性粒细胞和补体三者之间的相互作用是核心环节,此外,抗内皮细胞抗体、淋巴细胞也参与 ANCA 相关性小血管炎的发生。

1. ANCA 近年研究表明,ANCA 本身具有致病作用。在动物实验中,用小鼠 MPO 致敏 MPO 基因敲除的小鼠,产生抗小鼠 MPO 的抗体。将此抗体注射到野生型小鼠或 T、B 淋巴细胞功能缺失的 Rag2(-/-)小鼠,可观察到与人类 ANCA 相关性小血管炎类似的寡免疫沉积的坏死性新月体肾炎、肺泡小血管炎。

ANCA 可激活中性粒细胞,在细胞因子例如肿瘤坏死因子(tumor necrosis factor-α,TNF-α)或白细胞介素 8(interleukin 8,IL-8)的激发下,中性粒细胞可以被 ANCA 进一步激活,导致中性粒细胞发生呼吸暴发和脱颗粒,释放活性氧自由基和各种蛋白酶等,损伤血管内皮细胞,从而引起血管炎。

ANCA 可以通过影响其靶抗原的生理活性参与发病,例如 MPO-ANCA 能够影响 MPO 的氧化活性;PR3-ANCA 与 PR3 的结合,能影响 PR3 的蛋白酶活性,也干扰了 PR3 与其抑制剂 α1-抗胰蛋白酶的结合。

此外,ANCA 还可以介导中性粒细胞与内皮细胞的黏附。

2. **中性粒细胞**　在实验动物模型中,病变的肾小球中可以见到大量中性粒细胞浸润,尤其是毛细血管袢纤维素样坏死处。用抗小鼠中性粒细胞抗体清除循环中的中性粒细胞后,MPO-ANCA 则不能诱发小鼠出现坏死性新月体肾炎。此外,ANCA 介导的中性粒细胞活化可以产生"中性粒细胞细胞外罗网"(neutrophil extracellular traps,NETs),后者包含 PR3 和 MPO;NETs 可以黏附和损伤内皮细胞,还可以激活浆细胞样树突状细胞,后者可以产生干扰素-α 并激活 B 细胞进一步产生 ANCA。

3. **补体**　来自动物实验以及来自人类的研究均证实,补体旁路途径活化参与了 ANCA 相关性小血管炎的发病。

二、临床表现

ANCA 相关性小血管炎可见于各年龄组,但尤以老年人多见,50～60 岁为高发年龄,好发于冬季,患者常有不规则发热、疲乏、关节肌肉疼痛和体重下降等非特异性全身症状。

肾脏受累时,活动期常呈现血尿,多为镜下血尿,可见红细胞管型,并伴蛋白尿;缓解期患者血尿可消失。肾功能受累常见,半数以上表现为急进性肾小球肾炎。患者起病急性或隐匿性,通常从局部开始发病,如 GPA 多首先累及上呼吸道,逐渐进展成伴有肾受累的系统性疾病,肾脏病变可轻重不等。MPA 的肾脏受累发生率较高,而且可以呈肾脏为唯一受累器官。肾脏病变不经治疗病情可急剧恶化。EGPA 国内发病率低,只有个例报道,常于哮喘后平均 3 年内发生,相隔时间短则提示预后不良,EGPA 伴高滴度 ANCA 者肾损害程度可与 GPA、MPA 等相仿。

本病几乎可以累及任何一个器官和系统,肾外表现中最值得注意的是肺部病变,临床症状有咳嗽、痰中带血甚至咯血,严重者因肺泡广泛出血发生呼吸衰竭而危及生命。EGPA 患者常出现哮喘。MPA 患者胸片显示双侧中下野小叶性炎症,或因肺泡出血呈密集的细小粉末状阴影,由肺门向肺野呈蝶形分布。GPA 常累及上、下呼吸道,肺部可见非特异性炎症浸润、中心空洞或多发性空洞。弥漫性肺泡出血者可以表现为双侧肺门的蝶形阴影而类似于急性肺水肿的征象。此外,MPA 患者还可以肺间质纤维化为首发表现。

分泌性中耳炎是 ANCA 相关性小血管炎患者特别是 GPA 患者耳部最常见的表现,主要因咽鼓管功能异常造成。造成咽鼓管功能异常的原因可以是鼻咽部、鼻腔或者是咽鼓管本身的肉芽肿性炎症。由于中耳黏膜和乳突细胞受累,患者也可以出现慢性化脓性中耳炎,部分患者可发生鼓膜穿孔。

ANCA 相关性小血管炎患者常常出现鼻部症状,包括鼻塞、流涕等;鼻分泌物增多,可为脓性或血性,经常可有血性鼻痂形成。鼻窦炎或副鼻窦炎较多见,内常有软组织增生,可以填满整个鼻窦或副鼻窦,严重者可以出现坏死性病变。患者还可有多发鼻息肉和鼻甲肥大。GPA 患者中,由于肉芽肿性炎症侵蚀破坏鼻中隔,可以出现鼻中隔穿孔,严重者可以形成"鞍鼻"甚至鼻梁塌陷。

头颈部受累还可以发生在咽喉部位。声带的慢性炎症性病变可表现为声音嘶哑,甚至不能发声。另一相对少见的头颈部受累表现是声门下狭窄或气管狭窄,主要表现为气道狭窄和影响声带发声,可以出现缺氧、心率加快,严重者可以危及生命,需要气管切开。

眼受累可表现为"红眼病",一般认为系巩膜炎和色素膜炎等病变所致。神经系统受累最常见的为多发性单神经炎,表现为感觉异常,少数患者表现为严重的神经痛。消化道受累常表现为不易愈合的胃或十二指肠溃疡,还可表现为胃肠道出血、腹痛、腹泻,胃肠道血管炎最严重的并发症是肠穿孔导致腹膜炎和败血症。

三、病理

肾脏是 ANCA 相关性小血管炎最易受累的脏器,也是经常进行活检的器官。无论是 MPA、GPA 或 EGPA,其肾脏病理变化基本相同,即以寡免疫沉积性坏死性新月体肾炎为特征。

光镜检查绝大多数患者表现为局灶节段性肾小球毛细血管袢坏死和新月体形成(≥90% 患者),约有40%患者表现新月体肾炎。一般肾小球内无明显细胞增殖。肾小球毛细血管袢坏死区域基底膜断裂,肾小囊壁粘连、破裂,肾小球周围可伴有多核巨细胞。肾活检标本内经常有多种不同病变和(或)病变的不同阶段同时存在,如细胞性和纤维性新月体、肾小球节段坏死和球性硬化同时存在等。

约20% ~50% 肾活检标本显示肾小动脉呈纤维素样坏死,这一发现远少于尸解和开放性肾活检的结果,与受累的肾小血管病变呈局灶、节段性分布有关。

肾间质常有不同程度、范围不一的炎症细胞浸润,通常为淋巴细胞、单核细胞和浆细胞,偶可见较多的嗜酸性粒细胞(尤其在 EGPA 病例)。肾间质病变程度、范围与肾小球病变严重性和受累肾小球的比例相关。病变后期肾间质常呈现多灶性纤维化伴肾小管萎缩。肾间质还能偶见以血管为中心的、上皮样细胞及巨细胞形成的肉芽肿样病变。

免疫荧光和电镜检查一般无或仅有微量免疫复合物或电子致密物沉积。

四、诊断

国际上尚无统一、公认的临床诊断标准。目前应用最为广泛的是1994 年 Chapel Hill 系统性血管炎命名国际会议所制定的标准。ANCA 检测是国际通用的原发性小血管炎的特异性血清学诊断手段,cANCA 合并抗 PR3 抗体阳性和 pANCA 合并抗 MPO 抗体阳性用于诊断 ANCA 相关性小血管炎的特异性均可达到99%。

五、治疗

ANCA 相关性小血管炎的治疗分为诱导缓解和维持缓解。诱导缓解期治疗常应用糖皮质激素联合细胞毒性药物,对于重症患者应采取必要的抢救措施,包括大剂量甲泼尼龙冲击和血浆置换。维持缓解期主要是长期应用免疫抑制药物,伴或不伴小剂量激素治疗。

(一)诱导缓解期的治疗

国内外研究均表明糖皮质激素联合细胞毒药物,特别是环磷酰胺可明显提高患者生存率。

糖皮质激素联合环磷酰胺仍然是治疗 ANCA 相关小血管炎的标准方案,能够使90% 以上的病人临床显著缓解。泼尼松(龙)初期治疗剂量为1mg/(kg·d),4~6 周,病情控制后可逐步减量。环磷酰胺口服剂量一般为 2mg/(kg·d),持续 3~6 个月。近年来环磷酰胺静脉冲击疗法越来越受到推崇,并逐渐开始取代环磷酰胺每日口服的疗法,常用方法为 0.75g/m²,每月一次,连续六个月。环磷酰胺静脉冲击与口服治疗的诱导缓解率和复发率均相似,但由于静脉冲击疗法的环磷酰胺累积剂量小,因此感染等不良反应的发生率显著偏低。对于老年患者和肾功能不全者,环磷酰胺应酌情减量。有重要脏器活动性病变的重症病人,如小血管纤维素样坏死、细胞新月体和肺出血,诱导治疗初期可以应用甲泼尼龙冲击治疗,继之以口服糖皮质激素治疗。

对于一些急性重症的 ANCA 相关性小血管炎患者,可以在以上免疫抑制治疗的同时给予血浆置换,其主要适应证为合并抗 GBM 抗体、严重肺出血和严重急性肾衰竭(起病时需要接受透析治疗)者。

在应用糖皮质激素与免疫抑制剂治疗的过程中,可应用磺胺类药物预防卡氏肺孢子菌的感染。

(二) 维持缓解期的治疗

诱导缓解结束之后就进入维持缓解治疗,其目的是减少患者的复发。鉴于长期应用环磷酰胺的副作用,在进入维持缓解治疗之后,应选用其他副作用较小的免疫抑制剂来替代环磷酰胺。

1. 硫唑嘌呤　硫唑嘌呤[2mg/(kg·d)]是在维持缓解治疗阶段能够替代环磷酰胺证据最强的药物。

2. 氨甲蝶呤　氨甲蝶呤是 ANCA 相关性小血管炎维持缓解治疗的又一重要可选药物,其疗效和安全性与硫唑嘌呤相仿。但目前推荐氨甲蝶呤治疗仅限于 Scr<177μmol/L 者,且治疗期间应注意补充叶酸。

此外,GPA 患者鼻部携带金黄色葡萄球菌是疾病复发的重要原因,应用复方新诺明清除金黄色葡萄球菌携带可显著减少 GPA 的复发。鼻部局部应用莫匹罗星也有较好的清除金黄色葡萄球菌的作用,还可以用于肾脏受损和无法应用复方新诺明的 GPA 病人。

六、预后

ANCA 相关性小血管炎肾脏受累易快速进展至肾衰竭、肺脏受累可以发生大量肺出血而危及生命,因此本病未经治疗者预后极差,90% 患者在 1 年内死亡。应用糖皮质激素和环磷酰胺治疗有确切疗效,可以使患者的 5 年生存率达到 80%。影响病人预后的独立危险因素包括:高龄、继发感染特别是肺部感染以及肾功能不全。这里值得引起注意的是,随着糖皮质激素和免疫抑制剂的广泛应用,ANCA 相关性小血管炎的活动性往往能够得到很有效的控制,但治疗所带来的副作用不容忽视,继发感染特别是肺部感染已经成为患者重要的死亡原因之一;而肺部存在基础病变特别是肺间质纤维化是继发肺部感染的独立危险因素,因此对于这类病人,在治疗时应加强监测,例如监测外周血 CD4 阳性淋巴细胞计数以判断患者免疫状况,以减少治疗所造成的不良反应。

虽然糖皮质激素联合环磷酰胺治疗能够使多数病人获得缓解,但即使给予积极的维持缓解治疗,也有至少 15% 的病人会在诱导缓解成功后的 2 年内复发,复发是造成器官损害和进展到 ESRD 的主要原因;严重的复发(例如肺出血)可以危及患者生命。复发的独立危险因素包括:PR3-ANCA 阳性、上呼吸道以及肺脏受累者。

(赵明辉)

第三节　抗肾小球基底膜病

抗肾小球基底膜病是指循环中的抗 GBM 抗体(anti-GBM antibody)在脏器中沉积所引起的一组自身免疫性疾病。其特点是外周血中可以检测到抗 GBM 抗体,和/或肾活检肾小球基底膜上见到抗 GBM 抗体呈线样沉积。

该病主要累及的脏器是肺脏和肾脏。病变局限在肾脏时称为抗 GBM 肾炎,肺和肾同时受累时表现为肺出血-肾炎综合征(Goodpasture 综合征)。Goodpasture 综合征可见于多种疾病(详见下述),若检测到抗 GBM 抗体阳性,则称为 Goodpasture 病(Goodpasture disease)。Goodpasture 病和抗 GBM 肾炎统称为抗 GBM 病。

抗 GBM 病是少见的自身免疫性疾病。人群发病率约为 0.5~1 例/百万人口。占肾活检病

Note

例的 1% ~ 5%。占新月体性肾炎的 10% ~ 20%。该病有两个发病年龄高峰,第一个在 20 ~ 30 岁,男性多见,多为 Goodpasture 病;第二个在 60 ~ 70 岁,男女比例相当,多为肾脏局限型。在老年患者中,合并 ANCA 阳性的比率明显高于年轻患者。

一、病因和发病机制

在抗 GBM 病的发病中,体液免疫及细胞免疫均起了重要作用。

抗 GBM 抗体的致病性已得到充分证明:患者肾脏中洗脱的抗体可诱发猴出现急进性肾炎和肺出血;抗体的水平与患者病情的严重程度和预后有高度的相关性;如果在抗体未转阴的情况下进行肾移植,则移植肾会再次发生抗 GBM 肾炎。抗 GBM 抗体的主要靶抗原位于基底膜Ⅳ型胶原 α3 链的非胶原区 1[α3(Ⅳ)NC1]中,有 2 个主要抗原决定簇,E_A(第 17 ~ 31 位氨基酸)和 E_B(第 127 ~ 141 位氨基酸)。在疾病的发生和进展过程中,抗 GBM 抗体的免疫学特性发生变化,伴随肾脏病变逐渐加重直至肾衰竭。

T 细胞在抗 GBM 病的发病机制中起了重要作用:在动物模型中,$CD4^+T$ 细胞的被动转移可以诱导抗 GBM 病的产生,这种致病作用不依赖抗 GBM 抗体而存在;使用 CD4、CD8 的单克隆抗体以及阻断共刺激因子可以抑制疾病的发生;口服 GBM 诱导黏膜免疫耐受可以减轻病情的严重程度。α3(Ⅳ)NC 特异性的 T 细胞在起病时明显高于正常对照,随着时间延长而逐渐减少直至几年后恢复至正常水平。

二、临床和病理表现

肾脏受累多表现为急进性肾炎综合征,患者有血尿、蛋白尿,可有红细胞管型和肾病综合征水平蛋白尿。多数患者较早出现少尿和无尿,肾功能进行性下降,数周或数月内进入 ESRD。

肾组织活检光镜下的典型表现是新月体性肾炎,多数肾小球可见大新月体形成,新月体大多处于同一时期,多见细胞性新月体,这是抗 GBM 肾炎区别于其他新月体性肾炎,尤其是 ANCA 相关性肾炎的重要特征。光镜下无明显嗜复红蛋白沉积,免疫荧光染色可见 IgG 伴或不伴 C_3 沿 GBM 呈线样沉积,这是抗 GBM 病的特征性表现。电镜下亦无电子致密物沉积。小管、间质的改变与小球病变程度一致。部分肾脏受累较轻的患者临床肾功能可正常,肾活检仅为轻度系膜增生性肾小球肾炎,或伴有少量(<50%)细胞性新月体形成。此外,20% ~ 35% 的患者可以合并其他免疫复合物性肾小球疾病的病理表现。

肺受累主要为轻重不等的肺出血,表现为咳嗽、痰中带血或血丝、也可出现大咯血,严重者发生窒息而危及生命。胸片表现为双侧或单侧肺部阴影或浸润影,严重者可表现为双肺满布棉絮样渗出。病理表现为肺泡毛细血管炎和肺泡出血。其诱因包括感染、吸烟、吸毒、吸入碳氢化合物(如汽油及其衍生物),水钠潴留,或因呼吸困难给予高浓度的氧和正压通气等。

近 1/3 抗 GBM 病患者同时合并血清 ANCA 阳性,称为"双阳性(double positive)"患者。同时,ANCA 阳性小血管炎的患者中约 10% 合并抗 GBM 抗体阳性。"双阳性"的患者可以有小血管炎多系统受累的表现,但肾脏受累的表现及预后与抗 GBM 病相同。

三、诊断与鉴别诊断

循环或组织中检出抗 GBM 抗体可以确诊此病。

应用人 GBM 可溶性蛋白为抗原的酶联免疫吸附法(ELISA)是国内外通用和公认的检测循环中抗 GBM 抗体的方法,该方法敏感性(95%)和特异性(99%)均较高。抗体的滴度与病情轻重及预后均有密切的相关性,因此可以作为监测病情活动和指导治疗的重要指标。以正常人肾组织冰冻切片为底物的间接免疫荧光法敏感性较差,不宜作为血清学检测的常规方法。

肾活检或肺活检见到 IgG 沿基底膜呈线条样沉积亦可确诊。其中肾活检较为安全常用。

由于该病病情进展急骤,预后差,因此,根据典型的临床表现和可靠的血清学检测结果就可以进行诊断并立即开始治疗。但仍应创造条件尽早行肾活检,对于判断病情、指导治疗及估计预后均有重要意义。

肺出血合并肾小球肾炎可以发生在多种疾病中,包括系统性疾病所致肺肾同时受累以及肾小球肾炎基础上合并心肺疾患两类情况,应注意鉴别。见表 5-2-3。

表 5-2-3　肺出血-肾炎综合征(Goodpasture 综合征)鉴别诊断

系统性疾病致肺肾受累	心肺疾病合并肾小球肾炎
抗肾小球基底膜病	心衰
系统性小血管炎	肺部感染,结核
系统性红斑狼疮	肺栓塞
过敏性紫癜性肾炎*	心脏瓣膜病
抗磷脂综合征*	支气管扩张
血栓性微血管病*	特发性肺含铁血黄素沉着症*

* 较少见

四、治疗

抗 GBM 病的标准治疗方案包括强化血浆置换同时给予糖皮质激素和环磷酰胺(CTX)治疗。血浆置换可及时有效地清除患者体内的抗 GBM 抗体,提高生存率,改善肾脏预后,是本病的首选治疗方法。单用糖皮质激素和 CTX 治疗不能改善预后。但在进行血浆置换疗法时,建议同时给予糖皮质激素及 CTX 进行免疫抑制治疗,以防止机体在丢失大量免疫球蛋白后代偿性合成而造成的疾病反跳。

血浆置换:用 5% 的白蛋白作置换液,每次置换量 50ml/kg(一般<4000ml/次),每天一次,直至抗体转阴或置换 14 次,每次置换后可输注新鲜冰冻血浆 200～400ml,以补充凝血因子。对于有肺出血或近期拟行肾穿刺活检的病人,可全部或部分应用新鲜冰冻血浆作为置换液以改善凝血功能。

糖皮质激素:甲泼尼龙 7～15mg/(kg·d)(<1g/天)静脉点滴,连续 3 天,接着应用口服泼尼松(龙)1mg/(kg·d),至少 4 周,之后逐渐减量,至 6 个月停药。

环磷酰胺:多采用口服,1～3mg/(kg·d),一般用 2mg/(kg·d),分两次服用。也可静脉注射。根据肾功能和白细胞计数调整用量,持续应用 3～6 个月,总量 6～8g。

五、预后

临床上出现血肌酐>600μmol/L、依赖透析及肾活检 100% 的肾小球有大新月体形成是肾脏预后不好的指标。对于这部分患者不再建议应用血浆置换,除非出现肺大出血时用于挽救生命。"双阳性"患者预后差,应按抗 GBM 病治疗方案早期给予积极的血浆置换及强化免疫抑制治疗。

经过治疗,一旦抗 GBM 病达到缓解,几乎不会复发。准备肾移植的患者,建议在抗体转阴半年后进行移植,以确保移植肾免受残留抗 GBM 抗体的攻击而复发失功。

(赵明辉)

Note

本章小结

狼疮性肾炎是 SLE 最常见的并发症,其主要发病机制是大量自身抗体导致免疫复合物沉积在肾脏所致,属于典型的免疫复合物性肾炎。狼疮性肾炎临床表现多样,累及多个器官系统,包括肾脏损害和肾外损害。狼疮性肾炎病理分为 I ~ VI 型,肾脏免疫荧光常呈"满堂亮"改变,病变类型较多,光镜、免疫荧光和电镜下可见大量免疫复合物。病理类型是狼疮性肾炎患者选择免疫抑制方案的重要依据,增殖型狼疮患者的治疗包括"诱导阶段"和"维持阶段"。

ANCA 相关性小血管炎包括肉芽肿性多血管炎、显微镜下多血管炎和嗜酸细胞性肉芽肿性多血管炎。ANCA 相关性小血管炎是一组全身多系统受累的自身免疫性疾病,其中肾脏和肺脏是最常受累的器官,肾脏病理特征是寡免疫沉积的坏死性肾小球肾炎伴新月体形成,糖皮质激素联合免疫抑制剂是本病的主要治疗方案。

抗 GBM 病时肾脏受累的典型表现为急进性肾炎 I 型,肺脏受累的典型表现为弥漫性肺泡出血。抗 GBM 病的标准治疗方案是强化血浆置换同时给予糖皮质激素和免疫抑制治疗。

关键术语

狼疮性肾炎(lupus nephritis)

免疫抑制剂(immunosuppressant)

抗中性粒细胞胞浆抗体(anti-neutrophil cytoplasmic antibody)

ANCA 相关性小血管炎(ANCA associated vasculitis)

抗肾小球基底膜病(anti-glomerular basement membrane disease)

思考题

1. 狼疮性肾炎的临床表现、病理分型和治疗方案?

2. ANCA 的特异性靶抗原有哪些?

3. ANCA 相关小血管炎常见的受累器官及其临床表现是什么?

4. ANCA 相关小血管炎的主要治疗原则是什么?

5. 抗 GBM 病的首选治疗方法是什么?如何进行?

Note

第三章　淀粉样变性与肾脏

【学习目标】

掌握淀粉样变性的诊断方法和治疗方案;熟悉 AL 型淀粉样变性的临床表现;了解淀粉样变性的类型及发病机制。

淀粉样变性(amyloidosis)是以细胞外淀粉样蛋白沉积为特点的一类疾病。淀粉样蛋白包括多种类型,不同类型的淀粉样蛋白所沉积的部位和受累组织也各不相同。根据淀粉样蛋白沉积的范围可分为系统性淀粉样变性和局限性淀粉样变性。系统性淀粉样变性中,淀粉样蛋白可蓄积于多种内脏器官、结缔组织及血管壁,导致相应组织的结构破坏和相应器官的功能紊乱,肾脏是系统性淀粉样变性的常见受累器官。局限性淀粉样变性中,淀粉样蛋白沉积在特定的组织或器官。依据淀粉样纤维丝形成的前体蛋白类型,可将淀粉样变性分为 AL 型淀粉样变性、AA 型淀粉样变性、遗传性淀粉样变性及透析相关性淀粉样变性等主要类型。

临床上最常见的淀粉样变性是 AL 型淀粉样变性,淀粉样物质的前体是免疫球蛋白轻链片段。国外数据表明 AL 型淀粉样变性占淀粉样变性的 80% 以上。AL 型淀粉样变性患者中 70% 累及肾脏,本章主要介绍 AL 型淀粉样变性引起的肾损害。

一、病因和发病机制

肾淀粉样变性是由多种原因诱导的以特异性糖蛋白-淀粉样蛋白在肾组织沉积引起的病理改变。淀粉样蛋白具有如下特点:刚果红染色呈砖红色,偏振光显微镜下为苹果绿色双折光;电镜下为直径 8~10nm 无分支的纤维丝状结构,排列紊乱,有时呈束状;X 线衍射显微镜下为 β 片层结构,而非正常生理条件下的 α 螺旋结构。

AL 型淀粉样变性的前体蛋白主要来源于异常浆细胞所产生的免疫球蛋白轻链,免疫球蛋白轻链可变区的氨基酸序列是决定其聚集能力的关键。其中以 Vλ Ⅵ 基因变异为主。Vλ 基因中,6α(属于 Vλ Ⅵ 基因)和 3γ(属于 Vλ Ⅲ 基因)片段可编码约 40% 的淀粉样变性 λ 轻链。

淀粉样蛋白造成组织损伤主要机制主要有:大量淀粉样物质沉积破坏组织正常结构,影响了器官功能;淀粉样纤维可通过与局部受体(如晚期糖基化终末产物受体)的相互作用影响其生理功能;可溶性的淀粉样蛋白纤维寡聚体可通过氧化应激反应和激活细胞凋亡等机制引起细胞毒性。在淀粉样变性中,器官功能的损害程度不仅与淀粉样物质的沉积范围有关,亦与淀粉样纤维自身的毒性有关。

二、病理

光镜下淀粉样物质可沉积于肾脏的各部分,以肾小球病变为主。典型的 AL 型淀粉样变性光镜下初期出现系膜区无细胞性增宽,晚期毛细血管基底膜增厚。苏木素-伊红(HE)染色可见大量无结构嗜伊红均质的淀粉样物质沉积,肾小管基底膜、肾间质及肾小血管均可受累,PAS 染色弱阳性,银染下淀粉样物质不嗜银,Masson 染色嗜亮绿。刚果红染色阳性,高锰酸钾预处理后染色仍为阳性,在偏振光显微镜下呈现苹果绿双折光现象。而 AA 型淀粉样变性高锰酸钾预处

Note

理后刚果红染色转阴,可与之鉴别。光镜下部分患者淀粉样物质在上皮下和内皮下沉积时六胺银染色可出现"毛刺"样或"梳齿"样改变,需注意与膜性肾病的鉴别。对于无条件行肾活检的患者,皮下脂肪及直肠黏膜等组织是较好的替代部位,敏感性及特异性优于骨髓活检,阳性结果是诊断淀粉样变性的重要依据,阴性不能排除淀粉样变性。

免疫病理检查是淀粉样变性分型的重要手段。AL 型淀粉样变性表现为单克隆的 κ 轻链或 λ 轻链沉积,另一种轻链染色阴性。AA 型淀粉样变性患者则表现为 A 蛋白阳性。

电镜检查对淀粉样变性的诊断极具价值。系膜区、系膜旁区及内皮下可见无分支的、排列紊乱、直径约 8 ~ 10nm 的纤维丝状结构。电镜观察六胺银染色的"毛刺"样结构为系膜旁区或内皮下丝状结构向上皮侧的延伸,形成外有界限、内为丝状结构的不连续分布的犬齿样改变,其间无电子致密物。

三、临床表现

临床表现多样,可累及多个器官。肾脏是常见的受累器官之一,其他常见的受累器官包括心脏、肝脏、外周神经、消化道、皮肤软组织等。肾脏受累主要表现为肾病综合征,部分患者可伴有肾功能不全;心脏受累的临床表现不一,从非特异性的水肿、心悸到严重的心律失常、心力衰竭均可出现;肝脏受累表现为肝脏体积的增大,碱性磷酸酶的升高,晚期患者可出现胆红素的升高;胃肠道受累可出现慢性腹泻、假性肠梗阻、腹泻与便秘交替等表现。AL 淀粉样变性患者的其他常见临床表现还有体位性低血压、皮肤紫癜(眶周皮肤常见)、舌体肥大、手足麻木及感觉异常、凝血功能障碍等。

AL 淀粉样变性累及肾脏的临床进程可分为四个阶段,分别为临床前期、单纯蛋白尿期、肾病综合征期和肾衰竭期。其中临床前期患者并无症状,仅在病理检查时发现。高血压、血尿少见,但多数患者合并肾外表现。南京军区南京总医院总结的 245 例 AL 型肾淀粉样变性中,就诊时患者主要表现为乏力(40%)和水肿(90.6%),其次为体位性低血压(30.2%)和体重下降(27.3%),诊断时合并肾功能不全的患者占 25%,其他少见的临床表现有皮肤紫癜(12%)、反复腹泻(10.2%)、充血性心力衰竭(9.4%)、呼吸困难(9.8%)和感觉异常(6.1%)。除肾脏以外,最常见的受累器官是肠道(55.9%),其次为心脏(46.9%),肝脏(12.7%)和外周神经受累(6.1%)并不常见。从受累器官个数看,有 24.9% 的患者只有肾脏受累,35.9% 的患者 2 个器官受累,3 个器官受累占 35.2%,7% 患者受累器官在 3 个以上。

四、实验室及其他检查

AL 淀粉样变性患者尿检主要表现为肾病综合征范围的蛋白尿,多无镜下血尿。约 25% 的患者诊断时已有肾功能不全。合并肝脏受累的患者可出现碱性磷酸酶、胆红素的升高。心脏受累的患者可出现 B 型脑钠肽(BNP)、N 端前脑钠肽(NT-proBNP)和肌钙蛋白等心肌标志物的升高,且这些项目指标异常与患者预后密切相关。凝血功能异常也较常见,部分患者可出现 X 因子的缺乏。约 2/3 的患者血清免疫固定电泳可发现单克隆免疫球蛋白(M 蛋白),以 λIgG 型为主。绝大多数患者有血/尿游离轻链的异常,血清游离轻链还是判断治疗反应的标志物,临床中应常规检查。血/尿游离轻链检查方法的建立大大提高了 AL 淀粉样变性的诊断率。结合血/尿游离轻链及免疫固定电泳,98% 的 AL 淀粉样变性患者可以检测到单克隆的轻链蛋白。故在临床中应普及游离轻链、免疫固定电泳等相关检查,这将有助于 AL 淀粉样变性的早期诊断。

多数患者心电图检查有低电压的表现,其他常见的表现还有心前区导联的假性心肌梗死,房室传导阻滞等,心房颤动及心房扑动是最常见的心律失常类型。24 小时动态心电图可发现无症状的室性及室上性心律失常,75% 的患者存在此类异常。心脏超声的主要改变为心室壁的增厚,其他表现有心房增大、瓣膜增厚、心包积液、心室舒张功能不全等。腹部超声及 CT 检查可对肝脏、脾脏和肾脏等器官的体积进行测量,部分患者可出现上述器官的体积增大。

五、诊断与鉴别诊断

淀粉样变性诊断程序:

1. 临床疑似诊断 AL 淀粉变性为系统性疾病,肾脏受累多表现为肾病综合征,部分患者伴肾功能不全。肾病综合征患者如存在以下特点时,临床应注意排除 AL 淀粉样变性:①中老年患者;②大量非选择性蛋白尿;③多无镜下血尿;④多无高血压,且易出现低血压尤其是体位性低血压;⑤严重肾功能衰竭时仍存在肾病综合征;⑥肾脏体积增大,即使慢性肾衰竭终末期肾脏体积也无缩小;⑦伴肾静脉血栓。合并非缺血性心肌病变伴或不伴充血性心力衰竭、肝脏增大伴碱性磷酸酶的显著升高、膀胱或肠道功能不全的自主神经病变、假性肠梗阻和腹泻与便秘交替、眶周紫癜、舌体和腺体增大等表现也要高度怀疑淀粉样变性。

2. 组织活检确诊淀粉样变性 肾活检病理检查是诊断的主要依据。如果肾活检无法实施,可行皮肤脂肪、直肠黏膜、骨髓活检等明确诊断。

3. 明确淀粉样变性的类型及确定前体蛋白 轻链染色是确诊 AL 型淀粉样变性的重要手段。此外,还需进行骨穿、血/尿游离轻链及免疫固定电泳的检查,明确异常浆细胞增生的证据。对于不符合 AL 型淀粉样变性的患者,应开展 A 蛋白、遗传性淀粉样物质染色及相关基因检查。

4. 确定器官受累的范围及程度 明确 AL 淀粉样变性后,需要进一步对患者的心脏、肝脏及胃肠道等重要器官进行评估,确定这些器官是否受累及严重程度,这对于患者的预后评价及治疗方案选择具有重要意义。

从活检部位的敏感性来看,受累器官活检的诊断敏感性可达95%,脂肪组织为75%～85%,骨髓活检为50%～65%。利用蛋白组学的方法,可以更准确地对淀粉样变性进行分型,目前已应用于临床诊断。AL 淀粉样变性确诊以后,患者器官受累与否可根据组织器官受累的判断标准来确定,不需要再行相应器官的活检,具体见表5-3-1。

表 5-3-1 AL 淀粉样变性器官受累标准

受累器官	受 累 标 准
肾脏	24 小时尿蛋白定量>0.5g/d,以白蛋白为主
心脏	心脏超声平均心室壁厚度>12mm,排除其他心脏疾病;或者在没有肾功能不全及房颤时 N 端前脑钠肽(NT-proBNP)>332ng/L
肝脏	无心衰时肝脏最大斜径>15cm,或碱性磷酸酶大于正常值上限的 1.5 倍
神经系统	外周神经:临床出现对称性的双下肢感觉运动神经病变 自主神经:胃排空障碍,假性梗阻,非器官浸润导致的排泄功能紊乱
胃肠道	直接活检证实并有相关症状
肺脏	直接活检证实并有相关症状;影像学提示肺间质病变
软组织	舌增大、关节病变、跛行、皮肤病变、肌病(活检或假性肥大)、腕管综合征

六、治疗

AL 淀粉样变性的治疗都是以异常克隆的浆细胞为靶点,通过化疗杀伤这些细胞从而抑制单克隆免疫球蛋白轻链的产生,减少淀粉样蛋白的生成。治疗的原则是迅速清除异常折叠的轻链蛋白,并使治疗的毒性最小化,同时对功能受损的器官给予最好的支持治疗。化疗的方案多数来源于多发性骨髓瘤的治疗方案。原则上所有确诊为 AL 淀粉样变性的患者都应该接受化疗,化疗可改善患者预后,延长生存时间。化疗方案的选择取决于患者的器官功能状态及危险

Note

程度的评估,主要的方案包括大剂量马法兰联合自体造血干细胞移植(high dose melphalan and autologous stem cell transplantation,HDM/SCT)及普通化疗两大类。

(一) HDM/SCT

自上世纪90年代HDM/SCT用于治疗AL淀粉样变性以来,其疗效已得到广泛认可。资料显示自体干细胞移植治疗AL型淀粉样变性患者的5年生存率达60%,而移植后获得完全缓解的患者,10年存活率可达50%以上。早期HDM/SCT治疗的最大问题是较高的移植相关死亡率(treatment-related mortality,TRM),文献报道从6%到27%不等,远远高于其他血液疾病行自体干细胞移植的TRM,选择合适的患者是降低TRM的重要环节,同时可根据各中心的经验对马法兰剂量进行调整,保证移植患者的安全。

(二) 标准化疗方案

40年前细胞毒药物就成功的用于AL淀粉样变性的治疗,口服马法兰及强的松(MP)的方案后续在一项随机对照试验中证实可使患者总体生存期翻倍,以至于在很长一段时间内MP方案成为AL淀粉样变性的标准治疗方案。但MP方案的平均反应时间长达1年,反应率也仅有18%,有反应的患者中位生存期为89个月,无反应的患者中位生存期仅有15个月。将MP方案中的强的松替换为地塞米松后(MD方案),患者的反应率及总体生存率有了明显的提高,其血液学反应率达到了67%,33%的患者获得了完全缓解,器官反应率也达到了48%,总体生存率为5.1年,无进展生存时间为3.8年。目前,多数中心已将MD方案作为不适合移植患者的标准治疗方案。

(三) 新型化疗药物

新型化疗药物包括沙利度胺、硼替佐米及来那度胺等近来才用于治疗AL淀粉样变性的药物。

1. 沙利度胺　沙利度胺的作用机制多样,包括抑制刺激新生血管形成的调控因子表达,促进新生血管内皮细胞凋亡,促进白介素-2和γ干扰素分泌,增强NK细胞对肿瘤的杀伤作用。沙利度胺联合地塞米松(TD)的方案血液学反应率为48%,器官反应率为26%,中位反应时间为3.6个月,65%的患者出现治疗相关的毒性,有症状的心动过缓发生率为26%,临床需引起重视。当TD方案联合其他药物时,其疗效可进一步提高。与环磷酰胺联用,其血液学反应可提高到74%,完全缓解率为21%。

2. 来那度胺　来那度胺是沙利度胺的第二代衍生物,在多发性骨髓瘤的治疗中显示出了良好的疗效,目前已应用于AL淀粉样变性。小样本的研究数据显示来那度胺联合地塞米松(LD)的方案的血液学反应率为67%,完全缓解率为29%,但这项研究对患者的入组条件作了限制。另有研究表明来那度胺可用于既往硼替佐米或马法兰治疗失败的患者。

3. 硼替佐米　硼替佐米是一种可逆性的蛋白酶体抑制剂,可以选择性地与蛋白酶体活性位点的苏氨酸结合,可逆性抑制蛋白酶体26S亚单位的糜蛋白酶/胰蛋白酶活性,从而抑制蛋白质降解(主要为与泛素结合的蛋白质),影响细胞内多个信号通路,引起细胞凋亡。浆细胞合成异常折叠的轻链后,细胞内泛素蛋白酶体系统超负荷,对蛋白酶体抑制剂尤为敏感。硼替佐米联合地塞米松(BD)的方案治疗AL型淀粉样变性,血液学反应率高,且反应时间短,对于初治或其他治疗方案应用后复发的患者仍有较好的疗效。研究表明BD方案治疗AL淀粉样变性的血液学反应率为70%,器官反应率为30%。联合环磷酰胺治疗的方案可将血液学反应率提高到94%,完全缓解率高达71%,两年的无进展生存率为67%。硼替佐米治疗的副作用主要有胃肠道反应、神经毒性、感染及血小板减少等,临床使用过程中应注意预防。

七、预后

AL淀粉样变性的总体预后较差,中位生存期约2~3年,合并心脏受累的预后更差,临床表现为充血性心力衰竭的患者中位生存期不足 6 个月。患者预后在很大程度上取决于器官受累的多寡及严重程度。我国 AL 型淀粉样变性患者的中位生存时间约为 33.6 个月,患者 1 年、2 年、3 年和 5 年的生存率分别为 68.3%、52.7%、47.8% 和 30.7%。多因素分析表明年龄、心脏受累及肝脏受累是患者预后的独立危险因素。

（刘志红）

本章小结

AL 型淀粉样变性是临床最常见的类型,AL 淀粉样变性可累及肾脏、心脏及肝脏等重要器官,肾脏受累主要表现为肾病综合征,肾组织活检特异的病理表现是刚果红染色阳性,电镜下见杂乱排列的直径约 8~10nm 的纤维丝状结构。AL 淀粉样变性的治疗主要有自体干细胞移植及普通化疗两大类,其预后主要与器官受累的数量及严重程度相关。

关键术语

淀粉样变性（amyloidosis）

化疗（chemotherapy）

自体干细胞移植（autologous stem cell transplantation）

思考题

1. 临床常见的淀粉样变性类型有哪些?

2. AL 淀粉样变性的临床表现有哪些? 如何诊断 AL 淀粉样变性?

3. AL 淀粉样变性患者的治疗方案有哪些?

Note

第四章 代谢性疾病与肾脏

【学习目标】

掌握糖尿病肾病的临床表现和 Mogensen 分期;熟悉糖尿病肾病的发病机制;了解高尿酸肾病的临床分型、临床表现和防治措施。

第一节 糖尿病肾病

糖尿病肾病(diabetic nephropathy,DN)是糖尿病最严重的并发症之一,也是糖尿病的重要死亡原因,2007 年 KDOQI 指南建议定义为糖尿病肾脏疾病(diabetic kidney disease,DKD),这一临床诊断目前正逐步被接受使用,而 DN 则特指被病理证实为糖尿病所造成的以肾小球损害为主的疾病。在欧洲、美国以及日本,DN 在终末期肾病(end stage renal disease,ESRD)中占 25% ~ 45%,是最主要的引起 ESRD 的原因。在我国,随着糖尿病发病率的不断提高,DN 越来越成为我国 ESRD 的重要病因。

DN 见于约 30% ~40% 的糖尿病患者,常伴随其他糖尿病微血管并发症一起出现。DN 早期表现为肾小球内高压力、高灌注、高滤过,进而出现蛋白尿直至肾小球硬化。临床表现为早期肾小球滤过率(glomerular filtration rate,GFR)升高,继而出现微量白蛋白尿(microalbuminuria)和显性白蛋白尿(albuminuria)。一旦出现显性蛋白尿,GFR 多开始进行性下降,最终发展至 ESRD。在糖尿病早期,严格控制血糖、纠正肾小球内高压力、高灌注、高压力状态,可延缓或阻止 DN 的发生和进展。DN 引起的 ESRD 患者预后明显较其他病因所致者差。

一、病因和发病机制

(一)遗传背景

DN 的发生受遗传因素的影响很大。DN 在不同种族和人群中发生率有差异,且有家族聚集性。在所有 1 型和 2 型糖尿病患者中,仅有 30% ~40% 最终发展至 DN。

(二)糖代谢紊乱

高血糖持续存在时,葡萄糖可以与氨基酸、蛋白质发生非酶糖基化反应,产生不可逆的晚期糖基化终产物(advanced glycosylation end-products,AGEs)。DN 患者血清和肾组织中 AGEs 含量增高,使肾小球发生一系列功能和形态的改变,如基底膜和系膜中的胶原成分生成 AGEs 后不易降解,导致基底膜增厚和系膜基质增生。此外,高血糖本身、高血糖时蛋白激酶 C(protein kinase C,PKC)的激活、山梨醇的聚集以及己糖胺通路的激活等,都参与糖尿病微血管病变的发生。

(三)肾小球高滤过

DN 最早期的表现为肾小球的高压力、高灌注、高滤过,主要由于入球小动脉扩张所致。高血糖可导致多种血管活性物质的增加,这些血管活性物质作用于肾血管,导致入球小动脉的扩张。高血糖刺激肾内多种生长因子分泌,促进肾小球肥大,肾脏体积可增大数厘米。肾小球肥大主要由于系膜细胞和毛细血管袢的增生所致,滤过面积相应增加,从而导致肾小球滤过率增加。控制血糖能够逆转肾脏高滤过状态,延缓 DN 进展。

(四) RAAS 激活

肾内局部 RAAS(renin-angiotensin-aldosterone system)的激活,在 DN 的发生发展中起着重要的作用。糖尿病中,高血糖和 AGEs 可以刺激肾脏细胞肾素、血管紧张素的表达,而蛋白尿进一步激活肾小管细胞的局部 RAAS。RAAS 激活参与肾内高滤过状态的形成,还可以诱导细胞增殖、系膜增生。而 RAAS 拮抗剂可以有效地延缓 DN 的发生发展。

(五) 高血压

高血压与 DN 的发生发展是互为因果的。一方面,糖尿病患者,主要是 2 型糖尿病患者,易合并高血压。这与糖尿病患者的遗传背景有关,并与糖尿病中存在交感激活、RAAS 激活、水钠潴留有关,而随着 DN 的发生,血压会进一步升高。另一方面,高血压在 DN 的发生发展中起着重要的作用。DN 中,入球小动脉的扩张增加了肾小球的血流,从而降低了 DN 患者对高血压的耐受性。

(六) 蛋白尿

蛋白尿不仅是 DN 的重要表现,还是 DN 中肾功能恶化的重要原因。DN 中的尿蛋白以肾小球源性为主,其形成与肾小球高压力、基底膜增厚、电荷屏障受损有关。此外,足细胞数量的减少及功能异常在蛋白尿的形成中可能扮演了重要的角色。DN 早期的蛋白尿是高度选择性的,以白蛋白为主。随着病情进展和基底膜结构的破坏,血浆大分子蛋白可以通过基底膜,导致非选择性的蛋白尿。蛋白尿的形成进一步加重肾脏病变:小管液中蛋白含量的增多,促进小管上皮分泌血管紧张素原、上皮素等细胞因子,导致间质成纤维细胞活化、间质纤维化。

二、病理

对于 DN 的病理,以及病理与肾脏功能的关系,在 1 型糖尿病中研究较为明晰,而在 2 型糖尿病中了解较少。对于 1 型糖尿病患者,GFR 的下降、蛋白尿的程度与肾脏病理的严重程度是相关的,但在 2 型糖尿病中,肾脏病理表现出明显的异质性,仅有30%～50%的患者表现出 1 型糖尿病中的典型病理改变。此处主要介绍 1 型糖尿病的肾脏病理改变。

(一) 肾脏大体改变

糖尿病起病后,肾脏体积平均增大15%,直到出现临床明显的 DN。即使发展至 ESRD,肾脏大小仍可能正常。

(二) 显微镜下改变

1. 光镜

(1) 肾小球病变:包括:①肾小球肥大、肾小球基底膜增厚,是糖尿病最早期的肾脏病理改变;②渗出性病变:为 DN 的特征性表现,见于糖尿病起病 3～5 年,由于血流动力学的改变,导致血浆蛋白成分在组织内沉积。这些物质由免疫球蛋白、补体、纤维蛋白原以及其他血浆蛋白组成,过氧酸-雪夫(periodic acid-Schiff,PAS)呈阳性反应,外观均质、透明。沉积于血管袢内皮下者,称"纤维素帽"(fibrin cap);沉积在肾小囊内侧者,称"肾小囊滴"(capsular drop);沉积于血管壁者,称"玻璃样变"(hyalinosis);③系膜增生:见于糖尿病起病 5～15 年,主要表现为系膜基质的增多,系膜细胞增生不明显;④结节性硬化:系膜基质扩张呈结节样,可导致附近毛细血管袢受压,称 Kimmelstiel-Wilson 结节(K-W 结节),K-W 结节通常是由于毛细血管袢瘤样扩张,从系膜脱离,并被系膜基质填充所致;⑤球性硬化:为 DN 的晚期表现。

(2) 肾小管、间质病变:早期可见肾小管基底膜增厚、间质成分增多;晚期可见肾小管萎缩、间质纤维化,近端肾小管萎缩、闭塞、从肾小球脱离。

(3) 血管病变:常见入球动脉和出球动脉玻璃样变,表现为小动脉内皮细胞下均质的 PAS

染色阳性物质沉积,甚至取代平滑肌细胞。

2. 电镜　在1型糖尿病早期可观察到足细胞从基底膜脱离,并随蛋白尿加重而进展,并最终导致足细胞数量的减少。

3. 免疫荧光　可见血浆蛋白,主要是白蛋白和IgG,沿基底膜和包曼囊壁的沉积,这是一种被动沉积,无致病作用。

三、临床表现

(一)肾脏表现

从病理生理和临床表现上,可将DN的发生发展划分为3个阶段:

1. 前期糖尿病肾病(pre-DN)　这一阶段以肾小球高滤过、高灌注、高压力为特征。病理见肾小球体积增大,临床有GFR升高,而24小时尿蛋白<30mg,尿白蛋白排泄率(urine albumin excretion rate,UAER)<20μg/min。这一阶段如果严格控制血糖,上述病理改变及GFR的升高均可逆。

2. 早期糖尿病肾病(incipient DN)　这一阶段以出现微量白蛋白尿为特点。微量白蛋白尿定义为24小时尿蛋白30~300mg,或UAER 20~200μg/min,常出现于糖尿病起病5年以上,并可持续5年以上,这一阶段尿蛋白量每年约增加20%,GFR每年下降3~4ml/min。病理上仍可见肾小球体积增大,临床GFR可升高或正常。

3. 临床明显的糖尿病肾病(overt DN)　这一阶段表现为显性蛋白尿和GFR的进行性下降。24小时尿蛋白>300mg,或UAER>200μg/min,甚至出现肾病综合征。GFR持续下降,平均每年下降10ml/min,最终发展至ESRD。这一阶段易出现慢性基础上的急性肾损伤,尤其是在合并其他肾损伤诱因时,如使用造影剂、心衰、休克等。发生过急性肾损伤的DN更容易进展至ESRD。

此外,Mogensen把1型糖尿病中的DN划分为5期(表5-4-1)。这一分期在2型糖尿病中亦可参考。

表5-4-1　1型糖尿病中DN的分期

分期	1期	2期	3期	4期	5期
主要特征	肾小球高滤过	肾小球高滤过	微量白蛋白尿	蛋白尿,GFR↓	ESRD
距DM诊断时间	诊断时	5年内	6~15年	15~25年	25~30年
病理特征	肾小球肥大	基底膜增厚	系膜基质增生	明显的异常	肾小球硬化
GFR	增加25%~50%	增加25%~50%	高于正常	进行性下降	<10ml/min
尿蛋白	正常	正常	微量白蛋白尿	显性蛋白尿	尿蛋白减少
血压*	正常	增加1mmHg/yr	增加3mmHg/yr	增加5mmHg/yr	明显升高
控制血糖的作用	可逆	部分可逆	稳定	减缓	无效

*指不使用降压药干预情况下的血压水平。DM=糖尿病;ESRD=end stage renal disease;GFR=glomerular filtration rate;yr=每年。

与1型DN相比,2型DN起病更为隐匿,常在就诊时已经存在微量白蛋白尿甚至显性蛋白尿,部分已有GFR下降。2型DN中,高血压发生更早,80%的2型DN患者在诊断糖尿病时即存在高血压,并在DN的发展中起作用。

DN中,肾小管间质损害并不少见,可表现为Ⅳ型肾小管酸中毒。

(二)肾外表现

DN常伴随糖尿病的其他大血管和微血管并发症,包括视网膜病变、周围神经病、冠心病、脑

Note

血管病变、周围动脉闭塞等。

1. 视网膜病变　几乎所有 1 型 DN 均伴随视网膜病变；而在 2 型 DN 中，仅有 50%～60% 伴随视网膜病变。因此缺乏视网膜病变，并不除外 2 型 DN。DN 者视网膜病变会进展更快，更容易发展至失明，因此需要更密切的眼科随诊。

2. 心脑血管事件　DN 患者动脉粥样硬化风险增加，高血压、高脂血症等代谢紊乱也增加了心脑血管事件风险。

四、实验室检查

（一）生化和尿液检查

在病程早期，可有 GFR 的升高、血肌酐的降低；随着微量白蛋白尿出现，出现 UAER 升高；而在临床明显的 DN 阶段，可有持续蛋白尿，伴有血肌酐升高；当发展至 ESRD，可出现贫血及钙磷代谢紊乱。与其他肾小球疾病类似，DN 也可以存在镜下血尿，但尿红细胞通常很少；有尿红细胞的 DN 通常在病理上表现出更重的肾小球及间质病变，且血肌酐水平更高。此外，由于 DN 可以合并其他肾小球病变，如 IgA 肾病，这种情况下也可表现为大量的镜下血尿。

（二）影像学检查

在病程早期超声示双肾体积增大，而在临床明显的 DN 阶段，超声示双肾大小正常。

（三）眼底检查

糖尿病视网膜病变见于 100% 的 1 型 DN，以及 50%～60% 的 2 型 DN。

五、诊断和鉴别诊断

（一）诊断

满足以下几条，即可考虑诊断 DN：①持续蛋白尿（24 小时尿蛋白>300mg/24h，或 UAER>200μg/min）；②存在糖尿病视网膜病变；③无其他肾脏或泌尿系疾病的临床或实验室表现。

（二）鉴别诊断

糖尿病患者可合并 DN 之外的肾脏病变。对于临床表现与 DN 不符的患者，需考虑到其他肾脏疾病的可能性。

对于 1 型糖尿病患者，蛋白尿或肾功能异常出现于起病 5 年之内，或缺乏糖尿病眼底病变，均提示 DN 之外的病因。相反，2 型 DN 可缺乏眼底病变，也可能出现于糖尿病诊断后不久。

此外，无论对于 1 型还是 2 型糖尿病，突然出现的蛋白尿甚至肾病综合征，明显的肉眼血尿或镜下血尿、红细胞管型，迅速恶化的肾功能，或肾功能异常而蛋白尿不明显，均提示可能存在 DN 之外的肾脏疾病。

临床明确的 DN 无需肾穿刺活检。但对于上述怀疑 DN 之外的病因的情况，若无禁忌，均可行肾穿刺活检以明确诊断。

六、预防和治疗

（一）生活方式的改变及一般治疗

低钠饮食，减少饱和脂肪酸摄入，控制体重，适当运动，戒烟。肾功能不全者需尽量避免肾损害因素，如 NSAIDs 类药物、造影剂、脱水，并控制饮食蛋白摄入。

（二）控制血糖

无论对于 1 型还是 2 型糖尿病患者，严格控制血糖，可以有效降低发展至微量白蛋白尿阶段的几率，并降低脑血管事件的风险；对于临床存在蛋白尿、肾功能下降的患者，控制血糖有利于维持 GFR 稳定，减少蛋白尿进展。血糖控制目标，是 HbA1c<7.0%。尚无证据证明更严格的血

糖控制对患者有益,这或许与更严格的血糖控制增加低血糖风险有关。

(三)控制血压

对于多数糖尿病患者,高血压增加发展至 DN 的风险;而对于已经存在 DN 的患者,高血压加速肾病的发展。一旦出现 DN,血压进一步升高。由于入球小动脉扩张,肾小球血流增加,在糖尿病患者中高血压对肾脏的影响更大,因此血压控制目标宜低于正常人群,目标血压 130/80mmHg 以内。

RAAS 系统的激活在 DN 的发生发展中起重要作用,RAS 系统抑制剂(RAAS inhibitor,RASI)可以有效改善肾小球高滤过、高压力状态,延缓 DN 进展。因此 RASI,包括 ACEI 和 ARB,是 DN 患者的首选降压药物;而对于进展至微量白蛋白尿阶段的 DN 患者,即使血压不高,亦应加用 RASI。对于尿蛋白正常、血压正常的 DN 患者,尚无证据可从 RASI 中获益,不建议常规加用。应注意对于 GFR 明显降低者,RASI 的使用应谨慎,以避免急性肾损伤及高钾血症的风险。

DN 中的高血压还涉及水钠潴留、交感激活等多重机制,利尿剂或钙离子拮抗剂,以及 β 受体拮抗剂亦是合理的降压选择。

(四)控制血脂

控制血脂可以延缓向微量白蛋白尿的进展,也有助于减少心脑血管并发症。目前建议对 DN 患者,控制 LDL-C 低于 100mg/dl;对于 DN 合并脑血管疾病者,控制 LDL-C 低于 70mg/dl。

(五)肾衰竭阶段的治疗

此阶段需开始准备肾脏替代治疗,并积极纠正贫血、钙磷代谢紊乱等慢性肾衰竭的并发症。DN 进展快,且易合并心脑血管并发症,透析开始时机要早于其他原因的肾衰竭。当 GFR 降低至 20~25ml/min 时可开始透析前准备;GFR 降至 15ml/min 时可开始透析;若伴有难以控制的心衰、高钾血症、高血压时,或消化道症状明显时,透析可适当提前。

七、预后

在 DN 早期,严格控制血糖可延缓或逆转 DN。一旦出现显性蛋白尿,则易出现肾功能进行性下降直至终末期肾病。出现 DN 是糖尿病患者的转折点,发生 DN 者死亡率较无 DN 者增加 100 倍。ESRD 是 1 型糖尿病的主要死亡原因,而 2 型糖尿病通常在发展至 ESRD 之前死于心血管事件。

第二节   高尿酸性肾病

尿酸(uric acid)是人类嘌呤代谢的终产物(2,6,8-三羟基嘌呤),随着我国居民膳食结构中动物蛋白比例的增加,高尿酸血症在人群中日益增多。越来越多的证据表明,高尿酸血症对肾脏和心血管系统有直接损伤作用,是发生肾脏疾病和心血管疾病的独立危险因素。

一、尿酸的物理特性和代谢

尿酸由体内的 DNA 和/或 RNA 代谢产生。多数哺乳动物的肝脏产生尿酸酶,将尿酸分解为更易溶解的尿囊素,经尿液从肾脏排泄;而在人类和某些灵长类、鸟类、爬行类动物中,尿酸酶基因在进化过程中被沉默,从而尿酸作为嘌呤代谢终产物排出体外。因此,高尿酸血症是人类特有的疾病。

肾脏是尿酸排泄的主要器官,约 2/3 的尿酸由肾脏排泄。尿酸在肾小球 100% 滤过,而 90% 的尿酸在近端小管重吸收。在肾功能不全的患者中,尿酸的排泄减少,因此随着肌酐水平升高,血尿酸水平也相应升高。当血肌酐水平在正常上限 2 倍以内,血尿酸的升高与血肌酐升高相平行;而当血肌酐水平高于正常上限 2 倍,随着血肌酐的升高,尿酸水平的升高幅度大大减缓。这主要是由于随着尿酸从肾脏的排泄减少,经肠道的尿酸排泄代偿性增多,而尿酸的生成亦减少。因而在 ESRD 患者中,尿酸的升高并不像肌酐及尿素氮那样显著。

尿酸是一种弱有机酸,在体内主要以单价钠盐的形式存在。在尿液中,尿酸的溶解度随尿 pH 而异:pH 值≤5 时,尿酸几乎不溶解(溶解度 1mmol/L),而当溶液 pH 值达到 8 时,尿酸的溶解度大大提高(溶解度 12mmol/L)。了解这一物理特性有助于理解碱化尿液在高尿酸性肾病的预防和治疗中的意义。

二、高尿酸性肾病的分型

尿酸导致的肾损害包括三种形式:慢性高尿酸性肾病(chronic uric acid nephropathy),急性高尿酸性肾病(acute uric acid nephropathy),以及尿酸结石(uric acid nephrolithiasis)。本节主要讨论前两种高尿酸性肾病。

(一)慢性高尿酸性肾病

1. 病因和发病机制 长期高尿酸血症,可导致慢性高尿酸性肾病。这主要由于尿酸盐结晶在髓质肾间质沉积所致,尿酸盐可诱发炎症反应,导致间质纤维化和慢性肾功能不全。慢性高尿酸性肾病在过去主要见于有痛风石形成的痛风患者,现已少见。

2. 病理 病变程度与血尿酸升高的幅度和持续时间有关。可见尿酸晶体在远端集合管和肾间质沉积,伴肾小球硬化、间质纤维化、肾小动脉硬化、动脉壁增厚。痛风石为本病的标志性改变,表现为以间质尿酸结晶为中心,周围有白细胞、巨噬细胞浸润及纤维物质包绕,通常位于皮髓交界处及髓质深部。

3. 临床表现和实验室检查 临床表现常无特异性:血肌酐升高,尿蛋白不多,尿红细胞很少,与肌酐升高程度不相平行血尿酸水平升高,具体如下:

(1) 血肌酐≤1.5mg/dl(132μmol/L)时,血尿酸>9mg/dl(535μmol/L);

(2) 血肌酐 1.5~2mg/dl(132~176μmol/L)时,血尿酸>10mg/dl(595μmol/L);

(3) 血肌酐>2mg/dl(176μmol/L)时,血尿酸>12mg/dl(714μmol/L)。

4. 诊断和鉴别诊断 由于本病临床表现和实验室检查缺乏特异性,很难将这一疾病与可能存在于高尿酸血症患者中其他病因所致的肾功能不全区分,如糖尿病肾病和高血压肾病。在慢性肾脏病患者中,如果存在上述不特异的临床特点,同时血尿酸升高水平与肾功能不全程度不成比例,除外其他导致慢性肾功能不全的病因后,需考虑本病。肾穿刺活检见间质尿酸结晶可确诊本病。

5. 预防和治疗

(1) 健康饮食:低嘌呤饮食,戒烟酒,减少热卡摄入,控制体重。

(2) 保证尿量充足:患者应多饮水,使每日尿量>1500~2000ml,以促进尿酸排泄,减少肾小管和肾间质尿酸结晶形成。

(3) 碱化尿液:口服碳酸氢钠,使尿 pH 在 6.2~6.9 间。当尿 pH>6 时尿酸盐溶解度提高,有利于尿酸盐结晶溶解、随尿液排出;但尿 pH>7 时易形成草酸钙及其他结石,需避免尿液过碱。

(4) 降尿酸药物:建议男性患者血尿酸>7mg/dl(417μmol/L),女性患者血尿酸>6mg/dl(357μmol/L)、有相关临床表现时,需开始降尿酸治疗。降尿酸药物主要分为三类:

①抑制尿酸产生的药物:黄嘌呤氧化酶抑制剂,包括别嘌呤醇和非布索坦,通过抑制黄嘌呤氧化酶的活性,减少尿酸的合成。

②促进尿酸排泄的药物:这类药物促进尿酸从尿中的排泄,从而降低血尿酸水平。在使用中需注意保持足够的尿量并使尿液碱化,以防止形成尿酸结晶和结石。这类药物包括丙磺舒、

Note

苯溴马隆、磺吡酮、碘苯呋酮等。近期发现氯沙坦有促进尿酸排泄的,这种现象在其他血管紧张素受体拮抗剂中尚未观察到,提示氯沙坦或许更适用于高血压伴高尿酸血症患者。

③尿酸酶类药物:包括重组黄曲霉尿酸氧化酶(如 rasburicase),聚乙二醇化重组尿酸氧化酶(PEG-uricase),和培戈洛酶(pegloticase),有助于将尿酸转化为溶解度更高的尿囊素,国内尚未上市。

(二)急性高尿酸性肾病

1. 病因和发病机制　高尿酸血症急性发作时,可以导致急性肾损伤,称为急性高尿酸性肾病。其发病机制,主要由于高尿酸血症导致尿液中尿酸排出增多,随着尿液的浓缩和酸化,在远端肾小管析出尿酸微结晶,导致急性肾损伤。

急性高尿酸性肾病常见于大量尿酸生成的情况。这种内源性的尿酸生成可以由某些酶的异常或代谢紊乱导致嘌呤或尿酸合成过量,如 Lesch-Nyhan 综合征:体内嘌呤核苷酸代谢中的一种酶—次黄嘌呤-鸟嘌呤磷酸核糖转移酶活力缺乏,以致嘌呤核苷酸类的更新代谢过度合成,嘌呤代谢的最终产物尿酸大量累积。也可见于大量组织破坏,如溶瘤综合征。高尿酸血症患者首次给予促进尿酸排泄的药物也可能导致急性肾损伤,这主要是由于药物抑制了尿酸在近端小管的重吸收,导致大量尿酸在远端肾小管沉积所致。

2. 病理　光镜下可见小球结构正常,肾小管管腔内尿酸结晶沉积,形成晶体或雪泥样沉积物,阻塞肾小管,导致近端肾小管扩张。通常无间质纤维化。上述病变若经适当治疗,通常可以逆转。

3. 临床表现和实验室检查　患者可出现急性肾损伤,甚至出现少尿、无尿。如果尿酸结晶导致了肾盂或输尿管梗阻时可能会伴随腰痛。尿液检常无特异性,尿蛋白不多,少有尿红细胞;可发现尿酸结晶,但由于尿酸结晶可能堵塞肾小管,亦可无尿酸结晶排出。常伴显著的高尿酸血症,血尿酸浓度通常超过 15mg/dl(893μmol/L),或者尿尿酸/肌酐比值>1。而在多数其他原因的急性肾损伤中,血尿酸水平通常低于 12mg/dl(714μmol/L),尿尿酸/肌酐比值通常<0.6 ~ 0.75。此外,在溶瘤综合征的情况下,患者可伴有高钾血症、高磷血症以及低钙血症。

4. 诊断和鉴别诊断　对于急性肾损伤的患者,尿检无明显蛋白尿、血尿,存在显著高尿酸血症,除外其他导致急性肾损伤的病因后,需考虑本病。肾穿刺活检病理见肾小管管腔内尿酸结晶沉积,可确诊本病。

本病需与其他导致急性肾损伤的肾前性、肾性及肾后性因素鉴别。此外需注意鉴别导致急性高尿酸血症的原发病因,如溶瘤综合征。

5. 预防和治疗　对高危患者注意预防,包括水化、应用降尿酸药物;对已经发生的急性高尿酸性肾病,治疗原则如下:

(1)降尿酸药物:首选别嘌呤醇。需避免促进尿酸排泄的药物,如苯溴马隆,这类药物会促进肾小管内尿酸晶体的形成,加重急性肾损伤。

(2)水化:充分水化,适当利尿,使每日尿量>1500 ~ 2000ml。

(3)碱化尿:给予碳酸氢钠碱化尿液,使尿 pH 值在 6.2 ~ 6.9 之间。但需注意在溶瘤综合征的情况下,碱化尿液会增加形成磷酸钙结晶的风险,加重肾损伤,因此除非患者合并酸中毒,不建议使用碳酸氢钠。

(4)支持治疗:对于持续少尿、无尿的患者可予透析支持。

急性高尿酸性肾病如果处理及时,肾功能损伤多可逆,肾脏预后良好。

(李雪梅)

本章小结

　　糖尿病肾病是糖尿病最重要的微血管并发症之一,是 ESRD 的重要原因,也是糖尿病患者的重要死亡原因。临床表现为肾小球高滤过,微量白蛋白尿,显性白蛋白尿的发展阶段。显性蛋白尿的出现是糖尿病肾病的转折点,一旦出现,肾功能进行性下降,最终发展至 ESRD。糖尿病肾病的出现常伴随糖尿病的其他大血管和微血管并发症。治疗上,以预防发生、延缓进展为主,应严格控制血糖、血压。对出现微量白蛋白尿者尽早加用 RASI 能显著改善糖尿病肾病的预后。

　　高尿酸性肾病继发于高尿酸血症,由于尿酸结晶在肾内沉积,并导致炎症反应所致,主要病变部位于肾小管、肾间质。慢性高尿酸血症可致慢性肾功能不全;急性高尿酸血症可致急性肾损伤,常见于溶瘤综合征,为临床急症。高尿酸性肾病的治疗原则包括水化、碱化尿液、应用降尿酸药物。急性高尿酸性肾病中应避免促进尿酸排泄的药物,在溶瘤综合征中不宜碱化尿液。

关键术语

　　糖尿病肾病(diabetic nephropathy)

　　晚期糖基化终产物(advanced glycosylation end-products)

　　慢性高尿酸性肾病(chronic uric acid nephropathy)

　　急性高尿酸性肾病(acute uric acid nephropathy)

　　尿酸结石(uric acid nephrolithiasis)

思考题

1. 糖尿病肾病有哪些发展阶段? 每个阶段有什么特点?
2. 在糖尿病肾病的治疗中,RASI 有什么作用?
3. 溶瘤综合征有什么临床表现? 溶瘤综合征的处理原则是什么?

Note

第五章　血液系统疾病与肾脏

【学习目标】

掌握多发性骨髓瘤肾脏损害的发病机制、临床表现、病理和诊治；了解淋巴瘤肾脏损害的临床表现和治疗。

第一节　多发性骨髓瘤肾损害

多发性骨髓瘤（multiple myeloma，MM）是浆细胞异常增生的恶性肿瘤疾病，产生大量的异常单克隆免疫球蛋白，导致骨骼破坏、贫血、免疫功能异常和肾损害。该病累及肾脏时可呈现多种表现，管型肾病最常见，主要发病机制为大量轻链（light chain，LC）从肾脏排泄，可直接损害肾小管及形成管型阻塞肾小管。约50%以上患者就诊时已存在肾功能不全。

MM占所有肿瘤的比例约为1%，占血液系统肿瘤的10%左右，年发病率约为百万分之四。MM已成为仅次于非霍奇金淋巴瘤的血液肿瘤，按死亡人数增长计算，在所有肿瘤中，MM排名第四。MM所致肾功能不全的发生率在15%～40%，其范围变动较大，主要因为不同研究采纳的肾功能不全定义不统一。美国肾脏病数据系统（USRDS）2011年报告，在终末期肾脏病（ESRD）患者中MM发病率为1%，同期患病率为0.3%。

一、病因和发病机制

（一）游离轻链蛋白的肾损害

MM中异常免疫球蛋白或其片段的重链（heavy chain，HC）和LC的产生比例发生了改变，所产生的过多游离LC即本周蛋白（Bence-Jones protein，BJP）是引起肾损害的主要因素。LC分子量为22.5kD，有210～220个氨基酸残基，κ链有4个亚型，常以单体形式出现，也有部分为非共价结合形成的二聚体，λ链则有6个亚型，以二聚体形式为主。正常人尿液LC为多克隆，而在MM患者尿液中单克隆LC含量明显增高，尿中出现的λ型LC导致肾损害发生率高于κ型LC。

1. 轻链蛋白直接损伤肾小管　LC对近曲小管细胞有直接毒性。将猪近曲小管细胞与MM患者BJP培养，发现BJP有细胞毒作用及RNA酶活性，可侵入细胞及细胞核而不被降解，进入胞核的BJP诱导DNA裂解和细胞死亡。BJP还可抑制大鼠近曲小管细胞Na^+-K^+ATP酶的活性和钠依赖性磷及糖的转运，明显抑制胸苷酸的合成，致核固缩，有丝分裂消失，细胞肌动蛋白骨架破坏，甚至细胞裂解。

2. 轻链蛋白形成管型阻塞肾小管　MM肾损害以管型肾病（cast nephropathy，CN）最常见。正常人肾小球滤过的少量LC 90%以上被近曲小管重吸收，MM患者肾小球滤过的LC超过近端小管最大重吸收能力时，到达远端肾小管的LC，在酸性环境中与Tamm-Horsfall蛋白（THP）以及白蛋白等结合形成管型，并围绕炎性细胞及多核巨细胞，阻塞远端肾小管，形成CN。

影响管型形成的因素主要包括上述BJP的浓度与类型、THP的浓度与糖基化程度、远端肾小管的内环境等。体外实验发现当氯化钠浓度超过80mmol/L时，可促进BJP与THP的结合，增加钙浓度也有相同效果。尿 pH 值也与管型形成有关,酸性环境增加 BJP 与 THP 的起始连接率,同时伴有连接蛋白的聚集增加。细胞外液减少可加速 BJP 形成管型。

3. 变性的轻链蛋白沉积肾组织 轻链蛋白被单核巨噬细胞吞噬,在胞内加工形成 β 折叠蛋白,分泌至胞外,在温度、pH、金属离子、蛋白水解及氧化等因素作用下,形成寡聚体原纤维,并进一步在血清淀粉样物质 P 及糖胺聚糖参与下,聚集成淀粉样纤维,沉积在肾组织导致肾淀粉样变性病。导致淀粉样变性病的致病轻链蛋白主要是 λ 轻链。

轻链沉积(light chain deposit disease,LCDD)的发病机制与淀粉样变病相似,但是变性的轻链蛋白不形成 β 折叠蛋白,它们沉积肾组织导致肾脏 LCDD,导致 LCDD 的致病轻链蛋白主要是 κ 轻链。

(二)其他致病因素

1. 高钙血症肾损害 骨髓瘤细胞分泌大量破骨细胞活化因子导致骨质吸收、溶骨破坏引起高钙血症,急性高钙血症可以导致肾小球滤过率(GFR)下降,这可能与高钙导致肾小球入球小动脉收缩以及多尿导致的血容量减少有关;慢性高钙血症可以引起严重的肾小管损伤,如髓袢升支和髓质集合管的小管间质钙盐沉积。

2. 高尿酸血症肾损害 MM 患者核酸分解代谢增强,产生大量嘌呤代谢产物——尿酸,引起高尿酸血症;化疗后高尿酸血症更明显,可导致尿酸沉积在肾小管间质,诱发急性高尿酸肾病。

3. 高黏滞血症 MM 患者血清中过量的 M 蛋白,可诱发血液中红细胞聚集,形成缗钱状,增高血液黏稠度,并由此引起肾脏小动脉及肾小球血管堵塞。

4. 骨髓瘤细胞髓外浸润 当大量骨髓瘤细胞浸润肾脏时,也可引起或加重肾损害。

5. 其他 脱水、应用放射造影剂、服用非甾类抗炎药、血管紧张素转换酶抑制剂(ACEI)或血管紧张素受体阻滞剂(ARB)等药物,皆可能加重 MM 肾损害,甚至诱发急性肾损伤(acute kidney injury,AKI)。

二、临床表现

(一)肾脏损害

部分 MM 患者是以肾脏损害为首发的临床表现。

1. 慢性肾脏病 以蛋白尿为主,尿蛋白定量多<1g/24h,尿本周蛋白可阳性,少数患者伴血尿、水肿、高血压。肾病综合征(NS)并不常见,但在轻链型和 IgD 型 MM 中较常见,提示肾脏淀粉样变或 LCDD;MM 表现为 NS 者即使在严重肾衰竭时尿蛋白量仍很多,肾脏体积多无明显缩小;尿中长期排出 LC 可致慢性肾小管功能损害,患者口渴、多饮、夜尿增多、尿浓缩及酸化功能障碍,严重者发生范可尼综合征,呈现肾性糖尿、氨基酸尿、磷酸盐尿等;因为高黏滞血症致使肾静脉血栓发生率高;贫血出现早,与肾功能受损程度不成正比;由于免疫力低、化疗后白细胞下降等,约 1/3 病例反复发生膀胱炎、肾盂肾炎或全身其他系统的感染。

2. 急性肾损伤 可发生在肾功能正常或慢性肾脏病伴肾功能不全的基础上,常因脱水致血容量不足、感染、高尿酸血症、高血钙、药物等诱发,病死率高,造影剂也是诱发 MM 患者 AKI 的重要因素。

IgG 型、IgA 型 MM 的肾脏损害多以肾小管病变、肾衰竭为主要表现,少数患者合并肾脏淀粉样变或 LCDD;轻链型、IgD 型 MM 的肾脏损害发生率显著较前两者高,临床除肾小管病变外,肾小球病变发生率亦高。

(二)肾外表现

血液系统以贫血常见,血小板减少亦较常见,而白细胞多正常。骨骼破坏表现为骨痛,好发于颅骨、肋骨、腰椎骨、骨盆等部位,易发生病理性骨折;髓外瘤细胞浸润,以肝、脾、淋巴结浸润最为常见;异常 M 蛋白相关症状包括高黏滞综合征、感染发热、出血倾向等。

Note

三、病理

（一）肾小管间质病变

为主要肾损害表现。光镜下骨髓瘤管型伴周围巨细胞反应为 MM 管型肾病的特征性改变，其多见于远曲小管和集合管，管型中有裂隙；肾小管变性或萎缩；肾间质炎性细胞浸润、纤维化。免疫荧光检查无特异性，骨髓瘤管型中可见 κ 或 λ 轻链。电镜下骨髓瘤管型一般由许多呈丝状扁长形或菱形结晶组成。

（二）肾小球病变

原发性淀粉样变多发生在轻链型或 IgD 型 MM 中。光镜下可见大量嗜伊红的均质无结构淀粉样物质沉积于肾组织各部位，以肾小球为主，小动脉壁、肾小管基底膜及肾间质也可有淀粉样物质沉积；免疫荧光可见 IgG、IgA、IgM、C_3 和 C_{1q} 呈非特异性阳性，无特殊诊断意义；刚果红染色呈砖红色，偏振光显微镜下呈现苹果绿色；电镜下可见排列紊乱的细纤维状结构（直径 8 ~ 10nm，长度 30 ~ 100nm）。

轻链沉淀病光镜下肾小球系膜区轻链蛋白沉积而形成无细胞结节硬化，酷似糖尿病肾病改变，免疫荧光可见游离 κ 轻链或 λ 轻链沉积于肾小球系膜结节及肾小管基底膜，以 κ 型轻链多见（约占 80%）。

四、实验室检查

（一）血液学和骨髓检查

贫血常见，重者全血细胞减少；常见高钙、高尿酸血症；血 β2-微球蛋白是判断预后与疗效的重要指标及 MM 分期的依据，其水平高低与肿瘤活动程度成正比。

骨髓象见异常浆细胞大于 10%，但早期可能需多部位进行骨髓穿刺才能确诊。

（二）血清和尿液副蛋白

血清球蛋白常超过正常，尿中也可排出大量的异常球蛋白或轻链蛋白，血、尿免疫固定电泳可见单株峰 M 蛋白。

（三）尿液与肾功能检查

尿检出现轻重不等的蛋白尿（多数为非白蛋白尿），血尿较少见，可出现肾小球及肾小管功能损害（见前述）。

（四）影像学检查

确诊时多数患者 X 线平片可见特征性的溶骨性损害，还可见弥漫性骨质疏松及病理性骨折，MRI 可早期发现 MM 骨骼病变。

五、诊断和鉴别诊断

（一）诊断思路

肾脏病若遇以下情况应考虑原发病为 MM 可能：①年龄>40 岁，不明原因肾功能损害；②血沉明显增快，高球蛋白血症且易感染（如泌尿道、呼吸道感染等）；③尿常规蛋白定性（阴性或少量）和 24 小时尿蛋白定量（大量蛋白尿）结果不一致；④早期肾功能不全伴高血钙；⑤贫血和肾功能损害程度不成正比；⑥肾病综合征无血尿、高血压，早期伴贫血和肾衰竭；⑦肾脏淀粉样变性应常规骨髓穿刺排查 MM。

（二）诊断标准

MM 诊断可依据 2013 年国内修订标准：

1. 有症状 MM（满足全部 3 条标准）　①单克隆浆细胞比例≥10% 和（或）活检证实浆细胞瘤；②血清和（或）尿单克隆 M 蛋白；③骨髓瘤相关靶器官损害（至少一项）：如高钙血症、肾功能不全、贫血、溶骨损害以及相应肾脏病理改变。

2. **无症状 MM**　M 蛋白>30g/L,和(或)浆细胞比例≥10%。

(三) MM 分期

目前常采用 1975 年 Durie 与 Salmon 制定的分期体系和 2005 年国际骨髓瘤工作组制定的国际分期体系(ISS)。新的国际分期系统(ISS)近年得到广泛应用(表 5-5-1),其对患者的预后有较好的预测作用。

表 5-5-1　多发性骨髓瘤 ISS 分期系统

分期	β_2-微球蛋白(mg/L)	白蛋白(g/L)	总生存期(个月)
I	<3.5	≥35	62
II	≥3.5~<5.5	<35	44
III	≥5.5		29

(四) 鉴别诊断

注意与意义未明的高丙球蛋白血症(monoclonal gammopathy of undermined significance, MGUS)、转移性癌的溶骨病变、反应性浆细胞增多症相鉴别。MGUS 患者多无贫血、肾功能损害、骨质破坏,M 蛋白水平较低且长期稳定,IgG<30g/L,IgA<15g/L,尿本周蛋白<1g/24h 或阴性,骨髓浆细胞比例<10%,浆细胞形态多正常。

六、治疗

(一) 骨髓瘤肾损害一般治疗

1. **去除加重肾功能损害的因素**　纠正脱水,尽早发现和控制高钙血症,避免使用造影剂、利尿剂、非甾类抗炎药和其他肾毒性药物,积极控制感染。

2. **充分饮水**　除心力衰竭、大量蛋白尿等水肿少尿患者外,勿限制食盐入量,并予以水化处理,分次摄入足够液体量,保证尿量>2~3L/d。部分 AKI 患者只需摄入足够液体(>3L/d)就可逆转肾功能,老年及心衰患者可能需要监测中心静脉压来指导补液量。

3. **碱化尿液**　可口服和静脉注射碳酸氢盐,维持尿 pH>7。对 MM 合并高钙血症的患者,过分碱化尿液可促使钙盐沉积,故宜保持尿 pH 值在 6.5~7 之间。

4. **防治高钙血症、高尿酸血症**　高钙危象患者可予补液,静脉使用激素、降钙素,必要时予以低钙透析治疗。

5. **贫血治疗**　MM 者 Hb<10g/dl 时应接受促红细胞生成素治疗,剂量一般为 20 000~30 000IU/W(150IU/kg Tiw),治疗前、治疗中监测铁代谢情况。伴慢性肾衰竭者治疗可参考 KDIGO 指南。

6. **骨病治疗**　建议进行化疗的 MM 患者长期使用二磷酸盐,至少持续治疗 2 年。目前多静脉应用用帕米膦酸钠(pamidronate)(每个月 30~90mg),或唑来膦酸(zoledronate)(每个月 4mg)。肾脏是二磷酸盐的唯一排泄途径,肾衰患者需调整剂量,GFR<30ml/min 者不推荐唑来膦酸。

(二) 骨髓瘤化疗

1. **蛋白酶体抑制剂**　以硼替佐米(bortezomib)为基础的化疗目前已是 MM 的一线治疗,包括 VD 方案(硼替佐米与地塞米松联合)、PAD 方案及 MPB 方案(硼替佐米与马法兰及强的松联合)等,疗效远优于传统化疗。该药标准剂量为 1.3mg/m²,第 1、4、8、11 天,3 周为一疗程。肾功能损害不影响该药的药代动力学,肾功能不全者无需调整剂量。由于透析会降低药物浓度,应透析结束后再给予本药。

2. 免疫调节药物　沙利度胺剂量 50~200mg/d,肾功能损害不影响其药代动力学,在 MM 肾损患者中不需要调节剂量,但可能导致高钾血症,尤其在透析患者中,应密切监测。该药可致静脉血栓,建议用药时评估血栓形成的风险因素。雷利度胺为沙利度胺的衍生物,常规剂量 25mg/d,主要经肾脏排泄,需要根据肾功能调整剂量:GFR 30~50ml/min 时剂量应减为 10mg/d, GFR<30ml/min 时应改为隔日 15mg 服用,透析患者剂量为 5mg/d,透析后服用。

3. 传统方案　包括 MP(马法兰+强的松)方案、VAD(长春新碱+阿霉素+地塞米松)方案、HDD(大剂量地塞米松)方案,MP 方案耐受性好,但疗效较差,完全缓解率<3%,马法兰水解后经肾脏排泄,肾功能损害需调整剂量,拟行自体干细胞移植(autologous hematopoietic stem cell transplantation,ASCT)者应避免使用马法兰。VAD 方案在肾功能不全患者中无需调整剂量。HDD 方案适用于肾功能不全患者,在后续化疗方案未定前,可作为初始紧急治疗。

4. 大剂量化疗(HDT)联合自体干细胞移植　年龄<65 岁的初诊患者,HDT-ASCT 应被视为基本治疗措施之一,并据此选择初始诱导治疗方案,>70 岁的患者不推荐该方案。干细胞采集应在病程早期进行,可在化疗 3~4 个疗程后骨髓中瘤细胞负荷较低时动员采集,肾功能不全对于干细胞动员、采集及质量无明显不利影响。HDT 的主要药物是马法兰,剂量范围为 140~200mg/m^2,肾衰竭者中用量为 140mg/m^2。对稳定透析患者或稳定的轻度肾功能不全患者进行干细胞移植治疗是可行的,严重肾功能不全(GFR<30ml/min)患者,虽可考虑该疗法,但仅建议在有特别经验的中心实施。

(三)血液净化治疗

透析疗法适用于严重肾衰竭患者,并可治疗高钙危象。透析时可适当输注碳酸氢钠,促进管型和轻链的排出,老年患者心血管并发症较多,应避免过分超滤脱水。常规透析不能祛除游离 LC,建议患者如有条件可行高通量透析,在体外试验中,高通量透析膜可有效清除血清游离 LC,但尚需循证医学研究进一步确认其疗效。高截留量透析器 HCO1100,有效筛系数 50kDa,能有效降低 MM 患者体内游离 LC 浓度。血浆置换对改善 MM 肾病患者长期预后的疗效不确切,目前并未被推荐为 MM 肾衰竭的标准治疗,多数指南仅推荐 MM 并发高黏滞综合征、或管型肾病导致快速进展肾衰竭时应用该疗法,方案为 10~14 天内行 6 次单膜或双膜血浆置换,注意该治疗和使用化疗药物应相隔一定时间。

七、预后

MM 自然病程 6~12 个月,有效化疗后中位生存期 3~4 年。近年来硼替佐米显著提高了治疗疗效,延长生存时间,且肾衰竭时剂量不需调整,被推荐为一线治疗。合并肾损害者,经过合理治疗后,约半数患者受损的肾功能可有不同程度的恢复,肾功能短期内完全恢复者可能并不影响其远期预后。

第二节　淋巴瘤肾损害

淋巴瘤是淋巴细胞和(或)组织细胞在淋巴结或其他淋巴组织中异常增生的恶性肿瘤,包括霍奇金淋巴瘤(HL)和非霍奇金淋巴瘤(NHL)两类,临床表现为无痛性淋巴结肿大、肝脾肿大、发热、贫血和恶病质等,男性多于女性。WHO 将 HL 分为结节性淋巴细胞为主型和经典型两种, NHL 分成 30 余种亚型,其中侵袭性淋巴瘤是指那些生长迅速的淋巴瘤类型,如不接受治疗常在数月内死亡。遗传因素、感染、环境、饮食、免疫状态是淋巴瘤发生的风险因素。

在血液系统肿瘤所致肾脏损害中,淋巴瘤占首位,但患者生前临床诊断率不高。国外报道在 901 例 NHL 患者中,2.1% 有肾脏累及,男女比例 3.75:1。尸检病例中至少 1/3~1/2 的淋巴瘤引起肾损害,淋巴瘤浸润骨髓者肾损害发生率明显高于无骨髓浸润者。

一、病因和发病机制

（一）肿瘤直接影响

后腹膜淋巴瘤、肿大淋巴结、肿瘤细胞浸润后腹膜腔以及后腹膜纤维化等可压迫泌尿道，引起梗阻性肾病、肾后性急性肾衰竭；压迫肾动脉引起缺血性急性肾衰竭，或压迫下腔静脉（或肾静脉）而损伤肾脏；淋巴瘤患者尸检中 1/3 浸润肾脏，以淋巴肉瘤和网状细胞肉瘤更多见；较少见的原发性肾脏 NHL（primary renal lymphoma，PRL）常发生急性损伤（AKI）。

（二）免疫反应相关肾损伤

主要有以下机制：①淋巴细胞产生的毒性物质使肾小球基底膜通透性增加；②肿瘤相关抗原与免疫球蛋白形成免疫复合物，通过免疫反应引起肾病；③部分患者血液循环中检出混合型冷球蛋白；④HL 中可见淀粉样物质沉积，肾小球病变常与此类免疫反应异常有关。

（三）肿瘤相关高钙血症和高尿酸血症

急性高钙血症可以导致肾小球滤过率（GFR）下降，可能与高钙导致肾小球入球小动脉收缩后肾小球滤过压下降以及多尿导致血容量减少有关，慢性高钙血症可以引起严重的肾小管损伤，肾小管间质钙盐沉积；淋巴瘤核酸代谢增强，常有高尿酸血症，导致肾小管间质性损害。

（四）治疗相关肾损伤

后腹膜淋巴瘤放疗可致放射性肾炎，多种抗肿瘤药物如甲氨蝶呤或亚硝基脲类、化疗后高尿酸血症均可引起肾脏损害。

二、临床表现

（一）肾脏表现

1. **肾小球病变**　可见血尿、蛋白尿、高血压、肾功能受累，部分表现为肾病综合征（NS）。肾小球病变可先于、同时或晚于淋巴瘤诊断的确立，甚至可在淋巴瘤发生前数月至数年出现。当 NS 为首发症状，而早期无明显淋巴结肿大时，易漏诊和误诊。NS 一般随淋巴瘤的恶化或缓解而相应加剧或好转。

2. **肿瘤相关肾脏压迫症状**　淋巴瘤肿块、肿大淋巴结、肿瘤浸润可致：①梗阻性肾病；②肾盂、输尿管破坏、积水；③肾动脉、肾静脉、下腔静脉狭窄及闭塞，相应可导致肾后性、肾前性及肾性肾衰竭。

3. **肿瘤浸润**　患者生前确诊率较低，尸检中发现肾脏浸润比例较高，国外一项回顾性研究报道，1365 例 NHL 中，7.6% 有肾脏浸润，其中 56.7% 为 B 细胞淋巴瘤，16.4% 为 T 细胞淋巴瘤，72.1% 为双肾浸润，单侧肾浸润 27.9%，结节样浸润 59.6%，弥散性浸润 38.5%。肾脏淋巴瘤细胞浸润分为间质浸润和肾小球浸润两种类型，以间质浸润型多见，约占 80%，且多表现为 AKI。患者肾脏体积常增大，即使慢性肾衰竭终末期肾脏体积也无明显缩小。

4. **原发性肾脏淋巴瘤（PRL）**　PRL 临床表现类似肾癌，较少见。组织学基本为 B 细胞性，多数是高度恶性的弥漫性大细胞性淋巴瘤。其诊断标准为：①肾穿刺组织学确诊淋巴瘤浸润；②弥漫性单侧或双侧肾脏肿大（排除梗阻性肾病）；③无肾外脏器、淋巴结受累；④肾衰竭常为首发症状（排除其他肾衰竭原因），淋巴瘤治疗后肾衰竭快速缓解。

5. **代谢异常相关肾损伤**　常见高钙血症、高尿酸血症所致小管间质损害，急性高钙血症还可致 GFR 下降。

6. **治疗相关肾损害**　部分化疗方案所用药物如甲氨蝶呤（MTX）、顺铂等可引起肾损伤，前者主要由于 MTX 结晶沉积于小管内所致，剂量>200mg/m² 时肾毒性更加明显。顺铂引起的肾损伤为剂量依赖性，AKI 一般发生于给药 1~2 周后，多为非少尿型，部分患者有低血镁、低血钾、低血钙。部分放疗患者，肾脏在 5 周内接受放射剂量达 20Gy 以上，可发生放射性肾病，临床上常以高血压、蛋白尿、进行性贫血及肾功能损害为特征。

（二）肾外表现

1. 全身症状　多在疾病晚期才出现。常见疲乏、发热、进行性消瘦等。

2. 淋巴结肿大　浅表淋巴结肿大是最常见的早期症状，大多进行性逐渐增大，晚期数个肿大的淋巴结可互相融合成为较大肿块并固定。

3. 淋巴结外器官累及症状　HL 患者，出现结外器官累及症状常常提示疾病发展至晚期，而对于 NHL，20% ~30% 患者主要表现为结外器官受累症状。

4. 肝脾肿大　NHL 较 HL 患者更常见肝脾肿大。

三、病理

病变肾脏的重量增加，肉眼可见多发性结节，少数外观正常。HL 相关的肾小球病变常见微小病变、淀粉样变性、膜性肾病。微小病变是 HL 的典型肾损害病理类型，发生率约为 1%，而淀粉样变性的发生率近年有所减少。NHL 可表现为多种肾小球病变，包括：微小病变、膜性肾病、膜增生性肾炎、系膜增生性肾炎、新月体肾炎、IgA 肾病等，少数可见局灶节段硬化性肾病、纤维样肾小球病等。肾间质中瘤细胞可呈弥漫性浸润或局灶性聚集。

四、诊断和鉴别诊断

肾病综合征患者如有以下特点，临床应注意排除淋巴瘤可能：①中老年患者；②病理表现为微小病变（或膜性肾病）；③肾脏体积增大，即使进入终末期肾病肾脏体积也无缩小；④浅表淋巴结肿大；⑤激素抵抗性 NS。如确诊淋巴瘤，且肾病综合征随淋巴瘤的恶化或缓解相应加剧或好转，可诊断淋巴瘤相关肾病。

急性间质性肾炎（acute interstitial nephritis，AIN）如合并淋巴结、肝脾肿大应排除淋巴瘤，但需与自身免疫性疾病（干燥综合征、SLE、结节病等）肾损害、药物过敏及感染所致的 AIN 鉴别。在肿大淋巴结位于体腔深部难以活检时，肾脏病理可能提供重要诊断线索。如肾组织浸润淋巴细胞在形态学（异型性、单一性）考虑为淋巴瘤后，应结合免疫组化进行鉴别，分别做两个 T 细胞和 B 细胞标记如 CD3、CD43、CD20、CD79α 等。

淋巴结及骨髓活检、影像学检查（尤其正电子发射计算机断层显像 PET-CT 等）等对于排查淋巴瘤非常重要。

五、治疗

主要针对淋巴瘤进行治疗，目前多根据不同肿瘤、不同病理类型及亚型、不同生物学行为、不同病期及发展趋向、不同机体的行为状态及重要脏器功能进行综合治疗。治疗手段包括外科手术切除、放射治疗（放疗）、化学治疗（化疗）、生物反应修饰剂、中医中药等。HL 的常用方案包括 MOPP、ABVD、CHOP 等，NHL 可选择 CHOP、m-BACOB、MACOP-B 方案。包含抗 CD20 单克隆抗体（rituximab）、蛋白酶体抑制剂硼替佐米、雷利度胺（沙利度胺）等药物的新方案应用较传统方案大幅提高了疗效及患者的长期生存率。对于<55 岁、中高度恶性、难治、易复发的淋巴瘤，如重要脏器功能正常，可考虑外周血自体干细胞移植。

淋巴瘤肾病治疗还包括：①纠正脱水，尽早发现和控制高血钙，避免使用造影剂、利尿剂、NSAIDs 和肾毒性药物，积极控制感染；②充分饮水，保持足够尿量，尤其在化疗前后注意水化，适当碱化尿液；③防治高血钙：部分患者可能发生高钙危象，须及时补液，适当使用肾上腺皮质激素、降钙素等，严重高血钙可行低钙透析；④防治高尿酸血症：选用抑制尿酸合成药别嘌呤醇，肾功能减退时需减量，与化疗同时合用时注意监测血白细胞；⑤透析疗法适用于严重肾衰竭患者，并可治疗高钙危象，部分患者有可能透析数月后随淋巴瘤缓解、肾功能改善而脱离透析，淋巴瘤合并终末期肾病需维持性肾脏替代治疗。

（陈　楠）

本章小结

　　多发性骨髓瘤和淋巴瘤是最常见的两种导致肾脏损害的血液系统肿瘤。近半数多发性骨髓瘤患者有肾脏受累，管型肾病多见，临床可表现为急性肾损伤，部分表现为慢性肾脏病，对伴高钙血症、骨质破坏、高丙球蛋白血症、贫血程度与肾功能不符合的老年肾损害患者，尤其要注意排查本病；以硼替佐米为基础的治疗是目前的一线化疗方案，疗效显著优于传统方案；血液净化适于严重肾衰竭患者。淋巴瘤肾损伤发生率高，但患者生前确诊者较少，肾脏损害可先于、同时或晚于淋巴瘤诊断，微小病变、膜性肾病是最常见的肾小球病变类型，部分患者可表现为急性间质性肾炎或肾间质瘤细胞弥漫性浸润，本病主要针对淋巴瘤治疗。

关键术语

　　骨髓瘤肾病（myeloma nephropathy）

　　轻链（light chain）

　　本周蛋白（Bence-Jones protein）

　　管型肾病（cast nephropathy）

思考题

1. 骨髓瘤肾损害的主要发病机制包括哪些？
2. 肾损伤患者合并哪些情况，应重点排查骨髓瘤肾病？
3. 骨髓瘤肾损害的主要病理表现有哪些？
4. 简述淋巴瘤肾损害的主要临床表现。
5. 简述淋巴瘤肾损害的诊断要点。

第六章　高血压与肾脏

【学习目标】

掌握高血压肾损害的诊断、鉴别诊断和治疗措施；熟悉其分类、临床表现、病理改变的特点及实验室检查的意义；了解高血压肾损害的病因和发病机制。

无论原发性还是继发性高血压，均可引起不同程度的肾脏损害。临床上将高血压造成的肾脏结构和功能的改变，统称为高血压性肾损害，主要为小动脉性肾硬化。而高血压一旦对肾脏造成损害，肾脏对体液平衡调节以及血管活性物质代谢的功能发生障碍，会进一步加重高血压，造成肾损害与高血压之间的恶性循环，甚至进一步导致心脑血管疾病。根据病理变化、临床表现以及病程演进的不同，小动脉性肾硬化症可分为良性和恶性两种。

高血压是我国导致 ESRD 的第三位病因。2011 年上海透析登记报告中显示高血压肾硬化占新增终末期肾病（ESRD）患者 13.39%，占年末 ESRD 患者 14.57%。USRDS 2010 年统计结果显示，由高血压导致的 ESRD 较 2000 年上升了 8.1%，高达 99.1 每百万人口，是美国 ESRD 的第二位病因。

一、病因和发病机制

高血压肾硬化的危险因素包括不可逆和可逆因素。不可逆危险因素包括出生时低体重、年龄、男性、有高血压肾损害家族史等；可逆危险因素包括不良生活方式、精神紧张等社会心理因素、炎症、长期严重的高血压、肥胖、糖尿病、高脂血症、高尿酸血症及阻塞性睡眠呼吸暂停综合征等。

良性小动脉性肾硬化症的发生率与高血压的严重程度和持续的时间呈正相关。主要发病机制包括：

（一）血流动力学因素

发生高血压时，肾脏小动脉收缩，肾血管阻力升高，肾血流量（renal blood flow，RBF）下降。随着高血压的持续进展，出现肾小动脉硬化，顺应性下降，加之小动脉管壁增厚，管腔狭窄，RBF 进一步下降，导致缺血性肾实质损害。高血压性肾损害并不完全为缺血性损害，肾小球内高灌注、高压力及高滤过（"三高"）的存在亦是促进肾实质损害，尤其是肾小球硬化的主要发病机制。

（二）肾素-血管紧张素-醛固酮系统（RAAS）激活

RAAS 激活参与形成高血压肾损害，转化生长因子 β（TGF-β）在血管紧张素 Ⅱ（Ang Ⅱ）导致的促生长和促纤维化作用中亦起着关键作用，增高 Ang Ⅱ 可刺激内皮细胞生成内皮素-1（ET-1）。此外，肾动脉狭窄后肾血流量减少造成的缺氧和髓质渗透压升高也可能参与了肾脏合成 ET-1 增加。同时 ET-1 还可与其他生长因子，如表皮生长因子、血小板源性生长因子及 TGF-β 协同作用，加速肾脏硬化的进程。

（三）中枢交感神经过度兴奋

神经信号沿交感传出纤维依次作用于心脏、血管壁和肾脏，影响血压。交感神经兴奋，可直接刺激外周血管收缩、提高心率、促进心肌收缩等，从而升高血压。交感信号可作用于肾脏内小

Note

动脉,造成血管收缩,升高血压,降低肾小球灌注;使肾小管钠吸收增多;作用于球旁器细胞,使肾素分泌增多,激活 RAAS,又进一步加重交感神经系统的激活。

急骤的血压升高是发生恶性小动脉性肾硬化症的关键因素。严重的高血压可直接对血管壁造成机械性损伤,导致小动脉的纤维素样坏死和增生性动脉内膜炎;RAAS 激活促使血管通透性增加,纤维蛋白原进入小血管壁,激活凝血系统,管壁及管腔内发生纤维蛋白沉淀,红细胞经过时破裂溶血,进一步促使纤维蛋白沉积,加上血管内皮损伤、血小板凝集、凝血物质释出,导致微血管溶血,以及弥漫性血管内凝血。此外,加压素水平增高、细胞胞质内钙含量增加、低钾饮食、前列环素合成减少等也可能参与了发病。在恶性高血压患者小动脉壁发现有免疫球蛋白和补体的沉积,故不能排除免疫机制参与了血管病变的可能。

二、临床表现

(一)良性小动脉性肾硬化症

首发的临床症状可能是夜尿增多,这反映了肾小管发生缺血性病变导致尿浓缩功能减退。当肾小球出现缺血性损害时,可出现轻、中度蛋白尿,一般尿中红细胞及白细胞并不增多。早期肾功能正常,随着病情进展肾功能逐渐减退。眼底检查非常重要,可见小动脉痉挛、狭窄,视网膜动脉硬化等,一般与肾小动脉硬化程度平行,可大致反映肾小动脉情况。可存在其他靶器官损害如:高血压性左心室肥厚,脑血管意外等。

(二)恶性小动脉性肾硬化症

恶性高血压是高血压急症中的一种类型,其发病率占高血压人群的 1% ~ 4%,常发生于 30 ~ 40 岁青壮年,以往有高血压病史的男性患者多见。临床特征包括短时间内血压升高,起始症状多为神经系统改变(头晕、头痛、意识障碍、惊厥、抽搐等)。恶性高血压更易合并其他脏器损害,病变广泛累及全身小动脉,随后出现心力衰竭和/或肾衰竭。

恶性小动脉性肾硬化症首先表现为蛋白尿,严重时呈肾病综合征表现。20% 患者可有无痛性肉眼血尿,50% 为镜下血尿,可出现红细胞管型和颗粒管型。75% 的患者有白细胞尿。多数患者伴有肾功能进行性减退。肾脏大小一般正常或轻度缩小。恶性高血压患者仅在以下几种情况下应考虑肾活检:①表现为急性肾炎综合征时,不能除外新月体肾炎或急性肾炎者;②不能除外急性间质性肾炎者;③血压平稳后尿蛋白量仍然较大,需了解有无肾实质性疾病。由于有高血压和小动脉硬化,肾活检时容易出血,因此对于这类患者进行肾活检要相当慎重,严格掌握肾活检指征。

常常伴随心脏及中枢神经系统累及,如急性心力衰竭、心绞痛和心肌梗死,3/4 以上患者有左心室肥大。脑血管意外发生率为 7%,表现为局灶性脑梗死、蛛网膜下腔或脑实质出血。血栓性微血管病是继发于恶性高血压的严重并发症,有微血管性溶血性贫血和血小板减少等表现,常合并急性肾衰竭。

三、病理

高血压性肾硬化症的主要病理变化为肾脏小动脉硬化,如弓状动脉及小叶间动脉肌内膜增厚、入球小动脉玻璃样变、管壁增厚、管腔变窄,进而继发肾实质缺血性损害,包括肾小球缺血性皱缩、硬化,肾小管萎缩,肾间质炎细胞浸润及纤维化。在 80 岁以上人群的肾活检病理中高血压性肾小动脉硬化占 7.1%。

恶性小动脉性肾硬化症的特征性病理表现是小动脉的增生性动脉内膜炎和入球小动脉壁纤维素样坏死。光镜下可见入球小动脉发生纤维素样坏死,内皮下透明血栓形成;小叶间动脉和弓状动脉肌内膜高度增生,基质与肌内膜细胞呈同心圆排列,形成典型"洋葱皮"样外观,致使动脉管壁高度狭窄乃至闭塞;肾小球缺血皱缩,部分患者表现为节段性纤维素样坏死,肾间质可

Note

表现为水肿,炎性细胞浸润和肾间质纤维化。肾小管上皮细胞脱落和不同程度的肾小管萎缩。

四、实验室检查

微量白蛋白尿是高血压肾损害的早期诊断指标,同时也是全身血管内皮细胞损伤的标志。未充分控制和新近发生严重高血压的原发性高血压病人,尿微量白蛋白排出增加,待血压控制后尿白蛋白排出减少。

微量白蛋白尿的监测可采用 24 小时尿液白蛋白定量(30~300mg/24h)、24 小时尿白蛋白排泄率(20~200μg/min)、随意尿中白蛋白与肌酐比值(30~300mg/g 或 2.5~25.0mg/mmol)测定或晨尿中白蛋白浓度(30~300mg/L)测定等方法。晨尿中白蛋白浓度的测定可能是患者筛选的理想方法,而 24 小时尿白蛋白排泄率是可靠的监测指标。

大多数恶性小动脉性肾硬化症患者血液检查提示血浆肾素水平和活性以及醛固酮水平升高。外周血涂片可见破碎红细胞、血小板减少、网织红细胞增加、纤维蛋白降解产物增加、纤维蛋白原增加等。

五、诊断和鉴别诊断

良性小动脉性肾硬化症诊断要点包括:①中年以上多见,可有高血压家族史;②出现肾损害以前已有 5 年以上持续性高血压(一般>150/100mmHg)病史;③病情进展缓慢,肾小管功能损害(尿浓缩功能减退,夜尿增多)早于肾小球功能损害;④有持续性蛋白尿(轻至中度),尿镜检有形成分少;⑤常伴随高血压视网膜病变、心、脑血管并发症。

恶性小动脉性肾硬化症的诊断依据:①有恶性高血压;②有蛋白尿和血尿;③肾功能进行性恶化。恶性高血压诊断标准:①短期内血压急剧增高,舒张压≥130mmHg;②眼底检查见双侧视网膜出血、棉絮样渗出,可伴或不伴视乳头水肿(KW 分级达Ⅲ级或Ⅳ级)。

需与以下疾病鉴别:

(一)肾实质性高血压

病史中先有高血压还是先有肾脏病对鉴别诊断起重要作用,如先有尿检异常而后再出现高血压,提示肾实质性疾病伴发肾性高血压可能大;如先有高血压,若干年后出现尿检异常,则原发性高血压引起肾脏损害的可能较大。原发性高血压引起肾脏损害的早期以肾小管间质病变为主(夜尿增多,大多尿蛋白<1.5g/24h,以小分子蛋白为主);肾实质性疾病伴发高血压则大多以肾小球病变为主。临床诊断困难时可行肾活检帮助鉴别。

(二)肾血管性高血压

绝大多数的肾血管性高血压系由肾动脉粥样硬化狭窄引起,它可同时导致患侧肾脏缺血性肾病及对侧肾脏高血压肾硬化症,从而出现肾功能损害。肾血管性高血压常有如下特点可资鉴别:①由肾动脉粥样硬化引起者,常发生于老年人及绝经期后妇女,并常伴心、脑及外周动脉粥样硬化表现;②血压常很高,不用血管紧张素转换酶抑制剂(ACEI)或血管紧张素受体拮抗剂(ARB)常难控制,而 ACEI 或 ARB 用量稍大又易造成血压剧降,出现急性肾损害;③出现缺血性肾脏损害时,其表现与高血压肾硬化症相似,尿液改变轻微,肾小管功能损害早于肾小球损害,进展较缓慢;④由于两侧肾动脉病变常轻重不一,因此影像学检查双肾大小、及核素检查双肾的肾功能常不一致;⑤上腹部及(或)腰背部有时可闻及血管杂音。高度疑诊时可行选择性肾动脉造影确诊。

(三)其他继发性高血压

包括各种内分泌疾病导致的高血压,例如皮质醇增多症、嗜铬细胞瘤及原发性醛固酮增多症等,它们都有各自的内分泌疾病表现,而常无肾脏损害,鉴别并不困难。

另外,也需与主动脉缩窄鉴别,后者或为先天性,或由多发性大动脉炎引起,较少见。临床表现为上肢血压高而下肢血压不高或降低;腹主动脉、股动脉和其他下肢动脉搏动减弱或不能触及;肩胛间区、胸骨旁、腋部可有侧支循环的动脉搏动、杂音和震颤。主动脉血管造影可以确诊。

六、治疗

(一)积极控制可逆的危险因素

调整生活方式,如限制钠盐摄入(推荐每日摄入食盐<6g/d)、戒烟限酒、控制体重、适当的体育活动等。这些干预措施方便易行,还可帮助患者更好地降低血脂、控制血糖,减少心血管并发症的风险。

(二)早期进行降血压治疗

将血压降至目标值是预防良性小动脉性肾硬化症发生的关键。大量临床研究表明,血压的良好控制可以减少蛋白尿,延缓肾功能的减退,减少心血管事件的发生,降低病死率。

1. **降压目标**　在良性小动脉性肾硬化症发生后,治疗以控制血压、减少蛋白尿、保护残存肾单位、延缓肾损害进展为主要目的。不同的指南对慢性肾脏病(CKD)患者降压靶目标的确定并不一致。2012 年改善全球肾脏病预后国际组织(Kidney Disease:Improving Global Outcomes,KDIGO)指南提出:对于糖尿病及非糖尿病的 CKD 非透析患者,若 24 小时尿白蛋白<30mg,血压治疗目标为<140/90mmHg;若 24 小时尿白蛋白>30mg,治疗目标为<130/80mmHg。2013 年欧洲心脏病学会(ESH/ESC)指南的降压靶目标统一为<140/90mmHg,合并大量蛋白尿时可将收缩压降为<130mmHg,糖尿病患者舒张压可降至<85mmHg,老年人血压控制目标为 150～140/90mmHg,<80 岁的老年人在耐受良好的情况下收缩压可降至<140mmHg。

2. **降压药物的选择**　国内外高血压治疗指南均推荐将 ACEI、ARB、钙通道阻滞剂(CCB)、β受体阻滞剂及利尿剂作为降血压治疗的一线药物。应在将血压降至目标值的前提下,选择能更有效保护肾脏的药物。

若无禁忌,ACEI/ARB 药物应作为 CKD 患者(尤其是合并蛋白尿的患者)降压首选药物。其作用机制如下:①血压依赖性效应,包括直接扩张血管,即扩张入球与出球小动脉,其中扩张出球小动脉较为显著,降低肾小球囊内压;②非血压依赖性效应,改善肾小球滤过膜的选择通透性、保护足细胞、减少细胞外基质蓄积、抑制醛固酮分泌等机制降压并降蛋白尿,并能抑制肾脏纤维化、促进血管及心肌细胞重构。许多大型的临床试验均证实 ACEI/ARB 具有减少蛋白尿的作用,并可增强降压以外的靶器官保护作用。但 ACEI/ARB 有导致 GFR 下降及高钾血症的危险,尤其是对于肾动脉狭窄、有效血容量不足(包括腹泻、呕吐、感染性休克、高热等)、使用非甾体类抗炎药(NSAIDs)或 COX-2 抑制剂的患者应注意监测肾功能和血钾。由于 ACEI/ARB 具有致胎儿畸形作用,孕妇应禁用此类药物。新型 RAAS 阻断剂(RASI)如肾素抑制剂、醛固酮受体拮抗剂等在肾性高血压治疗中的前景值得临床关注。

利尿剂和 CCB 是降低外周血压的重要药物。为使血压达标,大部分患者需要两种以上降压药联合使用,ACEI/ARB 可与 CCB、小剂量利尿剂、β-受体阻滞剂等联合应用。当 GFR<30ml/min 时,推荐选用袢利尿剂。因高血压急症(如恶性高血压时)出现急性肾损伤,应在静脉降压(包括硝普钠、拉贝洛尔等)的同时积极使用 RASI 控制血压,必要时及时进行肾脏替代治疗。

除了合并高血压脑病、严重充血性心力衰竭、急性心肌梗死等的恶性高血压需要尽快降低血压外,大多数无并发症的恶性高血压应避免在短期内迅速将血压降至正常,以防止肾脏及心、脑缺血加重。通常血压下降幅度在 24 小时内不超过 20%,血压在 24～48 小时内降至 160～170/100～110mmHg 为宜,对于有长期高血压史及老年患者,降压过程更宜缓慢。

经导管肾脏去神经支配术(catheter-based renal denervation)可作为顽固性高血压治疗的一种备选治疗策略,适用于在生活方式调整和药物治疗后未达到降压目标的顽固性高血压患者。其确切疗效及安全性均仍需更大样本临床试验的验证。

七、预后

良性小动脉性肾硬化症一般病程长,积极控制血压,并治疗高血压肾损害的相关危险因素包括糖尿病、高脂血症、高尿酸血症等,可改善其预后。

恶性小动脉性肾硬化症的预后与以下因素有关:①血压的控制程度:如不能充分控制血压,恶性肾小动脉硬化症病情发展迅速,常在 1~2 年内死亡;②开始治疗时的肾功能状态;③病因:原发性恶性高血压经积极降压可改善肾功能,而由肾实质性疾病继发的恶性高血压则更快进展至 ESRD。

(陈　楠)

本章小结

高血压性小动脉性肾硬化是导致 ESRD 的重要原因,其发病率不断上升。良性小动脉性肾硬化症一般进展缓慢,早期表现为夜尿增多,可有少量蛋白尿,以小分子蛋白尿为主;恶性小动脉性肾硬化症起病急骤,如不积极治疗,常出现肾功能急剧恶化。控制血压和保护靶器官是本病的主要治疗手段。

关键术语

良性小动脉性肾硬化(benign arteriolar nephrosclerosis)
恶性小动脉性肾硬化(malignant arteriolar nephrosclerosis)

思考题

1. 良性小动脉性肾硬化和恶性小动脉性肾硬化的临床表现和病理特点是什么?
2. 高血压肾损害的病因和发病机制是什么?
3. 恶性肾小动脉硬化症的诊断依据是什么?

Note

第六篇　肾血管、小管、间质疾病

器官·系统
整合教材
OSBC

第一章　肾血管疾病

【学习目标】
掌握肾血管疾病常见病因、发病机制、临床表现、诊断及治疗原则。

第一节　动脉性疾病

一、肾动脉狭窄

肾动脉狭窄(renal artery stenosis)是最常见的肾血管疾病,常见病因为动脉粥样硬化、纤维肌性发育不良及大动脉炎。随着我国人口老龄化及生活水平提高所致心血管疾病发病率的上升,动脉粥样硬化性肾动脉狭窄(atherosclerotic renal artery stenosis,ARAS)也成为我国肾动脉狭窄的首要病因。本文主要介绍动脉粥样硬化性肾动脉狭窄。

随着年龄的增长及危险因素的增加,ARAS 的发病率也逐渐增加。如对于年龄大于 65 岁的老年人其患病率为 25% ~ 60% ;对于冠心病患者,ARAS 的患病率为 10% ~ 30% 。对于糖尿病患者,ARAS 的患病率为 8.3% ~ 50% 。而 ARAS 本身也是发生慢性肾脏病直至终末期肾病的主要原因。

(一) 发病机制

与 ARAS 密切相关的临床表现主要包括肾血管性高血压和缺血性肾脏病,以下将分别就二者的发病机制进行介绍。

1. **肾血管性高血压**　肾血管性高血压是指由于肾血管的损伤或狭窄造成肾脏灌注压下降,出现继发性高血压。其病理生理机制主要是源于当肾动脉狭窄到一定的严重程度(一般认为应>70%),影响到肾脏血流量,刺激肾小球球旁器的致密斑,促进球旁细胞释放肾素,进一步激活肾素-血管紧张素-醛固酮系统(RAAS),血管紧张素Ⅱ是较强的血管收缩因子,醛固酮可促进机体水钠潴留,故肾素及容量因素均参与了肾血管性高血压的发生,这也造成了该类患者容易出现难治性高血压,需要多种类型降压药治疗的原因。另外,交感神经系统激活也参与了高血压的发生。

2. **缺血性肾脏病**　当肾动脉狭窄程度显著影响了肾脏血流动力学,并造成肾小球滤过率下降的时候,称之为缺血性肾脏病。与肾血管性高血压类似,RAAS 系统的异常激活在缺血性肾脏病的发生发展中起到了关键作用,特别是血管紧张素Ⅱ可以作为一种前炎症因子介导肾小管-间质损伤,其还可以与其他因子如 TGF-β、超氧负离子等交互作用,促进肾脏纤维化。其他如缺氧状态、内皮素等也参与了缺血性肾脏病的进展。

(二) 临床表现

ARAS 的主要临床表现为高血压和进行性肾功能减退。另外,由于 ARAS 患者往往伴有全身动脉粥样硬化,故多数患者会有全身血管病变的特点,如中老年人好发;既可以表现为新出现的高血压,也可以表现为原有高血压的加重,甚至出现恶性高血压;易合并缺血性心脏病及脑血管疾病等。ARAS 在肾脏的主要表现为慢性肾功能不全;小到中等量的蛋白尿,但如果患者出现新发的恶性高血压,蛋白尿量可达肾病综合征水平;无明显血尿。

(三)影像学检查

1. 彩色多普勒超声　是目前诊断肾动脉狭窄最常用的筛查方法。其缺点是其受操作者的水平及患者的身体状态如肠胀气及肥胖等影响较大,故有10%～20%的操作失败率。

2. 增强计算机X线断层造影(CT)　该法图像优良,也有较好的特异性及敏感性,但由于其需用造影剂,在中、重度肾功能不全(GFR<30ml/(min·1.72m²))患者应慎用。

3. 磁共振血管成像(MRA)　目前,造影剂增强的MRA诊断肾动脉狭窄的敏感性及特异性可达到90%以上,有较好的应用前景。但其缺点是不易显示肾动脉分支,且由于其需使用含钆造影剂,对于中、重度肾功能不全患者会增加肾源性系统性纤维化的风险。

4. 卡托普利肾动态显像　肾动脉狭窄可激活RAAS,通过ATⅡ对出球小动脉的收缩作用有助于维持肾小球内压及肾小球滤过率;使用卡托普利抑制ATⅡ生成,则可降低肾小球内压及肾小球滤过率。因此,在服用卡托普利前后用放射性核素技术能够更敏感地检测单侧肾脏的缺血情况。卡托普利实验的诊断敏感性71%～92%,特异性72%～98.2%。该法目前主要用于评价分肾功能,并预测肾血管重建的治疗效果,如术前该法阳性,则提示术后血压将得到较好控制,而阴性则提示手术效果不会太好。

5. 肾动脉造影　该法是诊断肾动脉狭窄的"金标准",可反映肾动脉狭窄的部位、范围、程度、病变性质、远端血流情况及侧支循环,也是介入治疗的必要手段。目前随着数字减影血管造影技术的成熟及发展,如使用细导管、减少造影剂用量等已大大减少相关并发症的发生。

(四)诊断

由于ARAS的患者往往存在心血管疾病等基础疾病,故近年来如何将该类患者的临床特征合理组合,并开发建立临床预测公式成为研究的重要方向。

由于冠心病及高血压与ARAS的发病关系密切,国内王梅等对于此两类人群通过临床指标开发了ARAS筛查的预测公式,操作性强、准确度高且花费小,值得推广。

1. 冠心病患者ARAS预测公式　该评分系统包含了年龄、体重指数、血肌酐、高血压病史、糖尿病病史、缺血性脑血管病病史与顽固性高血压等指标(表6-1-1),敏感性及特异性均大于70%,筛选步骤可参见图6-1-1。

表 6-1-1　冠心病患者 ARAS 的评分系统

年龄	分值	血肌酐	分值	BMI	分值
20～29	2	41～60	1.5	≤15	6
30～39	3	61～80	2	15～18	5
40～49	4	81～100	2.5	18～21	4
50～59	5	101～120	3	21～24	3
60～69	6	121～140	3.5	24～27	2
70～79	7	141～160	4	27～30	1
80～89	8	161～180	4.5	≥30	0
≥90	9	181～200	5		
		201～220	5.5		
		220～240	6		
		>240	6.5		

注:如患有高血压:计1.5分;如患有顽固性高血压:计1.5分;如患有糖尿病:计1分;如患有脑血管病:计1分

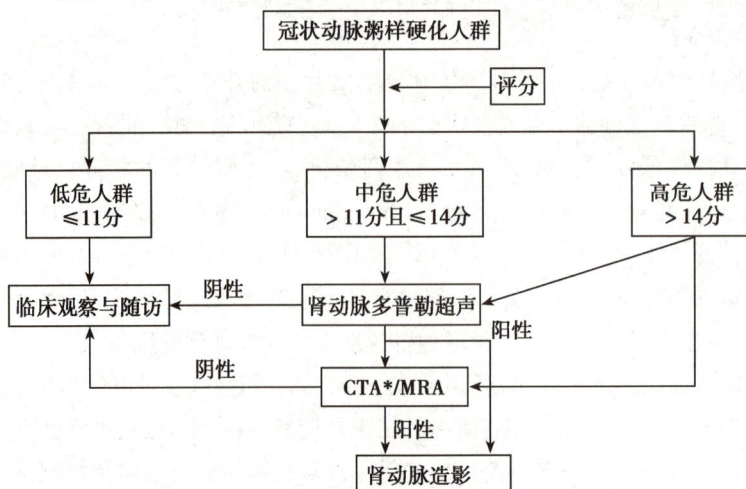

图 6-1-1   冠心病患者 ARAS 辅助检查筛选步骤

2. 中老年高血压人群 ARAS 预测公式   该评分系统可参见表 6-1-2,敏感性及特异性分别为 75.6% 及 67.6%,筛选步骤可参见图 6-1-2。

（五）治疗

1. 药物治疗   主要包括干预危险因素如控制血脂、血糖、抗血小板聚集及控制血压。

关于血压的控制目标可参考慢性肾脏病临床实践指南（K/DOQI）关于慢性肾脏病患者的降压目标：BP<130/80mmHg。

表 6-1-2   中老年高血压患者 ARAS 的评分系统

变量		分值	变量		分值
年龄（岁）	40～49	4	脉压（mmHg）	21～30	1
	50～59	5		31～40	1.5
	60～69	6		41～50	2
	70～79	7		51～60	2.5
	≥80	8		61～70	3
血肌酐（μmol/L）	41～60	1.5		71～80	3.5
	61～80	2		81～90	4
	81～100	2.5		91～100	4.5
	101～120	3		≥101	5
	121～140	3.5			
	141～160	4			
	161～180	4.5			
	181～200	5			
	≥201	5.5			

注：患者如为 50 岁后出现的高血压计 1 分

Note

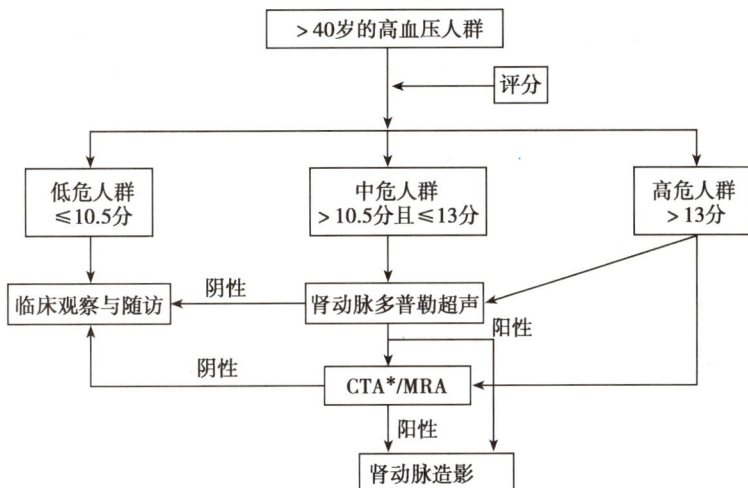

图 6-1-2 高血压患者 ARAS 辅助检查筛选步骤

RASI 在 ARAS 的降压中是一把"双刃剑",合理使用可以改善患者预后,而不恰当应用反而会加重肾功能进展。目前大多数学者认为对于双侧肾动脉狭窄以及孤立肾的肾动脉狭窄患者应避免使用 RASI,因其造成急性肾损伤及高钾血症的几率较高;而对于单侧 ARAS 患者,如能严密监测患者肾功能及有效血容量,则应尝试使用 RASI,以达到降压及延缓肾功能进展的目的。值得一提的是,对于已达到 CKD3 期或更晚期的 ARAS 患者,目前并无研究证实 RASI 使用的优劣性,临床医生使用时应全面评估以下指标:患者是否存在全身血容量不足的状态,如心衰、脱水、使用利尿剂或 NSAIDs 等药物,如确实需应用 RASI,也要在使用该药 7~10 天后重新评价肾功能及血钾,如肾功能较基础值升高 30% 以下,则可继续应用;如升高在 30%~50%,则应减半使用,继续监测;如升高大于 50%,则应立即停用,并寻找危险因素;如出现高钾血症,则应随时停用。

由于 ARAS 患者肾功能的进展是多因素参与的结果,对于 RASI 在其中的作用尚需大样本观察及高级的系统综述及荟萃分析来评价。

2. **介入治疗** 经皮腔内肾动脉成形术(percutaneous transluminal renal angioplasty,PTRA)及放置支架(PTRAS)自 90 年代以后开始应用于肾动脉狭窄的治疗,由于其创伤小,并发症少,目前在很多中心被应用。虽然介入治疗对于肾动脉狭窄的另两大病因—纤维肌性发育不良及大动脉炎效果较好,但由于 ARAS 患者年龄大,基础疾病多,发生与介入相关的并发症也较高,故在手术前应仔细进行个体评价,充分让患者受益。

介入治疗的短期并发症主要包括穿刺部位出血、肾动脉撕裂、肾动脉血栓形成、造影剂肾病以及胆固醇结晶栓塞等;远期并发症主要指再狭窄。

3. **手术治疗** 主要包括肾动脉搭桥术、肾动脉内膜切除术和自体肾移植术等,适用于同时伴有主动脉闭塞性疾病或主动脉瘤的患者。对于狭窄侧肾脏已无功能且伴顽固性高血压者可采用肾切除术。手术对患者的高血压有较好的控制,对于肾功能的恢复取决于患者术前的基础肾功能。由于手术并发症及围手术期死亡率较高,故限制了其广泛的应用。

二、肾动脉栓塞和血栓形成

肾动脉栓塞与血栓形成(renal artery embolism and thrombosis)指肾动脉主干及其分支的血栓形成或栓塞,致肾动脉管腔狭窄或闭塞,引起相关病理生理改变及临床表现。肾动脉血栓可因血管壁病变(创伤,动脉粥样硬化,血管炎等)或血液高凝状态而产生。肾动脉栓塞的栓子主要来源于心脏,偶有心脏外的来源。

Note

（一）病因

1. 肾动脉血栓

（1）外伤性肾动脉血栓：腹部钝器伤是主要原因，往往发生于打斗或车祸后，撕裂或挫伤造成肾动脉主干或分支血管损伤，易于血栓形成。最常见于左侧。其他诱因还包括肾动脉球囊扩张、主动脉或肾动脉造影、肾移植术后等。

（2）非外伤性肾动脉血栓：动脉粥样硬化、肾动脉瘤、纤维肌性发育不良、大动脉炎、抗磷脂综合征、梅毒、怀孕、其他获得性高凝状态。需注意的是，大部分先天性高凝状态患者往往易形成深静脉血栓，而非动脉血栓。

2. 肾动脉栓塞

肾动脉栓塞的栓子90%以上来自心脏，特别见于风湿性心脏瓣膜病患者，如合并房颤、心内膜炎等更易发生。其他也可由肿瘤栓子或脂肪栓子引起栓塞。

（二）临床表现

本病临床表现取决于肾动脉堵塞的速度、程度和范围。肾动脉主干及其大分支堵塞易出现以下典型的临床表现。

1. 急性肾梗死

首发表现为剧烈的腰痛、腹痛或背痛。也可出现系统性表现如发热、恶心等。实验室检查方面可见外周血白细胞升高、蛋白尿、血尿、白细胞尿等。肌酶谱可增高，如天冬氨酸转氨酶、乳酸脱氢酶、碱性磷酸酶等。

2. 肾功能损害

（1）急性双侧或孤立肾肾动脉栓塞时，可表现为少尿型急性肾衰竭。一侧的急性肾动脉栓塞仅在患者存在慢性肾病基础或对侧肾血管发生痉挛时出现急性肾损伤。

（2）单侧慢性肾动脉栓塞因可建立侧支循坏，故患者往往表现为血肌酐正常。

3. 高血压

超过一半的本病患者由于肾缺血引起继发性RAAS激活而发生高血压，甚至可以表现为恶性高血压。病变好转后，部分患者仍会遗留持续性高血压。

（三）影像学检查

1. 无创伤性检查

多普勒彩色超声检查可作为初筛，可发现肾动脉主干或大分支的血栓，但其敏感性差，较大依赖于操作者的经验，故有较高的误漏诊率，如临床上高度怀疑本病，还可行静脉肾盂造影、放射性核素、CT或MRI等检查。

2. 有创伤性检查

选择性肾动脉造影是目前诊断该病的"金标准"，由于目前可以使用等渗或低渗造影剂，且显影分辨率大大提高，故造影剂相关的并发症较前已大大降低。该类病变的典型改变为造影剂充盈缺损或呈截断性改变。

（四）诊断

由于现代影像技术水平的提高，诊断该病并不难。关键在于对高危人群的警惕，如外伤后、风湿性心脏病和大血管炎等患者，如结合相应的临床表现，更能早期发现。特别是已有基础肾脏病患者，如对比原有的基础相关检查，突然出现尿蛋白量增多，新发生的血尿及无菌性白细胞尿，血肌酐水平较前增高等，更要及时进行影像学检查。

（五）治疗

本病治疗的关键在于一旦诊断明确后，应尽快恢复患肾血流。

1. 外科治疗

对于急性双侧肾动脉血栓或孤立肾肾动脉血栓形成患者，特别是外伤者，首选腔内血管成形术、动脉内溶栓治疗，甚至血管重建术。对于非外伤性肾动脉栓塞者效果尚有争议。

以下为提示外科治疗效果好的因素：①年轻无基础慢性肾脏病或动脉粥样硬化者；②已有侧支循环形成者；③仅部分肾组织梗死者。

2. 局部动脉溶栓治疗

推荐发病12小时以内溶栓效果较好。由于动脉导管内注入尿激酶或链激酶，操作方法简便，尤适合于危重患者，且起效快，药量小，全身出血风险较低，故目前已取代全身静脉溶栓,较为广泛使用。但仍需严密监测纤维蛋白原浓度,维持其在 2g/L 左右。

3. **抗凝治疗**　无论外科治疗抑或动脉溶栓后,都应把序贯抗凝药作为基础治疗,特别是对于那些高凝因素不能去除者,旨在预防新发血栓的形成。

由于普通肝素需要频繁监测 APTT 等指标,注射方法不利于患者长期使用,故目前多推荐使用低分子肝素或口服华法林。另外,由于肾动脉血栓形成中血小板具有重要作用,故抗血小板治疗也可考虑使用。

4. **对症治疗**　如控制血压、及时透析治疗等。需注意的是,虽然本病高血压的发生多为肾素依赖型,但由于较多患者会同时出现肾功能损伤,故此时若考虑使用 RASI,应严密监测肾功能及血钾水平,以防出现严重的并发症。

(六)预后

本病的预后多与致病因素、栓塞速度及范围以及早期治疗等有关。预后较差者有:外伤性肾动脉血栓(因常合并多脏器损害)、心脑血管系统疾病、肿瘤患者等。

第二节　静脉性疾病

一、胡桃夹综合征

胡桃夹综合征(nutcracker syndrome),又称胡桃夹现象,或左肾静脉受压综合征,最早于1972年由 DeSchepper 首先报道。是青少年儿童期单纯血尿和/或蛋白尿的常见原因之一。

(一)病因和发病机制

该病是左肾静脉汇入下腔静脉的行程中,因走行于肠系膜上动脉和腹主动脉之间形成的夹角受到挤压而引起静脉回流障碍所致的临床表现。往往见于体型较瘦者。其出现血尿的原因可能是由于左肾静脉扩张,导致所引流的输尿管周围静脉与生殖静脉淤血,与肾集合系统发生异常交通,或部分静脉管壁变薄破裂,引起血尿,并于立位或行走时加重。

(二)临床表现

患者常于体检或偶然尿检发现血尿或蛋白尿,并无明显其他临床表现如水肿、高血压及肾功能不全等。其血尿或蛋白尿出现的特点往往与体位相关,即身体直立时出现,平卧位消失。

(三)诊断与鉴别诊断

1. **临床诊断**　在好发人群中,可分别于晨起平卧时及活动 20 分钟后留取尿常规,如平卧时正常,立位异常,则考虑此病的诊断。

部分患者卧位即有尿蛋白阳性,且立位时尿蛋白增加,此时应分别留取白天与晚上的尿液来测定尿蛋白总量,如夜间尿蛋白总量已超过正常范围,应考虑同时合并器质性肾脏病,需行进一步诊治,以免耽误病情。

2. **影像学诊断**　该病确诊需借助于超声,因为超声检查时可清晰显示腹主动脉、肠系膜上动脉及左肾静脉的解剖情况,在不同横断面均可找到左肾静脉扩张近段的最大内径,测值准确,同时可观察并测量肠系膜上动脉与腹主动脉夹角变化。彩超血流速度测定能提供更准确的血流动力学变化,有助于此病诊断。超声检查还能除外其他外科性疾病造成的血尿。

其诊断标准为:仰卧位左肾静脉狭窄前扩张部位近端内径比狭窄部位内径宽 2 倍以上,脊柱后伸位 15～20 分钟后,其扩张部位内径比狭窄部位内径宽 4 倍以上,取两个体位即可诊断。亦可采用综合指标,即有以上表现外,再加上脊柱后伸位 15～20 分钟后,左肾静脉扩张近端血流速度≤0.09m/s,肠系膜上动脉与腹主动脉夹角在 9 度以内为参考值。

有学者认为超声下表现为左肾静脉远端扩张而无临床表现者,可称为胡桃夹现象;此现象合并血尿和(或)蛋白尿,并能排除其他原因者,可称为左肾静脉受压综合征或胡桃夹综合征。

Note

(四) 治疗及预后

对于无症状血尿和蛋白尿的该病患者无需特别治疗,只需随访,一般随患儿年龄增长,患处脂肪和结缔组织的增加或侧支循环的建立,淤血状态会得以改善而症状缓解或消失。

二、肾静脉血栓

肾静脉血栓(renal vein thrombosis,RVT)指肾静脉主干和/或分支内血栓形成,导致肾静脉部分或全部阻塞而引起一系列病理生理改变和临床表现。除了其他高凝状态,成年人发生肾静脉血栓主要与肾综合征有关,特别是膜性肾病,故本文主要介绍肾病综合征时的肾静脉血栓。

既往报道肾病综合征患者合并肾静脉血栓的发病率为5%~62%不等,其差别的原因可能与人种、肾脏病理类型、检测手段不同等有关。

(一) 病因及发病机制

肾静脉血栓的发生主要与肾病综合征患者的高凝状态有关,而肾病综合征时高凝状态主要由于体内大量蛋白质从尿中排出,肝脏代偿性合成增加,引起凝血、抗凝、纤溶系统成分改变及血小板功能紊乱。

需要注意的是,若临床上对肾病综合征患者处理不当,也可造成医源性高凝状态,如大量使用利尿剂、RASI、NSAIDs、糖皮质激素等,可能会加重高凝状态,促进血栓形成。

(二) 临床表现

因血栓形成的速度不同及是否建立侧支循环,RVT的临床表现可分为急性及慢性。

1. 急性表现 急性肾静脉血栓多见于年轻的肾病综合征患者,可表现为发热、恶心、呕吐、腰痛或腹痛,部分患者疼痛较为剧烈。实验室检查发面可有肉眼血尿,血肌酐升高。

2. 慢性表现 慢性肾静脉血栓多见于中老年肾病综合征的患者,因为其会形成侧支循环,故往往无较明显的临床表现,但此类患者更易形成其他部位的血栓,甚至肺栓塞,故更应引起重视,以免误漏诊。实验室检查方面可出现血尿、白细胞尿、尿蛋白量增加及肾功能损伤,需要和患者基础肾脏指标相比较,可能会帮助早期甄别。

(三) 影像学检查

1. 无创性检查 多普勒超声检查是目前诊断肾静脉血栓最常用的方法,部分学者推荐其可以作为初筛的选择。但其受操作者的技能水平影响较大,敏感性虽高,但特异性不足。其他如CT及MRI也可考虑使用,但这些方法对肾静脉主干血栓的诊断意义较大,而对肾静脉分支血栓的形成则显示不满意。

2. 有创性检查 目前诊断深静脉血栓的"金标准"是经皮股静脉穿刺选择性肾静脉造影。造影下病变的表现为管腔内充盈缺损或管腔截断,而"特征性"表现为"杯口状"缺损。急性肾静脉血栓时,无侧支循环形成;而慢性肾静脉血栓时,往往可见侧支循环形成。

需要注意的是,肾静脉造影也可出现相关并发症,甚至是致命的,如造影剂肾病,血栓脱落引起肺栓塞等,这需要介入科医生较为丰富的临床经验及必要的预防措施。

(四) 诊断

对于急性肾静脉血栓者,由于其临床表现典型,往往容易诊断。但对于慢性者,由于起病隐匿,往往需要结合病史及高危因素,特别是第一手的临床资料的获取,去进行相关辅助检查。

如操作者经验丰富,超声检查可作为首选,但如怀疑有慢性肾静脉血栓或有分支血栓形成的患者,则应考虑肾静脉造影,对于鉴别诊断及制定治疗方案非常重要。

(五) 治疗

1. 溶栓治疗 肾静脉血栓急性期可考虑溶栓治疗,可以全身用药,也可局部用药。关于"急性期"的界定目前并不统一,部分学者推荐认为出现临床表现4天内为最佳溶栓时期。

(1) 尿激酶:临床上多采用尿激酶2万单位稀释于葡萄糖液中静脉滴注,每天一次,2周为一疗程,必要时可重复治疗。

（2）重组组织型纤溶酶原激活剂（reconstituted tissue plasminogen activator,rt-PA）：其安全性高于尿激酶,前景看好。

2. 抗凝治疗 抗凝治疗即是肾静脉血栓的基础治疗,更重要在于其可以预防新的血栓形成,特别是危险因素未能祛除者,应该积极使用。目前肾病综合征患者临床的抗凝治疗指征如下：①白蛋白<20g/L（膜性肾病者应为<25g/L）；②血浆纤维蛋白原浓度>6g/L；③抗凝血酶Ⅲ活性<70%；④D-二聚体浓度>1mg/L。

（1）普通肝素（unfractionated heparin,UFH）：25～50mg 静滴或皮下注射,每 8 小时一次,2周后可应用华法林替代。

（2）低分子肝素（low molecular weight heparin,LMWH）：与普通肝素相同,低分子肝素可以灭活 Xa 因子,但因大多数分子无足够的糖单位结合形成三联复合物,进而同时结合凝血酶和抗凝血酶Ⅲ,因此其对于凝血酶的作用弱于肝素,故其造成出血及血小板减少症的风险低于普通肝素。但价格较贵限制了其广泛使用。治疗剂量为 100AxaIU/kg,每日 2 次,预防治疗4000AxaIU 每日 1 次。

（3）华法林：如患者有长期抗凝指征,应在肝素治疗过程中替换用华法林,使国际标准化比值（INR）的目标值为 2～3,但老年人及有出血倾向者可降为 1.5～2。由于华法林可以与很多药物发生交互作用,而肾病综合征患者往往会服用多种药物,故应严格掌握服药时间,并注意合并用药的药代及药效特点,以防影响其他药物的作用。

（4）其他新型抗凝药物（非肝素类）：重组水蛭素,达比加群（Pradaxa,一种直接凝血酶抑制剂）及两种 Xa 抑制剂：利伐沙班（Xarelto）及阿哌沙班（Eliquis）等均在临床验证阶段,值得期待。

3. 手术去除血栓 本法仅适用于急性肾静脉主干大血栓形成而药物治疗无效者。

（六）预后

本病患者的长期预后取决于原发病的控制,短期之内是否合并肺栓塞以及是否影响肾功能等,另外,及时诊断,合理治疗,最大限度地规避治疗相关的副作用也非常关键。

（赵明辉）

本章小结

肾动脉狭窄最常见的病因为动脉粥样硬化,临床表型主要包括肾血管性高血压和缺血性肾脏病。肾动脉造影是诊断肾动脉狭窄的"金标准"。肾动脉血栓的原因包括外伤性和非外伤性,而肾动脉栓塞的栓子主要来自心脏。其临床表现的轻重取决于肾动脉堵塞的速度、程度和范围。胡桃夹综合征是由于走行于肠系膜上动脉和腹主动脉之间形成的夹角受到挤压而引起肾静脉回流障碍所致的临床表现。肾病综合征是成人肾静脉血栓的主要病因。急性期可考虑溶栓治疗,而慢性期则以抗凝为主。

关键术语

肾动脉狭窄（renal artery stenosis）

肾动脉血栓形成（renal artery thrombosis）

胡桃夹综合征（nutcracker syndrome）

肾静脉血栓形成（renal vein thrombosis）

思考题

1. ARAS 的发病机制有哪些?

2. 肾动脉血栓何时会造成少尿型急性肾功能衰竭?

3. 目前对于急性双侧肾动脉血栓患者的首选治疗方法是什么?

4. 如何判断胡桃夹综合征患者是否合并器质性肾脏病?

5. 临床何种方法适于肾静脉血栓的初筛?

第二章　肾小管疾病

【学习目标】

掌握各型肾小管酸中毒的临床表现和治疗原则;熟悉各型肾小管酸中毒的发病机制;了解 Fanconi 综合征的常见病因和临床表现。

第一节　近端肾小管多种转运功能缺陷

近端肾小管的功能主要是重吸收,因此当近端肾小管存在功能缺陷时,可导致由该段肾单位处理的各种溶质重吸收障碍和排出过多,其中以尿葡萄糖、氨基酸、磷酸盐、碳酸氢盐和尿酸比较明显,临床上通常将此种功能障碍称为范可尼综合征(Fanconi syndrome),即指包括多种病因所致的多发性近端肾小管重吸收功能障碍的临床综合征,因肾近端小管重吸收缺陷,尿中丢失大量葡萄糖、氨基酸、磷酸盐、重碳酸盐等,而导致代谢性酸中毒、电解质紊乱(低血钾、低血钠、低血磷),佝偻病及生长发育滞后等临床表现。

一、病因

Fanconi 综合征的病因众多,一般分为原发性与继发性两类。原发性 Fanconi 综合征又分为:婴儿型、成人型以及刷状缘缺失型三种类型。继发性 Fanconi 综合征又包括继发于遗传性疾病与继发于后天获得性疾病。

二、临床表现

本病较罕见,多于成年出现症状,可以表现为肾性糖尿、肾性氨基酸尿、肾小管性蛋白尿、磷酸盐尿、高氯性代谢性酸中毒、尿酸尿症、低尿酸血症、低钾血症(肌无力、软瘫、周期性瘫痪等)、低钙血症(手足搐搦症)等。其中长期低钙血症,可引起继发性甲状旁腺功能亢进、肾性骨病。继发性范可尼综合征的临床表现,基本上与原发性相同,同时可伴有其原发疾病的特殊临床表现。本综合征临床表现复杂,根据其临床类型分述如下:

1. **原发性 Fanconi 综合征**　包括 3 种类型,成人和儿童均可以存在,遗传模式不一,但在大多数病例,不存在明显的遗传模式,表现为散发。

(1) 成人型 Fanconi 综合征:10 ~ 20 岁以后起病,有多种肾小管功能障碍,如全氨基酸尿、葡萄糖尿、磷酸盐尿、高血氯性酸中毒、低钾血症等。突出的症状是软骨病,少数病例可在疾病晚期出现肾衰竭。

(2) 婴儿型 Fanconi 综合征:多于 6 ~ 12 个月发病,表现为多尿、烦渴、脱水、便秘、无力、拒食、发热,生长发育迟缓、肾性氨基酸尿,可有抗维生素 D 佝偻病及严重营养不良。

(3) 特发性刷状缘缺失型 Fanconi 综合征:1984 年由德国学者 Manz 等首次报道了小儿由于近曲小管刷状缘完全缺失而引起范可尼综合征,因为葡萄糖及各种氨基酸转运系统完全丧失,故这些物质经肾小球滤过几乎完全不被吸收就出现在尿中。

2. **继发性 Fanconi 综合征**　可以由遗传性疾病和非遗传性疾病引起,多伴有原发病相关的

Note

临床表现：

（1）胱氨酸储积症：本症又称 Lignac-Fanconi 综合征，系胱氨酸贮存于细胞溶酶体而表现为 Fanconi 综合征。常以失钾、脱水、多饮、渗透性利尿为突出表现。正常人细胞内溶酶体是细胞内蛋白降解的部位，细胞内蛋白降解产生氨基酸通过溶酶体膜转输系统输入细胞质而被再利用。本病因溶酶体内胱氨酸运载体有缺陷，使胱氨酸在溶酶体中储积，从而破坏了溶酶体的完整性，并可使具有破坏性的溶酶体酶漏至细胞胞质，影响了正常的细胞功能。本病与胱氨酸尿症不同，后者是肾小管上皮转运胱氨酸障碍，只引起胱氨酸尿，前者则引起许多器官细胞内胱氨酸储积，肾脏是主要受累器官之一，疾病早期表现为胱氨酸在肾小管上皮细胞和肾间质细胞贮积，肾小球细胞较少受累，疾病晚期肾脏可见大量胱氨酸沉积，伴有小管萎缩，间质纤维化和肾小球节段性硬化。

（2）Lowe 综合征：本综合征系 Lowe 1952 年首先报道，因主要累及眼，脑，肾亦为称眼-脑-肾综合征，为 X 性联隐性遗传病。临床特点为：双侧先天性白内障伴有先天性青光眼、视力严重障碍、眼球震颤及畏光；严重智力发育迟缓，肌张力低、腱反射减弱或消失，患儿常哭泣样尖叫，以及肾小管功能障碍，表现为多重氨基酸尿、磷酸盐尿、碳酸氢盐尿、尿酸化功能差，尿中排出的氨基酸以赖氨酸、酪氨酸为多。还可有肾小管性蛋白尿、后期可发展为慢性肾功能不全。本综合征的治疗主要是对症治疗，如纠正肾小管性酸中毒，抗维生素 D 佝偻病的治疗等。无根治办法，预后不良。常因继发感染或肾衰竭而于儿童期死亡。

（3）肝豆状核变性（Wilson 病）：本病系少见的隐性遗传性代谢性疾病。因为血浆铜蓝蛋白（ceruloplasmin）缺陷，肝细胞铜储存量饱和后，大量铜被其他组织摄取，导致肝、脑、角膜、肾小管铜的累积而引起相应症状。铜沉积于脑及肝可引起锥体外系神经症状及肝硬化，铜沉积于角膜引起 Kayser-Fleischer 环。铜沉积于近端肾小管及远端肾小管引起 Fanconi 综合征，可发生不同程度的肾小管功能异常，氨基酸尿常见，伴有中等程度的糖尿和碳酸氢盐丢失。本病可用青霉胺治疗，促进铜从尿中排出，但停用后会复发，同时有不同程度的副作用，预后差，常发生肝衰竭。

（4）酪氨酸血症（tyrosinemia）：本病是常染色体隐性遗传病，又称为酪氨酸尿症。由于患者缺少对羟苯丙酮酸氧化酶（hydroxylphenylpuruvic acid oxidase）而导致酪氨酸代谢异常引起的 Fanconi 综合征。其特征是血中酪氨酸、苯丙氨酸、蛋氨酸、丙氨酸显著增加，其他氨基酸很少增加。在尿中排出酪氨酸、苯丙氨酸、蛋氨酸和对羟苯丙酮酸，对羟苯乙酸的酚酸代谢产物也增加。临床上本病分成两型：Ⅰ型酪氨酸血症即为暂时性高酪氨酸血症，Ⅱ型的特征为持续性高酪氨酸血症。饮食治疗（如低酪氨酸、低苯丙氨酸饮食）可改善Ⅱ型患者病情，对Ⅰ型患者可减轻肾小管损害，但对严重肝损害无效。

（5）细胞色素 C 氧化酶缺乏症：本病可引起 Fanconi 综合征，这是因为肾小管上皮细胞线粒体中缺乏该酶而使电子传递链中 ATP 合成及氧化磷酸化过程障碍。患者多在出生后 11～13 周发病，主要表现为线粒体肌病，乳酸性酸中毒及肾性糖尿、氨基酸尿、磷酸盐尿等肾小管功能障碍。

（6）多发性骨髓瘤所致 Fanconi 综合征：多发性骨髓瘤可伴有肾淀粉样变性或轻链蛋白沉积引起的肾小管损伤，属于非遗传性继发性 Fanconi 综合征。临床特征为骨痛、肌无力、疲乏、贫血、骨软化症、病理性骨折等，并有葡萄糖尿、氨基酸尿、磷酸盐尿、肾性尿崩症、肾小管性酸中毒等肾小管功能不全的表现。

（7）毒性物质引起的 Fanconi 综合征：毒性物质可引起继发性 Fanconi 综合征。例如过期的四环素其降解产物具有肾小管毒性。其临床特征为肌病、眩晕、酸中毒、多尿、低钾血症。

三、实验室检查

1. 尿液分析　尿呈碱性，比重低，尿蛋白、尿糖阳性，尿钙、钾、磷、尿酸增高，呈肾性全氨基酸尿。

2. **血液检查**　血钙、磷、钾、尿酸、二氧化碳结合力降低,血氯升高,血碱性磷酸酶升高。

3. **常规 X 线检查**　可发现骨质疏松、骨骼畸形,尿路结石。

4. **其他检查**　如胱氨酸储积病所引起的范可尼综合征,通过骨髓片、白细胞、直肠黏膜中的结晶分析或裂隙灯检查角膜有胱氨酸结晶。

四、诊断

患者出现以下典型临床表现即可诊断:肾性糖尿、氨基酸尿、磷酸盐尿,三者均有者称为完全型 Fanconi 综合征,仅有两者称为不完全型 Fanconi 综合征。

五、治疗

1. **病因治疗**　继发性 Fanconi 综合征应尽力治疗原发疾病。停止使用有毒有害物质或药物,Wilson 病或重金属中毒可通过促进毒物排泄的方法治疗,遗传代谢病通过饮食管理能减少代谢毒性物质沉积,减轻对肾小管的损害。胱氨酸储积症,应给予低胱氨酸饮食及对症治疗。骨病可用活性维生素 D_3 治疗。

2. **对症治疗**　有脱水及酸中毒者应作相应处理,可给予补充碱性药物,补钾、镁和磷酸盐,维持水、电解质、酸碱平衡。有肾功能不全的患者,应给予相应的对症治疗。最终出现肾衰竭者,需进行透析或肾移植治疗。

第二节　肾小管性酸中毒

肾小管的重要功能之一就是维持酸碱平衡,主要体现在两个方面,一是重吸收肾小球滤过的碳酸氢盐,维持体内碱储备的稳态,此功能主要由近端肾小管完成;二是排泄饮食摄入的蛋白经代谢后所产生的氢离子,此功能主要由远端肾小管完成。

肾小管重吸收碳酸氢盐能力的削弱,和(或)排泄体内多余氢离子功能障碍,都会产生正常阴离子间隙、高氯血性、代谢性酸中毒,即肾小管性酸中毒。I 型肾小管性酸中毒由远端肾小管泌氢障碍引起,又名远端肾小管酸中毒。II 型肾小管性酸中毒由近端肾小管重吸收碳酸氢盐障碍引起,又名近端肾小管酸中毒。III 型肾小管性酸中毒由碳酸酐酶活性受到抑制引起,影响到近端与远端肾小管功能,又名混合型肾小管酸中毒。IV 型肾小管性酸中毒源于醛固酮产生减少或抵抗,伴有高血钾。

一、近端肾小管性酸中毒(proximal renal tubular acidosis,pRTA)

(一)病理生理与病因

每天肾小球滤过的碳酸氢盐将近4000毫当量,其中85%～90%被近端肾小管重吸收,其余的由远端肾小管重吸收,最终形成的尿液中没有碳酸氢盐。近端肾小管重吸收碳酸氢盐功能受损,未被重吸收的碳酸氢盐流向远端肾小管,若超过远端肾小管的重吸收能力,将产生碱性尿,体内碱储备减少,出现代谢性酸中毒。

近端肾小管重吸收碳酸氢盐的过程包括以下步骤(图 6-2-1):第一步,泌氢。近端肾小管上皮细胞产生的氢离子通过腔膜面的钠氢交换子进入小管腔。泌氢的同时,小管腔内的钠离子进入细胞内。交换的动力是细胞内外钠浓度差。肾小管基侧膜上的钠钾 ATP 酶不断从细胞内排出钠离子,使得细胞内钠浓度低于管腔内原尿的钠浓度。因此,近端肾小管泌氢是继发性主动转运过程。第二步,管腔内的化学反应。分泌到管腔的氢与肾小球滤过的碳酸氢盐结合产生碳酸。碳酸迅速被肾小管上皮细胞腔膜面的碳酸酐酶IV催化产生二氧化碳和水。第三步,管腔内

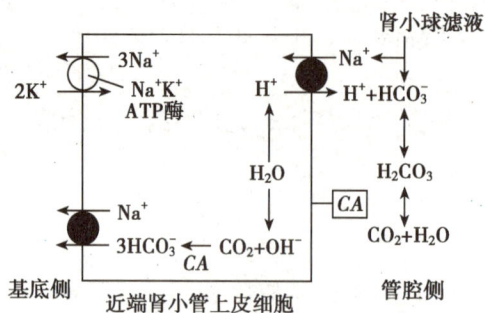

图 6-2-1　近端肾小管上皮细胞重吸
收碳酸氢盐的机制
注:CA 碳酸酐酶

的二氧化碳弥散进入肾小管上皮细胞,水被重吸收。第四步,进入肾小管上皮细胞内的二氧化碳和水,化合产生碳酸,后者在细胞内的碳酸酐酶Ⅱ的催化下分解为氢离子和碳酸氢盐。第五步,肾小管上皮细胞内产生的氢离子回到第一步,而碳酸氢盐经肾小管基侧膜上的钠-碳酸氢盐同向转运子,与钠离子一起离开细胞,经肾小管周围毛细血管回入血循环。整个过程相当于将小管腔内的碳酸氢盐转移到管周毛细血管中。

影响到以上任何一个环节都会损害近端肾小管重吸收碳酸氢盐功能。例如,影响第一步的有:编码钠氢交换子的基因(SLC4A4)突变,为常染色体显性遗传。影响第四步的有:编码碳酸酐酶Ⅱ的基因突变,常伴有远端肾小管酸化障碍,因为远端肾小管酸化也要经由碳酸酐酶的作用。影响第五步的有:编码钠-碳酸氢盐同向转运子的基因异常,为常染色体隐性遗传。一些碳酸酐酶抑制剂,如:乙酰唑胺,醋甲唑胺也造成近端肾小管酸中毒,而且常同时伴有远端肾小管酸化障碍。近端肾小管酸中毒的病因见表6-2-1。

表 6-2-1　近端肾小管酸中毒病因

分类		病因
原发性	特发性	散发性
	遗传性	钠氢同向转运子缺陷,碳酸酐酶缺陷,
		胱氨酸血症,酪氨酸血症
		半乳糖血症,糖原贮积症,遗传性果糖不耐受
		Wilson 病,Lowe 综合征
获得性	重金属中毒	钙,铜,汞,锂
	药物	异环磷酰胺,乙酰唑胺,醋甲唑胺
		氨基糖苷类抗生素,特那福韦
	异常蛋白	淀粉样变性,多发性骨髓瘤,轻链病,
		阵发性睡眠性血红蛋白尿
	其他	移植肾排异反应,维生素 D 缺乏

(二)临床表现

近端肾小管酸中毒往往有自限性,血碳酸氢盐降低到一定程度不再下降,因为当肾小球滤过的碳酸氢盐不能被近端肾小管全部重吸收时,血碳酸氢盐下降,随之肾小球滤过的碳酸氢盐减少,这种减轻的负荷使得近端肾小管最终能完全重吸收滤过的碳酸氢盐,使血碳酸氢盐浓度不再下降。另外,近端肾小管酸中毒发生后,未被重吸收的碳酸氢盐流经远端肾小管会激发后者的代偿性泌氢功能,从而减少了碳酸氢盐的丢失。近端肾小管酸中毒的血碳酸氢盐浓度可维持在 14 ~ 20mmol/L 不等,而尿液也可被酸化,尿 pH 可降低到 5.3 以下。

正因为近端肾小管酸中毒的自限性,而且每日代谢产生的氢能被远端肾小管正常排出,这样骨被酸蚀的程度降低,骨钙、骨磷的释放减少;加之尿酸化能力的保留,均有助于降低磷酸钙结晶的形成。所以近端肾小管酸中毒患者肾结石不常发生。

Note

近端肾小管酸中毒尿钾排泄增多,原因在于近端肾小管重吸收碳酸氢盐减少,常伴有钠的重吸收减少。未被重吸收的碳酸氢钠流经远端肾小管促进了后者对钠的重吸收及氢的分泌,从而使钠钾、氢钾交换增加,尿钾排泄增加。而当远端肾小管不足以重吸收所有的碳酸氢钠时,尿钠排泄增加,引起容量削减,刺激醛固酮分泌,后者亦促进尿钾排泄。补碱治疗会增加流经远端肾小管的碳酸氢钠量,会加剧尿钾的丢失。

近端肾小管酸中毒也可伴有其他溶质的重吸收障碍,如葡萄糖、氨基酸、尿酸、磷,表现为肾性糖尿、肾性氨基酸尿、低尿酸血症、低磷血症。多种物质在近端肾小管重吸收障碍即 Fanconi 综合征。

(三) 诊断

1. 定性诊断　用于确认肾小管性酸中毒。

(1) 经常性碱性尿:在避免大量食用蔬菜、水果,停用碱性药物后,留取清晨空腹状态尿样送检,尿 pH 仍超过 6.0,则提示肾小管酸化功能障碍。

(2) 反常性碱性尿:酸中毒时尿 pH 仍大于 5.5,则提示肾小管酸化功能障碍。

(3) 高氯性代谢性酸中毒:血碳酸氢根离子浓度降低,血气分析提示代谢性酸中毒,血氯离子浓度增高,血清阴离子间隙正常,伴或不伴钾代谢异常,排除非肾性酸中毒致病因素(尤其是腹泻等原因引起胃肠道碳酸氢根离子丢失)后肾小管性酸中毒可以确诊。

血清阴离子间隙计算公式如下:

$$血清阴离子间隙 = 钠离子 + 钾离子 - 氯离子 - 碳酸氢根离子$$

(4) 尿液阴离子间隙呈正值:尿液中电解质保持电中性(阴阳离子等当量)。

尿阴离子间隙计算公式如下:

$$尿阴离子间隙 = 钠离子 + 钾离子 - 氯离子$$

尿阴离子间隙呈正值,说明尿中碳酸氢根离子、硫酸根离子、磷酸氢根离子、有机阴离子之和大于铵离子、钙离子与镁离子之和,提示尿中碳酸氢根离子排泄增加或(和)铵离子排泄减少,符合肾小管性酸中毒的尿液变化。

如果该间隙呈负值,说明尿中很少有碳酸氢根离子排泄,同时尿铵离子排泄增加,是正常肾脏对非肾性酸中毒的代偿反应。所以,正常人氯化铵负荷后或非肾性代谢性酸中毒时,尿阴离子间隙呈负值,而肾小管性酸中毒时呈正值。

2. 定位诊断　用于确定病变部位。

近端肾小管性酸中毒可通过碳酸氢钠负荷试验确诊。

试验方法:以 4ml/min 的速度静脉滴注 5% 碳酸氢钠,使其血浆浓度逐渐上升,每 30 ~ 60 分钟收集尿液及采血一次,测定血浆和尿的肌酐、碳酸氢根离子浓度。

正常成人肾小管重吸收碳酸氢根离子的阈值(即:尿中出现碳酸氢根离子所需的最低血浆碳酸氢根离子浓度)约为 24 ~ 26mmol/L。输注碳酸氢钠使其血浆浓度增高超过肾小管重吸收碳酸氢根离子的最高阈值时,滤过的碳酸氢根离子不能全部被肾小管重吸收,未被重吸收的碳酸氢根离子可从尿中排出。近端肾小管性酸中毒患者肾小管重吸收碳酸氢根离子的阈值降低、在血碳酸氢根离子浓度处于正常水平的情况碳酸氢根离子的滤过排泄分数增加。

当血浆碳酸氢根离子在正常水平时,碳酸氢根离子滤过排泄分数的计算公式是:

$$碳酸氢根离子滤过排泄分数 = [血肌酐 \times 尿 HCO_3^-] / [尿肌酐 \times 血 HCO_3^-] \times 100\%$$

近端肾小管性酸中毒患者在血浆碳酸氢根离子处于正常水平时,其滤过排泄分数大于 15%,严重者可高达 25%,某些轻微的患者只有 10%。Ⅳ型肾小管性酸中毒在 10% 以下。远端肾小管性酸中毒患者在 3% ~ 5% 左右。

最高碳酸氢根离子重吸收率可根据下列公式计算:

Note

最高碳酸氢根离子重吸收率=血浆碳酸氢根离子浓度×肾小球滤过率-尿碳酸氢根离子浓度×尿流量

近端肾小管性酸中毒患者该数值降低,远端肾小管性酸中毒者轻度降低或正常。由于最高碳酸氢根离子重吸收率是所有肾单位重吸收率之和,在慢性肾功能不全时肾单位总数减少,重吸收率也会减少。

(四)治疗

应积极寻找原发病因,针对原发病进行治疗。对症治疗主要是碱替代治疗。

纠正近端肾小管性酸中毒所需的碳酸氢盐的量是很大的,接近每天每公斤体重 10 至 15 毫摩尔,因为所补充的碱因近端肾小管重吸收能力下降而大量从尿中排出。

补充碳酸氢钠治疗会加重低血钾,原因在于未在近端肾小管重吸收的碳酸氢钠,流到远端肾小管促进钠钾交换,钾的排泄增加。因此,需补充钾盐,如枸橼酸钾。

如果上述补碱不见效或不耐受,可加噻嗪类利尿剂,后者轻度削减容量,从而促进近端肾小管钠重吸收,因而可增加碳酸氢盐的重吸收。

补碱治疗有利于逆转酸中毒骨病。如果病人伴有尿磷重吸收障碍以及维生素 D 缺乏,需分别给予补充。

二、远端肾小管性酸中毒(distal renal tubular acidosis,dRTA)

(一)病理生理与病因

人体每天摄入的食物经代谢后可产生每公斤体重 1 毫摩尔的氢离子,主要靠远端肾小管的 A 型(α 型)间介细胞排泄(图 6-2-2)。间介细胞通过细胞内的水与二氧化碳作用,经碳酸酐酶 II 催化产生氢离子与碳酸氢根离子。前者经由细胞腔膜面上的氢泵与氢钾泵分泌入小管腔中,后者则经基底面的氯-碳酸氢交换子入血,与食物代谢产生的氢离子结合,产生碳酸,最后以二氧化碳形式从肺排出体外,整个过程的净效应相当于食物代谢产生的氢由肾小管排出。氢泵是主要泌氢通道。氢钾泵当体内缺钾时,起到重吸收钾的作用,这个过程中伴有氢的分泌,因而氢钾泵的主要生理功能是维持血钾的稳定。

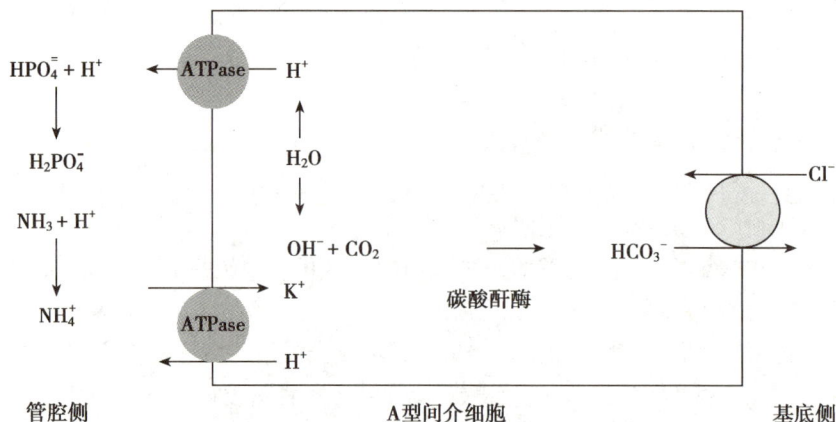

图 6-2-2　远端肾小管间介细胞泌氢过程

在小管腔中的氢离子跟小管液中的氨、磷酸氢盐结合而获得缓冲,形成铵离子与磷酸二氢盐,后者即可滴定酸。缓冲前小管液的 pH 可低到只有 2.5,小管腔内的氢离子浓度能达到细胞内的十万倍。而缓冲后小管液的 pH 最低到只有 4.5。氨主要由近端肾小管分泌,当该细胞内酸负荷加重时会分泌增加。氨在进入亨利祥后可以被重吸收,而后进入髓质,经远端肾小管上皮细胞进入小管腔,与氢结合产生铵,后者不能自由通透细胞,遂由尿排出。

不完全性远端肾小管性酸中毒的代偿作用就是由尿铵排泄增加介导的。当远端肾小管不足以排泄体内代谢产生的氢时，会使得近端肾小管上皮细胞酸负荷增加，后者会加强产氨与泌氢。血碳酸氢盐浓度可以维持正常，但尿呈碱性。

引起远端肾小管性酸中毒的病因主要有两大类：泌氢能力降低与小管细胞腔膜面对氢离子通透性增高。

泌氢能力降低见于以下：

氯-碳酸氢交换子(AE1 或 band 3 蛋白)基因突变：常见于常染色体显性遗传，罕见常染色体隐性遗传。常伴有球形或椭圆形红细胞增多症，因为正常红细胞膜上也需要有这种蛋白的表达以维持其功能。

氢泵 B1 与 α4 亚基的基因突变：常伴有内耳功能障碍，如：神经性耳聋。

碳酸酐酶Ⅱ活性被抑制，如干燥综合征时高滴度的自身抗体可以抑制碳酸酐酶Ⅱ活性，使得氢生成障碍。

肾小管细胞腔膜面对氢通透性增高，使已分泌入小管腔的氢离子反漏回细胞内，腔膜面的氢屏障作用消失，膜两侧的氢浓度梯度差无法形成，称为反流型远端肾小管酸中毒。肾小管细胞腔膜面的离子屏障损伤常常不是选择性的，常伴有对其他离子的通透性增高，如：钾、镁，可引起钾和镁丢失。二性霉素可损害腔膜面的屏障结构，引起远端肾小管性酸中毒，以及低血钾与低血镁。

远端肾小管酸中毒病因详见表 6-2-2。

表 6-2-2　远端肾小管酸中毒病因

分类		病因
原发性	特发性	散发性
	遗传性	常染色体显性遗传氯-碳酸氢交换子缺陷
		氢泵基因突变
	自身免疫病	红斑狼疮
		类风湿关节炎
		自身免疫性肝炎/原发性胆汁性肝硬化
		干燥综合征
获得性	化学物质	异环磷酰胺，二性霉素，碳酸锂
		甲苯吸入
	高尿钙	特发性
		甲状旁腺功能亢进，维生素 D 中毒，结节病
	其他	移植肾排异反应，梗阻性肾病，Wilson 病

(二) 临床表现

远端肾小管酸中毒常伴有低血钾。原因在于远端肾小管重吸收钠的过程中，为保持管腔电中性，必伴有阳离子的分泌，后者主要是氢离子与钾离子。如果远端肾小管泌氢减少，相应地泌钾就增多，造成钾丢失。需指出远端肾小管负责泌钾的是主细胞(图 6-2-3)，二者功能完全不同，但又密切联系。主细胞腔膜面有选择性钠通道，即上皮钠通道(保钾性利尿剂阿米洛利的阻断部位)，重吸收的钠经由该通道进入细胞。主细胞重吸收钠的动力是基底侧的钠钾泵，负责将细胞内的钠排出，维持腔膜面两侧的钠梯度，这样管腔的钠离子可以顺浓度差进入细胞。因而，主细胞重吸收钠是一个继发性主动转运过程。钠进入细胞后造成管腔负电位。这个负电位对

Note

主细胞泌钾,以及间介细胞泌氢都十分重要。主细胞腔膜面的 ROMK 和 BK 是钾的流出通道。醛固酮进入细胞与主细胞胞内其受体结合后,增加上皮钠通道与钠钾泵的表达,从而保钠排钾。远端肾小管酸中毒时醛固酮继发性增多,是引起尿钾排泄增加的原因之一。

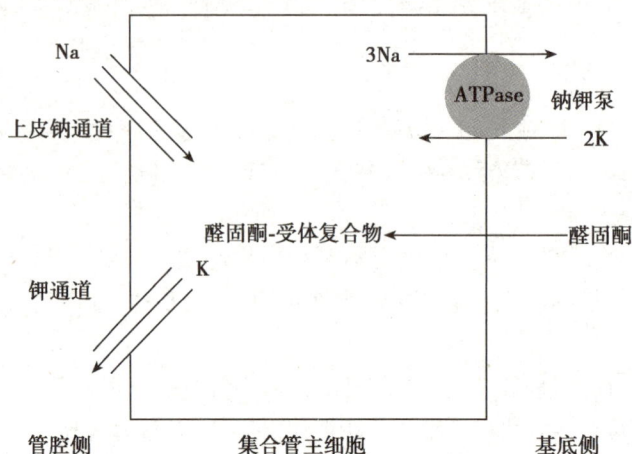

图 6-2-3   集合管主细胞的钠钾交换过程

远端肾小管的病变也可造成高血钾。其病变部位就是集合管主细胞的上皮钠通道。各种先天或后天的因素影响到主细胞钠的重吸收,不仅引起钾的分泌减少,还会造成远端肾小管酸中毒,原因在于泌氢所依赖的管腔负电位消失。这种类型的酸中毒也称为电压依赖性远端肾小管酸中毒。

如果是远端肾小管泌氢能力减低导致的酸中毒,经补充含钠的碱剂后,低血钾通常会得到纠正。这是因为钠的扩容作用减少了醛固酮的分泌,降低了远端小管主细胞重吸收钠的需求。另外,碱基进入远端肾小管,一定程度上促进了氢的分泌,钠氢交换增多而钠钾交换减少,从而减少钾的分泌。

如果是腔膜屏障损害导致的酸中毒,补充含钠的碱剂通常难以纠正低血钾。因为这种类型的低血钾并非由于主细胞钠钾交换增多引起的。

远端肾小管酸中毒另外一个重要表现是肾结石,肾钙化,高尿钙,骨病,这些表现甚至在酸中毒的代偿阶段就可发生。而且这系列表现要远多于近端肾小管酸中毒。原因如下:①远端肾小管酸中毒造成的酸血症是没有自限性的,促使骨动员释放磷酸钙增加以缓冲酸血症。后者导致高尿钙和骨病。尿液不能酸化的情况下出现高尿钙,致使磷酸钙结晶析出,引起肾组织钙化和肾结石;②酸中毒发生后刺激近端肾小管重吸收枸橼酸增加,而枸橼酸能同钙离子结合形成可溶性分子,防止磷酸钙形成。

(三) 诊断

1. 定性诊断   同近端肾小管酸中毒。

2. 定位诊断

(1) 尿铵排泄率测定:远端肾单位排泄的氢离子一半以上以铵的形式从尿中排出,另外一部分以可滴定酸的形式排出。正常成人普通饮食下尿铵排泄率为 40mmol/24h 左右,高蛋白饮食后还会增加。远端肾小管性酸中毒时尿铵排泄率总是低于 40mmol/24h。尿铵排泄率还受肾单位总数的影响,慢性肾衰竭时会随着肾单位的减少而下降。

(2) 氯化铵负荷试验:本试验用于不完全性远端肾小管性酸中毒的诊断,典型的远端肾小管性酸中毒已经有显著的代谢性酸中毒没有必要再做酸负荷。正常人服用氯化铵出现显著酸中毒时,尿 pH 可下降至 5.5 以下,同时尿铵排泄率也增加到 70mmol/24h 以上。远端肾小管性酸中毒患者尿 pH 持续大于 5.5,尿铵低于 40mmol/24h。氯化铵负荷试验不适用于有肝昏迷倾向的病人,可用氯化钙代替氯化铵。

（3）尿二氧化碳分压测定:当给予大剂量碳酸氢钠负荷,使血浆浓度升高到肾重吸收碳酸氢钠阈值以上,就有大量未被重吸收的碳酸氢钠进入远端肾单位,与该处分泌的氢离子结合形成碳酸。正常远端肾单位上皮细胞顶膜表面缺乏碳酸酐酶,碳酸没有被分解就从肾脏排出,在尿路内缓慢分解成水和二氧化碳,尿二氧化碳分压（PCO_2）升高。而远端肾小管氢离子泵功能障碍或反漏增加时则尿 PCO_2 不增高。

（4）远端肾单位氢离子、钾离子排泌刺激试验:在给予某些药物负荷之后,通过增加远端肾单位管腔内钠离子浓度,刺激皮质集合管钠离子重吸收,使管腔内电位降低,促进该处的电压依赖性氢离子、钾离子排泌。远端肾单位酸化功能正常者这类负荷试验之后尿 pH 小于 5.5,尿铵排泄率、尿二氧化碳分压、尿净酸排泄率、尿钾排泄率和钾离子滤过排泄分数均较试验前显著增加。而远端肾小管性酸中毒患者则出现氢离子排泌障碍的表现,可伴有或者不伴有钾离子排泌障碍。

（四）治疗

在积极治疗原发病的基础上,给予碱替代治疗。

为中和每日代谢产生的氢,成年人碱剂的剂量为每公斤体重每天 1 ~ 2 毫当量。若不能耐受碳酸氢钠,可用二价的枸橼酸钠。

低血钾的患者可补充枸橼酸钾。枸橼酸钾可以单用,或与枸橼酸钠合用。

有肾结石,肾钙化,高尿钙的,宜选用枸橼酸钾。含钠的碱剂会促进尿钙排泄。

因远端肾小管主细胞上皮钠通道病变引起的酸中毒,常有高血钾,不宜用含钾的碱剂。

三、混合型肾小管性酸中毒（Ⅲ型 RTA）

本节所述的肾小管酸中毒兼有近端、远端肾小管酸中毒的特征。若以近端肾小管酸中毒的表现为主,尿碳酸氢盐排泄率超过15%,又有尿铵和尿可滴定酸生成减少,称为混合型肾小管酸中毒,被认为是近端肾小管酸中毒的亚型。若以远端肾小管酸中毒为主,尿碳酸氢盐排泄率在5% ~ 10%之间,称为Ⅲ型肾小管酸中毒,被认为是远端肾小管酸中毒的亚型。

发病机制主要是碳酸酐酶活性降低。原发性Ⅲ型肾小管酸中毒主要见于儿童,属遗传性疾病。也可继发于药物损伤、中毒、自身免疫病、异常蛋白血症等。

因为本型兼有近端、远端肾小管酸中毒,故酸、碱负荷试验均阳性。

治疗方法亦分为病因学治疗与碱替代治疗。后者参照前文所述的治疗部分。

四、Ⅳ型肾小管性酸中毒（高钾型远端肾小管性酸中毒）

（一）病理生理与病因

1. 病理生理　Ⅳ型肾小管酸中毒是由醛固酮减少或抵抗引起的,属于高钾性肾小管酸中毒中的一大类。醛固酮减少或抵抗,影响了集合管主细胞的钠钾交换,直接导致钾在体内积聚,进而引起肾小管酸中毒,其发病机制如下:

（1）主细胞重吸收钠障碍:导致管腔负电位不能形成,从而影响到间介细胞泌氢。

（2）近端小管产氨减少:血钾升高时,近端小管上皮细胞内也积聚了钾,为保持细胞内电中性,该细胞排钠排氢增加,造成细胞内偏碱,抑制了氨的产生与分泌。最终尿铵排泄减少,导致酸中毒。

（3）主细胞泌铵受阻:主细胞本身不能合成铵,铵源于髓祥升支小管的重吸收。位于髓质的铵要进入主细胞,需要依靠其基底侧的钠钾泵。钠钾泵是非专一性的钠钾交换子,也可完成钠铵交换。血钾升高,由于钾的竞争性抑制,钠铵交换减少,进入主细胞的铵减少,最终影响到尿铵的排泄。

醛固酮减少或抵抗引起高血钾的原因:醛固酮与集合管主细胞的胞内受体结合后,增加其

Note

腔膜面上皮钠通道的表达,同时也增加基底侧钠钾泵的活性,从而有利于钠的重吸收,伴随着钾的分泌。醛固酮减少或抵抗,上述过程受到影响,导致钾排泄障碍,引起高血钾。当这些患者同时有肾功能不全,或使用肾素-血管紧张素-醛固酮系统阻断剂的时候,高血钾尤为突出。

2. 病因

（1）低醛固酮血症

①原发性低醛固酮血症

先天性低醛固酮血症有两种形式,一种是选择性低醛固酮血症,由醛固酮合成酶的细胞色素P450c11 缺陷引起;另一种是泛皮质激素合成减少,由 21 羟化酶的细胞色素 P450c21 缺陷引起。

获得性醛固酮合成减少见于各种肾上腺炎,如自身免疫性炎、感染性炎。危重状态、强烈应激状态下的高 ACTH 血症,会促使皮质激素的合成底物更多地转向合成糖皮质激素,以满足应激的需要。

上述两种类型的低醛固酮血症,均会引起高肾素血症。

②继发性低醛固酮血症

肾上腺球状带细胞是合成与分泌醛固酮的场所,细胞表面有血管紧张素 Ⅱ 的受体,醛固酮的释放均由该受体激活后所介导。肾素的阻断剂,血管紧张素转换酶抑制剂,血管紧张素 Ⅱ 受体拮抗剂亦可因同样原理降低醛固酮水平。非甾体类消炎药可以抑制肾素释放,抑制血管紧张素 Ⅱ 介导的醛固酮分泌。钙神经蛋白抑制剂不仅抑制醛固酮分泌,也抑制醛固酮受体的表达。肝素与低分子量肝素可以减少球状带细胞上血管紧张素 Ⅱ 受体的表达数量以及降低受体亲和力,从而降低醛固酮分泌。

（2）醛固酮抵抗:假性低醛固酮血症 1 型有两种:一种是常染色体隐性遗传,受累蛋白为上皮钠通道（ENaC）;另一种是常染色体显性遗传,累及盐皮质激素受体。

假性低醛固酮血症 2 型,又名 Gordon 综合征,源于 WNK 激酶活性异常。WNK1 的正常功能是抑制 WNK4,而 WNK4 正常功能是抑制远端肾小管噻嗪类敏感的钠氯同向转运子活性,防止氯重吸收过多。WNK1 与 WNK4 的异常一方面增加远端肾小管氯的重吸收,造成管腔正电位,不利于钾的分泌,另一方面降低集合管主细胞腔膜面钾通道的表达,因此出现高血钾,且难以经补充醛固酮纠正。

（二）治疗

首先应处理原发病。

低肾素型低醛固酮血症可用盐皮质激素替代:氟氢可的松每天 $0.05 \sim 0.2\text{mg}$。必要时合用糖皮质激素。

高肾素型低醛固酮血症或醛固酮抵抗不用盐皮质激素,需低钾饮食,使用袢或噻嗪类利尿剂。

（郝传明）

本章小结

Fanconi 综合征是由各种原因导致的近端肾小管对多种物质重吸收功能障碍,尿中丢失大量葡萄糖、氨基酸、磷酸盐、重碳酸盐等,导致代谢性酸中毒、电解质紊乱（低血钾、低血钠、低血磷）,佝偻病等一系列临床综合征,多见于遗传性和继发性肾小管病。

肾小管性酸中毒（RTA）是肾脏酸化功能障碍导致的高氯性代谢性酸中毒,临床常分为四型,分别是近端 RTA、远端 RTA、混合型 RTA 和高钾型 RTA,主要发病机制是近端肾小管重吸收 HCO_3^- 障碍或远端肾小管泌 H^+ 障碍。临床可表现为酸中毒、肾结石、骨病、生长发育迟缓等,常伴钠、氯、钾、钙的代谢异常,治疗包括病因治疗和纠正酸中毒及电解质紊乱。

关键术语

范可尼综合征(Fanconi syndrome)

近端肾小管酸中毒(proximal renal tubular acidosis)

远端肾小管性酸中毒(distal renal tubular acidosis)

思考题

比较近端 RTA 和远端 RTA 在临床表现,发病机制和治疗方面的异同。

第三章　间质性肾炎

【学习目标】

掌握急性间质性肾炎和慢性间质性肾炎的常见病因、临床表现和治疗原则。

间质性肾炎是由多种病因导致的肾脏间质的病理损伤,临床表现以肾小管炎性损伤为主,可伴有不同程度肾小球滤过率的降低。其中,病因不明的称为特发性间质性肾炎。由致病因素直接引起肾脏间质损伤的,称为原发性间质性肾炎。伴发于各种肾小球疾病的肾脏间质损伤,称为继发性间质性肾炎。根据临床起病、疾病经过的不同,以及病理表现的不同,又分为急性间质性肾炎、慢性间质性肾炎。

间质性肾炎是病理学诊断,需肾活检证实,受此局限,至今尚无间质性肾炎的确切的发病率。在因各种原因而接受肾活检的人群中,多项调查表明,间质性肾炎的比例占1%~3%不等。

一、病因与发病机制

(一)生物化学物质

生化物质包括:各类中、西药物、重金属、工业用有机物或无机物。

可以导致急性间质性肾炎的常见药物有:β-内酰胺类抗生素(尤其是甲氧西林)、磺胺药、利福平、环氧化酶抑制剂(主要是非甾体类抗炎药)、利尿药、质子泵抑制剂、抗惊厥药、别嘌呤醇等。75%的急性间质性肾炎由药物引起,主要机制是药物作为半抗原与肾间质、肾小管的固有抗原成分相互作用,生成全抗原,引发以细胞免疫反应为主的变态反应。固有抗原包括:肾小管基底膜、肾小管刷状缘、Tamm-Horsfall蛋白等。在外来损伤因素的作用下,肾间质细胞表达主要组织相容性Ⅱ类抗原。经巨噬细胞、树突细胞加工后的外来抗原与主要组织相容性Ⅱ类抗原一起呈递给CD4和/或CD8阳性T细胞,引起后者活化。抗原特异性T细胞随后激活巨噬细胞、自然杀伤细胞。后者通过释放炎性因子、细胞毒物质、趋化因子、血管通透因子,引起间质炎性损伤。在炎症后期,随着促纤维化因子分泌增多,间质纤维化的进程开始启动。非甾体类抗炎药有时不仅引起急性间质性肾炎,还会引起肾小球足细胞损伤,临床表现为肾病综合征范围的蛋白尿。

可以导致慢性间质性肾炎的常见药物有:非甾体类抗炎药、钙调磷酸酶抑制剂(如环孢素)、锂制剂、含马兜铃酸的中草药。长期服用非甾体类抗炎药,累积剂量达1~3kg者,镇痛药肾病的发生率明显升高。镇痛药肾病的发病机制主要是扩血管性前列腺素的生成受到该类药物的抑制,致使肾髓质长期处于慢性缺血状态;其次,有些非甾体类抗炎药有直接肾毒性,如对乙酰氨基酚可消耗细胞内的抗氧化物质—谷胱甘肽。与非甾体类抗炎药引起急性间质性肾炎的机制不同,免疫机制在该类药物导致的慢性间质性肾炎中所起的作用不是主要的。钙调磷酸酶抑制剂既可通过激活循环与局部的RAAS系统引起肾血管病变,又可促进肾小管细胞向肌成纤维细胞转化,引起肾纤维化的发生发展。马兜铃酸不仅有直接的肾小管细胞毒性,而且也能诱导肾小管细胞向肌成纤维细胞转化,促进肾间质纤维化。另外,马兜铃酸还可引起肾血管病变。

(二)物理因素

放射线可直接损伤肾小管和肾间质,并损伤微血管内皮,引起微血栓。

尿路梗阻升高了肾盂内的压力,引起肾小管损伤,尿液可渗入肾间质引起炎症。

(三) 病原体感染

病原体感染是急性间质性肾炎的病因之一。5%~10%的急性间质性肾炎由感染引起。

全身性的感染往往通过免疫学机制引起间质炎症,肾脏本身并无病原体侵袭。常见的病原体有:军团菌、链球菌、白喉杆菌、布氏杆菌、支原体、巨细胞病毒、EB病毒、螺旋体、弓形虫等等。

病原体也可直接感染肾脏,引起肾间质的化脓性炎症。

(四) 自身免疫性疾病

干燥综合征、系统性红斑狼疮、结节病、系统性血管炎均可累及肾间质,多为继发性间质性肾炎,为免疫机制所介导。10%~15%的急性间质性肾炎由此类疾病引起。

IgG4相关疾病相对少见,多器官出现淋巴浆细胞浸润,而这些浆细胞表达IgG4。常见浸润器官包括胰腺(引起自身免疫性胰腺炎)、泪腺、唾液腺和眶周组织。近三成IgG4相关疾病病人有小管间质累及。

(五) 异常球蛋白血症

异常球蛋白血症是指由浆细胞及其前体B淋巴细胞恶性增生,分泌大量均一性的异常免疫球蛋白,使血中出现过量的单克隆免疫球蛋白或其重链和轻链而引起的一组疾病。这组疾病包括多发性骨髓瘤、巨球蛋白血症、重链病、轻链病、冷球蛋白血症及意义不明的单克隆免疫球蛋白病等。异常蛋白在肾间质沉积可引起间质病变。

(六) 代谢性疾病

包括高尿酸血症、高钙血症、高草酸尿症等。

高尿酸血症引起的肾损害主要是尿酸结晶介导的。不溶性的尿酸结晶沉积于肾组织中不仅堵塞肾小管,而且结晶被细胞摄取后会活化补体、启动炎性反应。而可溶性尿酸是前炎性因子,它能刺激产生单核细胞趋化因子-1,还能激活循环中的血小板,损伤血管内皮。

(七) 特发性间质性肾炎

5%~10%的急性间质性肾炎是特发性小管间质性肾炎与葡萄膜炎综合征(tubulointerstitial nephritis and uveitis syndrome,TINU)。患者体内有针对修饰后的C反应蛋白产生的IgG型抗体。肾间质的损伤由迟发性变态反应所介导。

二、临床表现

(一) 急性间质性肾炎

急性间质性肾炎往往起病较急,非特异的表现有乏力、腰酸痛、食欲减退、恶心、呕吐等。而特异的临床表现可分为以下几类:

1. 病因学表现　药物引起者,通常有长短不等的潜伏期,平均在接触药物10~14天后出现症状,提示T细胞介导的免疫反应激活。患者再次服用非甾体类抗炎药后平均3~5天出现症状,而长的潜伏期可达十几个月。利福平诱发的潜伏期可短至一天。患者可有以下"三联症"或其中一、二项表现:发热、皮疹、血嗜酸细胞增高,但有典型三联症表现者不足十分之一。

感染性疾病、自身免疫性疾病、异常球蛋白血症、代谢性疾病引起者,各有相关的症状与体征,参见有关章节。

TINU综合征的部分患者有前驱感染(如EB病毒、支原体感染)或使用某种特殊药物史。TINU常见于有自身免疫病基础的患者,如:甲状腺疾病、类风湿性关节炎、IgG4相关免疫病等。大多数患者在发现间质性肾炎2~11个月后出现眼葡萄膜炎。多数双眼受累,常见的表现有:眼红、眼痛、畏光、视力减退。主要以前葡萄膜炎为主,检查发现眼干、前房细胞发红,结膜充血,角膜后沉淀物。

2. 肾小管损伤与功能障碍的表现　包括:肾小管性蛋白尿、肾性糖尿、肾性氨基酸尿、肾小管性酸中毒、肾浓缩功能障碍。无菌性白细胞尿、嗜酸细胞尿(嗜酸细胞占尿白细胞总数1%以上)。

3. 肾小球损伤与滤过功能障碍表现　原发性间质性肾炎的患者中会有少数肾小球受累,包括:镜下或肉眼血尿、轻至重度的肾小球性蛋白尿。多数患者有不同程度的肾小球滤过率降低,少尿型肾衰与非少尿型肾衰约各占50%。

急性间质性肾炎的影像学检查常见到双肾增大。

(二)慢性间质性肾炎

慢性间质性肾炎起病隐匿,或一起病就是慢性经过,并非均由急性间质性肾炎发展而来。非特异的表现有:乏力、厌食、恶心、消瘦。

各种不同病因引起的慢性间质性肾炎各有其病因学表现。药物引起者,常有长期服用某种药物病史,如:非甾体类抗炎药、马兜铃酸、钙调磷酸酶抑制剂、锂制剂等。

最早出现的典型症状是尿浓缩功能障碍的表现:夜尿增多,低渗尿、低比重尿,严重者甚至有肾性尿崩症,对抗利尿激素无反应。肾小管性蛋白尿、肾性糖尿、肾性氨基酸尿、肾小管性酸中毒等可随之出现。检查可见无菌性脓尿。肾小球滤过率进行性降低。

部分病例,如非甾体类抗炎药引起的慢性间质性肾炎可出现肾乳头坏死,表现为突发性肉眼血尿、腰痛,尿中出现破碎的肾乳头组织,肾功能急剧恶化。

晚期慢性间质性肾炎的影像学表现为肾萎缩。有长期服用非甾体类抗炎药病史者,若还有下面任意一条表现,可诊断为镇痛药肾病:①肾外形凹凸不平;②肾乳头钙化。

三、病理

(一)急性间质性肾炎

光镜:间质水肿,炎性细胞呈弥漫性或灶性浸润。炎性细胞以单核细胞为主。目前研究表明,这些单核细胞为T淋巴细胞,包括T辅助细胞、T抑制/细胞毒细胞。药物引起者,浸润的细胞中尚可见到嗜酸性粒细胞。感染引起者,可见中性粒细胞浸润。有时在间质可出现上皮细胞肉芽肿。重症患者有灶性肾小管坏死,单核细胞穿透肾小管基底膜插入肾小管上皮细胞之间,形成"小管炎"征象。无纤维化表现。肾小球完好。

免疫荧光:一般阴性。部分病例见间质与肾小管基底膜有免疫球蛋白、补体沉积。少数病例表现为IgG和C_3沿肾小管基底膜呈线样沉积。

电镜:可见到免疫复合物沉积。并发肾病综合征者,有时可见肾小球脏层上皮细胞足突融合,状如微小病变。

(二)慢性间质性肾炎

不同病因的慢性间质性肾炎的病理表现大都类似:间质病变呈灶状、片状分布;有不同程度的纤维组织增生、炎性细胞浸润;肾小管不同程度的萎缩。早期肾小球与肾血管受累轻,随着病情进展,出现肾小球硬化、肾小血管壁增厚直至闭塞。

镇痛药肾病可有肾乳头坏死。

钙调磷酸酶抑制剂引起者,肾小球缺血性硬化呈条带状分布,血管内皮细胞肿胀,血管壁玻璃样变,血管平滑肌细胞变性坏死。

锂相关肾病的特征性病理表现是部分病例的远端小管、集合管局部扩张,形成囊泡。

尿酸性肾病,偏振光显微镜下在肾髓质部位可发现肾小管内或间质里尿酸结晶沉积。

四、诊断与鉴别诊断

(一)急性间质性肾炎

凡急性起病,肾功能短期内恶化,尿沉渣仅有少许白细胞,有时可见嗜酸性粒细胞,出现肾小管损伤与功能障碍的表现,应考虑急性间质性肾炎。确诊需要依靠肾组织病理检查。

在起病前曾使用过先前未使用过的药物的,停药后病情又好转的,可不考虑肾活检。但以下情况需考虑肾活检:

(1) 临床表现符合急性间质性肾炎,但无明确的药物作为诱因的。

(2) 出现急性肾损伤的表现,但临床表现不符合急性间质性肾炎,或单从临床表现上无法确定急性肾损伤的病变部位的。

(3) 考虑给予激素治疗的某些药物性急性间质性肾炎;或已经使用激素 5 ~ 7 天但病情仍未缓解的。

(4) 临床考虑药物性急性间质性肾炎,但停用药物后病情仍不缓解的。

(5) 临床表现不能用典型的急性间质性肾炎解释,如:大量蛋白尿。

急性间质性肾炎需与各种急性肾损伤鉴别,如肾前性肾衰、肾后性肾衰、各类肾小球肾炎引起的急性肾衰、急性肾小管坏死等。

(二) 慢性间质性肾炎

有导致慢性间质性肾炎的病因,如长期服用非甾体类抗炎药、马兜铃酸等药物,长期梗阻性肾病,尿酸性肾病等。早期以肾小管损伤与功能障碍为表现,晚期出现慢性肾衰的相关表现。影像学检查可见肾萎缩,镇痛药肾病在逆行造影可见肾乳头坏死表现,慢性肾盂肾炎则肾外形凹凸不平,肾盂肾盏变形。

慢性间质性肾炎需与各类慢性肾衰鉴别,如慢性肾小球肾炎、高血压肾硬化等等。

五、治疗

(一) 急性间质性肾炎

首先,要去除病因与诱因。

其次,对于药物性急性间质性肾炎考虑激素与免疫抑制剂治疗。这是基于以下认识:许多药物性急性间质性肾炎是过敏性的。大部分的免疫反应针对药物本身,或药物诱发的抗原。患者有全身过敏的表现。过敏的发生不是剂量依赖性的。症状在停用药物后改善,而当再次接触同样或同类药物后复发。从用药到发病的潜伏期平均 10 ~ 14 天。肾脏病理显示肾间质浸润的细胞是 T 淋巴细胞。

在停用药物 3 ~ 7 天后,肾功能没有改善,给予短期的激素治疗是可以考虑的。需注意的是,如果急性间质性肾炎是因为使用了非甾体类抗炎药而引起的肾髓质间质缺血,那么激素无助于病情的改善。

激素的起始剂量是泼尼松每天每公斤体重 1mg(最大剂量控制在每天 40 ~ 60mg),至少治疗 1 ~ 2 周。血肌酐降回到正常或接近正常时开始缓慢减量。整个疗程 2 ~ 3 个月。大部分病人在治疗开始的 2 周内见效。

对于出现急性肾衰的严重病例,可考虑激素冲击治疗:甲泼尼松龙每天 500 ~ 1000mg,连用 3 天。

对于激素抵抗、激素依赖、激素不耐受的病例,治疗的经验有限。免疫抑制剂(如:霉酚酸酯、环磷酰胺)的使用仅见于个案报道。

特发性急性间质性肾炎、TINU 综合征也是激素治疗指征。

对有紧急透析指征的病例给予血液净化治疗。

(二) 慢性间质性肾炎

首先,针对病因进行治疗,如停用相关药物、控制感染、解除梗阻、处理自身免疫病等等。同时注意纠正水、电解质、酸碱平衡紊乱。对于出现慢性肾衰的患者,应积极治疗高血压、贫血、骨与矿物质代谢紊乱。对进入 ESRD 的患者,应给予肾脏替代治疗。

(郝传明)

本章小结

　　间质性肾炎按病程和病理特点可分为急性间质性肾炎和慢性间质性肾炎。急性间质性肾炎的病因主要是药物、自身免疫性疾病和感染,突出的临床表现为肾小管功能损害,肾小球受累轻或无,可伴全身症状如发热、关节痛、皮疹等。慢性间质性肾炎常起病隐匿,多有原发病的全身表现,肾脏突出的临床表现是肾小管浓缩和酸化功能障碍。急性间质性肾炎糖皮质激素治疗效果好,预后佳。

关键术语

　　间质性肾炎(interstitial nephritis)
　　小管间质性肾炎与葡萄膜炎综合征(tubulointerstitial nephritis and uveitis syndrome,TINU)

思考题

　　比较急性间质性肾炎、急性肾小管坏死、新月体性肾炎的临床表现。

第七篇　泌尿系统损伤

器官·系统
整合教材
O S B C

【学习目标】

掌握肾创伤的诊断及保守治疗方法,掌握尿道损伤的诊断和治疗方法;熟悉输尿管和膀胱损伤的诊断和治疗原则;了解肾创伤、输尿管损伤、膀胱损伤、尿道损伤的机制。

在世界范围内,外伤是危害人体健康的主要原因。由于解剖位置关系,泌尿系统损伤的发生率较其他部位略少。平时在急诊室见到的所有损伤中,10% ~ 15%的患者有不同程度的泌尿系统损伤。高处坠落、暴力打击等原因常造成闭合性损伤,刀刺及枪伤主要引起开放性损伤。放疗、腔内技术的广泛应用,增加了医源性损伤的数量。泌尿系统损伤中,最为常见的是尿道损伤,其次是肾和膀胱损伤,输尿管损伤较少见。泌尿系统损伤多合并有其他脏器损伤,如肝、脾、胃肠和胸部等损伤及骨盆骨折。腹、盆部脏器损伤要考虑同时有泌尿系统损伤可能,泌尿系统损伤也要排除合并其他脏器损伤。泌尿系统损伤多严重危及患者生命,休克发生率高,应尽早明确诊断,评估损伤的严重程度,可大大减少伤残死亡率。泌尿系统损伤常出现严重的并发症,如感染、狭窄、尿瘘、高血压、肾功能不全、性功能障碍等,积极处理并发症是治疗的重要组成部分。

第一章　肾 创 伤

肾创伤(renal trauma),以往泌尿外科临床上称肾损伤,为与肾脏内科"肾损伤"疾病相区别,本章用"肾创伤"名称进行阐述。肾脏位于脊柱两侧,腹膜后结缔组织内,解剖位置隐蔽。肾脏外面被 Gerota 筋膜包绕,其间有脂肪囊,是自然的保护屏障。肾脏本身有一个椎体上下的活动度,可以缓冲外来暴力的作用。肾脏前后内外侧受到腹腔、肌肉、脊柱及肋骨的保护,一般情况下不易受到损伤。肾创伤发生率约为 5/10 万人/年,占所有外伤 1%～5%,腹部外伤的 10%,大多见于青壮年男性,男女比例约为 3∶1。儿童肾脏相对成人大且位置低,肾周围的保护作用较弱,肾创伤的发生率较高。当肾脏存在积水、囊肿、肿瘤等病理改变时,受到损伤的可能性更大。肾脏血运丰富,一旦损伤极易引起出血及尿液外渗,诱发休克和感染。放射影像学分期的进展,血流动力学监测技术的提高,有效的肾创伤评分系统的建立,以及对损伤机制的深入了解,为非手术保留损伤肾脏的治疗策略奠定了基础。尽管肾创伤常与其他内脏损伤合并存在,大多数的闭合性肾创伤和许多开放性肾创伤已不再绝对需要外科手术干预。

一、损伤分类和机制

(一)损伤分类

按肾脏损伤的原因可分为闭合性肾创伤、开放性肾创伤及医源性肾创伤。

1. 闭合性肾创伤　常由直接暴力和间接暴力所致,车祸、高处坠落、暴力打击是造成闭合性肾创伤的主要原因。高速冲击伤发生过程中躯体发生减速运动的剧烈程度与损伤程度密切相关。从高处落下或突然减速可使肾脏急剧移位,肾动脉被牵拉,损伤肾门或肾盂输尿管交接处的肾脏大血管,导致肾动脉栓塞、肾静脉破裂或肾蒂撕裂等严重后果。肾积水、肾肿瘤、肾囊肿、肾结核患者,肾脏受到轻微损伤即可发生破裂。

2. 开放性肾创伤　常由枪伤和刀刺伤引起。开放性肾损伤常为复合伤,90% 以上合并有胸、腹及其他脏器损伤。上腹部及下胸部的开放性损伤须警惕肾损伤的可能。刀刺伤可同时导致肾实质和肾血管的损伤。凶器的外形、长度和宽度能为估计损伤的范围提供重要的信息。腋后线的开放伤常常导致肾实质损伤,腋前线的开放伤更容易伤及肾门和肾蒂等重要结构。枪伤的特点是子弹入口处创伤较小,伤口内部有较大的组织破坏,容易造成多个脏器的损伤,而子弹出口处的创伤常较为明显,在处理时需要格外注意。

3. 医源性肾创伤　肾囊肿穿刺、肾穿刺活检、上腹部手术或内镜检查治疗时,均有引起肾创伤的可能。

(二)损伤分级

美国创伤外科协会器官损伤定级委员会制定的肾创伤分级方法应用最为广泛,用以指导临床治疗(表 7-1-1、图 7-1-1)。

表 7-1-1 美国创伤外科协会肾创伤分级

分级	类型	表现
I	挫伤	镜下或肉眼血尿,泌尿系统检查正常
	血肿	包膜下血肿,无实质损伤
II	血肿	局限于腹膜后肾区的肾周血肿
	裂伤	肾实质裂伤深度不超过 1.0cm,无尿外渗
III	裂伤	肾实质裂伤深度超过 1.0cm,无集合系统破裂或尿外渗
IV	裂伤	肾损伤贯穿肾皮质、髓质和集合系统
	血管损伤	肾动脉、静脉主要分支损伤伴出血
V	裂伤	肾脏碎裂
	血管损伤	肾门血管撕裂、离断伴肾脏无血供

注:如双侧III级肾损伤,应评为IV级

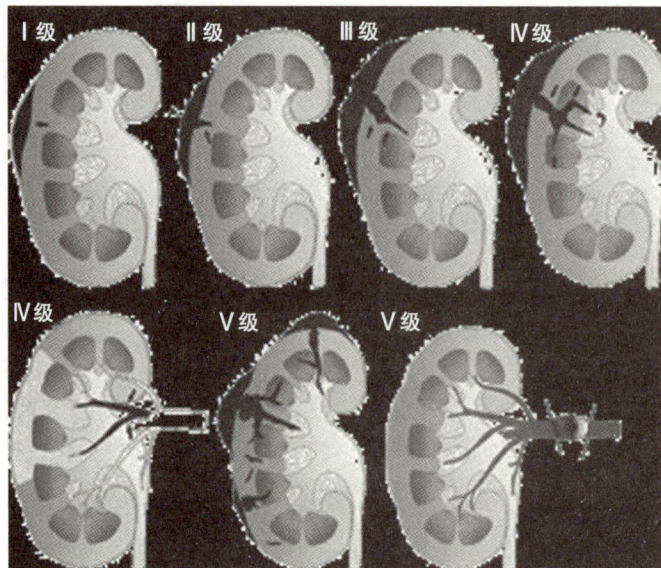

图 7-1-1 美国创伤外科协会肾创伤分级

二、临床表现

肾创伤的临床表现与损伤的类型和程度有关,常呈现不一致性。其主要症状有休克、血尿、疼痛、腰腹部肿块和发热等。

(一)休克

休克是肾创伤的严重表现,可为创伤性休克或/和出血性休克,与肾损伤的程度、有无合并伤及失血量有关。闭合性肾损伤休克发生率约为 40%,开放性肾创伤休克发生率可达 80%以上。

(二)血尿

血尿是肾创伤最常见、最重要的症状,90% 以上患者表现为肉眼血尿和镜下血尿。尿液中可出现血块,有条索状血丝时具有诊断意义。需要注意血尿的严重程度和肾创伤的严重程度并非一定有明显的相关性。有些轻微肾脏挫伤即可观察到肉眼血尿,严重肾脏、肾蒂损伤也可仅出现镜下血尿或无血尿。血尿的程度不能完全作为判断肾创伤范围和程度的依据。

（三）疼痛

肾包膜下血肿、肾周围软组织损伤、出血或尿外渗会引起患侧腰、腹部疼痛。血液、尿液渗入腹腔或合并腹腔脏器损伤时,则出现全腹疼痛、肌紧张、反跳痛等腹膜刺激症状。血块通过输尿管时可发生肾绞痛。

（四）腰腹部肿块

血液、尿液渗入肾周围组织可使局部肿胀,形成腰、腹部肿块。临床上若肿块不断扩大,且血红蛋白持续下降,提示有活动性出血。

（五）发热

肾周血肿、尿外渗易继发感染,导致肾周脓肿或化脓性腹膜炎,患者出现发热表现。感染严重时会出现全身中毒症状,甚至出现感染性休克表现。

三、诊断

季肋部、腰背部及腹部的创伤需要警惕肾创伤的可能,肾损伤可合并胸、腹脏器及脊柱等损伤。存在合并伤时,患者临床表现更加复杂,更为严重。

（一）病史与体检

对于有腹部、背部、下胸部外伤或对冲伤的患者,均应考虑肾创伤的可能。应详细地询问相关外伤史,包括受伤的部位、时间、原因,有无血尿、休克、疼痛、肿块和发热等,以便全面评估损伤的严重程度。

全身体检对于发现潜在的肾脏损伤有重要价值,重点注意生命体征的监测和损伤部位的检查。侧腹壁血肿、肋骨骨折、下胸部和肋部开放穿透性伤者均应注意有无肾脏损伤。对病情严重、生命体征不稳定的患者,应首先按急救原则进行处理。

（二）实验室检查

1. **尿常规检查**　血尿是诊断肾创伤的重要依据之一,血尿严重程度的变化可作为了解病情变化的依据。通过尿白细胞、白细胞酯酶和亚硝酸盐的测定了解有无合并感染。尿 pH 值和尿比重的测定可初步了解肾功能的情况。

2. **血常规检查**　血红蛋白、红细胞计数和红细胞压积测定可了解出血情况,持续的红细胞压积降低提示活动性出血。血白细胞升高常提示血液浓缩或存在感染。

3. **生化检测**　测定血清肌酐和尿素氮评估肾功能。肾功能严重受损时,还需要检测血电解质的水平以及动脉血气分析,了解酸碱及水电解质平衡。

（三）影像学检查

影像学检查可以发现肾损伤部位、程度、尿外渗、肾血管损伤以及对侧肾脏情况。如伤情允许,应当尽早进行。

1. **超声**　超声检查是闭合性肾创伤首选的方法,进行腹腔脏器损伤的快速诊断。超声检查可连续监测腹膜后血肿及尿外渗情况,观察病情进展,还可了解对侧肾脏情况。

2. **CT**　增强 CT 扫描是诊断肾脏损伤的"金标准",对肾脏损伤程度进行分期。可显示肾脏实质撕裂的程度,是否存在尿外渗,辨别周围脏器包括肝脏、脾脏、胰腺、肠管的损伤。通过对后腹膜血肿大小的测量,判断出血的程度。动脉和静脉相扫描可以显示血管损伤情况,肾实质造影剂的缺乏提示肾动脉的损伤。

3. **静脉尿路造影（intravenous urography，IVU）**　腹部平片及尿路静脉造影是传统上评估泌尿系统损伤最常见的影像学检查手段。由于 CT 检查的广泛应用,IVU 在泌尿系损伤中的作用受到限制。IVU 可评估肾创伤的程度以及对侧肾脏功能,同时还可了解有无肾脏原发疾病。应注意在获取重要信息的同时尽量减少操作时间,建议进行大剂量静脉造影。

4. **肾动脉造影**　血管造影能够显示肾动脉血栓形成、肾血管及分支的损伤情况。对于血流动力学稳定的持续出血病人,造影的同时可行肾血管栓塞。假性动脉瘤和动静脉瘘可通过血管介入栓塞术治疗,防止继发性出血。肾动脉造影费时且为有创检查,并受患者伤情和医院条件等诸多因素影响。

5. 同位素肾扫描　可了解分肾的肾功能情况,常用于肾创伤后肾功能的随访检查。

四、治疗

肾创伤的治疗首先须正确评估伤情,有无休克及其他脏器的合并伤,并制定出快速、有效、全面的治疗方案。单纯肾创伤患者大多数适宜非手术治疗,存在合并伤时先处理腹内脏器等损伤,然后探查伤肾并进行相应处理。肾创伤的治疗目的是保存肾功能和降低死亡率。

(一) 防治休克

防治休克是治疗肾创伤的重要环节,包括立即建立输血、输液通道,补充血容量、复苏,镇静止痛、绝对卧床休息等。在抗休克同时,迅速判断伤情,制定治疗方案。

(二) 保守治疗

1. 保守治疗的指征　绝大多数肾创伤患者首选保守治疗,90% 以上肾脏闭合损伤患者保守治疗有效。由子弹和刺伤造成的肾脏穿通伤,如果患者情况稳定,仍然可以采取非手术治疗。Ⅰ级和Ⅱ级肾损伤推荐保守治疗,Ⅲ级肾损伤倾向保守治疗,Ⅳ和Ⅴ级肾损伤多需手术治疗。保守治疗可有效降低肾切除率,且近期和远期并发症并不升高。

2. 保守治疗的方法　包括对症处理及严密观察病情变化。严格限制活动,绝对卧床休息2周,血尿消失后可以允许患者离床活动,但 2～3 个月内避免剧烈活动。补充血容量、纠正水电解质平衡紊乱,保持足够的尿量。合理应用抗生素预防感染。必要时可应用镇痛、镇静及止血药物。密切观察血压、脉搏、呼吸及体温等生命体征变化,定期检测血常规和尿常规了解出血及感染等情况,B 超及 CT 检查了解腹部及尿外渗变化情况。

(三) 手术治疗

1. 手术指征　肾创伤的类型及程度是决定手术的重要因素。闭合性肾创伤手术探查率低于10%,包括肾粉碎伤、肾盂破裂、肾蒂血管伤等。合并腹腔脏器损伤时多数需要手术探查。绝大多数开放性肾创伤需要手术治疗。保守治疗期间,若患者血压不能回升,血尿加重及血红蛋白持续下降,腰腹部肿块持续增大说明有活动性出血,应该考虑手术治疗。

2. 手术要点　肾探查手术一般采用经腹入路,有利于控制肾血管以及同时处理合并腹腔其他脏器的损伤。打开肾周筋膜前应先控制肾蒂血管,避免大出血,保持手术野的清晰。尽可能行肾或肾血管修补术,最大限度保存伤者肾功能。行肾修补术时应完全暴露肾脏,控制血管,清创坏死组织,结扎出血血管,仔细缝合集合系统,覆盖或重新对合实质缺损部分。仅有肾静脉轻度裂伤者可考虑肾血管修补术。只有在严重肾全层裂伤或肾蒂血管损伤,无法修复,而对侧肾功能良好时,才考虑行肾切除。

(四) 介入治疗

适用于肾创伤合并出血且血流动力学稳定的患者,或由于其他损伤不适宜开腹探查以及发生延迟性再出血的患者。对于孤立肾、对侧肾功能不全的肾损伤患者,亦可选择超选择性肾动脉栓塞术进行止血。

(五) 观察及随访

患者住院期间应严密监测生命体征,观察切口和引流管的情况,注意尿色和尿量的改变,检查腹部及腰部体征。监测血常规、肾功能和电解质变化,CT 和核素肾扫描检查了解肾脏形态和功能的改变。

长期随访的主要内容包括体格检查、尿常规、血压测量、血清肾功能测定、肾脏的影像学检查(包括肾脏 B 超、CT、静脉尿路造影和 MRI)等,评估肾脏功能,了解有无并发症的发生。

Note

（六）并发症处理

尿外渗是肾创伤最常见的并发症,可引起尿囊肿、肾周感染甚至肾功能丧失。应早期给予有效抗生素,密切观察外渗尿液量的变化,可放置输尿管支架引流尿液。对于持续尿外渗或尿囊肿引起的肾周脓肿,经皮穿刺引流可作为初始治疗方案,必要时可行切开引流。迟发性肾出血可在损伤后数周发生,常见于损伤后 21 天内。应绝对卧床并给予补充循环容量、止血等必要的对症处理。如果出血持续,可行血管造影明确出血位置并进行栓塞止血。肾创伤后高血压与肾供血不足、肾动脉血栓形成、动静脉瘘及肾萎缩等因素有关,选择性血管造影和肾静脉肾素测定可明确诊断。如内科保守治疗无效,可行肾血管成形术、肾脏部分切除术或患肾切除术。

（谢立平）

Note

第二章　输尿管损伤

　　输尿管是细长的管状器官,全长位于腹膜后间隙,周围受到脊柱、椎旁肌肉、腰部肌肉及腹腔脏器等保护,而且有一定的活动度,因此外界暴力打击(贯通性和非贯通性)不易损伤输尿管。医源性损伤是输尿管损伤(ureteral trauma)的主要原因,常在腹部手术、盆腔手术、妇科手术及泌尿科腔镜检查或手术时发生。随着腔内泌尿外科的开展,器械操作所致的输尿管损伤的发病数有所上升。输尿管损伤通常表现不明显,若未及时发现或处理不当,可引起漏尿、感染、狭窄、肾功能不全甚至死亡等严重后果。

一、病因和病理

(一)病因

　　1. **手术损伤**　多见于盆腔及下腹部的开放性手术,如妇产科手术、普外科手术或泌尿外科手术都有可能损伤输尿管,发生率约为 0.5% ~ 10%。输尿管有移位、畸形、广泛粘连、显露不良、出血等情况时更易发生。有时手术时虽未直接损伤输尿管,但破坏了输尿管的血液供应,也会导致输尿管缺血、坏死及穿孔。仅 1/3 开放手术引起的输尿管损伤能够即刻被发现,腹腔镜手术引起的输尿管损伤也不易被发现,术中需保持高度的警惕性。

　　2. **器械损伤**　经膀胱逆行输尿管插管、扩张、套石、活检,输尿管镜检查及取(碎)石等操作均可发生输尿管损伤。输尿管镜操作不当是引起输尿管损伤最常见的原因,发生率为 1% ~ 5%,包括较长的手术时间、复杂的肾输尿管结石手术操作、术者经验不丰富以及盆腔接受过放射性治疗等。

　　3. **放射性损伤**　对盆腔器官肿瘤进行高能量放射治疗,可引起输尿管壁水肿、出血、坏死,容易形成尿瘘。放疗后纤维疤痕组织增生,可造成输尿管梗阻。

　　4. **外伤性损伤**　外伤性输尿管损伤较少见,在穿透伤中所占的比例小于 4%,钝性伤中所占的比例不足 1%。外伤性输尿管损伤通常合并有其他脏器损伤,其中约 1/3 的患者有较高的死亡率。抢救复合性损伤的患者时输尿管损伤常居次要地位,因而常被忽略,不能作出早期诊断。

(二)病理

　　输尿管损伤后的病理变化及后果与损伤的类型、发现及处理的时间和方法密切相关。输尿管轻度夹伤或结扎后即刻松解,多无不良后果。输尿管结扎梗阻,导致肾积水,肾实质萎缩,双侧输尿管结扎可导致无尿。输尿管贯通伤或离断伤后出现腹膜后尿外渗或腹膜炎,感染可引起脓毒血症。输尿管缺血坏死可形成尿外渗或尿瘘,伴输尿管狭窄者可引起肾积水。

二、临床表现

　　输尿管损伤的临床表现较复杂,损伤的性质和类型不同,临床表现不尽相同。医源性输尿管损伤的临床表现与术中发现与否有关。合并其他重要脏器的损伤常可掩盖输尿管损伤的表现。

(一)尿外渗

　　尿液由输尿管损伤处渗入腹膜后间隙,引起腰痛、腹痛、肿胀、包块及触痛。如腹膜破裂,尿液漏入腹腔,出现腹膜刺激症状。继发感染可出现脓毒血症。如尿液与腹壁创口或与阴道、肠道创口相通,形成尿瘘,常迁延不愈。

（二）尿路梗阻

输尿管被缝扎、结扎后可引起完全性梗阻。因肾盂压力增高,可有患侧腰部胀痛、腰肌紧张、肾区叩痛及发热等表现。如孤立肾或双侧输尿管被结扎,可出现无尿、肾衰竭等表现。长期尿瘘、反复感染或放射性输尿管损伤等可出现输尿管狭窄,出现肾积水、继发性肾脏感染、肾功能受损的表现。

（三）血尿

相关手术后出现血尿应高度怀疑输尿管损伤的可能。输尿管黏膜损伤易出现血尿,一般会自行缓解和消失。血尿严重程度与输尿管损伤程度可不一致,输尿管结扎或完全断离时,可不出现血尿。

（四）感染

输尿管损伤合并尿外渗易引起局部及全身的感染。局部感染者常出现疼痛、发热、脓肿形成等表现。全身感染者可出现寒战、高热、脉速、呼吸急促、神经精神症状等败血症表现,严重者出现感染性休克。

三、诊断与鉴别诊断

（一）诊断

输尿管损伤的早期诊断十分重要。外伤性输尿管损伤、尤其是闭合性损伤者无典型的症状体征,应注意有无血尿、腰痛、发热和尿量减少等表现,需结合辅助检查做出诊断。在处理外伤或施行腹部及盆腔手术时,应注意检查外伤创口是否经过输尿管行径,手术野有无渗尿,或直接见到输尿管损伤的情况。手术中怀疑输尿管损伤时,应积极行输尿管探查,并可由静脉注射靛胭脂,如有蓝色尿液外渗则可确定诊断。术中未能及时发现输尿管损伤,术后需密切观察并进行相关检查,以明确损伤的性质、部位和程度。

静脉尿路造影能够显示输尿管损伤处的尿液外渗或梗阻,同时可以评估对侧肾脏功能。膀胱镜检查及逆行尿路造影多能准确诊断输尿管损伤。膀胱镜检查可见伤侧输尿管口无尿液喷出,静脉注射靛胭脂后无蓝色尿液喷出。输尿管插管至受损处多受阻,造影剂不能通过,或造影剂外溢。插管成功时可同时留置输尿管支架。逆行插管困难者,可行经皮肾穿刺顺行尿路造影。CT尿路造影检查可发现损伤的部位是否通畅及有无造影剂外溢。CT检查还可显示损伤区域的变化,如尿液囊肿、输尿管周围脓肿、肾积水及尿瘘。核磁共振尿路成像因其非侵袭性、无需造影剂、尿路解剖结构显示良好,已广泛用于输尿管损伤的诊断。超声检查可发现尿外渗和梗阻所致的肾积水。放射性核素肾显像可显示伤侧上尿路有无梗阻,了解双侧肾脏功能情况。

（二）鉴别诊断

通过导尿管向膀胱内注入美蓝溶液,可鉴别输尿管阴道瘘与膀胱阴道瘘。输尿管阴道瘘时,阴道内流出的液体无蓝染。双侧输尿管结扎引起无尿,应与肾性和肾前性肾衰竭相鉴别。

四、治疗

（一）治疗原则

输尿管损伤治疗目的是恢复正常排尿通路,保护患侧肾功能。根据损伤的原因、部位、性质、程度、时间及合并伤不同,确定相应的治疗方案。外伤性输尿管损伤患者一般病情危急,失血严重,合并有其他重要器官损伤,应先纠正休克,处理其他脏器严重的合并损伤,然后处理输尿管损伤。手术中应尽量避免损伤输尿管,及时发现的输尿管损伤应立即进行适当的处理。输尿管修复和吻合应在无张力下进行,彻底引流外渗尿液,避免继发感染。

Note

（二）治疗方法

1. 输尿管插管　输尿管黏膜损伤面积较广或黏膜下损伤较深时,输尿管钳夹伤或轻度裂伤时,可经膀胱镜或输尿管镜留置双 J 管引流,留置时间视病情轻重确定。

2. 输尿管吻合术　输尿管缺血坏死、输尿管离断、输尿管缺损及晚期并发输尿管狭窄等情况下需行输尿管吻合术,须保证输尿管两断端无张力吻合。输尿管缺损多者,可采用输尿管膀胱吻合术、膀胱壁瓣输尿管下段成形术、输尿管皮肤造口术或回肠代输尿管术等方法。

3. 尿瘘　输尿管阴道瘘常发生在手术损伤后 3 个月左右,应待伤口水肿及局部炎性反应消退后行输尿管修复。手术中应寻找到输尿管近侧断端,游离后行膀胱再植或膀胱壁瓣吻合。

4. 肾切除　适合肾脏功能已严重丧失或完全丧失者,选择需慎重。

（三）随诊

对留置输尿管双 J 管的患者,需每月复查泌尿系 B 超或腹部平片,了解双 J 管位置、有无肾积水等情况,并检查损伤局部有无漏尿、尿液囊肿形成。若双 J 管引流不畅或位置不佳,需在膀胱镜下重新留置双 J 管。拔除双 J 管后,患者每 3 个月复查泌尿系 B 超和静脉尿路造影,了解有无肾积水、输尿管狭窄及肾功能损害,必要时行内镜或开放手术治疗。

（谢立平）

第三章　膀 胱 损 伤

膀胱为盆腔内器官,顶部和后上侧有腹膜覆盖。膀胱的大小、形态、位置随贮尿的多少有很大变化。成人膀胱空虚时位于盆腔深处,一般不易受到外部损伤。小儿膀胱位置较高,部分位于腹腔内,稍充盈就可突出到下腹部,较易受到损伤。腹部钝性外伤引起膀胱破裂的发生率约为 2% ,而腹部穿透伤发生膀胱破裂的概率约为 14% ~33% 。

一、病因和病理

(一)病因

根据致伤原因将膀胱损伤(bladder trauma)分为开放性损伤、闭合性损伤、医源性损伤和自发性膀胱破裂。

1. **开放性损伤**　多见于战时,以弹片伤和刺伤为主,常合并直肠、阴道等其他脏器的损伤。膀胱穿透性损伤常伴有非泌尿系统的严重损伤。

2. **闭合性损伤**　碰撞后的急剧减速是导致膀胱钝性损伤的最主要原因。坠落伤、挤压伤、下腹部的钝性打击也是导致膀胱损伤的常见原因。钝性打击导致的膀胱损伤通常伴有其他组织器官的损伤,约80% ~94% 的膀胱闭合性损伤患者合并有严重的非泌尿系统相关损伤,是患者的主要死因。骨盆骨折不仅会导致膀胱周围筋膜撕裂,骨碎片也能直接损伤膀胱。充盈的膀胱受到突然冲击导致膀胱内压迅速上升,更易引起膀胱损伤。

3. **医源性损伤**　下腹部和泌尿外科手术时可误伤膀胱。膀胱镜检查或治疗时可能伤及膀胱。难产时胎儿头压迫或产钳损伤膀胱是形成膀胱阴道瘘的重要原因之一。

4. **自发性破裂**　存在膀胱结核、肿瘤、放射治疗等情况,膀胱过度充盈或轻微外伤时发生破裂,称为自发性破裂。

(二)病理

1. **挫伤**　损伤膀胱黏膜或浅肌层,未穿透膀胱壁,称为膀胱挫伤。挫伤通常形成膀胱壁血肿,血肿破裂可引起膀胱内大出血,形成膀胱内巨大血块,严重者可导致出血性休克。

2. **膀胱破裂**　膀胱破裂(bladder rupture)是最常见的损伤类型。根据膀胱破裂口和腹膜的关系又可分为腹膜内型、腹膜外型及混合型,对临床病因诊断、治疗、预后具有重要的指导意义。

(1)腹膜外型:多由骨盆骨折引起,膀胱破裂的部位大多在膀胱前侧壁,靠近膀胱颈部。尿外渗至膀胱前间隙及周围间隙,沿骨盆筋膜到达盆底,也可沿筋膜或解剖间隙上达肾周围、前腹壁脐部附近。

(2)腹膜内型:腹膜覆盖的膀胱顶部最为薄弱,外伤破裂后尿液流入腹腔,可引起腹膜炎。

(3)混合型:强大的外部作用力可同时发生腹膜外和腹膜内膀胱破裂,往往合并多脏器损伤,死亡率较高。

二、临床表现

(一)休克

剧烈的创伤、疼痛和大量失血是休克的主要原因,严重的合并伤更易导致休克的发生。感染性尿外渗或腹膜炎治疗不彻底,则可引起感染性休克。

（二）血尿和排尿困难

绝大多数膀胱损伤的患者出现肉眼血尿,几乎所有的患者都有镜下血尿。尿外渗至膀胱周围组织时,出现尿急和排尿感,但无尿液排出或仅少量血性尿液排出。合并尿道损伤或膀胱内血块填塞尿道内口可出现急性尿潴留。

（三）疼痛肿胀

可出现下腹部或耻骨区疼痛,下腹部常有淤斑。尿液外渗至腹腔,可出现腹痛、腹肌紧张、肠鸣音消失等腹膜刺激症状。尿外渗至盆腔疏松组织中,可出现下腹壁、会阴、阴囊和大腿根部的肿胀。

（四）发热

外渗的尿液导致局部感染时出现发热,严重者出现感染性休克表现。

（五）尿瘘

损伤导致膀胱与邻近脏器穿通可出现尿瘘,如膀胱直肠瘘、膀胱阴道瘘等。尿外渗至皮下,引起皮下组织感染、皮肤破溃,也可导致尿瘘。

（六）氮质血症

多见于腹膜内型膀胱破裂。大量尿液经破口进入腹腔,腹膜吸收后短时间内可出现氮质血症症状。

三、诊断

（一）病史

对于有下腹部外伤或骨盆骨折的患者,包括因中毒或意识改变而不能应答的患者,应警惕膀胱损伤。需详细地询问相关病史,了解外伤的部位,有无血尿、排尿困难,有无疼痛、腹胀、下腹部肿块以及发热等表现,评估损伤的严重程度。应注意有无肿瘤、结核等相关疾病的病史。医源性膀胱损伤有经尿道的手术操作、腹腔镜诊疗、妇产科手术或难产等病史。

（二）体格检查

细致的全身体检对于发现潜在的膀胱损伤有重要价值。下腹壁血肿、骨盆骨折、下腹部穿透伤、阴囊阴茎水肿等情况均应注意有膀胱损伤可能。单纯膀胱挫伤的体征可不明显。腹膜内型膀胱破裂时,腹肌明显紧张,伴有压痛、反跳痛,移动性浊音阳性。腹膜外型膀胱破裂时,膀胱区触诊空虚,耻骨上区可有压痛和肌紧张,直肠指诊有触痛及前壁有波动感。开放性膀胱损伤常可发现伤口漏尿。

（三）导尿试验

经尿道插入导尿管后,膀胱破裂者仅流出少量血尿或无尿液流出。通过导尿管向膀胱内注入生理盐水300ml,5分钟后引出。液量外漏时吸出量会减少,腹腔液体回流时吸出量会增多。注入量与引出液体量相差悬殊,提示膀胱破裂。此法简便易行,可作为膀胱破裂的初步诊断方法。

（四）膀胱造影

下腹部受到外源性钝性打击伤后,约29%的患者会出现肉眼血尿及合并骨盆骨折,是急诊膀胱造影的绝对适应证。膀胱造影的相对适应证包括非骨盆骨折造成的肉眼血尿以及骨盆骨折合并镜下血尿。当患者臀部、盆腔或下腹部穿透伤后发生任何程度的血尿时,都可以考虑行膀胱造影检查。经导尿管向膀胱内注射造影剂350ml,在灌注造影剂之前、膀胱充盈后的前后位及排尿期摄片。排尿期摄片有助于发现造影剂向膀胱后方渗漏。膀胱充分扩张有助于发现小的破裂伤。造影剂在盆腔内呈火焰样浓集是腹膜外破裂的特征性改变。腹膜内膀胱破裂可见造影剂显示肠祥和腹腔内器官的轮廓。根据尿外渗范围不同,造影剂可能超出盆腔范围,进一步渗出到腹膜后、阴囊、阴茎、大腿或前腹壁等处。

（五）CT 检查

CT 膀胱造影检查是诊断膀胱损伤常用的方法，且在诊断复合伤或寻找腹痛原因时更具有优势。CT 横断面图像能较好地显示膀胱后间隙，不需要进行排尿期摄片。

四、治疗

膀胱损伤的治疗应根据损伤的原因及损伤后的病理改变进行处理。膀胱破裂往往存在其他合并伤，首先应处理危及生命的合并伤。

（一）紧急处理

采用输液、输血等抗休克治疗，止痛、镇静等对症治疗，尽早合理使用抗生素预防感染。

（二）非手术治疗

膀胱挫伤或较轻的膀胱破裂伤，可采取留置导尿引流尿液。2 周后拔除尿管前应做膀胱造影检查，确定伤口是否完全愈合。应在损伤早期使用抗生素并连续使用 1 周以上，预防盆腔血肿感染。

（三）手术治疗

合并复杂因素的腹膜外型膀胱损伤（如伴有直肠损伤、膀胱颈部有骨折碎片等），需要立刻进行手术治疗。对于有骨盆骨折需内固定的患者，应行膀胱修复以减少漏尿对骨折固定材料的影响。膀胱穿透伤或腹膜内型膀胱破裂者也须进行急诊手术治疗，探查其他脏器有无损伤，并做相应处理。手术应从膀胱前壁进入，在膀胱内用可吸收缝线缝合损伤。穿透性膀胱损伤行静脉尿路造影检查膀胱未显影者，常提示合并输尿管损伤。输尿管口或膀胱壁内段输尿管的穿透性损伤者需进行膀胱修补及输尿管再植术，并在膀胱周围进行引流。修复合并的直肠或阴道损伤时，应将各器官分开，避免缝合线重叠，并尽量在修补的器官之间填入活性组织。膀胱修复后应使用大孔径的导尿管或行膀胱造瘘，持续引流尿液 2 周。

（四）并发症处理

严重的并发症通常由于延迟就医、延误诊断及合并严重的骨盆损伤造成。保守治疗时膀胱瘘、血凝块残留和败血症等并发症的发生率为 12%，手术治疗时约为 5%。术后预防并发症的关键是保持通畅的膀胱引流。盆腔积液或脓肿可以通过超声定位穿刺引流。膀胱痉挛常可通过口服抗胆碱能药物控制。

（谢立平）

第四章　尿 道 损 伤

尿道损伤（urethral trauma）是泌尿系统最常见的损伤，其中男性尿道损伤约占97%。尿道损伤分为开放性损伤、闭合性损伤和医源性损伤三类。开放性损伤常见于锐器伤和枪弹伤，多伴有阴茎、阴囊和会阴部的贯通伤。闭合性损伤多见，为挫伤或撕裂伤。尿道内器械操作损伤等医源性损伤多为闭合性损伤。

男性尿道以尿生殖膈为界分为前、后两段。前尿道包括阴茎部和球部，后尿道包括膜部和前列腺部，球部和膜部尿道损伤最为常见。前后尿道损伤各具特点，其致伤原因、临床表现和治疗方法也不尽相同。

第一节　前尿道损伤

一、损伤机制

前尿道损伤多发生于骑跨伤后，主要损伤球部尿道。球部尿道固定于耻骨下方，在骑跨伤或会阴部踢打伤时，球部尿道被挤在硬物与耻骨结节下方之间，引起损伤。球部尿道损伤引起阴茎筋膜破裂，尿外渗及血肿先聚积于阴囊内，进一步发展至耻骨上区、下腹部皮下。少部分前尿道损伤源于膀胱尿道镜检查、留置导尿管等医源性操作损伤。性交过程中发生阴茎折断也可导致前尿道的断裂。阴茎部尿道损伤时，如仅尿道海绵体破裂，尿外渗及血肿局限于阴茎筋膜内，阴茎普遍肿胀呈紫色。如阴茎筋膜同时破裂，则尿外渗及血肿范围同球部尿道破裂。

二、临床表现

1. **尿道出血**　前尿道损伤可出现尿道口滴血或溢血，是最常见的临床症状。
2. **疼痛**　受伤的部位出现疼痛。排尿时疼痛加重，并向阴茎头及会阴部放射。
3. **排尿困难**　疼痛、尿道黏膜下血肿以及周围组织肿胀容易导致排尿困难，严重时出现尿潴留。
4. **尿外渗**　尿液和血液外渗可出现阴茎、阴囊、会阴和下腹壁肿胀、淤斑及蝶形血肿，阴囊常常肿大似一大圆形紫色茄子，阴茎也常呈紫色肿胀。如处理不及时可引起感染，严重时出现脓毒血症。

三、诊断

对于骑跨伤或尿道操作后出现尿道滴血的患者，前尿道损伤常常容易诊断。病史、尿道口滴血、阴茎阴囊淤血肿胀及排尿困难，是诊断前尿道损伤的依据。

诊断性导尿可了解尿道的完整性和连续性，导尿成功时需妥善固定并留置尿管。导尿失败时不应反复试插，避免加重尿道损伤。逆行尿道造影可显示尿道损伤部位及程度。膀胱尿道镜可在检查尿道损伤的同时留置导丝，引导导尿管的插入，尤其适用于医源性前尿道损伤的早期诊断和处理。

四、治疗

尿道球部海绵体严重出血导致休克，应立即压迫会阴部止血，并进行抗休克治疗。尿道挫裂伤患者可插入导尿管，留置尿管 2 周左右。膀胱尿道镜直视下留置导尿管成功率较高，且能够获得损伤的直接证据，可作为治疗的首选。尿道完全断裂者行尿道断端吻合术，清除血肿，留置导尿管 3 周。条件不允许时可行耻骨上膀胱穿刺造瘘术，二期修复损伤的尿道。严重的尿外渗均需进行切开引流。

五、并发症处理

（一）尿道狭窄

可根据狭窄程度及部位选择不同的治疗方法。严重尿道狭窄引起尿道闭锁者，可选择尿道狭窄段切除及吻合成形术进行治疗。较轻度狭窄者可采用尿道扩张术。内镜下尿道瘢痕切除对于尿道部分狭窄者有较高的成功率。

（二）尿瘘

尿外渗未及时引流，感染后形成脓肿，脓肿破溃可形成尿瘘，前尿道损伤或术后尿瘘多位于会阴部及阴囊阴茎部，需要行瘘管切除及修补术。

第二节　后尿道损伤

一、损伤机制

膜部尿道长约 1.2cm，穿过尿生殖膈，是尿道最固定的部分。外伤性骨盆骨折是引起膜部尿道损伤最主要的原因。暴力使骨盆剧烈变形，附着于耻骨下支的尿生殖膈突然移位，产生剪刀样暴力，使薄弱的膜部尿道撕裂。耻骨前列腺韧带受到猛烈牵拉撕裂，前列腺移位，引起前列腺尖部尿道损伤。儿童由于前列腺发育不成熟，尿道损伤更容易向膀胱颈延伸。骨盆骨折及盆腔血管丛损伤可引起大量出血，在前列腺和膀胱周围形成大的血肿。外渗尿液积聚于耻骨后间隙膀胱与前列腺周围，向上可沿后腹膜达膈肌之下，向下可经坐骨直肠窝至股内侧。

二、临床表现

（一）休克

骨盆骨折所致后尿道损伤是下尿路的一种最严重损伤，常因大出血引起创伤性、失血性休克。尿液外渗、血肿合并感染严重时，可导致感染性休克。

（二）尿道出血

尿道部分断裂患者可有肉眼血尿及尿道口出血。尿道完全断裂时，尿道口可无滴血或仅少量血液流出。尿道出血程度与尿道损伤严重程度并非一致。

（三）疼痛

受伤局部可有疼痛及压痛，疼痛可放射至肛门周围、耻骨后及下腹部。局部可有肌紧张，可出现腹胀及肠鸣音减弱。

（四）排尿困难或尿潴留

尿道挫裂伤时，患者因疼痛而致括约肌痉挛，发生排尿困难。尿道完全断裂时则可发生尿潴留。

（五）尿外渗

尿道裂伤或断裂后，用力排尿时尿液可从裂口处渗入周围组织，形成尿外渗。尿外渗一般进入到耻骨后间隙和膀胱周围,当尿生殖膈撕裂时出现会阴、阴囊肿胀。如为开放性损伤,尿液可从皮肤、肠道或阴道创口流出,最终形成尿瘘。

三、诊断

(一) 病史

下腹部挤压伤或从高处落下,出现下腹部痛、不能排尿或尿道滴血等表现,需注意后尿道损伤的可能。

(二) 体格检查

体检常发现下腹肌紧张、耻骨上压痛、叩诊浊音(血肿或充盈膀胱)以及会阴血肿。骨盆不能转动及髂嵴压痛提示骨盆不稳定,下肢缩短但无长骨骨折常提示骨盆移位。直肠指诊可发现前列腺浮于高位和直肠前方波动感,指套染血需注意可能合并直肠损伤。

(三) 导尿

通过留置导尿可以了解尿道损伤的位置和程度。选择直径较小、尖端圆钝的导尿管尝试进行导尿。置入时手法应轻柔,尽量避免对尿道的二次损伤。留置导尿管困难者可能为尿道完全断裂,不应再尝试插管。如导尿管流出的是血液,说明插入血肿中,应立即拔除导尿管。

(四) 尿道造影

逆行尿液造影对尿道损伤有诊断价值,可以明确尿道损伤的部位、程度。应拍摄骨盆平片和尿道充盈造影剂后斜位片,了解骨盆骨折和造影剂外渗情况。

(五) CT

对了解骨盆变形的情况以及评价相关脏器(膀胱、肾脏、腹腔内器官等)损伤具有重要意义。

四、治疗

(一) 紧急处理

注意患者的生命体征,防治休克和感染,保持患者生命体征的平稳,评估及处理其他脏器合并损伤。根据患者后尿道损伤的具体情况选择治疗方式,争取早期恢复尿道的连续性。

(二) 留置导尿

不完全性尿道撕裂者可通过留置导尿治疗。应轻柔放置导尿管,置入后应妥善固定,避免滑出。留置尿管时间为 2 周左右。对损伤较重或尿道完全断裂患者,不宜试插导尿管,避免加重局部损伤及血肿感染。

(三) 耻骨上膀胱造瘘术

耻骨上膀胱造瘘术是后尿道损伤首选治疗方法。可通过手术或穿刺放置造瘘管,尽可能选择大孔径的导管。

(四) 尿道会师术

对于病情稳定的患者,可进行一期尿道会师术。切开膀胱后经膀胱颈向后尿道插入金属探条,由尿道外口插入金属探条至尿道断裂处,两金属探条尖端会师,并引导尿道金属探条进入膀胱,在探条引导下留置尿管。向尿道外口方向牵拉导尿管,使断裂的尿道尽量对接,并牵引固定于股内侧皮肤。尽管尿道会师术可能形成尿道狭窄,但它可以将前列腺和尿道拉得更近,方便后期内镜治疗尿道狭窄或降低开放性尿道成形手术的难度。

(五) 开放手术

开放性损伤、需要手术处理的骨盆骨折、合并其他脏器损伤时应立即进行开放手术治疗,同时进行尿道会师术。

(六) 并发症治疗

后尿道损伤最常见的并发症是尿道狭窄。损伤 3 ~ 6 个月后增生的瘢痕组织已基本稳定,可行尿道修复重建术。内镜直视下尿道内切开术是治疗尿道狭窄段较短患者的最佳术式,尤其适应损伤后早期导尿成功、尿道连续性得以保留的患者。尿道内切开后需要留置导尿管1周以上。经会阴途径的尿道端-端吻合术是治疗大多数后尿道狭窄的方法,操作时应尽量切除狭窄段尿道及吻合口周围的瘢痕组织,使尿道两断端无张力缝合。定期尿道扩张术是预防和治疗尿道狭窄最基础的治疗方法。

(谢立平)

本篇小结

　　泌尿系统损伤常见原因为钝性损伤和贯通伤,泌尿系统损伤常合并胸部、腹部、盆部其他脏器损伤及骨盆骨折,伤情复杂、严重。临床症状和体征常常无特异性,需要仔细鉴别,评估严重程度。肾创伤多为闭合性损伤,程度为肾挫伤、肾部分或全层裂伤以及肾血管损伤。绝大多数肾损伤可以通过非手术治愈。对活动性出血、进行性肾周血肿增大、肾蒂损伤者则需要手术治疗。输尿管损伤多为医源性损伤,早期发现和及时治疗尤为重要。腹膜外型膀胱破裂与腹膜内型膀胱破裂治疗及预后不同,膀胱造影是主要的诊断方法,抗休克、抗感染、引流尿外渗及膀胱是基础性治疗。尿道损伤是泌尿系统最常见的损伤,常见于男性,根据患者全身情况及尿道损伤的程度,可选用尝试导尿并留置、耻骨上膀胱造瘘术、尿道会师术,并发尿道狭窄者可二期行尿道修复重建手术。

关键术语

肾创伤(renal trauma)

输尿管损伤(ureteral trauma)

膀胱损伤(bladder trauma)

膀胱破裂(bladder rupture)

尿道损伤(urethral trauma)

思考题

1. 诊断肾损伤的影像学检查方法有哪些? 主要意义有哪些?

2. 哪些征象说明肾创伤患者存在活动性出血?

3. 前尿道损伤和后尿道损伤的机制、诊断、治疗相同与不同处有哪些?

第八篇 泌尿男生殖系统肿瘤

器官·系统
整合教材
OSBC

　　泌尿、男性生殖系统各部位都可发生肿瘤,由于国人饮食结构变化、卫生条件改善、健康意识增强、疾病诊治水平提高等因素,泌尿、男性生殖系统肿瘤谱已发生了明显的变化。几十年前常见的阴茎癌的发病率在我国已明显下降,而膀胱肿瘤、前列腺癌、肾肿瘤成为目前危害国人健康最常见的泌尿、男生殖系统肿瘤。

第一章　肾　肿　瘤

【学习目标】

掌握肾癌的临床表现、诊断和治疗原则;熟悉肾癌的病理及临床分期;了解肾癌的病因、流行病学及预后。

第一节　概　　述

肾肿瘤是泌尿系统的常见肿瘤,多为恶性,以原发肾肿瘤为主,亦可继发于其他系统、器官恶性肿瘤的转移。肾脏非尿路上皮组织和尿路上皮组织均可发生肿瘤,临床以前者来源的肿瘤多见。起源于肾实质的肾细胞癌是最常见的肾恶性肿瘤,好发于成人,而肾母细胞瘤是小儿最常见的恶性实体肿瘤。肾脏尿路上皮组织来源的肾盂癌占肾恶性肿瘤的7%～8%,这类肿瘤的组织来源和生物学行为与非尿路上皮性肾肿瘤迥异,而与其他部位尿路上皮性肿瘤相似,因此我们将在尿路上皮性肿瘤部分进行阐述。肾脏良性肿瘤所占比例低,主要为来源于肾包膜或间叶组织的肾纤维瘤、肾脂肪瘤、肾腺瘤、肾血管平滑肌脂肪瘤等,须与肾恶性肿瘤相鉴别。

第二节　肾　细　胞　癌

肾细胞癌(renal cell carcinoma)又称肾腺癌,简称肾癌,是起源于肾实质泌尿小管不同部位的恶性肿瘤。肾癌约占成人恶性肿瘤的2%～3%,占肾恶性肿瘤的80%～90%,肾癌高发年龄为50～70岁,男女发病比例为1.83:1。不同国家和地区肾癌的发病率不同,发达国家高于发展中国家,城市地区高于农村地区。引起肾癌的病因至今仍不明确,其发病可能与遗传、吸烟、肥胖、高血压及抗高血压治疗等有关。

一、病理

(一)大体病理

散发性肾癌多累及一侧肾,多为单发,双侧先后或同时发病者占2%～4%左右。遗传性肾癌常为双侧、多发。瘤体多数为类圆形的实性肿瘤,肿瘤大小不等,以5～8cm为多见,外有假包膜。切面以黄色为主,可有出血、坏死和钙化,少数呈囊状结构。

(二)组织分类

肾癌的病理组织学类型多样。肾透明细胞癌是其主要病理组织类型,占肾癌的89%,主要由肾小管上皮细胞发生。癌细胞为圆形或多边形,胞质内含大量糖原、胆固醇酯和磷脂类物质,在切片制作过程中这些物质被溶质溶解,细胞质在镜下呈透明状。其他少见的病理类型有肾乳头状腺癌(Ⅰ型和Ⅱ型)、肾嫌色细胞癌、肾集合管癌、未分化类肾细胞癌、多房囊性肾细胞癌、Xp11易位性肾癌、神经母细胞瘤伴发的癌、黏液性管状及梭形细胞癌。

(三)肾癌分级

1997年WHO推荐在Fuhrman核分级法基础上将肾癌分为高分化、中分化和低(未)分化三

Note

级,用以评估肾癌的恶性程度。

(四) 肾癌分期

肾癌局限在包膜内时恶性度较小,当肿瘤逐渐增大穿透假包膜后,向外可侵及肾周筋膜和邻近器官组织,向内可侵及肾盂肾盏引起血尿,还可直接扩展至肾静脉、下腔静脉形成癌栓,经血液或淋巴转移至肺、肝、骨、脑等部位。淋巴转移最先到肾蒂淋巴结。目前多采用 2010 年 AJCC 推荐的 TNM 分期法(表8-1-1)。临床分期依据术前影像学检查结果,病理分期则依据术后组织学的侵犯范围,两者不一致时,应参考病理分期制定治疗方案。根据 TNM 分期,临床常将肾癌分为局限性肾癌(localized renal cell carcinoma):$T_{1-2}N_0M_0$ 期肾癌;局部进展性肾癌(locally advanced renal cell carcinoma):$T_{1-2}N_1M_0$ 及 $T_3N_{0-1}M_0$ 期肾癌;转移性肾癌(metastatic renal cell carcinoma):T_4 及 M_1 期肾癌。

表 8-1-1   2010 年 AJCC 肾癌的 TNM 分期

分期		标　准
原发肿瘤(T)		
Tx		无法评估
T0		无证据
T1		肿瘤局限于肾脏,最大径≤7cm
	T1a	最大径≤4cm
	T1b	4cm<最大径≤7cm
T2		肿瘤局限于肾脏,最大径>7cm
	T2a	7cm<最大径≤10cm
	T2b	最大径>10cm
T3		肿瘤侵及肾静脉或肾周组织(肾上腺除外),但未超出肾周筋膜
	T3a	侵及肾静脉或肾段静脉或肾周脂肪或肾窦脂肪
	T3b	侵及横膈下的下腔静脉
	T3c	侵及横膈上的下腔静脉或下腔静脉壁
T4		侵透肾周筋膜(包括邻近肿瘤的同侧肾上腺)
区域淋巴结(N)*		
Nx		无法评估
N0		无转移
N1		有转移
远处转移(M)		
M0		无转移
M1		有转移

*区域淋巴结:肾门淋巴结、下腔静脉周围淋巴结、腹主动脉周围淋巴结

二、临床表现

约有30%~50%的肾癌患者缺乏早期临床表现,大多在健康体检或其他疾病检查时被发现。常见的临床表现有:

（一）肾脏表现

血尿、腰痛和腹部肿块被称为"肾癌三联症"。由于影像学技术日益发展及健康体检意识提高，早期肾癌检出增多，临床出现"三联症"的肾癌约为 6%～10%，其中任何一项都表明病变发展到较晚期。间歇无痛性肉眼血尿表明肿瘤已经侵及肾盂、肾盏，血块通过输尿管时可发生肾绞痛。更常见的腰痛为钝痛，多因肿瘤生长导致肾包膜牵张或侵及腰肌、邻近器官所致。肿瘤较大时在腹部可被触及。肾癌同侧精索静脉曲张，平卧位不消失，应考虑肾静脉或下腔静脉内癌栓形成可能。

（二）副肿瘤综合征

约 10%～40% 有症状肾癌患者出现副肿瘤综合征，表现为发热、高血压、血沉增快、贫血、体重减轻、恶病质、红细胞增多症、肝功能异常、高钙血症、高血糖、神经肌肉病变、淀粉样变性、溢乳症、凝血机制改变等。发热可能因肿瘤坏死、出血、毒性物质吸收引起。高血压可能因瘤体内动-静脉瘘或肿瘤压迫动脉及其分支，肾素分泌过多所致。

（三）转移症状

约有 30% 的病人因转移所致的骨痛、骨折、咯血、咳嗽、神经麻痹等症状就诊，40%～50% 的病人在初诊时即有远处转移。最常见的远处转移部位为肺和骨。

三、诊断

肾癌临床表现多种多样，可以其中一个或多个症状就诊，亦可全无症状。约有半数病人在体检时由超声或 CT 偶然发现，称之为偶发肾癌或无症状肾癌。肾癌手术前诊断主要依靠医学影像学检查，确诊则需依靠病理学检查。

（一）B 超

超声检查可以发现临床无症状、尿路造影无改变的早期肾癌，常表现为不均匀的中低回声实性肿块，体积较小的肾癌有时可表现为高回声。超声能准确地区别肾肿块为囊性或实性。脂肪组织呈强回声，藉此可鉴别肾癌和肾血管平滑肌脂肪瘤。超声造影亦有助于肾脏良恶性肿瘤的鉴别。彩色多普勒超声还可以了解肾静脉或下腔静脉有无癌栓。

（二）CT

CT 是诊断肾癌可靠的影像学方法，能准确显示肿瘤部位、形状、大小和有无累及邻近脏器，是肾脏良、恶性肿瘤鉴别及肾癌术前临床分期的主要依据。CT 平扫表现为肾实质内密度略低或与肾实质相似的不均质肿块，增强扫描肿块不如正常肾实质强化明显。CT 平扫结合增强扫描可以清楚地显示肿瘤内部结构，如肿瘤内的坏死、出血、囊变以及钙化等。并且增强 CT 还可以对健侧肾功能做出初步评估。CT 增强血管造影及三维重建可以见到增粗、增多和紊乱的肿瘤血管，并可替代传统的肾动脉造影。

（三）X 线检查

泌尿系平片可见肾外形增大，偶可见肿瘤散在钙化。因肾盂肾盏受肿瘤挤压或侵犯，静脉尿路造影可出现不规则变形、狭窄、拉长、移位或充盈缺损，甚至患肾不显影，静脉尿路造影还可了解健侧肾脏功能情况。

（四）MRI

对肾癌诊断的准确性与 CT 相仿，T1 加权像常表现为不均质的低信号或等信号，T2 加权像则表现为高信号。MRI 在显示邻近器官有无受侵犯、肾静脉或下腔静脉内有无癌栓方面优于 CT。

（五）肾肿瘤穿刺活检

具有较高的特异性和敏感性，但对准备进行手术的患者一般不推荐穿刺活检。

四、治疗

（一）局限性肾癌

外科手术是局限性肾癌的首选治疗。手术方式主要包括根治性肾切除术（radical nephrectomy）和保留肾单位手术（nephron sparing surgery），手术方法有开放手术、腹腔镜手术或机器人辅助腹腔镜手术。根治性切除范围包括：肾周筋膜、肾周脂肪、患肾、区域淋巴结及髂血管分叉以上的输尿管。术前 CT 或术中发现肾上腺转移或直接受侵，则可行同侧肾上腺切除。解剖性或功能性孤立肾出现肾癌、遗传性肾癌及双侧肾癌者应行保留肾单位手术。≤7cm 的单发肿瘤或存在某些可能导致对侧肾功能恶化的良性疾病（如肾结石、糖尿病）也可以选择保留肾单位手术。无法耐受手术或难以切除的肾癌可选择射频消融、冷冻消融和高强度聚焦超声治疗。

（二）局部进展性肾癌

首选治疗方法为根治性肾切除术。对转移的淋巴结或血管瘤栓应根据病变程度、患者身体状况等选择是否切除。肿瘤未能彻底切除者术后辅助治疗可参照转移性肾癌的治疗。

（三）转移性肾癌

一般采用综合治疗。外科手术为辅助治疗手段，中高剂量干扰素-α 和（或）白细胞介素-2 等免疫治疗有一定效果。近年来分子靶向药物（molecular targeted drugs，如索拉非尼、舒尼替尼、贝伐珠单抗及依维莫斯等）成为转移性肾癌的一、二线治疗，可提高有效率。肾癌对放射治疗及化疗均不敏感。

五、预后

影响肾癌预后的因素包括病理分期、细胞分化程度、组织学亚型、体能状况评分、生化指标（如：乳酸脱氢酶、血红蛋白、血钙等）及治疗方法。局限性或局部进展性肾癌患者术后复发或转移危险度分为低、中及高危三组。低危组为：同时满足 T1、核分级 1～2 分和 ECOG 评分 0 的非转移肾癌；高危组为：T3、核分级 2～4 分及 ECOG≥1 或 T4 期患者；中危组为：低危和高危以外患者。低、中和高危患者 5 年生存率分别为 90%、62% 和 42%。晚期肾癌未能切除者 5 年生存率不足 2%，而转移性肾癌经治疗后 5 年生存可达 21%～60%。

（种　铁）

本章小结

肾癌起病隐匿，约半数的肾癌由健康查体发现。血尿、腰痛、肿块称为"肾癌三联症"，一旦出现往往提示肿瘤晚期。肾癌的术前诊断主要依靠医学影像学检查，确诊则需依靠病理学检查。局限性肾癌首选外科手术治疗，手术方式主要包括根治性肾切除术和保留肾单位手术。局部进展性肾癌首选根治性肾切除术。转移性肾癌可采用免疫治疗、分子靶向治疗、外科手术等综合治理。肾癌对放射治疗及化疗均不敏感。

关键术语

肾细胞癌（renal cell carcinoma）

局限性肾癌（localized renal cell carcinoma）

局部进展性肾癌（local advanced renal cell carcinoma）

转移性肾癌（metastatic renal cell carcinoma）

Note

根治性肾切除术(radical nephrectomy)

保留肾单位手术(nephron sparing surgery)

分子靶向药物(molecular targeted drugs)

思考题

1. 概述肾癌的分期及治疗?

2. 根治性肾切除的手术范围?

3. 保留肾单位手术的适应证有哪些?

Note

第二章　尿路上皮性肿瘤

【学习目标】

掌握上尿路尿路上皮癌和膀胱尿路上皮癌的临床表现、诊断及治疗原则;熟悉尿路上皮癌的病因、病理;了解尿路上皮癌的流行病学和随访策略。

第一节　概　　述

肾盏、肾盂、输尿管、膀胱及前列腺部尿道均被覆移行上皮细胞,统称为尿路上皮(urothelium)。各段尿路上皮胚胎同源,细胞形态、组织结构及生理功能基本相同,其发生肿瘤的病因、病理、临床表现和治疗原则相似,不同部位可同时或先后发生肿瘤。

尿路上皮性肿瘤是泌尿、男生殖系统最常见的肿瘤之一,也是常见的全身恶性肿瘤,膀胱尿路上皮性肿瘤在我国男性肿瘤中位居第七位,女性排在第十位以后。发病年龄多在 50～70 岁,发病率男性多于女性,城市高于农村。在尿路上皮性肿瘤中,膀胱肿瘤占 90%～95%,上尿路上皮性肿瘤(肾盂肿瘤和输尿管肿瘤)约占 5%,输尿管肿瘤占上尿路肿瘤的 1/4,发生在后尿道的尿路上皮性肿瘤更少。我国上尿路上皮性肿瘤发病率高于西方国家,而膀胱尿路上皮性肿瘤发病率远低于西方国家。

尿路除发生上皮性肿瘤外,各部位均可散发非尿路上皮性肿瘤。膀胱非尿路上皮性肿瘤仅占膀胱原发肿瘤的 1%～5%,而发生率明显高于肾盂、输尿管和尿道,多数为肉瘤和横纹肌肉瘤,且多发生于儿童。

一、病因

(一)吸烟

是目前最为肯定的尿路上皮肿瘤的致病危险因素,约 30%～50% 的膀胱癌由吸烟引起。吸烟可使膀胱癌危险率增加 2～4 倍,其危险率与吸烟强度和时间成正比,戒烟 2～3 年后患膀胱癌的危险度即可迅速下降。

(二)职业

是最早获知的尿路上皮肿瘤的致病危险因素,约 20% 的膀胱癌源于职业因素。长期接触 2-萘胺、联苯胺、4-氨基双联苯、4-硝基双联苯等芳香族胺可能发生尿路上皮肿瘤。

(三)慢性细菌感染、血吸虫感染、异物、尿路梗阻、结石、膀胱白斑、肾盂白斑、腺性膀胱炎等

可能是鳞癌、腺癌的致病危险因素。膀胱外翻者常发生腺癌。脐尿管腺癌可能与脐尿管上皮增生及其内覆移行上皮腺性化生有关,非脐尿管腺癌可能因尿路上皮腺性化生引起。

(四)其他

化疗药物环磷酰胺、长期大量饮用咖啡和镇痛剂、盆腔放疗史、人造甜味剂和染发剂以及慢性感染、结石、巴尔干肾病等是尿路上皮肿瘤的可能致病危险因素。

二、病理

(一)组织类型

尿路上皮性肿瘤绝大多数为恶性,良性肿瘤少见。恶性尿路上皮性肿瘤包括尿路上皮癌、

鳞癌、腺癌,以及少见的小细胞癌、混合型癌、癌肉瘤、未分化癌等。上尿路上皮性肿瘤中尿路上皮癌占90%以上,鳞癌占0.7%~7%,腺癌罕见。膀胱尿路上皮性肿瘤中尿路上皮癌约占90%,鳞癌占3%~7%,腺癌<2%。鳞癌和腺癌均为浸润性癌,恶性度高,早期应行根治性手术治疗,晚期患者病程短,预后不良。

(二)生长方式

尿路上皮肿瘤的生长方式有两种,一种是向肾盂、输尿管、膀胱腔内生长,形成乳头状瘤或乳头状癌。另一种是在上皮内浸润性生长,形成原位癌、内翻性乳头状瘤及浸润性癌。尿路上皮癌多为乳头状,高级别者常有浸润。

(三)分化程度

2004年WHO公布的非浸润性尿路上皮癌分级方法,依据光镜下肿瘤组织构型及细胞类型,将尿路上皮肿瘤分为低度恶性潜能尿路上皮乳头状肿瘤(papillary urothelial neoplasm of low malignant potential,PUNLMP)、低分级尿路上皮癌、高分级尿路上皮癌。高分级尿路上皮癌恶性程度高于低分级尿路上皮癌。

低度恶性潜能尿路上皮乳头状肿瘤定义为尿路上皮异常增生形成乳头状肿瘤,其细胞形态正常,无恶性肿瘤的细胞学特征,但不完全属于良性病变,有复发的可能。

(四)分期与扩散

肿瘤的分期是指肿瘤浸润深度及转移情况,是判断预后最有价值的指标之一。现普遍采用国际抗癌联盟2009年第7版TNM分期方法(表8-2-1)。T为肾盂、输尿管、膀胱壁浸润的深度;N为局部淋巴结浸润程度;M为其他器官转移情况。临床分期依据术前影像学检查结果,病理分期则依据术后组织学的侵犯范围,二者出现偏差时,以病理分期校正临床治疗方案及预后判断。

表8-2-1　尿路上皮癌2009 TNM分期

	肾盂/输尿管肿瘤	膀胱肿瘤
T(原发肿瘤)		
Tx	原发肿瘤无法评估	原发肿瘤无法评估
T0	无原发肿瘤证据	无原发肿瘤证据
Ta	非浸润性乳头状癌	非浸润性乳头状癌
Tis	原位癌	原位癌
T1	肿瘤浸润到上皮下结缔组织	肿瘤侵入上皮下结缔组织
T2	肿瘤侵犯肌层	肿瘤侵犯肌层
T2a		肿瘤侵犯浅肌层
T2b		肿瘤侵犯深肌层
T3	肾盂肿瘤浸润超过肌层,浸润肾盂周围脂肪或肾实质输尿管肿瘤浸润超过肌层,浸润输尿管旁脂肪组织	肿瘤侵犯膀胱周围组织
T3a		显微镜下发现肿瘤侵犯膀胱周围组织
T3b		肉眼可见肿瘤侵犯膀胱周围组织(膀胱外肿块)
T4	肿瘤浸润邻近器官或穿透肾脏浸润肾周脂肪	肿瘤侵犯以下任意器官或组织,如前列腺、精囊、子宫、阴道、盆壁或腹壁
T4a		肿瘤侵犯前列腺、精囊、子宫或阴道
T4b		肿瘤侵犯盆壁或腹壁

续表

肾盂/输尿管肿瘤			膀胱肿瘤
N（区域淋巴结）			
	Nx	区域淋巴结无法评估	区域淋巴结无法评估
	N0	无区域淋巴结转移	无区域淋巴结转移
	N1	单个淋巴结转移，最大直径≤2cm	真骨盆区（髂内、闭孔、髂外、骶前）单个淋巴结转移
	N2	单个淋巴结转移，最大直径2～5cm，或多个淋巴结转移，但最大直径≤5cm	真骨盆区（髂内、闭孔、髂外、骶前）多个淋巴结转移
	N3	淋巴结转移，最大直径>5cm	髂总淋巴结转移
M（远处转移）			
	Mx	远处转移无法评估	远处转移无法评估
	M0	无远处转移	无远处转移
	M1	远处转移	远处转移

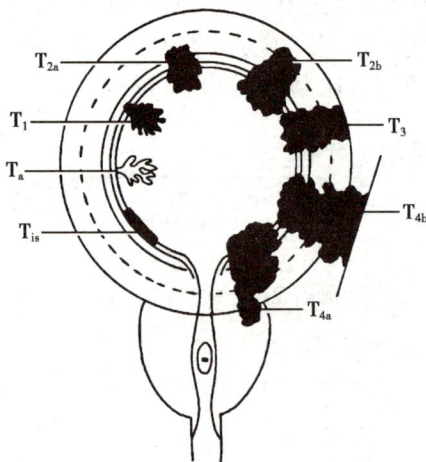

图 8-2-1　膀胱肿瘤分期

尿路上皮肿瘤可通过局部浸润、淋巴转移和血行转移三种途径扩散，高级别者容易发生浸润和转移。

上尿路尿路上皮癌可沿肾盂黏膜上皮逆行侵犯肾集合管，甚至浸润肾实质，亦可顺行侵及远端输尿管。肾盂、输尿管肌层较薄，早期可有肌层浸润，60%上尿路尿路上皮癌在诊断时已为浸润性癌。肾盂、输尿管的外膜组织内含丰富的血管和淋巴管，故常有早期淋巴转移。

膀胱尿路上皮癌可直接向膀胱壁深部浸润，直至侵犯膀胱外组织。依据浸润程度临床上将 Ta、Tis 和 T1 期肿瘤称为非肌层浸润性膀胱癌（non muscle-invasive bladder cancer，NMIBC），将 T2 期及以上肿瘤称为肌层浸润性膀胱癌（muscle-invasive bladder cancer，MIBC）。初发膀胱癌者约 75%～85% 为非肌层浸润性膀胱癌，15%～25% 为肌层浸润性膀胱癌。非肌层浸润性膀胱癌中 Ta 占 70%，T1 占 20%，Tis 占 10%。Ta 和 T1 虽分期都属于非肌层浸润性膀胱癌，但固有层内血管和淋巴管丰富，T1 期肿瘤较容易发生扩散。Tis 癌细胞局限于尿路上皮内生长，也属于非肌层浸润性膀胱癌，但一般细胞分化差，恶性度高，易向肌层浸润进展。治疗上应将 Tis 和 Ta、T1 加以区别。肌层浸润性膀胱癌多数起始即为浸润性，只有 15%～30% 是由非肌层浸润性膀胱癌进展而来。膀胱癌浸润肌层时常有局部淋巴结转移（如闭孔、髂内、髂外、髂总、骶前淋巴结），浸润至膀胱周围者多数已有远处淋巴结转移。

晚期尿路上皮癌可经血行转移至全身多个部位，最常见于肝脏、肺脏、骨骼等处。

三、诊断原则

（1）在确诊尿路上皮性肿瘤的基础上应进一步明确肿瘤的部位、大小、数目、临床分期、组织类型和细胞分化程度。

（2）血尿是尿路上皮性肿瘤最常见的首发症状，尤其出现间歇无痛性肉眼血尿时应想到泌

Note

尿系统肿瘤可能,以尿路上皮性肿瘤多见。

（3）不同部位肿瘤或同一部位肿瘤的不同病理阶段,症状可表现出特殊性,如条形血块更常见于上尿路上皮性肿瘤。

（4）尿细胞学检查、影像学检查、内镜检查等有助于明确诊断,可根据临床需要进行选择。

（5）尿路上皮癌的发生具有多灶性倾向。尿路上皮系统的一个器官可同时发生多个肿瘤。更应注意的是当一个器官发生肿瘤时,其他器官可同时或先后发生肿瘤。据统计,约有8% ~ 13%的上尿路尿路上皮癌同时合并膀胱尿路上皮癌,2% ~6%的病例出现对侧上尿路尿路上皮癌。在尿路系统任何一个部位发生肿瘤,都应作尿路全面检查。

四、治疗

尿路上皮性肿瘤以手术治疗为主,化学治疗、放射治疗是有效的辅助治疗手段。应综合患者全身情况及肿瘤的临床分期、病理等因素制订个体化治疗方案。

（一）手术治疗

早期尿路上皮肿瘤首选手术治疗。上尿路尿路上皮肿瘤标准的手术方法是切除患肾及全长输尿管,包括输尿管开口部位的膀胱壁。非肌层浸润性膀胱癌可选择保留膀胱的手术,如经尿道膀胱肿瘤切除术(transurethral resection of bladder tumor,TURBt)、经尿道激光手术或开放的膀胱部分切除术。根治性膀胱切除术为肌层浸润性膀胱癌、鳞癌、腺癌标准治疗方法。上尿路尿路上皮肿瘤术后及膀胱尿路上皮肿瘤保留膀胱术后均应行膀胱灌注治疗。

（二）膀胱灌注治疗

上尿路尿路上皮癌术后有15% ~50%的病例再发膀胱尿路上皮癌。膀胱尿路上皮癌首次电切术后肿瘤残余率可达33.8% ~36% ,术后5 年肿瘤复发率可达24% ~84%。尿路上皮癌术后进行膀胱灌注治疗可降低治疗的复发和进展。膀胱灌注治疗包括以化学药物为主的膀胱灌注化疗和以卡介苗为主的膀胱灌注免疫治疗。常用的膀胱灌注化疗药物有吡柔比星、表柔比星、羟喜树碱、丝裂霉素、吉西他滨等。

（三）化学治疗

化学治疗是肌层浸润性尿路上皮癌除根治性手术之外重要的辅助治疗手段。尿路上皮癌对铂类、吉西他滨、阿霉素及紫杉醇等化疗药物敏感。

（四）放射治疗

肌层浸润性尿路上皮癌患者如不愿意接受或全身条件不能耐受根治性手术或肿瘤无法根治性切除时,可选择放射治疗或化学治疗联合放射治疗,可减轻症状,延长生存时间。

第二节　上尿路尿路上皮癌

上尿路尿路上皮癌包括肾盂尿路上皮癌和输尿管尿路上皮癌,亦即传统的肾盂移行细胞癌和输尿管移行细胞癌,是最常见的上尿路尿路上皮性肿瘤。高发年龄为50 ~70 岁,男女发病比例约为2∶1。肾盂尿路上皮癌较输尿管尿路上皮癌常见,而输尿管尿路上皮癌多发生于输尿管下段。

一、临床表现

（一）血尿

间歇性无痛性全程肉眼血尿是上尿路尿路上皮癌最常见的症状,见于75% 以上的患者。出血在输尿管内凝固可形成条状血块。

（二）疼痛

肿瘤或血凝块引起输尿管梗阻,导致梗阻部位以上输尿管、肾盂扩张积水,患者可出现腰部胀痛或钝痛。血块通过输尿管时可引起肾绞痛。肿瘤扩散至腹膜后、盆腔或转移至骨盆、腰椎等，可出现相应部位疼痛、放射性疼痛或腹膜刺激症状。

（三）肿块

肾盂、输尿管位置深在，肿瘤的体征常不明显。上尿路尿路上皮癌本身能扪及肿块是罕见的，大部分患者被扪及的肿块往往是积水肿大的肾脏。

（四）其他症状

上尿路尿路上皮癌局部扩散可出现同侧精索静脉曲张。伴发感染或膀胱癌者可出现发热、寒战，膀胱刺激症状。晚期常出现消瘦、贫血、体重下降、下肢水肿等症状。

二、诊断

无痛性全程肉眼血尿应警惕上尿路尿路上皮癌。约15%的患者无明显自觉症状，由影像学检查偶然发现。

（一）尿液检查

1. 尿常规 可发现镜下血尿，对无肉眼血尿者尤为重要。疑似患者单次尿常规阴性时应复查，几乎所有患者反复尿常规检查均有镜下血尿。

2. 尿细胞学检查 留取新鲜尿标本或逆行插管收集患侧肾盂尿液或冲洗液行尿细胞学检查可以发现癌细胞。对于分化良好的肿瘤假阴性率高达80%，而对低分化的肿瘤阳性率可达60%。

3. 尿肿瘤标志物 荧光原位杂交技术(fluorescence in situ hybridization, FISH)用于尿路上皮癌的检查显示出较高的特异性和敏感性，目前已开始应用于临床。FISH检测难以区分肿瘤发生部位，阳性患者应进一步定位诊断。

（二）影像学检查

1. X线检查 尿路造影是上尿路尿路上皮癌诊断的基本方法，肾盂、输尿管全程显影是诊断的关键。静脉尿路造影可同时显示双侧上尿路情况并了解肾功能。肿瘤浸润、梗阻导致患肾及输尿管显影不良或静脉尿路造影不能明确病变时，需行逆行尿路造影。上尿路尿路上皮癌的尿路造影可表现为充盈缺损和(或)病变部位近侧尿路梗阻、扩张、积水（图8-2-2）。

2. 超声检查 可以区别结石与软组织病变，肿瘤多为低回声。B超对输尿管肿瘤诊断价值有限，主要可发现病变以上输尿管及肾盂扩张积水。

3. CT检查 可对肿瘤进行诊断和分期。有助于肿瘤与透光结石、肾盂尿路上皮癌与肾细胞癌的鉴别。与肾细胞癌CT表现不同，肾盂尿路上皮癌常表现为肾盂内实性肿块，肾外形多无变化，注射对比剂强化不明显，增大的肾盂肿瘤可使对应的肾实质增强延缓。输尿管尿路上皮癌在CT上可表现带蒂的腔内肿块、偏心型管壁增厚或巨大浸润性肿块。CTU尿路三维成像几乎等效甚至优于静脉尿路造影，在临床上广泛应用。

4. MRI检查 可鉴别肾盂或肾实质肿瘤，亦可用于对输尿管尿路上皮癌的诊断。MRI可发现肿瘤是否侵入周围组织、器官、淋巴结，对肿瘤分期有重要意义。

图8-2-2 肾盂乳头状癌引起血尿、梗阻，导致肾下盏积水，肾盂造影见肾盂充盈缺损

（三）内镜检查

1. 膀胱镜检查 可能观察到患侧输尿管口喷血、瘤体自输尿管口突入膀胱及同期伴发的膀胱肿瘤。可同时进行逆行肾盂造影及肾盂尿液行细胞学检查。插管时有输尿管腔内梗阻、输尿管出血增加、导管越过梗阻部位时尿液颜色反而变清，提示

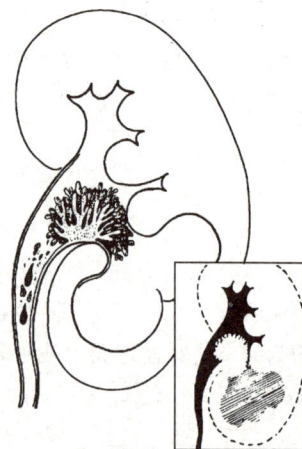

输尿管肿瘤可能。

2. 输尿管镜检查　高度怀疑上尿路肿瘤而影像学检查无法确诊时,输尿管镜检查(硬镜或软镜)可直接观察到肿瘤并可进行活检。

输尿管尿路上皮癌行尿路造影出现充盈缺损者需与输尿管息肉、透光结石、凝血块等鉴别。输尿管尿路上皮癌者发病年龄多为 50 岁以上,常见于输尿管下 1/3 段。充盈缺损表现为界限不清、形状不规则的狭窄。病变处输尿管边缘常常消失,病变近端和远端输尿管均可扩张,逆行插管可因导管受阻而出现卷绕,造影可呈现"高脚酒杯状"改变。尿细胞学发现癌细胞可确定诊断。输尿管息肉为输尿管良性肿瘤,好发年龄为 40 岁以下,多见于输尿管上 1/3 段。尿路造影表现为长条状、边缘光滑的充盈缺损。尿细胞学检查为阴性。输尿管镜检查多可明确诊断。透光结石(如尿酸结石)的充盈缺损可有近端输尿管扩张积水,而远端输尿管无扩张。B 超表现为强回声,其后伴声影。CT 值 300 ~ 500HU,高于肿瘤。

三、治疗

肾、输尿管全长切除加输尿管开口处膀胱袖状切除术为局限性上尿路尿路上皮癌的外科标准治疗。手术方法包括开放手术和腹腔镜手术,后者具有创伤小、恢复快的优点。孤立肾、对侧肾功能严重受损,双侧上尿路尿路上皮癌,肿瘤细胞分化良好、无浸润的带蒂乳头状肿瘤,可作局部切除。体积小、分化好的上尿路尿路上皮癌也可通过内镜手术切除或激光切除。术后常规行膀胱灌注治疗。进展期肿瘤或失去手术治疗机会者可采用以铂类为基础的化疗或放射治疗联合化学治疗,减轻症状,延长生存时间。

四、预后

肿瘤的病理分期和分级是最为主要的预后因素。侵犯肌层的上尿路尿路上皮癌通常预后较差。pT2/T3 的患者 5 年生存率不到 50% ,pT4 的患者则小于 10% 。上尿路尿路上皮癌术后随访,除关注肿瘤复发、转移外,还应注意尿路其他部位是否发生肿瘤及肾功能的变化。术后 1 年内每 3 个月随访一次,内容包括查体、尿常规、膀胱镜检查,必要时行螺旋 CT 尿路成像及尿细胞学检查。

第三节　膀胱尿路上皮癌

膀胱尿路上皮癌,以往称膀胱移行细胞癌,是最常见的膀胱肿瘤,也是最常见的尿路上皮性肿瘤。发病年龄多在 50 ~ 70 岁,发病率城市高于农村,男性高于女性,约为 4 : 1。

一、临床表现

(一)血尿

血尿是膀胱尿路上皮癌最常见和最早出现的症状。常表现为间歇性无痛性肉眼血尿,可自行减轻或停止,易造成"好转"或"治愈"的假象而贻误治疗。血尿多为全程血尿,也可表现为初始或终末血尿,严重时可伴有血凝块。血尿的严重程度与肿瘤大小、数目、分期、恶性程度可不一致。

(二)膀胱刺激症状

弥漫性原位癌、浸润性膀胱尿路上皮癌或肿瘤晚期出现坏死、溃疡、合并感染,常引起尿频、尿急、尿痛等膀胱刺激症状和盆腔疼痛。Ta 和 T1 期肿瘤常无此症状。

（三）梗阻症状

肿瘤进展引起输尿管梗阻可导致肾积水及腰肋部疼痛。盆腔淋巴结转移可压迫髂外静脉、淋巴管导致下肢水肿；较大肿瘤可堵塞膀胱出口导致排尿困难和尿潴留。

（四）晚期表现

浸润癌晚期，在下腹部耻骨上区可触及坚硬肿块，排尿后不消退，膀胱双合诊可进一步了解肿瘤大小、浸润范围、深度以及与盆壁的关系。晚期肿瘤患者还可出现体重减轻、肾功能不全、腹痛或骨痛、贫血、衰弱等表现。

二、诊断

中老年出现无痛性肉眼血尿，应首先考虑泌尿系统肿瘤的可能，其中以膀胱尿路上皮癌多见。

（一）尿液检查

1. 尿常规　对于以镜下血尿为表现的膀胱肿瘤尤为重要。

2. 尿细胞学检查　在新鲜尿液中，易发现脱落的肿瘤细胞。晨起第一次尿细胞溶解比率高，不适合尿细胞学检查。尿细胞学阳性意味着被覆尿路上皮的任何部位存在尿路上皮癌的可能。分级高的膀胱尿路上皮癌及原位癌尿细胞学敏感性和特异性较高。

3. 尿肿瘤标志物　端粒酶、膀胱肿瘤抗原（BTA）、核基质蛋白（NMP22）、PFD、ImmunoCyt 和尿荧光原位杂交技术（fluorescence in situ hybridization，FISH）可用于膀胱尿路上皮癌的早期诊断。FISH 检查显示出较高的特异性和敏感性，目前已在临床上开始应用。

（二）影像学检查

1. 超声检查　超声是泌尿系统疾病诊断的一线检查方法，可发现直径 0.5cm 以上的膀胱尿路上皮癌。表现为膀胱液性暗区内突起于膀胱壁的较强回声团块。超声可经腹、经直肠、经尿道进行。经腹超声最常用，可同时检查肾、输尿管和腹部其他器官。经直肠超声显示膀胱三角区、膀胱颈和前列腺较为清楚。经尿道超声影像清晰，可准确判断肿瘤分期，缺点是需要麻醉。和其他影像学检查一样，超声无法诊断膀胱原位癌。

2. 静脉尿路造影　静脉尿路造影显示为突出于膀胱壁的充盈缺损，但较小肿瘤不易发现。静脉尿路造影可了解肾盂、输尿管有无肿瘤以及膀胱尿路上皮癌对上尿路影响，如有肾积水或肾显影不良，常提示肿瘤已侵及输尿管口。

3. CT　常用作膀胱尿路上皮癌的临床分期，特别是在了解有无膀胱外浸润及淋巴结转移方面有重要价值。多排（64～128 排）螺旋 CT 分辨率高，可发现 1～5mm 肿瘤，但原位癌仍不易被发现。CTU 可替代传统的静脉尿路造影，并提供更多的信息，缺点是放射线暴露较多。

4. MRI　MRI T1 加权像尿液呈极低信号，膀胱壁为低至中等信号，而膀胱周围脂肪为高信号。T1 加权像有助于评估肿瘤是否侵犯膀胱周围脂肪、有无淋巴结转移及骨转移，明确除前列腺以外的邻近器官受侵犯情况。T2 加权像尿液呈高信号，膀胱肌层呈低信号，大多数肿瘤呈中等信号。T2 加权像上膀胱肌层的低信号带出现中断现象提示肌层浸润。在评价膀胱尿路上皮癌分期方面，MRI 的准确性优于 CT。

5. 骨扫描　用于评价有无骨转移及明确肿瘤分期。出现骨痛或碱性磷酸酶升高的浸润性癌患者，可选择骨扫描检查。

6. 内镜检查　膀胱镜检查和活体组织病理检查是膀胱尿路上皮癌最基本、最可靠的诊断方法。膀胱镜检查可明确肿瘤的数目、大小、位置（注意与输尿管口及膀胱颈的关系）、形态（乳头状或广基肿瘤）、周围膀胱黏膜有无异常改变。对肿瘤和可疑部位进行活体组织病理检查可明确诊断。

膀胱尿路上皮癌最常见于侧壁及后壁,其次为三角区和顶部。近 1/3 的膀胱尿路上皮癌为多发性肿瘤。浅表性乳头状癌呈菜花样或水草样,浅红色,有细蒂,可随冲洗水飘动。浸润性乳头状癌呈草莓状或团块状,深红色或褐色,基底部较宽,周围黏膜可有充血、水肿、增厚、活动差。浸润性癌局部隆起呈团块状,表面常有坏死和溃疡形成,附有絮状物和钙盐沉着,广基,界限不清。原位癌类似炎症充血的局限性"天鹅绒"样改变。荧光膀胱镜能够发现普通膀胱镜难以发现的小肿瘤或原位癌。在怀疑有膀胱原位癌或尿细胞学阳性而普通膀胱镜检查正常时,应考虑使用荧光膀胱镜进一步检查。窄谱光成像膀胱镜较普通膀胱镜能够更清楚的显示膀胱黏膜细微结构和黏膜下血管分布,具有更强的立体感,有助于早期发现微小病灶。

膀胱尿路上皮癌引起的血尿应与泌尿系统其他疾病引起的血尿鉴别。非特异性膀胱炎多发生于已婚女性,血尿突然发生并伴有尿频、尿急、尿痛等症状。泌尿系统结核的血尿多在膀胱刺激症状以后出现,尿常规常显示不同程度的脓尿。泌尿系统结石的血尿一般为镜下血尿,上尿路结石常引发上腹部、腰部疼痛或肾绞痛。前列腺增生症引起的肉眼血尿与膀胱尿路上皮癌相似且二者可能并存。子宫颈癌侵入膀胱所致的血尿常先有阴道出血史。根据上述疾病各自特点,选择必要的实验室检查、影像学检查或内镜检查,不难作出鉴别诊断。

三、治疗

(一)非肌层浸润性膀胱尿路上皮癌的治疗

1. 经尿道膀胱肿瘤切除术(transurethral resection of bladder tumor,TURBt) 是非肌层浸润性膀胱尿路上皮癌的主要治疗手段。TURBt 应将肿瘤全部切除,直至暴露出正常的膀胱肌层。TURBt 术后,易残留肿瘤而出现复发。首次电切肿瘤切除不完全、标本中无肌层、高级别肿瘤、T1 期肿瘤,术后 2~6 周可再次行 TURBt。

2. 膀胱灌注治疗 TURBt 术后 24 小时内即刻膀胱灌注化疗能够杀灭术中播散的肿瘤细胞和创面残留的肿瘤细胞,可显著降低复发率。如肿瘤同时满足直径<3cm、原发、单发、Ta 期低级别条件时,TURBt 术后可只行单剂即刻膀胱灌注化疗,否则还应进行后续化疗药物或卡介苗膀胱灌注治疗。膀胱灌注化疗方案:术后 4~8 周,每周 1 次;之后每月 1 次,维持 6~12 个月。对于 T1 期尿路上皮癌、高级别尿路上皮癌、原位癌以及多发、复发和直径>3cm 的低级别尿路上皮癌首选卡介苗膀胱灌注免疫治疗。卡介苗膀胱灌注免疫治疗一般术后 2 周开始,采用 6 周灌注诱导免疫应答,再加 3 周灌注强化,维持良好的免疫应答。

3. 根治性膀胱切除术 膀胱灌注治疗无效的非肌层浸润性膀胱尿路上皮癌(如肿瘤进展、肿瘤多次复发、Tis 和 T_1G_3 肿瘤),建议行根治性膀胱切除术。

(二)肌层浸润性膀胱肿瘤(T2、T3、T4 期)的治疗

1. 根治性膀胱切除术 根治性膀胱切除术同时行盆腔淋巴结清扫术是肌层浸润性膀胱尿路上皮癌的标准治疗方法。切除范围包括膀胱及周围脂肪组织、输尿管远端、盆腔淋巴结,男性还应包括前列腺和精囊;女性应包括子宫、部分阴道前壁、附件。如果肿瘤侵犯尿道、女性膀胱颈或男性前列腺部,或术中冰冻发现切缘阳性,则需行全尿道切除并行尿流改道术。目前常用的尿流改道术式有:原位新膀胱术(可选回肠新膀胱或乙状结肠新膀胱术)、回肠通道术、输尿管皮肤造口术及其他尿流改道方法。一般采用非可控性回肠通道术或结肠膀胱术等。对年轻患者选择原位新膀胱尿流改道术,可提高术后生活质量。年老体弱者可作输尿管皮肤造口术,手术简单,但输尿管口易发生狭窄。腹腔镜和机器人辅助腹腔镜膀胱全切除术手术效果与开放手术接近,具有失血少、术后疼痛轻、恢复快的特点,已在临床开始应用。

2. 保留膀胱的综合治疗 对于不能耐受或不愿接受根治性膀胱切除术的肌层浸润性膀胱尿路上皮癌患者,可考虑行经尿道切除或膀胱部分切除术。肌层浸润性膀胱尿路上皮癌有较高

的淋巴转移率,保留膀胱的手术后应辅以化疗或放疗,并严密随访。

3. 化学治疗 化疗是肌层浸润性膀胱尿路上皮癌在根治性膀胱切除术之外重要的辅助治疗手段。膀胱尿路上皮癌对铂类、吉西他滨、阿霉素及紫杉醇等化疗药物敏感,化疗有一定疗效,但药物毒性反应较大。

4. 放疗 肌层浸润性膀胱尿路上皮癌患者如不愿意接受或全身条件不能耐受根治性膀胱切除术或肿瘤无法根治性切除时,可选择放疗或化疗联合放疗,可减轻症状,延长生存时间。

四、预后

肿瘤的病理分期和分级是影响预后最重要的因素。肌层浸润性膀胱尿路上皮癌根治性膀胱切除术 5 年生存率在 T2 期为 60% ~ 87% ,T3a 期为 25% ~ 73% ,T3b 期为 11% ~ 61% 。T4 期常失去根治性手术机会,平均生存 10 个月。

(一) TURBt 术后患者的随访

膀胱镜检查是非肌层浸润性膀胱尿路上皮癌患者随访的金标准。所有的非肌层浸润性膀胱尿路上皮癌患者术后 3 月应进行第一次膀胱镜检查。检查过程中发现任何异常均应行活体组织病理检查。根据肿瘤复发和进展的危险程度决定后续随访的频率。高危患者术后 2 年内每 3 月进行一次膀胱镜检查,3 ~ 4 年内每 6 月一次,第 5 年开始每年 1 次直至终身。低危患者如第一次膀胱镜检查阴性,建议术后每年 1 次膀胱镜检查,直到术后 5 年。肿瘤复发者的治疗按上述方案重新开始。

(二) 根治性膀胱切除术后患者的随访

膀胱尿路上皮癌患者行根治性膀胱切除术和尿流改道术后必须进行长期随访。随访重点为肿瘤复发、转移和尿流改道的相关并发症。局部复发、进展及远处转移多发生在术后 2 年内。尿流改道后相关并发症主要有输尿管狭窄或反流、储尿囊尿潴留、泌尿系感染、结石、尿失禁、维生素 B_{12} 缺乏、水电解质酸碱平衡紊乱等。

(种 铁)

本章小结

尿路上皮癌的发生与吸烟和职业接触关系密切,具有多灶发生倾向,膀胱尿路上皮癌的发病率远高于上尿路尿路上皮癌。无痛性肉眼血尿是尿路上皮癌的典型症状,诊断主要依靠医学影像学检查及镜下活体组织病理学检查。上尿路尿路上皮肿瘤标准的手术方法是切除患肾及全长输尿管,包括输尿管开口部位的膀胱壁。非肌层浸润性膀胱癌可选择保留膀胱的手术,肌层浸润性膀胱癌标准治疗方法为根治性膀胱切除术。上尿路尿路上皮肿瘤术后及膀胱尿路上皮肿瘤保留膀胱术后,均应行膀胱灌注治疗。尿路上皮癌对放射治疗和多种化疗药物亦敏感。

关键术语

尿路上皮(urothelium)

经尿道膀胱肿瘤切除术(transurethral resection of bladder tumor ,TURBt)

非肌层浸润性膀胱癌(non muscle-invasive bladder cancer ,NMIBC)

肌层浸润性膀胱癌(muscle-invasive bladder cancer ,MIBC)

思考题

1. 尿路造影中输尿管充盈缺损的鉴别诊断。
2. 什么是膀胱灌注治疗？膀胱灌注治疗的方案有哪些？
3. 泌尿系统哪些疾病可以引起血尿？如何鉴别？
4. 膀胱肿瘤的临床分期。

思考题

第三章   前 列 腺 癌

【学习目标】

掌握前列腺癌的临床表现及治疗原则;熟悉前列腺癌的诊断方法;了解前列腺癌的流行病学、病因、病理分级、临床分期及随访策略。

前列腺癌(prostate cancer)是常见的泌尿男生殖系统恶性肿瘤。发病率有明显的地理和种族差异,欧洲和北美发病率最高,已成为第一位危害男性健康的肿瘤。亚洲前列腺癌的发病率远远低于欧美国家,但近年来呈现上升趋势。我国 2009 年前列腺癌发病率为 9.92/10 万,在男性恶性肿瘤发病率中排名第 6 位;死亡率为 4.19/10 万,在男性恶性肿瘤死亡率中排名第 9 位。1988～1994 年我国前列腺癌每年发病的增长率为 2.1%,1994～2002 年间增加到 13.4%。我国城乡之间发病率有较大差异,特别是大城市发病率更高。

第一节   病因和病理

一、病因

前列腺癌的发病原因尚不完全清楚,危险因素包括种族、遗传、饮食、环境等。遗传是前列腺癌发病的重要危险因素,一个一级亲属(兄弟或父亲)为前列腺癌,其本人发生前列腺癌的风险约是其他人的 2～3 倍;两个或两个以上一级亲属患前列腺癌,其本人患病的相对危险性会增至 5～11 倍。有前列腺癌家族史的患者比那些无家族史患者的确诊年龄大约早 6～7 年。目前已发现一些和前列腺癌发病相关的易感基因,如 *HPC1*,*RnaseL*,*ELAC2*,*MSR1* 等。前列腺癌的发病风险与单核苷酸多态性相关。外源因素会影响前列腺癌从潜伏型到临床型的进程,高动物脂肪饮食是一个重要的危险因素。

二、病理

(一)组织类型

98% 的前列腺癌组织类型为腺癌,其他少见的组织类型有移行细胞癌、鳞癌、黏液腺癌、小细胞癌及导管腺癌等。前列腺癌通常起源于外周带,大多为多病灶,少部分起源于移行带和中央带。发生于外周带的高级别前列腺上皮内瘤变(high-grade,PIN)可能是前列腺癌的癌前病变。

(二)病理分级

前列腺癌的分化程度差异极大,组织结构异型性明显,表现为癌腺泡结构紊乱、核间变及浸润现象。癌腺泡形状各异,大小不一,细胞深染,核仁大而明显,染色质凝集,靠边,细胞质含量较多。Gleason 评分(Gleason score)系统是判断前列腺癌生物学行为和预后最常用的病理分级系统。将前列腺癌组织分为主要分级区和次要分级区,根据每个区腺体分化程度和肿瘤细胞的形态给予 1～5 之间的 Gleason 分值,1 分组织细胞分化最好,5 分最差。两区的分值相加,形成前列腺组织的 Gleason 分级常数。Gleason 2～4 分属于分化良好,Gleason 5～7 分属于中等分化,

Gleason 8～10 分为分化差或未分化癌。

（三）分期与扩散

前列腺癌分期对于治疗方案的选择和预后的评价都很重要,前列腺特异性抗原(prostate-specific antigen,PSA)、直肠指诊、CT、MRI、骨扫描等用于判断肿瘤分期。临床最常采用 2002 年 AJCC（American Joint Committee on Cancer）的 TNM 分期系统（表 8-3-1）。

表 8-3-1　前列腺癌 TNM 分期

原发肿瘤（T）	
临床分期	**病理分期（pT）** [*]
Tx 原发肿瘤不能评价	
T_0 无原发肿瘤证据	
T_1 不能被扪及和影像学难以发现的临床隐匿肿瘤	
T_{1a} 偶发肿瘤,体积<所切除组织体积的 5%	
T_{1b} 偶发肿瘤,体积>所切除组织体积的 5%	
T_{1c} 穿刺活检发现的肿瘤（如由于 PSA 升高）	
T_2 局限于前列腺内的肿瘤	pT_2 [*] 局限于前列腺
T_{2a} 肿瘤限于单叶的 $1/2$（$\leqslant 1/2$）	pT_{2a} 肿瘤限于单叶的 $1/2$
T_{2b} 肿瘤超过单叶的 $1/2$ 但限于该单叶	pT_{2b} 肿瘤超过单叶的 $1/2$ 但限于该单叶
T_{2c} 肿瘤侵犯两叶	pT_{2c} 肿瘤侵犯两叶
T_3 肿瘤突破前列腺包膜 [**]	pT_3 突破前列腺
T_{3a} 肿瘤侵犯包膜外（单侧或双侧）	pT_{3a} 突破前列腺
T_{3b} 肿瘤侵犯精囊	pT_{3b} 侵犯精囊
T_4 肿瘤固定或侵犯除精囊外的其他邻近组织结构,如膀胱颈、尿道外括约肌、直肠、肛提肌和（或）盆壁	pT_4 侵犯膀胱和直肠
区域淋巴结（N） [***]	
临床	**病理**
Nx 区域淋巴结不能评价	pNx 无区域淋巴结取材标本
N_0 无区域淋巴结转移	pN_0 无区域淋巴结转移
N_1 区域淋巴结转移	pN_1 区域淋巴结转移
远处转移（M） [****]	
Mx 远处转移无法评估	
M_0 无远处转移	
M_1	
M_{1a} 有区域淋巴结以外的淋巴结转移	
M_{1b} 骨转移	
M_{1c} 其他器官组织转移	

[*] 注:穿刺活检发现的单叶或两叶肿瘤、但临床无法扪及或影像学不能发现的定为 T_{1c}

[**] 注:侵犯前列腺尖部或前列腺包膜但未突破包膜的定为 T_2,非 T_3

[***] 注:不超过 0.2cm 的转移定为 pN_{1mi}

[****] 注:当转移多于一处,为最晚的分期

Note

T 分期表示原发肿瘤的情况,主要通过直肠指诊、MRI 及前列腺穿刺阳性活检数目和部位。判断肿瘤局限于包膜内(T1-T2)还是进展至包膜外(T3-T4)。N 分期表示淋巴结情况,CT 和 MRI 有助于判断有无盆腔淋巴结转移,PSA 水平、Gleason 评分有助于预测有无盆腔淋巴结转移,只有通过根治性前列腺切除术中淋巴结清扫才能获得准确的 N 分期。M 分期表示肿瘤远处转移的情况,全身核素骨显像、MRI、X 线是主要的检查方法。

前列腺癌可经血行、淋巴扩散或直接侵犯邻近器官,其中以通过血液循环转移至脊柱、骨盆最常见。有无骨转移及骨转移的范围与预后密切相关,死于前列腺癌的患者 85% 有骨转移。此外前列腺癌还可能转移到肝、肺、脑、肾上腺等其他部位。

第二节　诊　　断

一、临床表现

前列腺癌常见于老年男性,新诊断患者的中位年龄为 72 岁,高峰年龄为 75~79 岁,50 岁以下男性很少罹患此病。早期前列腺癌通常没有明显临床表现,往往是体检发现 PSA 升高或直肠指诊触及前列腺结节,进一步行前列腺穿刺活检确诊,也可通过前列腺增生手术标本病理检查发现。患者出现临床表现时通常表明肿瘤局部进展或远处转移。

(一)局部表现

前列腺体积增大压迫尿道引起进行性排尿困难,表现为尿线细、射程短、尿流缓慢,排尿等待或中断,尿后滴沥、排尿不尽、排尿费力、尿潴留。此外还可出现尿频、尿急、夜尿增多、尿失禁等表现。肿瘤压迫直肠可引起大便困难或肠梗阻,压迫神经引起会阴部疼痛,并可向坐骨神经放射。

(二)转移表现

前列腺癌可侵犯周围的膀胱、精囊、血管神经束,引起血尿、血精、勃起功能障碍等。盆腔淋巴结转移可引起双下肢水肿。前列腺癌转移到身体其他部位,也可引起相应的症状,骨转移可引起骨痛或病理性骨折、截瘫。

二、诊断

直肠指诊联合血清 PSA 检测是诊断前列腺癌的基本方法。经直肠超声检查诊断特异性低,CT 检查可协助肿瘤分期,MRI 则有明显优势,全身核素骨显像检查可了解骨转移情况。前列腺系统性穿刺活检是诊断前列腺癌最可靠的方法。

(一)直肠指诊

前列腺癌好发于前列腺外周带,直肠指诊对诊断具有重要价值,需要注意前列腺的大小、形态、质地。前列腺表面结节、形状不规则、质地硬者,需行 PSA 血清检测、盆腔 MRI 检查、前列腺穿刺活检等进一步检查。

(二)血清 PSA 检测

PSA 是前列腺腺泡和导管上皮细胞分泌的一种糖蛋白,参与精液的液化过程。血清中 PSA 主要以结合形式和少量有活性的游离形式(free-PSA,f-PSA)存在,两者之和即总 PSA(total-PSA,t-PSA)。血清 PSA 测定精确度高,稳定性及重复性好,有助于前列腺癌早期筛查、监测治疗反应及判断预后。50 岁以上男性每年应常规进行 PSA 检查,对有前列腺癌家族史的男性人群应该从 45 岁开始定期检查。直肠指诊异常、影像学检查异常或有临床征象(如骨痛、骨折等)的男性应进行 PSA 检查。

血清中 t-PSA 正常值一般为<4ng/ml。t-PSA 大于 10ng/ml 时,患前腺癌的危险性显著增加。

当血清 t-PSA 介于 4～10ng/ml 时,f-PSA/t-PSA 比值和 PSA 密度(PSA density,PSAD,即 t-PSA 值与前列腺体积的比值)有助于诊断和鉴别诊断。

血清中的 PSA 几乎都来自于前列腺上皮细胞,具有器官特异性。正常及良性前列腺增生的前列腺上皮均可分泌 PSA,因此 PSA 并不是前列腺癌特异性抗原。判断血清 PSA 临床意义时,应排除前列腺炎、尿潴留、直肠指诊、膀胱镜检、导尿等因素的干扰。PSA 检查应在射精 24 小时后,膀胱镜检查、导尿等操作 48 小时后,直肠指诊 1 周后,前列腺穿刺 1 月后进行。

(三)影像学检查

1. 经直肠超声检查(transrectal ultrasonography,TRUS)　外周带的低回声结节是前列腺癌典型的征象,可初步判断肿瘤的大小。但 TRUS 诊断前列腺癌特异性较低,前列腺低回声病灶需与正常前列腺、前列腺增生、PIN、急性或慢性前列腺炎、前列腺梗死等鉴别。

2. CT 检查　CT 对早期前列腺癌诊断的敏感性低于 MRI,主要用于临床分期,了解邻近组织和器官有无肿瘤侵犯及盆腔内有无肿大淋巴结。

3. MRI 检查　对前列腺癌的诊断优于其他影像学方法。在 T2 加权成像上,高信号的前列腺外周带内出现低信号结节或弥漫性信号减低区,应考虑前列腺癌可能。MRI 可以显示前列腺包膜的完整性,显示肿瘤是否侵犯前列腺周围组织及器官,显示盆腔淋巴结受侵犯的情况,也可以显示骨转移的病灶,对于前列腺癌的临床分期上有较重要的作用。

4. ECT 检查　前列腺癌最常见远处转移部位是骨骼。ECT 可比常规 X 线片提前 3～6 个月发现骨转移灶,敏感性较高但特异性较差。前列腺癌诊断成立后,ECT 有助于判断前列腺癌的临床分期。

(四)前列腺穿刺活检

前列腺系统性穿刺活检是诊断前列腺癌的最准确方法。穿刺可在经直肠 B 超引导下进行,穿刺引起的出血会干扰影像学临床分期,应该在完善 MRI 检查之后进行。穿刺活检的指征:①直肠指检发现前列腺结节任何 PSA 值;②B 超、CT 或 MRI 发现前列腺异常影像,任何 PSA 值;③PSA>10ng/ml,任何 f/t-PSA 和 PSAD 值;④PSA 介于 4～10ng/ml,f/t-PSA 异常或 PSAD 值异常。当 PSA 介于 4～10ng/ml 时,如 f/t-PSA、PSAD 值及影像学正常检查者,应严密随访。经直肠前列腺穿刺活检最常见的并发症是血尿、血精,最严重的并发症是感染。前列腺穿刺前应进行肠道准备并预防性使用抗生素。

第三节　治　　疗

前列腺癌的治疗方法包括主动监测(active surveillance)、手术治疗、放射治疗、内分泌治疗、化学治疗、试验性局部治疗等。应综合年龄、一般状况、预期寿命、患者的期望、肿瘤的临床分期、Gleason 评分等因素选择个性化的治疗方案。

一、局限性前列腺癌(T1-T2)的治疗

(一)主动监测

对已明确前列腺癌诊断,有治愈性治疗适应证的患者,因担心生活质量、手术风险等因素,不即刻进行主动治疗而选择严密随访,积极监测疾病进程。适用于年纪较轻、预期寿命长、局限性(T1a-T2a)、极低危患者,也适用于临床 T1b-T2b 分化良好及中等、预期寿命<10 年且无症状患者。主动监测可以避免早期根治性手术或放疗带来的并发症,避免过度治疗,提高生活质量。主动监测过程中肿瘤有可能发生进展,必须充分告知患者相关风险,并密切随访。

Note

（二）根治性前列腺切除术（radical prostatectomy）

是治愈局限性前列腺癌（T1、T2 期）最有效的方法之一，还可以更加准确地进行肿瘤分期，有利于肿瘤的进一步治疗和随访。预期寿命≥10 年，身体状况良好，没有严重的心肺疾病，临床分期 T1～T2c 期的患者适合行根治性前列腺切除术。患者有显著增加手术危险性的疾病如严重的心血管疾病、肺功能不良等，有严重出血倾向或血液凝固性疾病，预期寿命小于 10 年，是手术的禁忌证。根治性前列腺切除术切除范围包括完整的前列腺、双侧精囊和双侧输精管壶腹段。主要术式有传统的开放性经耻骨后根治性前列腺切除术（retropubic radical prostatectomy）、近年来越来越广泛应用的腹腔镜根治性前列腺切除术（laparoscopic radical prostatectomy）和机器人辅助腹腔镜根治性前列腺切除术（robotic-assisted laparoscopic radical prostatectomy）。腹腔镜手术具有出血少、损伤小、视野及解剖结构清晰、术后疼痛少、恢复快等优势，但是技术操作比较复杂，需要较长的学习过程。手术并发症主要有术中严重出血、直肠损伤、术后勃起功能障碍、尿失禁、吻合口狭窄、尿道狭窄等。

（三）放射治疗

采用伽马射线（通常是质子射线）聚焦在前列腺及周围的组织，达到杀灭肿瘤的目的。外放射治疗（external beam radiotherapy）和手术治疗一样，是局限性前列腺癌的根治性治疗手段。具有疗效好、适应证广，与手术治疗相比尿道狭窄、尿失禁等并发症发生率较低，对性功能影响较小等优点。近距离照射治疗（brachytherapy）主要是永久放射性粒子种植，是又一种有望根治局限性前列腺癌的方法。疗效肯定、创伤小、尤其适合于不能耐受根治手术的高龄患者。

二、局部进展期及转移性前列腺癌的治疗

（一）内分泌治疗

任何去除雄激素和抑制雄激素活性的治疗均可称为内分泌治疗。T3、T4 期及转移性前列腺癌以内分泌治疗为主。早在 1941 年，Huggins 和 Hodges 发现了手术去势可延缓转移性前列腺癌的进展，首次证实了前列腺癌对雄激素去除的反应性，奠定了前列腺癌内分泌治疗的基础。内分泌治疗途径有：①去势：去除产生睾酮器官或抑制产生睾酮器官的功能，包括睾丸切除术和药物去势。黄体生成素释放激素类似物是目前雄激素剥夺治疗的主要方法。常用药物有戈舍瑞林、曲普瑞林；②阻断雄激素与受体结合：应用抗雄激素药物竞争性阻断雄激素与前列腺细胞上雄激素受体的结合，常用药物有比卡鲁胺、氟他胺等；③其他策略：包括抑制肾上腺来源雄激素的合成，抑制睾酮转化为双氢睾酮，最近新开发和应用的雄激素合成抑制剂（阿比特龙）。

（二）根治性前列腺切除术

根治性手术在 T3a 期前列腺癌治疗中占有重要地位。T3b～T4 期患者经严格筛选后（如肿瘤未侵犯尿道括约肌或与盆壁固定，肿瘤体积较小）可行根治性前列腺切除术。术前或术后辅以内分泌治疗或放疗。

（三）外放射治疗

是局部进展期前列腺癌患者的根治性治疗手段。转移性前列腺癌行姑息性放疗，也可延长生存时间，提高生活质量。

（四）化疗

转移性前列腺癌往往在内分泌治疗中位缓解时间 18～24 个月后逐渐对激素产生非依赖，发展为去势抵抗前列腺癌（castration resistant prostate cancer，CRPC）。化疗是 CRPC 的重要治疗手段。CRPC 的治疗原则包括继续应用内分泌治疗确保血清睾酮维持在去势水平，采用化疗改善症状和延长生存时间，对骨转移者应用双磷酸盐预防骨相关事件。化疗可以延长 CRPC 患者的生存时间，控制疼痛，提高生活质量。常用的化疗药物包括紫杉类、米托蒽醌、阿霉素、表阿霉

素、雌二醇氮芥等。

（五）分子靶向治疗

分子靶向治疗代表了肿瘤生物治疗的最新发展方向,近年来在晚期前列腺癌的治疗中也取得了突破性的进展,常用药物有地诺单抗、雄激素受体拮抗剂恩杂鲁胺。靶向药物特异性高,副作用小,安全性良好,可用于化疗后进展的转移性去势抵抗前列腺癌的治疗,延长患者生存期。

三、随访

（一）治愈性治疗后的随访

前列腺癌的治愈性治疗(curative treatment)包括根治性的前列腺切除术和根治性放射治疗。第一次随访主要检查与治疗相关的并发症,如有无尿失禁、肠道情况以及性功能状态等。应在根治性前列腺切除术后 6 周至 3 个月之间行第一次血清 PSA 检查,PSA 低于 0.2ng/ml 时可认为无临床或生化进展。对于无症状患者的常规监测包括前列腺癌有关的临床表现、血清 PSA 水平及直肠指检。在治疗后前 2 年内应每 3 个月随访一次,2 年后每 6 个月随访一次,5 年后每年随访一次。必要时缩短随访间隔。

（二）内分泌治疗后的随访

内分泌治疗后每 3 个月进行 PSA 检测,抗雄激素治疗应注意肝功能情况,治疗开始后前 3 个月应每月检查肝功能,以后每 3~6 个月检查一次。血清 PSA 持续升高,或者出现骨痛,需要行骨扫描。疾病进展时随访间期应更短。

（黄　健）

本章小结

前列腺癌是泌尿男生殖系统最常见的恶性肿瘤之一,我国的发病率不断增高。前列腺癌多见于老年男性,早期通常没有明显临床表现,直肠指检、PSA 检测和超声引导下前列腺穿刺活检是诊断的主要方法。前列腺癌好发于前列腺的外周带,直肠指检对诊断具有重要价值。PSA 用于前列腺癌的筛查、监测治疗反应及判断预后都有重要作用。前列腺系统性穿刺活检是确诊前列腺癌的方法。MRI 检查和全身骨显像检查对于前列腺癌的临床分期上有较重要的意义。前列腺癌的治疗方法很多,包括主动监测、观察随访、根治性前列腺切除术、放射治疗、冷冻治疗、内分泌治疗、化学治疗等。应综合年龄、一般状况、预期寿命、患者的期望、肿瘤的临床分期、穿刺活检获得的 Gleason 评分、有无盆腔淋巴结转移和远处转移等因素选择个体化治疗方案。

关键术语

前列腺癌(prostate cancer)

Gleason 评分(Gleason score)

前列腺特异性抗原(prostate-specific antigen,PSA)

主动监测(active surveillance)

根治性前列腺切除术(radical prostatectomy)

外放射治疗(external beam radiotherapy)

近距离照射治疗(brachytherapy)

去势抵抗前列腺癌(castration resistant prostate cancer,CRPC)

Note

思考题

1. 前列腺癌的临床分期及相应的治疗原则。
2. 前列腺穿刺活检诊断前列腺癌的指征。
3. 根治性前列腺切除术治疗前列腺癌的适应证。

思考题

第四章 阴 茎 癌

【学习目标】
熟悉阴茎癌的临床表现、诊断及治疗原则。了解阴茎癌的危险因素及病理特点。

阴茎癌(penile cancer)是一种比较少见的恶性肿瘤。由于国家、民族、宗教信仰以及卫生习惯的不同,阴茎癌的发病率有明显的差异。在欧洲及北美阴茎癌比较少见,发病率小于1/10万,占男性恶性肿瘤的0.4%～0.6%。在亚洲、非洲及拉丁美洲的部分经济欠发达地区,阴茎癌发病率可高达19/10万,约占到男性恶性肿瘤的10%。20世纪50年代以前,阴茎癌曾是我国男性泌尿生殖系统常见的恶性肿瘤,随着人民生活水平的提高以及卫生条件的改善,阴茎癌的发病率迅速下降。阴茎癌可发生在任何年龄,我国阴茎癌发病高峰年龄为41～60岁,占62.4%,平均发病年龄为50岁左右。

第一节 病因和病理

一、病因

阴茎癌的病因至今仍不明确,目前公认与包茎或包皮过长有关。阴茎长期受到包皮垢及炎症刺激是导致阴茎癌的重要因素,新生儿行包皮环切术能有效降低发病率。阴茎癌的发生还可能与人类乳头状病毒感染、外生殖器疣、阴茎皮疹、性伙伴数目以及吸烟等因素有关,吸烟者阴茎癌发病率是不吸烟者的5倍。

二、病理

阴茎癌最常见的组织学类型为鳞状细胞癌,约占95%,腺癌、基底细胞癌、恶性黑色素瘤、肉瘤等类型比较少见。阴茎癌可发生在阴茎的任何部位,但阴茎头(48%)和包皮内板(21%)最为常见,阴茎体罕见。阴茎癌从肿瘤形态上可分为原位癌、乳头状癌及浸润癌,组织病变根据细胞的分化程度分为高、中、低分化癌。阴茎癌主要通过淋巴结转移,早期可转移至腹股沟浅、深淋巴结,病情进一步进展可转移至盆腔淋巴结。阴茎癌的血行转移比较少见,远处器官转移可见于肺脏、肝脏和骨骼。

第二节 诊断与治疗

一、临床表现

阴茎癌多见于40～60岁有包茎或包皮过长者,好发于阴茎头、冠状沟及包皮内板处。阴茎癌起初的微小病变如小的硬结、阴茎头部丘疹、包皮上皮肥厚等,可能被包皮遮盖而不易发现。病变进展可出现糜烂溃疡,疣状或菜花样肿块,伴有脓性恶臭分泌物,出现刺痛及烧灼感。晚期

Note

肿瘤可从包皮口及皮肤穿出,进而侵犯整个阴茎及尿道海绵体,出现排尿困难症状。大多数患者可触及肿大的腹股沟淋巴结,可能是转移,但约50%是由炎症引起。晚期患者可出现腹股沟转移淋巴结的溃破、感染、出血,合并远处转移者可伴有消瘦、贫血等恶病质表现。

二、诊断

阴茎癌患者的原发灶及腹股沟转移淋巴结容易通过体检发现,但常因包茎掩盖原发病灶、患者感觉尴尬等原因延误就诊。对于40岁以上伴有包皮过长、包茎,阴茎头部肿物,或有经久不愈的包皮龟头炎、慢性溃疡、湿疹的患者,应高度怀疑阴茎癌可能,需行详细体格检查及病理活检明确诊断。体检应注意阴茎病变区域的大小、部位、形态、病灶的活动度及与周围组织的关系等。

要仔细触诊双侧腹股沟淋巴结,对直径大于1.5cm、质硬、无压痛,或经抗生素治疗仍不缩小者,需行淋巴结活检。位于大隐静脉进入股静脉上内侧的淋巴结被称为"前哨淋巴结",常是阴茎癌最早转移的部位。确诊有淋巴结转移的患者需进一步行CT、PET等影像学检查,了解盆腔及远处淋巴结转移的情况。

阴茎癌需要与乳头状瘤、黏膜白斑等癌前病变及尖锐湿疣等相鉴别。阴茎体肿瘤应考虑阴茎肉瘤或转移癌的可能。

三、治疗

阴茎癌主要以手术治疗为主,包括原发肿瘤的切除和区域淋巴结的清扫。术后根据病理分期、分级配合放疗和化疗等综合治疗,可提高疗效。在外科手术之前需明确肿瘤的病理诊断、肿瘤浸润范围、组织学分级及腹股沟淋巴结转移等情况。

(一)原发病灶的治疗

原发病灶的治疗以手术切除为主,手术切除的范围取决于肿瘤大小、浸润深度、阴茎和周围组织受累的程度,原则上应做到切缘阴性。原发灶为局限于包皮或阴茎头的早期小肿瘤,局部没有浸润,及无淋巴结转移,可选择保留阴茎的治疗。肿瘤局限于阴茎及无淋巴结转移,主要选择阴茎部分切除术(partial penectomy),切缘须距肿瘤1cm以上。肿瘤侵犯尿道或累及阴茎1/2以上,保留阴茎不能站立排尿的患者,应选择阴茎全切和会阴尿道重建术。

(二)淋巴结转移的治疗

区域淋巴结有无转移、转移程度以及能否根治切除是影响生存率的决定因素。阴茎癌根治性腹股沟淋巴结清扫术(radical inguinal lymphadenectomy)可以治愈80%的微转移病灶。手术常见并发症包括皮瓣坏死、伤口感染、淋巴瘘、下肢及阴囊水肿等。腹腔镜技术可明显减低手术并发症。

(三)放射治疗

对病灶直径小于2cm,表浅、外生型,无浸润或轻度浸润,无淋巴结转移或无远处转移者,可选择根治性放疗。但放疗后局部再发率较高,需严格监测病情。晚期不适宜手术治疗的病人可行姑息性放疗。

(四)化疗

对伴有区域淋巴结转移的患者在根治术后行辅助化疗,5年生存率可达82%,而单纯行根治性切除术的5年生存率仅为31%。新辅助化疗可控制病情,缩小病灶,提高手术效果或使部分病人获得手术机会。

四、预后与随访

早期阴茎癌治愈率达70%~80%。而肿瘤进展至晚期、伴有区域淋巴结转移的患者治愈率明显下降,5 年生存率仅 20% ～30% 。不经治疗的患者一般 2 年内死亡。

　　对于行阴茎部分切除术或阴茎全切术的患者,均应在首次治疗后的前 2 年每 4 个月、第 3 年每 6 个月、第 4 ～5 年每年进行定期随访。随访内容包括阴茎及腹股沟淋巴结的体检,对怀疑局部复发及淋巴转移者行病理活检,CT 和胸部 X 线检查有助于鉴别是否有盆腔淋巴结转移或远处转移。

(黄　健)

本章小结

　　阴茎癌是一种恶性程度较低的肿瘤,局部卫生、包皮环切术等措施可有效降低其发病率。阴茎癌的早期诊断和及时治疗可以显著降低相关的死亡率。阴茎部分切除术、阴茎全切术及区域淋巴结清扫术是主要的治疗手段,放疗、化疗可作为辅助治疗方法。

关键术语

　　阴茎癌(penile cancer)

　　阴茎部分切除术(partial penectomy)

　　根治性腹股沟淋巴结清扫术(radical inguinal lymphadenectomy)

思考题

1. 阴茎癌患者伴腹股沟淋巴结肿大,进一步的诊断和治疗策略有哪些?
2. 预防阴茎癌的健康教育策略有哪些?

第五章 睾 丸 肿 瘤

【学习目标】

熟悉睾丸肿瘤的常见危险因素、常见病理类型、临床表现及治疗方法。

睾丸肿瘤(tumor of the testis)仅占男性肿瘤的1%～1.5%,占泌尿系统肿瘤的5%。睾丸肿瘤虽然少见,却是15～34岁年轻男性中最常见的恶性肿瘤。发病率在不同地区具有明显差异,发病率最高的是西欧、北欧和澳大利亚等,亚洲和非洲的发生率最低。不同种族之间发病率也具有明显差异,美国黑人发病率是美国白人的三分之一,是非洲黑人的10倍。西方发病率为(3～7)/10万/年,我国为1/10万/年左右,全球发病率呈逐渐增加趋势。睾丸肿瘤多为单侧发病,双侧仅占1%～2%。

第一节 病因、病理和分期

一、病因

睾丸肿瘤的病因目前尚不清楚,与多种先天性及后天性危险因素有关,包括睾丸肿瘤家族史、对侧睾丸肿瘤病史、睾丸上皮内瘤样病变史,隐睾或睾丸发育不全者的发病机会是正常人的20～40倍。外伤和化学物质损伤以及多种病毒性疾病(麻疹、流行性腮腺炎等)可导致睾丸炎,继发睾丸萎缩和细胞变性,引起睾丸肿瘤。睾丸肿瘤的发生与多种基因改变有关,包括4、5、6和12号染色体基因突变。各种病理类型的睾丸肿瘤与12号染色体短臂异位特异性相关,66%的睾丸上皮内瘤样病变患者可以检测到 $P53$ 基因改变。

二、病理

睾丸肿瘤分原发性和继发性两大类。原发性肿瘤又分为生殖细胞肿瘤(germ cell tumors)和非生殖细胞肿瘤。生殖细胞肿瘤占90%～95%,包括精原细胞肿瘤(seminoma)和非精原细胞瘤(non-seminoma)(如胚胎癌、卵黄囊瘤、绒毛膜上皮癌、畸胎瘤以及混合型生殖细胞肿瘤等)。非生殖细胞肿瘤包括(恶性)间质细胞瘤、(恶性)支持细胞瘤、颗粒细胞瘤、卵泡膜细胞瘤、卵巢上皮类型肿瘤、集合管和睾丸网肿瘤等。继发性肿瘤包括睾丸恶性淋巴瘤以及白血病性睾丸肿瘤等。

精原细胞瘤在睾丸生殖细胞瘤中最为常见,约占60%,恶性程度高,较易发生转移。非精原细胞瘤中胚胎癌恶性程度较高,较易发生淋巴管或血行转移。畸胎瘤可分为成熟型、不成熟型和畸胎瘤伴有恶性成分三种类型。绒毛膜上皮癌较少见,恶性度极高,易早期发生血行转移,预后较差。卵黄囊肿瘤病程进展迅速,可使肿瘤发生出血、坏死,有类似急性睾丸炎症状。

三、肿瘤分期

以国际抗癌联盟2009年制定的TNMS综合分期系统进行肿瘤分期,新增了具有独立预后意义的血清肿瘤标记物(S)。临床上常使用睾丸肿瘤的简化分期,Ⅰ期指任何pT(原发肿瘤的任何情况)、N0、M0、Sx(无法评估标志物),Ⅱ期指任何pT、N1-3、M0、Sx,Ⅲ期指任何pT、N1-3、M1、Sx。

第二节　临床表现与诊断

一、临床表现

睾丸肿瘤好发于 30~40 岁,最常见的表现是患侧睾丸无痛性进行性增大,少数出现阴囊钝痛或下腹坠胀不适。10% 的患者因睾丸内出血或梗死导致急性疼痛。10% 左右患者出现远处转移的相关表现,如腹膜后转移侵犯神经根导致的腰背痛,颈部肿块,咳嗽或呼吸困难,食欲减退、恶心、呕吐和消化道出血等胃肠功能异常,骨痛,中枢和周围神经系统表现,以及单侧或双侧的下肢水肿等。7% 的睾丸肿瘤患者还会出现男性女乳症(gynaecomastia),非精原细胞瘤中较为常见。

睾丸肿瘤可以直接侵犯附睾和/或阴囊。多数生殖细胞瘤通过淋巴回流转移至腹膜后淋巴结。肾门淋巴结通常是肿瘤转移的第一站,且是唯一转移部位。除绒毛膜癌早期通过血行转移之外,多数血源转移发生在淋巴结转移之后。

二、诊断

睾丸肿瘤的诊断包括详细的询问病史、体格检查、影像学检查及肿瘤标记物检查等。体格检查常扪及患侧睾丸增大,质地较硬,触痛常不明显,用手托起较对侧有沉重感,透光试验阴性。部分患者可表现为患侧阴囊红肿,触痛明显,易误诊为急性睾丸附睾炎而延误病情。

(一)影像学检查

B 超是睾丸肿瘤首选检查,可以确定肿块位于睾丸内还是睾丸外,明确睾丸肿瘤特点,了解对侧睾丸情况。B 超还可探测腹膜后有无转移病灶,肾蒂旁有无肿大淋巴结及腹腔脏器有无转移病灶等。胸部 X 线检查是睾丸肿瘤的常规检查,睾丸肿瘤容易转移到肺部,可以发现 1cm 以上的肺部转移灶。腹部和盆腔 CT 检查是腹膜后淋巴结转移的最佳检查方法,可以检测到小于 2cm 的淋巴结转移。MRI 在诊断睾丸肿瘤的敏感性和特异性方面要显著优于超声及 CT 检查。当患者出现骨转移相关症状时行骨核素扫描,了解有无远处骨转移。不推荐 PET 常规用于睾丸肿瘤的分期诊断,可用于精原细胞瘤患者化疗后残留肿瘤的随访检查。

(二)血清肿瘤标记物检查

血清肿瘤标记物对睾丸肿瘤的诊断、分期和预后有重要作用,51% 患者存在血清肿瘤标记物的升高。血清肿瘤标记物主要包括:甲胎蛋白(a-fetoprotein,AFP)、人绒毛膜促性腺激素(human chorionic gonadotropin,HCG)、乳酸脱氢酶(lactic acid dehydrogenase,LDH)、胎盘碱性磷酸酶(placental alkaline phosphatase,PLAP)。50%~70% 的睾丸非精原细胞瘤者 AFP 升高,而绒癌和纯精原细胞瘤者血清 AFP 一般是正常的。睾丸肿瘤患者 HCG 明显升高时应高度怀疑有绒癌或含有绒癌成分可能。肿瘤标志物不升高的患者也不能完全除外存在睾丸肿瘤的可能。

(三)睾丸穿刺活检

可明显增加睾丸癌根治性切除术后的局部复发率,不建议行睾丸穿刺活检。

触及实性、质硬的增大睾丸或睾丸内肿块者,应考虑睾丸肿瘤可能,并需与睾丸鞘膜积液、腹股沟疝、阴囊血肿、精液囊肿、睾丸扭转、附睾炎或睾丸炎等鉴别。

第三节　治　　疗

一、睾丸生殖细胞肿瘤的治疗

(一)Ⅰ期精原细胞瘤的治疗

首先行根治性睾丸切除术(radical orchiectomy),术后标准的处置方式包括严密监测、辅助性

放疗或一到二个周期卡铂方案的辅助性化疗。

(二) Ⅰ期非精原细胞瘤的治疗

原发肿瘤行根治性睾丸切除,术后根据患者具体情况选择腹膜后淋巴结清扫术(retroperitoneal lymph node dissection,RPLND)、辅助化疗或监测。RPLND 是治疗睾丸肿瘤的重要措施,有根治性(rRPLND)、改良型(mRPLND)和保留神经的腹膜后淋巴结清扫术三种方式。开放式腹膜后淋巴结清扫术创伤较大,易发生伤口感染或裂开、应激性溃疡、肾蒂出血、肺不张、乳糜尿、胰腺炎、胰瘘、肠粘连、肠梗阻、肠瘘等并发症。腹腔镜腹膜后淋巴结清扫术视野清晰、出血少、创伤小,应用越来越广泛。术后证实存在腹膜后淋巴结转移,应采用以顺铂为中心的联合化疗方案。

(三) 转移性睾丸生殖细胞肿瘤的治疗

Ⅱ期精原细胞瘤的治疗以根治性睾丸切除术后行辅助性放疗为主。Ⅱ期非精原细胞瘤如肿瘤标志物不升高者可以选择腹膜后淋巴结清扫术,若肿瘤标志物升高者应在 3 ~ 4 个疗程的联合化疗后行残留肿瘤切除术。Ⅲ期睾丸生殖细胞瘤的基础治疗包括 3 ~ 4 个疗程的 BEP(长春新碱、依托泊苷、顺铂)联合化疗。

(四) 复发性睾丸生殖细胞肿瘤的治疗

复发病灶仍可采用挽救性化疗,常采用顺铂或卡铂加用一线方案中未用过的药物。对精原细胞瘤的复发病灶可直接给予放射治疗。

二、睾丸非生殖细胞肿瘤的治疗

睾丸非生殖细胞瘤较为少见,仅为成人睾丸肿瘤的 2% ~ 4%,其中以睾丸间质细胞瘤和支持细胞瘤为主。可选择保留睾丸组织的肿瘤切除术或睾丸根治性切除术,出现恶性病理特征时行腹膜后淋巴结清扫术。

三、预后及随访

睾丸肿瘤的总体治愈率可达95%。Ⅰ期精原细胞瘤长期生存率接近100%,Ⅰ期非精原细胞瘤也可获得99%的长期存活率。转移性睾丸肿瘤的治愈率可达80%以上。

随访检查内容包括临床体检、胸部 X 线、肿瘤标志物和腹部/盆腔 CT。随访方案为第 1 ~ 2 年每 3 个月 1 次,第 3 ~ 4 年每 6 个月/次,第 5 年 1 次,此后每 1 ~ 2 年 1 次。腹部/盆腔 CT 建议每 6 个月 1 次,5 年后每 1 年 1 次。

(黄　健)

本章小结

睾丸肿瘤虽较少见,但在 15 ~ 34 岁的年轻男性中是发病率最高的肿瘤。睾丸肿瘤病理分型多样,以生殖细胞肿瘤(90% ~ 95%)为主,其中又以精原细胞瘤多见。睾丸肿瘤一般表现为患侧睾丸无痛性增大,也可出现阴囊钝痛或下腹坠胀不适。B 超、胸部 X 线、腹部/盆腔 CT 检查及血清 AFP、HCG、LDH 检查多可做出诊断。睾丸生殖细胞肿瘤患者主要行根治性睾丸切除术,术后根据不同病理类型选择腹膜后淋巴结清扫、辅助化疗、放射治疗等方法。

关键术语

睾丸肿瘤(testicular tumor)

生殖细胞肿瘤(germ cell tumor)

精原细胞瘤(seminoma)

非精原细胞瘤(nonseminoma)

根治性睾丸切除术(radical orchiectomy)

腹膜后淋巴结清扫术(retroperitoneal lymphnode dissection,RPLND)

思考题

1. 睾丸肿瘤的常见病理类型及特点。

2. 睾丸肿瘤的常用肿瘤标志物及意义。

3. 睾丸生殖细胞肿瘤主要的治疗方法。

第九篇　尿石症

第一章　尿石症的病因学、流行病学和发病机制

【学习目标】

掌握尿路结石病因的局部因素及其在结石形成中的作用;熟悉尿路结石病因的外部因素,熟悉尿路结石的病理损害;了解尿路结石病因的内在因素。

第一节　概　　述

尿石症(urolithiasis)是泌尿外科的常见病、多发病,是多种病理因素相互作用引起的泌尿系统内任何部位的结石病,包括肾结石、输尿管结石、膀胱结石和尿道结石。尿石症是一类古老的疾病,中医称其为"石淋"或"砂淋"。传统的治疗方法主要是采用泌尿系统开放式取石手术。伴随体外冲击波碎石术(extracorporeal shock wave lithotripsy,ESWL)、经皮肾镜取石术(percutaneous nephrolithotripsy,PNL)、输尿管肾镜取石术(ureterorenoscope lithotripsy,URL)、腹腔镜取石术(laparoscope lithotomy)的陆续出现,微创已是泌尿系统结石治疗的主要手段。近年来,随着泌尿系结石病因研究的深入,结石的代谢危险因素越来越为泌尿外科工作者所重视。代谢评估是揭示和诊断尿石症病因的一种生化方法,现已成为评估成石危险因素的"金标准"。此外,结石复发的预防工作已经成为了泌尿外科工作者关注的重点。科学技术进步使尿石症的防治方式发生了根本的变革,当今这一时期在泌尿外科界被誉为"现代化石器时代"。

第二节　尿石症的病因学

尿中成石物质浓度过饱和是结石形成的第一驱动力,任何导致尿过饱和的危险因素都是结石的病因。身体代谢异常、尿路梗阻、感染、异物和药物是结石形成的常见病因。影响结石形成的因素很多,年龄、性别、种族、遗传、环境因素、饮食习惯和职业对结石的形成影响很大。多数尿路结石是多种因素共同作用的结果,只有少数是单一因素所致。

一、内在因素

(一)代谢异常

尿路的结石大多是由人体代谢产物构成,不同成分的结石可以反映体内相应成分的代谢异常。尿液内常见的成石成分包括钙、草酸、尿酸和胱氨酸等,任何生理紊乱引起这些成石物质在尿液中排泄过多,尿浓度过饱和,或其结晶抑制因子缺乏,都有可能启动结石形成和促进结石生长。

1. 高钙血症　引起高钙血症的常见疾病有甲状旁腺激素(parathyroid hormone,PTH)依赖性高钙血症,包括甲状旁腺功能亢进、锂盐中毒。非 PTH 依赖性高钙血症,包括维生素 D 中毒、恶性肿瘤、肉芽肿疾病和结节病、乳-碱综合征、嗜铬细胞瘤、使用噻嗪类利尿剂、透析、维生素 A 中毒等。

2. **高钙尿症** 原发性高钙尿症有吸收性高钙尿症、肾性高钙尿症和重吸收性高钙尿症三种类型。一些病因明确的代谢性疾病能引起继发性高钙尿症,例如远端肾小管性酸中毒、长期卧床、骨 Paget 病、糖皮质激素过多、甲状腺功能亢进和维生素 D 中毒等。其中大约 0.5%~3% 的尿路含钙结石患者伴有远端肾小管性酸中毒。

3. **高草酸尿症** 原发性高草酸尿症病因为肝脏过氧化丙氨酸-乙醛酸盐氨基转移酶缺乏,导致草酸产生过多。主要为Ⅰ型乙醇酸尿症(glycolicaciduria),Ⅱ型甘油酸尿症(glycericaciduria)很少见。继发性高草酸尿症的原因包括过量摄入维生素 C、过量摄入草酸及其前体物质、饮食中钙的摄入减少、肠源性高草酸尿症和维生素 B_6 缺乏等,其中常见原因是肠源性草酸及其前体物的吸收增加。小肠切除或短路手术后、脂肪痢或 Crohn 病,也可以出现胆酸代谢紊乱和水分丢失过多,引起高草酸尿症。肠道内嗜草酸杆菌(O. formigenes)数量减少,也可能引起高草酸尿症。

4. **高尿酸尿症** 尿酸是嘌呤代谢的终产物,体内尿酸生成和排泄不平衡导致尿中尿酸升高。诱发尿酸结石形成的首要因素是尿 pH 值持续过低。尿酸结石患者尿 pH 值平均多为 5.5,尿酸在偏酸性尿液中溶解度很低,容易析出结晶。尿量减少也可引起尿中尿酸浓度增高。尿酸结石病人中约有 25% 合并痛风,同时有相同比率的痛风病人并发尿酸结石。

5. **胱氨酸尿症** 亚硫酸盐氧化酶缺乏,肾小管重吸收胱氨酸减少,尿中胱氨酸含量增加,是一种肾小管的遗传性缺陷。在生理范围 pH 的尿中,胱氨酸的溶解度很低,在酸性尿液中极易发生过饱和,析出结晶,形成结石。

6. **低枸橼酸尿症** 枸橼酸盐既是尿中重要的结晶抑制因子,也是一种络合因子,可与尿钙络合成可溶性枸橼酸钙,降低尿中草酸钙的饱和度。多种原因可引起低枸橼酸尿,如Ⅰ型肾小管酸中毒、肠源性高草酸尿、吸收性高钙尿和肾性高钙尿、口服噻嗪类利尿剂等。尿枸橼酸盐浓度降低是草酸钙结石形成的主要原因之一。

7. **低镁尿症** 低镁尿症也是含钙结石形成的病因之一。

(二)局部因素

尿路梗阻、感染和尿路中存在异物是诱发结石形成的主要局部因素。梗阻可以导致感染和结石形成,而结石本身也是尿中的异物,会加重梗阻与感染的程度。

1. **尿路感染** 由尿路感染引起的结石在临床上称为"感染石"。菌落、脓块、坏死组织等均可构成结石核心。细菌特别是变形杆菌、葡萄球菌等有将尿素分解成氨的作用,碱化尿液,有利于磷酸盐、碳酸盐的沉淀而形成结石。

2. **尿路梗阻** 尿路梗阻可导致结石形成。梗阻近端尿液浓缩,使成石物质过饱和。梗阻近端局部产生涡流现象,促使结石物质发生沉淀。梗阻部位妨碍微结石排出,体积不断增大形成结石。临床上容易引起尿路结石形成的梗阻性疾病包括机械性梗阻和动力性梗阻两大类。肾盂输尿管连接部狭窄、膀胱颈部狭窄、海绵肾、肾输尿管畸形、输尿管口膨出、肾盏憩室和马蹄肾等是常见的机械性梗阻性疾病。肾内型肾盂及肾盏颈狭窄可以引起尿液滞留,诱发肾结石的形成。神经源性膀胱和先天性巨输尿管则属于动力性梗阻疾病,同样可以造成尿液的滞留,促进结石的形成。

3. **异物** 尿路内存留的异物,如长期留置的尿管或双 J 管、不吸收的手术缝线、戏谑者自尿道外口放入的异物等,成为尿液中晶体附着的核心,形成结石。

二、外部因素

(一)生活环境

尿石症在某些地区多发,可能与地理、气候、水源及饮食习惯等因素有关。如天气炎热、出汗多,导致尿液浓缩,成石物质浓度增高。

（二）饮食与营养

水分摄入不足可致尿液浓缩,结石形成的概率增加。大量食入动物蛋白后,其代谢产物氨基酸可增加体内的酸负荷,导致负责缓冲酸负荷的骨骼脱钙,引起高钙尿。此外,肉类蛋白富含嘌呤,摄入过多会使尿中尿酸排泄增加,形成尿酸结石,而且高尿酸尿还会诱发草酸钙结晶沉淀。摄钙过量可致高钙尿。钠与钙同在肾远曲小管排泄,排泄量呈正相关,摄钠过多也会导致高钙尿。镁不仅是一种结晶抑制因子,能够直接减缓磷酸钙结晶的生长和聚集,而且也是一种络合因子,能与尿中游离草酸结合成可溶性草酸镁,降低尿中草酸钙饱和度。长期低镁饮食可引发结石。维生素 A 在尿石症患者的血清中往往较低。维生素 B_6 是乙醛酸转变为甘氨酸的辅酶,缺乏维生素 B_6 可引起草酸合成增加。

（三）药物

药物引起的肾结石占所有结石的 1%~2%。一些药物在尿液的浓度高而溶解度比较低,包括氨苯蝶啶(triamterene)、治疗 HIV 感染的药物如茚地那韦(indinavir)、硅酸镁及磺胺类药物等,这些药物本身就是结石的成分。另一类为能够诱发结石形成的药物包括乙酰唑胺、维生素 D、维生素 C 及皮质激素等,这些药物在代谢的过程中可导致其他成分结石的形成。

第三节　尿石症的流行病学

尿石症是泌尿外科的常见病之一,在泌尿外科住院病人中占居首位,发病率正处上升状态。尿路结石的形成除了与高盐、高蛋白饮食有关外,还与缺乏运动的生活方式有关。最新研究显示,心血管疾病的危险因素亦可提高患尿石症的风险。发展中国家尿石症多由感染引起,与较低的医疗卫生标准以及普遍的营养不良有关。

欧美国家的流行病学资料显示,5%~10% 的人在其一生中至少发生 1 次泌尿系结石,欧洲泌尿系结石每年新发病率约为 100~400/10 万人。我国泌尿系结石发病率为 1%~5%,南方高达 5%~10%。每年新发病率约为 150~200/10 万人,其中 25% 的患者需住院治疗。在过去的 20 年里,男女发病比例趋于平衡,初次患病年龄平均为 30~50 岁。近年来,我国泌尿系结石的发病率有增加趋势,是世界上三大结石高发区之一。尿石症是一种终生性疾病,复发率很高。如果不进行治疗再次发病的风险为 50%~100%,而经过相应的二级预防后再发风险可降至 10%~15%。

尿路结石中比较重要的晶体成分有 10 余种,根据化学成分概括为五大类:草酸钙类、磷酸钙类、尿酸类、磷酸铵镁、胱氨酸。多数结石含两种以上的成分,以其中的一种为结石主体。含钙类结石(包括草酸钙结石、磷酸钙结石及两者的混合性结石)最多见,接近结石总数的 90%。尿酸类结石大多发生于男性,磷酸铵镁结石则大多见于女性患者,胱氨酸结石在儿童中的比率较高。其他成分结石如碳酸钙结石、二氧化硅结石等罕见。

第四节　尿石症的发病机制

一、形成机制

尿液中的结石成分过饱和是结石形成的前提条件。在结石成分的过饱和溶液中存在着同质晶核形成过程,大量晶体短时间内即可聚集成晶核,之后同种成分的晶体不断聚集在晶核表面形成了结石。尿酸盐结石和胱氨酸结石的形成符合这种模式。感染性结石和含钙结石的形成则遵循异质晶核形成过程。当结石成分处于亚过饱和状态时,结晶过程不能自动发生,需要依赖于其他物质形成的晶核或者细胞碎片。这个过程不仅需要尿液中结石成分处于过饱和状态,还需要有"结晶细胞相互作用"的参与。

结石成分在尿液中的饱和程度取决于其自由离子的浓度,与尿液 pH 值有很大关系,且不同物质受 pH 值的影响不同。比如随着 pH 值升高,磷酸盐的溶解度会下降。相反,尿酸、黄嘌呤和胱氨酸在酸性环境中溶解度下降。尿液酸化可由氨的形成减少、酸性物质交换以及药物引起。尿液的中和或碱化与甲状旁腺功能亢进、肾小管酸中毒、低磷酸盐尿、尿路感染、活动减少、饮食(柑橘、富含碳酸氢盐的矿泉水)以及药物(氯化铵、L-甲硫氨酸、碱式柠檬酸盐、乙酰唑胺、利尿剂)有关。

目前公认,尿路结石的形成不是单一因素所致,而是多种因素共同促成的结果。尿路结石形成的第一驱动力是尿过饱和,其次是尿液饱和度与其他各种变量因素(如抑制因子、促成因子、pH 等)之间的平衡发生紊乱。结石形成步骤见图 9-1-1。

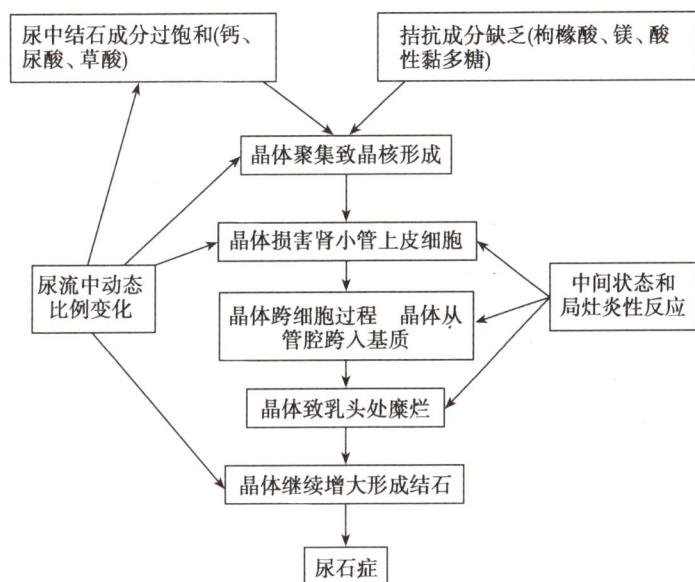

图 9-1-1　尿石形成步骤

二、病理

泌尿系统结石引起的病理损害及病理生理改变主要有以下三种。

(一)直接损害

结石可直接刺激尿路黏膜,局部充血、水肿甚至糜烂或溃疡。一些体积较大或嵌顿在管腔内的结石可在局部引起溃疡、肉芽肿或瘢痕性狭窄。结石长期的慢性刺激甚至可引起尿路上皮癌变。

(二)梗阻

上尿路结石造成尿流梗阻,可导致肾积水及输尿管扩张,损害肾实质及其功能。

结石阻塞尿路后对肾功能损害的严重程度,取决于梗阻的部位和程度。输尿管的管腔较细,引起梗阻的程度往往较重,容易导致进行性肾脏损害。主要表现为肾盂内、集合管内和肾间质的压力升高,肾盂和肾盏扩张,同时肾小球滤过率和肾血流量下降。如梗阻持续存在,可引起肾功能不可逆损害。肾盂和膀胱的容积较大,对尿路内压有一定的缓冲作用,对肾脏的损害程度较轻。

(三)感染

尿路结石对尿路上皮的直接损害多伴有感染,引起尿路梗阻时更易发生感染,严重者可导致肾盂肾炎、肾积脓及肾周围炎。

Note

结石、梗阻和感染三者互为因果,促使病变发展。结石引起梗阻,梗阻诱发感染,感染又促成结石,加重梗阻,最终破坏肾组织,损害肾功能。

(叶章群)

本章小结

尿石症是泌尿外科的常见病、多发病,我国发病率呈上升趋势。尿中成石物质浓度过饱和是结石形成的第一驱动力,任何导致尿过饱和的危险因素是结石的病因。形成尿路结石的内在因素包括代谢异常和局部梗阻、感染及异物,外在因素包括环境、饮食及某些药物。结石引起梗阻,梗阻诱发感染,感染又促成结石,三者互为因果。掌握尿石症的病因及发病机制,是做好结石防治工作的基础。

关键术语

尿石症(urolithiasis)

体外冲击波碎石术(extracorporeal shock wave lithotripsy,ESWL)

经皮肾镜取石术(percutaneous nephrolithotripsy,PNL)

经输尿管肾镜取石术(ureterorenoscope lithotripsy,URL)

腹腔镜取石术(laparoscope lithotomy)

思考题

1. 形成尿路结石的局部因素有哪些?
2. 哪些饮食因素可影响尿路结石形成?
3. 尿液 pH 值对尿路结石形成的影响。

第二章　尿石症的预防

【学习目标】

掌握饮食调整预防尿路结石的作用及方法;掌握感染性尿路结石的预防方法。熟悉药物防治尿路结石的作用;了解胱氨酸结石的预防方法。

第一节　概　　述

尿石症初次发病后25%～75%的患者在10～20年内会再次发生结石,半数复发的平均时间为8.8±1.2年。一般认为,采取非选择性的预防措施,结石的年复发率为7%,10年内50%的患者结石复发。预防尿路结石复发是泌尿外科重要的临床工作之一,复发性和复杂性尿路结石是具有复发高危倾向的群体,选择针对性的个体预防方法是工作的关键。

预防尿路结石的原则是首先采用一般性预防措施,包括维持患者尿量超过2L/天,针对结石成分适度饮食调节(diet regulation)等。初次发病的结石患者一般无须进行全套代谢的评估,但应常规行尿液检查、尿细菌培养和血生化检查(包括血钙、尿酸、电解质和肌酐),排除可能存在的原发性疾病。初次发病为多发结石、1年内结石复发或具有复发高危因素的患者,应进行更为细致的代谢评估(metabolic assessment),针对患者代谢特点选用特殊的药物防治结石复发。

选择尿石症预防的措施需遵循临床效果确切、利弊权衡、简单易行、没有副作用等原则。

第二节　含钙尿路结石的预防

含钙尿路结石的预防措施应该从改变生活习惯和调整饮食结构开始,保持合适的体重指数,适当的体力活动,保持营养平衡和增加富含枸橼酸水果的摄入是预防的重要措施。只有在改变生活习惯和调整饮食结构无效时,再采用药物预防。

一、增加液体的摄入

水化疗法(hydration therapy)是增加液体的摄入,增加尿量,降低尿路结石成分的过饱和状态。每天的液体摄入量在2.5～3.0L以上,尿量保持在2.0～2.5L以上,尿比重低于1.010为宜。液体种类以草酸含量少的非奶制液体为宜,避免过多饮用咖啡因、红茶、葡萄汁、苹果汁和可口可乐,多喝橙汁、酸果蔓汁和柠檬水。

二、调节饮食

低钙饮食虽然能够降低尿钙的排泄,但是可能会导致骨质疏松和增加尿液草酸的排泄。含钙饮食以外的补钙可能不利于结石的预防,不加控制的高钙饮食会增加尿液钙的饱和水平。正常范围或者适当程度的高钙饮食对于预防尿路含钙结石的复发具有临床治疗价值。大量摄入富含草酸的食物可明显增加尿液中草酸排泄量,草酸钙结石患者应避免摄入甘蓝、杏仁、花生、

甜菜、菠菜、红茶等富含草酸的食物,尤其是菠菜中草酸的含量最高。高钠饮食会增加尿钙的排泄,每天钠的摄入量应少于2g。高蛋白饮食引起尿钙和尿草酸盐排泄增多,尿枸橼酸排泄减少,降低尿的pH,是诱发尿路含钙结石形成的重要危险因素之一。摄入营养平衡饮食,保持营养的均衡性非常重要。超重是形成尿路结石至关重要的因素之一。患者体重指数应维持在合适范围。增加水果和蔬菜的摄入量可以预防低枸橼酸尿症者结石的复发。增加粗粮及纤维素饮食可降低尿路结石的复发率。维生素C经过自然转化后能够生成草酸,每天维生素C的摄入量不要超过1g。

三、药物防治

目前用于含钙尿路结石防治的药物种类很多,但疗效较为肯定的有噻嗪类利尿剂、别嘌呤醇和碱性枸橼酸盐。

(一)噻嗪类利尿药

可以降低尿钙正常患者的尿钙水平,降低尿液草酸盐的排泄水平,抑制钙的肠道吸收。适用于吸收性和肾性高钙尿症含钙结石的预防,对其他类型的结石也有一定的预防效果。与枸橼酸钾一起应用,可以减轻低钾血症和低枸橼酸尿症副作用。常用药物为双氢克尿噻或三氯噻唑。

(二)别嘌呤醇

别嘌呤醇可抑制黄嘌呤氧化而降低尿酸的产生,减少尿液尿酸盐的排泄,同时可减少尿液草酸盐的排泄,用于尿酸结石和伴高尿酸尿症的草酸钙结石的预防。

(三)枸橼酸盐

枸橼酸盐可以增加尿液枸橼酸含量,降低尿液草酸钙、磷酸钙和尿酸盐的过饱和度,提高对结晶聚集和生长的抑制能力,用于含钙结石的预防。临床上碱性枸橼酸盐种类较多,枸橼酸氢钾钠具有便于服用、口感好等优点,患者依从性较高。服用枸橼酸盐期间应注意监测尿pH,调整剂量。

(四)镁剂

镁通过与草酸盐结合,降低草酸钙的过饱和度,抑制含钙尿路结石的形成。镁与枸橼酸螯合,减少肾小管枸橼酸重吸收,增加尿枸橼酸排泄。镁剂能有效地降低草酸钙结石的复发,适用于伴有低镁尿症或不伴有低镁尿症的草酸钙结石患者。镁剂的胃肠道副作用限制其使用。

四、手术防治

原发性甲状旁腺功能亢进、甲状腺功能亢进、糖皮质激素增多症等疾病可使血钙增高,形成含钙尿路结石,前者约占1%。原发性甲状旁腺功能亢进只有高血钙而无肾结石症状者,应首先处理甲状旁腺病变,结石可能自行溶解。有肾结石症状和尿路梗阻但无高血钙危象者,则应首先治疗尿路结石。

第三节　感染性尿路结石的预防

感染是尿路结石形成的重要因素。一些微生物如变形杆菌可以产生尿酶,分解尿素碱化尿液。在碱性条件下,尿液中磷酸盐及尿酸铵等成分处于过饱和状态,易发生沉淀,形成感染结石。炎症产生的有机物扰乱了晶体和胶体间的平衡,不稳定的胶体聚集也可成为结石核心。细菌感染产生的结石基质、脓块和坏死组织也可成为结石核心。有效控制感染对于结石的预防非常必要。

采用低钙和低磷饮食。氢氧化铝或碳酸铝凝胶可降低肠道对磷的吸收和尿磷的排泄。由尿素酶细菌感染导致的磷酸胺镁和碳酸磷灰结石,应尽可能用手术方法清除结石。选用敏感有效的抗菌药物是防治关键,使尿液达到无菌状态,尿中药物浓度要比血液中高出数百倍才能达到目的。抗感染治疗需要足够的用药疗程,起始阶段抗生素的剂量相对较大(治疗量),1~2周使尿液达到无菌状态,之后可将药物剂量减半(维持量)持续 3 个月。酸化尿液能够提高磷酸盐的溶解度。积极治疗造成尿路梗阻的原发性病。

第四节　尿酸结石的预防

导致尿酸结石的全身代谢性疾病主要是痛风,有原发性痛风和继发性痛风(Lesch-Nyhan综合征和 I 型糖原贮积病)两种类型,可引起血和(或)尿尿酸增高,形成尿酸结石。防治的目的是:①终止急性发作,防止复发;②纠正高尿酸血症,使血尿酸接近正常范围;③防止尿酸结石形成和肾功能损害。高尿酸尿症、尿量不足和持续性酸性尿是促发尿酸结石形成的因素,逆转上述三个因素是防治尿酸结石的基础。大量饮水、碱化尿液、限制嘌呤饮食和抑制尿酸合成是主要措施。调节饮食,防止过胖。限制高嘌呤食物,严格戒酒。增加饮水量,保证尿量达到 2000ml/d 以上。尿液 pH 在 6.0 以下时,应服用碱性药物碱化尿液,使尿 pH 维持在6.5~6.8 之间。常用药物有枸橼酸氢钾钠、碳酸氢钠等。口服别嘌呤醇、叶酸可减少尿酸形成。

第五节　胱氨酸结石的预防

胱氨酸尿症是胱氨酸结石的唯一原因,为常染色体隐性遗传性疾病。在正常 pH 尿液环境下,胱氨酸的溶解度极低。当尿液胱氨酸过量排泄,超过其溶解度时,容易结晶并形成结石。预防措施包括增加尿量、降低尿液胱氨酸排泄、增加尿液胱氨酸溶解度等办法。大量饮水可增加胱氨酸的溶解度,保证每天的尿量在 3000ml 以上。服用枸橼酸氢钾钠等碱性药物,使尿的 pH达到 7.5 以上。低蛋白质饮食可以减少胱氨酸的排泄,避免过多食用富含蛋氨酸的食物(大豆、小麦、鱼、肉、蘑菇等)。钠盐摄入量 2g/d 以下。应用硫普罗宁或卡托普利可减少尿液胱氨酸的排泄。

(叶章群)

本章小结

尿路结石复发率高,预防尤为重要。调整饮食结构是预防尿路结石基础措施,也是重要措施。药物预防尿路结石主要作用是减少相关结石成分在血中或尿中的浓度,抑制结石晶体形成。首选敏感有效抗生素是预防感染性尿路结石的关键,同时需积极防治引起尿路感染的原发疾病。

关键术语

水化疗法(hydration therapy)

代谢评估(metabolic assessment)

饮食调节(diet regulation)

结石成分分析(stone analysis)

Note

思考题

1. 预防尿路结石相关的饮食调整办法主要有哪些?
2. 感染性结石的预防措施有哪些?
3. 尿酸结石的预防措施有哪些?

第三章　尿石症的诊断

【学习目标】

掌握上尿路结石的诊断要点;熟悉各种影像学检查方法在诊断上尿路结石中的意义;了解下尿路结石的诊断要点。

尿石症按发生的部位分为上尿路结石和下尿路结石。上尿路结石包括肾结石(renal calculi)和输尿管结石(ureteral calculi),分别占35%和65%。肾结石按其所在的具体部位可进一步划分为肾盂结石和肾上、中、下盏结石。充满肾盂和肾盏的分支状结石因其形似鹿角,称为鹿角结石。下尿路结石包括膀胱结石(vesical calculi)和尿道结石(urethral calculi),前者仅占尿路结石的5%以下,后者大部分来自膀胱。

第一节　上尿路结石的诊断

一、临床表现

(一)疼痛

肾结石可引起肾区疼痛伴肋脊角叩击痛,表现为钝痛或肾绞痛两种。疼痛的程度与结石的大小和位置有关。较大的结石活动度较小,常表现为间断发作的腰部钝痛或隐痛,亦可不出现疼痛。小结石活动度较大,突然引起梗阻诱发肾绞痛。肾绞痛是一种突发性严重疼痛,多在深夜至凌晨发作。由于肾脏和睾丸均属同一腹腔神经丛支配,疼痛可从腰部或肋部开始,沿输尿管向下放射到膀胱甚至睾丸或阴唇。疼痛可持续数分钟至数小时,患者精神恐惧、面色苍白,坐卧不宁。输尿管结石更易出现肾绞痛,上段输尿管结石主要表现为腰腹部剧痛,中段结石绞痛位于中下腹部,下段结石绞痛位于下腹部,均可伴有放射性疼痛。当结石处于输尿管膀胱壁内段时,可伴有膀胱刺激症状。输尿管和胃肠道有共同的神经支配,可伴有恶心、呕吐。

(二)血尿

常表现为镜下血尿或肉眼血尿,前者多见。血尿多发生在疼痛之后,有时是唯一的临床表现。血尿的多少与结石对尿路黏膜的损伤程度有关。在肾绞痛发作期,血尿是与其他各种急腹症相鉴别的重要佐证。

(三)排石

少部分患者可自行解出小结石,俗称尿砂,可确诊尿路结石。

(四)感染

结石可以诱发尿路感染,表现为尿频、尿急、尿痛等。梗阻严重导致肾积脓时,会出现畏寒、发热、寒战等全身症状。

(五)其他

结石并发肾脏较严重积水时,可触及肿大的肾脏。双侧上尿路结石引起的双侧尿路完全梗阻或孤立肾上尿路完全梗阻时,还可导致无尿,甚至尿毒症。因肾绞痛剧烈,患者可能出现一过性的血压增高。儿童上尿路结石以尿路感染为重要表现,诊断时容易忽视结石的存在而漏诊,应予以注意。

二、诊断

病史对上尿路结石的临床诊断极有帮助。患者出现腰部疼痛或典型的肾绞痛并发血尿时,应首先考虑肾结石或输尿管结石可能。有排石病史时可作出定性诊断。应仔细询问病人的饮食习惯,家族史,以往有无结石病史,有无泌尿生殖系统疾病或解剖异常等,寻找结石的病因。体检主要是排除其他可能引起腹部疼痛的疾病,如急性阑尾炎、异位妊娠、卵巢囊肿扭转、急性胆囊炎、急性肾盂肾炎等。完整的结石诊断应包括三方面:①结石本身的诊断,包括部位、体积、数目、形态和成分;②结石并发症的诊断,包括尿路感染、梗阻程度和肾功能损害等;③结石的病因评估。

(一)实验室检查

1. **尿液检查** 尿常规检查可见尿中红细胞,伴感染时有脓细胞。有时可发现晶体尿,通过观察结晶的形态可以推测结石成分。尿液 pH 值可推断尿石成分并为预防提供依据。感染性结石者尿细菌培养可明确病原菌,为选用抗生素提供依据。

2. **血液检查** 肾绞痛发作时,因机体应激反应血白细胞可轻微升高,合并上尿路感染时,血白细胞也会升高。了解尿路结石与代谢状态关系时,应测定血钙、磷、尿酸、草酸等,必要时作钙负荷试验。血氯升高、血钾和二氧化碳结合力降低提示肾小管酸中毒,血尿酸升高可见于痛风并发尿酸结石。测定尿素氮和肌酐评价总肾功能。

3. **24 小时尿分析** 主要用于评估结石复发危险性较高的患者,包括复发性结石、多发性结石、尿酸结石、胱氨酸结石、儿童结石,以及具有家族性结石史、骨病史、痛风史、胃肠道手术史者。24 小时尿分析检测指标包括 24 小时尿量、pH 值、钙、镁、磷、尿酸、草酸盐、枸橼酸盐、胱氨酸等,是目前常用的一种代谢评估技术。

4. **结石分析(stone analysis)** 结石成分分析可以确定结石的性质,是诊断结石病的核心技术,也是选择溶石和预防疗法的重要依据。

(二)影像学检查

1. **超声检查** B 超检查简便、经济、无创伤,可以发现 2mm 以上 X 线阳性及阴性结石,同时可评价肾积水和肾实质萎缩程度。B 超可作为泌尿系结石的常规检查方法,尤其是在肾绞痛时作为首选方法。因受肠道的影响,超声对输尿管下段结石的敏感性低。

2. **泌尿系平片(plain film of kidneys、ureter and bladder,KUB)** 可显示绝大多数 X 线阳性结石,是诊断结石的常规检查,有助于了解结石的大小、部位、数目等情况。不同成分的结石显影程度依次为草酸钙、磷酸钙和磷酸镁铵、胱氨酸、含钙尿酸盐结石。不能显示透过 X 线的结石(阴性结石),主要有单纯性尿酸结石、黄嘌呤结石和基质结石。正、侧位摄片可以除外腹部其他钙化影如胆囊结石、肠系膜淋巴结钙化。

3. **静脉尿路造影(intravenous urography,IVU)** IVU 应该在尿路平片的基础上进行,有助于确认结石在尿路上的位置。可以显示平片上不能显示的 X 线阴性结石,同时可以显示尿路的解剖结构,对发现尿路异常有重要作用。此外,IVU 还可以了解尿路积水情况及评估肾功能。但肾功能受损者可能出现显影不良或不显影。

4. **逆行尿路造影(retrograde urography)** 逆行尿路造影很少用于上尿路结石的初始诊断,往往只在其他方法不能确定结石部位或结石以下尿路系统病情不明时采用。逆行尿路造影是 IVU 的一种补充性检查方法,适用于碘剂过敏、肾功能损害、IVU 显影不良者。

5. **螺旋 CT** 螺旋 CT 对结石的诊断能力最高,能分辨出 0.5mm 以上任何成分的结石,准确测定结石大小。CT 检查有助于阴性结石、肿瘤、血凝块等的鉴别。根据结石的 CT 值还可以进行结石成分分析。螺旋 CT 平扫尤其适用于输尿管绞痛发作时普通影像学检查未能确诊的结石。输尿管结石在螺旋 CT 平扫影像上除表现为高密度影外,另一特征是由结石外周水肿的输尿管壁形成的"框边"现象。CT 还可以了解肾或输尿管其他病变,如先天性畸形、积水、肾脏肿大以及肾周渗液等情况。

6. **放射性核素肾显像** 主要用于评价治疗前受损肾的功能和治疗后肾功能恢复状况,对手术方案的选择以及手术疗效的评价具有一定价值。

7. **磁共振水成像(magnetic resonance urography,MRU)** MRU 对于不适合做静脉尿路造影及 CT 尿路成像的患者,如造影剂过敏、严重肾功能损害、儿童和孕妇等可考虑采用,用以了解上尿路梗阻情况。

第二节 下尿路结石的诊断

原发性膀胱结石较为少见,多与营养不良和低蛋白饮食有关。继发性膀胱结石常见于良性前列腺增生、膀胱憩室、神经源性膀胱患者,也可由肾或输尿管结石排入膀胱产生。尿道结石大多来自膀胱。

一、膀胱结石的诊断

(一) 临床表现

常见症状是下腹部疼痛、排尿困难和血尿。疼痛在排尿时尤为明显,并可放射至远端尿道及阴茎头部。常伴膀胱刺激症状及终末血尿,感染严重时可出现脓尿。排尿困难时轻时重。当排尿膀胱收缩时,结石可堵塞膀胱颈部,突然发生尿线中断,尿液排出呈点滴状。患者变换体位,结石离开膀胱颈,排尿困难症状可消失。因排尿费劲,腹压增加,可并发脱肛。若结石位于膀胱憩室内,可仅有为尿路感染的表现。体检时下腹部有压痛。结石较大和腹壁较薄弱时,在膀胱区可触及结石。较大结石也可经直肠腹壁双合诊被触及。

(二) 诊断

1. **实验室检查** 尿液分析可见红细胞。如并发感染可见白细胞,尿培养可有细菌生长。

2. **B 超检查** 能发现膀胱内强光团伴声影,位置随体位改变而异,还可同时发现膀胱憩室和良性前列腺增生等病变。

3. **X 线检查** 膀胱区平片可显示类圆形高密度影,但有时需拍斜位片与盆腔淋巴结钙化、卵巢钙化影像相鉴别。怀疑有上尿路结石时,还需行 KUB 及静脉尿路造影检查。

4. **膀胱镜检查** 膀胱镜检查是最确切的诊断方法,可直接观察膀胱结石的大小、数目和形状,同时还可了解有无前列腺增生、膀胱颈纤维化、尿道狭窄等病变。但膀胱镜检查属于有创操作,一般不作常规使用。

二、尿道结石的诊断

男性尿道细长,尿道内结石极易引起梗阻,出现排尿困难,尿呈滴沥状,同时伴有阴茎部疼痛及血尿。男性前尿道结石多可沿尿道触及,直肠指诊有时候可以触及后尿道结石。女性尿道结石可经阴道前壁触及。大部分尿道结石可通过 X 线检查确诊,必要时可行尿道造影,以明确结石部位,同时可发现有无尿道狭窄或尿道憩室。

(叶章群)

本章小结

　　上尿路结石主要有疼痛、血尿、排石等临床表现。肾绞痛是泌尿外科急症,有比较特殊的临床表现,但应与其他急腹症相鉴别。实验室检查主要用于结石的评估,各种影像学检查主要用于诊断。下尿路结石根据病史、B超、X线检查一般不难确诊。

关键术语

　　肾结石(renal calculi)

　　输尿管结石(ureteral calculi)

　　膀胱结石(vesical calculi)

　　尿道结石(urethral calculi)

　　结石分析(stone analysis)

思考题

1. 上尿路结石的诊断要点有哪些?
2. 肾绞痛典型表现有哪些?
3. 下尿路结石的诊断要点有哪些?

第四章　尿石症的治疗

【学习目标】

掌握上尿路结石的治疗原则;掌握上尿路结石的治疗方法及适应证;熟悉肾绞痛的治疗方法;了解下尿结石的治疗方法。

第一节　上尿路结石的治疗

一、治疗原则

尿路结石的治疗原则一是要去除病因,防止结石复发;二是要清除结石,解除症状,保护肾脏功能。由于尿路结石复杂多样,结石的性质、形态、大小、部位不同,患者个体因素存在差异,治疗方法的选择及疗效也不大相同,需实施个体化治疗及综合治疗。

尿路结石的自排率较高,取决于结石的大小和部位。在决策各种治疗方案之前,首先要考虑结石自排的可能性,特别是小于 10mm 的结石。输尿管结石在尿路滞留时间超过 4 周将对肾功能产生不利影响,超过 6 周则很难排出。

双侧上尿路结石的治疗顺序为:①一侧输尿管结石合并对侧肾结石时,首先处理输尿管结石,因其对肾功能影响较大;②双侧输尿管结石客观情况相似时,应先处理主观症状较重或技术上容易处理的一侧;③双侧输尿管结石总肾功能正常时,应首先处理肾功能较差一侧的结石,尽早解除梗阻,挽救肾功能;如果总肾功能较差,应先治疗肾功能较好一侧的结石,也可采用肾或输尿管引流改善肾功能;④双侧肾结石首先应该寻找病因,如甲状旁腺功能亢进、痛风、先天性畸形等,积极治疗原发性疾病。手术时常先处理肾功能较好的一侧。

二、病因治疗

部分能够找到结石形成病因的患者,如甲状旁腺功能亢进、肾盂输尿管连接处狭窄,存在感染或异物,使用乙酰唑胺、VitC 和皮质激素等药物,纠正原发病或相关危险因素可以防治尿路结石。

三、肾绞痛的治疗

肾绞痛是泌尿外科的常见急症,需紧急处理,治疗时注意与其他急腹症仔细鉴别。肾绞痛的治疗主要以药物解痉止痛为主,药物治疗效果不佳时可以考虑外科治疗措施。

非甾体类镇痛抗炎药(non-steroidal anti-inflammatory drugs,NSAIDs)是治疗肾绞痛的首选药物,能够通过阻断前列腺素相关疼痛通路、减轻输尿管水肿和松弛输尿管收缩而发挥作用。常用药物有双氯芬酸钠、吲哚美辛、布洛芬等。可联合使用 α 受体阻滞剂、阿托品、654-2 等解痉药。NSAIDs 治疗效果不佳时可以使用强痛定、哌替啶、曲马朵等镇痛药,阿片类镇痛药应联合使用解痉药物。针刺肾俞穴、京门穴、三阴交穴或阿是穴也具有一定的解痉镇痛作用。

对于药物治疗效果不佳的肾绞痛的患者,应注意有无合并感染,有无双侧梗阻或孤立肾造

Note

成的少尿,如果出现这些情况需要积极的外科治疗,以尽快解除梗阻。外科治疗方法可以迅速解除梗阻而缓解症状,同时有利于控制感染及为进一步治疗创造条件。可选用的方法包括体外冲击波碎石治疗(extracorporeal shock-wave lithotripsy,ESWL)、输尿管内放置支架、经输尿管镜碎石取石、经皮肾造瘘等。

四、药物排石及溶石治疗

临床上绝大多数尿路结石可以通过微创的治疗方法将结石粉碎并排出体外,只有少数结石直径 $0.5 \sim 1.0cm$ 者适宜排石治疗。还需具备结石表面光滑,结石以下尿路无梗阻,停留局部少于2周等条件。最常用的排石药物为 α_1-受体阻滞剂如坦索罗辛等,排石治疗期间应保证有足够的尿量,每日需饮水 $2000 \sim 3000ml$。双氯芬酸钠可以缓解症状并减轻输尿管水肿,有利于排石治疗。钙离子通道拮抗剂及一些中医中药对排石也有一定的效果。

尿酸结石和胱氨酸结石可采用溶石方法进行治疗。两者均可服用枸橼酸氢钾钠或碳酸氢钠片碱化尿液,治疗尿酸结石一般需维持尿液 pH 在 $6.5 \sim 6.8$,治疗胱氨酸结石需维持尿液 pH 值在 7.2 或以上。尿酸结石可服用别嘌呤醇。

五、体外冲击波碎石(extracorporeal shock wave lithotripsy,ESWL)

ESWL 利用连续发射的高能冲击波进行碎石,是一种安全有效的非侵入性治疗方法。对于直径 $5 \sim 25mm$ 的肾及输尿管上段结石可以首选 ESWL 进行治疗。ESWL 的禁忌证包括妊娠、结石远端尿路狭窄、凝血机制异常等。过于肥胖、肾位置过高、骨关节严重畸形等患者,常因技术原因导致 ESWL 效果不佳。ESWL 的疗效与结石的部位、大小、化学成分、是否嵌顿和尿路有无解剖异常等因素有关。

ESWL 常见并发症是一过性肉眼血尿,一般不需要特殊处理。尿源性脓毒血症是合并感染者严重的并发症,可快速进展,需要高度重视,积极防治。大量碎石积聚于输尿管内,可形成"石街",引起腰痛不适、肾绞痛、梗阻无尿等,可放置输尿管支架管进行引流。采用低能量治疗,限制每次冲击次数可以减少并发症。多次 ESWL 治疗的并发症发生率较高,治疗次数一般不超过 $3 \sim 5$ 次,可选择其他治疗方法。ESWL 的治疗间隔时间一般以 $10 \sim 14$ 天以上为宜。

六、经皮肾镜碎石术(percutaneous nephrolithotomy,PCNL)

PCNL 是经皮肤建立进入肾盂肾盏的通道,经通道进行体内碎石和取石的一种微创治疗方法。PCNL 主要用于大于 2cm 的肾结石、ESWL 治疗无效的肾结石及部分 L_4 以上体积较大的输尿管上段结石的治疗。有症状的肾盏或憩室内结石、马蹄肾并结石梗阻、移植肾合并结石梗阻等也可以选用 PCNL 进行治疗。

PCNL 的禁忌证包括凝血功能障碍,合并严重心肺功能不全,未控制的糖尿病和高血压,盆腔游走肾或重度肾下垂。严重脊柱畸形、极度肥胖或不能耐受俯卧位等为相对禁忌证,但可以采用仰卧、侧卧或斜仰卧等体位进行手术。服用阿司匹林、华法林等抗凝药物者,需停药 $1 \sim 2$ 周再进行手术。

肾损伤出血是主要的并发症。多数为静脉性出血,一般可保守治疗。少部分为动脉性出血,表现为持续性大量出血,应积极治疗,补充血容量的同时进行选择性肾动脉栓塞治疗,介入治疗无效的患者需要开放手术探查止血。迟发性大出血常见于动静脉瘘形成者,超选择性肾动脉栓塞是有效的治疗方法。

七、输尿管镜碎石术(ureteroscope lithotripsy,URL)

输尿管镜由尿道插入膀胱,经输尿管开口进入输尿管,能够在直视下进行诊断和治疗。可以用套石篮、取石钳等将结石直接取出,也可以使用超声、激光或气压弹道等方法进行碎石后进行取石或排石。输尿管软镜可以到达肾盏进行诊断和治疗,对于较小的肾结石及肾盏憩室结石具有良好的治疗效果。

输尿管硬镜适应证:包括①输尿管中、下段结石;②ESWL 治疗无效的输尿管上段结石;③ESWL治疗后形成"石街";④输尿管结石合并其他需要镜检的疾病(如尿路上皮肿瘤);⑤X 线阴性的输尿管结石;⑥停留时间较长、ESWL 治疗困难的包裹性或嵌顿性输尿管结石。

输尿管软镜适应证:包括输尿管上段结石和<2cm 的肾盂肾盏结石,但因其价格昂贵等原因,一般多用于 ESWL 治疗困难或无效的<2cm 的肾结石;ESWL 术后残留的或嵌顿性肾下盏结石;因极度肥胖、严重脊柱畸形等原因使 PNL 治疗困难者;肾盏憩室结石伴盏颈狭窄者。

URL 的禁忌证:有凝血功能障碍,严重基础疾病无法耐受手术,急性尿路感染,泌尿道狭窄无法腔内手术,截石位困难等。

八、开放式手术

随着 ESWL 及腔内治疗技术的发展,目前上尿路结石行开放手术治疗的比例已显著减少,且逐渐被腹腔镜手术取代。开放手术治疗上尿路结石主要适用于 ESWL、URL 及 PCNL 治疗无效或存在上述治疗禁忌者,上尿路结石合并其他需要开放手术治疗的病变者。肾盂切开取石术适用于肾盂输尿管连接处狭窄梗阻合并肾盂结石和较大的肾盏结石者。肾实质切开取石术适用于肾盏结石及部分鹿角形结石。肾部分切除术适用于合并盏颈狭窄、实质萎缩的肾盏结石。肾切除术适用于结石致肾功丧失者。输尿管切开取石术适用于 ESWL 及 URL 治疗困难或治疗失败的输尿管结石,或输尿管结石合并无法腔内治疗的输尿管疾病(狭窄、瓣膜等)。

九、腹腔镜手术

随着腹腔镜技术的发展,需要开放手术治疗的尿路结石多可采用腹腔镜手术代替。运用最多的是腹腔镜输尿管切开取石术,其适应证同开放手术。

第二节　下尿路结石的治疗

一、膀胱结石

膀胱结石的治疗原则包括清除结石和纠正结石形成的原因,如前列腺增生、尿道狭窄等导致的下尿路梗阻。方法的选择取决于病人的年龄和体质,结石的大小、性质以及有无其他原发性疾病。主要治疗方法有腔道手术、ESWL、开放手术。

经尿道的腔内治疗可同时处理尿道狭窄、前列腺增生等下尿路梗阻性病变。对于较小的结石(<2~3cm)可应用碎石钳进行机械碎石及取石,较大的结石可应用激光、超声、气压弹道、液电等进行碎石。较小的儿童膀胱结石及成人原发膀胱结石,可采用 ESWL 一次粉碎。开放手术为传统治疗方法,现已少用。对于复杂性儿童膀胱结石、巨大膀胱结石、膀胱憩室内结石、附着膀胱内异物形成的大结石以及合并有需要开发手术处理的其他病变的膀胱结石,可选择开放手术。

二、尿道结石

治疗原则为尽快取出结石,解除痛苦,改善急性情况后再考虑纠正形成结石的原因。选择的取石途径和方法要尽量避免尿道的损伤,腔内治疗已成为主要的治疗方式。

前尿道结石多可经尿道外口取出。可向尿道内注入无菌石蜡油,轻轻将结石向尿道远端挤出,可以使用小钩或镊子等工具直接或辅助取出结石。后尿道结石及部分无法经尿道外口取出的前尿道结石,可先将结石推入膀胱,然后按膀胱结石处理。尿道结石腔内治疗可使用尿道内气压弹道、超声等碎石方法。尿道切开取石仅适用于紧嵌于尿道且其他方法无法取出的结石,合并有尿道其他疾病需开放手术者。尿道结石治疗的主要并发症是尿道损伤引起的狭窄,要注意轻柔操作,留置导尿管可以减少尿道狭窄的发生。

（叶章群）

本章小结

上尿路结石复杂多样,需要根据结石的性质、形态、大小、部位、患者个体等的不同实施个体化治疗及综合治疗。排石治疗适用于较小的无梗阻结石。体外冲击波碎石适用于直径5～25mm 的肾结石及输尿管上段结石。输尿管镜取石术适用于输尿管中下段结石,输尿管软镜可用于<2cm 肾结石和肾盏憩室结石。经皮肾镜碎石术适用于复杂性肾结石和部分输尿管上段结石。腹腔镜手术及开放手术是补充治疗方法。下尿路结石主要以腔内治疗为主,开放手术可用于复杂及合并其他疾病需要开放手术治疗者。

关键术语

肾绞痛（renal colic）

体外冲击波碎石（extracorporeal shock-wave lithotripsy,ESWL）

经皮肾镜碎石术（percutaneous nephrolithotomy,PCNL）

输尿管镜碎石术（ureteroscope lithotripsy,URL）

思考题

1. 上尿路结石的治疗方法有哪些? 适合哪些情况?
2. 双侧上尿路结石的处理原则有哪些?
3. 肾绞痛治疗方法有哪些?

Note

第十篇　尿液传输、储存和排空异常

器官·系统
整合教材
OSBC

第一章　概　　述

【学习目标】

掌握影响尿液传输、储存和排出的因素;熟悉尿液传输、储存和排出的相关解剖;熟悉尿液传输、储存和排出的生理过程。

第一节　尿液传输、储存和排出的相关解剖

肾脏产生的尿液通过肾盏、肾盂、输尿管传输进入膀胱储存,经尿道排出。

一、尿液传输的相关解剖

肾脏为成对的实质性器官,位于腹膜后腔上部、脊柱两侧,左右各一。男性肾脏重约150g,女性约135g。肾脏长约10~12cm,宽约5~7cm,厚约3~4cm。由于受肝脏的挤压,右肾位置略低,形态较短而宽。肾实质由浅层的肾皮质和深部的肾髓质构成。肾髓质并不是连续的结构,被深入其中的肾皮质(称为肾柱或Bertin柱)分隔为多个独立的肾椎体。肾椎体基底朝向肾皮质,钝圆的尖端称为肾乳头,伸向肾窦。每个肾乳头都有独立的肾小盏包绕,2~3个肾小盏汇合成一个肾大盏。肾大盏约2~3个,进一步汇合形成肾盂。肾盂呈前后扁平的漏斗状,出肾门后逐渐变细并向下移行为输尿管。肾盏的数目和大小以及肾盂的大小存在着不同程度的个体变异,同一个人双侧肾脏的集合系统解剖也可能不尽相同。

输尿管为一对细长的肌性管道,长约22~30cm,自肾盂沿腹膜后下行至膀胱。输尿管以骶髂关节上、下缘为界可分为上、中、下三段,以髂血管为界可分为腹、盆两段。输尿管管径约0.5~0.7cm,并不均匀,有三处狭窄,分别位于肾盂输尿管连接处(ureteropelvic junction,UPJ)、跨越髂血管处和输尿管膀胱连接处(ureterovesical junction,UVJ),是结石容易滞留的部位。输尿管管壁由内向外依次为尿路上皮、固有层、平滑肌层和外膜。固有层由结缔组织构成,与上皮一起构成黏膜层。平滑肌内层纵行排列,外层环形排列,可节律性蠕动,促进尿液传输。外膜为一层纤维膜,包绕输尿管及沿输尿管走行的血管和淋巴管。

二、膀胱的解剖

膀胱位于盆腔内,充盈时呈卵圆形,容量约500ml,空虚时呈三棱锥体形。膀胱大体可区分为顶部、体部和底部。顶部朝向前上方,与体部无明确分界,外有腹膜覆盖。体部和底部以双侧输尿管开口为界,体部位于输尿管口平面以上,底部由三角区和膀胱颈(bladder neck)构成。膀胱三角区是双侧输尿管口与尿道内口构成的三角形区域。膀胱颈指尿道内口及其周围的部分膀胱壁,在男性与前列腺相接触。双侧输尿管口之间有一横行黏膜皱襞,称为输尿管间嵴,可作为膀胱镜检时寻找输尿管口的标志。膀胱底部、尿道和尿道外括约肌统称为膀胱出口(bladder outlet)。

膀胱壁内覆尿路上皮,其外依次是固有层、平滑肌层和外膜。固有层内包含有较多血管和一些平滑肌纤维,与上皮共同构成黏膜层。膀胱三角区黏膜与肌层紧密相接,在膀胱充盈或收

缩时均保持平滑状态。膀胱平滑肌也称为逼尿肌（detrusor），膀胱体部的逼尿肌无明显层次，由随机排列的肌肉束构成。外膜大部为疏松结缔组织，仅膀胱顶部和上壁覆盖有浆膜（腹膜）。

三、尿道的解剖

男性尿道（urethra）为细长的管状器官，全长 16～22cm，平均直径为 0.5～0.6cm。男性尿道可分为壁内部、前列腺部、膜部和海绵体部。尿道海绵体部起始段的海绵体膨大呈球状，又称为尿道球部，有尿道球腺管开口于此。尿道壁内部、前列腺部和膜部称为后尿道，海绵体部（包括尿道球部）称为前尿道。男性尿道有三个生理性狭窄，依次为尿道内口、尿道膜部和尿道外口；有三个扩张部位，分别为尿道前列腺部、尿道球部和位于阴茎头处的舟状窝。男性膀胱颈和尿道壁内部存在膀胱括约肌（sphincter）或称为尿道内括约肌，受交感神经和副交感神经的双重支配，交感神经兴奋括约肌收缩，副交感神经兴奋则舒张。膜部尿道的肌层由平滑肌和横纹肌组成，称为尿道膜部括约肌或尿道外括约肌。最内层的薄层平滑肌由尿道前列腺部肌层延续而来。最外环绕的一层横纹肌为慢反应纤维，收缩缓慢但能长时间维持一定张力，受盆内脏神经支配。来自盆底横纹肌的括约肌混有慢反应纤维和快反应纤维，为随意肌，通常处于收缩状态，具有括约尿道膜部和压迫尿道球腺的作用。

女性尿道长 3～5cm，直径约 0.6cm。女性尿道内口与男性相似，膀胱壁平滑肌下延并环绕形成膀胱颈括约肌。在尿道下端有尿道阴道括约肌环绕，对尿道和阴道有括约肌作用。女性尿道黏膜下层有尿道腺，尿道远端的黏膜下有一些小腺体称为尿道旁腺，尿道旁腺开口于尿道外口后方的两侧。尿道腺感染时可由于水肿造成尿道梗阻，引起排尿困难。

四、膀胱及尿道的神经受体

膀胱及尿道的储尿和排尿过程受多种神经受体和递质调控。

M 受体主要分布于膀胱逼尿肌内，副交感神经兴奋时释放的乙酰胆碱可激活 M 受体引发逼尿肌收缩。M 受体主要有 5 种亚型（M_1～M_5），膀胱逼尿肌 M_2 受体数量占优，但 M_3 受体对逼尿肌收缩起主要作用。临床上可使用 M 受体阻滞剂治疗膀胱逼尿肌不稳定收缩或膀胱过度活动。

α 受体分为 α_1 和 α_2 两种亚型，α_1 又进一步分为 α_{1A}、α_{1B} 和 α_{1D} 三种亚型。膀胱三角区、膀胱颈、前列腺内及近段尿道主要分布的是 α_{1A} 受体，α_{1D} 受体含量相对较少。α_{1A} 受体介导储尿期交感神经兴奋时膀胱颈和后尿道的收缩效应。α_1 或 α_{1A} 受体阻滞剂在前列腺增生等功能性尿道阻力增加时可有利于排尿。膀胱逼尿肌组织中 α_{1D} 受体所占比例大于 α_{1A} 受体但总体含量较少，去甲肾上腺素引发正常膀胱逼尿肌收缩的作用并不明显。β 受体尤其是 β_2 亚型主要分布于膀胱逼尿肌，膀胱颈和近段尿道也有分布，介导储尿期交感神经兴奋时的逼尿肌舒张效应。当膀胱出口梗阻持续 6 周后，膀胱逼尿肌中 α_{1D} 受体的 mRNA 及蛋白表达均明显升高，对交感神经兴奋的反应从 β_2 受体介导的舒张效应转变为 α_1 受体（主要是 α_{1D} 受体）介导的收缩效应，导致逼尿肌不稳定收缩，出现一系列储尿期症状。

第二节　尿液传输、储存和排出的生理学

一、尿液传输的生理学

动脉血流经肾小球滤过形成原尿，经肾小管重吸收后形成尿液，经集合管和乳头管排入肾盏。肾盏节律性收缩和舒张将尿液推送至肾盂，转运过程依赖于电传导活动。在肾集合系统的起始部（肾小盏和肾大盏）存在一种特殊的起搏细胞，由其产生的电传导活动由近端的肾小盏传向肾盂，使肾乳头管的尿液顺利排入肾盏，也可以保护肾实质抵御肾盂传导来的压力。

Note

肾盏、肾盂收缩,压力升高,推动尿液进入输尿管上段。正常情况下肾盏、肾盂的收缩频率高于输尿管上段,通常为 6 次/min。当输尿管上段的压力高于肾盂时,肾盂输尿管连接部关闭,以抵抗输尿管内尿液反流入肾盂,保护肾脏。

尿液进入输尿管后,输尿管产生节段性收缩和舒张,形成蠕动波。输尿管的蠕动呈节律性,频率为每分钟 3~4 次,使尿液呈"团状"向下脉冲式传送。蠕动过程中"尿液团"近端的输尿管收缩使管腔完全闭合,推送"尿液团"下行并防止反流。"尿液团"沿输尿管到达输尿管膀胱连接处,前进的蠕动波在此消失,"尿液团"进入膀胱。尿量增加时,输尿管可通过增加蠕动频率或每一个"尿液团"的容量来提高尿液传输效率。膀胱的储尿压也是影响尿液传输的重要因素。在正常膀胱的充盈过程中,交感神经兴奋,膀胱逼尿肌舒张,使膀胱腔内压力维持在较低水平,有利于尿液流入膀胱。

二、储尿的生理学

尿液由输尿管输送入膀胱后,在膀胱内储存。正常膀胱储尿的条件包括:①在膀胱内尿液容量逐渐增加过程中,膀胱腔内压力始终保持在较低水平,直至达到膀胱最大容量。②整个储尿过程中,膀胱出口及近端尿道处于关闭状态。③膀胱松弛,无自发性或诱发性逼尿肌收缩。

储尿时膀胱平滑肌具有良好顺应性,成人生理节律下尿液充盈过程中,膀胱腔内压力可保持在较低水平(一般小于 $10cmH_2O$)。平滑肌细胞固有的肌源性或黏弹性特点和细胞外成分是膀胱顺应性和低压力的主要原因。神经系统在膀胱充盈阶段也发挥重要作用,脊髓的交感神经反射,可抑制膀胱收缩,提高尿道内括约肌张力,使膀胱出口阻力增加。

膀胱储尿充盈过程中尿道压力逐渐升高,主要是由外括约肌收缩引起,同时也可能存在内括约肌的作用。尿道压力升高与阴部神经传出冲动频率增加及尿道周围括约肌电活动增加密切相关,构成了脊髓-躯体反射的传出部分,称为"防卫反射"。尿道壁的张力由尿道外层产生,而尿道的闭合作用除与内、外括约肌有关,还有主要位于尿道黏膜下层的弹性成分、胶原成分和脉管成分参与,压力必须作用于有弹性的组织才能起到闭合尿道的作用,临床上可见尿道瘢痕和尿道黏膜萎缩导致尿道闭合不全的现象。

三、排尿过程

正常尿液排出的条件要求:①有足够强度及持续时间的膀胱逼尿肌协同收缩,②同时出现的内、外括约肌松弛和阻力下降,③无解剖性的尿道梗阻。

排尿时膀胱逼尿肌和内括约肌受副交感神经和交感神经的双重支配。支配膀胱的副交感神经节前神经元位于 S2~S4 段脊髓,节前纤维走行于盆神经中。副交感神经末梢能释放乙酰胆碱,激活逼尿肌的 M 受体,使逼尿肌收缩和内括约肌舒张,促进排尿。盆神经中也含有感觉神经,能感觉膀胱壁被牵拉的程度。支配膀胱的交感神经起自腰段脊髓,经下腹神经到达膀胱。交感神经末梢释放去甲肾上腺素,作用于 β 受体使膀胱逼尿肌松弛,作用于 α 受体引起内括约肌收缩和血管收缩。交感神经也含有感觉纤维,可将痛觉信号传入中枢。尿道外括约肌受阴部神经支配,活动可受意识控制,阴部神经兴奋时外括约肌收缩,反之则舒张。

排尿反射是一种脊髓反射,但正常情况下排尿反射受脑的高级中枢控制,可有意识地增强或抑制这一反射过程。排尿中枢位于脑干,排尿可以是自主的,也可以是非自主的,这一过程包括交感神经、脊髓躯体神经反射的抑制及膀胱副交感神经的激活。排尿开始,脊髓躯体神经和交感神经的反射抑制,副交感神经或膀胱逼尿肌释放松弛因子,导致膀胱出口部位肌群松弛。副交感神经调控膀胱逼尿肌群发生高度协同的收缩,同时还伴有膀胱出口形态的变化,这种变化至少部分是由于膀胱底部与近段尿道之间相互连续的平滑肌引起。随着诱发膀胱逼尿肌收缩的外周神经反射及脊髓上神经反射的增幅,一次完整的尿液排空过程得以完成。

第三节　影响尿液传输、储存和排出的因素

一、影响输尿管尿液传输的因素

（一）梗阻

输尿管梗阻（obstruction）时，肾脏持续产生的尿液无法顺畅通过梗阻部位，造成梗阻部位以上输尿管腔压力升高，管壁扩张，输尿管蠕动的幅度及频率会暂时升高。随着输尿管内尿液进一步增多，输尿管蠕动收缩波开始下降，管壁无法闭合，尿液的传输仅能依靠肾脏产生的静水压。在梗阻的最初几小时内，输尿管管腔基线压力达到峰值，肾盂压力增加，肾血流灌注降低。肾小球滤过率及肾小管内流体静压下降，加之静脉系统和淋巴系统重吸收尿液，使输尿管管腔基线压力降至略高于正常水平的状态。输尿管壁的黏弹性特点也可使其在扩张时将管腔压力维持在较低水平。如果梗阻长时间存在，肾脏最终会停止产生尿液，输尿管的形态变化取决于尿液的重吸收和管壁的机械特点。

（二）膀胱输尿管反流

形成膀胱输尿管反流（vesicoureteral reflux）的相关因素包括：①输尿管膀胱连接处的解剖和功能异常。正常输尿管末段呈斜形穿过膀胱壁，称为膀胱壁内段，长约1.5cm，其长度与直径的关系是阻止尿液反流的一个重要因素。先天发育异常或手术破坏时会发生膀胱输尿管反流。与输尿管膀胱壁内段关系密切的膀胱三角区的正常功能也是防止膀胱输尿管反流的重要因素。②膀胱腔内压力异常升高。见于膀胱出口梗阻及神经源性膀胱功能障碍引起的膀胱输尿管反流。③输尿管功能受损。输尿管蠕动功能下降可导致膀胱输尿管反流，这也解释了正常输尿管不通过膀胱黏膜下隧道直接植入膀胱可以不发生反流的原因。

（三）感染

上尿路感染会削弱输尿管输送尿液的能力。细菌如大肠杆菌的内毒素能够抑制输尿管的收缩功能，使输尿管呈不规则的蠕动且伴随蠕动幅度下降，严重感染更可使输尿管丧失蠕动能力。阑尾炎、节段性回肠炎、溃疡性结肠炎和腹膜后感染也可影响输尿管蠕动而导致输尿管扩张。

（四）年龄

从12周的胚胎到12岁的儿童，输尿管平滑肌细胞数目增加，单个平滑肌细胞的体积略有增大，输尿管的收缩能力随年龄增加而增加。随着年龄的增加，输尿管弹性纤维的含量呈不规则增加，输尿管β肾上腺素能受体的反应能力逐渐降低，输尿管对病理状态的反应可因年龄不同而异。新生儿和儿童输尿管梗阻时扩张程度比成人更显著。

（五）妊娠

自妊娠第4个月开始可出现肾积水，右侧较左侧严重，在分娩后1月内消失。妊娠时增大的子宫压迫骨盆缘处的输尿管导致梗阻是肾积水的主要原因，同时大量的孕激素也可导致输尿管扩张。

二、影响尿液储存的因素

尿液储存异常多继发于膀胱过度活动症、膀胱出口阻力下降、膀胱感觉超敏或是上述因素的联合效应。

（一）膀胱过度活动

在膀胱充盈/储尿期，膀胱过度活动（bladder overactivity）表现为膀胱阶段性非自主收缩、膀胱顺应性降低或是两者兼有。膀胱非自主性收缩最常见于神经系统疾病或损伤患者，也可能与

Note

膀胱-尿道感染、膀胱出口梗阻、压力性尿失禁、年龄（神经退行性改变）或特发性疾病所致的传出冲动增加有关。膀胱充盈期的顺应性降低可继发于神经系统损伤或疾病，多见于骶髓以上水平，也可能由破坏膀胱弹性的疾病引起。

（二）膀胱敏感性改变

感染、刺激和疼痛等因素可导致膀胱敏感性增加，引起传出冲动增加，诱发膀胱逼尿肌收缩，导致储尿异常。

（三）膀胱出口异常

任何导致尿道内、外括约肌和女性膀胱出口部位支持结构神经支配和/或解剖结构损害的因素，均可导致膀胱出口阻力下降而出现尿失禁。常见于神经系统疾病或损伤、手术或者其他机械性损伤以及老年患者。

三、影响尿液排出的因素

排尿功能障碍多起因于膀胱收缩功能降低（收缩幅度或持续时间的下降）或流出道阻力升高。

（一）低活动性膀胱

诱发和维持正常逼尿肌收缩所必需的神经肌肉机制的某一环节暂时或永久性改变，可导致膀胱收缩功能障碍。神经功能正常者在排尿反射受抑制时也可以发生。排尿障碍也可继发于骨盆和会阴区域发出的传出冲动增加或者是由心理因素造成。导致排尿障碍的非神经因素包括膀胱过度扩张导致的膀胱肌肉损伤、中枢或外周激活药物的作用、严重的感染及纤维化。

（二）膀胱出口梗阻或过度活动

病理性膀胱出口阻力增高在男性患者中比在女性更容易出现，常继发于解剖性梗阻，但也可继发于膀胱收缩时尿道内、外括约肌舒张功能障碍或过度活动。外括约肌协同功能失调是神经系统疾病或损伤患者常见的非解剖性梗阻原因。

（王建业）

本章小结

肾脏产生的尿液通过肾盏、肾盂、输尿管传输进入膀胱储存，经尿道排出。整个过程依赖于尿路的正常解剖、神经支配及其协同的生理活动。影响输尿管尿液传输的因素有梗阻、膀胱输尿管反流、感染、年龄和妊娠。影响尿液储存的因素有膀胱过度活动、膀胱敏感性改变和膀胱出口异常等。影响排尿的因素包括低膀胱活动性、膀胱出口梗阻或过度活动等。

思考题

1. 膀胱、尿道的解剖及其生理功能的协同作用。
2. 影响尿液传输、储存和排除的因素及其机制。

第二章 肾 积 水

【学习目标】

掌握肾积水定义、临床表现、诊断和治疗原则;熟悉病因及相关鉴别诊断;了解肾积水的病理生理和发病机制。

尿液由肾排出受阻,肾盂肾盏潴留的尿液超过正常容量,肾盂内压力增高,造成肾盂扩张和肾实质压迫性萎缩,称为肾积水(hydronephrosis)。当肾积水容量超过1000ml或小儿超过24小时尿液总量时,称为巨大肾积水。

各种原因所致的尿路任何部位的梗阻都可引起肾积水,上至肾盂,下至尿道外口。正常妊娠所致的肾积水是一种可复性生理改变。

第一节 病因和发病机制

在刚出生的婴儿到80岁老人的尸体解剖中,肾积水的发生率为3.1%,男性更为常见,双侧肾积水占20%。肾积水多由上尿路梗阻性疾病所致,常见原因有先天性肾盂输尿管连接部狭窄(ureteropelvic junction obstruction,UPJO)、输尿管结石或肿瘤等。长期的下尿路梗阻性疾病也可以导致肾积水,且多为双肾积水,如良性前列腺增生、尿道狭窄、神经源性膀胱功能障碍等。

上尿路慢性梗阻时,肾盂内尿液可通过肾盂静脉、集合管、淋巴逆流,起到暂时平衡作用。梗阻进一步加重时,可导致肾盂肾盏扩张,肾皮质变薄,肾功能受损。急性梗阻时,肾小球滤过率下降,肾脏血供减少,出现肾萎缩。急性梗阻对肾脏的损害较慢性梗阻更为严重。肾积水的程度按轻、中、重划分。轻度时仅见肾盂扩张,中度时肾盏也随之扩张,重度时肾盂肾盏融合,肾脏成为一个积水的囊袋。

第二节 临床表现与诊断

一、临床表现

肾积水的临床表现多变,包括引起梗阻的原发病表现和梗阻引起的继发性表现,具体与梗阻的原因(内源性或外源性)、梗阻的部位(上尿路或下尿路)、梗阻的范围(单侧或双侧)、梗阻的程度(完全性和不完全性)、梗阻的时间(急性或慢性)及有无合并感染密切相关。肾积水有时为间歇性发作,称为间歇性肾积水,多见于肾下垂、输尿管梗阻、异位血管压迫等。轻度肾积水多无症状,中、重度肾积水也可出现下列表现。

(一)导致梗阻的原发病表现

泌尿系结石常表现有镜下血尿,肿瘤多为肉眼血尿,前列腺增生或尿道狭窄导致膀胱出口梗阻时可有排尿困难。

(二)疼痛

是肾积水较常见的临床表现,多为间歇性腰部或/和腹部胀痛。大量饮水,积水肾脏增大,肾包膜受牵拉,是引起疼痛的主要原因。结石、血凝块、肾下垂、异位血管压迫等原因导致输尿管急性梗阻时,可引起肾绞痛(renal colic),表现为突然发作的腰部或/和腹部剧痛,可沿肋缘、输尿管走行放射至腹股沟和外阴部,多伴有恶心、呕吐、腹胀、少尿,梗阻缓解后疼痛即可消失,随之排出大量尿液。严重的肾积水易在外伤时引起破裂和出血,尿液流入腹膜后间隙或腹腔可引起严重的刺激反应,出现疼痛、压痛和全身症状。

(三) 肿块

有些患者特别是小儿以腹部肿块就诊,体检时腹部可触及肿大的肾脏,表面光滑且多有囊性感。

(四) 感染

肾积水易引发感染。合并感染时可出现尿频、尿急、尿痛及脓尿,严重时可以出现全身中毒症状,如寒战、发热、头痛以及胃肠道功能紊乱等。梗阻是泌尿系统感染的重要原因,凡对尿路感染治疗效果不佳的患者,需要注意有无梗阻因素的存在。

(五) 肾衰竭表现

双肾或孤立肾积水导致肾功能损害严重时,可出现程度不等的食欲不振、恶心呕吐、乏力、水肿等肾衰竭表现。双侧或孤立肾急性梗阻时可出现少尿或无尿等急性肾衰竭表现。

二、诊断

除根据临床表现和相关检查结果判断有无肾积水外,还需同时明确梗阻的原因、性质、部位和程度,评估患肾的损害程度以及对侧肾的功能状况。

(一) 实验室检查

包括血液、尿液等常规检查,必要时进行尿细菌培养、结核杆菌抗酸染色或培养、脱落细胞学检查等。尿液常规检查可发现血尿、蛋白尿、结晶尿、脓尿和管型。慢性梗阻时,尿液检查可发现尿钠浓度升高、尿渗透压降低、尿/血浆肌酐比率降低。

(二) 影像学检查

1. **B 超**　是诊断肾积水的首选方法,尤其是对造影剂过敏者、妊娠妇女、婴儿及胎儿更为适宜。B 超可以清楚地显示肾实质、肾盂及输尿管扩张情况,也可能显示梗阻的部位及病因,有助于与肾囊肿、肾实质肿瘤等疾病鉴别。

2. **X 线检查**　尿路平片可了解尿路有无阳性结石等异常。静脉尿路造影可了解肾积水的梗阻部位、原因、程度以及患肾的功能状况,也可反映对侧肾功能以及整个尿路状况。肾积水可表现为肾脏体积增大,肾盂肾盏扩张,肾实质变薄。患肾功能损害时集合系统显影延迟或不显影,逆行肾盂造影可进一步明确梗阻的部位和可能原因,但为一种有创性检查方法且容易引起感染。

3. **CT**　CT 尿路成像可清晰显示肾、输尿管、膀胱的形态,判断肾积水的原因和程度,有助于腹腔、腹膜后和盆腔病变的鉴别诊断。

4. **MRI 水成像**　主要了解肾积水的尿路形态学改变。肾积水导致肾功能损害严重时,排泄性尿路造影患肾多不显影,MRI 水成像可清晰显示梗阻部位及其以上的尿路形态。

(三) 肾功能检查

除常规生化检查了解总肾功能外,特别为重点明确患肾及分肾功能,可进行放射性核素肾脏显像和肾图等检查。利尿性肾图除可检查肾功能损害状态,对明确早期病变、判定肾积水是否需要手术治疗均有帮助,还可作为肾盂成形术后肾功能恢复的监测手段。

(四) 内镜和尿动力学检查

膀胱尿道镜检查可了解下尿路梗阻情况,输尿管镜检查则可了解上尿路梗阻的原因和部位。尿动力学检查可用来鉴别下尿路梗阻的原因,区别膀胱逼尿肌收缩功能障碍或膀胱出口梗阻。

三、鉴别诊断

单纯性肾囊肿者超声检查表现为肾实质区边缘整齐的圆形透声液性暗区,尿路造影显示肾盂肾盏受压、变形或移位。肾癌高发年龄为 50～60 岁,可出现血尿、疼痛和腹部包块"三联征",B 超显示肿块为实质性,腹部 CT 可见造影剂强化,典型表现为造影剂的"快进快出"。肠系膜囊肿者腹部可触及边缘清楚的囊性肿物,但肿块较表浅并向左右移动,有肠梗阻症状,胃肠道钡餐 X 线检查肠道有受压征象。胰腺囊肿者左上腹可触及边缘不清的囊性肿块,但常伴有腹部外伤或急性胰腺炎病史,腹部 CT 常可明确诊断。

第三节　治　疗

肾积水的治疗原则为尽早解除梗阻、去除病因、最大限度地保护肾功能、控制感染、预防并发症的发生。根据肾积水的病因、程度和肾功能情况,确定治疗方案。

一、非手术治疗

对于可能自行缓解的梗阻病变如炎症、水肿、输尿管小结石、间歇性发生肾积水的肾下垂、早期的肾盂输尿管连接部梗阻等,可采取非手术治疗,但是必须进行严密随访观察。对于肾积水合并继发感染的患者,应定期作尿常规和尿培养,及时应用敏感抗生素控制感染,避免发生顽固性反复发作性肾盂肾炎或肾积脓。

二、手术治疗

凡是能够通过手术治疗解除梗阻的患者,只要全身情况许可,均应尽早行施行手术,去除病因,恢复肾功能。在梗阻尚未引起严重的肾功能损害时,去除病因后常可获得较好的治疗效果。根据病因的性质不同采用相应的治疗方法,如各种先天性尿路畸形的成形术、尿路结石的体外碎石术或内镜取石术等。

若肾积水合并感染,肾功能损害较为严重,病因暂不能处理时,应在梗阻以上部位进行引流(如肾造瘘术),待感染控制、肾功能恢复后,再行去除病因的手术。输尿管周围严重病变导致梗阻需长期引流者,可经膀胱镜放置输尿管双"J"管。肾积水导致剩余的肾实质过少且功能受损严重,或伴有严重感染致肾积脓时,在确保健侧肾功能正常的情况下可切除患肾。

三、预后

肾积水的预后与梗阻的原因、严重程度、肾功能状况、治疗时机等多种因素有关。急性完全性梗阻 24h 就可以导致肾单位损害,梗阻持续 10 天则肾功能下降30%,梗阻 30～40 天肾功能损害难以恢复。慢性梗阻解除后肾功能可得到改善。争取时间尽早解除梗阻,恢复肾功能是治疗肾积水的关键。

(王建业)

本章小结

尿路任何部位的梗阻均可引起肾积水,梗阻的常见病因为先天性肾盂输尿管连接部狭窄、输尿管结石、良性前列腺增生、尿道狭窄、神经源性膀胱功能障碍等。肾积水可有引起梗阻的原发病表现和梗阻引起的继发性表现。轻度肾积水多无症状,中、重度肾积水可出现腰痛、肿块、感染、肾衰竭等局部和全身表现。诊断除确定有无肾积水外,同时需要明确梗阻的原因、部位和肾损害的程度。治疗原则应尽早解除梗阻、去除病因、最大限度地保护肾功能、控制感染、预防并发症。依据肾积水的病因、程度和肾功能情况确定治疗方法。

Note

关键术语

肾积水(hydronephrosis)

肾盂输尿管连接部狭窄(ureteropelvic junction obstruction , UPJO)

肾绞痛(renal colic)

思考题

1. 肾积水的定义。
2. 肾积水的诊断原则和方法。
3. 肾积水的治疗原则。

第三章　神经源性下尿路功能障碍

【学习目标】

掌握神经源性下尿路功能障碍的诊断方法;熟悉治疗原则;了解常见的病因和发病机制。

下尿路的储尿和排尿过程由神经系统精确调控。所有影响储尿和排尿生理调节过程的神经系统病变,都有可能影响膀胱和(或)尿道功能,导致各种不同的下尿路功能障碍,称为神经源性下尿路功能障碍(neurogenic lower urinary tract dysfunction)。

第一节　病因和发病机制

一、病因

脑干及脑干水平以上的常见病因有脑血管意外、各种痴呆、脑肿瘤、基底节病变和创伤性脑损伤等,最常见的排尿异常为尿失禁,但括约肌的活动一般是协调的。主要累及脊髓的病因包括多发性硬化症和各种原因导致的脊髓损伤,不同节段、不同程度的脊髓损伤会导致不同类型的膀胱尿道功能障碍,在损伤后的不同时间段临床表现也有所不同。脊髓远端的常见病因有椎间盘疾病、根治性盆腔手术、糖尿病、疱疹病毒感染以及格林巴利综合征等。

二、发病机制

不同部位与水平的神经系统病变以及病变的不同时期,可表现出不同的下尿路病理生理变化。

(一)脑桥上损害

人的高级排尿中枢位于大脑皮质,协调排尿反射的中枢位于脑桥,丘脑、基底节、边缘系统、下丘脑和脑干网状结构参与排尿过程调控。脑桥水平以上的神经通路受损时,尽管下尿路神经反射通路完整,但大脑皮质无法感知膀胱充盈,不能随意控制储尿和排尿,往往出现逼尿肌过度活动。由于脑桥排尿中枢完整,逼尿肌-括约肌协同性通常正常,对上尿路的损害较小。

(二)骶髓以上的脊髓损害

骶上脊髓损害时,中枢调节排尿的下行通路及膀胱尿道感觉的上传通路被阻断,括约肌的保护性反射以及中枢对逼尿肌自主反射的抑制作用丧失。导致储尿和排尿功能双重障碍,常表现为逼尿肌过度活动及逼尿肌-括约肌协同失调,对上尿路的损害较大。

(三)骶髓损害

骶髓损伤者根据逼尿肌神经核(副交感神经核)和阴部神经核损伤情况不同,可表现为逼尿肌松弛或痉挛、膀胱容量增大或降低、外括约肌痉挛或松弛、有或无尿失禁。

(四)外周神经病变

外周神经病变可累及支配膀胱的交感和副交感神经,或同时累及支配尿道括约肌的神经,导致逼尿肌收缩力减弱和(或)尿道内、外括约肌控尿能力减低,出现排尿困难或尿失禁,对上尿路的损害也较大。

Note

第二节　诊断与鉴别诊断

神经源性下尿路功能障碍的诊断主要包括三个方面：①导致膀胱尿道功能障碍的神经系统病变的诊断，包括病变的性质、部位、程度、范围、病程等；②下尿路功能障碍和泌尿系统并发症的诊断，包括下尿路功能障碍的类型、程度，是否合并泌尿系感染、结石、肿瘤，是否合并肾积水、输尿管积水、膀胱输尿管反流等；③其他相关器官、系统功能障碍的诊断，如是否合并盆腔脏器脱垂、是否合并便秘或大便失禁等。

一、病史

详尽的病史采集对诊断十分重要，要注意以下病史情况：有无脊柱裂、脊髓脊膜膨出等发育异常疾病；是否有糖尿病及血糖控制情况，是否合并糖尿病周围神经病变；是否患有带状疱疹、格林-巴利综合征、多发性硬化症、老年性痴呆、帕金森病、脑血管意外、颅内肿瘤、脊柱脊髓肿瘤、腰椎间盘突出症等神经系统疾病；是否有脊髓损伤及部位、时间；既往治疗史特别是用药史、相关手术史，如神经系统手术史、泌尿系统手术史、盆腔及盆底手术史、抗尿失禁手术史等；下尿路功能障碍对生活质量的影响程度等。

二、症状

泌尿生殖系统症状中应重点关注各种下尿路症状，以排尿日记形式加以记录。调查患者的泌尿系统管理方式，如腹压排尿、叩击排尿、挤压排尿、自行漏尿、间歇导尿、长期留置尿管、留置膀胱造瘘管等。还要注意性功能障碍症状。肛门直肠症状如直肠感觉异常、里急后重感等，排便症状如便秘、大便失禁等。神经系统症状包括神经系统原发病起始期、进展期及治疗后的症状，注意肢体感觉和运动障碍、肢体痉挛、自主神经反射亢进等症状。

三、体格检查

一般体格检查注意患者精神状态、意识、认知、步态、生命体征等。泌尿生殖系统检查注意腰腹部情况，男性应常规进行直肠指诊，女性要注意是否合并有盆腔器官脱垂等。

神经系统功能检查包括躯体感觉平面、运动平面、脊髓损伤平面，以及上、下肢关键肌的肌力和肌张力。应特别重视会阴及鞍区的检查，感觉功能的检查范围从肛门皮肤黏膜交界处至两侧坐骨结节之间，包括肛门皮肤黏膜交界处的感觉，直肠指诊检查直肠深感觉。运动功能检查是通过直肠指诊检查肛门括约肌张力改变及有无自主收缩。神经反射检查包括膝反射、跟腱反射、提睾反射、肛门反射、球海绵体肌反射和各种病理反射等。

四、实验室检查

注意尿常规、尿培养及肾功能生化指标等检查。

五、影像学检查

主要包括泌尿系统超声、X线、CT、MRI水成像以及核素检查等，协助了解尿路的形态和功能。

六、尿动力学检查及相关电生理学检查

尿动力学检查能对下尿路功能状态进行客观定量评估，患者病史、症状及体检结果是选择检查项目的主要依据。鉴于大部分尿动力学检查项目为侵入性，应当先行排尿日记、自由尿流率、残余尿测定等无创检查，然后再进行充盈期膀胱测压、排尿期压力流率测定、肌电图检查、神

经电生理检查等有创检查。

（1）排尿日记：是一项半客观的无创可重复检查项目，记录 2～3 天以上能得到可靠的结果。自由尿流率可客观反映下尿路的排尿状态，对排尿功能进行初步评估，但不能反映出病因和病变部位。残余尿测定应在排尿后即刻通过超声或导尿法进行。

（2）充盈期膀胱压力容积测定：可以评估充盈期膀胱感觉、膀胱压力-容积关系、逼尿肌稳定性、膀胱顺应性、最大膀胱测压容积等指标，同时要记录膀胱充盈过程中是否伴随尿急、疼痛、漏尿、自主神经反射亢进等异常现象。逼尿肌漏尿点压力（detrusor leak point pressure，DLPP）测定是在无逼尿肌自主收缩及腹压增高的前提下，测量膀胱充盈过程中出现漏尿时的最小逼尿肌压力，可预测上尿路损害危险。当 DLPP ≥40cmH$_2$O 时上尿路发生继发性损害的风险显著增加。在无逼尿肌自主收缩及腹压改变的前提下，灌注过程中逼尿肌压达到 40cmH$_2$O 时的膀胱容量称为安全膀胱容量。

（3）压力-流率测定：是目前唯一能准确判断是否存在膀胱出口梗阻的检查项目，更适合于评估机械性或解剖性因素所致尿道梗阻的程度。神经源性膀胱尿道功能障碍所引起的梗阻多为逼尿肌-括约肌协同失调、尿道括约肌或膀胱颈松弛障碍导致的功能性梗阻，可用于鉴别诊断。

（4）肌电图（EMG）检查：用以记录尿道外括约肌、尿道旁横纹肌、肛门括约肌或盆底横纹肌的肌电活动，间接评估上述肌肉的功能状态。

（5）影像尿动力学检查：将充盈期膀胱测压及压力-流率测定同 X 线或 B 超等影像学检查同步结合起来，是目前尿动力学检查中评估神经源性下尿路功能障碍最为准确的方法。

（6）电生理学检查：常用的项目有球海绵体反射潜伏期，主要用于下运动神经元损伤患者 S2～S4 阴部神经反射弧完整性的评估。阴部神经体感诱发电位反映了神经冲动沿阴部神经传入纤维到达骶髓后，沿脊髓上行传导到大脑皮层通路的完整性。

七、鉴别诊断

神经源性下尿路功能障碍主要需与非神经因素导致的下尿路功能障碍相鉴别。与储尿期功能障碍相鉴别的主要疾病有膀胱过度活动症、压力性尿失禁、膀胱阴道瘘、输尿管异位开口性尿失禁、尿崩症、遗尿症、夜尿症等。与排尿期功能障碍相鉴别的主要疾病有尿道狭窄、前列腺增生、后尿道瓣膜、功能障碍性排尿等。

第三节　治　　疗

一、治疗目标

神经源性下尿路功能障碍治疗的首要目标为保护上尿路功能（保护肾脏功能）。次要目标为恢复或部分恢复下尿路功能，提高控尿能力，减少残余尿量，预防泌尿系感染，提高患者生活质量。

二、治疗原则

首先要积极治疗原发病，在原发的神经系统病变未稳定以前应以保守治疗为主。选择治疗方式应遵循逐渐从无创、微创、再到有创的原则。对于单纯依据病史、症状、体征、神经系统损害的程度和水平不能明确尿路功能状态者，影像尿动力学检查对于治疗方案的确定和治疗方式的选择具有重要意义。制定治疗方案时还要综合考虑患者的性别、年龄、身体状况、社会经济条件、生活环境、文化习俗、宗教习惯、潜在的治疗风险与收益比，结合患者个体情况制定合理的治疗方案。部分神经源性下尿路功能障碍患者的病情具有临床进展性，治疗后应定期随访并伴随终生，病情进展时应及时调整治疗方案。

三、治疗方法

（一）保守治疗方法

首先应考虑行为训练,主要包括定时排尿和提示性排尿。对于不完全去神经化的神经源性逼尿肌过度活动患者,推荐使用盆底肌功能训练、电刺激以及生物反馈训练,增强盆底与括约肌力量,改善尿失禁,抑制逼尿肌过度活动。膀胱腔内电刺激通过逼尿肌与中枢间尚存的传入神经联系通路,诱导膀胱排尿时的感觉,继发性增加传出通路神经冲动,促进排尿或提高控尿能力。手法辅助排尿包括 Crede 排尿、Valsalva 排尿及扳机点排尿,有诱发或加重上尿路损害的潜在风险,需严格选择。

间歇导尿包括无菌间歇导尿和清洁间歇导尿,清洁间歇导尿是协助膀胱排空的金标准,无菌间歇导尿更有助于减少泌尿系感染和菌尿的发生。留置导尿和膀胱造瘘仍是发展中国家治疗尿潴留和尿失禁的重要方法,长期使用有较多并发症。男性尿失禁患者可选择使用阴茎套和外部集尿器。

抗胆碱能药物是治疗神经源性逼尿肌过度活动的一线药物,但会降低逼尿肌收缩力导致残余尿量增加,部分患者需要配合间歇导尿。α 受体阻滞剂可以降低膀胱出口阻力,显著降低逼尿肌漏尿点压力,副作用较少。

（二）手术治疗方法

扩大膀胱容量的手术可扩大膀胱容量、抑制逼尿肌过度活动、改善膀胱壁顺应性,为膀胱在安全的压力范围内储尿创造条件,降低上尿路损害的风险。要按照循序渐进的原则选择治疗方式。神经源性逼尿肌过度活动经系统保守治疗无效,但膀胱壁尚未纤维化的患者可选择 A 型肉毒素膀胱壁注射术。严重的低顺应性膀胱、膀胱挛缩、合并膀胱输尿管反流或膀胱壁段输尿管狭窄的患者则首选肠道膀胱扩大术。增加膀胱收缩力的手术方式有骶神经前根刺激术,通过在骶神经前根置入 Brindley 刺激器,诱发膀胱收缩。增加尿道控尿能力的手术方式主要有填充剂注射术、尿道吊带术、人工尿道括约肌植入术。降低尿道阻力的术式有尿道外括约肌切断术、尿道支架置入术、BTX-A 尿道外括约肌注射术,主要适用于骶上脊髓损伤患者逼尿肌-尿道外括约肌协同失调的治疗。尿流改道在神经源性膀胱的手术治疗中需有严格的适应证,包括可控尿流改道和不可控尿流改道两类。

四、预后

神经源性下尿路功能障碍患者的预后取决于患者神经系统疾病的种类、范围、程度、变化,泌尿系统并发症的严重程度,是否进行科学合理的处理及严密规律的随访等。只要长期坚持正确的神经泌尿学处理和随访,患者的预期寿命一般不会受到影响。

（王建业）

本章小结

下尿路的储尿和排尿过程由神经系统精确调控。所有影响储尿和排尿生理过程的神经系统病变都可导致下尿路功能障碍。神经系统损害的部位不同,下尿路功能障碍的表现不同,对储尿、排尿以及上尿路的影响不同。诊断包括神经源性疾病诊断、下尿路功能障碍和泌尿系统并发症诊断,以及其他相关器官、系统功能障碍的诊断。治疗的主要目的是保护肾脏功能,其次为恢复下尿路功能、提高控尿能力、预防泌尿系统感染及提高患者生活质量。

关键术语

　　神经源性下尿路功能障碍(neurogenic lower urinary tract dysfunction)
　　逼尿肌漏尿点压力(detrusor leak point pressure,DLPP)

思考题

　　1. 神经源性下尿路功能障碍的诊断方法。
　　2. 神经源性下尿路功能障碍的治疗原则。

Note

第四章　膀胱过度活动症

【学习目标】

掌握膀胱过度活动症的定义;熟悉膀胱过度活动症的诊断及治疗原则;了解膀胱过度活动症的病因和流行病学。

第一节　概　　述

一、定义

膀胱过度活动症(overactive bladder,OAB)是一种以尿急为特征的症候群,常伴有尿频和夜尿症状,可伴或不伴有急迫性尿失禁,没有尿路感染或其他明确的病理改变。OAB 在尿动力学上可表现为逼尿肌过度活动(detrusor overactivity),也可为其他形式的尿道-膀胱功能障碍。OAB 无明确病因,不包括由尿路感染或其他膀胱病变所致的症状。OAB 为下尿路症状(lower urinary tract symptoms,LUTS)的一部分,仅为储尿期症状,而 LUTS 既包括储尿期症状,也包括排尿期症状和排尿后症状。

二、流行病学

由于 OAB 常与尿失禁相混淆,医生所使用的诊断标准又不同,报告的发病率或患病率差异很大。OAB 整体患病率随年龄的增长明显增高,同年龄段男性和女性 OAB 的患病率接近。我国 OAB 总体患病率为6%,其中男性患病率为5.9%,女性患病率为6.0%。法国、意大利、瑞典、英国、西班牙等国家 OAB 发病率为11% ~ 22%,欧美国家大约17%的成年人罹患此病,全世界患病人数大约在5千万至1亿左右。

三、病因

OAB 的病因尚不十分明确,目前认为有以下四种:①逼尿肌不稳定,由非神经源性因素所致,储尿期逼尿肌异常收缩引起相应的临床症状;②膀胱感觉过敏,在较小的膀胱容量时即出现排尿欲;③尿道及盆底肌功能异常;④其他原因如精神行为异常、激素代谢失调等。

第二节　临床表现与诊断

一、临床表现

典型症状主要包括尿急、日间尿频、夜尿和急迫性尿失禁。尿急是指一种突发、强烈的排尿欲望,且很难被主观延迟。尿频为一种主诉,指患者自觉每天排尿次数过于频繁。在主观感觉的基础上,成人排尿次数达到日间≥8 次,夜间≥2 次,且每次尿量<200ml 时考虑为尿频。急迫性尿失禁是指与尿急相伴随、或尿急后立即出现的尿失禁现象。OAB 无明确的病因,需除外急

性尿路感染或其他膀胱尿道局部病变所致的症状。

二、诊断

（一）筛选性检查

病史采集需注意典型症状，包括症状出现的时间和严重程度。注意排尿困难、尿失禁、性功能、肢体运动及排便状况等相关症状。了解泌尿及男生殖系统疾病及治疗史，月经、生育、妇科疾病及治疗史，神经系统疾病及治疗史。进行泌尿男性生殖系统、神经系统、女性生殖系统等体格检查。实验室检查包括尿常规、尿培养、血生化、血清 PSA 等。

（二）选择性检查

尿流率检查，泌尿系统 X 线、B 超、CT、MRI 等影像学检查，侵入性尿动力学检查均为选择性检查项目，排除泌尿系感染、肿瘤等疾病。

第三节　治　疗

OAB 是一组症候群，可严重影响患者的生活质量。OAB 的治疗原则是缓解症状，提高生活质量。

首选行为治疗和药物治疗。行为治疗包括生活方式指导和膀胱训练。指导患者改变生活方式，如减肥、控制液体摄入量、减少咖啡因或酒精摄入量以改善症状。膀胱训练为延迟排尿，延长排尿间隔时间，逐渐使每次排尿量大于 300ml。也可定时排尿，减少尿失禁次数，提高生活质量。高选择性 M 受体阻滞剂可抑制膀胱逼尿肌收缩而改善症状，常用的有托特罗定和索利那新。也可选用镇静剂和抗焦虑药。A 型肉毒素逼尿肌内注射、膀胱灌注辣椒辣素、神经调节等方式对部分患者有效。外科手术仅适用于严重低顺应性膀胱、膀胱安全容量过小，危害上尿路功能或严重影响患者生活质量，经其他治疗无效者。手术方式有膀胱扩大和尿流改道术。

（王建业）

本章小结

膀胱过度活动症（OAB）是一种以尿急为特征的症候群，没有尿路感染或其他明确的病理改变，可严重影响患者的生活质量。OAB 的病因不明，诊断中需排尿感染、肿瘤等特异性疾病。OAB 的治疗原则是缓解症状，提高生活质量。

关键术语

膀胱过度活动症（overactive bladder，OAB）

逼尿肌过度活动（detrusor overactivity）

下尿路症状（lower urinary tract symptoms，LUTS）

思考题

1. 膀胱过度活动症（OAB）和下尿路症状（LUTS）的区别。

2. 膀胱过度活动症（OAB）的诊断和治疗要点。

Note

第五章　尿　失　禁

【学习目标】

掌握尿失禁的定义及分类；熟悉各类尿失禁的病因、诊断及治疗原则。

第一节　尿失禁的定义和分类

尿失禁（incontinence）是指尿液无法用意识控制不自主地自尿道外口漏出。漏出道是尿道外的其他腔道如阴道等，称为漏尿。尿失禁是一种症状，有不同的病因和发病机制，临床表现不同，治疗方法各异。根据尿失禁发生的机制不同，可以分为真性尿失禁、充盈性尿失禁、压力性尿失禁和急迫性尿失禁四类。

第二节　病因和发病机制

真性尿失禁由尿道外括约肌的严重缺陷、损伤或功能障碍引起，表现为尿液持续从尿道外口漏出。常见的原因包括神经源性括约肌功能障碍、医源性损伤（多为前列腺手术后并发症）和女性尿道产伤等。

充盈性尿失禁常见于慢性尿潴留患者，因大量尿液潴留使膀胱内压升高，超过尿道括约肌压力时发生的尿液不自主外流。当膀胱内压降低后，尿失禁便会停止，上述过程不断反复。常见的病因包括良性前列腺增生和神经源性下尿路功能障碍。

急迫性尿失禁是指当有强烈的尿意时不能由意志控制，尿液经尿道急速排出，常伴有尿频、尿急症状。急迫性尿失禁常见于膀胱的严重感染、严重的膀胱过度活动症、神经系统疾病或接受放射线治疗后的患者。

压力性尿失禁（stress urinary incontinence，SUI）指由喷嚏、咳嗽或运动等因素导致腹压增高时，膀胱内压超过尿道括约肌压力而出现的尿液不自主自尿道外口漏出。女性人群中23%～45%有不同程度的尿失禁，其中约50%为压力性尿失禁，其次为混合性尿失禁和急迫性尿失禁。

年龄是压力性尿失禁发生的重要因素之一，高发年龄为45～55岁。年龄与尿失禁的相关性可能与随着年龄的增长而出现盆底松弛、雌激素减少和尿道括约肌退行性变等有关。生育史也和压力性尿失禁的发生密切相关，尤其是生育的次数、初次生育年龄、生产方式、胎儿的大小及妊娠期间尿失禁的发生率等因素更为重要。盆腔脏器脱垂可削弱其对膀胱的支持作用，常伴有压力性尿失禁。肥胖可使女性发生压力性尿失禁的几率显著增高，减肥可降低其发生率。压力性尿失禁患者直系亲属的发生率显著增高，白种女性患病率高于黑人，提示遗传和种族因素与压力性尿失禁的发生相关。

传统观念认为，尿道周围的肌肉筋膜支持结构对于腹压增加时的控尿非常重要。尿道支持结构减弱而腹压增高时，膀胱颈和近端尿道可旋转下移，尿道开放而发生尿失禁。尿道固有括约肌缺陷（instinct sphincter deficiency，ISD）指尿道固有括约肌的功能缺陷，包括尿道平滑肌、横纹肌、尿道周围横纹肌功能退变和受损，可导致尿道闭合压下降。随着年龄的增长，尿道黏膜萎缩变薄,弹性下降,造成其封闭尿道的功能减退,也可导致压力性尿失禁。同时支配控尿组织结构的神经系统功能障碍也和压力性尿失禁的发生密切相关。

第三节 诊 断

真性尿失禁患者多数有较为明确的病因,临床特征为尿液持续从尿道口漏出,极少有正常排尿,膀胱空虚,临床诊断并不困难。

充盈性尿失禁常继发于慢性下尿路梗阻,最常见于良性前列腺增生。应着重询问患者的下尿路症状和尿失禁特点。耻骨上触诊和叩诊可发现膀胱充盈,直肠指诊可了解前列腺的情况。泌尿系统超声和肾功能检查可明确有无上尿路积水及肾功能损害。

急迫性尿失禁多由下尿路炎症刺激引起,也可继发于神经系统损害,膀胱过度活动症患者则无特征性病理改变。尿常规检查、细菌培养、影像学检查等是寻找病因的重要方法。

压力性尿失禁的诊断主要依据主观症状和客观检查,并需除外其他疾病,诊断步骤应包括确定诊断和程度诊断。确定诊断的主要目的是确定有无压力性尿失禁,主要依据病史和体格检查。

病史方面应注意常见症状,如在大笑、咳嗽、打喷嚏或行走等各种程度腹压增加时尿液是否漏出,停止加压动作时是否随即终止。还要了解患者是否合并血尿、排尿困难、尿路刺激症状以及下腹或腰部不适等症状。既往病史、月经生育史、生活习惯、活动能力、并发疾病和使用药物等也是病史询问应当涉及的内容。体格检查应注意会阴部感觉、下肢肌力及病理征象,外生殖器有无盆腔脏器膨出及其程度,外阴部有无长期感染所致的异味或皮疹,双合诊有助于了解子宫水平、大小和盆底肌收缩力,直肠指诊可了解括约肌张力及有无直肠膨出。

程度诊断的目的是为选择治疗方法提供参考。压力性尿失禁可以临床症状为依据分度,轻度为一般活动及夜间无尿失禁,腹压增加时偶发尿失禁,无需使用尿垫;中度为腹压增加及起立活动时有频繁的尿失禁,需要使用尿垫生活;重度为起立活动即有尿失禁出现或卧位体位变化时出现尿失禁,严重影响患者的生活及社交活动。也可以尿垫试验为依据分度,轻度为1小时漏尿≤1g;中度为1小时漏尿1~10g;重度为1小时漏尿10~50g;极重度为1小时漏尿≥50g。

第四节 治 疗

真性尿失禁患者应根据病因进行治疗。对于医源性损伤如前列腺手术所导致的尿道外括约肌损伤,可采用人工括约肌植入的方法进行治疗,效果较为可靠。

充盈性尿失禁诊断后首先应予以留置尿管,有利于改善患者症状,消除慢性尿潴留和上尿路积水,保护膀胱和肾脏功能。良性前列腺增生患者可行前列腺切除术,神经源性膀胱患者应寻找导致膀胱逼尿肌收缩乏力的原因并给予相应治疗。

急迫性尿失禁患者首先应积极处理泌尿系感染、结石、肿瘤等原发病。保守治疗的方法有定时排尿等行为治疗,M受体拮抗剂等药物治疗,合并逼尿肌功能障碍者可行间歇自行导尿,药物治疗无效者可选择骶神经调节疗法。

压力性尿失禁的治疗方法主要有保守治疗、药物治疗和手术治疗。

盆底肌训练是保守治疗的主要方法,也可通过生物反馈治疗仪器实施。减轻体重有助于预防压力性尿失禁的发生。患有压力性尿失禁的肥胖女性若减轻体重5%~10%,尿失禁次数将减少50%以上。

药物治疗的主要原理是增加尿道闭合压,提高尿道关闭功能。度洛西汀是5-羟色胺及去甲肾上腺素的再摄取抑制剂,可提高尿道括约肌的收缩力,增加尿道关闭压。雌激素可刺激尿道上皮生长,增加尿道黏膜静脉丛血供,增加盆底支持结构中肌肉的张力,需要采用阴道局部用药。选择性 α_1 肾上腺素受体激动剂,可激活尿道平滑肌 α_1 受体以及躯体运动神经元,增加尿道阻力。

　　手术治疗的适应证包括不能坚持、不能耐受或效果不佳的非手术治疗患者;中重度压力性尿失禁,严重影响生活质量的患者;生活质量要求较高的患者;伴有盆腔脏器脱垂等盆底病变需行盆底重建者,应同时行压力性尿失禁手术。手术方式主要为无张力尿道中段悬吊术,包括耻骨后悬吊术和经闭孔悬吊术。

(王建业)

本章小结

　　尿失禁是泌尿外科的常见症状,主要特征是尿液自尿道外口流出不受患者的主观意识控制。根据病因和发生机制不同,可分为真性尿失禁、急迫性尿失禁、充盈性尿失禁和压力性尿失禁。各类尿失禁的临床表现不尽相同,诊断过程中除要明确尿失禁的类型,还应寻找导致尿失禁的病因,尽可能做到对因治疗。尿失禁可有多重发生机制参与,几种类型的尿失禁可同时存在。

关键术语

　　尿失禁(incontinence)
　　压力性尿失禁(stress urinary incontinence,SUI)
　　固有括约肌缺陷(instinct sphincter deficiency,ISD)

思考题

1. 各类尿失禁的主要临床特征及主要病因。
2. 女性压力性尿失禁的病因及防治策略。

第六章　良性前列腺增生

【学习目标】

掌握良性前列腺增生的诊断和治疗;熟悉良性前列腺增生的病理学、病理生理学;了解良性前列腺增生的病因。

良性前列腺增生(benign prostatic hyperplasia,BPH)简称前列腺增生,是引起中老年男性排尿障碍最为常见的一种疾病。组织学上表现为前列腺腺体和间质成分增生,解剖学上表现为前列腺体积增大,尿动力学上表现为膀胱出口梗阻(bladder outlet obstruction,BOO),临床主要表现为下尿路症状(lower urinary tract symptoms,LUTS)。LUTS 包括储尿期症状、排尿期症状和排尿后症状。储尿期症状表现为尿频、尿急、尿失禁及夜尿次数增多,排尿期症状包括排尿踌躇、排尿困难、尿流变细和间断排尿,排尿后症状包括排尿不净感和尿后滴沥。LUTS 并非为前列腺增生所独有,也可见于膀胱和尿道的其他病变(如膀胱出口梗阻、逼尿肌功能亢进或低下、间质性膀胱炎)、肾脏疾病(如肾小管功能障碍)和神经源性下尿路功能障碍,由前列腺增生所致的LUTS 称为 LUTS/BPH。

前列腺增生可分为组织学前列腺增生和临床前列腺增生,前者主要关注前列腺的组织学改变,后者主要关注前列腺体积变化引起的下尿路症状。40 岁以下男性极少出现前列腺组织学增生,随着年龄的增长组织学增生比例可由 41~45 岁的 13.2% 增至 81~90 岁的 83.3%。与组织学增生相类似,随着年龄的增长,下尿路症状表现也随之增加。大约50% 诊断组织学 BPH 的男性有中到重度下尿路症状。

第一节　病因和病理生理

一、病因

前列腺增生的病因和发病机制尚不完全清楚,目前普遍认为高龄和有功能的睾丸是本病发生的主要因素,且两者缺一不可。相关因素包括雄激素及其与雌激素的相互作用,前列腺间质-腺上皮细胞的相互作用,生长因子、炎症细胞、神经递质及遗传因素等。

二、病理

前列腺分为外周区、中央区、移行区和尿道周围腺体区。正常移行区只占前列腺组织的5%左右,而外周和中央区占前列腺体积的95%。前列腺增生主要发生在移行区和尿道周围腺体区,前者在早期主要表现为腺体组织增生,而后者则完全为间质增生。前列腺的解剖包膜坚韧,可使增生的腺体受压并向尿道和膀胱膨出,造成尿道梗阻。间质中的平滑肌是构成前列腺的重要组成部分,平滑肌以及前列腺尿道周围组织主要受肾上腺素能神经支配,α 受体尤其是 α_1 受体激活可明显增加前列腺尿道的阻力。

Note

三、病理生理

前列腺增生可引起膀胱出口机械性和动力性梗阻以及继发性膀胱功能障碍。前列腺体积增大可导致后尿道延长、受压变形、狭窄,膀胱出口机械性阻力增加,引起膀胱高压并出现相关排尿期症状。前列腺和膀胱颈组织富含 α 肾上腺素能受体,前列腺增生时受体数量增加且活性增强,前列腺平滑肌收缩,张力增大,膀胱出口动力性阻力增加。膀胱出口阻力增高可引起膀胱逼尿肌代偿性肥大和功能亢进,产生储尿期症状。有的可形成粗大的网状结构,称为膀胱小梁,小梁之间可形成小室甚至憩室。长期下尿路梗阻最终导致膀胱逼尿肌失代偿,出现慢性尿潴留及膀胱内压升高。膀胱高压可导致输尿管尿流受阻,甚至引起尿液反流至输尿管及肾盂,造成上尿路积水和肾功能损害。

第二节　临床表现与诊断

一、临床表现

前列腺增生是一种缓慢进展的良性疾病,一般在 50 岁以后出现症状,随着年龄的增加主观症状和客观检查都有进行性加重趋势。病变发展速度与是否存在感染、结石、肾功能损害等并发症有关,不一定与前列腺的体积成正比。

前列腺增生主要临床表现为下尿路症状(LUTS/BPH)。储尿期症状表现为尿频、尿急,尤其是夜尿次数增多,是最早出现的症状。逼尿肌失代偿期还可有充盈性尿失禁。储尿期症状在病程早期与前列腺体积增大、血管增多、充血刺激相关,逼尿肌代偿期则与膀胱出口梗阻所致的逼尿肌肥大和功能亢进有关,逼尿肌失代偿期与尿潴留所致的膀胱相对容积减少和膀胱高压有关。排尿期症状表现为进行性排尿困难,如排尿等待、迟缓、尿线细而无力、射程缩短、排尿时间延长、尿流中断、慢性或急性尿潴留等,可出现在逼尿肌代偿期和失代偿期。排尿困难由前列腺增生所致膀胱出口的机械性和动力性梗阻以及逼尿肌失代偿时的膀胱收缩乏力引起。排尿后症状表现有尿后滴沥和尿不净感,可出现于病程的各个时期。

随着前列腺增生的发展还可出现相关并发症的表现。合并感染或膀胱结石时,除尿频、尿急症状加重外,还可出现尿痛或终末血尿。前列腺血管破裂时则可出现无痛性肉眼血尿。因慢性尿潴留出现肾功能损害时可出现食欲减退、恶心呕吐及双下肢水肿等表现。长期增加腹压排尿还可并发腹股沟疝、内痔甚至脱肛等表现。

二、诊断

下尿路症状是前列腺增生的主要临床表现,但下尿路症状不全由前列腺增生引起。诊断前列腺增生需要根据病史、症状、体格检查尤其是直肠指诊、影像学检查、尿流动力学检查及内镜检查等综合判断。

(一)病史

了解患者的病史至关重要,特别是下尿路症状的特点、持续时间及其伴随症状。同时应了解外伤史、盆腔手术史和神经系统病史,还应询问患者的治疗史。国际前列腺症状评分(international prostate symptom scores,IPSS)和生活质量指数(QOL)评分(表 10-6-1 和表 10-6-2)是判断前列腺增生下尿路症状严重程度及其对患者生活质量影响的公认有效方法,但与最大尿流率、残余尿量和前列腺体积无明显相关性。

Note

表 10-6-1　国际前列腺症状评分(IPSS)表

在最近一个月内,您是否有以下症状?	在五次中						症状评分
	无	少于一次	少于半数	大约半数	多于半数	几乎每次	
1. 是否经常有尿不尽感?	0	1	2	3	4	5	
2. 两次排尿间隔是否经常小于两小时?	0	1	2	3	4	5	
3. 是否曾经有间断性排尿?	0	1	2	3	4	5	
4. 是否有排尿不能等待现象?	0	1	2	3	4	5	
5. 是否有尿线变细现象?	0	1	2	3	4	5	
6. 是否需要用力及使劲才能开始排尿?	0	1	2	3	4	5	
7. 从入睡到早起一般需要起来排尿几次?	没有	1次	2次	3次	4次	5次	
	0	1	2	3	4	5	
症状总评分=							

轻度症状:0~7分;中度症状:8~19分;重度症状:20~35分。

表 10-6-2　生活质量指数(QOL)评分表

	高兴	满意	大致满意	还可以	不太满意	苦恼	很糟
如果在您今后的生活中始终伴有现在的排尿症状,您认为如何?	0	1	2	3	4	5	6

生活质量评分(QOL)=

QOL 评分(0~6)代表病人受下尿路症状困扰的程度

(二) 体格检查

直肠指诊是前列腺增生患者最重要检查项目之一,须在膀胱排空后进行。可以了解前列腺的大小、形态、质地,有无结节及压痛,中央沟是否变浅或消失,以及肛门括约肌张力情况。下腹部触诊和叩诊可了解是否存在慢性尿潴留。肛周和会阴外周神经系统检查可了解有无神经系统疾病。

(三) 辅助检查

尿常规检查可了解血尿、蛋白尿、脓尿及尿糖等情况。血清前列腺特异抗原(prostate specific antigen,PSA)检查是筛查前列腺癌的重要项目,在诊断前列腺增生中必须进行。

超声检查可以了解前列腺形态、大小,有无异常回声,前列腺突入膀胱的程度,残余尿量以及是否合并膀胱结石、憩室、占位性病变以及上尿路积水。经直肠超声检查可以较准确测定前列腺体积,常用计算公式为 π/6×腺体前后径×腺体左右径×腺体上下径。

尿流率检查(uroflowmetry)应重点关注最大尿流率(Q_{max})和平均尿流率(Q_{ave})两项指标,以前者更为重要。最大尿流率<15ml/s 时提示排尿受阻,<10ml/s 时为严重梗阻,重复检查可增加可靠性。最大尿流率明显降低,病因不能完全用前列腺增生解释者,或怀疑存在膀胱逼尿肌收缩功能障碍者,建议进行尿动力学检查(urodynamics)。

当下尿路症状与前列腺体积不相符合,或伴有肉眼血尿时,应选择尿道膀胱镜(urethrocystoscopy)检查,以鉴别膀胱颈挛缩或膀胱肿瘤等其他疾病,还可确定有无膀胱憩室、结石及尿道狭窄等情况。

三、鉴别诊断

膀胱颈挛缩(膀胱颈硬化症)由慢性炎症或前列腺手术引起,也可造成膀胱出口梗阻,直肠

Note

指诊和超声检查前列腺体积增大不明显,膀胱镜检可明确诊断。前列腺癌患者血清总 PSA 通常增高,直肠指诊可触及前列腺质硬结节,经直肠超声检查可发现前列腺低回声结节,MRI 大多可发现前列腺外周带低信号病灶,前列腺穿刺活检是最重要的确诊方法。神经源性膀胱功能障碍也可出现排尿困难、尿潴留、甚至继发肾积水或膀胱结石,但患者多有较为明确的神经系统病史,尿动力学检查可发现膀胱逼尿肌压力降低,无明确膀胱出口梗阻表现。尿道狭窄患者多有尿道外伤或炎症病史,年龄一般较轻,尿道造影及尿道镜检可确定诊断。位于膀胱颈附近的膀胱肿瘤可造成膀胱出口梗阻,但患者多有血尿,膀胱镜检可明确诊断。

第三节 治 疗

前列腺增生治疗的主要目标是改善下尿路症状、提高生活质量、预防疾病进展及防治并发症。

一、等待观察

前列腺增生病程进展缓慢,临床表现可时轻时重,病变早期可以等待观察。轻度下尿路症状(IPSS≤7),或中度以上症状(IPSS≥8)但生活质量尚未受明显影响的患者,可以采用等待观察。等待观察是一种非药物和非手术的治疗措施,包括健康教育、生活方式指导、定期监测等。前列腺增生患者出现下尿路症状加重而导致生活质量下降、最大尿流率进行性下降、反复尿路感染、膀胱结石、急性尿潴留以及肾功能损害等情况时,标志着临床进展,需积极进行治疗。

二、药物治疗

α 受体阻滞剂通过阻滞分布在前列腺和膀胱颈部平滑肌表面的肾上腺素能受体,松弛平滑肌,达到缓解膀胱出口动力性梗阻的作用。α 受体以 α_1 受体为主,选择性 α_1 受体阻滞剂包括多沙唑嗪、阿呋唑嗪、特拉唑嗪等,坦索罗辛和萘哌地尔是高选择性的 α_{1A} 和 α_{1D} 受体阻滞剂,导致体位性低血压的副作用更小。α 受体阻滞剂可单独或与其他药物联合使用,也可以短期、间断或长期使用,适用于有中、重度下尿路症状的前列腺增生患者。

5α-还原酶抑制剂通过抑制睾酮向双氢睾酮的转化,降低前列腺内双氢睾酮含量,达到缩小前列腺体积、改善下尿路症状的治疗目的。常用的药物有非那雄胺和度他雄胺,一般服用 3~6 个月可使前列腺体积缩小,改善排尿功能,6~12 个月可获得最大疗效。5α-还原酶抑制剂适用于治疗前列腺体积增大同时伴有中、重度下尿路症状的患者,可单独应用或与 α 受体阻滞剂联合应用。

前列腺增生患者可以出现尿频、尿急等储尿期症状。M 受体拮抗剂可通过阻断膀胱 M 受体(主要是 M_2 和 M_3 亚型),缓解逼尿肌过度活动而改善症状。目前常用的药物包括索利那新和托特罗定,可单独应用或与 α 受体阻滞剂联合应用。M 受体拮抗剂可降低膀胱逼尿肌收缩力,治疗过程中应严密随访残余尿量的变化。

植物制剂也可用于前列腺增生及相关下尿路症状的治疗,具有一定疗效且没有明显副作用。植物制剂的作用机制复杂,目前难以判断具体成分生物活性与疗效的相关性。常用药物有花粉制剂或某些中成药制剂。

三、手术治疗

前列腺增生是一种临床进展性疾病,部分患者最终需要手术来解除下尿路症状及并发症。手术切除增生的前列腺组织(而非全部前列腺),达到缓解下尿路梗阻和改善排尿症状的目的。前列腺增生手术适应证包括:①具有中-重度下尿路症状并已明显影响生活质量者,尤其是药物治疗效果不佳或拒绝接受药物治疗的患者；②合并反复尿潴留、严重血尿、反复泌尿系感染、膀胱结石者；③残余尿明显增多，继发上尿路积水或出现充盈性尿失禁者；④合并腹股沟疝、严重的痔疮或脱肛，不解除下尿路梗阻难以达到治疗效果者。

经尿道前列腺切除术（transurethral resection of the prostate，TURP）是手术治疗前列腺增生的"金标准"。TURP术中使用的冲洗液不含电解质，前列腺包膜及静脉窦损伤可因冲洗液大量吸收导致血容量增加及稀释性低钠血症，是TURP的严重并发症。经尿道等离子前列腺切除术中使用生理盐水冲洗，可避免发生稀释性低钠血症。近年来经尿道激光前列腺切除术已成为重要的治疗手段，适合具有高危因素的患者（高龄、贫血、重要脏器功能减退等）。传统的开放性前列腺切除术主要适用于合并膀胱结石、膀胱憩室需要一并手术者，包括耻骨上前列腺切除术和耻骨后前列腺切除术。

四、急性尿潴留的治疗

膀胱出口的机械性或动力性急性梗阻可导致急性尿潴留，也常见于高热、昏迷的病人，个别患者因不习惯卧床排尿而发生尿潴留。治疗原则是解除病因，尽快恢复正常排尿。导尿是解除尿潴留最直接和有效的方法，应在无菌条件下进行，尿液应缓慢排放以避免膀胱出血，必要时可留置导尿管。导尿困难者可行耻骨上膀胱穿刺造瘘术。

（王建业）

本章小结

良性前列腺增生是引起中老年男性排尿障碍最为常见的一种疾病。组织学上表现为前列腺腺体和间质成分的增生，高龄和有功能的睾丸是发病的主要因素。前列腺增生可引起膀胱出口机械性和动力性梗阻以及继发性膀胱功能障碍，临床上主要表现为下尿路症状，还可合并感染、结石、血尿、慢性或急性尿潴留、肾积水、肾衰竭、腹股沟疝、内痔等并发症。前列腺增生的诊断需结合患者的病史、症状、体征和辅助检查综合判断，IPSS、直肠指诊、血清PSA测定、超声、尿流率或尿动力学检查在诊断和鉴别诊断中具有重要价值。治疗的主要目标的是改善下尿路症状、提高生活质量、预防疾病进展及防治并发症。常用的治疗方法包括等待观察、药物治疗和手术治疗。

关键术语

良性前列腺增生（benign prostatic hyperplasia，BPH）

膀胱出口梗阻（blader outlet obstruction，BOO）

下尿路症状（lower urinary tract symptoms，LUTS）

国际前列腺症状评分（international prostate symptom scores，IPSS）

前列腺特异抗原（prostate specific antigen，PSA）

尿流率检查（uroflowmetry）

经尿道前列腺切除术（transurethral resection of the prostate，TURP）

思考题

1. 前列腺增生的诊断及鉴别诊断。
2. 前列腺增生病理生理与临床表现和治疗策略的关系。

第十一篇　急性肾损伤

器官-系统
整合教材
O S B C

【学习目标】

掌握 AKI 的病因、分类、诊断标准、鉴别诊断和治疗;掌握 ATN 的典型临床病程及病理;熟悉 AKI 的发病机制、预后与预防;了解几种常见的特殊类型 AKI。

第一章 概 述

急性肾损伤(acute kidney injury，AKI)过去称为急性肾衰竭(acute renal failure，ARF)，是指由多种病因引起的短时间内(几小时至几天)肾功能突然下降而出现的临床综合征，既可发生在原来无肾脏疾病的患者，也可发生在已有慢性肾脏病基础的患者身上。近年来，肾脏病学界和急救医学界趋向于统一使用 AKI，以强调对这一综合征早期诊断、早期预防的重要性。

一、病因和分类

AKI 病因多样，根据病因发生的解剖部位不同可分为三大类：肾前性、肾性和肾后性(图11-1-1)。

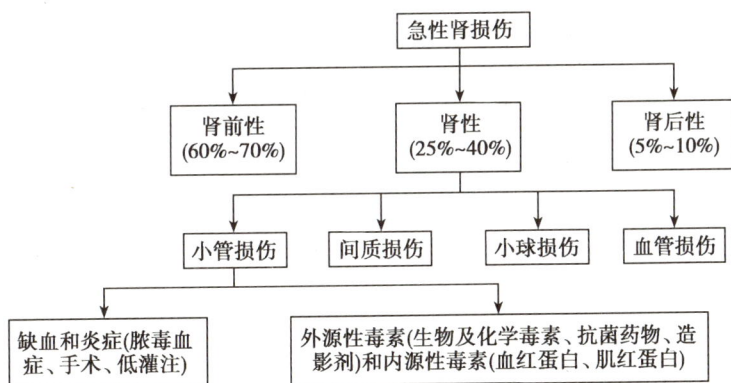

图 11-1-1 急性肾损伤的病因分类

(一) 肾前性 AKI

最常见，约占 60% ~ 70%。常见病因包括：①血容量减少，如各种原因引起的液体丢失和出血；②有效动脉血容量降低，如充血性心力衰竭、失代偿性肝硬化等；③肾内血流动力学改变，如非甾体类抗炎药(nonsteroidal anti-inflammatory drugs，NSAIDs)、RAS 阻滞剂、钙调磷酸酶抑制剂等药物引起肾脏血管收缩、舒张失衡等。

(二) 肾性 AKI

约占 AKI 的 25% ~ 40%，分为小球性、小管性、间质性和血管性。

1. 肾小球疾病 包括肾小球有大量新月体形成的急进性肾小球肾炎和严重增殖性肾小球疾病，可发生于急性感染后肾小球肾炎、狼疮性肾炎、过敏性紫癜肾炎、ANCA 相关性血管炎、抗肾小球基底膜(GBM)病、IgA 肾病和膜增生性肾炎等。

2. 肾小管坏死 约占肾性 AKI 的 80% ~ 90%。肾缺血和肾毒性物质是引起肾小管坏死的主要原因。肾毒性物质包括外源性毒素(如生物毒素、化学毒素、抗菌药物、造影剂等)及内源性毒素(如血红蛋白、肌红蛋白等)两大类，这些毒物损伤肾小管上皮细胞引起急性肾小管坏死(acute tubular necrosis，ATN)。一般而言，老年人、糖尿病患者、低血压、慢性肾脏病和有效动脉血容量降低的患者易受肾毒性物质损伤。

3. 急性间质性肾炎 引起急性间质性肾炎的病因包括：①药物，如β-内酰胺类抗生素、利尿剂、NSAIDs 等;②细菌和病毒感染;③特发性,常见于自身免疫性疾病(如系统性红斑狼疮、干燥综合征、冷球蛋白血症等)。

4. 血管损伤　包括微血管和大血管病变。典型的微血管病变常见于血栓性微血管病(溶血尿毒综合征和血栓性血小板减少性紫癜),目前一般将其划归为肾小球疾病,统称肾小球和肾脏微血管疾病。大血管病变如动脉粥样硬化患者可因肾动脉栓塞而继发 AKI,这种损伤多发生在介入性血管操作时。

(三) 肾后性 AKI

主要病因是急性尿路梗阻。梗阻可发生在尿路从肾盂到尿道的任一水平,约占 AKI 的 5% ~ 10%。输尿管管腔内梗阻见于双侧肾结石、肾乳头坏死、血块及膀胱癌,管腔外梗阻则与腹膜后纤维化、结肠癌和淋巴瘤等有关,尿液流出道梗阻最常见的原因是前列腺肥大、前列腺癌、子宫颈癌及腹膜后疾病。

不同类型 AKI 具有独特的病理生理过程和发病机制,但也可相继出现,如肾前性 AKI 持续存在会进展至缺血性急性肾小管坏死(肾性 AKI);同一致病因素也可以引起不同类型的急性肾损伤,如非甾体类抗炎药既可因收缩肾血管引起肾前性 AKI,又可引起急性间质性肾炎。

二、发病机制

(一) 肾前性 AKI

肾前性 AKI 是由于肾脏血流灌注不足所致,见于细胞外液容量减少,或虽然细胞外液容量正常,但有效循环容量下降的某些疾病,或某些药物引起的肾小球毛细血管灌注压降低。

在肾前性 AKI 早期,肾脏血流自我调节机制通过调节肾小球入球和出球小动脉的血管张力,即入球小动脉扩张和出球小动脉收缩,以维持肾小球滤过率(glomerular filtration rate,GFR)和肾血流量,可使肾功能维持正常。超过自我调节机制范围后可导致 GFR 降低,此时肾实质结构尚保持完整,短期内并无明显的肾实质损伤。如果肾灌注量减少能在 6 小时内得到纠正,则血流动力学损害可以逆转,肾功能也可迅速恢复。但若低灌注持续,则可发生肾小管上皮细胞明显损伤,继而发展为 ATN。

(二) 肾性 AKI

肾性 AKI 按照损伤部位,可分为小管性、间质性、血管性和小球性。其中以 ATN 最为常见。本章也以 ATN 为代表进行肾性 AKI 的叙述。从肾前性 AKI 进展至缺血性 ATN,一般经历 5 个阶段:肾前期、起始期、进展期、维持期和恢复期(图 11-1-2)。在部分病例中,肾前期和起始期很难区分。

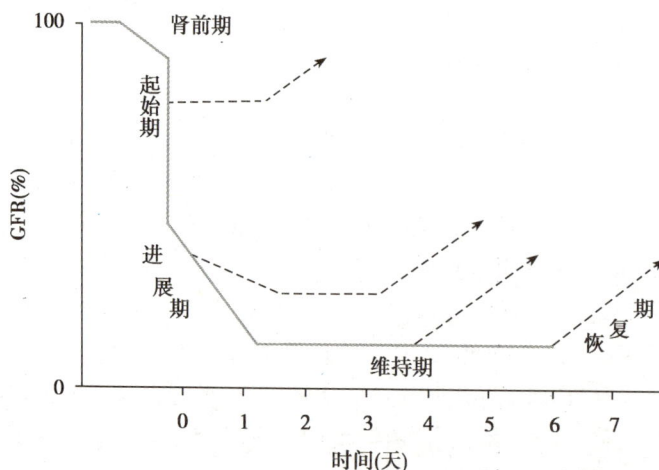

图 11-1-2　AKI 的病程演变过程

起始期常持续数小时至数周,由于肾血流量下降引起肾小球滤过压下降,上皮细胞坏死脱落形成管型导致小管内滤出液受阻,GFR 开始下降。缺血性损伤在近端肾小管的 S3 段和髓袢升支粗段最为明显,可引起局部细胞(肾小管上皮细胞、血管平滑肌细胞等)ATP 的耗竭、溶质主动转运受抑制,进而导致细胞骨架瓦解、细胞极性丧失、紧密连接完整性破坏、氧自由基形成。如果肾血流量及时恢复,则肾损伤局限在此阶段;如果肾血流量不能及时恢复,则细胞损伤进一步加重并引起细胞凋亡和坏死。

在进展期,病变特征为肾内微血管充血引起内皮细胞损伤,缺血性损伤和炎症反应持续加重,病变尤以皮髓质交界处最为明显。此处内皮细胞功能障碍及白细胞黏附可进一步影响局部再灌注。

持续期常为 1~2 周,GFR 仍保持在低水平(常为 5~10ml/min),尿量也最少,各种并发症开始出现。肾小管细胞不断迁移、增殖和修复,以重建肾小管的完整性。此期 GFR 持续低下,可能与肾内血管的持续收缩、内皮细胞损伤后释放血管活性物质失调诱发髓质缺血、髓质血管充血、肾实质细胞或白细胞释放炎症介质和活性氧引起的再灌注损伤等有关。此外,上皮细胞损伤还可通过管-球反馈引起持续的肾内血管收缩,远端肾小管的致密斑感受到近端肾单位重吸收障碍引起的远端钠排泄增加,引起入球小动脉收缩,肾小球灌注和滤过下降,并形成恶性循环。

在修复期,肾小管上皮细胞逐渐再生、修复,细胞及器官功能逐步恢复,GFR 开始改善。

不同病因、不同程度的 ATN,可以有不同的始动因素和持续发展因素,其发病机制仍未完全阐明,目前认为主要涉及小管、血管和炎症因子等方面。

1. **小管因素** 低氧、缺血、肾毒性物质可引起近端肾小管损伤,包括小管上皮细胞能量代谢障碍,ATP 产生减少、小管上皮细胞凋亡或坏死;小管对钠重吸收减少,管-球反馈增强;管型堵塞小管,管内压增加,GFR 下降。小管严重受损可导致肾小球滤过液的反漏,通过受损的上皮细胞或小管基底膜漏出,致肾间质水肿和进一步损伤肾实质。

2. **血管因素** 肾缺血还可通过血管作用使入球小动脉细胞内钙离子增加,从而对血管收缩刺激和肾自主神经刺激敏感性增加,导致肾自主调节功能损害、血管舒缩功能紊乱和内皮损伤,也可产生炎症反应。血管内皮损伤和炎症反应均可引起血管收缩因子(如内皮素、肾内肾素-血管紧张素系统、血栓素 A_2 等)产生过多,而血管舒张因子,主要为一氧化氮(NO)、前列腺素(PGI_2、PGE_2)合成减少。这些变化可进一步引起血流动力学异常,包括肾血浆流量下降,肾内血流重新分布,表现为肾皮质血流量减少,肾髓质充血等,这些均可引起 GFR 下降。

3. **炎症因子的参与** 缺血性 AKI 也可称为一种炎症性疾病,肾缺血可通过炎症反应直接使血管内皮细胞受损,也可通过小管细胞产生炎症介质(如 IL-6、IL-18、TNFα、TGFβ、MCP-1、RANTES 等)使内皮细胞受损,表达的 ICAM-1 和 P 选择素增加,使白细胞黏附及移行增多,引起炎症反应导致肾组织的进一步损伤,GFR 下降。

(三)肾后性 AKI

双侧尿路梗阻或孤立肾患者单侧尿路出现梗阻时可发生肾后性 AKI。尿路发生梗阻时,尿路内反向压力首先传导到肾小球囊腔,由于肾小球入球小动脉扩张,早期 GFR 尚能暂时维持正常。如果梗阻持续无法解除,肾皮质大量区域出现无灌注或低灌注状态,GFR 将逐渐下降。

三、病理

由于病因及病变的严重程度不同,病理改变可有显著差异。一般肉眼检查见肾脏肿大、苍白、重量增加,切面皮质苍白,髓质呈暗红色。典型 ATN 常表现为小管上皮细胞脱落和近端小管上皮细胞刷状缘的改变。光镜检查可见肾小管上皮细胞片状和灶状坏死,从基底膜上脱落,脱

Note

落的上皮细胞与细胞碎片、Tamm-Horsfall 蛋白和色素等构成管型,引起小管管腔堵塞。肾缺血严重者,肾小管基底膜常遭破坏。如基底膜完整性存在,则肾小管上皮细胞可迅速再生,否则上皮细胞不能再生。(图 11-1-3/文末彩插图 11-1-3)

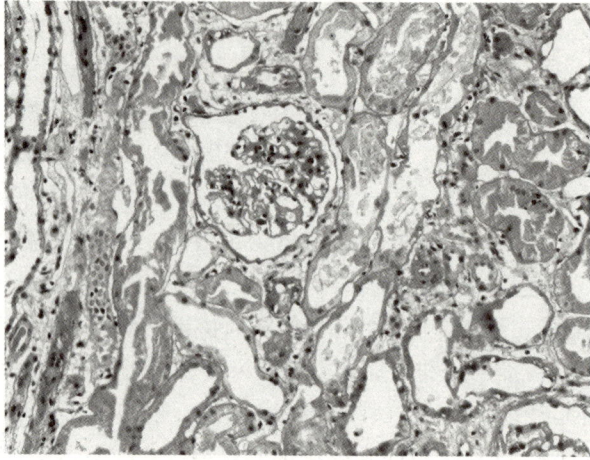

图 11-1-3 ATN 光镜表现(PAS,×200)

(梅长林)

第二章　急性肾损伤的临床表现和分期

一、临床表现

典型 ATN 临床病程可分为三期。

(一) 起始期

此期患者常患有低血压、脓毒血症或存在肾毒素接触史,但尚未发生明显的肾实质损伤,在此阶段 AKI 是可预防的。但随着肾小管上皮细胞发生明显损伤,GFR 下降,则进入维持期。

(二) 维持期

又称少尿期。该期一般持续 7～14 天,但也可短至数天,长至 4～6 周。GFR 保持在低水平。许多患者可出现少尿(<400ml/d)和无尿(<100ml/d)。但也有些患者尿量在 400ml/d 以上,称为非少尿型 AKI,其病情大多较轻,预后较好。然而,不论尿量是否减少,随着肾功能减退,可出现一系列临床表现。

1. AKI 的全身并发症

(1) 消化系统:通常为 AKI 的首发症状,表现为食欲减退、恶心、呕吐、腹胀、腹泻等,严重者可发生消化道出血,多由胃粘膜糜烂或应激性溃疡引起。因肾脏淀粉酶排出减少,可有轻度血淀粉酶升高(但不超过正常值 2 倍)。显著升高需考虑急性胰腺炎可能。

(2) 呼吸系统:除感染外,主要是因容量负荷过多导致的急性肺水肿,表现为呼吸困难、咳嗽、咳粉红色泡沫痰、胸闷、憋气等症状。严重者可表现为急性呼吸窘迫综合征。

(3) 循环系统:多因尿少和未控制饮水,以致体液过多,出现高血压及心力衰竭表现;因毒素蓄积、电解质紊乱、贫血及酸中毒引起各种心律失常、心肌病变及心包炎。

(4) 神经系统:出现意识障碍、躁动、谵妄、抽搐、昏睡等尿毒症脑病症状,以及反射亢进、肌阵挛、不宁腿综合征、癫痫发作等。与尿毒症毒素潴留、水、电解质和酸碱平衡紊乱等密切相关。

(5) 血液系统:可有出血倾向及轻度贫血表现。出血倾向主要由血小板功能异常所致,也与毛细血管脆性增加相关。贫血与促红细胞生成素水平降低、骨髓抑制、出血等因素有关。部分患者因感染和应激出现血白细胞升高。

(6) 营养和代谢异常:AKI 患者常处于高分解代谢状态,蛋白质分解代谢加快。

需要指出的是,感染是 AKI 常见而严重的并发症,多见于严重外伤所致高分解代谢型 ATN。最常见感染部位依次为呼吸道、泌尿道、伤口和全身。在 AKI 同时或在疾病发展过程中还可合并多个脏器衰竭,死亡率甚高。

2. 水、电解质和酸碱平衡紊乱

(1) 代谢性酸中毒:主要因为肾脏排酸能力减低,同时又合并高分解代谢状态,使酸性产物明显增多。严重酸中毒可抑制心肌收缩力,进一步加重低血压,导致胰岛素抵抗、蛋白质分解代谢增加等,对血流动力学和代谢产生一系列不良影响。

(2) 高钾血症:是 ATN 少尿期首位死亡原因。除肾脏排泄钾减少外,酸中毒、组织分解过快也是重要原因。在严重创伤、烧伤等所致横纹肌溶解引起的 AKI,每日血钾可上升 1.0～2.0mmol/L 以上。严重高钾血症可致室颤和停搏,并可出现神经肌肉系统的异常,如感觉异常、

反射减弱、肢体麻木软瘫、呼吸肌麻痹等。

（3）低钠血症：主要是由水潴留引起的稀释性低钠。此外，恶心、呕吐等胃肠道丢失及使用呋塞米等利尿剂亦可引起失钠性低钠血症。低钠血症可导致细胞水肿，严重者出现脑水肿，表现为嗜睡、进行性反应迟钝甚至癫痫发作。

（4）低钙、高磷血症：是 AKI 常见并发症，但远不如慢性肾衰竭时明显。

（三）恢复期

肾小管细胞再生、修复，恢复了肾小管完整性。GFR 逐渐恢复正常或接近正常范围。少尿型患者开始出现利尿反应，可有多尿表现，在不使用利尿剂的情况下，每日尿量可达 3000 ~ 5000ml，或更多。通常持续 1 ~ 3 周，继而逐渐恢复，期间可出现脱水、低血压、低钠和低钾血症，应注意监测和纠正。与 GFR 相比，肾小管功能（溶质和水的重吸收）的恢复相对延迟，常需数月后才能恢复。少数患者可遗留不同程度的肾脏结构和功能缺陷。

二、实验室检查

（一）血液检查

可有轻度贫血、白细胞升高，如肾功能持续不能恢复，则贫血程度可较重。血肌酐和尿素氮进行性上升，高分解代谢者上升速度较快。血清钾浓度升高，血 pH 值和碳酸氢根离子浓度降低，血清钠浓度正常或偏低，血钙降低，血磷升高。自身抗体（抗 O、抗核抗体、抗 GBM 抗体、抗中性粒细胞胞浆抗体）出现阳性时，需考虑相关疾病。补体下降等需考虑急性感染后肾小球肾炎、狼疮性肾炎等肾实质性 AKI。

（二）尿液检查

不同病因所致 AKI 尿液检查结果相差很大。肾前性 AKI 时无蛋白尿、血尿，尿沉渣阴性或可见少量透明管型。ATN 时尿蛋白多为± ~ +，常以小分子蛋白为主。尿沉渣检查可见肾小管上皮细胞、上皮细胞管型和颗粒管型及少许红、白细胞等；尿比重降低且较固定，多在 1.015 以下，因肾小管重吸收功能损害，尿液不能浓缩所致；尿渗透浓度低于 350mmol/L，尿与血渗透浓度之比低于 1.1；尿钠含量增高，多在 20 ~ 60mmol/L，肾衰指数和滤过钠排泄分数（FE_{Na}）常大于 1。应注意尿液指标检查须在输液、使用利尿剂和渗透剂之前进行，否则会影响结果。肾小球疾病所致 AKI 常出现明显蛋白尿和（或）血尿，且以变形红细胞为主，FE_{Na} 小于 1。急性间质性肾炎时可有少量蛋白尿，以小分子蛋白为主，可有白细胞尿和白细胞管型，药物所致间质性肾炎者可见嗜酸细胞尿，有明显肾小管功能障碍者 FE_{Na} 常大于 1。肾后性 AKI 尿检异常多不明显，尿沉渣可为阴性，均一型血尿和白细胞尿提示尿路腔内梗阻或前列腺疾病，FE_{Na} 小于 1。

（三）影像学检查

AKI 患者的影像学检查可帮助明确肾脏大小（AKI 时通常双肾增大，若双肾缩小，提示慢性肾衰竭）、排除尿路梗阻及有无血管病变。肾脏超声检查是首选检查方法，一方面可以通过肾脏大小和皮质厚度判断是否存在慢性肾衰竭，另一方面尿路超声显像对排除尿路梗阻很有帮助。必要时 CT 检查是否存在着与压力相关的扩张，如怀疑由梗阻所致，可做磁共振尿路成像（MRU）、CT 尿路成像（CTU）或逆行性尿路造影。如怀疑肾脏主要血管病变引起的 AKI，可行 CT 血管造影（CTA）或磁共振血管成像（MRA），但要明确诊断仍需行肾血管造影。

（四）肾活检

是诊断肾小球、肾微血管及肾间质病变的重要手段。在排除了肾前性、肾后性及肾脏大血管性因素后，仍然没有明确病因的肾性 AKI 都应行肾活检。肾活检指征包括：①急进性肾炎综合征；②临床怀疑肾微小血管、肾小球或肾间质病变；③临床诊断为肾缺血或肾毒素所致 ATN，少尿>4 周，肾功能未见恢复；④AKI 与慢性肾脏病难以鉴别（如肾脏无明显萎缩）；⑤肾移植术后发生 AKI；⑥临床无法明确 AKI 病因。

Note

（五）早期肾损伤的生物学标记物

目前临床上评估 AKI 的指标（血肌酐、尿量等）均不够敏感，不能早期、准确地反映肾脏组织结构变化，也不能反映肾损害的部位。近年来研究发现，一些新的生物标记物在 AKI 早期诊断、预后评估等方面可能优于目前临床常用指标。这些新生物标记物包括胱抑素 C、中性粒细胞明胶酶相关性脂质运载蛋白、肾损伤分子-1 和白介素-18 等。

1. 胱抑素 C（Cystatin C）　是一种半胱氨酸蛋白酶抑制剂，属于低分子量蛋白，几乎完全被肾小球滤过，并在近端小管被重吸收，且不能被肾小管分泌。血液中 Cystatin C 水平不受性别、年龄、种族、肌肉量的影响，在发生 AKI 时能比血清肌酐更好地反映 GFR 的变化。

2. 中性粒细胞明胶酶相关性脂质运载蛋白（neutrophil gelatinase-associated lipocalin，NGAL）　是脂质运载蛋白超家族成员，为 AKI 早期敏感性和特异性较高的生物标记物。正常情况下肾组织中表达很少，但当肾小管上皮细胞受到损伤时表达显著上调，并进入尿液排出体外。NGAL 还可用于评估 AKI 患者的预后，但多种因素可影响 NGAL 水平，如存在感染、慢性肾脏病等。

3. 肾损伤分子-1（kidney injury molecule 1，KIM-1）　是一种跨膜糖蛋白，在正常肾组织中表达很低，但在肾缺血或肾毒性 AKI 时，去分化近端肾小管上皮细胞表达 KIM-1 显著上调，其分解产物从尿中排出，因此检测尿 KIM-1 就能早期诊断 AKI。与 NGAL 相比，KIM-1 对肾缺血或肾毒性所致 AKI 的特异性更高，不受泌尿系感染和慢性肾脏病的影响。NGAL 在 AKI 早期更敏感，KIM-1 在稍后阶段显示更特异。

4. 白介素-18（interleukin 18，IL-18）　主要在近端小管产生，为一种促炎症性细胞因子，在缺血性 AKI 中特异性较强，且不受慢性肾脏病、尿路感染、肾毒性药物及肾前性因素的影响。故可用于 AKI 严重程度及预后的评估。

（梅长林）

第三章　急性肾损伤的诊断和治疗

一、诊断与鉴别诊断

根据原发病因,肾功能急性进行性减退,结合相应临床表现和实验室检查,一般不难做出诊断。但既往有关诊断标准并不统一。目前多采用 2012 年急性肾损伤 KDIGO 临床实践指南制定的 AKI 诊断标准:

①48 小时内 Scr 增高≥26.5μmol/L(≥0.3mg/dl);

②或 Scr 增高至≥基础值的 1.5 倍,且已知或经推断发生在 7 天之内;

③或持续 6 小时尿量<0.5ml/(kg·h)。

单用尿量作为诊断及分期标准时需考虑尿路梗阻、血容量状态、使用利尿剂等影响尿量的因素。根据血清肌酐水平和尿量,AKI 分为三期,见表 11-3-1。

表 11-3-1　AKI 的分期

分期	血清肌酐(Scr)	尿量
1	基础值的 1.5~1.9 倍,或 增高≥26.5μmol/L(≥0.3mg/dl)	<0.5ml/(kg·h),持续 6~12h
2	基础值的 2.0~2.9 倍	<0.5ml/(kg·h),持续≥12h
3	基础值的 3.0 倍,或 Scr 增加≥353.6μmol/L(4.0mg/dl),或 开始肾脏替代治疗,或 <18 岁的病人,eGFR 下降至 <35ml/(min·1.73m^2)	<0.3ml/(kg·h),持续≥24h,或无尿 ≥12h

在鉴别诊断方面,首先应排除慢性肾脏病基础上发生的 AKI;慢性肾脏病存在双侧肾脏体积缩小、显著贫血、尿毒症面容、肾性骨病和神经病变等临床表现可资鉴别。然而,糖尿病肾病、多囊肾病、肾淀粉样变性及轻链沉积病等疾病所致的慢性肾衰竭,肾脏体积不缩小反而可增大,应加以注意。其次应除外肾前性和肾后性原因。在确定为肾性 AKI 后,尚应鉴别是由肾小球、肾血管还是肾间质病变引起。AKI 病因不同,其治疗方法不同。

(一) 与肾前性少尿鉴别

1. **补液试验**　发病前有容量不足、体液丢失等病史,体检发现皮肤和黏膜干燥、低血压、心动过速、颈静脉充盈不明显者,应首先考虑肾前性少尿,可进行补液试验,即静脉输注生理盐水 200~250ml,并注射呋塞米 40~100mg,以观察输液后循环系统负荷情况及尿量。如果补液后血压恢复正常,尿量增加,则支持肾前性少尿的诊断。低血压时间长,特别是老年伴心功能不全者,补液后无尿量增多应怀疑肾前性 AKI 已进展为 ATN。

2. **尿液分析**　尿液检测对于区分 ATN 和肾前性少尿具有重要意义,同时结合血液检测结果,有助于两者的鉴别,见表 11-3-2。但必须在输液、使用利尿剂或渗透剂之前留取尿液标本,否则结果不可靠。

表 11-3-2 鉴别肾前性少尿及 ATN 的尿液诊断参数

诊断参数	肾前性	ATN
尿沉渣	透明管型	棕色颗粒管型
尿比重	>1.020	<1.010
尿渗透压[mOsm/(kg·H_2O)]	>500	<350
血尿素氮/血肌酐	>20	<10~15
尿肌酐/血肌酐	>40	<20
尿钠浓度(mmol/L)	<20	>40
肾衰指数	<1	>1
钠排泄分数(%)	<1	>1

注:肾衰指数=(尿钠×血肌酐)/尿肌酐

　　钠排泄分数=(尿钠×血肌酐)/(血钠×尿肌酐)×100%

(二) 与引起肾性 AKI 的其他疾病鉴别

肾性 AKI 包括多种疾病所致的不同部位的肾损伤。除 ATN 外,可见于急进性肾小球肾炎、急性间质性肾炎等以及全身性疾病的肾损害如狼疮性肾炎、过敏性紫癜肾炎等。系统性血管炎、血栓性微血管病、恶性高血压等也可引起 AKI。此外,对于既往有动脉粥样硬化病史、长期房颤、近期有心肌梗死病史及主动脉手术者,还需考虑肾动脉栓塞。长期卧床、高凝状态、肾病综合征者,需考虑肾静脉血栓形成。通常根据各种疾病所具有的特殊病史、临床表现、实验室检查及对药物治疗的反应可做出鉴别诊断。肾活检常可帮助诊断和鉴别诊断。

(三) 与肾后性 AKI 鉴别

有结石、肿瘤、腹膜后疾病或前列腺肥大等病史的患者,突发完全无尿或间歇性无尿;腰部或下腹部疼痛;肾区叩击痛阳性;如膀胱出口处梗阻,则膀胱区因积尿而膨胀,叩诊呈浊音,以上均提示存在尿路梗阻的可能。一般发生少尿或无尿患者需排查是否存在肾后性梗阻,但许多存在肾后梗阻性 AKI 的患者不一定有少尿或无尿,需仔细鉴别。超声显像和 CT 检查等可帮助确诊。长期肾后梗阻也可导致肾实质性损害,因此,在解除梗阻后未出现尿量明显增多和肾功能改善者,应考虑在肾后性梗阻的基础上并发有肾实质性损害。

二、治疗和预防

早期诊断、及时干预能最大限度减轻肾脏损伤、促进肾功能恢复。AKI 治疗主要包括尽早识别并纠正可逆病因、维持内环境稳定、营养支持、防治并发症及肾脏替代治疗等方面。

(一) 尽早纠正可逆病因

AKI 治疗首先要纠正可逆的病因。对于各种严重外伤、心力衰竭、急性失血等都应进行相应治疗,包括输血,等渗盐水扩容,处理血容量不足、休克和感染等。停用影响肾灌注或具有肾毒性的药物。存在尿路梗阻时,应及时采取措施去除梗阻。肾性 AKI 病情复杂,应积极寻找病因,针对原发病进行治疗。如继发于肾小球肾炎的 AKI 常需糖皮质激素和细胞毒药物的治疗;急性间质性肾炎应尽快停用可疑药物,给予糖皮质激素治疗。

(二) 维持体液平衡

每日补液量=显性失液量+非显性失液量-内生水量。由于非显性失液量和内生水量估计困难,因此每日进液量可按前一日尿量加 500ml 计算。发热患者只要体重不增加者可增加进液量。透析治疗时补液量可适当放宽。

在容量补足情况下应用袢利尿剂可增加尿量,从而清除体内过多的液体。当使用后尿量并不增加时,应停止使用袢利尿剂以防止不良反应发生。

Note

（三）饮食和营养支持

补充营养以维持机体的营养状况和正常代谢,有助于损伤细胞的再生和修复,提高存活率。AKI 患者每日所需能量应为基础能耗量的 1.3 倍,即 147kJ(35kcal)/(kg·d),主要由碳水化合物和脂肪供应;蛋白质的摄入量应限制为 0.8g/(kg·d),以富含必需氨基酸的蛋白为主,对于有高分解代谢或营养不良以及接受透析治疗的患者,其蛋白质摄入量可适当放宽。尽可能地减少钠、钾、氯的摄入量。透析患者可补充水溶性维生素和微量元素。营养支持的方式包括肠内营养和肠外营养,首选肠内营养。

（四）高钾血症的治疗

高钾血症(血清 $K^+ 5.0 \sim 6.5$mmol/L)最早期心电图异常表现为 T 波高尖;血钾升至 $6.5 \sim 8.0$mmol/L 时,心电图出现 P 波低平、PR 间期延长、QRS 波增宽;高钾血症进一步加重时(血清 $K^+>8.0$mmol/L),心电图则出现室颤波形,因此高钾血症应予以紧急处理。高钾血症的处理措施有:①10% 葡萄糖酸钙 $10 \sim 20$ml 稀释后缓慢(5 分钟)静脉注射;②11.2% 乳酸钠或 5% 碳酸氢钠 $100 \sim 200$ml 静滴,以纠正酸中毒并同时促进钾离子向细胞内流动;③50% 葡萄糖溶液 $50 \sim 100$ml 加普通胰岛素 $6 \sim 12$U 缓慢地静脉注射,可促进糖原合成,使钾离子向细胞内移动;④口服离子交换(降钾)树脂 $15 \sim 30$g,3 次/d。以上措施无效、或为高分解代谢型 ATN 所致的高钾血症时,透析是最有效的治疗。

（五）代谢性酸中毒的治疗

应及时治疗,如 HCO_3^- 低于 15mmol/L,可选用 5% 碳酸氢钠 $100 \sim 250$ml 静滴。对于严重酸中毒患者(HCO_3^- 低于 12mmol/L,动脉血 pH 小于 7.15),应立即予以透析。

（六）感染的治疗

感染是 AKI 常见并发症,也是死亡的主要原因之一。发生 AKI 时,一般不主张预防性应用抗生素,以减少细菌耐药机会。对已发生感染者应尽早使用抗生素。根据细菌培养和药物敏感试验选用对肾脏无毒性或低毒性的药物,并根据患者 GFR 调整用药剂量。

（七）肾脏替代疗法

单纯 AKI 患者达 AKI 3 期、重症 AKI 患者达 AKI 2 期时,即可行肾脏替代治疗。严重高钾血症、代谢性酸中毒、容量负荷过重且对利尿剂治疗无效(如严重肺水肿和急性左心衰)、心包炎和严重脑病等都是紧急肾脏替代治疗的指征。对非高分解型、无少尿患者,可不急于透析,先试行内科综合治疗。对于脓毒血症、急性重症胰腺炎、急性呼吸窘迫综合征等危重病患者应及早开始肾脏替代治疗。如导致 AKI 的基础疾病改善或者肾功能有恢复的早期迹象可暂缓替代治疗。肾脏替代治疗的目的在于:①对容量负荷过重者清除体内过多的水分;②清除尿毒症毒素;③纠正高钾血症和代谢性酸中毒以稳定机体的内环境;④有助于液体、热量、蛋白质及其他营养物质的摄入;⑤给损伤的肾小管细胞再生和修复争取时间。

AKI 的肾脏替代治疗可选择腹膜透析、间断血液透析或连续性肾脏替代治疗(continuous renal replacement therapy,CRRT)。腹膜透析无需抗凝和建立血管通路,适合于血流动力学不稳定、全身抗凝禁忌、无高分解代谢、无严重容量超负荷、血管通路建立困难、老年及小儿患者,但其透析效率较低,且有发生腹膜炎的危险,在重症 AKI 已少采用。间断血液透析的优点是代谢废物的清除率高、治疗时间短,适于血流动力学稳定及高分解代谢的患者。但易出现心血管功能不稳定和症状性低血压,且需要应用抗凝剂,对有出血倾向的患者可增加治疗的风险。CRRT 包括连续性动静脉血液滤过(continuous arteriovenous hemofiltration,CAVH)和连续性静静脉血液滤过(continuous venovenous hemofiltration,CVVH)等一系列技术,具有对血流动力学影响较小、持续稳定地清除毒素及维持水、电解质平衡等特点,适合于血流动力学不稳定、需要大量清除液体及合并脓毒血症、颅内损伤、多器官衰竭等需要清除大量炎症介质的患者,需注意监护及肝素用量。

（八）多尿期的治疗

多尿期开始时，由于 GFR 尚未恢复，肾小管的浓缩功能较差，治疗仍应以维持水、电解质和酸碱平衡，控制氮质血症和防止各种并发症为主。已行透析的患者，应继续透析。多尿期 1 周左右可见血肌酐和尿素氮水平逐渐降至正常范围，饮食中蛋白质摄入量可逐渐增加，并逐渐减少透析频率直至停止透析。

（九）恢复期的治疗

一般无需特殊处理，定期随访肾功能，避免使用对肾脏有损害的药物。

积极治疗原发病，及时发现导致急性肾小管坏死的危险因素并加以去除，是防止发生 AKI 的关键。对老年人、糖尿病、冠心病、原有慢性肾脏病及危重病患者，尤应注意避免肾毒性药物、对比剂、肾血管收缩药物的应用及避免肾缺血和血容量不足。

三、预后

AKI 预后与病因及并发症严重程度有关。肾前性因素导致的 AKI，如能早期诊断和治疗，肾功能多可恢复至发病前水平，死亡率小于 10%。肾后性 AKI 如果能及时解除梗阻，肾功能也大多恢复良好。肾性 AKI 预后存在较大差异，无并发症者死亡率在 10% ~ 30%，合并多脏器衰竭等情况时死亡率达 30% ~ 80%。部分 AKI 患者肾功能不能完全恢复，转为慢性肾脏病。慢性肾脏病患者发生 AKI 后，肾功能常不能恢复至基线水平，加快进入终末期肾病。

第四章　特殊类型急性肾损伤

第一节　对比剂诱导的急性肾损伤

对比剂诱导的急性肾损伤(contrast-induced acute kidney injury,CI-AKI),也称为对比剂肾病(contrast-induced nephropathy,CIN),是指在放射影像学检查和治疗过程中使用对比剂后出现的无其他原因可以解释的急性肾损伤。由于目前 CIN 这个称谓在非肾脏学科更为熟悉,故本节仍然使用 CIN 代表对比剂所引起的 AKI。CIN 是使用对比剂后常见的严重并发症,是导致医院获得性 AKI 的第三大原因,仅次于肾灌注不足和肾毒性药物的使用。主要危险因素包括原有肾功能不全、糖尿病、高龄、心力衰竭、围手术期血流动力学不稳定、使用肾毒性药物、贫血、主动脉球囊反搏和使用对比剂剂量过多等。

一、发病机制

CIN 发病机制尚不十分明确,目前认为是对比剂的黏度、渗透压以及对比剂分子对肾小管的直接细胞毒性等多种因素共同参与的结果。

(一)肾脏血流动力学变化

渗透压高于血液的对比剂注射入人体后,初期诱发一过性全身血管舒张,随后很快导致血管强烈地持续收缩,肾血流量减少。对比剂所致的渗透性利尿作用使血容量减少,还可引起血管收缩因子(包括内皮素等)与舒张因子(一氧化氮和前列腺素)的比例升高,进一步加重肾血管收缩。

(二)渗透效应

在注射对比剂后第 1 小时,其对肾小管所造成的渗透负荷非常高,以高渗对比剂最为严重。高渗尿使肾小管内静水压升高,从而降低肾小球滤过压和肾小球滤过率。

(三)黏度的影响

在 CIN 的发生中,对比剂的黏度可能起到更为关键的作用。高黏度液体可以导致肾小管梗阻,也可以因为血黏度使肾脏内血液流动速度减慢、氧供量明显减少,进而造成局部组织缺氧。

(四)直接毒性作用

主要与对比剂直接改变肾小管上皮细胞的形态、代谢和增加氧自由基的产生有关。此外,对比剂可促进尿酸排泄,尿酸盐结晶以及 Tamm-Horsfall 蛋白分泌导致小管梗阻,引起肾小管损伤。

二、临床表现

典型的 CIN 常于造影后 24~48 小时出现血肌酐升高,3~5 天达高峰,7~10 天恢复至基线水平。多数患者可无症状,少数可出现少尿或无尿。多为一过性,严重者可持续数天,部分患者需要进行透析治疗。原有肾功能严重障碍者可出现不可逆肾损害,甚至需长期接受肾脏替代治疗。

Note

三、诊断和鉴别诊断

CIN 的诊断标准尚不统一,目前使用最为广泛的是 2008 年欧洲泌尿生殖放射协会(European Society of Urogenital Radiology,ESUR)制定的 CIN 诊断标准:血管内注射对比剂后 72 小时内血清肌酐升高≥44.2μmol/L(0.5mg/dl)或较基础值升高≥25%,并且能排除其他病因所导致的 AKI。

胆固醇性栓塞性肾病,又称为动脉粥样硬化栓塞性肾病,是老年肾脏动脉粥样硬化性疾病中的一类,来源于肾动脉开口处或近端粥样硬化斑块中的胆固醇结晶,这些结晶随血液循环到达中小动脉,形成阻塞。其常见诱因为经动脉的介入治疗、外科手术等。

患者常伴有其他动脉粥样硬化栓塞的证据,如下肢、臀部或腹部的网状青斑、足趾皮肤的蓝紫色斑点(又称"蓝趾综合征")、嗜酸性粒细胞增多症、低补体血症等,以及全身各脏器如胃肠道、肌肉骨骼、神经系统和眼睛的损害。肾损伤可能轻微、无症状,但也可表现为急性或慢性肾功能减退。与 CIN 发生不同,该病患者肾功能减退通常出现在术后第 3~8 周,而 CIN 血清肌酐在数天内达到高峰后逐渐下降。胆固醇性栓塞性肾病是介入放射检查后发生 AKI 的另一个原因,二者可以合并存在。

四、预防和治疗

筛查、纠正 CIN 高危因素可显著降低 CIN 发生率。应积极纠正脱水、心力衰竭,控制血糖、血压等,严密监测血清肌酐水平。此外,还可采取如下措施:

(一) 选择合适的对比剂,并控制用量

常用对比剂根据其渗透压可分为 3 类:低渗(600~850mOsm/kg)、高渗(>1400mOsm/kg)和等渗(大约 290mOsm/kg)对比剂。高渗对比剂的渗透压是造成其副作用的主要原因,所以对于拟行血管造影的慢性肾功能不全和糖尿病患者,建议选择等渗对比剂,以减少 CIN 的发生。对比剂剂量也是导致 CIN 的危险因素。推荐最大对比剂用量=5ml×体重(kg)/基础血清肌酐(mg/dl)。存在 CIN 风险的患者更应限制对比剂用量,通常对比剂总量不应超过基础 GFR 毫升数的 2 倍,最好<100ml。避免短期内重复造影,两次检查间隔最好 2 周以上。

(二) 水化

水化是目前公认的减少 CIN 发生的有效措施,其目的是补充血容量以减少肾血管收缩,减低血液黏度,增加尿量,促进对比剂的排泄等。对于有 CIN 危险因素的住院患者,应该在造影前 6~12 小时给予等渗生理盐水 1~1.5ml/(kg·h)并持续到术后 6~24 小时,保持尿量 75~125ml/h,心功能不全者注意补液速度。如为门诊患者,至少术前 3 小时开始输液。造影前 10 小时口服补液至少 1000ml,术中术后输液也能在一定程度上减少 CIN 发生。

(三) 调整药物

目前尚无临床证据证明何种药物可以预防或减少 CIN 的发生。造影前 24~48 小时应停用非甾体类抗炎药、ACEI、ARB 和其他潜在影响肾功能的药物,改用 CCB 控制血压;糖尿病患者停用二甲双胍。尽量避免使用袢利尿剂。

(四) 血液净化

术前预防性血液净化治疗是否可以预防 CIN 发生以前曾存在争论,但近年来循证医学试验已肯定其效果。对于慢性肾功能不全患者(血肌酐>2mg/dl),可以考虑在术前几小时和术后立即进行血液滤过治疗,以有效清除对比剂。连续性静脉血液滤过(CVVH,1000ml/h,无体重丢失)比静脉扩容更能显著降低 CIN 风险。对于心功能不全、尤其是伴有慢性肾衰竭的患者若不宜接受水化,可考虑于造影后尽快实施 CVVH 来清除对比剂,预防 CIN。

当发生 AKI 达到肾脏替代治疗的指征时,应予血液净化治疗(参见本篇第三章)。

Note

（五）术后监护

GFR<60ml/min 的患者属于 CIN 高危患者,应予住院观察。造影后 24、48、72 小时连续监测血清肌酐,观察每小时尿量。如果肌酐上升<25%,无其他相关事件发生的患者,可予出院。GFR<30ml/min 者应考虑血液净化治疗的可能。若 GFR≤15ml/min,应作好造影后血液净化治疗的准备。

五、预后

大多数患者肾功能可恢复至基线水平,其转归与原有肾功能减退及患者状况有关。对肾功能严重障碍者可造成不可逆肾功能损害。CIN 的发生可增加晚期心血管事件和死亡的风险。

第二节 横纹肌溶解综合征

横纹肌溶解综合征,也称横纹肌溶解症(rhabdomyolysis,RM),是多种病因引起横纹肌损伤后肌细胞膜的完整性改变,细胞内容物漏出,包括肌红蛋白(myoglobin,Mb)、肌酸磷酸激酶(creatine phosphokinase,CPK)等酶类以及离子和小分子毒性物质释放入血,从而引起损伤的一组临床综合征。常并发威胁生命的急性肾损伤。

一、病因和发病机制

造成横纹肌溶解症的病因众多,一般可分为创伤性和非创伤性。部分患者可同时存在导致横纹肌溶解的多种病因。

创伤性因素是指任何原因所致大面积肌肉损伤或缺血缺氧,包括:①创伤或重物长时间压迫:常见于交通事故、工伤、地震等灾难性事件;②肌肉持续收缩:见于军事训练等高强度运动、持续癫痫、哮喘、破伤风或安非他明等药物所致的肌肉痉挛;③医源性:如止血带使用时间过长、包扎固定过紧;④高压电流损伤,主要见于心肺复苏(电除颤或复律);⑤机体自身压迫:如高位断肢再植、昏迷(一氧化碳中毒、醉酒、麻醉)等。

非创伤性因素包括:①感染:包括病毒、细菌、真菌等;②内分泌和代谢性疾病:常见于糖尿病急性并发症、严重的电解质紊乱、甲状腺功能减退症、席汉综合征等疾病;③水电解质紊乱:多见于低钾血症,此外还可见于低钙、低磷、低钠、高钠等;④药物:主要有降脂药物(贝特类和他汀类)、镇静催眠药物、麻醉剂、两性霉素、引起低钾的药物如利尿剂等;⑤中毒:包括一氧化碳、有机磷、海洛因、中药及酒精中毒,蛇咬伤,蜂蛰伤等;⑥自身免疫性疾病如多发性肌炎或皮肌炎、系统性红斑狼疮、成人 Still 病等;⑦基因缺陷所致代谢性肌病。其中,感染、内分泌和代谢性疾病、水电解质紊乱和药物是导致横纹肌溶解症最常见的非机械性因素。

横纹肌溶解症引起 AKI 的主要发病机制包括形成管型阻塞肾小管、氧化应激和炎症反应及肾内血管收缩等,这些机制间相互协同,加剧 AKI 的发生发展。如游离的肌红蛋白在酸性尿中呈正电荷,可与 Tamm-Horsfall 蛋白聚合,低血容量状态等因素促进管型形成,导致远端肾小管的阻塞,从而降低 GFR,致使肾内血管收缩代偿性加强以增加肾小球滤过压。肌红蛋白本身具有过氧化物酶样活性,可诱导氧化应激反应并产生多种炎性介质,从而加剧肾内血管收缩及肾小管的缺血。而肾内血管收缩可促进肾小管管型形成,加重肾小管缺血,进一步加重肌红蛋白对肾小管的毒性作用。

二、临床表现和实验室检查

典型的横纹肌溶解症状包括全身症状(如发热、恶心呕吐、精神症状、浓茶色或酱油色尿等)和明显的肌肉症状(受累肌肉肿胀、疼痛、乏力和僵硬,甚至出现肌群瘫痪;最常累及腓肠肌、大腿及下背部),严重者可并发 AKI,出现少尿或无尿,如进一步发展可并发呼吸衰竭、弥散性血管内凝血甚至多器官功能衰竭。创伤所致的横纹肌溶解症常可出现骨筋膜室综合征和低血容量休克。

实验室检查可表现为血 CPK 显著增高,血、尿肌红蛋白升高等,此外,还可出现影像学和病理学改变。

(一) 血 CPK

在肌肉损伤后 2~12 小时内开始升高,1~3 天内达峰值,3~5 天内逐渐下降。当 CPK 高于正常值 5 倍或>1000U/L 即有诊断意义。因 CPK 清除较慢,能准确反映肌肉受损的情况,故其诊断较尿、血肌红蛋白更为敏感。当 CPK 在 15 000~20 000U/L 时 AKI 发生率增加。

(二) 肌红蛋白

肌红蛋白尿仅见于横纹肌溶解症,但并非横纹肌溶解症的必要诊断条件。如尿潜血阳性,但镜检未见红细胞,尿沉渣可见棕色色素管型,应高度怀疑肌红蛋白尿,其诊断敏感性约 80%。血肌红蛋白因代谢较快,其检测对横纹肌溶解症诊断的敏感性较低。

(三) 其他酶学指标

血清乳酸脱氢酶、天门冬氨酸氨基转移酶升高而丙氨酸氨基转移酶升高不明显时可为横纹肌溶解症的诊断提供依据。

(四) 影像学检查

超声、CT 或 MRI 检查可以明确肌肉损伤的程度、范围和液化情况,其中 MRI 敏感性最强。

(五) 病理学检查

肌肉活检不是必须的,但可用于确诊横纹肌溶解症,光镜可见节段性的横纹肌纤维坏死、溶解,间质炎细胞浸润。必要时行肾穿刺活检,肾脏病理主要表现为 ATN,可见远端肾单位有肌红蛋白管型形成。

横纹肌溶解症所致 AKI 往往血肌酐水平上升较快,而血尿素氮升高不明显;早期易发生低血容量休克和低钙血症,恢复期则可出现血浆容量扩增和一过性高钙血症;电解质紊乱和酸碱失衡的程度往往反映横纹肌溶解症合并 AKI 的严重程度;此外尚有高分解状态、感染及内分泌代谢异常等表现。

三、诊断

横纹肌溶解症的诊断标准:有创伤性或非创伤性因素导致肌肉损伤的病史;持续少尿或无尿,或者出现茶褐色、红褐色或酱油色的肌红蛋白尿;尿中出现蛋白及管型;血清肌红蛋白、CPK、乳酸脱氢酶水平升高;可有合并 AKI 的证据。

四、预防和治疗

应尽早补液纠正低血容量和肾脏缺血,促进肌红蛋白从肾脏排出,防治高钾血症、预防 AKI;同时应及早去除横纹肌溶解症的诱因及危险因素,处理合并的多脏器损伤。在 AKI 存在且经补液治疗无明显好转时,应给予血液净化治疗,同时注意营养治疗。

(一) 补液治疗

早期、充分水化是防治 AKI 的关键措施,尤其是创伤患者。优先选用等渗生理盐水,以1000ml/h 的速度静脉滴注,2 小时后输液速度减半;一般不选择胶体。如不能静脉补液,应予口服补液。密切监测尿量。

(二) 碱化尿液

早期使用碱性物质有减少肌红蛋白管型形成和增加管型排出等作用。可予碳酸氢钠(第 1天总量为 200~300mmol,相当于 5% 碳酸氢钠溶液 300~500ml)静脉滴注,维持尿液 pH>6.5;若出现低钙血症表现,则建议停用。

(三)渗透性利尿

甘露醇有脱水利尿、减少氧自由基、降低血液黏稠度等作用,但其使用必须控制剂量(单次剂量>200g/d,或累计达800g可导致渗透性肾病)。如果液体复苏后尿量超过30ml/h,可予20%甘露醇溶液缓慢静脉滴注[甘露醇1～2g/(kg·d),输入速度<5g/h]。注意低血容量、无尿或心力衰竭患者不能应用甘露醇。

(四)积极治疗原发病或纠正致病因素

创伤患者若出现肢体进行性肿胀、持续疼痛、被动牵拉痛或麻痹、或组织测压骨筋膜室压力超过血压舒张压10～30mmHg,需尽早行骨筋膜室切开减压。

(五)其他

包括纠正电解质紊乱、营养治疗及肾脏替代治疗等,参见本篇第三章。

五、预后

横纹肌溶解症患者的预后与病因及并发症密切相关。非创伤性横纹肌溶解症预后依据肌肉溶解程度以及AKI程度存在差别,大部分合并AKI者肾功能可以恢复。在创伤性横纹肌溶解症中,挤压综合征通常肾功能损害严重,进展迅速,极易出现严重并发症,预后较差。

第三节 血栓性微血管病

血栓性微血管病(thrombotic microangiopathy,TMA)是一组急性临床病理综合征,主要表现为微血管病性溶血性贫血、血小板下降及微循环中血小板血栓形成,肾脏受累时多引起急性肾损伤。经典TMA主要指溶血尿毒综合征(hemolytic uremic syndrome,HUS)和血栓性血小板减少性紫癜(thrombotic thrombocytopenic purpura,TTP)。HUS多以儿童起病,肾功能受损更明显;而TTP主要发生于成人,神经系统症状更为突出。部分TTP和HUS病例临床表现重叠,区分较难。其他常见的血栓性微血管病还包括恶性高血压、硬皮病肾脏危象、妊娠、移植及免疫缺陷病毒(HIV)相关肾损害及药物相关的血栓性微血管病等。虽然其病理上表现类似,但病因多样,发病机制也不尽相同。

一、临床表现和分类

TMA起病大多急骤,病死率高。HUS以微血管病性溶血性贫血、血小板减少、急性肾衰竭三联症为特点。经典TTP临床特征为五联症,即微血管性溶血性贫血、血小板减少、神经系统症状(表现多样,包括头痛、一过性脑缺血发作、行为异常、癫痫及昏迷等)、肾脏损害和发热。90%以上HUS发生AKI,常表现为持续少尿或无尿。而TTP肾脏损伤较轻,80%～90%TTP仅表现为尿检异常和轻度肾功能不全。典型HUS出现神经症状相对较少,而TTP多见。实验室检查还可发现末梢血涂片有破碎红细胞,血清乳酸脱氢酶水平升高。由于TMA溶血过程是非免疫介导的,因此Coombs试验阴性。

根据病因学及临床特征等的不同,HUS可分为典型HUS(也称腹泻相关型HUS,D+HUS)和非典型HUS(aHUS,也称无腹泻HUS,D-HUS),近年来在aHUS中又进一步分出一新亚类称为DEAP-HUS。D+HUS是HUS最常见的类型,占HUS80%～90%,主要发生在儿童,有胃肠道感染前驱症状,多能治愈,少数患者发生终末期肾病依赖肾脏替代治疗。致病菌多为产生志贺氏毒素的大肠杆菌,志贺氏毒素分为两种(O157:H7和O104:H4),均可导致HUS。毒素经过胃肠黏膜进入循环后,内皮细胞损伤启动凝血系统促进肾脏微血管内血栓形成,血小板聚集消耗使血小板减少,机械性损伤引起微血管病性溶血性贫血。aHUS主要见于成年人,一般无腹泻病史,可呈家族聚集或散发性,并有复发倾向,该类 HUS 预后较差,约 50% 患者发展为终末期肾病。其发病机制多与补体旁路途径的调节异常有关。

TTP 可分为遗传性和获得性,后者根据诱发因素分为原发性和继发性。遗传性 TTP 是因血管性血友病因子(vWF)裂解蛋白酶 ADAMTS 13 基因缺陷引起微血管内血栓形成,而获得性 TTP 是由于存在抗 ADAMTS13 抑制性自身抗体。遗传性 TTP 常发展成 ESRD,而获得性 TTP 肾脏受累较轻。ADAMTS13 的检测有助于明确诊断、监测疾病活动情况及指导治疗。

二、诊断

TMA 临床表现复杂,诊断除了根据临床表现、实验室检查外,需要肾活检证实为肾脏微血管病变。

TMA 主要病理特点表现为肾小球毛细血管内皮细胞增生肿胀,内皮细胞与基底膜分离,内皮下间隙增宽,可出现"双轨征"改变或明显分层。毛细血管腔内可见红细胞、血小板及微血栓。部分病例可出现新月体及节段性纤维素样坏死。严重者小动脉受累,可见小叶间动脉血栓形成、动脉内膜水肿、内皮细胞增生。小管间质病变和血管病变相一致,急性期表现为肾小管上皮细胞坏死,肾间质水肿,最终导致肾小管萎缩及间质纤维化。免疫荧光可见 IgM、C_3 及纤维素在肾小球毛细血管壁沉积。电镜可见内皮细胞增生、肿胀,内皮下间隙增宽,呈现电子密度减低状态,在内皮下疏松区可见红细胞碎片、血小板和凝聚的纤维素。

三、治疗

治疗 TMA 的主要方法有支持治疗、血浆疗法、激素及免疫抑制剂等治疗,当达到肾脏替代治疗的指征时,应予血液净化治疗(参见本篇第三章)。

典型 HUS 常可以自行缓解,一般不推荐血浆治疗,治疗原则以支持对症治疗为主。当血红蛋白小于 60g/L 时应输注悬浮红细胞,存在活动出血或进行有创检查时可输注血小板,维持水、电解质平衡,止泻药物可能会增加中毒性巨结肠的发生,应慎用。抗生素可使细菌死亡释放更多的毒素而加重病情,其使用目前尚存在争议。血浆疗法是目前治疗非典型 HUS 最有效的方案,包括血浆置换和血浆输注。血浆置换应尽快进行。每次置换 1.5~2.0 倍血浆容量,起始 2 周行血浆置换应至少 5 次/周,而后改为 3 次/周。平均血浆置换次数为 7~16 次。如果无法进行血浆置换,在患者无容量过多或高血压的情况下给予血浆输注(首次 30~40ml/kg,后改为 10~20ml/kg)。输注血小板会加重非典型 HUS 患者血小板聚集和微血栓形成,一般禁止单独输注血小板。糖皮质激素及免疫抑制剂(包括利妥昔单抗等)在结束血浆置换治疗后可试用于后续治疗。

确诊 TTP 后应尽快进行血浆置换,最好在 24 小时内,因其可以补充大量 ADAMTS13,清除抗 ADAMTS13 抗体或大分子 vWF。血浆置换应每天进行,前 3 天可每日给予 1.5~2.0 倍血浆,而后改为每日 1 倍血浆容量置换,直至血小板恢复正常。如无立即进行血浆置换的条件,可先输注血浆直至可行血浆置换。对于严重难治性 TTP 可予强化血浆疗法和/或免疫抑制治疗。糖皮质激素对于获得性 TTP 也有效,而利妥昔单抗还可用于反复发作性 TTP。

四、预后

TMA 是临床上的危重症之一,一般来说 TTP 较 HUS 预后差,HUS 中非典型性 HUS 较典型 HUS 预后差。肾损害重者、伴中枢神经系统受累、反复发作及有家族倾向者多提示预后不良。部分 HUS 患者病情缓解后进展至终末期肾病,需长期肾脏替代治疗。

(梅长林)

Note

本篇小结

　　AKI 是指由多种病因引起的短时间内肾功能突然下降而出现的临床综合征。确立诊断后,应根据血肌酐和尿量作进一步分期明确病情严重程度。根据引起 AKI 病因的不同可分为肾前性、肾性和肾后性。肾性 AKI 又可分为小球性、小管性、间质性和血管性。治疗主要包括尽早识别并纠正可逆病因、维持内环境稳定、营养支持、防治并发症及肾脏替代治疗等方面。

关键术语

　　急性肾损伤(acute kidney injury)
　　急性肾小管坏死(acute tubular necrosis)
　　对比剂肾病(contrast-induced nephropathy)
　　横纹肌溶解症(rhabdomyolysis)
　　血栓性微血管病(thrombotic microangiopathy)

思考题

1. AKI 的病因和分类有哪些?
2. AKI 的诊断标准和分期是如何阐述的?
3. ATN 的发病机制、典型临床病程及病理是怎样的?
4. AKI 应注意与哪些疾病相鉴别? 治疗包括哪些内容? 其预后如何?

Note

第十二篇　慢性肾脏病

【学习目标】

掌握慢性肾脏病的定义和分期、临床表现、诊断和基本治疗措施;熟悉慢性肾脏病的流行病学现状;了解慢性肾脏病的筛查及评估方法;了解各种 GFR 估算公式的意义和局限性。

第一章 概 述

一、慢性肾脏病的定义

慢性肾脏病(chronic kidney disease,CKD)一词最早出现在美国国家肾脏病基金会(National Kidney Foundation,NKF)2001 年制订的《慢性肾脏病贫血治疗指南》中,继而在 2002 年制订的《慢性肾脏病临床实践指南》中正式提出、确立了 CKD 的概念、分期及评估方法,并于 2004 年、2006 年经由改善全球肾脏病预后国际组织(Kidney Disease:Improving Global Outcomes,KDIGO)的再次修改及确认,于 2012 年将其进一步更新和定义为:①肾脏损伤(肾脏结构或功能异常)≥3 个月,具体包括:白蛋白尿[AER≥30mg/24h 或 ACR≥30mg/g(≥3mg/mmol)],尿沉渣异常,肾小管功能紊乱导致的电解质及其他异常,组织学检测异常,影像学检查结构异常,肾移植病史,伴或不伴有肾小球滤过率(glomerular filtration rate,GFR)下降;②GFR<60ml/(min·1.73m²)≥3 个月,伴或不伴肾损伤证据。

早期"慢性肾功能不全(chronic renal insufficiency)"、"慢性肾衰竭(chronic renal failure)"等专业名词的定义存在一定的缺陷,无法涵盖没有肾功能损害或轻度肾功能损害的患者,因此不能实现进展性肾脏疾病的早期诊断和早期治疗。NKF 应用中性词"disease"取代"insufficiency"、"failure"使得 CKD 的概念更容易被早期的患者接受,而应用起源于英语的"Kidney"取代起源于拉丁语的"Renal"使得 CKD 的概念更通俗易懂,更易于宣传和普及。由此可见,CKD 概念的提出并不是简单的名词转换,而是具有更深层的含义,即将慢性进展性肾脏疾病的防治从如何治疗提前至早期预防,便于动员政府、社会、医务人员及患者等全体共同参与、共同防治。目前在全球肾脏病界,CKD 已取代了"慢性肾功能不全"、"慢性肾衰竭"等名称,成为对于各种原因引起的慢性肾脏疾病的统称,普遍应用于各种肾脏病及非肾脏病的国际学术期刊,并已被录入国际疾病分类代码(ICD)第 9 版,从而成为正式疾病分类名词。

二、CKD 流行病学概况

CKD 是严重威胁人类健康的常见病,是导致终末期肾病(end-stage renal disease,ESRD)发生的主要原因。CKD 发展至 ESRD 需肾脏替代治疗,费用昂贵,是对公共卫生资源的巨大挑战。1999~2004 年美国营养调查数据库资料分析显示,美国 CKD 患病率为 13.1%,澳大利亚对11 247名成人调查结果显示,至少 14.0% 的澳大利亚成年人可能患有 CKD,其中蛋白尿、血尿和肾功能减退的发生率分别为 2.4%、4.6% 和 11.2%。日本在 1983 年至 1984 年对冲绳地区106 000名居民进行了 CKD 筛查,并进行了 17 年的随访研究。该研究发现,男性和女性蛋白尿的患病率分别为 4.7% 和 3.5%,血尿的患病率分别为 2.8% 和 11.0%。中国香港 2003 年对1201 名 20 岁以上的香港居民进行了调查,得出血尿、蛋白尿、尿检异常、高血压的患病率分别为3.2%、13.8%、17.4% 和 8.7%。2006 年对北京石景山地区 4 个社区中2310 名40 岁以上常住居民进行筛查发现,北京中老年人群中 CKD 患病率为 9.4%,白蛋白尿患病率为 6.2%。历时 4年,对我国近 5 万名 18 岁以上成年居民 CKD 横断面流行病学调查结果显示,我国成年人群中 CKD患病率为 10.8%,据此估计我国现有成年 CKD 患者 1.195 亿,而 CKD 知晓率仅为 12.5%。因此,

Note

早期诊断 CKD、及时预防和治疗 CKD 相关并发症,阻止其进展至终末期肾病已成为公共健康领域面临的重大课题。

近年来,由于人口老龄化以及高血压、糖尿病等发病率的上升,CKD 在全世界范围内发病率呈不断上升趋势,因此,整合全球资源,提高 CKD 治疗效果,以最大效率改善 CKD 预后,势在必行。为此,2003 年国际性组织 KDIGO 确立了《K/DOQI 慢性肾脏病临床实践指南》作为全球性 CKD 防治的指导性文件,并根据各国地域、民族、经济、生活习惯等差异,提出"基于国际共同证据,制定适合各国特点的行动方针"。为促进医务人员、卫生部门和政府决策者对 CKD 的重视,强化个人和家庭对 CKD 相关知识的了解,号召及激励全世界为遏制 CKD 做出努力,2006 年国际肾脏病学会(ISN)和国际肾脏基金联合会(IFKF)联合提议,将每年 3 月份的第二个星期四定为"世界肾脏日"。2006 年以来,每年的世界肾脏日,国际肾脏病学会联合各国肾脏病学会,在全球范围开展 CKD 防治的宣传教育。

三、CKD 的筛查及评估方法

由于大多数 CKD 患者早期无症状或症状较轻,因此,早期筛查、定期检查、提高筛查的质量,对提高诊断率十分重要。CKD 筛查主要包括病史(现病史、既往史、家族史)询问,着重测量血压、检测尿常规、尿微量白蛋白、血常规及血生化检查(肾功能、血糖、尿酸、血脂等),必要时结合影像学检查。在诊断 CKD 过程中,应注意生理性蛋白尿和病理性蛋白尿的判断以及 GFR 的测定与评估方法。为了正确做出 CKD 诊断,防止筛查过程中漏诊或技术误差,3 个月内测定血清肌酐(serum creatinine,Scr)、GFR、尿蛋白等至少两次。在 CKD 诊断和治疗中,正确评价肾小球滤过率非常重要,目前测定与评估 GFR 的方法较多,包括 Scr、肌酐清除率(creatinine clearance,Ccr)、同位素测定法、胱抑素 C(cystatin C)测定等,但都各有利弊。应注意不同人群(如不同的性别、年龄、民族、营养状况等)Scr、Ccr 正常值可能会有所不同。应用同位素法测定 GFR 准确性较高,但操作复杂、价格较贵,其方法学也有待于标准化、规范化。胱抑素 C 是近年来新发现的一种测定 GFR 的内源性生物标志物,其产生稳定,且具有分子量小、能够自由通过肾小球、在肾小管几乎被完全重吸收且肾小管自身不分泌等优点,其检测灵敏度高、而且不受性别、年龄、饮食、运动、炎症和肿瘤等因素的影响。因此,胱抑素 C 是一种理想的反映 GFR 的标志物,与血肌酐等其他评估肾小球滤过功能的指标相比,对于早期诊断轻度肾损伤具有更高的敏感性。

近年有些研究者根据 Scr 测定值推导出一系列公式,用于计算估算的 GFR(estimated GFR,eGFR),包括 MDRD 公式、Cockcroft-Gault 公式、Mayo Clinic 公式、CKD-EPI 公式等。根据 Scr 值,应用 MDRD 公式计算的 eGFR,对大样本筛查比较方便,但这种方法仍有一定局限性,有时易过高估计 CKD 患病率,在诊断 CKD3 期时(尤其是老年、女性或营养不良者)可能出现"过度诊断"。有文献报告,应用 MDRD 公式计算 eGFR,可不同程度低估 GFR(低估 GFR 约 10% 左右,个别报告达 20% 以上)。此外,如果根据单次血肌酐值计算 eGFR,作出 CKD 分期诊断,可能出现较大偏差。Erikson 等对人群中 CKD 患者进行了 10 年随访,结果发现根据首次血肌酐测定值估算 GFR 并诊断为 CKD3 期的患者,在 3 个月后复查时,有 30% 的患者 GFR 未达到 CKD3 期的诊断标准,也就是说,有近 30% 的患者病情被估计过重。Levey 等 2009 年报告,CKD-EPI 公式可降低 MDRD 公式造成的"过度诊断"率,与 MDRD 公式比较,按 CKD-EPI 公式统计的美国成人 CKD 患病率约降低 1.6%,有待于临床研究进一步证实。我国一项 CKD 患病率的横断面调查中应用了"中国 MDRD 公式",CKD 患病率为 10.8%,但是由于该公式中血清肌酐(Scr)检测是采用比色法进行,而我国目前临床上大多采用酶法检测 Scr,因此限制了该公式在临床上的推广和应用。建立能利用酶法检测 Scr 数值、适合于中国人的 MDRD 修正公式是当前亟待解决的问题,也是有效开展 CKD 流行病学调查的基础。

近来,国际上对 KDOQI 专家组 2002 年提出的 CKD 分期方法提出了一些质疑,主要问题是

Note

CKD3 期人数比例过高(约占 CKD 总数 40%,老年人群甚至占 50%),其中包含较多的"过度诊断";CKD3 期(G3)对病情评估过重,与患者(尤其是老年患者)实际情况有相当差距;CKD3 期 eGFR 跨度太宽;单靠 eGFR 作为分期标准,未考虑蛋白尿因素,有明显片面性;肾脏病病史只有 3 个月,易于将某些急性或亚急性病例与 CKD 混同在一起等。面对众多学者的质疑,国际肾脏病学会 KDIGO 工作小组于 2010 年 10 月在伦敦召开了"KDIGO 辩论会",对 CKD 分期系统进行了部分修改,并作进一步完善后于 2013 年 1 月发表。修改包括两个方面:将 CKD"第 3 期"分为 G3a[GFR45 ~ 59ml/(min·1.73m²)]和 G3b[GFR30 ~ 44ml/(min·1.73m²)]两个阶段;将尿白蛋白/肌酐比值(UAlb/UCr,UACR)作为 CKD 分期的指标,即 A1:UACR<30mg/g,A2:UACR 30 ~ 300mg/g,A3:UACR>300mg/g。经过上述修改和 eGFR 计算方法的改进(采用 CKD-EPI 公式统计),"原 CKD3 期"(按 MDRD 公式计算)的人群,确实可以分成无 CKD、轻度 CKD(3a 或更轻)、中度 CKD(3b)这三部分,优于 KDOQI 专家组 2002 年提出的 CKD 分期方法。

四、CKD 的发生机制

CKD 病因复杂,引起 CKD 的病因主要包括原发性、继发性和遗传性肾脏病变。无论什么原因引起的肾脏病变,当肾小球、肾小管间质以及肾血管受到持续性损害性因素作用,均可以发展为 CKD,随着肾脏炎症和纤维化加重,最终发展为 ESRD。CKD 的发病机制因各种原发疾病不同而存在差异,但 CKD 进展存在共同的机制,其临床症状的发生也存在相同的机制。

(一)CKD 进展的共同机制

1. **肾小球血流动力学改变**　各种病因引起的肾单位减少,导致残存肾单位代偿性肥大,单个肾单位的肾小球滤过率增加,形成肾小球高灌注、高压力和高滤过。这种肾小球内血流动力学变化,可进一步损伤、活化肾小球固有细胞(内皮细胞、系膜细胞和足细胞等),导致细胞外基质增加,最终导致肾小球硬化。

2. **蛋白尿的肾脏毒性作用**　蛋白尿的产生既是肾小球病变的结果,同时也是肾小管间质损伤和促进肾脏病变慢性进展的关键因素。大量蛋白质从肾小球滤出不仅导致机体营养物质丢失,而且可以引起:①肾小管上皮细胞溶酶体破裂;②肾小管细胞合成和释放趋化因子,引起炎性细胞浸润和细胞因子释放;③与远端肾小管产生的 Tamm-Horsfall 蛋白相互反应并阻塞肾小管;④导致补体合成增加和活化,肾小管产氨增加;⑤尿中转铁蛋白释放铁离子,产生游离 OH⁻ 对组织造成氧化应激损伤;⑥刺激肾小管上皮细胞分泌内皮素,产生致纤维化因子。蛋白尿通过上述一系列反应引起肾小管间质进一步损害及纤维化,所以也称蛋白尿为肾脏毒素。饮食中蛋白质负荷可加重肾小球高滤过状态,增加尿蛋白排泄而促进肾脏损伤。

3. **肾素-血管紧张素-醛固酮系统激活**　CKD 进展过程中,肾脏局部肾素-血管紧张素-醛固酮系统(renin-angiotensin-aldosterone system,RAAS)被激活,肾组织高表达的血管紧张素 Ⅱ (Angiotensin Ⅱ,Ang Ⅱ)可通过血流动力学和非血流动力学途径促进 CKD 的发生、发展。大量研究表明,Ang Ⅱ 直接参与了进行性肾脏损害,它不仅通过影响全身及肾脏局部的血流动力学升高了肾小球囊内压,还直接刺激肾脏固有细胞细胞增殖、肥大、凋亡,分泌多种细胞因子促进细胞外基质的积聚,最终导致肾脏纤维化的发生和发展。

4. **高血压**　高血压是导致 CKD 发生的一个主要原因,并可能是 CKD 持续进展的结果和重要临床特征。研究表明,持续高血压促进 CKD 进展。血压升高可通过扩张入球小动脉,增加肾小球毛细血管内压力,增加蛋白尿,促进肾小球硬化;此外长期高血压引起的肾血管病变,导致肾缺血性损伤也可加快肾组织的纤维化进程。因此,高血压是导致慢性肾脏病进展和肾功能恶化的重要因素之一。

5. **脂代谢紊乱**　CKD 进展过程中常合并不同程度的脂代谢紊乱,在硬化的肾小球和间质纤维化区域常可发现巨噬细胞吞噬脂蛋白后形成的泡沫细胞。研究发现巨噬细胞、系膜细胞和肾小管上皮细胞可以产生反应性氧自由基从而氧化脂蛋白,氧化型低密度脂蛋白可以刺激炎性因子和致纤维化细胞因子的表达,导致细胞凋亡,而且氧化修饰的脂蛋白又可以产生反应性氧自由基,最终引起巨噬细胞大量浸入、细胞凋亡及细胞外基质积聚,加重肾组织损伤。现在认为,肾脏局部 RAAS 激活、慢性炎症以及脂代谢紊乱在加速 CKD 进展中可能存在协同效应。

6. 肾脏固有细胞表型改变　在 Ang II 或炎症因子等诱导下,肾固有细胞(肾小球内皮细胞、系膜细胞、肾小管上皮细胞、足突细胞等)可发生表型转化,转变为肌成纤维细胞(myofibroblast,MyoF),促进细胞外基质堆积,进而在肾脏纤维化进展中发挥关键作用。

7. 血管钙化　血管钙化广泛发生于 CKD 患者,是导致其心血管疾病发病率、病死率显著增加的重要危险因素。现认为,CKD 血管钙化是一个受到多因素调控、多种细胞类型参与的复杂生物学过程。钙、磷代谢紊乱是触发 CKD 血管钙化的主要因素,异位成骨是促进血管钙化形成的关键步骤。*Klotho* 基因是一种与人类衰老密切相关的基因,在肾脏表达广泛,具有参与钙磷代谢调节、调节离子通道活性、抑制氧化应激、增加一氧化氮合成等多种生物学功能。近来研究发现,CKD 进展过程中,Klotho 表达减少,促进 CKD 动脉粥样硬化及血管钙化的发生。

(二) 尿毒症临床症状的形成机制

CKD 进行性发展引起肾单位不可逆的丧失和肾功能不可逆的减退,导致以代谢产物和毒物潴留、水电解质和酸碱平衡紊乱以及内分泌失调为特征的临床综合征称为慢性肾衰竭(chronic renal failure,CRF),当肾功能进一步下降至 GFR 小于 15ml/min 时,已不能维持最基本的生理内环境稳态,称为终末期肾病(end-stage renal disease,ESRD),俗称尿毒症(uremia)。关于尿毒症临床症状形成机制曾先后有一系列学说来进行解释。主要有:健存肾单位学说(1969,Bricker N)、矫枉失衡学说(1972 年,Bricker N)和高滤过学说(1982,Brenner B)等。这三个学说解释了随着肾单位数量减少,残存肾单位代偿性肥大对肾脏本身和机体可能带来的进一步不利的影响(如促进肾小球硬化、导致继发性甲状腺功能亢进等),但有关尿毒症全身性临床症状形成的确切机制仍有待阐明。目前认为,尿毒症临床症状的发生,主要与以下四个方面的因素有关:①经肾脏排泄的毒素在体内蓄积而产生临床中毒症状;②肾功能丧失后引起内分泌功能紊乱;③水、电解质、酸碱平衡紊乱;④系统性微炎症反应和营养不良,加重心血管病变。

1. 尿毒症毒素的作用　随着肾功能减退,肾脏对溶质清除力的下降和对某些肽类激素灭活减少,造成多种物质在血液和组织中蓄积,引起相应尿毒症临床症状和(或)功能异常,这些物质称为尿毒症毒素。常见的尿毒症毒素包括:①蛋白质和氨基酸代谢产物;②尿酸盐和马尿酸盐;③核酸代谢终产物;④脂肪酸代谢终产物;⑤其他含氮化合物;⑥糖基化终产物和高级氧化蛋白产物;⑦肽类激素及其代谢产物。尿毒症毒素可引起厌食、恶心、呕吐、皮肤瘙痒及出血倾向等,并与尿毒症脑病、淀粉样变性、周围神经病变、心血管并发症、肾性骨病等的发病相关。

2. 继发性甲状旁腺功能亢进　CKD 进展过程中,1,25-羟活性维生素 D3 缺乏和高磷血症等均可导致甲状旁腺过度分泌甲状旁腺激素(parathyroid hormone,PTH),继而引起钙、磷代谢失常,简称甲旁亢。其特征是甲状旁腺增生和 PTH 过度合成和分泌,进而导致骨过度重吸收,高血钙、低血磷、泌尿系结石,软组织和血管钙化,心血管事件的发生率和死亡率明显增加。近来研究发现,成纤维细胞生长因子-23(fibroblast growth factor-23,FGF-23)是一种重要的调磷因子,不但直接调节钙、磷代谢,而且间接调节甲状旁腺激素、维生素 D 代谢。CKD 患者血清 FGF-23 水平显著升高,参与甲旁亢的发生,且与 CKD 左心室肥厚和血管钙化密切相关。

3. 内分泌代谢紊乱　慢性肾衰竭患者可出现一系列内分泌代谢紊乱,其中最主要的有:①促红细胞生成素减少,引起肾性贫血;②肾小管细胞 1α 羟化酶产生障碍,导致活性维生素 D 产生减少和肾小管细胞对甲状旁腺素的反应低下,从而引起钙磷代谢失调和肾性骨病;③胰岛素、胰高血糖素代谢失调可引起糖耐量异常;④收缩血管的激素分泌增加和舒张血管的激素减少,促进高血压形成。

4. **水、电解质、酸碱平衡紊乱** 慢性肾衰竭患者随着肾功能下降,可引起水钠潴留、水肿和高血压。由于酸性代谢产物潴留,可引起酸中毒,导致患者乏力、食欲减退和心肌收缩抑制。此外,还常有高钾血症、低钙血症、低镁血症和高磷血症,也可出现低钠血症等。

5. **微炎症和营养不良** 尿毒症患者机体存在微炎症状态,微炎症可导致机体对促红细胞生成素产生抵抗,使蛋白质合成减少、分解增多,因此常加重患者贫血和营养不良。此外微炎症也促进动脉粥样硬化形成。人们常把尿毒症患者出现的营养不良、炎症和动脉粥样硬化称为 MIA 综合征(malnutrition-inflammation-atherosclerosis syndrome)。

(刘必成)

第二章　慢性肾脏病的分期和临床表现

一、分期

依据 eGFR 值不同,2012 年 KDIGO 将 CKD 分为五期(表 12-2-1)。并将 CKD3 期进一步细分为 G3a、G3b,便于早期诊断和防治 CKD。

表 12-2-1　慢性肾脏病(CKD)分期

分期	肾功能	GFR[ml/(min·1.73m²)]
G1	正常或升高	≥90
G2	轻度下降	60~89
G3		
G3a	轻到中度下降	45~59
G3b	中到重度下降	30~44
G4	重度下降	15~29
G5(已接受透析者为 G5D)	肾衰竭	<15

二、临床表现

CKD 患者早期可以无临床症状,随着原发病的进展,会逐渐出现蛋白尿、水肿、高血压和肾功能减退等一系列临床表现。由于肾脏具有强大的代偿功能,即使 60% 的肾功能丧失,仍能保持内环境稳定。慢性肾衰竭患者早期临床症状不明显,只有 GFR 下降至正常的 30% 以下时才会逐渐出现一系列临床症状。

(一) 消化系统

食欲减退和晨起恶心、呕吐是尿毒症常见的早期表现。晚期患者胃肠道任何部位均可出现黏膜糜烂、溃疡,从而发生消化道出血。

(二) 呼吸系统

体液过多或酸中毒时均可出现胸闷、气促,严重酸中毒可致呼吸深长。晚期 CKD 患者可发生肺充血和水肿,称之为"尿毒症肺水肿"。临床上表现为肺弥散功能障碍和肺活量减少。约 15%~20% 患者可发生尿毒症胸膜炎。伴钙磷代谢障碍时可发生肺转移性钙化,临床表现为肺功能减退。

(三) 心血管系统

心血管病变是 CKD 患者主要的并发症和死因之一。尤其是进入尿毒症阶段,死亡率进一步升高(约占尿毒症死因的一半以上)。近期研究发现,尿毒症患者心血管不良事件及动脉粥样硬化性心血管病比普通人群约高 15~20 倍。在美国普通人群中心血管病的死亡率是 0.27%,而血液透析患者则高达 9.5%,为前者的 35 倍。

1. 高血压和左心室肥大　80% 以上进展到 ESRD 的 CKD 患者合并高血压,高血压程度与肾功能减退程度密切相关。高血压发生的主要机制有:①钠水潴留导致细胞外液增加;②神经体液因素的作用,如交感神经兴奋、肾素血管紧张素醛固酮系统活化、一氧化氮产生减少和内皮素分泌增加等均参与高血压的形成。

左心室肥厚是 CKD 患者最常见心血管并发症,与长期高血压、容量负荷过重和贫血有关。此外,尿毒症动静脉内瘘吻合术可引起回心血量增加,加重左心室负担。左心室肥厚可导致尿毒症心肌病变和充血性心衰,是影响心血管病预后的重要预测因素。

2. 动脉粥样硬化和血管钙化　近年发现,慢性肾衰竭患者动脉粥样硬化发生率高,进展迅速。血液透析患者动脉粥样硬化的病变程度较透析前重。除冠状动脉外,脑动脉和全身周围动脉亦可发生动脉粥样硬化。同时动脉血管钙化也很常见,与高磷血症、钙分布异常、*klotho* 基因表达减少、FGF23 表达增加及胎球蛋白 A(fetuin A)缺乏等有关。

3. 充血性心力衰竭　充血性心力衰竭是慢性肾衰竭患者常见而严重的并发症,也是导致患者死亡的主要原因之一。其发生与钠水潴留、高血压、贫血、酸中毒、电解质紊乱、动静脉内瘘血液回流量过高以及心肌缺血缺氧、心肌病变和心肌钙化等有关,透析间期体重增加过多、高血压和感染为常见的诱发因素。急性左心衰发作时,患者可出现阵发性呼吸困难、气喘、咳嗽、咳泡沫痰、不能平卧和肺水肿等。

4. 心包炎　晚期尿毒症性心包炎发生率>50%,但仅少部分患者有明显临床症状,是尿毒症晚期严重的临床表现之一。在没有应用透析技术之前,常提示患者预后凶险,随着透析技术广泛应用,心包炎发生率呈下降趋势。心包炎开始表现为随呼吸加重的胸痛,伴有心包摩擦音。随病情进展出现心包积液,甚至心包填塞。

5. 尿毒症性心肌病　其病因可能与毒素潴留和贫血等有关,部分患者可伴有冠心病,出现各种心律失常。胸部 X 线示心影扩大,超声心动图检查可见心脏肥大、心腔扩大、心肌收缩力减弱等。

(四)血液系统

1. 贫血　CKD 患者常合并贫血,在 CKD3 期以后几乎所有患者均可能有不同程度的贫血,是慢性肾衰竭重要的临床特征。导致 CKD 患者贫血的病因主要有:①肾脏促红细胞生成素产生不足,这是导致 CKD 患者贫血的主要原因,故称肾性贫血;②营养不良,其中以缺铁性贫血最为常见;③尿毒症毒素引起骨髓微环境病变,导致造血障碍和红细胞寿命缩短;④慢性失血,如消化道出血、血液透析过程中失血等。

2. 出血倾向　临床表现为鼻出血、月经量增多、术后伤口出血不止,胃肠道出血及皮肤淤斑等,严重者可出现心包、颅内出血。其原因可能与尿毒症血小板功能障碍有关。

(五)内分泌代谢紊乱

主要表现有:①肾脏相关的内分泌功能紊乱,如 1,25(OH)$_2$维生素 D$_3$、红细胞生成素不足和肾内肾素、血管紧张素 Ⅱ 过多;②下丘脑-垂体内分泌功能紊乱,如泌乳素、促黑色素激素(MSH)、促黄体生成激素(FSH)、促卵泡激素(LH)、促肾上腺皮质激素(ACTH)等水平增高;③外周内分泌腺功能紊乱,大多数患者均有继发性甲旁亢(血 PTH 升高)、胰岛素受体障碍、胰高血糖素升高等。约 1/4 病人有轻度甲状腺素水平降低。部分患者可有性腺功能减退,表现为性腺成熟障碍或萎缩、性欲低下、闭经、不育等,可能与血清性激素水平异常等因素有关。

(六)神经肌肉系统改变

随着 CKD 进展,患者可以出现一系列神经精神症状,包括乏力、易疲倦、注意力不集中、焦虑、睡眠障碍、记忆力减退、烦躁、嗜睡、抑郁等。尿毒症时常有反应淡漠、谵语、幻觉、惊厥、精神异常、昏迷等。还可见周围神经病变,如感觉神经障碍、肢体麻木、疼痛感、深反射迟钝或消失、肌肉痉挛、不宁腿综合征等,其发生可能与毒素潴留以及水、电解质、酸碱紊乱有关。

初次透析患者可出现透析失衡综合征,主要表现为透析后出现恶心、呕吐、头痛、惊厥、肌肉痉挛等,与血尿素氮等降低过快,导致细胞内液与外液间产生渗透压差,从而引起脑水肿有关。

(七) 皮肤系统表现

主要有皮肤干燥、瘙痒等,是尿毒症常见的并发症,其发生与毒素潴留、继发性甲状旁腺功能亢进症以及皮下组织钙化等有关。

(八) 矿物质和骨代谢异常

CKD 患者可出现全身性骨和矿物质代谢异常(mineral and bone disorder,MBD),包括钙、磷、PTH 或维生素 D 代谢异常,临床表现包括骨病、血管和软组织等异位钙化等。肾性骨病是 CKD 所引起的骨骼病变,包括骨转化、骨矿化和骨容量的异常。临床上尽管只有 10% 的慢性肾衰竭患者在透析前出现骨病临床症状,但应用放射线和骨组织活检时则分别有 35% 和 90% 的患者发现骨骼异常。肾性骨病主要有以下几种类型:

1. **高转化性骨病**　临床表现为纤维囊性骨炎,可伴有骨质疏松和骨硬化。合并 PTH 水平升高是其特点。

2. **低转化性骨病**　包括骨软化症和骨再生不良。前者主要由于维生素 D 缺乏和过量的铝沉积,甚至代谢性酸中毒,导致未钙化骨组织过分堆积。近年来骨再生不良发生率逐渐增加,主要由于过量应用活性维生素 D、含钙的磷结合剂以及透析液含钙量较高等,导致 PTH 水平相对较低,患者常合并血管钙化。

3. **透析相关性淀粉样骨病**　只发生于透析多年以后,可能是由于 β_2 微球蛋白沉积于骨所致。X 线检查发现在腕骨和股骨头有囊肿性改变,可发生自发性股骨颈骨折。

(九) 水、电解质代谢紊乱

1. **水钠代谢紊乱**　主要表现为水钠潴留,肾功能不全时,肾脏对钠负荷过多或容量过多的适应能力逐渐下降。水钠潴留可表现为不同程度的皮下水肿或/和体腔积液,这在临床相当常见,此时易出现血压升高、左心功能不全和脑水肿。有时也可出现低血容量和低钠血症。低血容量主要表现为低血压和脱水。低钠血症既可因缺钠引起(真性低钠血症),也可因水过多或其他因素所引起(假性低钠血症),而以后者更为多见。

2. **钾代谢紊乱**　CKD 晚期可发生高钾血症,是导致患者死亡的主要原因之一。诱因有:①钾摄入增加、蛋白分解增强、溶血、出血及输入库存血;②细胞内钾释出增加或钾进入细胞内受到抑制,见于代谢性酸中毒、使用 β-受体阻滞剂等;③钾在远端肾小管排泄受到抑制,如使用血管紧张素转换酶抑制剂或血管紧张素 II 受体拮抗剂、保钾利尿剂和非甾体类抗炎药。当患者钾摄入减少或丢失增加时也可发生低钾血症。

3. **钙、磷代谢紊乱**　CKD 患者因为活性维生素 D3 合成减少,小肠钙吸收减少导致低血钙。但由于晚期 CKD 患者多伴有酸中毒,掩盖了低钙引起的神经肌肉临床症状;而常常在纠正代谢性酸中毒后发生手足抽搐等低钙血症。长期低血钙刺激可引起甲状旁腺弥漫性或结节性增生,当形成自主性功能腺瘤(散发性甲状旁腺功能亢进)时,可发生高钙血症。当 GFR<20ml/min 时血清磷开始升高。高磷血症是造成继发性甲状旁腺功能亢进的主要原因。

4. **镁代谢紊乱**　当 GFR<20ml/min 时,由于肾排镁减少,常有轻度高镁血症,患者常无明显临床症状。长期使用利尿剂者也可发生低镁血症。

5. **代谢性酸中毒**　成人每天蛋白代谢将产生 1mmol/kg H^+。肾衰竭患者由于肾小管产氨、泌 NH_4^+ 功能低下,每天总酸排泄量仅 30 ~ 40mmol;每天有 20 ~ 40mmol H^+ 不能排出体外而在体内潴留。长期的代谢性酸中毒能加重 CKD 患者的营养不良、肾性骨病及心血管并发症,严重的代谢性酸中毒是慢性肾衰竭患者的重要死亡原因之一。

(十) 感染

感染是 CKD 患者最常见的并发症和死亡原因之一。由于 CKD 患者常合并淋巴组织萎缩和淋巴细胞减少,并且由于酸中毒、高血糖、营养不良以及血浆和组织高渗透压等因素,导致白细胞功能障碍。临床上可表现为呼吸系统、泌尿系统及皮肤等部位的各种感染。呼吸道感染是CKD患者较为常见的感染，患者常常合并心衰，感染又可以加重心衰和肾功能恶化，引发"尿毒症肺水肿"，危及生命。其次为尿路感染，随着CKD患者肾功能下降，尿量明显减少，尿液在膀胱中存留的时间比较长，有利于各种细菌繁殖，加上CKD患者普遍机体抵抗力下降，合并尿路感染的机会大大增加。这些患者，往往没有明显的高热、腰痛、尿频尿急、尿痛等症状，而常常表现为肾功能突然下降、低热，在临床中易漏诊，抗生素治疗常常产生耐药。

1. **细菌感染**　金黄色葡萄球菌是透析患者菌血症的常见致病菌，与血液透析临时性置管及腹膜透析置管关系最密切，金黄色葡萄球菌感染是导致透析患者反复住院的主要原因，也是导致透析技术失败的重要原因之一。

2. **结核菌感染**　由于尿毒症与透析患者的细胞免疫功能缺陷，因此容易并发结核菌感染，其发生率显著高于普通人群。慢性肾衰竭合并结核菌感染有时症状不明显，易导致误诊，应予以足够的重视。

3. **肝炎病毒感染**　常见的有乙型肝炎病毒感染和丙型肝炎病毒感染，主要见于血液透析患者。

4. **真菌感染**　慢性肾衰竭患者由于机体免疫力低下，常易发生细菌感染，长时间反复使用大量抗生素后，造成菌群失调，因此易合并真菌感染。

三、辅助检查

CKD患者因为原发病的不同，可出现原发疾病的特征性实验室和特殊检查的征象。而随着CKD的进展，当CKD<60ml/min后患者可逐渐出现下列实验室和特殊检查的异常：

（一）血常规和凝血功能检查

合并肾性贫血的患者可表现为正细胞、正色素性贫血，并随着肾功能的减退而加重；白细胞一般正常；血小板计数及凝血时间正常，出血时间延长，血小板聚集和黏附功能障碍，但凝血酶原时间、部分凝血酶激活时间一般正常。

（二）尿液检查

1. **尿比重和尿渗透压**　尿比重和尿渗透压低下，晨尿尿比重<1.018，尿渗透压<450mOsm/L；尿毒症晚期尿比重和尿渗透压固定于1.010和300mOsm/L，称之为等比重尿和等渗尿。

2. **尿量**　一般正常，但尿中溶质排出减少。

3. **尿蛋白量**　因原发病不同而异，肾小球肾炎所致慢性肾衰竭晚期尿蛋白可明显减少；但糖尿病肾病患者即使进入尿毒症期也常常存在大量蛋白尿。

4. **尿沉渣**　可见不同程度的红细胞、颗粒管型，肾小管间质性疾病和合并尿路感染的患者尿中白细胞增多，蜡样管型的出现可反映肾小管扩张，标志着肾衰竭进展至严重阶段。

（三）肾功能检查

对CKD患者均需要做肾小球滤过率的评估。临床上常检测内生肌酐清除率（Ccr），但Ccr重复性不佳，且SCr易受患者性别、年龄、营养状态等因素影响，特别是在慢性肾衰竭时，因肾小管分泌肌酐增多可导致对肾功能受损程度的低估。由于留取24h尿对门诊患者不甚方便，现多采用MDRD公式、Cockcroft-Gault公式和CKD-EPI公式计算肾小球滤过率。

（四）血液生化及其他检查

血清蛋白水平降低，特别是白蛋白水平低下。肾功能不全晚期血清钙、碳酸氢盐水平降低，血清磷水平升高。

（五）影像学检查

超声检查可以检测肾脏的大小、对称性，区别肾实质性疾病、肾血管性疾病及梗阻性肾病：①双侧肾脏对称性缩小支持CKD所致慢性肾衰竭的诊断；②如果肾脏大小正常或增大则提示急性肾损伤或多囊肾、淀粉样变、糖尿病肾病和骨髓瘤肾病等导致的慢性肾衰竭;③双侧肾脏大小不一致提示单侧肾发育异常、慢性肾盂肾炎、肾结核或缺血性肾病。

(六)肾活检

对于肾脏大小正常而病因不明的患者,如短期内肾功能迅速恶化,在无禁忌证的情况下应实施肾活检检查,以明确原发病因,特别是及时发现活动性病变,以便指导临床治疗。

四、诊断与鉴别诊断

CKD 的诊断和鉴别诊断应详细了解患者肾脏病病史,在仔细询问病史后,根据临床症状、体征和相关实验室检查结果,一般诊断和鉴别诊断并不困难。在诊断和鉴别时需要注意以下几个问题:

(一)明确是否存在 CKD

尿成分异常并非一定是肾脏疾病,其他泌尿系统疾病如膀胱、尿道、前列腺、睾丸的炎症和肿瘤等都可以引起尿成分异常,因此要予以考虑和鉴别。

(二)诊断 CKD 的原发疾病

CKD 非单一特异性疾病,正确诊断引起 CKD 的原发疾病,及时采取对因治疗,可延缓甚至逆转肾功能减退的进程,因此具有重要的临床意义。

(三)除外急性肾脏病变

对于既往无明确肾脏病病史或实验室(包括影像学)检查异常的患者,应除外急性肾脏病变可能。存在容易导致肾脏病变的高危因素(如高血压、糖尿病、肥胖、肾脏病家族史)、夜尿增多、合并不明原因的贫血、B 型超声显示双侧肾脏缩小等则强烈提示为 CKD。

(四)寻找促进 CKD 进展的可逆性因素

CKD 患者有时会因合并一些急性加重因素导致肾功能短期内迅速恶化,及时去除这些因素可能使肾功能逆转。常见的可逆性因素有:①肾前性因素:失血或体液丢失导致循环血容量不足、心功能衰竭、使用非甾体类消炎药或 RAAS 阻断剂(ACEI/ARB);②肾后性因素:如尿路梗阻;③肾性因素:如活动性肾小球病变、血管炎、急性间质性肾炎、急性肾盂肾炎、造影剂肾病、高钙血症等;④血管性因素:恶性高血压、单侧或双侧肾动脉狭窄、肾静脉血栓形成、动脉栓塞;⑤高分解代谢状态:如严重感染、创伤等。

(五)明确有无并发症

常见的并发症有:①感染:呼吸道、泌尿系统及消化道感染;②心血管并发症:高血压、心律失常、心力衰竭、心包炎等;③肾性贫血及营养不良;④肾性骨病;⑤尿毒症脑病;⑥高钾血症、代谢性酸中毒等。

(刘必成)

第三章 慢性肾脏病的防治

慢性肾脏病(chronic kidney disease,CKD)是各种原发性肾小球肾炎、继发性肾小球肾炎、肾小管间质病变以及糖尿病肾病、高血压肾小动脉硬化、缺血性肾病、遗传性肾病(多囊肾、遗传性肾炎)等病因导致的肾脏病,以慢性进展性肾功能下降为主要特征,对于该病的防治包括原发病的防治,各种危险因素的干预以延缓肾功能下降速度、减少并发症发生,最终达到减少终末期肾病、改善临床症状和降低患者死亡率的目标。

一、预防

要实现慢性肾脏病一级预防,首先需要进行疾病筛查,发现慢性肾脏病的危险因素,并通过控制危险因素减少慢性肾脏病的发生。目前在发达国家进行的筛查发现普通人群中慢性肾脏病患病率在10.5%~13.1%。根据2012年的全国调查,我国成人慢性肾脏病患病率为10.8%,由此估计我国成人中近1.2亿患有慢性肾脏病。易罹患慢性肾脏病的高危因素包括老年、男性、糖尿病、高血压、高尿酸血症、地域(北方和西南高发)等,因此在这些高危人群中进行积极控制血压、血糖和改善生活方式(低盐、运动、控制体重)可能有助于减少慢性肾脏病的发生。另外同时发现在农村地区的高收入人群中慢性肾脏病高发,提示对于这一人群应当予以更多关注,进行教育和必要的生活方式改善也可能有助于减少慢性肾脏病发生。然而目前临床上仍然缺乏慢性肾脏病预防的干预性临床试验。有研究显示在糖尿病患者中进行有关降压和使用RAAS阻断剂治疗,特别是在早期使用血管紧张素转化酶抑制剂(ACEI)可以降低30%左右的新发糖尿病肾病风险(以新发白蛋白尿作为糖尿病肾病定义)。

二、治疗

延缓慢性肾脏病进展的措施,首先是针对导致慢性肾脏病的原发病治疗,其次是针对慢性肾脏病进展的危险因素进行干预(表12-3-1)。

表12-3-1 延缓CKD患者肾功能进展的措施

危险因素	推荐治疗措施
吸烟	推荐戒烟
饮食	低盐饮食,钠摄入<2g/d(相当于氯化钠5g/d)
肥胖	控制体重指数<25
运动	如情况允许进行适当的中等或高强度的体育锻炼,每天至少30分钟,每周5天
高血压	控制血压,对于有蛋白尿的患者推荐血压控制目标<130/80mmHg,对于无蛋白尿患者血压目标<140/90mmHg;对于CKD特别是伴有蛋白尿患者首选RAAS阻断剂治疗
RAAS阻断剂	对于伴有蛋白尿患者应用足量ACEI或者ARB药物

Note

续表

危险因素	推荐治疗措施
糖尿病	控制糖化血红蛋白<7%,对于稳定的 CKD 1-3 期病人仍然可以使用二甲双胍治疗;短效磺脲类降糖药(如格列齐特)优于长效类;磺脲类药物和胰岛素需要相应调整剂量;CKD-4 期可以使用瑞格列奈,不需要调整剂量
蛋白摄入	应当避免高蛋白饮食[1.3g/(kg·d)以上],对于 GFR 低于 30ml/(min·1.73m^2)的患者可以采取低蛋白饮食[<0.8g/(kg·d)]

CKD:慢性肾脏病;

RAAS:肾素-血管紧张素-醛固酮系统

(一) 控制血压和 RAAS 阻断治疗

如前所述,血压升高和蛋白尿是引起慢性肾脏病进展的重要危险因素。无论对于糖尿病肾病还是非糖尿病肾病,积极控制血压和使用肾素血管紧张素醛固酮系统(RAAS)阻断剂,包括血管紧张素转化酶抑制剂(angiotensin-converting-enzyme inhibitor,ACEI)或血管紧张素受体阻断剂(angiotensin receptor blocker,ARB)都可以有效降低健存肾单位的球内压、改善高滤过状态,减少蛋白尿。目前已经有大量的临床研究证明 RAAS 阻断治疗是延缓慢性肾脏病进展的核心治疗措施,同时也可以减少慢性肾脏病患者的心血管并发症的发生。

大量的随机对照试验已经充分证实降低血压和改善肾脏预后之间的关系,然而关于慢性肾脏病血压控制的靶目标目前仍存在一定争议。由于蛋白尿是影响慢性肾脏病患者降压疗效的一个重要协同因素,临床上往往更重视对伴有蛋白尿的慢性肾脏病患者的血压控制。目前已有多个大型的临床随机对照试验(MDRD、AASK 和 REIN-2)发现对于伴有蛋白尿(尿白蛋白排泄率>30mg/d)患者采取强化降压(血压降至 130/80mmHg 以下),更有助于减少肾衰竭发生的风险;而对于不伴有蛋白尿的患者强化降压目标并不产生进一步的肾脏保护效应,因此推荐常规降压目标为 140/90mmHg 以下。

蛋白尿既是慢性肾脏病常见的临床表现,也是导致疾病进展、发生肾衰的独立危险因素。大量的前瞻性临床试验证实有效降低蛋白尿、特别是应用 ACEI 或 ARB 类药物控制蛋白尿,可以明显减少病人肾衰竭的风险,蛋白尿控制在 300~500mg/d 以下往往可以明显改善病人的肾脏病预后。

ACE 和 ARB 是最为常用的 RAAS 阻断剂,在降压、降低蛋白尿和肾脏保护方面的循证医学证据最为充分,而且它们具有独立于降压以外的肾脏保护效应,因此推荐 ACEI 或 ARB 类药物作为慢性肾脏病患者特别是伴有蛋白尿的 CKD 患者的首选降压药物。它们可以通过相对扩张出球小动脉而有效降低肾小球内压、降低蛋白尿以及拮抗肾脏炎症反应和纤维化过程。对于伴有蛋白尿的 CKD 患者,在应用 RAAS 阻断剂时应当注意以下事项:①首先要足量,在病人能够耐受的情况下,ACEI 或 ARB 药物应当逐渐加大剂量,以达到充分的 RAAS 阻断和最大程度的降低蛋白尿水平;来自临床试验的结果显示在同等血压水平下,ACEI 或 ARB 药物高剂量组患者较常规剂量组有更显著的降低蛋白尿和保护肾功能作用;②需要注意低盐饮食(氯化钠摄入量<5g/d),高盐饮食可以显著影响 RAAS 阻断剂拮抗蛋白尿的疗效,因此控制钠的摄入可以最大程度地发挥 RAAS 阻断剂降压和降低蛋白尿的疗效;③在严重肾功能受损[GFR<30ml/(min·1.73m^2)]的情况下 ACEI 或 ARB 药物仍然可以使用,但是需要严密监测急性血肌酐升高和高钾血症的风险;④在血容量不足或者脱水情况下使用 RAAS 阻断剂容易造成急性肾损伤,因此在这些情况下应当停用或避免使用 RAAS 阻断剂。

(二) 控制蛋白质摄入

低蛋白饮食可以通过降低肾小球内压、高滤过状态以及其他非血流动力学效应延缓 CKD 患者肾功能的恶化。低蛋白饮食可以通过抑制胰岛素样生长因子(insulin-like growth factor I,IGF-1)和

Note

激肽(kinin)而减少肾小球滤过压,并通过调整球管反馈而减轻蛋白摄入导致的高滤过状态。现有的临床试验显示采用适当优质低蛋白饮食可在一定程度上延缓肾功能进展,但是必须保证足够的热量摄入以免引起营养不良而增加患者死亡的风险。因此对于慢性肾脏病患者应当避免高蛋白饮食[1.3g/(kg·d)],而对于 GFR 低于 30ml/(min·1.73m²)的患者可以采取低蛋白饮食[0.8g/(kg·d)]以延缓肾功能进展。

(三)控制盐摄入

近来随机对照试验的结果显示低盐摄入可显著降低慢性肾脏病患者血压,也能在一定程度上降低蛋白尿水平,而且能够增强 RAAS 阻断剂降低蛋白尿的疗效,特别是低盐联合利尿剂能更有效地降低蛋白尿。因此对于慢性肾脏病患者除非存在低容量状态或者肾性失钠等特殊情况,均应当推荐低盐饮食(氯化钠<5g/d),可以通过尿钠检查来监测患者盐的摄入量。

(四)控制血糖

糖尿病肾病或者慢性肾脏病合并糖尿病患者应当予以积极控制血糖。早期研究证实积极控制血糖有助于减少微血管并发症包括蛋白尿的发生以及延缓肾功能的进展。而新近的几个大型随机对照研究发现虽然强化降糖,即糖化血红蛋白(HbA1c)<7%,可以明显降低蛋白尿水平,但是并不能延缓 GFR 下降的速度。因此对于普通慢性肾脏病患者 HbA1c 控制于 7% 或以下较为合适,但是应当注意低血糖的发生。而对于存在很多并发症、预期寿命短或存在低血糖风险的人群 HbA1c 不宜控制到 7% 以下。值得注意的是对于慢性肾脏病患者尤其晚期肾病患者,其红细胞寿命缩短(<3 个月),因此在应用 HbA1c 监测血糖控制水平时需要注意。

(五)慢性肾脏病基础上急性肾损伤

慢性肾脏病是患者发生急性肾损伤的危险因素,在慢性肾脏病进展的阶段肾功能可能会出现急剧恶化,这既可以由原有肾脏病的活动引起,例如血管炎、狼疮性肾炎的活动或者肾小球原有病变基础上出现大量新月体形成;也可以由其他因素造成(详见第十一篇),因此需积极避免慢性肾脏病的急性恶化因素(如脱水、感染、恶性高血压、造影剂等),并及时识别慢性肾脏病患者进展中急性、可逆性的因素,进行积极有效的处理。例如通过有效的纠正血容量不足、控制感染、积极治疗恶性高血压等,往往可使恶化的肾功能部分或完全恢复至之前的水平。

(六)并发症治疗

1. 矿物质和骨异常　矿物质和骨代谢异常(mineral and bone disorder,MBD),包括肾性骨病和骨外钙化,在慢性肾脏病患者较为常见,特别是在 GFR <45ml/(min·1.73m²)的晚期肾病患者。其表现包括低钙、高磷、维生素 D 水平下降、甲状旁腺激素水平(PTH)和纤维生长因子(FGF-23)升高,这些矿物质和骨代谢异常不但会引起骨病,而且与患者发生心血管疾病有关。越来越多的研究显示高磷血症和 FGF-23 升高是患者发生心血管疾病和死亡的独立危险因素。因此对于 MBD 的治疗,还具有改善患者心血管疾病和降低死亡风险的意义。但是目前在慢性肾脏病非透析人群中开展的干预性试验仍然非常缺乏,大多数结果仍然是来自于观察性研究。根据 2012 年改善全球肾脏病预后组织(Kidney Disease：Improving Global Outcomes,KDIGO)临床实践指南的推荐,对于慢性肾脏病患者特别是 CKD3b ~ CKD5 期[GFR<45ml/(min·1.73m²)]的患者应当常规检测血钙、血磷、全段甲状旁腺素(iPTH)和骨组织代谢特异性的碱性磷酸酶活性。磷的摄入主要来源于蛋白含量高的食品,对于高磷血症的患者,首先可以通过控制磷的摄入(<900mg/d)进行干预,饮食控制不佳的高磷患者可服用磷结合剂,对于伴有低钙血症的患者可以选择含钙的磷结合剂(calcium-based phosphate binders),如碳酸钙、醋酸钙,对于服用钙剂后血钙偏高的患者可应用新型非含钙的磷结合剂(non-calcium-based phosphate binders)以维持血钙、磷水平在正常范围之内,新近对于已经完成的 11 项随机对照试验分析结果提示这些磷结合剂均能有效的降低血磷水平,但是非含钙的磷结合剂较含钙的磷结合剂能够降低 22% 的全因死亡率;治疗过程中应当注意监测,如果伴有血管钙化的证据或者 PTH 水平持续性过低(提示骨代

Note

谢低下)应当减少含钙的磷结合剂用量。

由于缺乏足够的临床试验,对于非透析人群PTH最佳控制水平目前仍然不清。通常通过控制磷的摄入或服用磷结合剂控制PTH异常。对于同时存在维生素D缺乏而且血钙水平不高的情况下可以应用活性维生素D或其类似物(vitamin D analogs)治疗可以有效地降低iPTH水平,改善骨病和肌肉无力,降低患者发生骨折的风险。然而对于单纯继发性甲状旁腺功能亢进,而维生素D不缺乏的患者,并没有证据显示补充活性维生素D或类似物可以降低死亡率或改善心血管并发症;因此对于不存在维生素D缺乏的患者不应常规应用活性维生素D治疗。对于药物治疗反应不好的继发性甲旁亢的患者可以考虑进行甲状旁腺手术切除治疗。

2. 心血管疾病　慢性肾脏病本身是心血管疾病的高危因素,来自大样本队列研究显示GFR低于60ml/(min·1.73m²)或者尿液检查发现白蛋白尿升高均是患者发生心血管死亡的危险因素,而且风险随GFR下降或白蛋白尿升高而呈线性增加。总体而言,慢性肾脏病患者发生心血管疾病的风险要明显高于终末期肾病的发生,是造成CKD病人死亡的首要原因。慢性肾脏病导致的心血管疾病除了传统的危险因素如吸烟、肥胖、高血压、脂代谢紊乱等因素外,还包括CKD本身具有的非传统危险因素如贫血、水钠潴留、钙磷代谢紊乱等导致的心肌病变或血管钙化。但是目前几乎很少有针对慢性肾病人群开展的心血管疾病防治的循证医学研究,绝大多数治疗的证据仍然是借鉴于心血管疾病防治临床试验研究中的慢性肾病亚组分析数据(表12-3-2)。

表12-3-2　CKD患者心血管并发症防治措施

危险因素	推荐治疗措施
生活方式	戒烟、低盐饮食、控制体重、运动
高血压	控制血压,每降低5mmHg,心血管疾病风险降低1/6;不同降压药在心血管保护方面没有差别
高脂血症	对于年龄大于50岁的CKD患者给予他汀类降脂药物 对于年轻的CKD患者如果合并其他心血管疾病危险(如冠心病、脑梗死、糖尿病等)给予他汀降脂药物
高磷血症	口服磷结合剂特别是非含钙的新型磷结合剂可能降低心血管死亡风险
贫血	推荐首先选择铁剂(口服或静脉)的使用,对于仍然存在贫血的使用ESA,但需要注意其相关的心血管疾病风险增加,对于使用ESA治疗血红蛋白靶目标不超过115g/L
糖尿病	见表12-3-1
其他	对于存在缺血性心血管疾病或高危人群可以使用阿司匹林,但需要警惕在CKD人群中出血风险的增加

ESA:促红细胞生成素刺激剂;CKD:慢性肾脏病

(1) 血压控制:降压治疗是慢性肾脏病患者进行心血管保护的核心治疗措施。通过对有关高血压的大型随机对照试验中GFR低于60ml/(min·1.73m²)亚组人群资料进行系统分析发现:血压每降低5mmHg可以减少1/6的主要心血管疾病事件风险,且其相对风险度的下降(relative risk reduction,RRR)与非慢性肾病人群相同,但是考虑到慢性肾脏病患者本身发生心血管事件的绝对风险明显高于普通高血压人群,因此降压治疗在慢性肾脏病人群中的心血管获益绝对要大得多。研究表明在心血管保护方面,现有的降压药物包括RAAS阻断剂、钙通道阻断剂、利尿剂或者β受体阻断剂之间并无明显差异。由于蛋白尿是影响慢性肾脏病患者降压疗效的一个重要因素,也是影响患者预后的独立危险因素,因此CKD患者的血压控制目标根据是否存在蛋白尿而略有不同(如前述)。

(2) 血脂控制:目前在慢性肾脏病研究领域完成的最大的SHARP研究显示,对于晚期CKD

患者服用他汀类降脂药物可以减少17%的主要心血管事件;在此基础上后续完成的几项系统综述和荟萃分析证实,在慢性肾脏病人群中服用他汀降脂药物可以显著降低心血管死亡的风险,但是他汀类降脂药物相对疗效会随着肾功能下降而相对下降,而且对于已经透析的人群接近无效。这可能是由于动脉粥样硬化性心血管事件在晚期慢性肾脏病人群所占的比例相对下降,而其他原因导致的血管病变(如钙磷紊乱导致血管钙化或内皮损伤)或心肌病变增加。由于慢性肾脏病本身是心血管疾病高危人群,对于年龄超过50岁的CKD人群应当常规给予他汀类降脂药物,无论其基础是否存在高脂血症;对于年轻的慢性肾脏病患者如果同时存在血管疾病(如冠心病、缺血性中风)或危险因素(如糖尿病)应当给予他汀降脂药物治疗。目前缺乏资料证实在慢性肾脏病人群中低密度脂蛋白下降程度和心血管获益大小存在相关性,因此CKD人群血脂控制与非CKD人群中"降脂治疗需要达标"(treat-to-target)的策略有所不同,KDIGO临床实践指南采取了给予他汀药物治疗,但是不要求具体降脂目标的策略,即"fire-and-forget"策略。

(3) 抗血小板治疗:对于已经存在冠心病或者缺血性中风事件的人群,可以给予阿司匹林治疗,但是该治疗在慢性肾脏病患者中的出血风险要明显大于非慢性肾脏病人群,而且患者服用阿司匹林后出血风险随着肾功能下降而增加。在慢性肾脏病人群中临床试验数据分析显示,服用阿司匹林带来的心血管获益大于其带来的出血风险。因此,对于存在发生动脉粥样硬化性心血管事件(如心梗、中风)风险的慢性肾病人群可以给予阿司匹林治疗,并且需要权衡由此带来的出血风险。

此外,对于慢性肾脏病人群也应强调改善生活方式,包括戒烟、鼓励进行适当的体育锻炼活动、低盐饮食、控制体重以及血糖控制等。

3. 贫血　慢性肾脏病常常合并贫血,特别是在晚期肾脏病或合并糖尿病的患者,根据KDIGO临床实践指南推荐对于慢性肾脏病3期患者至少每年进行一次贫血评估,而对于4期患者则每年至少两次。慢性肾脏病贫血主要原因在于促红细胞生成素相对不足,同时其他因素如缺铁、失血以及红细胞寿命缩短等原因参与发病。因此在治疗时应当综合考虑这些因素,并结合患者贫血症状以及治疗可能带来的风险等因素综合制定治疗方案。促红细胞生成素刺激剂(erythropoiesis-stimulating agent,ESA)治疗的应用使得慢性肾脏病患者减少了需要通过输血来纠正贫血带来的各种不良反应,同时减少了患者左心室肥厚的风险,是一个里程碑式的治疗。但是随着大量相关临床试验的完成,结果提示大量使用ESA也可能带来一定的心血管风险。例如对于采用ESA治疗肾性贫血患者的研究显示,血红蛋白达到130g/L以上反而较血红蛋白在100～120g/L的患者发生更多的心血管疾病,并增加了患者死亡以及充血性心衰的风险;同样在针对慢性肾脏病合并糖尿病的随机双盲对照试验中,采用ESA治疗后血红蛋白靶目标130g/L的患者与服用安慰剂的患者(仅在血红蛋白病人低于90g/L给予补救性ESA治疗)相比没有任何额外的心血管疾病或肾脏保护方面的获益,反而增加患者发生中风的风险。这些研究结果支持对于慢性肾脏病患者血红蛋白低于100g/L才开始考虑给予ESA治疗的策略,而且治疗的血红蛋白目标不宜超过115g/L。

4. 酸碱平衡和电解质紊乱　随着肾功能下降,慢性肾脏病患者容易出现包括水钠潴留、高钾血症、高阴离子间隙的代谢性酸中毒。特别是在应用RAAS阻断剂(ACEI或ARB或醛固酮拮抗剂)时更容易出现高钾血症,需要通过控制食物中钾摄入、服用降钾药物等予以防治。而酸中毒常常在GFR<40ml/(min·1.73m²)时发生,对于血清碳酸氢根<22mmol/l的患者应当口服补充碱剂(如碳酸氢钠)。研究显示口服补充碳酸氢钠还能有助于延缓肾功能进展和改善患者营养状态。

(张　宏)

本篇小结

      本篇主要阐述了慢性肾脏病(CKD)概念的历史发展、流行病学现状,并重点介绍了CKD的定义和分期、发病机制、临床表现、诊断与鉴别诊断要点。CKD治疗包括原发病的治疗、延缓肾功能进展以及并发症治疗。积极控制血压和使用足量血管紧张素转化酶抑制剂或血管紧张素Ⅱ受体阻断剂是延缓CKD进展的重要治疗措施。心血管疾病是导致CKD患者死亡的首位病因,有效的治疗措施包括控制血压、使用他汀类降脂药物和服用阿司匹林。矿物质和骨代谢异常治疗主要是通过饮食控制和使用磷结合剂维持钙磷水平正常,对于仍然存在继发性甲状腺功能亢进的患者可以使用活性维生素D类似物。

关键术语

      慢性肾脏病(chronic kidney disease)

      改善全球肾脏病预后组织(Kidney Disease:Improving Global Outcomes)

      估算的肾小球滤过率(estimated glomerular filtration rate)

      血管紧张素转化酶抑制剂(angiotensin-converting-enzyme inhibitor)

      血管紧张素受体阻断剂(angiotensin receptor blocker)

      含钙磷结合剂(calcium-based phosphate binders)

      非含钙磷结合剂(non- calcium-based phosphate binders)

      促红细胞生成素刺激剂(erythropoiesis-stimulating agent)

思考题

    1. 请简述CKD的定义和分期。

    2. 有关CKD的发病机制目前存在哪些假说?

    3. 请简述CKD各系统常见的临床表现。

    4. CKD进展的主要机制是什么?

    5. 治疗CKD心血管疾病并发症有哪些有效的措施,药物使用和其他心血管疾病患者有何区别?

Note

第十三篇　肾脏替代治疗

器官·系统
整合教材
OSBC

第一章 概 述

一、肾脏替代治疗的种类

各种病因导致的急性肾损伤(AKI)或慢性肾脏病(CKD)不断进展并进入 ESRD 阶段,机体的水、电解质、酸碱平衡无法维持生理需要的稳态时,就需要肾脏替代治疗来维持机体内环境的稳定。目前临床常用的肾脏替代治疗方法包括血液净化(blood purification)和肾脏移植(renal transplantation),其中血液净化仅能替代部分的肾脏功能,而肾脏移植能替代完整的肾脏功能。血液净化包括了一组原理不同的技术,主要有血液透析、血液滤过、血浆置换和腹膜透析等,其中血液透析和腹膜透析是最常用的血液净化治疗手段。

肾脏替代治疗按应用的持续时间可分为两种,一种为临时性肾脏替代治疗,即应用血液净化方法替代一过性的肾脏功能衰竭,待患者的肾脏功能完全或部分恢复时,即可停止治疗。这种情况往往出现在 AKI 的治疗中,KDIGO 在 AKI 治疗指南中指出:"出现危及生命的容量、电解质和酸碱平衡改变时,应紧急开始肾脏替代治疗",同时也指出:"作出开始肾脏替代治疗的决定时,应当全面考虑临床情况,是否存在需要被肾脏替代治疗纠正的其他情况,而不应仅根据尿素氮和肌酐的水平"。

另一种是维持性肾脏替代治疗,即患者的肾功能丢失是不可逆的过程,达到一定程度时,必须开始肾脏替代治疗,并且维持终身,其治疗目的主要是清除体内蓄积的毒素和多余的体液成分;缓解终末期肾病患者的临床症状及并发症;延长患者生存时间并提高其生活质量。关于何时开始维持性肾脏替代治疗,目前仍缺乏全球统一的标准和循证医学依据。过去几十年中,传统的观念倾向于在较高的 eGFR 时开始透析治疗,即早期透析,但 2010 年在《新英格兰医学杂志》发表的 IDEAL 试验(ESRD 患者开始透析时机对患者预后影响的多中心临床试验)提出了不同的观点,与较晚透析[eGFR 为 $5 \sim 7\text{ml}/(\text{min} \cdot 1.73\text{m}^2)$ 时开始透析]相比,早期透析[eGFR 为 $10 \sim 14\text{ml}/(\text{min} \cdot 1.73\text{m}^2)$ 时开始透析]并不能获得更高的生存率及良好预后。该结论在国际上引起了很大反响和讨论。为此,欧洲肾脏病最佳实践指南(ERBP)针对该文于 2011 年发表了基于 IDEAL 试验结果的临床指南更新。该指南指出,IDEAL 试验对象均是营养状况相对较好、透析准备充分且处于临床密切监测下的患者,而临床实际中多数 ESRD 患者不可能达到上述条件,因此,若按 IDEAL 结果延迟患者开始透析时机(即出现明显症状时)可能会增加患者的死亡风险。指南认为,当 ESRD 患者的 eGFR 降至接近 $15\text{ml}/(\text{min} \cdot 1.73\text{m}^2)$ 时,即应开始密切监测,以尽早发现并发症;当 $\text{GFR} < 15\text{ml}/(\text{min} \cdot 1.73\text{m}^2)$ 且出现尿毒症症状或难以控制的水肿、高血压或营养状态恶化时,即应开始透析;对于 eGFR 下降较快的高危患者(如糖尿病肾病患者等),应予密切监测,若无密切监测的条件,则即使临床无明显症状出现亦建议尽早开始透析;对于无症状的 ESRD 患者,可延迟透析时机,但应做好相应的透析准备。因此,决定维持性肾脏替代治疗的开始时机是一个基于 eGFR、患者临床症状、营养状态和并发症的综合评估过程。

二、基本原理和工作条件

(一)血液透析

血液透析(hemodialysis,HD)是目前最常用的血液净化疗法。血液透析的尝试开始于 20 世纪初,随着肝素的发明应用以及转鼓式透析机的出现,血液透析从 20 世纪中期开始进入快速发展阶段,1973 年后我国大多数医院都开展了维持性血液透析工作。血液透析主要利用弥散、对流和吸附的原理将血液中的代谢废物、毒物和多余的水分通过透析膜清除到透析液中。血液透析的完成需要将血液通过患者血管通路的动脉端引出,进入透析机中通过透析膜与透析液进行充分的溶质交换和水分清除,再通过血管通路的静脉端流回患者体内。因此,血管通路、抗凝方法、透析机、透析液是血液透析得以进行的基本条件。

(二) 腹膜透析

腹膜透析(peritoneal dialysis,PD)是血液净化的另一项重要技术,广泛应用于急性肾损伤和终末期肾病患者的治疗。腹膜透析几乎与血液透析同时正式进入临床,然而早期这一技术一直面临着腹膜炎高发的挑战,以至于长期以来被认为是血液透析的辅助和补充,只有那些不适合做血液透析的患者,才考虑选择腹膜透析进行治疗。1979 年出现连续不卧床腹膜透析(continues ambulatory peritoneal dialysis,CAPD)的治疗模式之后,人们对腹膜透析的认识开始逐渐改变,在世界范围内腹膜透析人数逐年增多。特别是进入 20 世纪 90 年代以后,腹膜透析技术日趋成熟,腹膜炎已不再是困扰腹膜透析的难题,双袋透析连接装置的引入,使腹膜透析患者的腹膜炎发生率明显下降。进行腹膜透析需要在患者腹腔内置入腹透管,腹透管的末端位于腹腔最低点,即男性的膀胱直肠窝或女性的子宫直肠窝,另一端固定在腹壁上,通过其将腹透液输入腹腔。利用腹膜的半透膜特性,腹膜毛细血管内的血液和腹腔内的透析液进行水和溶质的交换是腹膜透析的工作原理。腹透液的渗透压主要由葡萄糖维持,可利用腹透液与血液的渗透压差进行水分的超滤。与血液透析相比,腹膜透析需要的运行条件相对简单,只需要成功的腹透置管和腹透液即可进行。

(三) 肾脏移植

肾脏移植是最早应用于临床并开展量最大的器官移植,自 1954 年美国的 Murray 医生实施世界第一例成功的肾移植开始,各国肾移植数量呈逐年增加的趋势。我国的首例肾移植于 1960 年由著名泌尿外科专家吴阶平院士完成,但由于当时缺乏有效的免疫抑制治疗,术后患者未能长期存活。20 世纪 70 年代中期开始,肾移植作为治疗终末期肾病的有效方法在我国各地开始推广。与其他脏器相比,肾移植的手术过程相对简单,一般将供肾放置在受者的髂窝处,供肾动脉常与受者髂内动脉或髂外动脉吻合,供肾静脉常与受者髂外静脉吻合,供肾输尿管通常与受者膀胱吻合,实现了供肾的血供和尿流通道的建立,大多数情况下患者的原肾不需要切除。决定移植肾和移植受者生存时间和生存质量的主要因素是术后的综合管理,包括抗排斥的免疫抑制药物调整;感染和肿瘤的防治;高血压、高血脂、高血糖等代谢因素的控制等。

三、三种肾脏替代治疗方法的整合应用原则

(一) 腹膜透析和血液透析的比较

腹膜透析和血液透析这两种最常用的血液净化方法的主要特点比较见表 13-1-1。

表 13-1-1　血液透析和腹膜透析的主要特点比较

	腹膜透析	血液透析
抗凝剂	不需要	需要
血流动力学	稳定	易出现波动
清除物质	中、小分子	小分子
残肾功能的下降	相对慢	相对快
对设备和技术的要求	不高	高
社会回归度	高	低
纠正水、电解质、酸碱平衡紊乱速度	慢	快
常见并发症	腹腔感染,蛋白质营养不良,高血糖,腹膜功能衰竭	血压异常,心血管并发症,出血

腹膜透析的优点：①不需要使用抗凝剂，对需要肾脏替代治疗而又合并重要脏器的活动性出血（脑出血、消化道出血等）的患者，选择腹膜透析可以避免因使用抗凝剂而导致的出血加重；②因为腹膜透析是24小时持续进行，其脱水过程均匀缓慢地发生在24小时内，因此单位时间脱水量远远小于血液透析，发生低血压的几率远远小于血液透析。对血流动力学不稳定的患者，如各种原因导致的低血压患者进行肾脏替代治疗时也可优先选择腹膜透析；也因为其脱水过程缓慢而血流动力学稳定，所以对终末期肾病患者的残余肾功能影响小；③腹膜透析对中、大分子的毒素清除效率高于一般血液透析，长期透析后因中、大分子毒素蓄积导致的并发症相对较少出现在腹透患者；④腹膜透析技术相对简单，置管完成后可在家中进行，无需像血液透析一样每周数次往返于医院，适用于生活在偏远地区就医不便的患者，对患者的生活和工作影响较小，社会回归度高。

血液透析的优点：①短时间内清除水分和毒素的效率高于腹膜透析，因此在急性肺水肿、高钾血症、药物中毒等急、危重症的抢救中凸显优势；②一旦成功建立血管通路，患者只需定时到医院接受治疗，无需自己操作，每周接受数次医生护士的治疗及宣教，对患者的管理相对更仔细；③不受限于无法进行腹膜透析的情况，如腹腔感染，腹膜硬化，严重高血糖等。

（二）肾脏移植的整体优势

上述血液净化治疗方法对肾脏功能的替代并不完全，仅完成了部分的肾脏滤过功能，不能替代肾小管重吸收功能以及肾脏的内分泌功能，因此在维持性血液透析和腹膜透析患者中，还存在因肾衰竭而导致的其他系统问题需要应用药物来治疗，如使用促红细胞生成素纠正贫血，使用活性维生素 D_3 治疗慢性肾脏病的矿物质和骨代谢异常等。另外，血液净化对代谢产物和毒素的清除并不能完全媲美人体肾脏的正常生理功能，随着透析时间的延长，不可避免地会出现因为代谢产物蓄积而导致的慢性并发症。成功的肾脏移植能完整替代肾脏功能，是目前最完善的肾脏替代治疗方法。随着近几十年在供受体配型筛查、外科技术和新型免疫抑制剂应用等方面的进展，肾移植受者的长期存活率有了很大的提高，与血液净化相比有较大优势，根据美国肾脏数据系统（The United States Renal Data System，USRDS）的报道，近年血液透析患者5年生存率为35.7%，腹膜透析患者为41.9%，而肾脏移植患者为84.8%。最近又有加拿大的学者发表了支持上述观点的研究结果，他们分析了110篇对比研究肾移植和维持性透析对患者长期预后和生活质量影响的文献数据，共包括了近20万例患者，大多数研究发现肾移植患者的死亡率更低，并且与透析相比这一优势随着时间延长更为显著；大多数研究发现肾移植患者的心血管并发症风险较低，生活质量优于透析患者。

但是，肾脏移植也存在其固有的不足之处。除了遗传基因背景完全相同的同卵双生供受体之间的移植，其他同种异体供受体之间的肾移植都会发生免疫排斥反应，需长期应用免疫抑制剂，各种免疫抑制剂的使用可能增加代谢综合征、机会感染、肿瘤的发生率；另外，供肾来源的不足也是限制肾移植广泛开展的一个主要原因。

综上，临床医生应根据患者肾衰竭的发生速度、是否可逆、基础疾病、全身其他脏器功能情况等综合因素选择合适的肾脏替代治疗方法，实现最佳的个体化治疗。不要仅局限于替代肾脏功能，更应关注患者整体的长期生存和生活质量的提高。

（陈江华）

第二章　血液透析

【学习目标】

掌握常用的血管通路类型、抗凝方法、透析方式和血液透析充分性的概念；掌握常见的血液透析急性并发症的处理；熟悉常见血液透析慢性并发症和处理方法；熟悉影响血液透析长期存活的相关因素；了解血液透析的发展史。

第一节　血液透析的基本概念

一、历史和原理

血液透析（简称血透）主要替代肾脏对溶质（主要是小分子溶质）和液体的清除功能，其利用半透膜原理，通过溶质交换清除血液内的代谢废物、维持电解质和酸碱平衡，同时清除体内过多的液体。

血液透析的概念最早由苏格兰化学家 Thomas Graham 于 1861 年提出，他发现用包被白蛋白的植物纤维膜构成半透膜可以使晶体弥散通过，他把这个过程称为 Dialysis，dia- 即为通过，-lysis则为分离，因此他也被称为"透析之父"。1943 年荷兰医生 Willem Kolff 研制成第一台临床实用的转鼓式人工肾，其装置包括 30~40m 长的赛璐玢（Cellophane）管道，这些管道预先固定在木鼓表面，治疗时血液在管道内流，而木鼓则在盛有 100 升电解质溶液（透析液）的水箱中转动，达到清除尿毒症毒素的目的。1945 年 Kolff 应用该装置成功救治了一例昏迷的老年女性急性肾衰竭患者，从而使血液透析逐步在临床推广。

血液透析中溶质清除主要依靠弥散，即溶质依赖半透膜两侧溶液浓度梯度差从浓度高的一侧向浓度低的一侧移动。溶质清除的另一种方式是对流，即依赖膜两侧压力梯度，水分和小于膜截留分子量的溶质从压力高侧向压力低侧移动。在普通血透中弥散起主要作用，血液滤过中对流起重要作用。

血液透析时，血液经血管通路进入体外循环，在血泵的推动下进入透析器（内含透析膜）与透析液发生溶质交换后再经血管通路回到体内。临床常用中空纤维透析器，由透析膜构成的平行中空纤维束组成，血液流经纤维束内腔，而透析液在纤维束外通行。目前临床采用的透析膜材料以改良纤维素膜和合成膜为主。成年患者所需透析膜的表面积通常在 $1.5 \sim 2.0 m^2$，以保证交换面积。

透析液成分与人体内环境成分相似，含有钠、钾、钙、镁、氯、碳酸氢根、葡萄糖等物质，表 13-2-1 为常用透析液成分和浓度（表 13-2-1）。透析液由透析用水和透析液浓缩液或干粉配制而成。透析用水由自来水经过水处理系统生成，透析用水和透析液质量对保证透析质量至关重要，必须符合我国医药业标准《血液透析和相关治疗用水》（YYOO72-2005）的要求。透析液水质应是影响维持血透患者营养状态和长期并发症的独立危险因素。研究发现应用超纯透析液可以明显改善血液透析患者微炎症状态，保护残余肾功能，改善患者营养状况，降低促红细胞生成素（erythropoietin，EPO）的用量，减少腕管综合征的发生率。

Note

表 13-2-1　透析液成分及浓度

成分	浓度（mmol/L）
钠	135～145
钾	0～4
钙	1.25～1.75
镁	0.5～0.75
磷	100～115
醋酸根	2～4
碳酸氢根	30～40
葡萄糖	0～11
二氧化碳分压（mmHg）	40～110
pH	7.1～7.3

二、血管通路

血管通路是血液透析患者的生命线,可根据使用时间分为临时血管通路和永久性血管通路。

常用的临时血管通路为深静脉临时置管,可选择颈内静脉、股静脉或锁骨下静脉。深静脉导管主要并发症为感染、血栓形成和静脉狭窄。

常用的永久性血管通路为自体动静脉内瘘、移植血管内瘘和深静脉带 CUFF 长期导管。自体动静脉内瘘是目前最理想的永久性血管通路。自体动静脉内瘘通过外科手术,吻合患者外周的动脉和浅表静脉,使得动脉血流通过浅表静脉回流,使浅表静脉"动脉化",便于血管穿刺。常用自体动静脉内瘘选择桡动脉与头静脉吻合,血液流速可达 500～800ml/min。内瘘成熟一般需要至少 2～3 个月,慢性肾衰竭患者肾小球滤过率<25ml/min 或血清肌酐>4mg/dl（352μmol/L）时,应考虑实施动静脉内瘘成形术。

在自体动静脉内瘘无条件实施的情况下,可以用自体异位血管、异体血管或人工合成材料血管植入,建立血管通路,称为移植血管内瘘。与自体血管内瘘相比较,移植血管内瘘容易出现感染、血管狭窄、血栓形成等并发症,使用寿命显著低于自体动静脉内瘘。

深静脉带 CUFF 长期导管适用于无法建立自体动静脉内瘘或移植血管内瘘的患者或短期透析的患者（一般透析时间<6 个月）,主要并发症为感染、血栓形成和中心静脉狭窄,因此一般建议使用时间不超过 1 年。

三、抗凝

血液透析为体外循环,透析时需合理使用抗凝治疗以防止透析器和血液管路中凝血。常用的抗凝药物有普通肝素、低分子肝素、枸橼酸、阿加曲班等。血液透析前需评估透析患者的凝血功能和出血情况,根据患者情况进行个体化用药和调整。

肝素是最常用的抗凝剂,一般首剂量为 37.5～62.5IU/kg,每小时追加 625～1250IU。在透析过程及透析后短时间内都有出血的风险。与普通肝素相比,低分子肝素主要是通过抗 Xa 因子活性而达到抗凝效果,而抗 IIa 因子活性较弱,对血小板影响较小,APTT、PT 延长不显著,故出血危险性也相对较低。对一些存在有出血倾向的患者建议使用低分子肝素。但应用低分子肝素仍然有出血的可能,对于临床上合并出血性疾病或极高出血风险的患者,仍不建议选择低分子肝素作为抗凝药物。

存在明确活动性出血、明显出血倾向或有肝素使用禁忌证时,可选择局部枸橼酸抗凝或无抗凝剂透析方式。

四、透析方式

常用透析方式有血液透析(HD)、血液滤过(HF)、血液透析滤过(HDF)、单纯超滤(IU)等。血液透析根据所用透析器超滤系数可分为低通量血液透析[超滤系数<20ml/(mmHg·h)]和高通量血液透析[超滤系数>20ml/(mmHg·h)]。

血液滤过是模仿正常人肾小球滤过原理,以对流方式清除体内过多的水分和尿毒症毒素的透析方法。与普通血液透析相比,血液滤过具有对血流动力学影响小,中分子物质清除率高的优点,但对小分子物质的清除不如血液透析。

血液透析滤过是血液透析和血液滤过的结合,具有两种治疗模式的优点,可通过弥散和对流两种方式清除溶质,在单位时间内比单独透析和血液滤过能清除更多的中小分子物质。

单纯超滤是通过对流转运机制,采用容量控制或压力控制,经过透析器或血滤器的半透膜从全血中等渗除去水分的一种治疗方法。不需要使用透析液或置换液。单纯超滤与普通血透相比,患者耐受性更好,血流动力学更为稳定但废物排出较少,适用于透析间期体重增加较多的患者及急、慢性肺水肿患者。

五、透析频率

血液透析一般每周3次,每次4~5小时。近年来有研究显示增加透析次数以及每日透析能够改善预后。每日透析(DHD)在形式上包括短时(DHD)和缓慢长时夜间血透(NHD)。目前为止,有关DHD的文献在各方面均显示良好的结果,而且这些效果都是在每周透析剂量基本不变的前提下获得的,主要原因是与传统血透相比,DHD可以比较生理性地清除水和溶质,减轻了透析前后和透析间期溶质的波动。但DHD提高血透患者长期生存的疗效,还需要有充分对照的前瞻性研究来证实。

六、透析充分性

透析充分性是指在营养摄入良好的情况下,通过血液透析能有效清除体内的毒素和水分,维持水、电解质、酸碱平衡的稳定。充分的透析可使血液透析患者维持良好的生活质量和心理状态,提高长期存活率。透析剂量不足和不充分是引发血液透析患者各种并发症和导致长期透析患者死亡的常见原因。血透充分性的评估指标包括:透析频率、溶质的清除率(包括小分子、中分子和大分子物质的清除率)、合适的干体重、血压的控制、并发症的控制情况、营养状态及患者身心健康状况等。

尿素清除指数(Kt/V)和尿素下降率(URR)是目前最常用的透析计量指标,反映患者单次透析的尿素清除效率,与长期预后直接相关。其中K代表透析器尿素清除率,t代表单次透析时间,V为尿素分布容积,需通过实时测定或通过透析前后血浆尿素浓度的变化计算实际的Kt/V;URR反映透析前后血浆尿素的下降百分比。2006年美国KDOQI指南建议每周3次透析的患者Kt/V的值应大于1.2,URR应大于65%。

Kt/V代表对小分子物质的清除率,维持性血液透析患者的许多并发症和死亡率与中分子毒素的潴留有关,而低通量血液透析不能清除中分子毒素。高通量血液透析与低通量血液透析相比,能清除更多的中大分子物质,但对提高血液透析患者长期存活率一直存在争议。2002年HEMO研究发现应用高通量透析仅使血透患者死亡风险下降8%,未达到统计学意义。近年来对HEMO研究数据的再分析发现高通量血液透析可能对入组前透析时间较长的患者、对脑血管病的预防等方面有利。2009年发表的MPO研究是关于透析膜膜通透性与预后的多中心前瞻性随机对照研究,有多个欧洲国家的透析中心参加,发现高通量透析组死亡风险下降,但未达到统计学差异。但在亚组分析中,血清白蛋白小于40g/L患者接受高通量透析的死亡风险降低51%,糖尿病患者接受高通量透析的死亡风险降低39%,而糖尿病同时合并血清白蛋白小于40g/L者高通量透析获益更大。因此目前临床高通量透析使用比例日益增加。

第二节 血液透析急性并发症及处理

血液透析中常见的并发症有低血压、痉挛、恶心、呕吐、头痛、胸痛、背痛、皮肤瘙痒、失衡综合征、首次使用综合征、高血压、发热、寒战、心律失常、心包填塞、脑出血、溶血、空气栓塞等。

一、血流动力学改变

(一)低血压

低血压是血液透析最常见的并发症,透析中低血压是指收缩压下降>20mmHg或平均动脉压降低10mmHg以上,并有低血压的症状。透析中低血压主要由血容量大量、快速的减少,血管收缩不良,心功能不全等因素引起。血容量减少主要与透析间期体重增加过多,超滤量过大或短时间超滤过快,或干体重设置过低等有关。血管收缩不良与透析前服用抗高血压药物,透析液温度过高,透析液中含有醋酸盐有关。透析患者心脏代偿功能不全、心脏充盈不足时,不能有效增加心率和提高每搏动输出量,特别容易发生低血压。少见的原因有出血,心律失常,心包填塞,心肌梗死,感染性休克,溶血,空气栓塞,过敏等。低血压时患者一般感头晕、恶心、肌肉痉挛,少数患者可以无症状,直到血压降至极低时出现意识丧失。

透析中低血压的处理:暂停超滤,取患者头低位,吸氧,静脉快速输注生理盐水100ml或更多,或50%的高渗葡萄糖20~40ml或20%甘露醇。经上述处理,血压好转后,可缓慢增加脱水,但需要严密观察,经补充足够液体后,血压无明显改善,则需应用升压药物治疗,停止血透,并积极寻找其他引起低血压的原因。

(二)高血压

50%~80%的血液透析患者存在高血压,透析中的高血压是指透析前血压正常,透析中出现高血压或原有高血压的患者血压在透析中进一步升高。透析中高血压可能与失衡综合征、透析中脱水引起交感神经系统和肾素-血管紧张素-醛固酮系统激活、高钙透析液、降压药物被清除等有关。要积极寻找病因,针对病因进行预防和对症处理。

二、首次使用综合征

主要为透析器反应,因多出现于首次进行透析的患者,命名为首次使用综合征,但也见于多次使用的患者。临床中根据反应轻重分为两类:A型反应和B型反应。

A型反应为快速变态反应,常见于透析开始后5分钟内发生,少数至透析开始后30分钟。可表现为皮肤瘙痒,荨麻疹,咳嗽,喷嚏,流清涕,腹痛,腹泻,甚至呼吸困难,休克,死亡等。一旦明确诊断,应停止透析,夹闭血路管,丢弃外周血液,并给予抗过敏药物处理。出现呼吸循环障碍,立即予循环呼吸支持治疗。

B型反应常见于透析开始后20~60分钟出现,主要为补体激活所致,多表现为胸痛和背痛,需与其他引起胸痛和背痛的疾病相鉴别。诊断明确后,一般不需要终止透析,可予吸氧等对症处理。

三、失衡综合征

失衡综合征是指发生于透析中或透析后期,以脑电图异常及全身和神经系统症状为特征的一组病症,轻者可表现为头痛、恶心、呕吐及躁动,重者可出现抽搐、意识障碍、昏迷。常见于刚开始透析的患者。

失衡综合征发生机制目前认为与血液透析快速清除溶质有关,导致患者血液溶质浓度快速下降,血浆渗透压下降,血液和脑组织液渗透压差增大,水向脑组织转移,引起脑组织水肿,颅内压增高,颅内 pH 改变。失衡综合征可发生在任何一次透析过程中,但多见于首次透析。轻度失衡表现为恶心、呕吐、头痛,可减慢血液速度,减少透析时间以减少溶质的清除和 pH 过度变化,并予以对症处理,可给予高渗葡萄糖或甘露醇,症状改善不明显时,可考虑提前结束透析。重度失衡如发生抽搐、意识障碍或昏迷,应立即停止血透,首先应需与其他引起类似表现的疾病如脑血管意外相鉴别。严重抽搐发作时,可静脉注射安定或德巴金,静脉给予甘露醇。有呼吸障碍时,需要呼吸支持。

对于新透析的患者,应给予诱导透析,采用低效透析方法,包括减慢血流速度、缩短每次透析时间、应用面积小的透析器等,逐步下降血液中毒素水平,首次透析时尿素氮的下降不应超过30%,避免低钠透析液以加重脑水肿,可给予高渗葡萄糖或甘露醇,以减轻脑水肿。

四、肌肉痉挛

透析中肌肉痉挛主要与透析中低血压、干体重设置过低有关。肌肉痉挛最常见于低血压,但也有患者血压不低而发生痉挛,可能与干体重设置过低、有效容量不足或超滤脱水过快有关。和低血压同时发生的肌肉痉挛处理同低血压。对于无明显低血压或低血压已纠正仍有肌肉痉挛的患者,可给予高渗葡萄糖或盐水,提高透析液钠浓度,对于低白蛋白血症患者输注白蛋白可能有效。

第三节　血液透析慢性并发症及处理

血液透析是一种不完全性肾脏替代治疗,长期生存率仍不理想,并存在较多的慢性并发症,如何提高患者的长期生存率和生活质量仍是肾脏病医生面临的巨大挑战。

一、肾性贫血

血液透析患者贫血发生率在90%左右,常为正细胞正色素性贫血。血液透析患者贫血的主要原因是肾功能减退,肾脏产生促红细胞生成素(EPO)的能力下降,导致红细胞生成减少。其他可能造成贫血的因素包括:①铁和其他营养物质的缺乏;②红细胞丢失增加:肾衰竭时可出现凝血功能障碍,患者常有出血倾向,如消化道失血、牙龈出血、月经过多等;③严重继发性甲旁亢;④急性和慢性炎症状态;⑤红细胞寿命缩短;⑥甲状腺功能减退;⑦血红蛋白病等。

贫血对透析患者的长期存活和生存质量有重要影响,使患者易于感染,可加重心肌损害,导致心脏扩大。及时纠正血红蛋白的水平,可以使患者的生存质量得到显著改善。肾性贫血的实验室检测指标包括全血细胞计数,网织红细胞计数,血清铁蛋白,转铁蛋白饱和度,维生素 B_{12},叶酸等项目。贫血治疗靶目标:血红蛋白 110 ~ 120g/L,不推荐>130g/L。肾性贫血的治疗主要为补充 EPO 和铁剂。应用 EPO 之前,应处理好各种导致贫血的可逆性因素(包括铁缺乏和炎症等)。透析患者血红蛋白<100g/L 时即开始 EPO 治疗。初始剂量建议为 50 ~ 100IU/kg,每周三次,皮下或静脉给药,初始 EPO 治疗的目标是血红蛋白每月增加 10 ~ 20g/L。铁剂有口服和静脉两种类型,血液透析患者应优选静脉途径补铁。铁蛋白<200μg/L 和(或)转铁蛋白饱和度<20% 表示缺铁,有静脉补充铁剂指征,铁蛋白>500μg/L 或和转铁蛋白饱和度>50%,不常规静脉补铁治疗。对于肾性贫血患者,在病情允许的情况下应尽量避免输注红细胞,减少输血反应风险,适合器官移植的患者,如必需输血,应输注去白细胞的红细胞,以减少抗 HLA 抗体的生成。

二、蛋白-能量营养不良

蛋白-能量营养不良(protein-energy malnutrition,PEM)在维持性透析患者中发生率23%~73%。近几年多中心回顾性研究显示,营养不良与透析患者死亡率密切相关。

常用营养不良的诊断指标包括血清白蛋白、主观综合营养评估(SGA)和氮平衡测定等。2006年美国KDOQI指南建议血液透析患者营养评估的指标和监测频率(表13-2-2)。指南还建议血液透析患者每日蛋白质摄入量为1.2/kg·d,其中50%为高生物效价的蛋白,年龄<60岁,能量摄入为35kcal/(kg·d),年龄>60岁,能量摄入为30kcal/(kg·d)。

营养不良、微炎症反应与心血管并发症相互促进、相互影响,是决定透析患者预后的重要因素。患者同时合并营养不良、微炎症反应与心血管并发症时死亡率极高。PEM和微炎症状态的预防与治疗措施包括定期营养评估管理、保持充分的透析剂量、足够的蛋白与能量摄入、避免酸中毒、积极处理慢性炎症、应用促进食欲的药物,应用改善营养代谢的药物以及应用氨基酸透析液和补充左旋肉碱等。

表13-2-2　营养不良的评估指标和监测频度

分类	测量的指标	频度
所有患者常规检测的指标	白蛋白	每月
	通常体重百分率(%)	每月
	标准体重百分率(%)	每4个月
	SGA	每6个月
	饮食记录	每6个月
	nPNA	每月
出现上述指标异常,进一步检测指标	前白蛋白	需要时
	皮褶厚度	需要时
	臂中肌直径、周径、面积	需要时
	双能X线测量法	需要时

nPNA:标准化蛋白氮呈现率

三、矿物质骨代谢异常

慢性肾脏病-矿物质和骨异常(CKD-MBD)是由于慢性肾脏病导致的矿物质和骨代谢异常综合征。临床上可出现以下一项或多项表现:①钙、磷、PTH或维生素D代谢异常;②骨转化、矿化、骨量、骨线性生长或强度异常;③血管或其他软组织的钙化。

血液透析患者普遍存在CKD-MBD,心脏瓣膜、血管和软组织等转移性钙化发生率较高,导致患者全因和心血管死亡率明显增加。CKD-MBD的预防和治疗主要包括:降低高血磷,维持正常血钙,控制继发性甲旁亢,预防和治疗血管钙化。

KDIGO于2012年发布了关于CKD-MBD的临床治疗指南,指南推荐血液透析患者血清校正钙的正常值范围为2.1~2.5mmol/L,血清磷的正常值范围为0.87~1.45mmol/L,iPTH水平应维持在正常值上限的2~9倍。

高磷是导致异位钙化的主要原因,目前降磷治疗的主要方法有:①控制饮食中磷的摄入;②充分透析,增加透析频率和延长透析时间是有效清除血磷的方法;③服用降磷药物。降磷药物包括含钙的磷结合剂、新型不含钙的磷结合剂(司维拉姆、碳酸镧等),研究显示新型不含钙的磷结合剂与含钙的磷结合剂相比,能显著延缓心血管钙化的进展,降低心血管和全因死亡率。

血液透析患者继发性甲旁亢的治疗,可以先控制高磷血症和维持血钙水平的达标,如通过控制血磷和血钙后,iPTH 仍没有达到目标值,可采用活性维生素 D 及其类似物和拟钙剂等药物治疗,药物治疗无效的患者,需要采用甲状旁腺切除术。

四、心血管并发症

血液透析患者心血管事件的风险是正常人群的 3.5～50 倍,是导致血液透析患者死亡的首位病因。导致血透患者心血管事件的危险因素有许多,除了传统危险因素如老年、男性、高血压、高血脂、糖尿病、吸烟、绝经、心血管疾病家族史等,还有慢性肾衰竭和血液透析特异性的危险因素,如容量负荷过重、贫血、钙磷代谢紊乱、尿毒症毒素的蓄积、慢性炎症、营养不良、容量负荷变化和酸碱平衡、电解质浓度波动等。

因此需要对血透患者的心血管并发症进行综合的预防和治疗。除了控制传统的危险因素,还需给予充分透析,维持容量平衡,纠正贫血,改善营养状况,维持钙磷代谢平衡,预防血管钙化,控制慢性炎症等多靶点防治。另外,他汀类药物除了已知的降胆固醇作用外,在血液透析患者中还能抑制平滑肌细胞的凋亡和增殖,抑制内皮细胞对炎症刺激的反应,从而抑制炎症反应和改善内皮功能。也有研究发现 RAS 阻滞剂可减轻炎症反应,也有研究认为维生素 E 可减少血透患者心血管事件的风险,因此联合应用他汀类、RAS 阻滞剂和维生素 E 可能降低血液透析患者的心血管并发症。

第四节　血液透析的发展与展望

无症状透析、生理性透析是近期血液透析领域发展的重要方向,要达到生理性透析状态需要在许多方面取得突破:对尿毒症毒素更深入的认识,合理透析效果评价指标的建立,模拟血管内皮结构的高生物相容性膜透析器的开发与应用,无菌无热源超纯透析液推广,夜间长时透析、每日透析等个体化透析模式的应用与完善,高效、安全、价廉的抗凝药物或技术的应用等。

未来将更注重对血液透析远期并发症的防治,尤其针对心脑血管并发症的药物预防以及新型血液净化技术的开发与应用。带有吸附功能的透析器,能更好清除炎症介质和中、大分子毒素;生物人工肾小管辅助装置(bioartificial renal tubule assist device,RAD)将组织工程学技术和细胞治疗技术结合在一起,能更好地模拟肾脏功能,对急性肾衰竭或多器官衰竭的患者进行血液滤过和 RAD 联合治疗可显著改善循环稳定性,对维持性血透患者可改善动脉粥样硬化、肾性骨营养不良、透析相关性淀粉样变等慢性并发症。可植入型人工肾装置也将进入临床,患者可以自由活动,不需要大量的透析液,可以模拟正常肾脏连续工作,最终达到或接近生理性透析以大幅度改善患者的长期存活和生活质量。

(陈江华)

本章小结

血液透析是终末期肾病患者的主要治疗手段,需选择血管通路类型、抗凝方式、透析方式,达到充分透析。血液透析中常见的急性并发症有低血压、痉挛、失衡综合征、首次使用综合征等。影响血液透析患者长期生存率的相关因素包括透析技术和患者因素。透析技术包括:透析剂量、透析时间及方式、透析膜、透析液等;患者因素包括:贫血、血压异常、血脂异常、酸中毒、钙磷代谢紊乱、炎症状态、营养不良、心血管疾病等。

Note

关键术语

　　血液透析(hemodialysis)
　　蛋白-能量营养不良(protein-energy malnutrition)
　　并发症(complication)
　　存活率(survival)

思考题

　　1. 血液透析患者常用的血管通路类型有哪些?
　　2. 简述失衡综合征的定义和处理方法。
　　3. 简述首次使用综合征的定义和类型。
　　4. 血透患者贫血的原因有哪些?

关键术语

第三章　腹膜透析

【学习目标】

掌握腹膜透析的适应证、禁忌证和并发症;了解腹膜透析的发展、腹膜透析导管与腹膜透析液的种类及其在终末期肾病治疗中的地位和进展。

第一节　腹膜透析的概念与发展历史

一、腹膜透析的定义和特点

腹膜透析(peritoneal dialysis,PD)是利用人体自身的腹膜作为半透膜,以腹腔作为交换空间,通过腹膜透析导管向腹腔内灌入透析液并保留一段时间,再将透析液排出体外,通过弥散和对流的作用,清除体内过多的水分、代谢产物,纠正水、电解质和酸碱失衡,以达到血液净化、替代部分肾脏滤过功能的治疗技术。

腹膜透析是治疗急性肾衰竭和慢性肾衰竭的有效肾脏替代治疗方法之一,与血液透析相比,具有以下特点:

(1) 持续性溶质交换,患者血液渗透压变化平稳,心血管状态稳定,更适合于心血管疾病患者,特别是血流动力学不稳定的患者;

(2) 持续性地超滤,患者血液容量变化平稳,可以避免肾脏灌注不足和缺血,利于保护患者的残肾功能;

(3) 经血液、体液传播的疾病如乙型病毒性肝炎、丙型病毒性肝炎等交叉感染的风险低;

(4) 不需要特殊医疗器械,经过培训后患者可以自己在家完成透析治疗,操作简便,成本低,社会医疗负担相对较轻。

二、腹膜透析的发展历史

德国人 G. Wegner 最早于 1877 年通过将不同成分、不同温度的液体注射到兔腹腔,发现高渗的葡萄糖溶液能增加腹腔滤出水分,从而发现了腹腔的超滤功能。英国人 Starling 和 Tubby 在 1894 年发现腹腔液体的超滤功能主要是由于腹膜上的微血管在起作用。许多研究也都发现和证实了腹膜具有半透膜作用,从而为腹膜透析的开展奠定了理论基础。但腹膜透析真正用于临床始于 1923 年,Ganter 首次将此技术应用于一位因子宫癌所致梗阻性肾病的尿毒症患者,从此,腹膜透析开始进入临床试验阶段,20 世纪 50 年代 Grollman 等将可留腹的塑料软管作为腹膜透析导管。1968 年 Tenckhoff 研制出以其名字命名的双涤纶套的腹膜透析硅胶导管,直到现在仍被广泛采用。

1978 年加拿大医师 Oreopoulos 将腹透液引入塑料袋包装,20 世纪 80 年代意大利 Buoncristiani 等发明了带空袋的 Y 系统管路,随后的学者将其改良为带双袋的 Y 系统管路,从而使腹膜透析的操作简单化,明显降低了腹膜炎的发生率,使腹膜透析逐步推广。

腹膜透析方式也在不断发展。1975 年 Popovich 和 Moncrief 提出了持续性非卧床的腹膜透

Note

析(continuous ambulant peritoneal dialysis,CAPD)的概念,成为目前最常用的腹膜透析治疗方法。自动化腹膜透析(automated peritoneal dialysis,APD)技术的成熟与推广将重复手工的操作简化为病人对机器的简单操作,使患者能在夜间或者休息时间进行自动连续性腹膜透析,减少了导管连接次数,既有可能降低腹膜炎的发生率,也使患者白天能够自由工作和学习,提高了患者的生活质量。新近的持续性流动腹膜透析(continuous flow peritoneal dialysis,CFPD)技术将进一步提高了溶质清除效能,减少了由人工操作带来的不便和相关并发症。

第二节　腹膜透析治疗

在过去的20多年中,腹膜透析技术日臻完善,在多方面(包括腹膜透析操作和连接系统、腹膜透析方式、腹透液及基础研究等)都取得了显著进展,腹膜透析患者的预后也得到明显改善,腹膜透析人数在逐年稳步增长。

一、腹膜透析的适应证和禁忌证

(一)适应证

腹膜透析可适用于急性、慢性肾衰,电解质、酸碱平衡紊乱,高容量负荷,中毒性疾病,肝功能衰竭的辅助治疗。

1. 慢性肾衰竭　腹膜透析可适用于各种原因导致的慢性肾衰竭的治疗,以下情况可优先考虑腹膜透析:

(1) 婴幼儿和儿童:腹膜透析不需要建立血管通路,可以避免反复血管穿刺给儿童带来的疼痛和恐惧,容易被儿童接受,自动化腹膜透析更加有利于儿童的学习和成长。

(2) 合并心、脑血管疾病患者:如心绞痛、心梗、心肌病、严重心律失常、脑血管意外、反复低血压和顽固性高血压等。

(3) 血管条件不佳或动静脉造瘘存在困难的患者。

(4) 凝血功能异常伴明显出血或出血倾向,如颅内出血、消化道出血、颅内血管瘤等情况。

(5) 有较好的残肾功能。

(6) 交通不便的农村或偏远地区的患者,白天工作、上学者,更偏好居家治疗的患者。

2. 急性肾损伤(acute kidney injury,AKI)　腹膜透析是治疗AKI的一个重要方法。腹膜透析能清除体内代谢废物,纠正水、电解质和酸碱紊乱,预防并发症的发生,并为后续的药物及营养治疗创造条件。需要注意的是,急性肾损伤多伴有高分解代谢和多器官功能障碍,因此腹膜透析治疗的模式和剂量需要进行适当的选择和调整。

3. 中毒性疾病　对于急性药物或毒物中毒,尤其是有血液透析禁忌证或没有条件进行血液透析的患者,可以考虑腹膜透析。腹透既能清除有毒物质,也能清除体内的代谢产物和过多的水分。

4. 其他

(1) 充血性心力衰竭。

(2) 急性胰腺炎。

(3) 肝性脑病、高胆红素血症等肝病的辅助治疗。

(4) 经腹腔给药和营养支持。

(二)禁忌证

1. 慢性持续性或反复腹腔感染或腹腔肿瘤广泛腹膜转移,导致腹膜广泛纤维化、粘连,腹膜透析面积减少。

2. 严重的皮肤病变、腹壁广泛感染或腹部大面积烧伤患者,无合适的部位置入腹膜透析导管。

3. 难以修补的疝、腹裂、脐突出、膀胱外翻等机械性问题。

4. 严重的腹膜缺损。

5. 精神障碍又无合适助手的患者。

二、腹膜透析技术

（一）腹膜透析导管的种类

腹膜透析导管是由无毒的惰性材料制成，可以弯曲，质量稳定，有良好的组织相容性，无刺激，能够长时间留置于腹腔。目前临床常用的维持性腹透的导管，其结构包括侧孔、涤纶套、不透 X 线的标记线。腹透管全长 32~42cm，内径 0.25~0.30cm，带有 2 个涤纶套，这 2 个涤纶套将腹透管分为 3 段：腹外段、皮下隧道段和腹内段。目前腹透管有以下几种：

1. **Tenckhoff 直管**　腹内段末端为直管。

2. **Tenckhoff 卷曲管**　腹内段末端卷曲，卷曲长度约 18.5cm，末端有多个小孔。

3. **鹅颈导管**　2 个涤纶套间弯曲呈 U 形，腹内段朝向盆腔，另一端朝向皮肤，出口向下，部分学者认为利于分泌物引流，可降低隧道口感染及导管移位。但也有研究提示鹅颈管与 Tenckhoff 管的 2 年保存率、腹膜炎和出口感染率无差异。

（二）腹膜透析液的种类

腹膜透析液（peritoneal dialysate）是腹膜透析治疗过程中必不可少的组成部分，通常由渗透剂，缓冲剂和电解质三部分组成。除了要求与静脉制剂一样，具有无菌、无毒、无致热源符合人体的生理特点外，还要求电解质成分及浓度与正常人血浆相似；含一定量的缓冲剂，可纠正机体代谢性酸中毒；腹膜液渗透压等于或高于正常人血浆渗透压；一般不含钾。

目前常用的腹膜透析液有以下几种：

1. **葡萄糖腹膜透析液**　是目前最常用的渗透剂之一，也是腹膜透析超滤的主要动力。透析液葡萄糖浓度一般为 1.5%、2.5%、4.25%。渗透压在 346~485mOsm/L，pH 5.2。增加透析液中葡萄糖浓度，可提高透析液的渗透压，增加超滤能力。

2. **氨基酸腹膜透析液**　氨基酸代替葡萄糖作为渗透剂可在伴有营养不良的 CAPD 患者中使用，能改善 CAPD 患者蛋白质营养状态，但可引起血 BUN 上升及酸中毒倾向，不能用于肝衰竭、高氮质血症的患者。另外，由于氨基酸维持超滤的时间短，因此不能用于长时间保留腹腔。目前常用的是 1.1% 氨基酸腹膜透析液，pH 6.6，渗透压 365mOsm/L。

3. **碳酸氢盐腹膜透析液**　这类腹透液以碳酸氢盐代替乳酸盐作为缓冲剂，pH 7.4，偏碱性，较其他腹透液的 pH 高。生物相容性良好。适用于那些不能耐受酸性腹透液灌注引起疼痛和不适的患者。

4. **葡聚糖腹膜透析液**　艾考糊精腹膜透析液（icodextrin）是最常见的一种葡聚糖腹透液，它以 7.5% 艾考糊精为渗透剂，pH 为 5~6，渗透压 284mOsm/L，不易被腹膜吸收，能长时间有效维持胶体渗透压，可增加腹膜超滤及溶质清除，改善腹膜透析技术生存率。与葡萄糖腹透液比较，艾考糊精腹透液能降低胰岛素抵抗和碳水化合物的吸收，有助于改善糖代谢，特别适用于以下情况：

（1）替换高渗葡萄糖腹透液作夜间交换，长时间保留腹腔。

（2）进行自动化腹膜透析的患者需要腹透液长时间留腹。

（3）对血糖控制不佳的糖尿病患者更为有益。

（4）腹膜高转运或高平均转运、腹膜超滤功能衰竭的患者。

（三）腹膜透析的治疗方法

腹膜透析治疗的目标是患者最佳的预后和最优的生活质量。通过合理选择和调整透析模

Note

式和透析处方,才能实现腹膜透析的充分性。

1. 腹膜透析模式的选择　目前,临床上常用的腹膜透析模式主要有以下几种:

(1) 持续非卧床腹膜透析(continuous ambulatory peritoneal dialysis,CAPD):CAPD 是目前最常采用的腹膜透析模式。每日透析 3～5 次,每次用透析液 1500～2000ml。腹透液日间留腹时间 4～6 小时,夜间可留置腹腔内 8～12 小时。患者在透析时不需卧床,可自由活动,在一天 24 小时内患者的腹腔内基本都保留有腹透液,溶质交换持续进行。

(2) 间歇腹膜透析(intermittent peritoneal dialysis,IPD):每周透析 5～7 日,每日用透析液 6000～10 000ml,分 4～8 次输入腹腔内,每次留置 1～2 小时,每日透析 10～12 小时。主要特点是透析间歇期,患者腹腔内不留有腹透液。IPD 透析时间较短,因此容易出现透析不充分,一般不适用于长期维持治疗。

(3) 自动化腹膜透析(automated peritoneal dialysis,APD):APD 是近年来发展迅速的腹膜透析技术,其操作过程主要是由一台全自动腹膜透析机完成的。它的突出优点是可以采取大剂量的透析剂量,利用患者夜间休息时间进行,因此,APD 能充分透析,可以更好改善患者的生活质量。根据腹膜透析操作执行的方法不同,APD 又可以分为以下几种模式:

1) 持续循环腹膜透析(continuous cycling peritoneal dialysis,CCPD)

CCPD 是 APD 的主要模式,患者在夜间睡眠时,腹腔内留置的腹膜透析管端与自动循环腹膜透析机连接,用 8～12 升透析液持续透析 9～10 小时,清晨可选择在腹腔内存留 2 升透析液或不存留,然后和机器分离,整个白天(10～14 小时)不需再更换透析液,患者可自由活动。

2) 夜间间断性腹膜透析(nocturnal intermittent peritoneal dialysis,NIPD)

NIPD 是一种夜间进行的 IPD 腹透模式,每次灌液 1～2L,每次 1～2 小时,持续 8～12 小时。透析时间短,对大、中分子清除较差。但适用于那些腹膜高转运及合并疝、透析导管渗漏的患者。

3) 潮式腹膜透析(tidal peritoneal dialysis,TPD)

TPD 是指每个透析周期只引流出部分透析液,并用新鲜透析液替换,使得腹腔内腹膜组织始终与大部分透析液接触,直到透析结束,将所有液体引流出。适合于腹膜高转运患者,能使其透析充分,又能达到合适的超滤量。

(4) 日间非卧床腹膜透析(daytime ambulatory peritoneal dialysis,DAPD):透析剂量与方法基本类似于 CAPD,其特点是透析只在白天进行,腹透液不留腹过夜。主要适合那些腹膜高转运但是超滤功能不良或有较好残肾功能的患者。

2. 腹膜透析的处方制定与调整　腹膜透析处方的制定与调整应强调个体化治疗。在开始腹膜透析时,首先对患者的临床状态、体表面积及残余肾功能进行评估,制定初步的透析方案。透析 4 周后进行腹膜平衡试验,以了解患者的腹膜功能。开始腹膜透析治疗后,需定期对患者进行随访并综合评估,及时调整透析方案。

(1) 残余肾功能:残余肾功能是影响腹膜透析患者预后的重要因素,在随访的过程中,必须定期监测残肾功能,根据残肾功能的变化及时调整透析处方。许多研究证实使用血管紧张素转换酶抑制剂(ACEI)或血管紧张素受体拮抗剂(ARB)可以保护残肾功能。

(2) 腹膜功能评估平衡试验(peritoneal equilibration test,PET):PET 是一种评估腹膜透析患者腹膜转运功能的半定量的临床检测方法。

1) 标准腹膜平衡试验(standard PET)

是 1987 年 Twardowski 首先提出的,目前临床上应用最为广泛,其基本原理是:在一定条件下,检测腹膜透析液和血液中肌酐和葡萄糖浓度的比值,确定患者腹膜溶质转运类型。

根据 PET 结果,将腹膜转运特性分为以下四类:

①高转运(high transport,H);

②高平均转运(high average transport,HA);

③低平均转运(low average transport,LA);

④低转运(low transport,L)。

2)快速 PET

在患者基础腹膜转运特性确定后,如需再重复测定患者腹膜转运特性有无改变时,可采用快速 PET。其操作方法与标准 PET 相似,只需在透析液留腹 4 小时留取透析液和血标本,分别测定腹透液和血液中肌酐和葡萄糖的比值(D/P 值)。

3)改良 PET

改良的 PET(modified PET)是在 2001 年国际腹膜透析学会提出的,主要是针对临床检测腹膜超滤衰竭(ultrafiltration failure,UFF)。操作过程同标准 PET 类似,但是用 4.25% 的葡萄糖腹透液 2L 留腹 4 小时,分别收集 0h、1h、4h 及 1h 的血标本测定肌酐、葡萄糖和钠离子浓度,并同时记录超滤量(nUF)。当 nUF<400ml,D/Pcr>0.81 时需考虑腹膜超滤衰竭。

(3)透析充分性:透析充分是指:患者食欲良好、体力恢复、慢性并发症减少或消失、尿毒症毒素清除充分,透析剂量足够。透析充分性是腹膜透析处方调整的重要目标,目前公认的溶质清除标准为:CAPD 患者每周的尿素清除指数(Kt/V)≥1.7。但这个标准仅仅强调了腹膜透析患者小分子溶质清除的充分性,还需要结合许多其他因素进行综合评估:如患者临床症状、容量状态、营养情况、酸碱和电解质代谢等各种因素。

三、腹膜透析的并发症

(一)非感染相关的并发症

1. 腹膜透析导管功能障碍,如导管移位、导管堵塞等。

2. 腹腔内压力增高所导致的疝、透析液渗漏等。

3. 糖、脂代谢异常。

4. 腹膜功能衰竭。

5. 营养不良、心血管并发症、钙磷代谢紊乱等并发症。

(二)感染相关的并发症

包括腹膜透析相关腹膜炎和腹膜透析导管相关感染。

1. **腹膜透析相关腹膜炎**　指患者在腹膜透析治疗过程中由于接触污染、胃肠道炎症、导管相关感染及医源性操作等原因造成致病原侵入腹腔引起的腹腔内急性感染性炎症。腹膜炎仍然是腹膜透析的主要并发症,可能是腹膜透析技术失败最常见的原因之一。

腹膜透析相关性腹膜炎的诊断标准,需具备以下 3 项中的 2 项:

(1)腹痛,腹水浑浊,伴或不伴发热。

(2)腹透流出液中 WBC 计数>100/ml,中性粒细胞>50%。

(3)腹透流出液中培养有病原微生物的生长。

在用药治疗前应先进行腹水常规、涂片革兰染色和细菌培养,不同病原菌治疗和预后不同。因此应提高培养的阳性率。

在细菌培养结果出来之前应及早开始经验性治疗。经验性治疗必须覆盖阳性菌和阴性菌。需根据各中心常见致病菌的敏感性来选择抗生素。阳性菌可选用第 1 代头孢菌素或万古霉素,阴性菌可选用第 3 代头孢菌素或氨基糖苷类抗生素。使用氨基糖苷类抗生素需注意监测残肾功能和前庭功能,避免重复和长疗程使用。待明确病原菌后,再根据病原菌和药敏结果调整用药。

2. 腹膜透析导管相关感染　主要包括出口处感染和隧道感染。

出口处感染为在导管-表皮接触处有脓性分泌物。无脓性分泌物的导管周围红斑有时是感染的早期表现，但也可以是简单的皮肤反应，需要密切随访。在出口处外观未见异常而培养阳性常常是细菌移生的标志而非感染。建议加强用抗菌药对出口处进行清洁。

隧道感染是发生于腹膜透析导管皮下隧道周围软组织的感染性炎症，通常伴发于出口处感染。隧道感染可能表现为红斑、水肿、导管的皮下段有压痛，但临床上往往隐匿，超声检查可见异常。隧道感染通常与出口处感染并存，很少单独发生。

腹膜透析导管相关感染首先应进行局部涂片和病原菌培养，培养结果出来前应先行经验性治疗。经验性治疗选用的抗生素应覆盖金葡菌，口服抗生素一般有效。待培养有结果后再根据培养的致病菌选用敏感的抗生素。

第三节　腹膜透析在肾脏病一体化治疗中的地位及展望

随着腹膜透析技术的不断成熟与发展，腹透已经成为终末期肾病的一种重要的肾脏替代治疗方法，腹膜透析患者的生存率有了明显提高，生活质量也在不断改善。许多回顾性研究的分析结果显示，腹透与血透患者的预后大致相当，尤其在刚进入透析的前几年，腹透患者有较明显的生存优势。但是，如何提高腹膜透析长期治疗的技术生存率，减少退出率，仍然是腹膜透析发展的重要课题。

腹膜透析的治疗费用和治疗成本相对较低，特别适合于在医疗资源相对缺乏的国家和地区开展，但是，腹膜透析的居家治疗性和病人的自身局限性同时也影响了腹膜透析质量的提高。因此，需要探索和建立一种有效的腹膜透析管理模式，改善腹透患者的随访质量，提高腹透患者的长期生存。

随着新型透析连接管路的广泛应用，腹膜透析相关性感染的发生率已显著降低，但是腹膜炎仍然是腹膜透析技术失败的重要原因，如何有效地预防腹膜透析相关感染的发生和提高腹膜炎的治疗成功率还需要进一步深入研究。

新型腹膜透析液的研究和应用是今后腹膜透析发展的一个重要方向。葡聚糖透析液、碳酸氢盐透析液、氨基酸透析液等的研究和应用已经取得了重要进展。未来的腹膜透析液研究正继续朝着临床所需要的方向努力，这些需要包括：能最大限度地减少腹透液对腹膜的损伤，保护腹膜功能；能获得充分的透析，保持容量平衡以及降低心血管疾病、代谢相关性疾病的发生风险等。

新型的腹膜透析导管应用、导管置入技术以及自动化腹膜透析相关技术也在不断地研究和发展中。尽可能地减少腹膜透析相关感染的发生，简化腹膜透析操作，提高生活质量、降低腹膜透析的导管失败率是这些技术创新和发展的重要目标。

对腹膜透析充分性的认识也是一个不断深入和更新的过程。寻找和探索更加合理的透析指标，改善营养状态，纠正钙磷代谢紊乱，减少各种并发症的发生也都是临床腹膜透析的研究热点。

近些年来，人们从分子生物学，病理组织学，形态功能学等多方面研究了腹膜透析中腹膜的变化和干预性治疗的方法。随着基因工程技术的广泛应用，基因治疗也是今后腹膜透析基础研究的方向之一，从体内或体外通过对腹膜进行特殊治疗基因（抗炎症或抗纤维化等因子）的修饰，可以起到延缓腹膜纤维化，保护腹膜结构和功能的重要作用。今后，这些方面的研究成果将为解决腹膜功能衰竭的问题开辟一个新的途径。

（陈江华）

Note

本章小结

腹膜透析是终末期肾病的一种有效治疗手段,与血液透析相比有保护残肾功能、避免出血、减少交叉感染、居家治疗等优势。治疗前应掌握腹膜透析的适应证和禁忌证。腹膜透析有持续不卧床腹膜透析、自动化腹膜透析等多种治疗方法。腹膜透析处方的制定与调整应强调个体化治疗,需对腹膜透析患者密切随访,定期评估,以达到透析充分的目标。在腹膜透析的治疗过程中,需熟悉并及时治疗感染和非感染相关并发症。

关键术语

腹膜透析(peritoneal dialysis)

持续性非卧床腹膜透析(continuous ambulant peritoneal dialysis,CAPD)

腹膜透析液(peritoneal dialysate)

思考题

1. 腹膜透析的定义和特点是什么?
2. 腹膜透析有哪几种治疗模式,什么是持续非卧床腹膜透析?
3. 腹膜透析相关性腹膜炎的诊断标准是什么?

Note

第四章　肾脏移植

【学习目标】

掌握肾移植的适应证和禁忌证;掌握肾移植术后排斥反应的类型;熟悉肾移植手术方式;熟悉不同类型排斥反应的发生机制和临床表现;了解肾移植术后并发症、术后免疫抑制剂的使用原则和常见组合。

一、概述

肾移植是最早应用于临床的器官移植,是终末期肾病的重要治疗手段,与血液透析和腹膜透析相比,肾移植患者有更长的存活时间和更优的生活质量。

1954 年 Murray 实施世界第一例成功的肾移植以来,近 60 年来各国肾移植数量呈逐年增加趋势。根据美国器官联合分享网络(UNOS)报告:截至 2005 年底,全世界 522 个中心共施行了肾脏移植 685 844 例。我国的肾移植起步较早,1960 年吴阶平实施了我国首例尸体肾移植,由于缺乏有效免疫抑制剂,移植肾在术后一个月失功。1972 年广州中山医院和北京友谊医院合作成功实施我国首例亲属活体肾移植,此后国内各主要中心均陆续开展肾移植。中国肾移植科学登记系统(CSRKT)资料显示:截止 2013 年 10 月我国已实施肾移植 109 246 例次,其中心脏死亡供体(DCD)肾移植 2137 例次。目前我国每年肾移植总数在 5000～6000 例次左右,仅次于美国。以往我国以尸体肾移植为主,近年来供肾来源发生了较大变化,DCD 供体肾移植和活体肾移植比例明显增加,2012 年已达到 41%。

随着对移植免疫学认识的不断深入、组织配型技术与移植肾保存方法的不断提高、新型免疫抑制剂的临床应用经验的积累,肾脏移植短期存活率明显提高,长期存活率也取得一定进步。但是急性和慢性排斥反应尤其是抗体介导的排斥反应、慢性移植肾肾病、移植肾带功死亡等问题仍然是影响长期存活的主要因素,在免疫耐受没有成功建立前,肾移植术后个体化治疗方案依然是临床移植医师不断探索的科学问题。此外,如何进一步扩展供肾来源更需要引起移植医师甚至整个社会的关注和思考。

二、肾移植术前供受者的选择与评估

肾移植目前主要的困难是器官来源短缺和长期生存率仍有待进一步提高,因此在肾移植术前应该对供受者进行严格的评估和积极的术前准备,对减少肾移植术后内外科并发症有重要的临床意义,也是取得较好移植效果的重要保证。

(一)肾移植供体情况评估

根据供肾来源可以分为尸体供肾和活体供肾。

1. 活体供肾的评估

活体供肾肾移植是切除自愿捐献者的一侧肾脏,并将其移植给特定受者的一个过程。在我国活体肾移植有严格的法律要求,《人体器官移植条例》规定:活体器官的受者限于供者的配偶、直系血亲或者三代以内旁系血亲,或者有证据证明与活体器官捐献人存在因帮扶等形成亲情关系的人员。目前以亲属活体供肾最多,其中移植效果以同卵双生为最佳。活体供肾肾移植与尸体供肾肾移植相比有较多的优越性:①供肾质量有保证;②肾缺血时间明显缩短;③移植时机可以选择,受者的状况调整到最佳水平成为可能;④人类白细胞抗原(HLA)相容性一般较高;⑤总体人/肾长期生存率高;⑥增进亲情。一般要求供体年龄在 20~50 岁之间为最佳,但并非严格规定;既往无慢性疾病史,无吸毒或药物成瘾史。精神状态不稳定、艾滋病阳性者不应作为供体;乙、丙肝阳性供体也不列入考虑范围。2004 年阿姆斯特丹论坛制定的捐献者安全评估项目及标准有:①高血压:动态血压提示血压高于 140/90mmHg 者一般不被接受为捐献者;②肥胖症:不赞成 BMI>35kg/m² 的人捐献肾脏;③血脂异常:单纯的血脂异常也许不能成为排除捐献者的指标,但在捐献者的评估中,血脂异常要同其他危险因素一起考虑;④肾功能:捐献者术前评价 GFR 一般应大于 80ml/min;⑤蛋白尿:任何情况下,24 小时蛋白尿>300mg 应排除;⑥血尿:有镜下血尿者不被考虑;⑦糖尿病:有糖尿病和糖耐量异常者不考虑;⑧无症状的单个尿路结石,排除代谢异常或感染所致,可考虑;⑨将来是否怀孕不作为捐献的禁忌,因为摘除一侧肾脏不影响怀孕;⑩排除恶性肿瘤。

2. 尸体供肾者的评估　尸体供肾一般以供体已脑死亡作为先决条件,包括有心跳的脑死亡供体和无心跳的脑死亡供体,以脑外伤供体最为适宜,经批准获取肾脏后,需要对供体详细了解病史、体检和实验室化验,包括血型、肝肾功能、病毒学指标等,供体年龄最好在 20~50 岁之间,但并非绝对。有心跳的脑死亡供体在供肾切除前收缩压最好维持在 90mmHg 以上,避免使用收缩血管和损伤肾脏的药物。对于无心跳的脑死亡供体,为保证供肾质量应注意供体休克时间不能过长,供肾热缺血时间最好不超过 10 分钟,快速摘取肾脏后马上冷灌注,冷缺血时间最好不超过 24 小时。术中常规肾活检有助于判断供肾质量。

（二）肾移植受体的选择和评估

1. 肾移植的适应证　包括:①慢性肾脏疾病导致的不可逆转的肾脏功能衰竭者;②年龄一般在 65 岁以下并全身情况良好者;③心肺功能良好、能耐受手术者;④活动性消化道溃疡术前已治愈;⑤恶性肿瘤新发或复发经手术等治疗后稳定 2 年后无复发;⑥肝炎活动已控制,肝功能正常者;⑦结核活动者术前应正规抗结核治疗明确无活动;⑧无精神障碍或药物成瘾者。

2. 肾移植的绝对禁忌证　包括:①未治疗的恶性肿瘤患者;②结核活动者;③艾滋病或肝炎活动者;④药物成瘾者(包括止痛药物或毒品);⑤进行性代谢性疾病(如草酸盐沉积病);⑥近期心肌梗死;⑦存在持久性凝血功能障碍者如血友病;⑧估计预期寿命小于 2 年;⑨其他脏器功能存在严重障碍包括心肺功能、肝功能严重障碍者。

3. 肾移植的相对禁忌证　包括:①患者年龄大于 70 岁;②周围血管病;③精神性疾病、精神发育迟缓或心理状态不稳定者;④癌前期病变;⑤基础疾病为脂蛋白肾小球病、镰状细胞病、华氏巨球蛋白血症等肾移植术后高复发几率的患者;⑥过度肥胖或严重营养不良;⑦严重淀粉样变;⑧复发或难以控制的复杂性尿路感染。

三、肾移植的手术方式

（一）供体手术

根据供体来源可分为活体供体和尸体供体,我国目前活体肾移植供者以亲属捐献为主,活体肾移植的开展可以有效缓解供肾来源不足的矛盾,其近、远期预后优于尸体肾移植。无论活体和尸体供肾,术前均需客观仔细评估供体和供肾。对于尸体供体,一般要求供体无明显的感染征象,无肿瘤及明显的肾脏疾病史,取肾时尽量缩短缺血时间。活体供肾的手术方式包括开放式供肾切取术和腹腔镜下活体取肾术,微创外科技术的发展促进了活体供肾切取方式从传统开放手术向腹腔镜供肾切取的转变。

（二）植肾手术

一般推荐腹膜外髂窝作为成人或体重超过 20kg 儿童的常规移植部位。体重较小的儿童接受成人供肾可考虑放置在腹腔或右侧下腰部。肾移植手术本质上就是三个管腔的吻合:动脉、静脉和输尿管。供肾动脉通常与受者髂内动脉或髂外动脉吻合,供肾静脉通常与受者髂外静脉吻合,供肾输尿管通常与受者膀胱黏膜吻合,最后用膀胱肌层包埋。多数患者原肾不需切除,若原肾存在肾肿瘤、巨大多囊肾影响移植肾放置、多发性结石合并出血或反复感染、严重肾结核等才需要切除。

四、肾移植术后相关并发症

(一)外科并发症

发生率较低,一般为 5% ~ 10%。常见的有:血管并发症、尿路并发症、淋巴漏等。

1. 血管并发症

(1)出血:肾移植术后出血并不常见,很少需要手术探查,通过内科处理一般会自行停止。如果患者需要持续输血、血流动力学不稳定、血肿压迫移植肾影响肾功能等都是再次手术探查的指征。出血的诊断往往基于临床表现和血红蛋白变化,超声和 CT 等影像学检查结果。

(2)肾动脉血栓形成:血栓形成往往发生于移植早期,不常见,发生率小于 1%,一旦发生往往导致移植肾失功。肾动脉血栓形成后表现为尿量迅速减少,结合超声检查容易诊断。一旦发生肾动脉栓塞并发症,大多数移植肾不能被挽救需切除。有时一支段动脉血栓形成导致节段性肾梗死,可能导致肾功能不全、血压升高,如移植肾下极分支栓塞可能导致输尿管缺血坏死。

(3)肾动脉狭窄:肾动脉狭窄的发生率为 1% ~ 10%,大多数发生于移植后前几年,患者可表现为难以控制的高血压、移植肾功能不全和周围水肿。超声检查对其有较高的敏感性(87.5%)和特异性(100%),磁共振血管造影或 CT 血管造影可确诊。

(4)肾静脉血栓形成:往往导致移植肾失功。病因包括静脉成角或扭曲、血肿或淋巴囊肿压迫、吻合口狭窄、潜在的深静脉血栓延长和高凝状态。临床表现为移植肾肿胀和血尿。一般超声检查能明确诊断。一旦确诊需要手术治疗,一般取栓保肾成功率很低,往往需切除移植肾。

(5)静脉栓塞:术后受体深静脉血栓和肺栓塞的发生率并不低,深静脉血栓的发生率接近 5%,肺栓塞的发生率为 1%。发生静脉栓塞有两个高峰,第一个高峰在术后早期,可能与手术相关,第二个高峰在术后 4 周左右,可能与血细胞比容升高相关。危险因素包括受体年龄大于 40 岁、糖尿病、纤溶障碍和深静脉血栓病史。

(6)动脉瘤和动静脉瘘:术后发生的动脉瘤大多是假性动脉瘤,常由吻合口动脉部分破裂造成。往往在行常规超声检查时发现。动脉瘤破裂时,患者表现为低血压和腹痛。超声对诊断动脉瘤很有价值,动脉瘤发生破裂必须行急诊手术。手术方式取决于是否存在感染和破裂程度。如有存在感染或发生大出血,一般需要切除移植肾。如未发生感染且裂开较小,修补动脉瘤后可挽救移植肾。动静脉瘘可能发生于肾穿刺活检后,容易被超声检查发现。无症状的动静脉瘘一般可观察处理。

2. 尿路并发症

(1)尿漏:尿漏多数发生于术后早期,尿漏处往往位于输尿管膀胱吻合口。除了输尿管缺血,其他原因包括输尿管太短造成张力太大和取肾过程中导致的输尿管直接损伤。一般在移植后五周内发生,患者可表现为发热、疼痛、移植肾区肿胀、血肌酐升高、尿量减少和皮肤渗尿。大多数尿漏可通过引流尿液来解决。

(2)输尿管梗阻:术后各个时期均可发生。早期梗阻可能由水肿、血凝块、血肿和输尿管扭曲造成,晚期梗阻主要由输尿管缺血导致纤维化所造成。超声检查和磁共振水成像能明确诊断。经皮穿刺扩张后置入内支架或外支架被证明是治疗梗阻的有效方法。如果上述治疗失败,须进行手术干预。远端的梗阻可行移植肾输尿管膀胱再植术,如果狭窄的位置较高,可行移植肾输尿管与自体输尿管再植术。

3. 淋巴囊肿或淋巴漏 发生率在 0.6% ~ 18%,在分离髂血管时仔细结扎淋巴管有助于减

少淋巴囊肿的发生。淋巴囊肿往往在术后 2 周后发生,临床表现与囊肿的大小和压迫周围组织的程度相关。超声检查发现移植肾周积液,但要与尿漏、血肿和脓肿等鉴别,通过穿刺抽液检查可明确积液性质。淋巴囊肿小于 3cm,且经长时间积聚而成者无需治疗。较大的淋巴囊肿可先经皮穿刺后置入引流管引流积液,再通过引流管注入硬化剂,如果淋巴囊肿持续存在或复发,可考虑行腹腔镜或开放手术进行腹膜开窗引流。

(二)内科并发症

肾移植术后内科并发症尤其是远期内科并发症可影响移植肾长期存活。远期并发症主要包括感染、心血管疾病、慢性移植肾肾病、新发/复发移植肾肾炎、胃肠道并发症、尿路并发症、内分泌异常、肿瘤及骨质疏松等。这些并发症部分发生于围手术期,大部分发生在肾移植术后远期,因此术后的定期复查和随访非常重要。

对于术后并发症的防治,随访观察及定期监测相应指标,控制稳定的免疫抑制剂药物浓度是极为重要的环节。而针对各种不同的并发症,诊治方案需全面细致,并注意考虑到肾移植术后这一特殊免疫抑制状态,合理用药,适时调整方案,从而更好达到有效治疗,最终达到延长患者长期存活并提高生活质量的目标。

五、肾移植术后排斥反应

肾移植术后的排斥反应根据发生的时间可分为超急性、加速性、急性和慢性排斥反应;根据排斥反应发生的机制不同,分为细胞性和体液性排斥反应;根据移植肾病理形态的不同,可分为小管间质性排斥反应和血管性排斥反应。各种排斥反应的治疗方法以及预后大不相同。

(一)超急性排斥反应(hyperacute rejection,HAR)

HAR 是抗体介导的急性排斥反应的一种特殊类型,受者体内预先存在针对供体的特异性抗体(包括 ABO 血型抗体,HLA 相关抗体及抗供者血管内皮细胞抗体等),通过直接攻击移植肾以及补体系统的活化损伤移植肾,发生率大约 1% ~3% 。近年来随着术前免疫学检查和配型技术的不断完善,HAR 的发生率已经明显下降。

HAR 一般发生在肾移植手术血管开放后即刻至 24 小时内,也有延迟到 48 ~72 小时发生的报道,供肾血供恢复后数分钟内移植肾从开始充盈饱满、色泽红润、输尿管间隙性蠕动不久即出现移植肾张力降低、变软,呈暗红色至紫色,颜色逐渐加深,并出现花斑,肾脏动脉搏动会减弱甚至完全消失,肾表面可见细小血栓形成,输尿管蠕动消失,尿液呈明显血尿且分泌减少直至停止。病理表现为肾内大量中性粒细胞弥漫浸润,肾小球毛细血管和微小动脉血栓形成,肾小球及间质血管坏死,随后发生广泛肾皮质坏死,最终供肾动脉、静脉内均有血栓形成,在免疫组化中可见管周毛细血管 C4d 染色阳性,电镜下可见肾小球毛细血管内皮细胞脱落,血栓形成,上述病理改变可见于同一个肾脏中,不同活检区域其病变程度也不尽相同。

对于 HAR 目前尚无有效的治疗,一旦发生多数均不可逆转,确诊后应行移植肾切除术。HAR 关键在预防。移植术前要对供、受者进行严密的组织配型,包括 ABO 血型、HLA 配型、淋巴细胞毒试验、淋巴细胞交叉配型以及群体反应性抗体(PRA)的检测,评估受者体内 HLA 抗体是否存在和致敏程度,从而最大限度地避免 HAR 的发生。

(二)加速性排斥反应(accelerated rejection,ACR)

ACR 通常发生在移植术后 24 小时至 7 天内,其反应剧烈,进展快,移植肾功能常迅速丧失,其发生机制和病理改变与 HAR 相似,多由于体内预存较低水平的 HLA 抗体或预先有致敏因素存在,抗体与移植肾抗原结合引起细胞浸润,导致 T 细胞介导的由相同抗原再次刺激引起的再次免疫应答,诱导新的抗体产生并攻击血管内皮细胞,表现为小血管炎症和纤维素样坏死,因此除了体液性因素以外,细胞性因素也在 ACR 也起了重要的作用。

ACR 的临床表现为肾移植术后尿量突然减少,肾功能迅速丧失,移植肾肿胀、压痛,常伴有

Note

体温及血压升高,同时还可以出现恶心、腹胀等消化道症状,彩色多普勒超声检查可出现血管阻力指数增高,肾体积增大。ACR 的病程进展较快,一般发生时间越早,预后越差。病理上以肾小球和间质小动脉的血管病变为主,表现为坏死性血管炎,淋巴细胞直接浸润至血管内膜下,导致血栓形成,重者可发生血管壁纤维素样坏死,间质出血及肾皮质坏死,免疫组化可发现肾小管周围毛细血管 C4d 沉积,电镜下可见小动脉内膜有纤维蛋白及电子致密物的沉积。ACR 的诊断还需与急性肾小管坏死、肾动脉栓塞、肾静脉血栓形成等鉴别,移植肾活检有助于明确诊断。

ACR 一旦发生总体治疗效果较差,目前临床常用的治疗方法有:①尽早使用抗 T 细胞免疫球蛋白(ATG)、抗淋巴细胞免疫球蛋白(ALG)或抗 CD3 单克隆抗体(OKT3)等,疗程一般 7 ~ 14 天;②大剂量丙种球蛋白,剂量为 0.4g/(kg·d),一般使用 7 ~ 10 天;③血浆置换或免疫吸附直接去除致敏抗体。如果上述治疗无效,应尽早切除移植肾,恢复透析状态,以避免其他并发症发生。

(三) 急性排斥反应(acute rejection,AR)

AR 是临床最常见的排斥反应,发生率 10% ~ 30%,可发生在移植后任何阶段,但多发生在肾移植术后 1 ~ 3 个月内,随着移植时间延长,其发生率逐渐下降,但晚期发生的 AR 治疗效果较差,是影响移植肾长期存活的主要原因之一。

AR 的临床表现包括尿量减少、体重增加、轻中度发热、血压上升,可伴有移植肾肿胀,并有移植肾压痛,还可以伴有乏力、腹部不适、胃纳减退等症状。近年来随着新型免疫抑制剂的应用,典型的 AR 已不多见。发生 AR 时患者血肌酐会显著上升,尿液化验可出现蛋白尿和/或血尿,彩色多普勒往往提示移植肾肿胀、皮髓质交界不清、阻力系数升高等,血常规中有时可见中性粒细胞升高、贫血及血小板减少。病理提示间质和肾小管上皮细胞单个核细胞浸润(小管炎),在较为严重的急性血管性排斥中亦可见单个核细胞在血管内皮细胞浸润(血管内膜炎),伴有间质水肿等。

根据 AR 的发生机制,可分为细胞介导的 AR(急性细胞性排斥反应)和抗体介导的 AR(急性体液性排斥反应),大部分 AR 是急性细胞性排斥,有时体液因素也有参与。抗体介导的 AR 其组织病理以急性血管炎、内皮细胞损害为主要特征,免疫组化肾小管周围毛细血管 C4d 沉积以及血液中抗供者特异性抗体阳性。

AR 一旦诊断,需及时处理,治疗方法包括:①甲基泼尼松龙冲击治疗,是治疗细胞介导 AR 首选和最常用的方法,对 75% ~ 80% 的患者有效,剂量为 6 ~ 10mg/(kg·d),连续 3 ~ 5 天,同时应注意预防胃肠道副作用和后期严重感染的发生;②抗体治疗:甲基泼尼松龙冲击治疗无效的 AR,称为耐激素的 AR,约占 20% ~ 40%,这类排斥往往有抗体因素参与,需联合清除抗体或中和抗体的治疗方法。目前常用的抗体有 ATG、ALG 或 OKT3 等,疗程 5 ~ 14 天;③抗体介导的 AR 需同时进行血浆置换或免疫吸附去除抗体,也可联合大剂量丙种球蛋白中和抗体,一般治疗 7 ~ 10 天;新近有针对 B 淋巴细胞的抗 CD20 单克隆抗体成功治疗抗体介导 AR 的报道。

(四) 慢性排斥反应(chronic rejection,CR)

CR 一般发生在移植术后 3 ~ 6 个月以后,据报道 CR 以每年 3% ~ 5% 的速度增加,肾移植术后 10 年约有一半的患者发生 CR,是影响移植肾长期存活的主要因素。CR 主要是由体液免疫和细胞免疫共同介导的慢性进行性免疫损伤,有时候也是 AR 未被有效逆转的后续反应。

临床表现为蛋白尿、高血压、移植肾功能逐渐减退以及贫血等,彩色多普勒检查可表现为移植肾皮质回声增强,皮髓质分界不清,阻力指数增高等。CR 主要通过病理活检诊断,表现为间质广泛纤维化、肾小管萎缩、肾小球基底膜增厚硬化以及最终的肾小球硬化,同时伴有小动脉内膜增厚、狭窄直至闭塞。

目前对于 CR 无特别有效的治疗方法,处理原则为早期预防 CR 及保护残存肾功能。在预防方面,应尽量减少肾脏缺血时间、减少 HLA 错配、减少边缘供肾的利用、避免免疫抑制剂中毒、积极预防感染等;在保护残存肾功能方面,应积极控制血压、高脂血症及蛋白尿,使用 ACEI 或 ARB、他汀类药物等。

六、免疫抑制剂的治疗和选择

免疫抑制是指采用物理、化学或者生物的方法或手段来降低机体对抗原物质的反应性。在器官移植发展的历史过程中,曾经使用放疗、胸导管引流及脾脏切除等方法进行免疫抑制,但由于不良反应严重、效果不理想,现临床上已很少使用。随着对移植抗原识别、递呈以及免疫系统的激活和应答等免疫反应本质的认识,免疫耐受诱导策略的建立是器官移植的最高追求目标。但是在成功诱导免疫耐受之前,免疫抑制剂合理应用和个体化治疗依然是临床移植的现实和常用治疗手段。

器官移植受者个体化免疫抑制方案是指针对不同个体"量体裁衣",应用最优化的免疫抑制剂组合和剂量,达到抗排斥治疗效果最佳、毒副反应最小的理想状态。但目前仍然缺乏如何评估达到这一"理想状态"的客观指标,由于个体间差异以及同一个体内免疫状态的变化,建立有效评估器官移植受者免疫状态的指标体系仍有太多的问题未能解决。

目前免疫抑制剂的应用仍停留在依靠临床经验、专家指南等普遍规律的基础上,缺乏有针对性的个体化和合理治疗。未来免疫抑制剂发展的趋势,将不可避免地从经验性免疫抑制剂应用转向个体化免疫抑制治疗方案。免疫抑制剂的合理利用将极大地推进了器官移植的不断进步,取得更好的临床效果。

肾移植的免疫抑制治疗可分为诱导治疗、维持治疗和挽救治疗。诱导治疗指围手术期应用较大剂量的免疫抑制剂联合或不联合单克隆或多克隆抗体来有效抑制急性排斥反应的发生。随后逐渐减量,最终达到一定的维持剂量以预防急性和慢性排斥反应的发生,即维持治疗。在维持治疗中有时为减少免疫抑制剂本身的毒副作用临床医师也会进行主动的切换药物。可当发生急性排斥反应或其他并发症出现时,此时需要加大免疫抑制剂的用量或者调整原有免疫抑制方案,以逆转急性排斥反应或及时治疗相关的并发症,称之为挽救治疗。

(一)诱导治疗

诱导治疗主要在肾移植围手术期间应用。常用免疫抑制方案包括:

1. 甲泼尼龙　250~1000mg/d,持续 3~5 天。

2. 抗体的诱导治疗(选择一种)

(1) OKT3:2~5mg/d,持续 5~14 天。

(2) ALG:10~20mg/(kg·d),持续 3~10 天。

(3) ATG:1~3mg/(kg·d),静脉滴注,持续 3~10 天。

(4) 抗 CD25 单抗(Daclizumab):1mg/kg,手术当天及 2 周后各 1 次或 2mg/kg,术中单次应用。

(5) 抗 IL-2 受体单抗(Basiliximab):20mg,手术当天及术后第 4 天各 1 次。

(6) 抗 CD20 单抗(Rituximab):每次 375mg/m²,每周一次,共 2~4 次。致敏患者术前即开始应用。

(二)维持治疗

常用的免疫抑制剂具有以下特点:①大多数药物免疫抑制作用缺乏选择性和特异性,常同时影响机体正常免疫应答,导致机体免疫功能降低;②抑制初次免疫应答比再次免疫应答的效果好;③部分免疫抑制剂需要浓度监测,药物疗效、毒副作用与血药浓度有一定相关性。临床常需要联合使用多种免疫抑制剂以提高治疗效果和减少毒副作用。目前肾移植术后最常用的组合是:他克莫司(Tac)或环孢素(CsA)+吗替麦考酚酯类药物(MMF)或硫唑嘌呤(Aza)+激素(Pred)。

Note

20 世纪 80 年代中期至 90 年代中期,CsA+Aza+Pred 三联方案作为基础免疫抑制治疗方案广泛应用于临床。该方案使 AR 的发生率明显降低,移植肾 1 年存活率上升至 85%～90%。由于该方案存在较严重的肝毒性及骨髓抑制等副作用,目前已很少应用。90 年代中期后,日益广泛采取 CsA+MMF+Pred 新三联免疫抑制方案。具体用法:CsA 在肾功恢复正常或接近正常后应用,MMF 术后即开始应用,Pred 在激素冲击治疗停止后应用,起始量 40～80mg/d,维持量 5～10mg/d。CsA+MMF+Pred 三联方案是经典的免疫抑制治疗方案,该方案有利于移植肾功能的早期恢复和稳定维持,使 AR 发生率明显下降。同时,MMF 的临床应用使 CsA 剂量进一步减少,CsA 相关肾毒性显著降低。在 1994 年另一个钙调磷酸酶抑制剂 Tac 被美国 FDA 批准用于肝移植,1997 年被批准用于肾移植。目前 Tac 代替 CsA 联合 MMF 和 Pred 三联方案已被广泛应用于各种实体器官的临床移植,是目前免疫抑制作用最强的方案,可将急性排斥反应降低到 10% 以内,但容易导致移植术后糖尿病发病机会。

七、肾移植展望

(一)免疫低反应性或免疫耐受的建立

移植免疫耐受是指在无免疫抑制剂维持治疗的情况下,免疫功能正常的个体对异基因移植物不发生病理学可见的免疫反应的状态,即将供者器官、组织移植给受者后,在不使用或短时间使用免疫抑制剂的情况下,移植物能够健康有功能长期存活,无排斥反应发生,但对其他抗原的免疫应答仍保持正常。尽管在小鼠移植模型中已经成功诱导出移植耐受,但在人体中,免疫耐受仍面临很大困难。目前认为临床上通过获得稳定而长期的嵌合现象,清除预存致敏免疫细胞,利用共刺激分子或细胞活化因子的阻断药物诱导 T、B 淋巴细胞无能,以及过继输注抗原特异性的免疫抑制性细胞等,可以从不同角度促进移植耐受的产生。

近期美国麻省总医院和斯坦福大学报道了肾移植联合非清髓的供体干细胞输注的方法成功诱导免疫耐受并长期停用免疫抑制剂的病例,国内浙江大学医学院附属第一医院采用类似治疗方法已在 2 例肾移植受者成功停用免疫抑制剂 3.5 年和 1 年零 9 个月,但能否在临床推广应用仍需要扩大样本才有可靠的结论。

(二)异种移植或克隆器官研究

虽然异种移植在实际应用方面仍面临很多问题,如生理功能不相容及各种排斥反应等,但仍可能依靠分子生物学和免疫学的技术手段加以克服。利用人体胚胎干细胞克隆出与受者相同的肾脏是最理想的解决方案,目前学者们正在探索如何在体外模拟肾脏胚胎发育过程,期望探明人类胚胎干细胞体外诱导分化的干预因素及作用机制,从而为肾脏体外克隆提供理论依据。

(三)其他

在成功诱导免疫耐受之前,免疫抑制剂的合理应用和个体化治疗依然是移植医师研究的重点和难点,通过建立或发现客观的评估体系或特异性的免疫学指标对肾移植受者的免疫状态进行动态监测,可及时指导个体化用药。

晚期移植肾失功的防治依然是今后工作的重点。应对造成晚期移植肾失功的免疫因素和非免疫因素进行综合评估,探索有针对性的治疗方法。同时应以预防为重点,术前及术中减少缺血再灌注和手术损伤,术后及时处理高血压、高血脂、糖尿病、药物对肾脏的毒性作用等非免疫因素。强调防止移植肾慢性功能障碍的发生发展,应贯穿于肾移植患者治疗和管理的全过程。

(陈江华)

本章小结

　　肾移植是治疗终末期肾病的重要手段,术前应严格掌握适应证和禁忌证,熟悉肾移植手术过程和可能发生的并发症。肾移植术后排斥反应按照发生时间可分为超急性、加速性、急性和慢性排斥反应,不同排斥反应类型的发生机制和临床表现并不一致,因此治疗也存在较大的差异。目前抗排斥药物治疗方案最常见的组合是激素+他克莫司/环孢素+吗替麦考酚酯类药物。

关键术语

　　肾移植(kidney transplantation)

　　超急性排斥反应(hyperacute rejection)

　　加速性排斥反应(accelerated rejection)

　　急性排斥反应(acute rejection)

　　慢性排斥反应(chronic rejection)

　　免疫抑制剂(immunosuppressive drugs)

思考题

1. 肾移植术后排斥反应发生的类型有哪些?
2. 简述超急性、加速性、急性和慢性排斥反应的发生机制。
3. 肾移植术后临床抗排斥药物治疗常见的组合有哪些?

第十四篇 肾脏与泌尿系统疾病的进展与展望

第一章 转化医学在泌尿系统疾病中的应用

一、概述

（一）转化医学的提出

医学是人类同疾病长期斗争的实践总结。现代医学已由细胞水平进入了亚细胞和分子层次，形成了分子形态学、分子生理学、分子物理学、分子药理学、分子免疫学、分子遗传学、分子病理学等崭新学科，医学科学正借助于现代科学技术的重大成就发生着革命性的变化。同时我们更应该清楚地认识到现代医学正面临着诸多挑战，特别是医学研究多聚焦于基础研究，一流的研究者缺乏丰富的临床知识和经验，临床医师又很难成为一流的研究者。大量的人力、物力投入到了基础科学研究领域，但与解决的实际问题并不对应。2003年到2006年美国国立卫生院（NIH）花费了15亿美元用于基因治疗研究，这项巨额投资换来的是25 000篇研究论文，但是要把这些研究结果运用到临床治疗中还有很长的路要走。基础科学研究与临床需求明显脱节。

按照研究内容、研究对象和研究方法不同，传统上将医学分为基础医学、临床医学和预防医学三大分支。近年来，随着基因组学、蛋白组学、代谢组学等生物学技术的迅速发展，人类在探索疾病的分子机制上突飞猛进。面对上述基础研究与临床实践之间的"鸿沟"，转化医学（translational medicine）的提出有着充分的必要性和必然性。1992年《科学》杂志首次提出"从实验台到床旁（from bench to bed）"的研究理念，为转化医学奠定了基础。1996年《柳叶刀》杂志首次提出转化医学的概念，成为近年来国际医学健康领域的一个新的研究方向。转化医学包括生理和病理、治疗和预防、宏观和微观等要素的多学科交叉融合，是连接基础研究与临床医学之间的桥梁，其目的是通过整合各层次研究把基础医学的最新研究成果快速有效地转化为临床医学技能和（或）产品，最终改善群体健康水平。可见，转化医学不是一门新兴的独立学科，而是一种新的研究模式或者研究理念。

转化医学涉及诸多领域，包括组织工程、基因治疗、细胞治疗、再生医学、分子诊断等；需要跨阶段实施，包括基础研究、动物实验、临床实验、临床应用建立标准等。要求众多利益相关者在正确的伦理框架下共同参与，包括主办者、监管者、企业、基础科学家、动物实验专家、临床研究专家、临床医生、患者、受试者、研究机构、临床机构、社群等。

（二）转化医学的内涵

转化医学的基本特征是多学科交叉融合，针对临床实践中发现和提出的问题，由基础研究人员进行深入的研究和探讨，并将基础研究成果应用于指导临床实践，在临床应用中进一步发现新的问题，开展新一轮的转化医学研究。转化医学通过基础与临床科技工作者密切合作，包含了从病床到实验室（from bedside to bench，B to B）及再从实验室到病床（from bench to bedside，B to B）的开放式双向往复循环过程。

近年来，随着转化医学的不断发展，其概念被不断拓展和延伸。转化医学中基础研究与临床应用之间的转化被视为第一次转化（translation 1，T1），而将所取得的基础及临床研究成果进一步转化提升为制定临床诊疗指南、影响公共卫生政策、改善群体健康水平等被视为第二次转化(translation 2,T2)。目前大部分转化医学研究尚主要集中于 T1。

(三)转化医学的研究成果

转化医学概念提出仅有 10 多年,但在各个研究领域已取得了丰硕的成果,应用于疾病的诊断、监测、治疗和预防等多个方面。澳大利亚病理学家 Robin Warren 和消化科临床医生 Barry Marshall 发现胃黏膜中存在弯曲状细菌(幽门螺杆菌,H. pylori),H. pylori 被 WHO 列为胃癌的 I 类致癌因子,根除治疗 H. pylori 使消化性溃疡成为一种可治愈的疾病。H. pylori 的发现及转化运用在胃肠道疾病诊疗史上具有里程碑意义,两位科学家因对医学的杰出贡献荣获了 2005 年诺贝尔生理及医学奖。此外,基于对肿瘤发病机制的探讨,多种肿瘤标志物已被用于临床诊断和治疗。如美国食品药物管理局(food and drug administration,FDA)批准了卵巢肿瘤 OVA1TM 测试方法用于卵巢癌诊断,是蛋白标记物从实验室走向临床进程中的里程碑。曲妥珠单克隆抗体在 HER2 阳性乳腺癌患者中的应用、胃肠间质瘤中 KIT、PDGFRA 基因的检测指导靶向治疗等,实现了一些特定肿瘤的靶向治疗,使得我们对肿瘤的研究又向前迈进了一大步。转化医学在阐明疾病发生发展机制、预防、早期预警以及早期治疗乃至发现新药及个体化治疗等方面取得显著成果,提高了公共卫生防治和人民健康水平。

二、转化医学在肾脏与泌尿系统疾病诊疗中的应用

(一)提高肾脏疾病的诊断水平

肾脏疾病是一类严重危害公众健康的慢性疾病,其中肾小球疾病是我国尿毒症患者的主要病因。由于缺乏适合的诊断方法,在相当长的一段时期内肾小球疾病的诊断没有实质性的进步。虽然自 20 世纪 50 年代开始的肾脏穿刺活检术对肾小球疾病的认识提升到组织水平,制定了疾病的病理分类系统,指导个体化治疗,但仍缺乏对发病机制的深入认识。转化医学利用各种组学的生物信息技术平台深入探讨肾脏疾病的发病机制,发现与肾脏疾病相关联的关键分子,确定肾脏疾病无创性诊断的特异生物标志物。

例如,特发性膜性肾病(idiopathic membranous nephropathy,IMN)是肾小球疾病中常见的病理类型,也是导致肾病综合征的常见原因。近年来,随着对 IMN 研究的深入,其发病机制有了实质性的认识。肾小球足细胞膜上表达的 M 型磷脂酶 A2 受体(M-type phospholipase A2 receptor,M-type PLA2R)为该病主要靶抗原,与患者体内自身抗体结合形成免疫复合物,激活补体,造成肾小球滤过膜的损伤。进一步研究发现患者体内抗 PLA2R 抗体与 M 型 PLA2R 共表达,且该抗体在原发性与继发性 MN 中表达存在显著差异,其滴度与 IMN 病情严重程度及转归相关。PLA2R 抗体有望成为 IMN 诊断、鉴别诊断、疗效及预后评估的特异性标志物,为 IMN 的临床诊疗提供了新思路和手段。

(二)改进肾脏疾病的治疗现状

目前肾脏疾病的治疗大多数仍停留在经验治疗水平,缺乏病因治疗手段,阻碍了高水准循证医学研究的开展。新的治疗药物的研发离不开对疾病发病机制的研究,在转化医学理念的引领下,从临床实际出发以患者为中心,整合基础研究、药物研发、临床试验等各层次研究,利于缩短新药开发周期、降低药物研发成本、提高个体化治疗水平。

研究证实足细胞 B7-1 可能是局灶节段性肾小球硬化(focal segmental glomerular sclerosis,FSGS)蛋白尿的生物标志物。采用阿巴西普阻断 B7-1 与 β1 整合素的相互作用,保护 β1 整合素的活性,可使足细胞 B7-1 染色阳性的 FSGS 患者的蛋白尿得到完全或部分缓解。研究结果预示了肾脏病蛋白尿治疗新时代的开始。非典型溶血性尿毒症综合征(atypicalhemolytic-uremic syndrome,aHUS)是一种遗传性、由补体介导的慢性血栓性微血管病,补体活化是重要的发病机制。从动物实验到临床研究均证实针对补体 C5 的单克隆抗体可阻断活性补体成分 C5a 和膜攻击复合物 C5b-9 的形成,有改善肾功能和治疗疾病的作用。2013 年《新英格兰医学杂志》发表了依库

Note

珠单抗治疗 aHUS 的多中心Ⅱ期临床试验,结果提示依库珠单抗可作为 aHUS 的优先治疗方法。转化医学成果带动临床治疗的进步可见一斑。

(三) 改善终末期肾脏病的治疗困境

终末期肾脏病是部分急、慢性肾脏病患者的最终转归,血液透析、腹膜透析和肾脏移植等肾脏替代治疗是其赖以生存的治疗手段。然而血液透析治疗中血管通路的建立与维护、透析方式的选择、启动的时机等;腹膜透析治疗中腹膜炎、腹膜纤维化、心血管疾病、营养不良等并发症的处理;肾脏移植中排斥反应及严重感染等诸多困境严重限制了肾脏替代治疗在临床的有效实施。

肾脏替代治疗的基础研究和转化应用起步于半个多世界之前,虽然远远早于转化医学概念的提出,但其发展历程实际上一直体现着转化医学理念的引领,通过对肾脏替代治疗手段的大量基础及临床研究,使得终末期肾脏病的治疗困境有了很大的改善。血液透析的发展历程中也处处体现了转化医学的理念:1943 年 Willem J. Kolff 首次发明了实用性人工肾,但是由于技术水平限制,治疗效果远远不能让人满意;半永久性动静脉体外分流装置的发明,将人工肾从救治急性肾衰竭转变为长期肾脏替代的治疗手段;1966 年皮下动静脉吻合技术的问世是慢性透析飞速发展的真正动力;近年来随着对透析理解的加深以及透析方式的不断改进,其有效性和可耐受性显著提高,使心血管的稳定性大大改善。同时,另外两种肾脏替代治疗方式,腹膜透析和肾脏移植也得到了飞速发展:1968 年 Tenckhoff 和 Schechter 发明的柔软弯曲留置导管解决了既往植入管的感染问题,使腹膜透析应用于肾衰竭患者成为可能;在肾脏移植中,免疫抑制剂硫唑嘌呤的诞生使肾脏移植成为可能,而 1972 年瑞士生物学家 Jean-Francois Borel 发明的环孢素使肾脏移植的存活率提高了接近两倍,近年来一系列从实验室走向临床的新型免疫抑制剂如他克莫司、霉酚酸酯、抗 T 细胞抗体等使肾脏移植成为最成熟可靠的器官移植类型。

(四) 肾脏与泌尿系统疾病的转化医学研究热点

1. 干细胞(stem cell)　干细胞研究与应用为人类治疗多种顽疾提供了新途径和新希望,是国际上生命科学和医学研究领域关注的焦点。加快干细胞治疗技术的临床转化和应用,具有巨大的社会经济效益,将会对人类健康产生深远的影响。干细胞治疗的临床转化应注重解决和筛选适宜的移植细胞,建立相关疾病动物模型与评价,优化细胞移植途径与剂量确定,建立移植后的在体示踪技术、安全性及有效性指标检测等技术平台。开展干细胞治疗还需进行有效性的机制研究,提高移植细胞效率。还需完成相关产品的临床前研究,建立免疫排斥反应防治等关键技术,制定相关临床准入标准。

泌尿科领域目前常用的干细胞包括多能诱导干细胞(induced pluripotent stem cells, iPS)、间充质干细胞(mesenchymal stem cells, MSC)、成体干细胞(adult stem cells)等。多能诱导干细胞的优点是无需使用人类胚胎和可用病患本身的细胞制成,免遭免疫系统的排斥。因机体免疫排斥反应,取用自体的干细胞已经成为一种趋势。美国维克森林大学再生医学研究所张元原教授成功分离出尿源干细胞,这些细胞可以从几乎每一份测试尿液样本获得。尿源干细胞具有间充质干细胞的生物学特性,包括多能转化、集落形成以及黏附能力,可以应用于肾脏、膀胱、尿道等器官和组织的重建。尿源性干细胞获取的无创性使干细胞的应用变得更加容易和安全。

2. 组织工程技术(tissue engineering)　组织工程学的基本原理是从机体获取少量活体组织的功能细胞,与可降解或可吸收的三维支架材料按一定比例混合,植入人体内的病损部位,最后形成所需要的组织或器官,以达到创伤修复和功能重建的目的。全世界每年约有上千万人遭受各种形式的创伤,有数百万人因在疾病康复过程中重要器官发生纤维化而导致功能丧失,有数十万人迫切希望进行各种器官移植。无论是体表还是内脏的组织器官修复,仍然停留在瘢痕愈合的解剖修复层面上。器官移植作为一种替代治疗方法尽管有显著的治疗作用,但仍然是一种有损伤和有代价的治疗方法,且受到伦理以及机体免疫排斥等方面的限制。组织工程的发展使实验室制造组织器官成为可能,无疑为人类的生存和健康展现了一幅优美的蓝图。

目前泌尿科领域常用的组织工程生物材料有多种来源:①来源于自体的组织,如皮瓣、颊黏膜等;②来源于合成的生物材料,如 L 型聚乳酸、共聚己内酯、Ⅰ型胶原海绵等;③来源于天然的细胞外基质,如猪的膀胱黏膜下层(bladder submucosa matrix,BSM)和小肠黏膜下层(small intestinal submucosa,SIS)等。理想的泌尿科生物材料应该具有以下特点:首先有利于细胞的附着和生长,其次有适当的生物力学和物理性能,另外可以逐渐降解并最终塑形为需要的形状。泌尿科生物材料从最初仅限于细胞增长的阶段已经发展到可以成功临床应用的阶段。富含胶原的去细胞基质和聚乙醇酸类高分子联合生物材料可明显提高组织再生性能,其他生物材料如纤维蛋白原聚二恶烷酮可以使组织再生的速度加快。

3. 分子靶向治疗　肾细胞癌的分子靶向治疗是基础研究向临床转化的一个成功范例。分子靶向治疗是指在肿瘤分子生物学研究的基础上,将与肿瘤相关的特异分子作为靶向,用针对靶向分子特异制剂或药物进行治疗的手段。分子靶向治疗效果明显,避免了对正常细胞的损伤,具有高效、低毒的优点。目前研究较为成熟的分子靶向治疗药物有血管内皮生长因子(vascular endothelial growth factor,VEGF)受体抑制剂、表皮生长因子受体(epidermal growth factor,EGFR)阻断剂、细胞信号通路调节剂等。常用的药物有舒尼替尼、索拉非尼、依维莫司、阿西替尼等。分子靶向药物治疗转移性肾癌能显著提高患者的客观缓解率,延长无进展生存期和总生存期。

(五) 肾脏与泌尿系统组织工程转化应用现状

近年来泌尿系统疾病治疗的发展主要得益于新的医疗技术和组织工程技术的应用。利用自体或同种异体的组织来替代病变组织已是十分成熟的技术。组织工程和干细胞在泌尿系统疾病领域的转化研究已取得了长足的进步。包括生物材料的研发,以及生长在生物材料上能够分化为靶细胞的干细胞研发,已经能够生产出拥有功能的泌尿系统组织或器官,用于治疗泌尿系统疾病。

1. 肾脏　肾脏一直被认为是无法再生的器官,肾脏是否包含成体干细胞还存在争议。然而越来越多的证据表明肾脏在经历缺血和毒性药物损伤后出现再生的迹象,肾脏的干细胞参与形成新的肾小管细胞并使损伤的肾功能得以恢复。参与肾脏再生的细胞来自外源性和内源性干细胞池。外源性干细胞可能在很大程度上来源于骨髓,并可能是造血细胞和间充质干细胞。这些细胞似乎可以锚定肾脏受损部位,在急性损伤后形成肾小管上皮细胞。内源性干细胞位于肾小管和肾乳头部位,在生理状态下处于失活状态,一旦肾脏发生损伤,这些干细胞被激活进而分化为肾小管细胞,有助于肾功能的恢复。在猪肾脏脱细胞后留下的细胞外基质中种植细胞,重新移植回体内,可以促进肾脏功能的恢复。研究人员已经通过 3D 打印技术制作出一个类似于人体的肾脏组织,这些都为肾脏临床转化应用提供了材料的选择。或许不远的将来,从患者身上取得的"原料"已经足够我们制造出一个肾脏。

2. 膀胱　目前实验室内已经可以制造出包括膀胱各层细胞组成的复杂"膀胱壁",可以在生物材料中加入血管内皮生长因子和神经生长因子(nerve growth factor,NGF)促进神经血管的再生。但是究竟多少层 SIS 对于细胞的生长是最佳的,哪种材料最适合用于膀胱再生还不清楚,这一技术尚需进一步完善。

3. 尿道　最初颊黏膜在尿道重建(urethra reconstruction)中被广泛应用,近年来尿道重建手术进展很快。单层的 SIS 已经可作为商业用生物材料用于尿道下裂的治疗,安全有效。脱细胞膀胱基质应用于复杂的尿道狭窄成功率达到 80% 左右。目前已经可以利用组织工程技术生产出颊黏膜,用以替代人体自身的颊黏膜。

4. 人工括约肌　尿失禁是泌尿外科常见的疾病之一,人工括约肌(artificial sphincter)是解决尿失禁的有效手段。研究发现多能诱导干细胞可以修复受损的括约肌功能,肌肉干细胞也可以用于尿失禁的治疗。把肌肉细胞和胶原细胞混合种植于人工括约肌上,尿失禁的治愈率达到83%。

5. 阴茎　目前还没有发现一种合适的生物材料用于治疗阴茎畸形。腺病毒转导内皮型一氧化氮合酶的间充质干细胞用于治疗勃起功能障碍是临床发展的方向,并已有成功的报告。也有报道用人工神经引导修复损伤的阴茎海绵体神经,治疗勃起功能障碍,并可以通过标记顺磁氧化铁颗粒来追踪阴茎海绵体神经再生情况。

(六)组织工程转化面临问题

摆在我们面前的一个重要课题是干细胞来源问题。通过穿刺或其他有创方法获取干细胞存在许多弊端,必须找到一种既可以提供大量的干细胞,又安全、方便且无创的获取方法。目前已有一些研究致力于从自体分泌物中分离需要的干细胞,一些研究希望通过从别的干细胞诱导得到所需的细胞类型,还有一些研究通过细胞培育手段人为干预增强细胞和细胞外基质适应人体的能力。

血管和神经再生仍然是阻碍组织工程产品发展的主要因素。研究人员已经尝试在生物材料中加入促神经和血管再生的生长因子,通过组织工程制造出有血管内皮的生物材料来促进组织再生。

必须重视伦理和道德的约束。转化医学是一门新兴的技术,它的应用大部分还停留在实验室,需要伦理道德及政策法规的引导。任何实验室研究必须符合 GMP(good medical practices)和 GLP(good laboratory practice)的要求,所有的研究必须在这一框架下进行。

三、思考与展望

迅猛发展的生物医学和其他相关学科,对现代医学的发展提出了更高的要求。转化医学作为一种新的医学研究模式,涉及多学科的交叉融合,转化医学的实施需要经过多方面、多层次的努力,通过对不同领域的有机结合,创造出一种整合体系。转化医学为医学健康领域发展提供了新机遇的同时,也提出了诸多的挑战。但我们相信困难和问题都是暂时的,我们应该依靠自己的良知,遵循法律的规范,不断努力和探索,使转化医学更好地为人类健康服务、为肾脏与泌尿系统疾病的专业发展服务。可以预见在不远的将来,我们将会利用干细胞诱导分化出肾脏和泌尿系统其他组织器官;将会利用组织工程技术设计和生产出所需的生物材料;也可以通过基因转染技术实现细胞治疗及基因治疗。

转化医学在肾脏与泌尿系统疾病领域中的应用尚处起步阶段,许多地方需要磨合、改进和提高。肾脏与泌尿系统疾病领域的发展应当在转化医学理念的引领下走出一条新的道路:培养转化医学理念,以临床为中心,凝炼科学问题;建立资源共享的临床和研究平台,加快基础研究与临床实践之间的转化;培养具备良好的基础医学知识、熟练的实验研究技术和丰富临床经验的复合型人才;加强创新性和协作精神,促进多学科的交叉融合。

(张宏　孙颖浩)

Note

第二章　泌尿系统疾病研究热点与前沿

第一节　肾脏病研究热点与前沿

一、慢性肾脏病

近年的流行病学研究发现慢性肾脏病(CKD)的患病率超过 10% ,在高危人群,CKD 的患病率高达 50% 。部分 CKD 患者最终进展到终末期肾病,需替代治疗,如透析治疗和肾脏移植。CKD 给患者和社会带来巨大的健康和经济负担,已经成为严重的公共卫生问题,引起各国政府的重视。更为重要的是 CKD 的患病率在全球范围内不断升高。除肾脏本身的疾病可导致 CKD 外,多种系统性疾病,如高血压、糖尿病、自身免疫性疾病等都可累及肾脏。在中国,导致 CKD 的主要原因仍然为原发性肾小球疾病,但随着糖尿病、高血压患病率的不断增加,由糖尿病肾病、高血压肾病导致的终末期肾病的发病率也在逐年增高,CKD 的防治是我们面临的巨大挑战。

数十年来,我们对肾脏疾病认识和治疗有了一定的发展,但对肾脏病发病机制、肾功能进行性丧失的机制认识仍不完全,治疗手段非常有限。现阶段的治疗虽然有可能减慢肾功能下降的速度,但大部分患者仍不可避免地进展为终末期肾病。CKD 患者的死亡风险显著增加。近年的研究发现,随着肾功能的减退,死亡风险逐渐增加,大多数 CKD 患者未能发展到终末期肾病即由于各种原因导致死亡,心血管事件是导致 CKD 患者死亡的主要原因。这些研究提示防治心血管事件是 CKD 管理的重要部分。目前,关于 CKD 的研究包括:①CKD 危险因素的研究。最近的研究提示家族遗传因素、代谢因素(糖尿病,尿酸等)、胎儿发育等是影响 CKD 发生和进展的重要危险因素。特别是胎儿发育期间异常(低体重,营养不良等)与成年后的高血压、CKD 相关受到广泛的重视;②肾脏损伤机制的认识和损伤修复的探讨,延缓肾功能的减退;③CKD 并发症的防治,包括心血管并发症,CKD-矿物质骨代谢异常等;④肾脏替代治疗,包括透析治疗和移植。近年家庭透析、便携式透析机的研发、移植免疫耐受的诱导等受到普遍的关注。

二、肾脏病的基因易感性

虽然人们早就注意到某些肾脏病有家族聚集倾向,但直到近年,随着基因技术的发展,发现了一系列导致肾脏病的致病异常基因以及易感基因。到2010 年,共发现了 110 种伴肾脏表现的单基因病,如常染色体显性遗传多囊肾(ADPKD),Alport 综合征,家族性 FSGS,先天性肾病综合征和家族性肾病综合征,其中涉及到多个编码足细胞蛋白的基因如编码蛋白 Nephrin 的基因 NPHS1,编码蛋白 Podocin 的基因 NPHS2,编码蛋白 a-actinin 4 的基因 ACTN4 等。随着全外显子测序或全基因测序技术的发展和应用,更多单基因异常导致的肾脏病将被发现。另外,基因相关研究(GWAS)发现了系列基因变异与某些肾病相关,如 IgA 肾病,特发性膜性肾病,FSGS 等。肾病遗传致病基因或易感基因的发现,对该类肾病的认识有重要价值,另外对该类肾病的防治也将产生重要作用。如多囊肾等单基因遗传病,可进行致病基因的产前筛查;及时诊断足细胞基因突变所导致蛋白尿,可避免使用激素、免疫抑制剂等副作用较大的药物。

Note

三、肾脏损伤的生物标记物

我们通常应用的肾脏生物标记物有血肌酐、血尿素氮、尿白蛋白等。然而这些传统的标记物仅反映了肾脏滤过功能的变化,而不能及时反映肾脏的损伤。近年来,有大量的研究寻找能够直接反映肾组织损伤的生物标记物,并希望通过不同的标记物组合,了解肾脏损伤的部位、是否有炎症、以及是否有系统性疾病存在等。同时希望这些生物标记物除反映损伤外,能够对预后以及对治疗的反应有预测作用。另外,如果有标记物能反映某些疾病的易感性(如糖尿病肾病)、疾病的进展、对治疗的反应等,将对临床有关肾脏疾病的治疗提供有力帮助。这些生物标记物可以是蛋白、脂质、mRNA、microRNA 等。目前,学者已发现一系列与肾脏损伤有关的蛋白,如 NGAL、KIM-1、LFABP、IL18、clusterin、trefoil factor-3、胱抑素-C、β2-微球蛋白等。这些标记物有各自的特点,对反映某些肾损伤(特别是急性损伤)有较好的作用。但这些生物标记物还处于临床验证阶段。它们的临床应用价值还需更多的研究证实,特别是长期的硬终点观察。

四、干细胞与肾脏的再生

近年人们对干细胞的生物特性的认识有了较大的进展,对其临床应用进行大量的研究。现认为大多数器官含有干细胞或前体细胞。成年干细胞在组织损伤修复、维持正常组织结构的完整性方面起重要作用。另外干细胞在疾病治疗方面的作用,包括组织工程,已引起广泛的兴趣。已有临床试验探讨了干细胞对心脏、皮肤及眼睛损伤的治疗作用。由于肾脏结构的复杂性,给损伤再生及组织工程的研究带来一定困难。到目前为止,干细胞在肾脏领域的研究有:肾脏前体细胞的认识和意义;干细胞与肾脏组织工程;干细胞治疗在肾脏疾病中的应用。干细胞在肾组织损伤修复中的应用可包括:激活或增强肾脏干细胞(前体细胞);诱导分化胚胎干细胞成为肾脏细胞;诱导分化 iPS 成为肾脏细胞;通过重新编程使已分化的肾脏细胞参与肾脏修复。

(一)肾脏前体细胞

近年的研究发现,在人类肾脏存在各种前体细胞,如小管前体细胞、足细胞前体细胞等。肾脏在急性损伤后,有强大的修复能力。但肾脏修复的机制尚未完全了解。有研究认为,肾脏前体细胞在肾脏修复中起重要作用。肾脏前体细胞的丧失可能是导致慢性肾病时肾脏进行性损伤的机制之一。

(二)干细胞与肾脏组织工程

有不少研究尝试通过定向分化干细胞,通过组织工程,以期制造新的肾脏组织。目前已有研究通过培养肾脏胚胎细胞,经诱导后移植到肾脏并获得具有功能的新生肾组织。

(三)干细胞治疗

动物实验发现,注射骨髓干细胞能改善急性肾损伤后的肾功能。与其他器官实验相似,注射的干细胞并未转分化成为组织细胞,可能通过旁分泌、细胞因子等因素起作用。虽然骨髓干细胞、胚胎干细胞、iPS 等干细胞治疗在肾脏疾病中的应用已有一定的理论和实验基础,但在广泛应用于临床之前,尚需更多的基础和临床研究结果支持。另外骨髓干细胞移植在器官移植耐受诱导方面的作用也受到关注。

第二节　泌尿外科疾病研究热点与前沿

对未知世界的不懈探索是人类进步的动力,也是现代医学不断发展的源泉。基因组学(genomics)的发展为现代医学基础研究开辟了广阔空间,将人类对于疾病的认识从宏观领域带入到分子领域,促进人类更深入地认识疾病的发生、发展和转归。以内腔镜、机器人、激光、生物及人工材料为代表的制造和材料领域的进步,为人类诊断和治疗疾病提供了新的手段。医学基础研究的进步和现代工业技术的发展,也将为最终攻克泌尿系统(urinary system)疾病亟待解决的难题奠定坚实基础。

一、泌尿男生殖系统肿瘤研究热点与前沿

泌尿男生殖系统肿瘤(neoplasm)的研究热点和前沿主要集中在肿瘤发生领域的肿瘤干细胞,肿瘤发展领域的肿瘤血管生成与调控、肿瘤细胞凋亡与自噬,以及以肿瘤标记物为基础的早期诊断与靶向治疗,同时肿瘤的外科治疗领域近年来也取得了巨大进步。

肿瘤干细胞(tumor stem cells)与肿瘤的起源、发展密切相关。已发现肾癌中带有 CD133、CD105 等标记物的肾癌干细胞,并证明表观遗传学在肿瘤干细胞发生与维持中扮演着重要角色。通过表观遗传调控既可促进肿瘤干细胞的激活,也能阻止肿瘤干细胞的发生和维持,这些问题的深入研究将为泌尿系统肿瘤的诊断和治疗提供新的手段。

以往多通过凋亡途径研究细胞程序性死亡,细胞自噬(cell autophagy)已逐步被认为是细胞的另一种程序性死亡方式,其在肿瘤发生、发展中的作用已成为研究热点。肾癌发展与肾癌细胞自噬受抑制有关,通过激活自噬可以促使肾癌细胞发生自噬相关性死亡,抑制肾癌细胞增殖。调控细胞自噬还能促进肿瘤细胞凋亡,增加肿瘤放射治疗敏感性,避免化疗耐药。

基因诊断(gene diagnosis)和个体化靶向治疗(targeted therapy)是肿瘤包括泌尿系统肿瘤的研究热点。基因的改变远远早于临床病理学改变,人们一旦清楚肿瘤发生发展各个环节的重要标志物或分子靶点,即可实现早期诊断及针对性的靶向治疗。随着基因组学的研究进展,对恶性肿瘤的诊断将不仅仅满足于临床分期和病理分级,而是要对每个患者的"个性特征"进行更深入鉴别,并依此制定更为合理的个体化治疗方案。

近年来发现 PCA3 和 TMPRSS2-ERG 基因是列腺癌的早期诊断标志物。PCA3 基因特异性地在前列腺癌细胞和转移灶中高表达,而在正常前列腺、良性前列腺增生细胞中不表达或低表达。与血清前列腺特异性抗原(prostate specific antigen,PSA)不同,PCA3 不受年龄、前列腺体积或其他前列腺疾病(前列腺炎)的影响,且 PCA3 mRNA 的表达水平与前列腺癌 Gleason 评分有关。癌细胞数大于 10% 的前列腺癌组织中 PCA3 mRNA 拷贝数是非恶性前列腺组织的 66 倍。PCA3 现已被批准用于前列腺癌的早期诊断。受雄激素调控的基因 TMPRSS2 和原癌基因 ETS 家族成员发生融合,在高加索前列腺癌群体中出现比率约为 50%～70%,其中最常见的融合类型为 TM-PRSS2-ERG。利用荧光原位杂交技术(fluorescence in situ hybridization,FISH)检测尿液 TMPRSS2-ERG 融合基因,诊断前列腺癌的特异性为 93.75%,灵敏度为 45.16%。联合检测 TM-PRSS2-ERG 和 PCA3 基因更可显著提高诊断的特异性和灵敏度。

美国 FDA 已经批准 BTA Stat、BTA、Trak、NMP22、ImmunoCyt 等分子标志物用于膀胱癌的早期诊断和术后随访检查。利用 FISH 技术检测尿脱落细胞染色体 3、7、17 号非整倍体和染色体 9p21 缺失,诊断膀胱癌的灵敏度为 85%,特异性为 97%,可比膀胱镜更早发现膀胱癌。

肿瘤分子标志物还可预测肿瘤的侵袭和转移能力。17 号染色体变异提示膀胱癌具有较强的侵袭性,而 NMP22 多在低分级和低分期膀胱癌中表达。生存素(survivin)是判断浅表性膀胱癌预后的一个独立指标,其表达的高低与浅表性膀胱癌的无瘤生存密切相关,表达明显升高者预后差。黏蛋白-7 是尿路上皮黏膜的保护屏障,黏蛋白基因 MUC7 的上调可能导致糖基化类型异常,增加肿瘤浸润和转移潜力。随着基因芯片技术的发展和对膀胱癌的认识不断深入,膀胱癌分子标志谱将更加完善,为早期诊断及判定肿瘤侵袭、转移特性提供更多信息。

靶向治疗在 10 余年前仅仅停留在理论研究阶段,但近年来临床应用已实现巨大突破。晚期肾癌的靶向治疗是最成功的范例之一。应用血管内皮生长因子(vascular endothelial growth

Note

factor,VEGF)通路抑制剂舒尼替尼、索拉非尼或帕唑帕尼,VEGF 单克隆抗体贝伐单抗,以及雷帕霉素靶蛋白(mammalian target of rapamycin,mTOR)通路抑制剂替西罗莫司和依维莫司,提高了晚期肾癌患者的总体生存率。前列腺癌靶向治疗也是近年的研究热点,2014 年欧洲泌尿学会年会中,仅前列腺癌治疗潜在靶点研究的文章就多达数十篇。膀胱癌的靶向治疗也已取得了一定的进展,研究发现肌层浸润性膀胱癌的表皮生长因子受体路径极度活跃。使用抑制表皮生长因子受体的药物治疗小鼠膀胱癌,可以减缓肿瘤的生长速度。

随着癌症基因组计划的完成,应用基因芯片技术,可以对肿瘤进行全面的诊断,提供肿瘤的性质、侵袭和转移特征以及特定的治疗靶点等信息,以最终实现肿瘤治疗的 3P 医学模式——预测、个体化治疗和预防。

泌尿男生殖系统肿瘤外科治疗领域也取得了巨大进展,主要集中在内镜、腔镜、机器人技术的提高和广泛应用。这些技术除微创特点外,还提供了更清晰的手术视野,实现了更精细的解剖操作,提高了治疗效果,降低了并发症。另外,对于早期肿瘤的主动监测,特别是早期肾癌和早期前列腺癌的主动监测逐渐受到重视,其中包含了人们对于既往过度诊断及过度治疗的反思,需要进行重新认识。

二、储尿和排尿相关疾病研究热点与前沿

下尿路症状(lower urinary tract symptoms,LUTS)不是一种独立的疾病,而是一组令患者苦恼的综合症候群,包括储尿期症状、排尿期症状及排尿后症状。LUTS 研究的热点和进展主要集中于储尿、排尿相关受体和信号通路(signal pathway)及其带来的相应治疗方式的转变。

下尿路包括膀胱、前列腺和后尿道广泛分布有肾上腺素能 α、β 受体和胆碱能 M 受体。正是基于对下尿路神经受体信号转导通路的认识,先后开发出多种 α 受体拮抗剂和 M 受体拮抗剂用于治疗各种原因和类型的 LUTS。α_1 或 α_{1A} 受体拮抗剂(如多沙唑嗪或坦索罗辛)可用于治疗良性前列腺增生(benign prostatic hyperplasia,BPH)等所致的膀胱出口梗阻且疗效显著。针对 M_2 和/或 M_3 受体的拮抗剂如托特罗定和索利那新,主要用来治疗各种原因所致的尿频、尿急和急迫性尿失禁,目前已成为治疗这类症状的一线用药。近年来开发的 β_3 受体激动剂,用于治疗逼尿肌收缩亢进(如急迫性尿失禁)也获得了较好的临床效果。随着排尿及控尿相关受体及信号通路研究的不断深入,开发和研制更高选择性的受体拮抗剂或激动剂,必将为各种原因所致的储尿、排尿功能紊乱治疗提供更多更好的手段。

生物和人工材料或装置的使用以及神经系统的人工调控,使尿控(continence)领域的外科治疗取得了巨大进步。基于 Delancey 提出的压力性尿失禁尿道支持理论即"吊床"理论,无张力中段尿道悬吊术(TVT 或 TVT-O)已成为中、重度女性压力性尿失禁安全有效的微创治疗方法。TVT-EXACT 和 TVT-ABBREVO 穿刺更加精准,创伤更小,术后疼痛更轻,逐渐成为应用主流。自体筋膜悬吊术应用也有增加趋势。人工尿道括约肌是治疗尿道括约肌功能障碍所致男性尿失禁的"金标准"。改良男性尿道吊带(advance male urethral sling)因其价格相对较低,可用于前列腺切除术后尿失禁的治疗。组织工程生物补片膀胱扩大术可有效扩大膀胱容量,改善膀胱壁顺应性,有望替代传统肠道膀胱扩大术。

骶神经调节系统(sacral neuromodulation system,SNS)具有双向神经调节作用,可以调节控尿系统内部兴奋与抑制之间的平衡关系,通过传入和传出两条神经通路实现治疗作用。骶神经调节系统可治疗膀胱储尿障碍并增加控尿能力,主要用于神经系统局限性疾病和不完全性神经损伤患者。骶神经调节术(interstim)治疗严重急迫性尿失禁、严重尿急尿频综合征,已获得良好效果。

三、尿路结石研究热点与前沿

尿路结石(urinary calculi)是泌尿外科的常见病,对其发病机制、诊断、治疗等方面的研究一直方兴未艾。结石发病机制的研究主要集中于代谢相关基因、遗传倾向性、机体代谢异常及环境因素等方面。以螺旋 CT 为基础的影像学技术进步,使尿路结石的诊断获得了新的突破。体外碎石设备、内镜和腔镜的进步和技术的提高,使尿路结石的治疗取得了划时代的进步。

尿路结石成因研究的进展是实现结石预防最重要的基础。代谢相关病因研究主要包括低枸橼酸尿、尿酸代谢异常、维生素 C 代谢异常、低镁血症等。胰岛素抵抗也与尿液成分的变化密切相关。代谢异常与结石发生相关,使结石的内科治疗取得显著进步。遗传易感性、基因多态性与结石之间的关系格外受到重视。尿路结石的发生与骨桥蛋白基因、维生素 D 受体基因、血管内皮生长因子基因、降钙素受体基因、钙敏感受体基因、人胎球蛋白基因、KLOTHO 基因等多态性关系的研究也取得了很大进步。尿液中骨桥蛋白的缺失可能是导致结石形成的重要因素,骨桥蛋白基因核苷酸序列 9402 的多态性与尿石症具有相关性,人群中具有 A 等位基因的个体较具有 G 等位基因的个体患尿石症的危险性更高。

螺旋 CT 的发展使结石的诊断水平达到了前所未有的高度,准确率几乎达到100%。三维成像技术不仅可以提供结石的定性诊断,还可为结石治疗方案的制定提供可靠依据。双源双能量 CT 可在治疗前区分出尿酸结石、混合尿酸结石、胱氨酸结石、磷酸镁铵结石以及其他类型的结石,有助于治疗方法的选择。

目前最先进的体外冲击波碎石机为双定位,并具有自动跟踪击发冲击波、低能量、高效率、低 X 线辐射、低创伤和低噪声等优点。经皮肾镜碎石术(percutaneous nephrolithotomy,PCNL)是治疗肾结石的有效手段。德国学者发明了一种可视经皮肾穿刺针,搭载光学系统,可观察进针过程,并在直视下了解是否进入目标肾盏,提高了穿刺的安全性。B 超定位巡航系统是近年出现的新技术,辅助 PCNL 建立穿刺通道,显著提高了初学者穿刺的精确性及安全性。输尿管镜治疗远端输尿管结石具有无法取代的地位。随着输尿管软镜的出现,增加了治疗肾结石的手段,特别适用于体外冲击波碎石治疗效果不佳的肾下盏结石。第二军医大学长海医院针对输尿管软镜的缺陷,研发出了末段可弯输尿管镜。该镜结合了输尿管硬镜易于操作的优势和输尿管软镜末段可控弯曲的特点,实现了两镜一体化的功能,满足了一镜治疗输尿管和肾结石的需要。新近出现的机器人辅助输尿管软镜碎石技术或将成为未来的趋势。

排石治疗已经引起国内外学者重视,目前应用于临床的被动排石效果有限,主动排石治疗已成为探索的新目标。

四、腔内微创治疗研究热点与前沿

在整个腔内微创(minimally invasive)医学领域,泌尿外科始终是最为活跃的专业之一。柱镜系统和光纤技术的开发和应用,满足了现代内窥镜的成像和照明要求。现代影像技术的发展,外科医生可通过传输到监视器上的高清晰实时动态乃至 3D 影像完成各种操作,同时还可对这些影像资料进行存储和剪辑,便于教学和交流。微电子技术、数字技术、光学和材料科学等领域的最新研究成果,如高频电刀、激光、微波、高能聚焦超声和"机器人"等,更进一步推动了腔内微创泌尿外科的迅速发展。

膀胱尿道(硬、软)镜、输尿管(硬、软)镜、肾镜相继应用于临床,可充分利用泌尿系统的自然腔道,直接准确地诊断和治疗尿路疾病。通过经皮定点穿刺到人体自然或潜在的腔隙内,开展经皮肾镜技术和腹腔镜(laparoscopic)技术,大大地扩展了腔内泌尿外科的范围。除了阴茎、阴囊等浅表部位的疾病,目前几乎所有开放手术能够治疗的泌尿外科疾病都可通过腔内技术完

Note

成,在成熟的泌尿外科中心内镜和腔镜手术的比例已达80%以上。

下尿路腔内诊疗技术已成为泌尿外科领域中应用最广泛的腔内技术,包括膀胱尿道镜检查、尿道内切开术、经尿道膀胱碎石取石术、经尿道前列腺切除术(transurethral resection of the prostate,TURP)和经尿道膀胱肿瘤切除术(transurethral resection of bladder tumor,TURBt)等,这些腔内诊疗技术已成为诊治下尿路疾病的经典方法,甚至成为一些疾病治疗的"金标准"。近年来多种激光治疗前列腺增生的技术发展迅速,效果与TURP接近。但激光前列腺切除术能否取代TURP成为"金标准",仍需要进一步的临床验证。使用各种方法实施的经尿道前列腺剜除术(transurethral enucleation of the prostate,TUEP)能达到前列腺增生部的解剖性切除,技术的标准化及推广应用值得关注。

1990年Sanchez-de-Badajoz等人报道了第一例腹腔镜精索静脉高位结扎术,1991年Schuessler等人首次报道了腹腔镜盆腔淋巴结切除术的经验,同年Clayman等人首次报道了经腹腔入路的腹腔镜肾切除术,1992年印度人Gaur通过用气囊扩张后腹膜腔隙的办法,创建了经后腹膜腔的腹腔镜技术,大大地促进了腹腔镜技术在泌尿外科中的应用。腹腔镜在泌尿外科中的应用虽仅有20余年的历史,但进展迅速,在泌尿外科领域内掀起了一场新的革命,具有划时代的意义。

20世纪90年代初,腹腔镜技术在泌尿外科领域中的应用仅限于相对简单的非重建手术,如淋巴结切除术、精索内静脉高位结扎术、肾切除术、肾癌根治术、肾输尿管切除术、肾部分切除术、肾上腺切除术、肾囊肿去顶术、膀胱憩室切除术、隐睾切除术等。随着泌尿外科医生手术技术的提高,腹腔镜技术被应用于难度更高的非重建手术,如活体供肾切除术。随着腹腔镜下体内缝合、打结技术的提高,手术适应证扩展到了泌尿外科的重建手术,如输尿管膀胱再植术、输尿管端端吻合术、肾盂成形术、膀胱颈悬吊术、睾丸固定术、膀胱扩大术、肾脏固定术、全膀胱切除术、胃膀胱成形术、肠膀胱成形术、回肠代输尿管术和前列腺癌根治术等。愈来愈多的多中心研究证实,腹腔镜手术与传统开放手术相比疗效相当,但具有创伤小、出血少、恢复快、疼痛轻、美观等诸多优点,已逐渐成为泌尿外科手术治疗的主流。

机器人辅助手术(robot assisted surgery),如机器人辅助的腹腔镜和内镜手术是科技进步应用于医学的典范,是信息传输技术、自动化技术与医学多学科结合的成果。机器人手术在国内尚未普遍开展,但其优越性毋庸置疑。机器人手术不仅可以提供立体手术视野,其精密的机械臂更是可以达到人类手臂无法达到的灵活性。机器人手术还可以实现外科手术的远程操作,人们通过远程操控机器人,可在千里之外的灾区、战场等环境开展手术,真正实现远程外科治疗。

（郝传明　王子明）

参 考 文 献

1. 王海燕. 肾脏病学. 第 3 版. 北京：人民卫生出版社,2008

2. 黎磊石,刘志红. 中国肾脏病学. 北京:人民军医出版社,2008

3. 那彦群,叶章群,孙颖浩,孙光. 中国泌尿外科疾病诊断治疗指南手册 2014 版. 北京：人民卫生出版社,2014

4. 吴阶平. 吴阶平泌尿外科学. 济南:山东科学技术出版社,2004

5. 陈孝平. 外科学. 第 2 版. 北京：人民卫生出版社,2010

6. Barry M. Brenner,Samuel A. Levine. Brenner and Rector's The Kidney,8th Edition. Philadelphia：Elsevier,Saunders. 2007

7. Campbell MF,Wein AJ. Campbell-Walsh Urology,10th Edition. Philadelphia：Elsevier,Saunders. 2012

8. Kidney Disease：Improving Global Outcomes（KDIGO）CKD Work Group. KDIGO 2012 Clinical Practice Guideline for the Evaluation and Management of Chronic Kidney Disease. Kidney Int,Suppl. 2013；3：1-150

9. Kidney Disease：Improving Global Outcomes（KDIGO）Glomerulonephritis Work Group. KDIGO clinical practice guideline for glomerulonephritis. Kidney Int Suppl. 2012,2：139-274

10. Kidney Disease：Improving Global Outcomes（KDIGO）Transplant Work Group. KDIGO clinical practice guideline for the care of kidney transplant recipients. Am J Transplant,2009,9（Suppl 3）：S1-S157

中英文名词对照索引

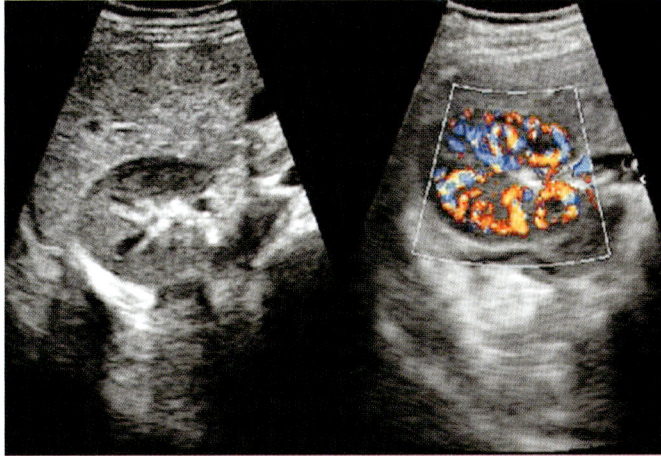

图 1-2-3　肾脏彩超

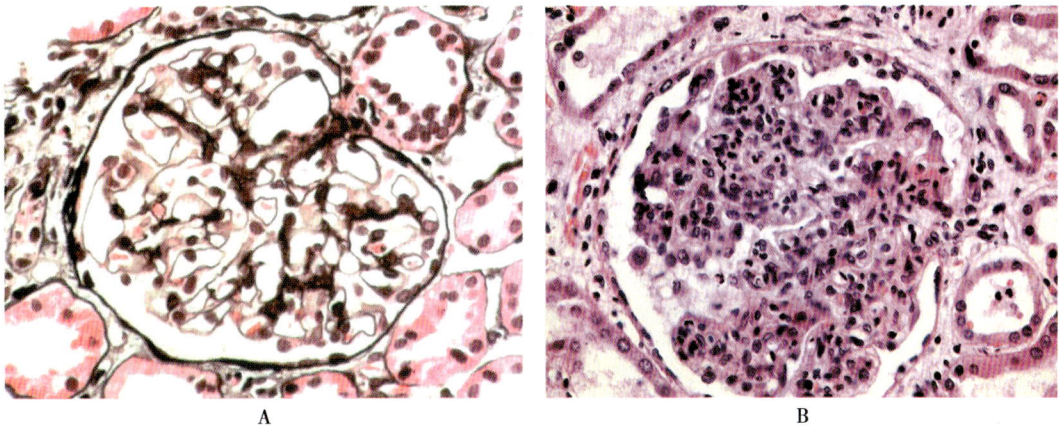

图 4-2-1
A. 正常肾小球；B. 毛细血管内增生性肾小球肾炎

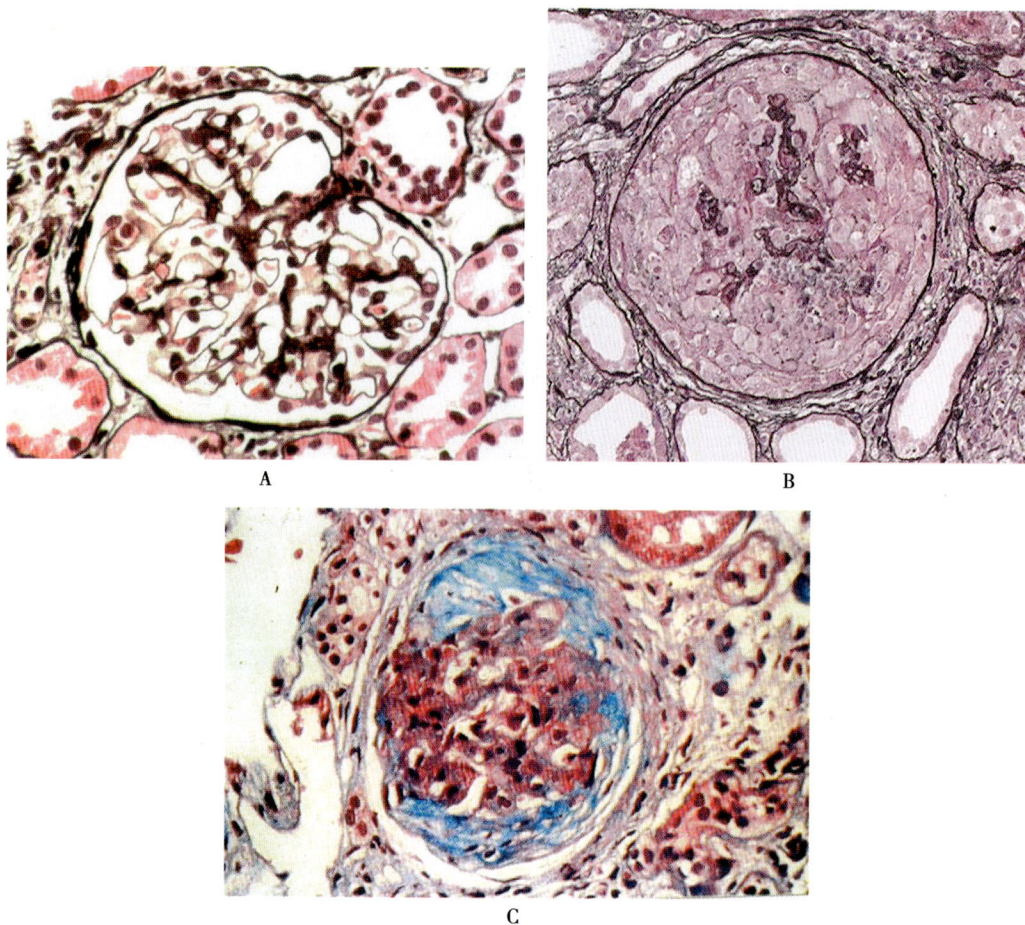

图 4-2-2
A. 正常肾小球(PASM,×400);B. 细胞性新月体(PASM,×400);C. 纤维性新月体(Masson,×400)

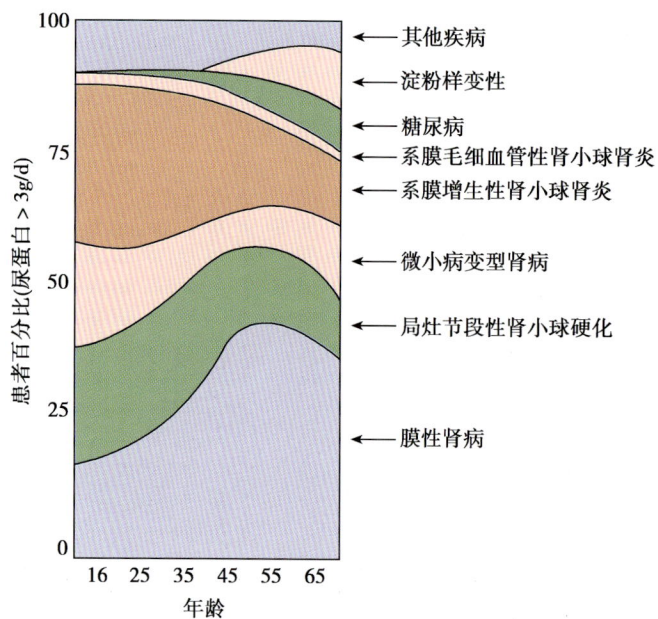

图 4-3-1 不同年龄患者肾病综合征病因构成

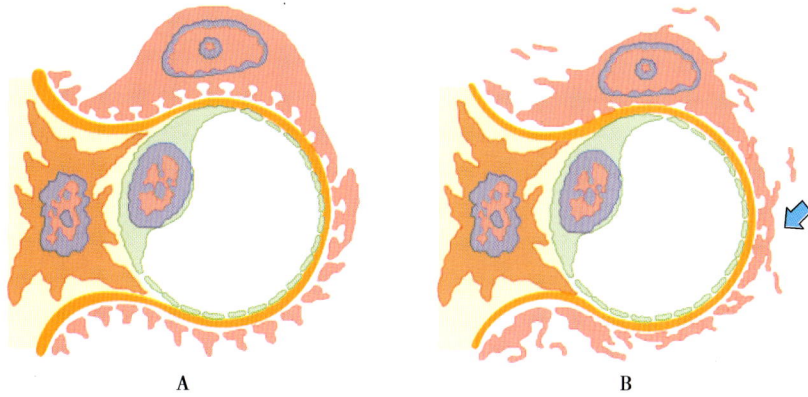

图 4-3-2　模式示意图

A. 正常肾小球毛细血管袢超微结构模式示意图；B. MCD 毛细血管袢超微结构模式示意图，上皮细胞足突融合（如箭头所示）

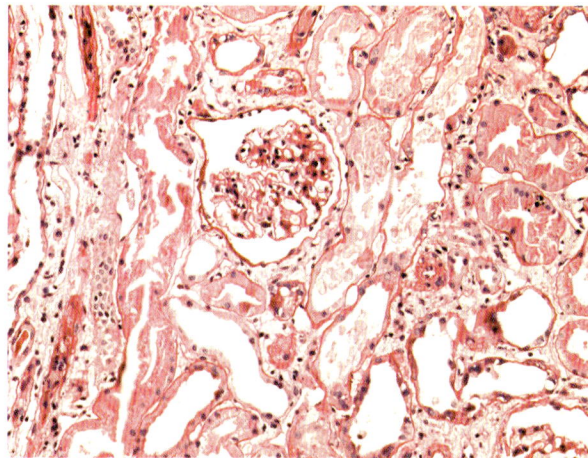

图 11-1-3　ATN 光镜表现（PAS，×200）